Muckel | Fälle zum Besonderen Verwaltungsrecht

Fälle zum Besonderen Verwaltungsrecht

Polizei- und Ordnungsrecht
Kommunalrecht
mit Bezügen zum Verwaltungsprozessrecht

Von
Dr. iur. Stefan Muckel
Professor an der Universität zu Köln

begründet von
Dr. iur. Wolfgang Rüfner
em. Professor an der Universität zu Köln

7., überarbeitete Auflage 2019

Verlag Franz Vahlen

Zitiervorschlag: *Muckel* Fälle BesVerwR

www.vahlen.de

ISBN 978 3 8006 5947 0

Wilhelmstraße 9, 80801 München
Druck: Druckhaus Nomos
In den Lissen 12, 76547 Sinzheim

Satz: R. John + W. John GbR, Köln
Umschlaggestaltung: Martina Busch, Grafikdesign, Homburg Saar

Gedruckt auf säurefreiem, alterungsbeständigem Papier
(hergestellt aus chlorfrei gebleichtem Zellstoff)

Vorwort zur siebten Auflage

Für die siebte Auflage wurden die Fälle und Lösungen abermals kritisch durchgesehen und aktualisiert, um das Buch auf den Stand der Rechtsentwicklung bis zum Winter 2018/19 zu bringen. Glücklicherweise konnte ich auch diesmal wieder auf tatkräftige Unterstützung zählen. Dafür danke ich meiner Mitarbeiterin Frau *Annika Fischer-Uebler* und meinem Mitarbeiter Herrn *Lukas Hentzschel* sehr herzlich.

Hinweise auf Fehler oder Ungenauigkeiten nehme ich nach wie vor sehr gern entgegen. Sie erreichen mich unter stefan.muckel@uni-koeln.de.

Köln, im Januar 2019 *Stefan Muckel*

Aus dem Vorwort zur ersten Auflage

Für Studierende der Rechtswissenschaften ist es unumgänglich, möglichst viele Fälle zu lösen. In Übungen und Examina, aber auch in der beruflichen Praxis (jedenfalls für den größten Teil der Absolventen) müssen Fälle bearbeitet werden. Gerade im Öffentlichen Recht fällt es den Studierenden oft schwer, das anhand von Lehrbüchern erarbeitete abstrakte Wissen in der Fallösung anzuwenden. Hier möchte das vorliegende Buch im Hinblick auf die zentralen Fächer des Besonderen Verwaltungsrechts, das Polizei- und Ordnungsrecht sowie das Kommunalrecht, helfen.

Die Lösungen der Fälle sollen nicht nur inhaltlich, sondern auch im Hinblick auf Stil und Formulierungen den Anforderungen entsprechen, die an der Universität und im Staatsexamen an Studierende gestellt werden. Entstanden ist ein Fallkompendium, das wesentliche Teile des examensrelevanten Stoffes im Polizei- und Ordnungsrecht sowie im Kommunalrecht erfaßt. Da sich nicht alles anhand von Fällen darstellen läßt, wurden diesen vielfach ergänzende Hinweise angefügt, um Lücken zu schließen.

Inhaltsverzeichnis

Abkürzungsverzeichnis

aA .... anderer Ansicht
aaO .... am angegebenen Ort
abl. .... ablehnend
Abs. .... Absatz
Abschn. .... Abschnitt
abw. .... abweichend
aE .... am Ende
aF .... alte Fassung
AG VersammlG ..... Gesetz zur Ausführung des Versammlungsgesetzes
AG VwGO .... Gesetz zur Ausführung der Verwaltungsgerichtsordnung
AktG .... Aktiengesetz
allg. .... allgemein
AllgVerwR .... Allgemeines Verwaltungsrecht
Alt. .... Alternative
Anm. .... Anmerkung
AO .... Abgabenordnung
AöR .... Archiv des öffentlichen Rechts (Zeitschrift)
AS .... Amtliche Sammlung von Entscheidungen der Oberverwaltungsgerichte Rheinland-Pfalz und Saarland
Aufl. .... Auflage
ausf. .... ausführlich
Az. .... Aktenzeichen

BauGB .... Baugesetzbuch
BauNVO .... Verordnung über die bauliche Nutzung der Grundstücke (Baunutzungsverordnung)
Bay, bay .... Bayern, bayerisch
BayDSG .... Bayerisches Datenschutzgesetz
BayGO .... Gemeindeordnung für den Freistaat Bayern
BayLStVG .... Gesetz über das Landesstrafrecht und das Verordnungsrecht auf dem Gebiet der öffentlichen Sicherheit und Ordnung
BayPAG .... Gesetz über die Aufgaben und Befugnisse der Bayerischen Staatlichen Polizei
BayStrWG .... Bayerisches Straßen- und Wegegesetz
BayVBl. .... Bayerische Verwaltungsblätter (Zeitschrift)
BayVerf .... Verfassung des Freistaates Bayern
BayVGH .... Bayerischer Verwaltungsgerichtshof
BayVwVfG .... Bayerisches Verwaltungsverfahrensgesetz
BayVwZVG .... Bayerisches Verwaltungszustellungs- und Vollstreckungsgesetz
Bbg, bbg .... Brandenburg, brandenburgisch
BbgKVerf .... Kommunalverfassung des Landes Brandenburg
BbgOBG .... Gesetz über Aufgaben und Befugnisse der Ordnungsbehörden
BbgVwGG .... Gesetz über die Errichtung der Verwaltungsgerichtsbarkeit und zur Ausführung der Verwaltungsgerichtsordnung im Land Brandenburg
BBodSchG .... Gesetz zum Schutz vor schädlichen Bodenveränderungen und zur Sanierung von Altlasten (Bundes-Bodenschutzgesetz)
BeamtStG .... Gesetz zur Regelung des Statusrechts der Beamtinnen und Beamten in den Ländern (Gesetz v. 17.6.2008, BGBl. 2008 I 1010)
BeckRS .... Beck-Rechtsprechungsservice
BerGer. .... Berufungsgericht
BesVerwR .... Besonderes Verwaltungsrecht
Beschl. .... Beschluss

bespr. . . . . besprochen
BGBl. . . . . Bundesgesetzblatt
BGHZ . . . . Entscheidungen des Bundesgerichtshofs in Zivilsachen
BImSchG . . . . Bundes-Immissionsschutzgesetz
Bln, bln . . . . Berlin, berlinerisch
BlnASOG . . . . Allgemeines Gesetz zum Schutz der öffentlichen Sicherheit und Ordnung in Berlin
BO . . . . Bauordnung
BPolG . . . . Gesetz über die Bundespolizei
BR-Drs. . . . . Drucksache des Bundesrates
Brem, brem . . . . Bremen, bremisch
BremPolG . . . . Bremisches Polizeigesetz
bspw. . . . . beispielsweise
BVerfG . . . . Bundesverfassungsgericht
BVerfGE . . . . Entscheidungen des Bundesverfassungsgerichts
BVerfGG . . . . Bundesverfassungsgerichtsgesetz
BVerwG . . . . Bundesverwaltungsgericht
BVerwGE . . . . Entscheidungen des Bundesverwaltungsgerichts
BW . . . . Baden-Württemberg
BWGemO . . . . Gemeindeordnung für Baden-Württemberg
BWLBO . . . . Landesbauordnung für Baden-Württemberg
BWPolG . . . . Polizeigesetz des Landes Baden-Württemberg
BWStrG . . . . Straßengesetz für Baden-Württemberg
BWVwVG . . . . Verwaltungsverfahrensgesetz für Baden-Württemberg
bzw. . . . . beziehungsweise

DAR . . . . Deutsches Autorecht (Zeitschrift)
dh . . . . das heißt
diff. . . . . differenzierend
DÖV . . . . Die öffentliche Verwaltung (Zeitschrift)
DVBl. . . . . Deutsches Verwaltungsblatt (Zeitschrift)

EEWärmeG . . . . Gesetz zur Förderung Erneuerbarer Energien im Wärmebereich (Erneuerbare-Energien-Wärmegesetz)
EG . . . . Vertrag zur Gründung der Europäischen Gemeinschaft (EG) v. 7.2.1992 in der Fassung v. 2.10.1997
EGGVG . . . . Einführungsgesetz zum Gerichtsverfassungsgesetz
EGV . . . . Vertrag zur Gründung der Europäischen Gemeinschaft (EG) in der Fassung v. 7.2.1992
eing. . . . . eingehend
einschr. . . . . einschränkend
EL . . . . Ergänzungslieferung
entspr. . . . . entsprechend
EnWZ . . . . Zeitschrift für das gesamte Recht der Energiewirtschaft
erg. . . . . ergänzend
Erl. . . . . Erläuterung
ESVGH . . . . Entscheidungssammlung des Hessischen Verwaltungsgerichtshofs und des Verwaltungsgerichtshofs Baden-Württemberg
EU . . . . Vertrag über die Europäische Union (EU) v. 7.2.1992 in der Fassung v. 2.10.1997

f. . . . . folgende (Seite)
FAZ . . . . Frankfurter Allgemeine Zeitung
ff. . . . . fortfolgende (Seiten)
Fn. . . . . Fußnote
FS . . . . Festschrift

G . . . . Gesetz

gem. . . . . gemäß
GemO . . . . Gemeindeordnung
GewArch . . . . Gewerbearchiv
GewO . . . . Gewerbeordnung
GG . . . . Grundgesetz
ggf. . . . . gegebenenfalls
ggü. . . . . gegenüber
GO . . . . Gemeindeordnung
grdl. . . . . grundlegend
grds. . . . . grundsätzlich
GVBl. . . . . Gesetz- und Verordnungsblatt
GVG . . . . Gerichtsverfassungsgesetz
GV. NRW. . . . . Gesetz- und Verordnungsblatt für das Land Nordrhein-Westfalen

HBO . . . . Hessische Bauordnung
HdBSt . . . . Handbuch des Staatsrechts
Hess, hess . . . . Hessen, hessisch
HGO . . . . Hessische Gemeindeordnung
HKWP . . . . Handbuch der kommunalen Wissenschaft und Praxis
hL . . . . herrschende Lehre
hM . . . . herrschende Meinung
HmbSOG . . . . Gesetz zum Schutz der öffentlichen Sicherheit und Ordnung
HmbVerfG . . . . Hamburgisches Verfassungsgericht
HmbVwVG . . . . Hamburgisches Verwaltungsvollstreckungsgesetz
Hrsg. . . . . Herausgeber
HSOG . . . . Hessisches Gesetz über die öffentliche Sicherheit und Ordnung
HStrG . . . . Hessisches Straßengesetz

idR . . . . in der Regel
idS . . . . in diesem Sinne
iErg . . . . im Ergebnis
ieS . . . . im engeren Sinne
IfSG . . . . Infektionsschutzgesetz
iHv . . . . in Höhe von
insbes. . . . . insbesondere
IR . . . . Infrastrukturrecht (Zeitschrift)
iS . . . . im Sinne
iSd . . . . im Sinne des, im Sinne der
iSv . . . . im Sinne von
iVm . . . . in Verbindung mit

JA . . . . Juristische Arbeitsblätter (Zeitschrift)
JR . . . . Juristische Rundschau (Zeitschrift)
JURA . . . . Juristische Ausbildung (Zeitschrift)
JurA . . . . Juristische Analysen (Zeitschrift)
JuS . . . . Juristische Schulung (Zeitschrift)
JW . . . . Juristische Wochenschrift (Zeitschrift)
JZ . . . . Juristenzeitung (Zeitschrift)

KAG . . . . Kommunalabgabengesetz
Kap. . . . . Kapitel
KK-OWiG . . . . Karlsruher Kommentar zum Gesetz über Ordnungswidrigkeiten
KommJuR . . . . Kommunaljurist (Zeitschrift)
KommunalR . . . . Kommunalrecht
KomWG . . . . Kommunalwahlgesetz
KostO . . . . Gesetz über die Kosten in Angelegenheiten der freiwilligen Gerichtsbarkeit
krit. . . . . kritisch

KrO	Kreisordnung
KStZ	Kommunale Steuerzeitschrift
KSVG	Kommunalselbstverwaltungsgesetz des Saarlandes
KV	Kommunalverfassung
KVerfR	Kommunalverfassungsrecht
KVG	Kommunalverfassungsgesetz
lit.	litera, Buchstabe
Lit.	Literatur
LKV	Landes- und Kommunalverwaltung
Lkw	Lastkraftwagen
Ls.	Leitsatz
LSA	Land Sachsen-Anhalt
LSAKAG	Kommunalabgabengesetz des Landes Sachsen-Anhalt
LSAKVG	Kommunalverfassungsgesetz des Landes Sachsen-Anhalt
LSASOG	Gesetz über die öffentliche Sicherheit und Ordnung des Landes Sachsen-Anhalt
LStVG	Landesstraf- und Verordnungsgesetz
LT-Drs.	Drucksachen des nordrhein-westfälischen Landtags
LVwG	Landesverwaltungsgesetz
LZG	Landeszustellungsgesetz
mablAnm	mit ablehnender Anmerkung
mAnm	mit Anmerkung(en)
mkritAnm	mit kritischer Anmerkung
MBl.	Ministerialblatt
mE	meines Erachtens
mN	mit Nachweisen
MRVO Nr. 165	Verordnung Nr. 165 der Militärregierung über die Verwaltungsgerichtsbarkeit in der britischen Zone
MV	Mecklenburg-Vorpommern
MVKV	Kommunalverfassung für das Land Mecklenburg-Vorpommern
MVSOG	Gesetz über die öffentliche Sicherheit und Ordnung in Mecklenburg-Vorpommern
mwN	mit weiteren Nachweisen
Nachw.	Nachweise
NBauO	Niedersächsische Bauordnung
Nds, nds	Niedersachsen, niedersächsisch
Nds. GVBl.	Niedersächsisches Gesetz- und Verordnungsblatt
NdsRPfl	Niedersächsische Rechtspflege
NdsVBl.	Niedersächsische Verwaltungsblätter
nF	neue Fassung
NGO	Niedersächsische Gemeindeordnung
NJG	Niedersächsisches Justizgesetz
NJW	Neue Juristische Wochenschrift (Zeitschrift)
NKomVG	Niedersächsisches Kommunalverfassungsgesetz
NordÖR	Zeitschrift für Öffentliches Recht in Norddeutschland
NotO	Notarordnung
Nr.	Nummer
Nrn.	Nummern
NRW, nrw	Nordrhein-Westfalen, nordrhein-westfälisch
NRWBauO	Bauordnung für das Land Nordrhein-Westfalen
NRWDSchG	Gesetz zum Schutz und zur Pflege der Denkmäler im Lande Nordrhein-Westfalen
NRWEigenbetriebsVO.	Eigenbetriebsverordnung für das Land Nordrhein-Westfalen
NRWGebG	Gebührengesetz für das Land Nordrhein-Westfalen
NRWGO	Gemeindeordnung für das Land Nordrhein-Westfalen

NRWJustG	Gesetz über die Justiz im Land Nordrhein-Westfalen
NRWKAG	Kommunalabgabengesetz für das Land Nordrhein-Westfalen
NRWLOG	Gesetz über die Organisation der Landesverwaltung
NRWOBG	Gesetz über Aufbau und Befugnisse der Ordnungsbehörden des Landes Nordrhein-Westfalen
NRWPOG	Gesetz über die Organisation und die Zuständigkeit der Polizei im Lande Nordrhein-Westfalen
NRWPolG	Polizeigesetz des Landes Nordrhein-Westfalen
NRWStrWG	Straßen- und Wegegesetz des Landes Nordrhein-Westfalen
NRWVerf	Verfassung für das Land Nordrhein-Westfalen
NRWVO VwVG	Verordnung zur Ausführung des Verwaltungsvollstreckungsgesetzes
NRWVwVG	Verwaltungsvollstreckungsgesetz für das Land Nordrhein-Westfalen
NRWVwVfG	Verwaltungsverfahrensgesetz für das Land Nordrhein-Westfalen
NSOG	Niedersächsisches Gesetz über die öffentliche Sicherheit und Ordnung
NStrG	Niedersächsisches Straßengesetz
NuR	Natur und Recht (Zeitschrift)
nv	nicht veröffentlicht
NVwZ	Neue Zeitschrift für Verwaltungsrecht
NVwZ-RR	NVwZ-Rechtsprechungsreport (Zeitschrift)
NWVBl.	Nordrhein-westfälische Verwaltungsblätter
oÄ	oder Ähnliche(s)
OBG	Ordnungsbehördengesetz
OLG	Oberlandesgericht
OrdnungsR	Ordnungsrecht
OVG	Oberverwaltungsgericht
OVGE	Entscheidungen der Oberverwaltungsgerichte in Münster sowie in Lüneburg
OWiG	Gesetz über Ordnungswidrigkeiten
PAG	Polizeiaufgabengesetz
PartG	Gesetz über die politischen Parteien (Parteiengesetz)
Pkw	Personenkraftwagen
POG	Polizeiorganisationsgesetz
PolG	Polizeigesetz
PolizeiR	Polizeirecht
pr.	preußisch
pr.ALR	Preußisches Allgemeines Landrecht
PrOVG	Preußisches Oberverwaltungsgericht
PrOVGE	Entscheidungen des preußischen Oberverwaltungsgerichts
PVG	Polizeiverwaltungsgesetz
RBHG	Gesetz über die Haftung des Reiches für seine Beamten
RdErl.	Runderlass
RhPf, rhpf	Rheinland-Pfalz
RhPfGemO	Gemeindeordnung
RhPfPOG	Polizei- und Ordnungsbehördengesetz
Rn.	Randnummer
Rspr.	Rechtsprechung
S.	Seite/Siehe
Saarl	Saarland
Sachs	Sachsen
sächs	sächsisch
SächsGemO	Gemeindeordnung für den Freistaat Sachsen
SächsPolG	Polizeigesetz des Freistaates Sachsen
SchlH, schlh	Schleswig-Holstein, schleswig-holsteinisch

SchlHGO .... Gemeindeordnung für Schleswig-Holstein
SchlHKAG .... Kommunalabgabengesetz des Landes Schleswig-Holstein
SchlHPOG .... Gesetz über die Organisation der Polizei in Schleswig-Holstein
SGB I .... Sozialgesetzbuch Erstes Buch
sog. .... sogenannt
SOG .... Gesetz zum Schutz der öffentlichen Sicherheit und Ordnung
st. .... ständige
StGB .... Strafgesetzbuch
StGH .... Staatsgerichtshof
StPO .... Strafprozessordnung
str. .... streitig
StR .... Staatsrecht
StrG .... Straßengesetz
stRspr .... ständige Rechtsprechung
StrWG .... Straßen- und Wegegesetz
StVG .... Straßenverkehrsgesetz
StVO .... Straßenverkehrsordnung
SZ .... Süddeutsche Zeitung

teilw. .... teilweise
TierGesG........... Gesetz zur Vorbeugung und Bekämpfung von Tierseuchen (Tiergesundheitsgesetz)
TierSchG .... Tierschutzgesetz
TierSG .... Tierseuchengesetz
Thür, thür .... Thüringen, thüringisch
ThürEBBG .... Thüringer Gesetz über das Verfahren bei Einwohnerantrag, Bürgerbegehren und Bürgerentscheid
ThürKAG .... Thüringer Kommunalabgabengesetz
ThürKO .... Thüringer Kommunalordnung
ThürOBG .... Thüringer Gesetz über die Aufgaben und Befugnisse der Ordnungsbehörden
ThürVBl. .... Thüringer Verwaltungsblätter (Zeitschrift)

u. .... und
ua .... unter anderem
überw. .... überwiegend
umstr. .... umstritten
usw .... und so weiter
uU .... unter Umständen
uva .... und vieles andere
UWG .... Gesetz gegen den unlauteren Wettbewerb

v. .... von/vom
vAw .... von Amts wegen
VBlBW .... Verwaltungsblätter für Baden-Württemberg
Verf .... Verfassung
VerfGH .... Verfassungsgerichtshof
VersG .... Versammlungsgesetz
VersammlR .... Versammlungsrecht
VerwArch .... Verwaltungsarchiv
VerwR .... Verwaltungsrecht
VerwRspr .... Verwaltungsrechtsprechung in Deutschland
VG .... Verwaltungsgericht
VGH .... Verwaltungsgerichtshof
VGHG .... Verfassungsgerichtshofgesetz
vgl. .... vergleiche
VO .... Verordnung
Vorb .... Vorbemerkung

VR .... Verwaltungsrundschau
VVDStRL .... Veröffentlichungen der Vereinigung der Deutschen Staatsrechtslehrer
VwGG .... Verwaltungsgerichtsgesetz
VwGO .... Verwaltungsgerichtsordnung
VwVfG .... Verwaltungsverfahrensgesetz
VwVG .... Verwaltungsvollstreckungsgesetz
VwZG .... Verwaltungszustellungsgesetz
VwZVG .... Verwaltungszustellungs- und Vollstreckungsgesetz

wN .... weitere Nachweise

zahlr. .... zahlreich
zB .... zum Beispiel
ZfBR.............. Zeitschrift für deutsches und internationales Bau- und Vergaberecht
ZfW .... Zeitschrift für Wasserrecht
ZMR .... Zeitschrift für Miet- und Raumrecht
ZPO .... Zivilprozessordnung
zT .... zum Teil
ZUR .... Zeitschrift für Umweltrecht
zust. .... zustimmend
zutr. .... zutreffend

Literaturverzeichnis

Achterberg, N./Püttner, G./Würtenberger, T., Besonderes Verwaltungsrecht Band I, 2. Aufl. 2000; Band II, 2. Aufl. 2000 (zit.: *Bearbeiter* in Achterberg/Püttner/Würtenberger BesVerwR I/II)

App, M. S./Wettlaufer, A., Verwaltungsvollstreckungsrecht, 5. Aufl. 2011 (zit.: *App/Wettlaufer* Verw-VollstreckungsR)

Articus, S./Schneider, B. J., Gemeindeordnung Nordrhein-Westfalen, 5. Aufl. 2016 (zit. Articus/Schneider/*Bearbeiter*)

Bachmann, S./Baumgartner, G./Feik, R./Giese, K. J./Jahnel, D./Lienbacher, G., Besonderes Verwaltungsrecht, 11. Aufl. 2016 (zit.: *Bearbeiter* in Bachmann/Baumgartner BesVerwR)

Bader, J./Funke-Kaiser, M./Stuhlfauth, T./v. Albedyll, J., Verwaltungsgerichtsordnung, Kommentar, 7. Aufl. 2018 (zit.: Bader/Funke-Kaiser/Stuhlfauth/v. Albedyll/*Bearbeiter*)

Becker, U./Heckmann, D./Kempen, B./Manssen, G., Öffentliches Recht in Bayern, 7. Aufl. 2017 (zit.: *Bearbeiter* in BHKM ÖffR Bayern)

Bleutge, R., Der Kommunalverfassungsstreit, 1970 (zit.: *Bleutge* Der Kommunalverfassungsstreit)

Böckenförde, E.-W., Gesetz und gesetzgebende Gewalt – von den Anfängen der deutschen Staatsrechtslehre bis zur Höhe des staatsrechtlichen Positivismus, 1958 (zit.: *Böckenförde* Gesetz und gesetzgebende Gewalt)

Brohm, W., Öffentliches Baurecht, 3. Aufl. 2002 (zit.: *Brohm* ÖffBauR)

Burgi, M., Kommunalrecht, 5. Aufl. 2015 (zit.: *Burgi* KommunalR)

Burgi, M./Ruhland, B., Regionale Selbstverwaltung durch die Landschaftsverbände in Nordrhein-Westfalen im Spiegel von Rechtsprechung und Rechtsliteratur, 2003 (zit.: *Burgi/Ruhland* Regionale Selbstverwaltung)

Burmann, M./Heß, R./Hühnermann, K./Jahnke, J., Straßenverkehrsrecht, Kommentar, 25. Aufl. 2018 (zit.: BHHJ/*Bearbeiter*)

Degenhart, C., Staatsrecht I. Staatsorganisationsrecht, 34. Aufl. 2018 (zit.: *Degenhart* StaatsR I)

Degenhart, C., Klausurenkurs im Staatsrecht II, 8. Aufl. 2018 (zit.: *Degenhart* Klausurenkurs StaatsR II)

Detterbeck, S., Allgemeines Verwaltungsrecht mit Verwaltungsprozessrecht, 16. Aufl. 2018 (zit.: *Detterbeck* AllgVerwR)

Dieckmann, J./Heinrichs, F. W., Gemeindeordnung für das Land Nordrhein-Westfalen, Kommentar, 1996 (zit.: Dieckmann/Heinrichs/*Bearbeiter*)

Dietel, A./Gintzel, K./Kniesel, M., Versammlungsgesetze, 17. Aufl. 2016 (zit.: *Dietel/Gintzel/Kniesel* VersammlG)

Dietlein, J./Hellermann, J., Öffentliches Recht in Nordrhein Westfalen, 6. Aufl. 2016 (zit.: *Bearbeiter* in Dietlein/Hellermann ÖffR NRW)

Dietlein, J./Hellermann, J., Klausurenbuch Öffentliches Recht in Nordrhein-Westfalen. Verfassungsrecht, Kommunalrecht, Polizei- und Sicherheitsrecht, Öffentliches Baurecht, 2. Aufl. 2014 (zit.: *Bearbeiter* in *Dietlein/Hellermann* Klausurenbuch ÖffR NRW)

Dreier, H., Grundgesetz, Kommentar, Band I, 3. Aufl. 2013; Band II, 3. Aufl. 2015 (zit.: Dreier/*Bearbeiter*)

Drews, B./Wacke, G./Vogel, K./Martens, W., Gefahrenabwehr, 9. Aufl. 1986 (zit.: *Drews/Wacke/Vogel/Martens* Gefahrenabwehr)

Driehaus, H.-J., Kommunalabgabenrecht, Kommentar, Loseblattausgabe, Stand: September 2018 (zit.: Driehaus/*Bearbeiter*)

Dünchheim, T., Kommunalrecht Nordrhein-Westfalen. Kurzkommentar zur GO-Reform mit umfangreichem Vorschriftenanhang, 2008 (zit.: *Dünchheim* KommunalR NRW)

Ehlers, D./Fehling, M./Pünder, H., Besonderes Verwaltungsrecht Bd. I, 3. Aufl. 2012; Bd. II, 3. Aufl. 2013; Bd. III, 3. Aufl. 2013 (zit.: *Bearbeiter* in Ehlers/Fehling/Pünder BesVerwR I/II/III)

Erbguth, W./Mann, T./Schubert, M., Besonderes Verwaltungsrecht, 12. Aufl. 2015 (zit.: *Erbguth/Mann/Schubert* BesVerwR)

Erichsen, H.-U./Ehlers, D., Allgemeines Verwaltungsrecht, 14. Aufl. 2010 (zit.: *Bearbeiter* in Erichsen/Ehlers AllgVerwR)

Erichsen, H.-U., Kommunalrecht des Landes Nordrhein-Westfalen, 2. Aufl. 1997 (zit.: *Erichsen* KommunalR NRW)

Eyermann, E., Verwaltungsgerichtsordnung, Kommentar, 15. Aufl. 2019 (zit.: Eyermann/*Bearbeiter*)

Fickert, H. C., Straßenrecht in Nordrhein-Westfalen, 3. Aufl. 1989 (zit.: *Fickert* StraßenR NRW)

Friauf, K. H., Kommentar zur Gewerbeordnung, Loseblattausgabe, Stand: August 2018 (zit.: Friauf/*Bearbeiter*)

Frings, W./Spahlholz, L., Das Recht der Gefahrenabwehr in Nordrhein-Westfalen, 3. Aufl. 2011 (zit.: *Frings/Spahlholz* Gefahrenabwehr NRW)

Geis, M.-E., Kommunalrecht, 4. Aufl. 2016 (zit.: *Geis* KommunalR)

Germann, M., Gefahrenabwehr und Strafverfolgung im Internet, 2000 (zit.: *Germann* Gefahrenabwehr)

Gern, A./Brüning, C., Deutsches Kommunalrecht, 4. Aufl. 2019 (zit.: *Gern/Brüning* KommunalR)

Gersdorf, H., Verwaltungsprozessrecht, 5. Aufl. 2015 (zit.: *Gersdorf* VerwProzR)

Göhler, E., Gesetz über Ordnungswidrigkeiten, 17. Aufl. 2017 (zit.: Göhler/*Bearbeiter*)

Gönnenwein, O., Gemeinderecht, 1965 (zit.: *Gönnenwein* GemeindeR)

Götz, V./Geis, M.-E., Allgemeines Polizei- und Ordnungsrecht, 16. Aufl. 2017 (zit.: *Götz/Geis* POR)

Gornig, G.-H./Jahn, R., Fälle zum Polizei- und Ordnungsrecht, 4. Aufl. 2014 (zit.: *Gornig/Jahn* POR)

Gornig, G./Horn, H.-D./Will, M., Öffentliches Recht in Hessen. Kommunalrecht, Polizei- und Ordnungsrecht, Öffentliches Baurecht, 2018 (zit.: *Bearbeiter* in Gornig/Horn/Will ÖffR Hessen)

Grünning, K./Ketteler, G./Kortmann, U., Besonderes Ordnungsrecht, 1988 (zit.: *Bearbeiter* in Grünning/Ketteler/Kortmann BesOrdnungsR)

Gusy, C., Polizei- und Ordnungsrecht, 10. Aufl. 2017 (zit.: *Gusy* POR)

Habermehl, K., Polizei- und Ordnungsrecht, 2. Aufl. 1993 (zit.: *Habermehl* POR)

Held, F. W./Winkel, J./Wansleben, R., Kommunalverfassungsrecht Nordrhein-Westfalen, Kommentar, Loseblattausgabe, Stand: August 2018 (zit.: *Bearbeiter* in Held/Winkel/Wansleben KommunalVerfR)

Held, F. W./Winkel, J., Gemeindeordnung Nordrhein-Westfalen, Kommentar, 4. Aufl. 2018 (zit.: Held/Winkel/*Bearbeiter*)

Hermes, G./Reimer, F., Landesrecht Hessen, Studienbuch, 8. Aufl. 2015 (zit.: *Bearbeiter* in Hermes/Reimer LandesR Hessen)

Hofmann, H./Theisen, R.-D./Bätge, F., Kommunalrecht in Nordrhein-Westfalen, 17. Aufl. 2017 (zit.: *Bearbeiter* in Hofmann/Theisen/Bätge KommunalR NRW)

Hufen, F., Verwaltungsprozessrecht, 10. Aufl. 2016 (zit.: *Hufen* VerwProzR)

Ipsen, J., Allgemeines Verwaltungsrecht, 10. Aufl. 2017 (zit.: *Ipsen* AllgVerwR).

Isensee, J./Kirchhof, P., Handbuch des Staatsrechts, Band V Allgemeine Grundrechtslehren, 2. Aufl. 2000, und nach Neustrukturierung Band V Rechtsquellen, Organisation, Finanzen, 3. Aufl. 2007, sowie Band IX Allgemeine Grundrechtslehren, 3. Aufl. 2011 (zit.: HdBSt/*Bearbeiter*)

Jarass, H. D./Pieroth, B., Grundgesetz, Kommentar, 15. Aufl. 2018 (zit.: *Jarass/Pieroth*)

Jellinek, G., System der subjektiven öffentlichen Rechte, Neudruck der 2. Aufl. 1919 (zit.: *Jellinek* Öffentliche Rechte)

Kahl, W./Waldhoff, C./Walter, C., Bonner Kommentar zum Grundgesetz, Loseblattsammlung, Stand: August 2018 (zit.: BK/*Bearbeiter*)

Kay, W./Böcking, R., Polizeirecht NRW, 1992 (zit.: *Kay/Böcking* PolizeiR NRW)

*Kingreen, T./*Poscher, *R.*, Grundrechte, Staatsrecht II, 34. Aufl. 2018 (zit.: *Kingreen/Poscher* Grundrechte)

Kingreen, T./Poscher, R., Polizei- und Ordnungsrecht mit Versammlungsrecht, 10. Aufl. 2018 (zit.: *Kingreen/Poscher* POR)

Knemeyer, F.-L., Polizei- und Ordnungsrecht, 11. Aufl. 2007 (zit.: *Knemeyer* POR)

Knemeyer, F.-L., Bayerisches Kommunalrecht, 12. Aufl. 2007 (zit.: *Knemeyer* BayKommunalR)

Koch, H.-J./Rubel, R./Heselhaus, F. S. M., Allgemeines Verwaltungsrecht, 3. Aufl. 2003 (zit.: *Koch/Rubel/Heselhaus* AllgVerwR)

Kodal, K./Krämer, H., Straßenrecht, 7. Aufl. 2010 (zit.: *Bearbeiter* in Kodal/Krämer StraßenR)

Körner, H., Gemeindeordnung Nordrhein-Westfalen, Kommentar, 5. Aufl. 1990 (zit.: *Körner* GO NRW)

Kopp, F. O./Ramsauer, U., Verwaltungsverfahrensgesetz, Kommentar, 19. Aufl. 2018 (zit.: *Kopp/Ramsauer*)

Kopp, F. O./Schenke, W.-R., Verwaltungsgerichtsordnung, Kommentar, 24. Aufl. 2018 (zit.: *Kopp/Schenke*)
Krüger, R., Versammlungsrecht, 1994 (zit.: *Krüger* VersammlungsR)
Kugelmann, D., Polizei- und Ordnungsrecht, 2. Aufl. 2012 (zit.: *Kugelmann* POR)
Kuhla, W./Hüttenbrink, J., Der Verwaltungsprozess, 3. Aufl. 2002 (zit.: *Kuhla/Hüttenbrink* VerwProz)
Laband, P., Das Staatsrecht des Deutschen Reiches, Band 2, 5. Aufl. 1911 (zit.: *Laband* StaatsR II)
Lepsius, O., Besitz und Sachherrschaft im öffentlichen Recht, 2002 (zit.: *Lepsius* Besitz und Sachherrschaft)
Lisken, H./Denninger, E., Handbuch des Polizeirechts, 6. Aufl. 2018 (zit.: *Bearbeiter* in Lisken/Denninger PolR-HdB)
Lübking, U./Vogelgesang, K., Die Kommunalaufsicht, 1998 (zit.: *Lübking/Vogelgesang* Kommunalaufsicht)
Mann, T./Püttner, G., Handbuch der kommunalen Wissenschaft und Praxis, Band I Grundlagen und Kommunalverfassung, 3. Aufl. 2007; Band II Kommunale Wirtschaft, 3. Aufl. 2011 (zit.: *Bearbeiter* in Mann/Püttner HKWP)
Mann, T./Wahrendorf, V., Verwaltungsprozessrecht, 4. Aufl. 2015 (zit.: *Mann/Wahrendorf* VerwProzR)
Martini, M., Verwaltungsprozessrecht und Allgemeines Verwaltungsrecht, 6. Aufl. 2017 (zit.: *Martini* VerwProzR)
Maunz, T./Dürig, G., Grundgesetz, Kommentar, Band I und II, Loseblattausgabe, Stand: August 2018 (zit.: Maunz/Dürig/*Bearbeiter*)
Maunz, T./Schmidt-Bleibtreu, B./Klein, F./Bethge, H., Bundesverfassungsgerichtsgesetz, Loseblatt-Kommentar, Stand: Juni 2018 (zit.: MSKB/*Bearbeiter*)
Maurer, H./Waldhoff, C., Allgemeines Verwaltungsrecht, 19. Aufl. 2017 (zit.: *Maurer/Waldhoff* AllgVerwR)
Meyer-Goßner, L./Schmitt, B., Köhler, M., Strafprozessordnung, Kommentar, 61. Aufl. 2018 (zit.: Meyer-Goßner/Schmitt/Köhler/*Bearbeiter*)
Möstl, M./Kugelmann, D., Beck'scher Online-Kommentar Polizei- und Ordnungsrecht Nordrhein-Westfalen, 11. Edition, Stand: November 2018 (zit.: BeckOK PolR NRW/*Bearbeiter*)
Möstl, M., Die staatliche Garantie für die öffentliche Sicherheit und Ordnung, 2002 (zit.: *Möstl* Staatliche Garantie)
Muckel, S./Ogorek, M., Öffentliches Baurecht, 3. Aufl. 2018 (zit.: *Muckel/Ogorek* ÖffBauR)
Muckel, S./Stemmler, T., Fälle zum öffentlichen Baurecht, 7. Aufl. 2013 (zit.: *Muckel/Stemmler* ÖffBauR)
Pagenkopf, H., Kommunalrecht, Band I, 2. Aufl. 1975 (zit.: *Pagenkopf* KommunalR I)
Palandt, O., Bürgerliches Gesetzbuch, 77. Aufl. 2018 (zit.: Palandt/*Bearbeiter*)
Peters, H., Handbuch der kommunalen Wissenschaft und Praxis, Band III Kommunale Finanzen und kommunale Wirtschaft, 1959 (zit.: *Bearbeiter* in Peters HKWP)
Pietzner, R./Ronellenfitsch, M., Das Assessorexamen im Öffentlichen Recht, 14. Aufl. 2019 (zit.: *Pietzner/Ronellenfitsch* Assessorexamen ÖffR)
Prümm, H. P./Sigrist, H., Allgemeines Sicherheits- und Ordnungsrecht, 2. Aufl. 2003 (zit.: *Prümm/Sigrist* AllgSOR)
Ramsauer, U., Die Assessorprüfung im öffentlichen Recht, 7. Aufl. 2010 (zit.: *Ramsauer* Assessorprüfung)
Rauball, J./Rauball, R./Rauball, W./Pappermann, E./Roters, W., Gemeindeordnung für Nordrhein-Westfalen, Kommentar, 3. Aufl. 1981 (zit.: Rauball/Pappermann/Roters/*Bearbeiter*)
Redeker, K./v. Oertzen, H.-J., Verwaltungsgerichtsordnung, Kommentar, 16. Aufl., 2014 (zit.: Redeker/v. Oertzen/*Bearbeiter*)
Rehn, E./Cronauge, U./v. Lennep, H. G./Knirsch, H., Gemeindeordnung für das Land Nordrhein-Westfalen, Kommentar, Loseblattausgabe, Stand: 46. EL. Dezember 2017 (zit.: Rehn/Cronauge/v. Lennep/Knirsch/*Bearbeiter*)
Rhein, K.-U., Gesetz über Aufbau und Befugnisse der Ordnungsbehörden (OBG NRW), Kommentar, 2004 (zit.: *Rhein* OBG NRW)
Ridder, H./Breitbach, M./Rühl, U./Steinmeier, F., Versammlungsrecht, Kommentar, 1992 (zit.: RBRS/*Bearbeiter*)
Röger, R., Demonstrationsfreiheit für Neonazis?, 2004 (zit.: *Röger* Demonstrationsfreiheit)
Ruthig, J./Storr, S., Öffentliches Wirtschaftsrecht, 4. Aufl. 2015 (zit.: *Ruthig/Storr* ÖffWirtschaftsR)
Sachs, M., Grundgesetz, Kommentar, 8. Aufl. 2018 (zit.: Sachs/*Bearbeiter*)

Schenke, W.-R., Polizei- und Ordnungsrecht, 10. Aufl. 2018 (zit.: *Schenke* POR)
Schenke, W.-R., Verwaltungsprozessrecht, 15. Aufl. 2017 (zit.: *Schenke* VerwProzR)
Schlacke, S./Wittreck, F., Landesrecht Nordrhein-Westfalen, Studienbuch, 2017 (zit.: *Bearbeiter* in Schlacke/Wittreck LandesR NRW)
Schliesky, U., Öffentliches Wettbewerbsrecht, 1997 (zit.: *Schliesky* ÖffWettbewerbsR)
Schliesky, U., Öffentliches Wirtschaftsrecht, 4. Aufl. 2014 (zit.: *Schliesky* ÖffWirtschaftsR)
Schmidt, R., Polizei- und Ordnungsrecht sowie Grundzüge des Versammlungsrechts und des Verwaltungsvollstreckungsrechts, 19. Aufl. 2017 (zit.: *R. Schmidt* POR)
Schmidt, R., Allgemeines Verwaltungsrecht, 21. Aufl. 2018 (zit.: *R. Schmidt* AllgVerwR)
Schmidt, R., Verwaltungsprozessrecht, 18. Aufl. 2016 (zit.: *R. Schmidt* VerwProzR)
Schmidt, R., Grundrechte sowie Grundzüge der Verfassungsbeschwerde, 23. Aufl. 2018 (zit.: *R. Schmidt* GR)
Schmidt-Jortzig, E., Kommunalrecht, 1982 (zit.: *Schmidt-Jortzig* KommunalR)
Schöbener, B./Knauff, M., Allgemeine Staatslehre, 3. Aufl. 2016 (zit.: *Schöbener/Knauff* Staatslehre)
Schoch, F./Schneider, J.-P./Bier, W., Verwaltungsgerichtsordnung Kommentar, 34. EL. 2018 (zit.: Schoch/Schneider/Bier/*Bearbeiter*)
Schoch, F., Besonderes Verwaltungsrecht, 1. Aufl. 2018 (zit.: *Bearbeiter* in Schoch BesVerwR)
Schönke, A./Schröder, H., Strafgesetzbuch Kommentar, 29. Aufl. 2014 (zit.: Schönke/Schröder/*Bearbeiter*)
Schwerdtfeger, G./Schwerdtfeger, A., Öffentliches Recht in der Fallbearbeitung, 15. Aufl. 2018 (zit.: *Schwerdtfeger/Schwerdtfeger* ÖffR)
Steiner, U./Brinktrine, R., Besonderes Verwaltungsrecht, 9. Aufl. 2018 (zit.: *Bearbeiter* in Steiner/Brinktrine BesVerwR)
Stelkens, P./Bonk, H. J./Sachs, M., Verwaltungsverfahrensgesetz, Kommentar, 9. Aufl. 2018 (zit.: Stelkens/Bonk/Sachs/*Bearbeiter*)
Stern, K., Das Staatsrecht der Bundesrepublik Deutschland, Bd. I, 2. Aufl. 1984 (zit.: *Stern* StaatsR I)
Stern, K./Blanke H.-J., Verwaltungsprozessrecht in der Klausur, 9. Aufl. 2008 (zit.: *Stern/Blanke* VerwProzR)
Stober, R., Kommunalrecht in der Bundesrepublik Deutschland, 3. Aufl. 1996 (zit.: *Stober* KommunalR)
Tegtmeyer, H./Vahle, J., Polizeigesetz Nordrhein-Westfalen, 12. Aufl. 2018 (zit.: *Tegtmeyer/Vahle* PolG NRW)
Tettinger, P. J./Wank, R./Ennuschat, J., Gewerbeordnung, 8. Aufl. 2011 (zit.: Tettinger/Wank/Ennuschat/*Bearbeiter*)
Thiel, M., Polizei- und Ordnungsrecht, 3. Aufl. 2016 (zit.: *Thiel* POR)
Ule, C.-H., Verwaltungsprozessrecht, 9. Aufl. 1987 (zit.: *Ule* VerwProzR)
v. Mangoldt, H./Klein, F./Starck, C., Das Bonner Grundgesetz, Kommentar, Band 1, 7. Aufl. 2018 (zit.: v. Mangoldt/Klein/Starck/*Bearbeiter*)
v. Münch, I./Kunig, P., Grundgesetz-Kommentar, Band 1, 6. Aufl. 2012 (zit.: v. Münch/Kunig/*Bearbeiter*)
v. Mutius, A., Kommunalrecht, 1995 (zit.: *v. Mutius* KommunalR)
v. Unruh, G.-C./Greve, F./Schliesky, U., Grundkurs Öffentliches Recht. Eine Einführung in das Staats-, Europa- und Verwaltungsrecht mit Grundzügen der Allgemeinen Staatslehre, 6. Aufl. 2003 (zit.: *v. Unruh/Greve/Schliesky* GK ÖffR)
Waechter, K., Kommunalrecht, 3. Aufl. 1997 (zit.: *Waechter* KommunalR)
Wagner, H., Kommentar zum Polizeigesetz von Nordrhein- Westfalen und zum Musterentwurf eines einheitlichen Polizeigesetzes des Bundes und der Länder, 1987 (zit.: *Wagner* PolG NRW)
Will, M., Öffentliches Baurecht, 2018 (zit.: *Will* ÖffBauR)
Will, M./Quarch, B. M., Staatshaftungsrecht, 2018 (zit.: *Will/Quarch* StaatshaftungsR)
Wolf, J., Fälle und Lösungen zum Öffentlichen Recht. Methodische Fallbearbeitung, 2018
Wolff, H. J./Bachof, O./Stober, R./Kluth, W., Verwaltungsrecht II, 7. Aufl. 2010 (zit.: *Wolff/Bachof/Stober/Kluth* VerwR II)
Wolff, H. A./Decker, A., VwGO/VwVfG, Studienkommentar, 3. Aufl. 2012 (zit.: *Wolff/Decker* VwGO/VwVfG)
Wolffgang, H.-M./Hendricks, M./Merz, M., Polizei- und Ordnungsrecht Nordrhein-Westfalen, 3. Aufl. 2011 (zit.: *Wolffgang/Hendricks/Merz* POR NRW)

Würtenberger, T./Heckmann, D., Verwaltungsprozessrecht, 4. Aufl. 2018 (zit.: *Würtenberger/Heckmann* VerwProzR)
Würtenberger, T./Heckmann, D./Tanneberger, S., Polizeirecht in Baden-Württemberg, 7. Aufl. 2017 (zit.: *Würtenberger/Heckmann/Tanneberger* PolizeiR BW)
Zacharias, D., Nordrhein-Westfälisches Kommunalrecht, 2004 (zit.: *Zacharias* KommunalR)

1. Teil. Polizei- und Ordnungsrecht

1. Fall: Ameisenplage

Sachverhalt

In einem größeren Mietshaus in der nordrhein-westfälischen Stadt B sind in vielen Wohnungen massenhaft Ameisen aufgetreten. Die Tiere sind geradezu allgegenwärtig in den Wohnungen des Hauses sowie im Treppenhaus, im Keller und auf dem Dachboden. In dem Haus lebende Menschen werden nicht selten von den Tieren gebissen, was zwar nicht sehr schmerzhaft, aber mit starkem Juckreiz verbunden ist, der meist längere Zeit andauert. Krankheiten übertragen die Ameisen nicht.

Der Oberbürgermeister (OB) der Stadt B übersendet dem Eigentümer E nach vorheriger Anhörung eine schriftliche Ordnungsverfügung, in der er im Einzelnen darlegt, aus welchen Gründen die Tiere in dem Mietshaus beseitigt werden müssten. Mit dieser Verfügung gibt der OB dem E auf, eine Ungeziefervertilgungsaktion durchzuführen. Die Verfügung enthält auch Hinweise darüber, wie E die Ameisen beseitigen kann.

E hält die Verfügung des OB für rechtswidrig. Er meint, die Säuberungsaktion sei Sache der Mieter, und erhebt gegen die Verfügung Klage vor dem VG.

Hat die Klage Erfolg?

Lösungsvorschlag

Schwerpunkte:
- **Materiell:**
  - **Grundfall zur polizei- und ordnungsrechtlichen Generalklausel**
  - **Subsidiaritätsprinzip**
  - **rechtliche Unmöglichkeit im Verhältnis Vermieter – Mieter**
- **Prozessual: Anfechtungsklage**

Die Klage hat Erfolg, wenn sie zulässig und begründet ist.

A. Zulässigkeit

I. Verwaltungsrechtsweg

Zunächst müsste der Verwaltungsrechtsweg eröffnet sein. Mangels einer sog. aufdrängenden Spezialzuweisung[1] ist § 40 I 1 VwGO einschlägig. Streitentscheidend sind allein Normen des Gefahrenabwehrrechts. Sie berechtigen ausschließlich Hoheitsträger zu Maßnahmen und gehören demnach gemäß der sog. modifizierten Subjektstheorie[2] zum öffentlichen Recht; die Streitigkeit ist folglich öffentlich-rechtlicher Natur. Sie ist darüber hinaus nichtverfassungsrechtlicher Art, da keiner der Beteiligten Verfassungsorgan ist. Eine abdrängende Zuweisung ist nicht ersichtlich.[3]

II. Statthafte Klageart

E wendet sich gegen eine Verfügung, die ihm ein bestimmtes Verhalten aufgibt, ihn also belastet. Dabei weist die Verfügung alle Merkmale eines Verwaltungsakts iSd § 35 S. 1 VwVfG[4] auf, sodass für sein Begehren eine Anfechtungsklage nach § 42 I VwGO statthaft ist.

---

1 Hierunter versteht man Normen, die den Rechtsstreit ungeachtet der Voraussetzungen des § 40 I 1 VwGO den VG zuweisen. Die in der Klausur am häufigsten vorkommenden aufdrängenden Spezialzuweisungen sind § 54 I BeamtStG für beamtenrechtliche Streitigkeiten sowie § 54 BAföG. Einen Überblick über die wichtigsten aufdrängenden spezialgesetzlichen Zuweisungen zu den VG gibt *Martini* VerwProzR 27. Zur Eröffnung des Verwaltungsrechtsweges s. auch den lehrreichen Beitrag von *Thiel/Scholz* JA 2001, 957 ff.

2 Zu den Abgrenzungstheorien vgl. *Maurer/Waldhoff* AllgVerwR § 3 Rn. 10 ff.; *Ipsen* AllgVerwR Rn. 15 ff.; zu den dogmatischen Hintergründen der Trennung von öffentlichem und privatem Recht *de Wall*, Die Anwendbarkeit privatrechtlicher Vorschriften im Verwaltungsrecht, 1999, 6–52 mwN.

3 Wird der falsche Rechtsweg beschritten, so ist die Klage gem. § 17a II 1 GVG nicht als unzulässig abzuweisen. Vielmehr spricht das Gericht die Unzulässigkeit des Rechtsweges nach Anhörung der Parteien von Amts wegen aus und verweist den Rechtsstreit zugleich an das zuständige Gericht des zuständigen Rechtsweges. Der Verweisungsbeschluss ist für das Gericht, an das der Rechtsstreit verwiesen worden ist, hinsichtlich des Rechtsweges bindend (§ 17a II 3 GVG). Teilweise (zB *Hufen* VerwProzR § 10 Rn. 1) wird daher empfohlen, die Eröffnung des Verwaltungsrechtswegs nicht als Unterpunkt der Zulässigkeit zu prüfen. Der hier gewählte Aufbau beruht auf der Erwägung, dass die Klage zwar nicht insgesamt, jedoch vor dem VG unzulässig ist, wenn der Verwaltungsrechtsweg nicht eröffnet ist (vgl. *Gersdorf* VerwProzR § 1 Rn. 1).

4 Die VwGO selbst enthält keine Definition des Verwaltungsakts. Für die Bestimmung des prozessrechtlichen Verwaltungsaktbegriffs ist daher auf das Verfahrensrecht zurückzugreifen. Dabei ist die Legaldefinition in § 35 BVwVfG heranzuziehen, da die VwGO als Bundesgesetz nicht durch landesrechtliche Vorschriften ausgefüllt werden kann, vgl. *Schenke* VerwProzR Rn. 185.

III. Klagebefugnis

Als Adressat eines belastenden Verwaltungsakts erscheint es zumindest möglich, dass E in seinen Rechten aus Art. 2 I GG verletzt ist.[5]

IV. Richtiger Klagegegner und Beteiligtenfähigkeit

Die Klage ist gem. § 78 I Nr. 1 VwGO[6] gegen die Stadt B als die Körperschaft, deren Behörde den angefochtenen Verwaltungsakt erlassen hat, zu richten. Sie ist gem. § 61 Nr. 1 Alt. 2 VwGO beteiligtenfähig. Die Beteiligtenfähigkeit des E folgt aus § 61 Nr. 1 Alt. 1 VwGO.

V. Vorverfahren

Gemäß § 68 I 2 Var. 1 VwGO bedarf es eines Vorverfahrens nicht, *wenn ein Gesetz dies bestimmt.* § 110 I NRWJustG bestimmt die Entbehrlichkeit des Vorverfahrens in Nordrhein-Westfalen.

VI. Zwischenergebnis

Die Klage ist zulässig.

B. Begründetheit

Die Anfechtungsklage ist begründet, soweit die angefochtene Verfügung rechtswidrig ist und E dadurch in seinen Rechten verletzt wird, § 113 I 1 VwGO.

I. Ermächtigungsgrundlage

1. Spezialvorschrift

Als spezialgesetzliche Ermächtigungsgrundlage kommt § 16 I 1 IfSG in Betracht. Danach trifft die zuständige Behörde die notwendigen Maßnahmen zur Gefahrenabwehr, wenn Tatsachen festgestellt werden, die zum Auftreten einer übertragbaren Krankheit (vgl. § 2 Nr. 3 IfSG) führen können, oder anzunehmen ist, dass solche Tatsachen vorliegen. Ameisen übertragen keine Krankheiten. Daher konnte die Verfügung des OB auf diese Vorschrift nicht gestützt werden.

---

5 Sog. Adressatenformel, vgl. *Mann/Wahrendorf* VerwProzR § 17 Rn. 269; *Hufen* VerwProzR § 14 Rn. 60; *Schenke* VerwProzR Rn. 510; *Gersdorf* VerwProzR Rn. 33, 223; *R. Schmidt* VerwProzR Rn. 136.

6 Mit Außerkrafttreten des AGVwGO am 31.12.2010 ist in NRW das Behördenprinzip dem allgemeinen Rechtsträgerprinzip gewichen. Daher tritt nun nicht mehr eine unselbstständige Verwaltungseinheit wie eine Behörde, sondern eine juristische Person des öffentlichen Rechts, also ein Träger von Rechten und Pflichten in Form einer Körperschaft, Anstalt oder Stiftung des öffentlichen Rechts, prozessrechtlich in Erscheinung (zur Abschaffung des Behördenprinzips in NRW *Wahlhäuser* NWVBl. 2010, 466 f.). In Niedersachsen und Brandenburg gilt das Behördenprinzip weiter, vgl. § 79 II NJG; § 8 II BbgVwGG. In Niedersachsen gilt es jedoch nur für Landesbehörden. Nach § 61 Nr. 3 VwGO iVm § 79 I NJG bzw. § 8 I BbgVwGG ist die Behörde beteiligtenfähig. Auch in diesen Bundesländern kommt jedoch das Rechtsträgerprinzip zur Anwendung, wenn keine Anfechtungs- oder Verpflichtungsklage erhoben wird. Würde der Kläger hier also keinen Verwaltungsakt angreifen, sondern einen Realakt begehren (etwa Herausgabe von Spielgeräten, die ein Beamter mitgenommen hatte), wäre die allgemeine Leistungsklage die richtige Klageart und richtiger Klagegegner nach dem Rechtsträgerprinzip auch dort die Stadt als Körperschaft des öffentlichen Rechts.

2. Ordnungsbehördliche Generalklausel

Ermächtigungsgrundlage könnte aber die ordnungsbehördliche Generalklausel des § 14 I NRWOBG[7] sein.

II. Formelle Rechtmäßigkeit

1. Zuständigkeit – Subsidiaritätsprinzip

Die Zuständigkeit[8] des OB zur Gefahrenabwehr ergibt sich aus den §§ 1 I, 3 I, 5 I NRWOBG, §§ 62, 63 NRWGO.[9]

Der OB könnte aber aufgrund des **allgemeinen Subsidiaritätsprinzips**[10] unzuständig sein. Hiernach sind den Ordnungsbehörden gefahrenabwehrende Maßnahmen zum Schutz privater Rechte nur gestattet, wenn gerichtlicher Schutz nicht rechtzeitig zu erlangen ist und wenn ohne polizeiliche Hilfe die Verwirklichung des Rechts vereitelt oder wesentlich erschwert werden würde (vgl. § 1 II NRWPolG).[11] Die Verfügung des OB ist zum Schutz der Gesundheit der Mieter ergangen. Zwar wird die Gesundheit auch durch Strafrechtsvorschriften (zB §§ 223 ff. StGB) als Teil der objektiven Rechtsordnung geschützt. Ein Verstoß gegen solche Normen liegt jedoch nicht vor, da dem Vermieter weder Vorsatz noch Fahrlässigkeit zur Last gelegt werden kann. Das Subsidiaritätsprinzip ist allerdings nicht nur bei privatrechtlichen Ansprüchen von Bedeutung.[12] Es kann, in Fällen wie dem vorliegenden, auch dann eingreifen, wenn es um den Schutz von Individualrechtsgütern geht. Die Mieter könnten bei dem zuständigen Zivilgericht den Erlass einer einstweiligen Verfügung (§§ 935 f., 940, 916 ff. ZPO) beantragen. Es ist deshalb davon auszugehen, dass gerichtlicher Rechtsschutz rechtzeitig zu erlangen ist. Eine **Ausnahme** vom Subsidiaritätsprinzip[13] ist jedoch unter anderem anerkannt, wenn die **Individualrechtsgüter einer unbestimmten Vielzahl von Personen bedroht** werden.[14] Begründen lässt sich dies damit, dass dann doch die Allgemeinheit betroffen ist und daher ein öffentliches Interesse am Einschreiten besteht. Eine Vielzahl von Personen ist hier insoweit betroffen, als es sich um ein größeres Mietshaus handelt. Darüber hinaus besteht die Gefahr einer

7 Art. 7 II BayLStVG; § 1 I 1 iVm § 3 BWPolG; § 11 HSOG; § 11 NSOG; § 13 LSASOG.

8 Die Ermittlung der zuständigen Behörde wird übersichtlich dargestellt bei *Kingreen/Poscher* POR § 6 Rn. 1 ff.

9 Art. 6 BayLStVG; §§ 1 I, 60 I, 66 II, 62 IV BWPolG; §§ 1 I, 2 S. 2 und S. 3, 82 II 2 HSOG; §§ 1 I, 97 I NSOG, jeweils iVm den kommunalrechtlichen Vorschriften zur Vertretung der Gemeinde durch den Bürgermeister.

10 Hierzu *Götz/Geis* POR § 4 Rn. 20 ff.: Das Subsidiaritätsprinzip gilt auch für die allgemeinen Ordnungsbehörden, und zwar selbst dann, wenn es an einer ausdrücklichen Regelung in den Ordnungsbehördengesetzen wie zB in NRW fehlt; vgl. *Schenke/Schenke* in Steiner/Brinktrine BesVerwR § 2 Rn. 50; *Schenke* POR Rn. 54; jeweils mwN; aA *Dietlein* in Dietlein/Hellermann ÖffR NRW § 3 Rn. 34: keine Aufgabe der Ordnungsbehörden. Zum Problem auch Fall 14.

11 Diese Beschränkung polizeilicher Befugnisse auf einen Eilfall darf im Verständnis nicht mit der Eilfallkompetenz, die im Rahmen der sachlichen Zuständigkeit die Befugnisse der Polizei von denen der Ordnungsbehörden trennt, verwechselt werden; hierzu Fall 2.

12 Nach *Kingreen/Poscher* POR § 3 Rn. 47, geht es bei den Privatrechtsklauseln jedoch im Wesentlichen um privatrechtliche Ansprüche; aA *Dietlein* in Dietlein/Hellermann ÖffR NRW § 3 Rn. 34, jedoch auf der Grundlage eines anderen Verständnisses der Bedeutung der Privatrechtsklauseln.

13 Näher zu den Ausnahmen Fall 9.

14 In der Begründung undeutlich die ältere Rspr.: PrOVGE 51, 313; PrOVG JW 1924, 2087; OVG Rhpf AS 2, 22 (26 f.).

Ausbreitung der Ameisenplage auf benachbarte Häuser. Der Kreis der gefährdeten Personen ist also unbestimmt. Angesichts dessen steht das Subsidiaritätsprinzip einer ordnungsbehördlichen Verfügung nicht entgegen.

2. Verfahren

Auch das **Verwaltungsverfahren** ist ordnungsgemäß durchgeführt, insbesondere ist die nach § 28 I NRWVwVfG notwendige Anhörung vorgenommen worden.

3. Form

Die in § 20 I 1 NRWOBG[15] angeordnete Schriftform wurde eingehalten.

III. Materielle Rechtmäßigkeit

1. Voraussetzungen der Ermächtigungsgrundlage

Die Verfügung des OB ist nur rechtmäßig, wenn die tatbestandlichen Voraussetzungen der Ermächtigungsgrundlage in § 14 I NRWOBG[16] erfüllt sind. Zunächst setzt § 14 I NRWOBG voraus, dass eine Gefahr für die öffentliche Sicherheit besteht. Die öffentliche Sicherheit umfasst den Schutz des Bestandes des Staates und seiner Einrichtungen und Veranstaltungen und der sonstigen Träger von Hoheitsgewalt, der subjektiven Rechte und Rechtsgüter des Einzelnen sowie der objektiven Rechtsordnung (Gesamtheit der geschriebenen Rechtsnormen).[17]

Die Ameisen könnten das individuelle Rechtsgut der Gesundheit gefährden. Dazu müssten die Ameisen bei ungehindertem Geschehensablauf mit hinreichender Wahrscheinlichkeit die Gesundheit Dritter schädigen. Zwar übertragen sie keine Krankheiten, Ameisenbisse beeinträchtigen jedoch schon durch den mit ihnen verbundenen Juckreiz das körperliche Wohlbefinden des Menschen und damit seine Gesundheit. Bei – wie hier – massenhaftem Auftreten von Ameisen in mehreren Wohnungen ist deshalb von einer Gesundheitsgefahr auszugehen.

2. Ordnungspflicht des E

Zu prüfen bleibt, ob die Ordnungsverfügung an den richtigen Adressaten gerichtet ist. Die Ordnungsbehörden dürfen Maßnahmen zur Gefahrenabwehr nur gegenüber ordnungspflichtigen Personen vornehmen. Das sind solche Personen, die für ein gefährliches Verhalten (sog. Verhaltensstörer), § 17 NRWOBG,[18] oder für einen gefährlichen Zustand (sog. Zustandsstörer), § 18 NRWOBG,[19] verantwortlich sind. Da sich die Ameisenplage auf den Zustand des dem E gehörenden Mietshauses zurückführen lässt, ist E als Zustandsstörer nach § 18 I 1 NRWOBG ordnungspflichtig.

---

15 § 19 BbgOBG. Eine ähnliche Vorschrift besteht in Bayern, Baden-Württemberg, Hessen und Niedersachsen nicht.

16 Art. 7 II BayLStVG; § 1 I 1 iVm § 3 BWPolG; § 11 HSOG; § 11 NSOG; § 13 LSASOG.

17 Legaldefinitionen in § 2 Nr. 2 BremPolG und § 3 Nr. 1 LSASOG; vgl. ferner *Drews/Wacke/Vogel/Martens* Gefahrenabwehr 232 ff. mwN; *Rhein* OBG NRW § 1 Rn. 35; *Schenke* POR Rn. 53 ff.; *Hebeler*, Das polizeiliche Schutzgut der öffentlichen Ordnung, JA 2002, 521 (522).

18 Art. 9 I 1 BayLStVG; § 6 I BWPolG; § 6 I HSOG; § 6 I NSOG; § 7 I LSASOG.

19 Art. 9 II 1 und 2 BayLStVG; § 7 BWPolG; § 7 HSOG; § 7 NSOG; § 8 LSASOG.

3. Fehlerfreie Ermessensbetätigung, insbesondere Störerauswahl

Sind mehrere Personen ordnungspflichtig, hat die Ordnungsbehörde nach pflichtgemäßem Ermessen zu entscheiden, wen sie zur Gefahrenbeseitigung heranzieht. Grundsätzlich kann sie einzelne Störer jeweils für sich oder mehrere nebeneinander in Anspruch nehmen. Dabei hat sie unter Berücksichtigung der **Effektivität der Gefahrenabwehr** und des **Grundsatzes des geringsten Eingriffs** zunächst auf denjenigen zurückzugreifen, der den polizeiwidrigen Zustand am leichtesten beseitigen kann.[20]

Neben E sind auch die Mieter als Inhaber der tatsächlichen Gewalt nach § 18 II 1 NRWOBG Zustandsstörer. Fraglich ist daher, ob die Entscheidung des OB, E in Anspruch zu nehmen, frei von Ermessensfehlern ist. Anhaltspunkte für eine Ermessensunterschreitung sind nicht ersichtlich.[21] Eine solche Ermessensunterschreitung läge etwa vor, wenn der OB nicht erkannt hätte, dass ihm ein Ermessensspielraum hinsichtlich der Störerauswahl zustand. Gleiches gilt für einen Ermessensfehlgebrauch,[22] der beispielsweise gegeben wäre, wenn der OB die Verfügung aufgrund sachfremder Erwägungen an E gerichtet hätte. Schließlich liegt auch kein Fall der Ermessensüberschreitung[23] vor. Der OB hat die Grenzen seines Ermessensspielraums nicht überschritten. Er hat insbesondere das Kriterium der **Effektivität der Gefahrenabwehr** und den **Grundsatz des geringsten Eingriffs** beachtet. Allein E als Eigentümer kann die gleichzeitige, zügige Durchführung der Ameisenvernichtung gewährleisten. Einzelverfügungen an alle Mieter sind demgegenüber wenig zweckmäßig. Auch ist denkbar, dass sich die Ameisen nicht nur in den vermieteten, sondern auch in anderen Räumen (Bodenkammern, Abseiten usw) ausgebreitet haben. Die Entscheidung des OB, E zur Gefahrenbeseitigung heranzuziehen, ist mithin frei von Ermessensfehlern.

4. Allgemeine Anforderungen

a) Möglichkeit der angeordneten Maßnahme

Polizei- und Ordnungsverfügungen dürfen dem Adressaten nur Maßnahmen aufgeben, die tatsächlich und rechtlich durchführbar sind. Die tatsächliche oder rechtliche Unmöglichkeit des Verlangten macht die Verfügung möglicherweise rechtswidrig.[24] Zweifel an der rechtlichen Möglichkeit, die Ameisenbekämpfung durchzuführen, könnten sich daraus ergeben, dass E dabei die vermieteten Wohnungen betreten muss. Grundsätzlich darf ein Vermieter die Wohnung nicht ohne Zustimmung des Mieters betreten. Die Weigerung des Mieters führt dann für den Vermieter zur rechtlichen Unmöglichkeit. Etwas anderes gilt aber, wenn das Gesetz den Vermieter berechtigt, auch ohne den Willen des Mieters die Wohnung zu betreten. Eine entsprechende Berechtigung des E könnte sich aus § 555a I BGB ergeben. Danach hat der Mieter Maßnahmen zu dulden, die zur Instandsetzung oder Instandhaltung der Mietsache erforderlich sind (sog. Erhaltungsmaßnahmen). Nähere Einzelheiten zur Dul-

20 Vgl. BayVGH BayVBl. 2005, 441 (442); *Drews/Wacke/Vogel/Martens* Gefahrenabwehr 301 ff.; *Knemeyer* POR Rn. 337 ff. insbes. Rn. 340; *Götz/Geis* POR § 9 Rn. 91 ff.; *Gusy* POR Rn. 367 ff.; *Schenke* POR Rn. 285 ff.; *Erbguth/Mann/Schubert* BesVerwR Rn. 534 ff.

21 Vgl. dazu *Ipsen* AllgVerwR Rn. 538.

22 Vgl. dazu *Ipsen* AllgVerwR Rn. 539; *Maurer/Waldhoff* AllgVerwR § 7 Rn. 19 ff.

23 Vgl. dazu *Ipsen* AllgVerwR Rn. 537; *Maurer/Waldhoff* AllgVerwR § 7 Rn. 19 ff.

24 Kann der Verwaltungsakt aus tatsächlichen Gründen von niemandem ausgeführt werden, hat dies gem. § 44 II Nr. 4 NRWVwVfG sogar seine Nichtigkeit zur Folge.

dungspflicht regelt § 555d BGB.[25] Bei der E durch den OB auferlegten Schädlingsbekämpfung handelt es sich um eine solche Maßnahme.[26] Allerdings gewährt § 555a I BGB kein unmittelbares Zutrittsrecht, sondern lediglich einen zivilrechtlichen Anspruch auf Duldung von Erhaltungsarbeiten, der gegebenenfalls mit den entsprechenden zivilrechtlichen Mitteln durchgesetzt werden muss. Eine unmittelbare Berechtigung des E, die Wohnungen gegen den Willen seiner Mieter zu betreten, kann aus § 555a I BGB nicht abgeleitet werden.

Weiterhin kann sich eine solche Berechtigung aber aus § 229 BGB ergeben. Danach handelt nicht rechtswidrig, wer zum Zwecke der Selbsthilfe den Widerstand des Verpflichteten gegen eine Handlung, die dieser zu dulden verpflichtet ist, beseitigt, wenn obrigkeitliche Hilfe nicht rechtzeitig zu erlangen ist und ohne sofortiges Eingreifen die Gefahr besteht, dass die Verwirklichung des Anspruchs vereitelt oder wesentlich erschwert wird. E kann jedoch bei dem zuständigen Zivilgericht gem. §§ 935, 940, 916 ff. ZPO den Erlass einer einstweiligen Verfügung beantragen, um seinen Anspruch auf Duldung der Erhaltungsmaßnahmen durchzusetzen. Es ist deshalb davon auszugehen, dass gerichtlicher Rechtsschutz rechtzeitig zu erlangen ist, sodass die Voraussetzungen des § 229 BGB nicht erfüllt sind. Folglich ergibt sich auch aus § 229 BGB kein materielles Zutrittsrecht für E.

Sollten sich die Mieter weigern, die Schädlingsbekämpfung in ihren Wohnungen zuzulassen, wäre es E somit rechtlich unmöglich, der Ordnungsverfügung Folge zu leisten.

Die Haltung der Mieter ist zum gegenwärtigen Zeitpunkt allerdings noch nicht bekannt. In derartigen Fällen ist die frühere Rechtsprechung zunächst von der grundsätzlichen Bereitwilligkeit der durch die Maßnahme rechtlich betroffenen Personen ausgegangen, die ordnungsbehördlich vorgeschriebene Handlung zu dulden. Erst wenn die Zustimmung zur Vornahme der in der Ordnungsverfügung angeordneten Handlung tatsächlich verweigert werde, sei die ursprünglich rechtmäßige Verfügung wegen (nachträglicher) rechtlicher Unmöglichkeit rechtswidrig geworden.[27] In diesen Fällen müsse sich die Ordnungsbehörde mit dem Erlass von Duldungsverfügungen[28] gegen die betroffenen Dritten, hier also die Mieter, behelfen.[29]

Die neuere Literatur[30] und Rechtsprechung[31] gehen indessen davon aus, dass das Fehlen von Duldungsverfügungen gegenüber den Dritten die Rechtmäßigkeit der Ordnungsverfügung unberührt lässt. Der Umstand, dass Duldungsverfügungen noch

25 S. dazu statt vieler Schmidt-Futterer/*Eisenschmid*, Mietrecht, 12. Aufl. 2015, BGB § 555d Rn. 6 ff.

26 Vgl. zum Begriff der Erhaltungsmaßnahmen statt vieler Schmidt-Futterer/*Eisenschmid*, Mietrecht, 12. Aufl. 2015, BGB § 555a Rn. 1 ff.

27 Vgl. *Drews/Wacke/Vogel/Martens* Gefahrenabwehr 480.

28 S. dazu OVG NRW, DÖV 2014, 716 (Ls). Zur Frage nach einer etwaigen Entbehrlichkeit der sicherheitsrechtlichen Duldungsverfügung und deren Folgen für den Rechtsschutz *Michl* NVwZ 2014, 1206.

29 Vgl. HmbOVG DVBl. 1957, 867 ff. Vgl. zur Frage der Ermächtigungsgrundlage für den Erlass von Duldungsverfügungen Hinweis 3 zu diesem Fall.

30 *Erbguth/Mann/Schubert* BesVerwR Rn. 686; *Kingreen/Poscher* POR § 9 Rn. 97; *Knemeyer* POR Rn. 282; *Schenke* POR Rn. 281; *Würtenberger* in Achterberg/Püttner/Würtenberger BesVerwR II, 2. Aufl. 2000, 7 Rn. 243.

31 Vgl. BVerwGE 40, 101 (103) = BeckRS 2016, 48414, wN zur Rspr. bei *Schenke* POR Rn. 281 Fn. 178 und 180.

nicht ergangen seien, stelle lediglich ein **Vollstreckungshindernis** dar.[32] Dafür spricht, dass von einer rechtlichen Unmöglichkeit, die zur Rechtswidrigkeit der Ordnungsverfügung führt, nur dann gesprochen werden kann, wenn die in der Verfügung angeordneten Handlungspflichten aus Rechtsgründen dauerhaft nicht erfüllt werden können. Rechtspositionen Dritter, die einer Vollziehung der Verfügung entgegenstehen, haben dagegen nur ein vorübergehendes und durch die Verwaltung behebbares subjektives Unvermögen des Verfügungsadressaten zur Folge. Denn die Verwaltung kann dem in Anspruch Genommenen durch den Erlass von Duldungsverfügungen die Rechtsmacht einräumen, in die entgegenstehenden Rechtspositionen der betroffenen Dritten einzugreifen, und auf diese Weise gegebenenfalls bestehende rechtliche Hindernisse selbst beseitigen.

Dass entgegenstehende Rechtspositionen Dritter sich auf die Rechtmäßigkeit der Ordnungsverfügung nicht auswirken, wird ebenfalls durch Praktikabilitätserwägungen sowie Gründe der Verfahrensökonomie nahegelegt. Dürfte die Behörde gegen bisher nicht herangezogene Dritte eine Duldungsverfügung nicht mehr nachholen, würde dies zu einer Mehrbelastung von Verwaltung und Gerichten, einer möglichen Verfahrensverschleppung und unter Umständen zu einer Prozessverdoppelung führen.[33]

Die Durchführung der angeordneten Maßnahme ist für E nicht dauerhaft unmöglich und die Maßnahme folglich nicht rechtswidrig.

b) Verhältnismäßigkeit

Die Verfügung des OB müsste zur Erreichung eines legitimen Zwecks geeignet, erforderlich und angemessen sein, § 15 NRWOBG. Die Beseitigung der von den Ameisen ausgehenden Gesundheitsgefahr ist ein legitimer Zweck. Eine Maßnahme ist jedenfalls dann geeignet, wenn sie dazu führt, dass die Gefahr abgewehrt wird. Das trifft auf die Anordnung der Ameisenbeseitigung zu. Ein milderes, gleich geeignetes Mittel zur Gefahrenabwehr ist nicht ersichtlich, sodass die Verfügung auch erforderlich war. Angesichts der Gesundheitsgefährdung, die von dem massenhaften Auftreten der Ameisen ausgeht, erscheint die Anordnung auch nicht als unangemessener Eingriff in die Rechte des E. Sie ist daher verhältnismäßig.

c) Bestimmtheit der Verfügung

Da dem E ausführlich dargelegt wurde, wie er die Ameisenbeseitigung durchzuführen hat, bestehen keine Bedenken hinsichtlich der Bestimmtheit der Verfügung (§ 37 I NRWVwVfG).

d) Keine Arbeitserleichterung für die Behörde

Die Durchführung von Maßnahmen zur Beseitigung der Ameisen obliegt nicht den staatlichen Stellen. Die Verfügung gegen E dient daher nicht dazu, der Ordnungsbehörde die Arbeit zu erleichtern (vgl. § 20 II NRWOBG).[34]

32 So auch der HessVGH DÖV 2015, 302. Im Fall einer Nutzungsuntersagung, so der HessVGH, bedürfe es daher, da sich diese in der Regel auf ein Unterlassen beschränke, grds. keiner Duldungsverfügung ggü. Eigentümer oder sonst zivilrechtlich Berechtigtem. S. hierzu auch die erg. Hinweise 3 und 4 zu diesem Fall.

33 Vgl. *Wolffgang/Hendricks/Merz* POR NRW Rn. 395; *Schenke* POR Rn. 281.

34 § 19 II BbgOBG. Eine ähnliche Vorschrift existiert in Baden-Württemberg, Hessen und Niedersachsen nicht.

IV. Zwischenergebnis

Die Ordnungsverfügung des OB ist rechtmäßig.

C. Ergebnis

Die Klage des E ist zulässig, aber unbegründet und hat damit keinen Erfolg.

Ergänzende Hinweise

1. Während eine **Befugnisnorm** (Ermächtigungsgrundlage) den staatlichen Behörden die Befugnis an die Hand gibt, zulasten des Bürgers Regelungen zu treffen, umschreibt eine **Aufgabennorm** (oft zugleich als Zuständigkeitsvorschrift) das Tätigkeitsfeld des jeweiligen Hoheitsträgers und grenzt es von demjenigen anderer staatlicher Stellen ab.

Es ist wichtig, beides genau auseinanderzuhalten, da sich Aufgabennormen und Ermächtigungsnormen vom Wortlaut her oftmals ähneln (vgl. etwa die Aufgabenzuweisung in § 1 I NRWPolG einerseits und die Eingriffsermächtigung des § 8 I NRWPolG andererseits). In der Fallbearbeitung ist zu berücksichtigen, dass der Schluss von einer Aufgabennorm auf eine entsprechende Handlungsermächtigung grundsätzlich nicht zulässig ist. Das bedeutet: Aus dem Umstand, dass einer Behörde eine bestimmte Aufgabe zugewiesen wurde, ergibt sich nicht zwangsläufig, dass sie alle notwendigen oder aus ihrer Sicht zweckmäßigen Maßnahmen ergreifen darf, um diese zu erfüllen (vgl. Maurer/*Waldhoff* AllgVerwR § 21 Rn. 53).

In der Klausur wird für die zu überprüfenden behördlichen Maßnahmen regelmäßig eine Ermächtigungsgrundlage erforderlich sein. Hingewiesen sei aber auch darauf, dass für Maßnahmen ohne Eingriffscharakter keine Befugnisnorm erforderlich ist. Rechtsgrundlage für die bloße Gefahrenvorsorge (Verkehrskindergarten, Streifenfahrten) ist dementsprechend die allgemeine Aufgabenzuweisung. Sobald jedoch in Rechte eingegriffen wird, bedarf das Handeln der Polizei- und Ordnungsbehörden einer gesetzlichen Ermächtigungsgrundlage (Art. 20 III GG – Vorbehalt des Gesetzes), vgl. NdsOVG NJW 2006, 391 (393); *Schoch* JuS 1994, 479.

2. Problematisch ist das Erfordernis einer Befugnisnorm auf dem Gebiet **hoheitlicher Warnungen** (etwa vor diethylenglykolhaltigem Wein) und staatlicher Aufklärungsarbeit (zB in Bezug auf AIDS). Hier hielt es das BVerwG für möglich, aus dem Sachzusammenhang mit dem Aufgabenbereich des Hoheitsträgers eine entsprechende Ermächtigung abzuleiten (vgl. BVerwG NJW 1991, 1766 [1770]; 1991, 1770 [1771]). Diese Ansicht ist im Schrifttum weitgehend auf Ablehnung gestoßen (vgl. etwa *Gröschner* DVBl. 1990, 619 [628]; *Discher* JuS 1993, 463 [468]; *Muckel* JA 1995, 343 [346]). Die hiergegen gerichtete Verfassungsbeschwerde ist jedoch vom BVerfG zurückgewiesen worden, BVerfGE 105, 252 ff. = NJW 2002, 2621. Siehe zur vergleichbaren Problematik der Warnungen vor Jugendsekten durch einen Bürgermeister die Klausurbearbeitung von *Tettinger/Ennuschat* NWVBl. 1994, 396 und BVerfGE 105, 279 = NJW 2002, 2626 – Osho-Sekte – mAnm *Murswiek* NVwZ 2003, 1 ff.

3. Umstritten ist, aufgrund welcher Norm die Behörde eine Duldungsverfügung erlassen könnte, wenn sich die Mieter weigern, dem E Zutritt zu ihren Wohnungen zu gewähren. Unter anderem seitens des OVG NRW in seiner aktuellen Rechtsprechung, DÖV 2014, 716, wird die polizei- und ordnungsrechtliche Generalklausel als **Ermächtigungsgrundlage für Duldungsverfügungen** angesehen (vgl. so bereits VGH BW BRS 38 Nr. 206). Demgegenüber gehen andere Teile der Rechtsprechung davon aus, dass Duldungsverfügungen in der Regel auf der Grundlage derselben Ermächtigungsgrundlage ergehen, auf die auch die Ordnungsverfügung gestützt wird. Es wird argumentiert, dass derjenige, dessen zivilrechtliche Rechtsposition einer Vollziehung entgegensteht, in der Regel im gleichen Umfang Störer sei wie der, dem die Verhaltenspflicht auferlegt wird (zur Erinnerung: im obigen Fall waren auch die Mieter Zustandsstörer iSd § 18 NRWOBG). Die Ordnungsbehörde übt ihr Auswahlermessen hinsichtlich des gefahrbeseitigenden Mittels gegenüber beiden Störern jedoch in unterschiedlicher Weise aus. Während der eine Störer zur Gefahrbeseitigung durch ein bestimmtes (positives) Tun herangezogen wird, leistet der andere seinen Beitrag zur Gefahrbekämpfung durch Duldung der Eingriffe des in Anspruch Genommenen (so BayVGH Beschl. v. 23.8.1993 – 26 B 89.2979; *Stuttmann* NVwZ 2004, 805). Im Falle des Erlasses einer **Nutzungsuntersagungsverfügung** wiederum soll es nach dem Beschluss des HessVGH v. 1.12.2014 – 3 B 1633/14, DÖV 2015, 302, **grundsätzlich keiner Duldungsanordnung** gegenüber einem etwaigen Eigentümer oder sonst zivilrechtlich Berechtigtem bedürfen, da sich eine Nutzungsuntersagung in der Regel wie eine Baueinstellungsverfügung auf ein Unterlassen beschränke. Dem liegt die Ansicht des HessVGH zugrunde, dass die Notwendigkeit des Erlasses einer Duldungsanordnung in der Vollstreckung begründet liege und das Duldungsgebot lediglich ein Vollstreckungshindernis im Hinblick auf etwaige entgegenstehende Rechte Dritter beseitige.

4. Mit dem **Verhältnis der Duldungsverfügung zum Ausgangsverwaltungsakt** setzt sich das OVG Bln LKV 2005, 515, auseinander. Zutreffend geht das OVG Bln dabei davon aus, dass die Duldungsverfügung nur bei Rechtmäßigkeit des Ausgangsverwaltungsaktes rechtmäßig ist. Dass der Ausgangsverwaltungsakt, für dessen Vollziehung die Duldungsverfügung dienen soll, bestandskräftig ist, reicht demgegenüber nicht aus, um von der Rechtmäßigkeit der Duldungsverfügung auszugehen, denn die Bestandskraft des Ausgangsverwaltungsaktes äußert grundsätzlich keine Bindungswirkung gegenüber dem Adressaten der Duldungsverfügung, weil dieser nicht Adressat des Ausgangsverwaltungsaktes ist. Etwas anderes kann nur dann gelten, wenn der Adressat der Duldungsverfügung in dem Verwaltungsverfahren, das zum Erlass des Ausgangsverwaltungsaktes führte, beigeladen war. Zu beachten ist, dass die Frage, ob ein Dritter sich auf die Rechtswidrigkeit der Grundverfügung berufen kann, durch die Rechtsprechung zuletzt für »dritte« Mieter und »dritte« Miteigentümer unterschiedlich beantwortet worden ist. So soll die Rechtmäßigkeit einer gegenüber dem Pflichtigen bereits unanfechtbar gewordenen Beseitigungsverfügung im Rahmen eines Anfechtungsrechtsstreits eines **Miteigentümers** gegen die Duldungsanordnung **zu prüfen** sein, OVG NRW BauR 2014, 140. Für den Fall einer Duldungsanordnung gegen **Mieter** hingegen **aA:** BayVGH BayVBl. 2012, 541 und zuletzt auch OVG NRW DÖV 2014, 716, dies allerdings für den Fall einer spezifisch **eigentümer**bezogenen Verpflichtung.

5. *Michl* NVwZ 2014, 1206, stellt in diesem Zusammenhang die These auf, die sicherheitsrechtliche Duldungsverfügung stelle sich unter Betrachtung der privatrechtlichen Rechtsbeziehungen zwischen dem in Anspruch genommenen Störer und dem »Dritten« als überflüssig dar. Nach seinen Ausführungen stehen dem Dritten nach den einschlägigen zivilrechtlichen Vorschriften bereits keinerlei Ansprüche zu, aufgrund derer er den Vollzug der gegenüber einem Störer ergangenen Grundverfügung verhindern könne. Die Duldungsverfügung erweise sich lediglich dann als erforderlich, wenn ein Dritter **tatsächlich Widerstand** gegen den Vollzug der Hauptverfügung leistet. Darüber hinaus erhalte die Duldungsverfügung nur in dem – seltenen – Fall der **freiwilligen Befolgung** der Grundverfügung durch den in Anspruch genommenen Störer eine rechtliche Relevanz. *Michl* nimmt auf Grund dieser Prämisse als Anknüpfungspunkt für die Rechtsschutzmöglichkeiten des Dritten die Grundverfügung in den Blick. Durch die Grundverfügung sei der Dritte gegebenenfalls mittelbar in seinen grundrechtlich geschützten Rechtspositionen betroffen, sodass ihm die Möglichkeit der Drittanfechtung zuzugestehen sei. Hinsichtlich der Rechtmäßigkeit der Grundverfügung haben *Michls* Erwägungen schließlich zur Folge, dass die den Hauptverwaltungsakt erlassende Behörde im Rahmen ihrer Ermessensausübung die Interessen **sämtlicher Betroffener** – auch die des Dritten – zu berücksichtigen hat. Dies mag zwar wünschenswert erscheinen. Doch sorgt das Institut der Duldungsverfügung für Rechtsklarheit in den verwaltungsrechtlichen Beziehungen, an denen der Adressat der Ordnungsverfügung (Grundverfügung) und Dritte beteiligt sind. Die Überlegungen *Michls* erscheinen schon deshalb problematisch.

6. Bei der Wahrnehmung der im Rahmen der Gefahrenabwehr anfallenden Aufgaben steht der Polizei und den Ordnungsbehörden Ermessen zu. Es gilt also das **Opportunitätsprinzip** im Gegensatz zum **Legalitätsprinzip**, das etwa im Strafprozess vorherrscht (vgl. § 152 II StPO).

Das Ermessen betrifft die Frage, ob die Behörde überhaupt einschreitet **(Entschließungsermessen)**, die Frage, mit welchen Mitteln sie gegebenenfalls einschreitet **(Auswahlermessen bzgl. der Mittel)** und die Frage, gegen wen sie einschreitet **(Auswahlermessen bzgl. verschiedener Störer)**. Zum Auswahlermessen bei mehreren Kostenpflichtigen vgl. VGH BW NVwZ-RR 2012, 387; NdsOVG NVwZ 1990, 786.

Das Ermessen muss nach § 16 NRWOBG, § 3 I NRWPolG »pflichtgemäß« ausgeübt werden. **Ermessensfehler** sind – bei schwankender Terminologie – Ermessensunterschreitung, Ermessensüberschreitung und Ermessensfehlgebrauch. Problematisch und in der Literatur nicht ganz einheitlich beantwortet wird die Frage, wie die Ermessensgrenzen – insbesondere mit Blick auf eine mögliche Ermessensüberschreitung – bestimmt werden sollen: abstrakt nach den Vorgaben des Polizei- und Ordnungsrechts und unter Berücksichtigung von § 40 VwVfG (Zweck der Ermächtigung) oder konkret mit Blick auf die Besonderheiten des Falles (dann könnte sich ein Ermessensfehler insbesondere aus einem Verstoß gegen den Verhältnismäßigkeitsgrundsatz ergeben). Zu den beiden Möglichkeiten vgl. einerseits *Rachor* in Lisken/Denninger PolR-HdB, 5. Aufl. 2012, F Rn. 112 ff. (Trennung von Ermessen und Verhältnismäßigkeit) und andererseits *Schoch* JuS 1994, 754 ff. (Verhältnismäßigkeit als Ermessensgrenze). Beide Möglichkeiten sind selbstverständlich gut vertretbar.

7. Zur **Auswahl unter mehreren Störern** vgl. *Götz/Geis* POR § 9 Rn. 91 ff.; *Drews/Wacke/Vogel/Martens* Gefahrenabwehr 301 ff.; *Schenke* POR Rn. 284 ff. Die Rechtsprechung neigt mitunter dazu zu verlangen, dass der Verhaltensstörer vor dem Zustandsstörer in Anspruch genommen wird (Nachweise bei *Schoch* in Schoch BesVerwR 1. Kap. Rn. 429). Das kann aber nicht überzeugen (*Schoch* in Schoch BesVerwR 1. Kap. Rn. 429 mwN). Für die Auswahl des richtigen Störers unerheblich ist ebenfalls die Frage, wer nach den zivilrechtlichen Regelungen des internen Ausgleichs innerhalb der Störergemeinschaft verantwortlich ist (BayVGH NVwZ 2001, 458 mAnm *Gornig* JuS 2002, 21). Entscheidende Leitlinie für das Auswahlermessen ist die Effektivität der Gefahrenabwehr, vgl. *Schoch* in Schoch BesVerwR 1. Kap. Rn. 425, 429 mwN. Dabei kann auch die finanzielle Leistungsfähigkeit eines Störers berücksichtigt werden, vgl. BayVGH BayVBl. 2005, 441 (442); VG Karlsruhe NVwZ 1993, 1018 (1019 f.).

8. Problematisch ist, ob der in Anspruch genommene Störer bei Vorliegen einer Störermehrheit bei den übrigen Störern **Regress** nehmen kann. Für den Bereich des Bodenschutzes ist diese Frage in § 24 II 1 BBodSchG geregelt. Danach haben mehrere Verpflichtete unabhängig von ihrer Heranziehung untereinander einen Ausgleichsanspruch. Außerhalb des Bundes-Bodenschutzgesetzes ist die Rechtslage umstritten: Der BGH geht davon aus, dass der in Anspruch Genommene von den anderen Störern keinen Ausgleich verlangen kann. Ein gesamtschuldnerischer Ausgleichsanspruch gem. § 426 I BGB scheitere an der hierfür erforderlichen Gleichstufigkeit der Schuldner. Die Behörde könne nicht – wie von § 421 BGB vorausgesetzt – beliebig den einen oder den anderen Störer herausgreifen, weil das polizeiliche Auswahlermessen in der Regel die vorrangige Inanspruchnahme eines bestimmten Störers gebiete (vgl. BGH NJW 1981, 2457). Ein Ausgleichsanspruch über die Regeln der Geschäftsführung ohne Auftrag (§§ 677, 683, 670 BGB) wird regelmäßig deshalb nicht in Betracht kommen, weil es sich bei der Beseitigung der Gefahrenlage für den in Anspruch genommenen Störer nicht um ein fremdes Geschäft handelt. Die Gegenauffassung will dem in Anspruch Genommenen einen Regressanspruch analog § 39 I lit. a NRWOBG (gegebenenfalls iVm § 67 NRWPolG) zuerkennen. Hierfür soll sprechen, dass eine alleinige Kostentragungspflicht den Verursachungsanteil des in Anspruch genommenen Störers übersteige und sich für ihn deshalb als Überlast darstelle (vgl. *Jochum* NVwZ 2003, 526 [529]).

9. Die Generalklausel vermittelt dem Bürger grundsätzlich ein subjektives öffentliches Recht (ist also eine sog. **Schutznorm**) auf ermessensfehlerfreie Entscheidung. Ausnahmsweise kann dem Bürger aber auch ein Anspruch auf eine bestimmte Behördentätigkeit zustehen (sog. **Ermessensreduzierung**). Dies setzt ein in jeder Hinsicht reduziertes Ermessen voraus, dh sowohl in Bezug auf das Entschließungs- als auch auf das Auswahlermessen darf keine ebenfalls rechtmäßige Handlungsalternative bestehen. Eine Ermessensreduzierung kommt insbesondere bei hoher Gefahrenintensität und der Bedrohung hochrangiger Rechtsgüter in Betracht (BVerwGE 11, 89 [97] = BeckRS 1960, 103758); je bedeutsamer das betroffene Rechtsgut, desto geringere Anforderungen sind an die Wahrscheinlichkeit des Schadenseintritts zu stellen. Vgl. hierzu das Urteil des VG Gelsenkirchen NWVBl. 1998, 206, in dem es um einen aus § 8 I NRWPolG abgeleiteten Anspruch auf Aufnahme in ein polizeiliches Zeugenschutzprogramm geht. Zum Anspruch auf ordnungsbehördliches Einschreiten (aufgrund von § 14 I NRWOBG) unten Fall 14.

10. Eine verhältnismäßig neue Maßnahme zur Gefahrenabwehr, nämlich ein sog. **Gefährderanschreiben,** hat unter anderem das Urteil des NdsOVG v. 22.9.2005, NJW 2006, 391, zum Gegenstand. Mit einem Gefährderanschreiben richtet sich eine Gefahrenabwehrbehörde im Vorfeld einer Großveranstaltung an eine Person, die schon früher – zB durch Gewalttätigkeiten oder Pöbeleien – auffällig geworden ist, und legt ihr nahe, nicht zu der betreffenden Veranstaltung anzureisen. Anderenfalls müsse der Adressat damit rechnen, dass gefahrenabwehrrechtliche Maßnahmen gegen ihn ergriffen würden. In der genannten Entscheidung begehrte der Adressat eines solchen Schreibens mit seiner Klage die Feststellung, dass das gegen ihn gerichtete Vorgehen der Verwaltung rechtswidrig gewesen sei. Dabei wies er darauf hin, dass er – nicht zuletzt wegen des an ihn adressierten Schreibens – von der Teilnahme an der in Rede stehenden Veranstaltung abgesehen habe. Das NdsOVG ist mit gut nachvollziehbarer Begründung davon ausgegangen, dass für das Begehren des Klägers die **Feststellungsklage** gem. § 43 I VwGO statthaft sei. Das Gefährderanschreiben sei nämlich **kein Verwaltungsakt** iSv § 35 VwVfG, weil es gegenüber seinem Adressaten kein verpflichtendes Ge- oder Verbot ausspreche. Es lege ihm lediglich ein bestimmtes Verhalten nahe (vgl. NdsOVG NJW 2006, 391; so auch VGH BW BeckRS 2017, 137291 Rn. 29, zur mündlich vorgenommenen sog. Gefährderansprache; *Beaucamp* JA 2017, 728 [733]). Der Statthaftigkeit der Feststellungsklage steht nach Ansicht des Gerichts auch nicht entgegen, dass es in der Sache um ein in der Vergangenheit liegendes und zwischenzeitlich bereits erledigtes Rechtsverhältnis gehe (NdsOVG NJW 2006, 391 [393]). In der Tat können auch solche Rechtsverhältnisse Gegenstand einer Feststellungsklage sein, die sich bereits erledigt haben. Zu beachten ist in einem solchen Fall allerdings, dass eine auf ein vergangenes Rechtsverhältnis bezogene Feststellungsklage ein **qualifiziertes Feststellungsinteresse** voraussetzt. Hierzu kann auf die in Literatur und Rechtsprechung anerkannten Fallgruppen zum Fortsetzungsfeststellungsinteresse im Rahmen der Fortsetzungsfeststellungsklage gem. § 113 I 4 VwGO verwiesen werden. Ein derartiges qualifiziertes Interesse ist danach anzuerkennen, wenn das Rechtsverhältnis über seine Beendigung hinaus anhaltende Wirkung in der Gegenwart äußert, insbesondere bei Wiederholungsgefahr (*Kopp/Schenke* VwGO § 43 Rn. 25). Darüber hinaus kann es auch die Art des Eingriffs, insbesondere im grundrechtlich geschützten Bereich (hier: die Meinungsfreiheit gem. Art. 5 I 1 GG sowie die Versammlungsfreiheit nach Art. 8 I GG), verbunden mit dem in Art. 19 IV GG garantierten Anspruch auf effektiven Rechtsschutz erfordern, das Feststellungsinteresse anzuerkennen (vgl. *Schübel-Pfister* JuS 2007, 24 [27]). Das erforderliche Feststellungsinteresse begründete das NdsOVG damit, dass zum einen eine Wiederholungsgefahr gegeben sei, der Kläger zum anderen aber auch ein Rehabilitationsinteresse geltend machen könne (vgl. auch VGH BW BeckRS 2017, 137291 Rn. 32).

Da das Gefährderanschreiben – wie auch die Gefährderansprache (vgl. VGH BW BeckRS 2017, 137291 Rn. 30, 37; *Hebeler* NVwZ 2011, 1364 [1365]; zurückhaltender OVG NRW BeckRS 2016, 51094 Rn. 15) – in der üblichen, durchaus eindringlichen Form in die Grundrechte seines Adressaten eingreift, bedarf es nach zutreffender Ansicht des NdsOVG einer **gesetzlichen Ermächtigungsgrundlage.** Zwar liegt unter Zugrundelegung des früher herrschenden sog. klassischen Eingriffsbegriffs, der eine finale, unmittelbare und mit Befehl und Zwang durchsetzbare Regelung voraussetzt, kein Grundrechtseingriff vor. Auf der Grundlage des modernen Eingriffsverständnisses lässt sich ein Grundrechtseingriff aber kaum verneinen. Hiernach stellt nämlich jedes staatliche Handeln einen Grundrechtseingriff dar, das dem Einzelnen ein Verhalten, das in den Schutzbereich eines Grundrechts fällt, ganz oder teilweise unmöglich macht oder erschwert (wobei bloße Unbequemlichkeiten oder Belästigungen allerdings nicht ausreichen; zum modernen Eingriffsbegriff vgl. etwa BVerfG NJW 2005, 2912 – Verfassungsschutzbericht als mittelbarer Eingriff in die Pressefreiheit). Der Adressat eines Gefährderanschreibens wird aus Angst vor Repressalien unter Umständen davon absehen, an einer Veranstaltung teilzunehmen, die er eigentlich gerne besuchen möchte. Es wird ihm also erschwert, von seinem Grundrecht auf Meinungs- und Versammlungsfreiheit (Art. 5 I 1, 8 I GG) Gebrauch zu machen, sodass ein Grundrechtseingriff gegeben ist. Ein Eingriff in Grundrechte kann allerdings nur aufgrund einer gesetzlichen Grundlage erfolgen. Als solche kommt, da es bislang an entsprechenden Standardmaßnahmen in den Polizei- und Ordnungsgesetzen der Länder fehlt, nur die **polizei- und ordnungsrechtliche Generalklausel** in Betracht (zur fehlenden Sperrwirkung des VersG bei Vorfeldmaßnahmen: *Gusy* POR Rn. 430; *Kingreen/Poscher* POR § 19 Rn. 14 ff.; *Gröpl/Leinenbach* JA 2018, 8 [12]). Dabei ergeben sich aber verwaltungsrechtliche Probleme, weil oftmals die Voraussetzungen eines Vorgehens aufgrund von § 8 I NRWPolG; § 11 HSOG nicht erfüllt sein dürften (unter anderem keine konkrete Gefahr, keine Verantwortlichkeit des Betroffenen). Das zeigen folgende Überlegungen:

Die Generalklausel setzt eine von dem Adressaten des Gefährderanschreibens ausgehende **Gefahr für die öffentliche Sicherheit oder Ordnung** voraus. Der Begriff der Gefahr bezeichnet einen Sachverhalt, der bei ungehindertem Fortgang in absehbarer Zukunft mit hinreichender Wahrscheinlichkeit zum Eintritt eines Schadens an einem geschützten Recht oder Rechtsgut führt. Der damit erforderlichen Gefahrenprognose ist das Tatsachenwissen zugrunde zu legen, welches der Polizeibehörde zum Zeitpunkt ihres Einschreitens bekannt war. Anhand dieses Tatsachenwissens muss aus Sicht eines objektiven, besonnenen Amtswalters das Vorliegen einer Gefahr bejaht werden können. Ausschreitungen und Krawalle, die im Zusammenhang mit Großveranstaltungen auftreten, sind in der Regel mit der Verletzung einer Vielzahl von Individualrechtsgütern (zB Eigentum, Gesundheit, Leben) und Verstößen gegen die geschriebene Rechtsordnung (zB §§ 125 I, 223 I StGB) verbunden. Nach Ansicht des NdsOVG durfte die Verwaltung nach den ihr vorliegenden Erkenntnissen davon ausgehen, dass im Rahmen der in Rede stehenden Veranstaltung die Gefahr gewalttätiger Ausschreitungen im Zuge geplanter Demonstrationen bestand (vgl. NdsOVG NJW 2006, 391 [394]). Dass von einer Person, die vor mehreren Jahren – wie im Falle des NdsOVG – bei einer Versammlung Gewaltbereitschaft gezeigt hat, aber noch eine konkrete, aktuell bestehende Gefahr ausgeht, erscheint zumindest fragwürdig.

Problematisch war zudem die polizeiliche **Verantwortlichkeit** des Klägers. Auch hierfür muss eine an Tatsachen anknüpfende Prognose gestellt werden, dass die Person mit hinreichender Wahrscheinlichkeit die Gefahr verursacht. Daran gemessen bestanden nach Ansicht des NdsOVG zum Zeitpunkt der Adressierung des Gefährderanschreibens an den Kläger keine ausreichenden Anhaltspunkte für eine von ihm ausgehende Gefahr für die öffentliche Sicherheit. Das gewaltbereite Verhalten des Klägers lag im Zeitpunkt der Fertigung des Gefährderanschreibens bereits mehrere Jahre zurück und konnte deshalb schon wegen der fehlenden zeitlichen Nähe im Rahmen einer Gefahrenprognose nicht mehr verwertet werden (vgl. NdsOVG NJW 2006, 391 [394]).

Bei der Anwendung des allgemeinen Polizei- und Ordnungsrechts auf das Gefährderanschreiben (wie auch auf die mündlich vorgenommene sog. Gefährderansprache), konkret bei der Heranziehung der polizeirechtlichen Generalklausel (zB § 8 I NRWPolG; § 11 HSOG) ergibt sich aber noch ein weiteres, durchgreifendes verfassungsrechtliches Problem: Schon die Anreise zur Versammlung ist vom Gewährleistungsgehalt des Art. 8 GG erfasst (*Hoffmann-Riem* in Merten/Papier, Handbuch der Grundrechte, Bd. IV, 2011, § 106 Rn. 69 mwN). Daher betreffen Gefährderanschreiben, Gefährderansprache und andere sog. Vorfeldmaßnahmen (zB Identitätsfeststellungen [§ 12 NRWPolG; § 18 HSOG], Platzverweise [§ 34 NRWPolG; § 31 HSOG], Sicherstellungen [§ 43 NRWPolG; § 40 HSOG] ua) den Schutzbereich der Versammlungsfreiheit und greifen in ihn ein. Gerechtfertigt sind sie nicht auf der Grundlage des VersG, da dieses Gesetz das Vorfeld nicht erfasst. Aus diesem Grund wird ein Rückgriff auf das allgemeine Polizeirecht nicht durch die Spezialität des VersG (und seine Sperrwirkung gegenüber dem allgemeinen Polizeirecht) ausgeschlossen. Gerade deshalb stellt sich die Frage nach der Anwendbarkeit des allgemeinen Polizeirechts. Sie dürfte daran scheitern, dass die Polizeigesetze, bezogen auf die Versammlungsfreiheit, dem **Zitiergebot** aus Art. 19 I 2 GG nicht genügen (zB § 7 NRWPolG; § 10 HSOG). Wenn in den Schutzbereich der Versammlungsfreiheit eingegriffen wird, muss das einschränkende Gesetz Art. 19 I 2 GG Rechnung tragen (wie es das – im Vorfeld nicht anwendbare – VersG durch dessen § 20 vorsieht). In der Literatur werden deshalb überzeugende Bedenken gegen Vorfeldmaßnahmen auf der Grundlage des allgemeinen Polizeirechts vorgetragen (*R. Schmidt* GR Rn. 641 aE; *Kingreen/Poscher* POR § 20 Rn. 55 aE, § 19 Rn. 19 f.; *Bünnigmann* JuS 2016, 695 [696 f.]; aA *Steinforth*, Die Gefährderansprache im Kontext versammlungsspezifischer Vorfeldmaßnahmen, 2015, 114 f., 192 f., mit dem Argument, das Zitiergebot sei im gesamten Bereich des Art. 8 GG nicht anzuwenden, weil es anderenfalls paradox sei, dass das Zitiergebot bei Versammlungen in geschlossenen Räumen nicht zur Anwendung komme [weil der Gesetzesvorbehalt des Art. 8 II GG sie nicht erfasst], wohl aber bei Versammlungen unter freiem Himmel, also im Anwendungsbereich von Art. 8 II GG). Es erscheint in der Tat aus rechtsstaatlicher Sicht konsequent, Vorfeldmaßnahmen, die auf das allgemeine Polizeirecht gestützt werden, für schlichtweg rechtswidrig zu halten (so *R. Schmidt* GR Rn. 641 aE).

Richtigerweise wird schon wegen der rein verwaltungsrechtlichen Probleme bei der Anwendung der Generalklausel des allgemeinen Polizeirechts für Gefährderanschreiben und Gefährderansprache eine eigene, noch zu schaffende gesetzliche Grundlage zu fordern sein. Diese neue Rechtsgrundlage muss dann allerdings auch dem Zitiergebot des Art. 19 I 2 GG genügen.

Prüfungsschema: Rechtmäßigkeit einer Verfügung zur Gefahrenabwehr

Bei der Prüfung einer Ordnungs-/Polizeiverfügung kann man sich an folgendem Aufbauschema orientieren:

A. Ermächtigungsgrundlage
zB § 14 NRWOBG, § 8 NRWPolG, Art. 7 II BayLStVG (Ordnungsbehörde) bzw. Art. 11 I BayPAG (Polizei), § 1 I 1 iVm § 3 BWPolG, § 11 HSOG, § 11 NSOG, § 13 LSASOG

B. Formelle Rechtmäßigkeit

- I. Zuständigkeit
  - 1. Sachlich:
    - a) Ordnungsbehörde/Polizeibehörde
      zB § 1 I NRWOBG, Art. 6 BayLStVG, §§ 1 I, 60 I, 66 II, 62 IV BWPolG, §§ 1 I, 89 HSOG, §§ 1 I, 97 NSOG, §§ 1 I, 2 BlnASOG, § 1 I LSASOG, §§ 2, 4 ThürOBG
    - b) Polizei (Eilfallkompetenz)
      zB § 1 I 3 NRWPolG, Art. 3 BayPAG, § 60 II BWPolG, § 1 II 1 NSOG, § 2 II LSASOG
  - 2. Örtlich:
    zB § 4 NRWOBG, §§ 7, 8 NRWPOG, §§ 68, 75 BWPolG, §§ 100, 104 NSOG, §§ 88, 92 LSASOG
  - 3. Instanziell:

a) grundsätzlich örtliche Ordnungsbehörde
zB § 5 I NRWOBG, § 5 I BbgOBG, § 89 II HSOG, § 97 NSOG (Achtung: Die Vorschrift ist in der amtl. Überschrift mit »sachliche Zuständigkeit« überschrieben)
b) Polizei
§ 11 I iVm § 2 I NRWPOG, § 4 II 1 iVm § 1 II SchlHPOG

II. Verfahren
insbesondere Anhörung (§ 28 VwVfG)

III. Form
1. Ordnungsbehörde:
teilweise Schriftform, zB § 20 I NRWOBG, § 19 I BbgOBG; anderenfalls § 37 II–IV VwVfG
2. Polizei:
keine besonderen Vorgaben, daher § 37 II–IV VwVfG

C. Materielle Rechtmäßigkeit

I. Voraussetzungen der Ermächtigungsgrundlage

II. Ordnungs- bzw. polizeirechtliche Verantwortlichkeit
1. Verantwortlichkeit für ein Verhalten:
zB § 17 NRWOBG, § 4 NRWPolG, Art. 9 I BayLStVG, Art. 7 I BayPAG, § 6 BWPolG, § 6 HSOG, § 6 NSOG, § 7 LSASOG.
2. Verantwortlichkeit für den Zustand von Sachen:
zB § 18 NRWOBG, § 5 NRWPolG, Art. 9 II BayLStVG, Art. 8 BayPAG, § 7 BWPolG, § 7 HSOG, § 7 NSOG, § 8 LSASOG.
3. Inanspruchnahme nicht verantwortlicher Personen:
zB § 19 NRWOBG, § 6 NRWPolG, Art. 9 III BayLStVG, Art. 10 BayPAG, § 9 BWPolG, § 9 HSOG, § 8 NSOG, § 10 LSASOG.

III. Fehlerfreie Ermessensbetätigung
1. Entschließungsermessen:
zB § 16 NRWOBG, § 3 I NRWPolG, Art. 5 I BayPAG, § 3 BWPolG, § 5 I HSOG, § 5 I NSOG, § 6 I LSASOG.
2. Auswahlermessen bez. verschiedener Maßnahmen:
vorausgesetzt etwa in § 21 NRWOBG, § 3 II NRWPolG, Art. 5 II BayPAG, § 5 I BWPolG, § 5 II HSOG, § 5 II NSOG, § 6 II LSASOG.
3. Auswahlermessen bez. verschiedener Verantwortlicher:
vorausgesetzt etwa in §§ 17 II–IV, 18 II–IV NRWOBG, §§ 4 II–IV, 5 II–IV NRWPolG, Art. 7 II–IV, 8 II–IV BayPAG, § 6 II u. III BWPolG, §§ 6 II u. III, 7 II u. III HSOG, §§ 6 II u. III, 7 II u. III NSOG, §§ 7 II u. III, 8 II u. III LSASOG.

IV. Allgemeine Anforderungen
1. Verhältnismäßigkeit der Maßnahme:
zB § 15 I u. II NRWOBG, § 2 I u. II NRWPolG, Art. 8 I u. II BayLStVG, Art. 4 I u. II BayPAG, § 5 BWPolG, § 4 I u. II HSOG, § 4 I u. II NSOG, § 5 I u. II LSASOG.
2. Bestimmtheit
3. Rechtliche und tatsächliche Möglichkeit des verlangten Verhaltens:
zB § 15 I NRWOBG, § 2 I NRWPolG, Art. 8 I BayLStVG, Art. 4 I BayPAG, § 4 I HSOG, § 4 I NSOG, § 5 I LSASOG.

2. Fall: Streunender Hund I[1]

Sachverhalt

Dem Rentner R, der in der nordrhein-westfälischen Großstadt K wohnt, ist bei seinen Spaziergängen in den letzten Tagen mehrfach ein frei umherlaufender Terrier aufgefallen. An jedem Tag hinterließ der Hund auf einem privaten Kinderspielplatz Kot und Urin und bedrohte die dort aus dem gesamten Wohngebiet kommenden spielenden Kinder durch wildes Bellen und eine aggressive Körperhaltung. Einmal konnte R den Hund sogar dabei beobachten, wie er die Straße überquerte und dabei einige Autofahrer zum abrupten Abbremsen zwang, sodass es fast zu Auffahrunfällen gekommen wäre. Eines Abends bemerkt R von seinem Balkon aus, wie der Terrier von dem vor zwei Wochen zugezogenen Nachbarn N, der jeden Morgen recht früh das Haus zur Arbeit verlässt, mit den Worten »Na, Berti, schönen Tag gehabt?« begrüßt und in die Wohnung gelassen wird. R will gegen das Herumstreunen des Hundes etwas tun. Kann er mit Aussicht auf Erfolg sofort die Polizei unterrichten oder muss er bis zum nächsten Morgen warten, um das Ordnungsamt zu informieren?

1 Der Fall ist der Entscheidung des HessVGH NJW 1995, 2123 nachgebildet.

Lösungsvorschlag

Schwerpunkt:
- **Zuständigkeitsabgrenzung von Polizei- und Ordnungsbehörden (Gefahrenabwehr, Eilfallkompetenz)**

R will eine staatliche Maßnahme, gleich wie sie konkret aussehen soll, erreichen. Wie immer in Fällen, in denen ein Bürger vom Staat etwas will, stellt sich die Frage, an welche staatliche Stelle er sich wenden soll (Bund, Land oder Kommune, Polizei, Ordnungsamt oder Sonderordnungsbehörde wie zB Bauamt). Ausgangspunkt ist dabei die **abstrakte Möglichkeit** der jeweiligen staatlichen Stelle, das gewünschte Ergebnis herbeizuführen. Hierin konkretisiert sich die Frage nach der **Zuständigkeit**.

Fraglich ist hier, ob die Polizei oder das Ordnungsamt zuständig ist. Neben der örtlichen Zuständigkeit, die mangels näherer Angaben nicht in Rede steht,[2] ist die sachliche Zuständigkeit zu prüfen. R begehrt eine Maßnahme, die das Herumstreunen des Hundes verhindert. Entsprechende Gebote bzw. Verbote sind dem Staat **abstrakt** erlaubt, wenn Gefahren bestehen, also das Gefahrenabwehrrecht einschlägig ist. Dieses besteht gegenständlich in den Polizei- und Ordnungsbehördengesetzen der Länder (vgl. in sämtlichen Ländergesetzen § 1 des jeweiligen PolG, außer § 5 I NRWOBG; Art. 2 I BayPAG). Die Polizeigesetze berechtigen die uniformierte Polizei, die Ordnungsbehördengesetze berechtigen die Ordnungsbehörden.[3] Beiden steht grundsätzlich das gleiche Maßnahmeninstrumentarium offen, insbesondere aufgrund der polizei- bzw. ordnungsrechtlichen Generalklauseln.[4] Die Konkurrenzsituation, die daher zwischen beiden Behörden besteht, wird durch die sog. **Eilfallkompetenz der Polizei** gelöst.[5] Ihr kommt das »Recht des ersten Zugriffs« nur zu, soweit ein Handeln der Ordnungsbehörde nicht oder nicht rechtzeitig möglich erscheint (so der Wortlaut in § 1 I 3 NRWPolG). Kurz gesagt ist die Polizei für Maßnahmen der Gefahrenabwehr nur dann zuständig, wenn sie **unter Dringlichkeits- und Effektivitätsgesichtspunkten unaufschiebbar** erscheinen. Das wird danach zu beurteilen sein, ob die mit bürokratischen Mitteln arbeitende Ordnungsbehörde noch ebenso wirksam und rechtzeitig einschreiten könnte wie die Polizei.[6] Es ist demnach eine **Verlaufsprognose** darüber anzustellen, ob ohne das polizeiliche Einschreiten die Gefahr letztlich wirksam abgewehrt werden könnte.

Es ist davon auszugehen, dass N seinen Hund auch zukünftig frei umherlaufen lässt. Allein dem Zufall ist zu verdanken, dass es durch den Hund noch nicht zu Schäden

---

2 Die örtliche Zuständigkeit bereitet erfahrungsgemäß in Klausuren keine Probleme, dazu zB § 7 I NRWPOG, § 4 I NRWOBG; § 68 BWPolG; § 101 HSOG; § 100 NSOG.

3 Dies gilt nur für die Länder Nordrhein-Westfalen, Bayern und Brandenburg, die das sog. Trennungssystem eingeführt haben. In anderen Ländern besteht eine einzige einheitliche Kodifikation für die allgemeine Gefahrenabwehr (zB das HSOG für Hessen und das NSOG für Niedersachsen). Einige dieser Länder trennen nicht einmal begrifflich, sondern nur organisationsintern zwischen »Polizei« und »Ordnungsbehörde« (zB Baden-Württemberg und Rheinland-Pfalz); vgl. zu allem *Erbguth/Mann/Schubert* BesVerwR Rn. 628 ff.; *Schenke* POR Rn. 446 ff.; zur historischen und inhaltlichen Entwicklung des Begriffs »Polizei« Hinweis 1 zu diesem Fall.

4 § 8 I NRWPolG, § 14 I NRWOBG; Art. 7 II BayLStVG, Art. 11 I BayPAG; § 1 I 1 iVm § 3 BWPolG; § 11 HSOG; § 11 NSOG.

5 *Dietlein* in Dietlein/Hellermann ÖffR NRW § 3 Rn. 17.

6 *Götz/Geis* POR § 17 Rn. 2; *R. Schmidt* POR Rn. 52.

an der Gesundheit von Kindern oder im Straßenverkehr kam. Derartige Schäden können sofort eintreten, sobald der Hund erneut zum freien Auslauf aus dem Haus gelassen wird. Geht man davon aus, dass N seinen Hund bereits am nächsten Morgen in der Frühe, wenn er zur Arbeit geht, wieder frei lassen wird, müsste spätestens zu diesem Zeitpunkt eingeschritten werden. Eine Benachrichtigung der Ordnungsbehörde durch R ist jedoch nur während der üblichen Dienstzeiten, nicht aber abends möglich. Auch eine Benachrichtigung am nächsten Morgen dürfte wohl erst dann gelingen, wenn N bereits zur Arbeit gegangen ist oder gerade zur Arbeit geht, sodass ein rechtzeitiges Einschreiten durch die Ordnungsbehörden nicht möglich sein wird. Folglich ist das sofortige Einschreiten durch die Polizei erforderlich, ihre Eilfallkompetenz gegeben.

Ergebnis

R kann die Polizei – oder am nächsten Morgen, allerdings mit dem Risiko des Zuspätkommens, die Ordnungsbehörden – informieren.

Ob Polizei und Ordnungsbehörde letztlich dem N verbieten können, seinen Hund frei umherlaufen zu lassen, wird zu Fall 9 erörtert.

Ergänzende Hinweise

1. Das inhaltliche Verständnis von dem, was Polizei heute ist, muss an die **historische Entwicklung** anknüpfen (Grundkenntnisse dieser Entwicklung sind im Hinblick auf die mündliche Prüfung in der staatlichen Pflichtfachprüfung unerlässlich). Im 15.–17. Jahrhundert bezeichnete der Begriff »Polizey« einen **Zustand guter Ordnung des Gemeinwesens**, die Polizeiordnungen wirkten so in nahezu alle gesellschaftlichen Bereiche hinein. Im absolutistischen Staat des 18. Jahrhunderts war Polizeigewalt ein **Hoheitsrecht des allgewaltigen Fürsten**, um sämtliche Angelegenheiten der Untertanen zu regeln. Der Begriff des »Polizeistaates« rührt aus dieser Zeit. Eine Einengung des Polizeibegriffs erfolgte 1794 durch das Preußische Allgemeine Landrecht. In Teil 2 Titel 17 § 10 (**§ 10 II 17 pr.ALR**) hieß es: »Die nöthigen Anstalten zur Erhaltung der öffentlichen Ruhe, Sicherheit und Ordnung und zur Abwendung der dem Publiko, oder einzelnen Mitgliedern desselben bevorstehenden Gefahr zu treffen, ist das Amt der Polizey.« Hierauf gestützt urteilte 1882 das PrOVG in seiner berühmten **Kreuzberg-Entscheidung**, dass die allgemeine Handlungsvollmacht der Polizei auf die Gefahrenabwehr beschränkt sei und die Wohlfahrtspflege nicht umfasse (PrOVGE 9, 353; erneut abgedruckt in DVBl. 1985, 219). Der Polizei war es damit in concreto verwehrt, ohne gesonderte gesetzliche Grundlage – entsprechende Gesetze ergingen aber 1902 und 1907 – eine Verordnung zu erlassen, welche die Sicht auf das Kreuzberger Siegesdenkmal beeinträchtigende Bauvorhaben verbot. Anknüpfend an diese durch die Rechtsprechung herausgebildete Beschränkung von Polizeigewalt formulierte 1931 **§ 14 pr.PVG** erstmals in Gesetzesform: »Die Polizeibehörden haben im Rahmen der geltenden Gesetze die nach pflichtgemäßem Ermessen notwendigen Maßnahmen zu treffen, um von der Allgemeinheit oder dem Einzelnen Gefahren abzuwehren, durch die die öffentliche Sicherheit oder Ordnung bedroht wird.« Durch die **Nationalsozialisten** wurde die Polizei zum Machterhalt und -missbrauch instrumentalisiert. Die Praxis des totalen Polizeistaates war die Freistellung der Polizei von rechtsstaatlichen Bindungen; die Schaffung einer politischen Polizei wie der sog. Gestapo sowie die Instrumente der »Schutzhaft« und »Vorbeugehaft« verdeutlichen dies anschaulich. Nach 1945 prägte die sog. **Entpolizeilichung** die Entwicklung. Kennzeichnend hierfür sind die Reduktion des polizeilichen Wirkungsbereichs, die Ausgliederung der Ordnungsverwaltung in den meisten Bundesländern sowie die Entkommunalisierung. Nach heutigem Verständnis kennzeichnet sich die Polizei durch drei Ebenen: 1. **Materiell** kommt der Polizei die Aufgabe der Gefahrenabwehr zu. 2. **Formell** ist die Polizei nicht umfassend, sondern nur für ganz bestimmte Aufgabenbereiche zuständig. 3. **Institutionell** bestehen organisatorisch klar erkennbare Polizeibehörden.

Zum Ganzen *Horn* in Gornig/Horn/Will ÖffR Hessen, 2. Teil Rn. 28 ff.; *Wittreck* in Schlacke/Wittreck LandesR NRW § 4 Rn. 8 ff. *Erbguth/Mann/Schubert* BesVerwR Rn. 381 ff.; *Schenke* POR Rn. 1 ff.; *Götz/Geis* POR § 2 Rn. 1 ff., 25 aE; *Kingreen/Poscher* POR § 1.

2. Die **Eilfallkompetenz der Polizei** ist immer in der sachlichen Zuständigkeit, also im Rahmen der formellen Rechtmäßigkeit einer Maßnahme zu prüfen. Ein methodisches Problem folgt daraus, dass man den Prüfungspunkt »Gefahr für die öffentliche Sicherheit oder Ordnung« aufgrund seines materiell-rechtlichen Charakters nicht vorziehen darf, obwohl dieser Begriff in den Kompetenznormen verwendet wird, also eigentlich schon hier Tatbestandsmerkmal ist. In einer Fallbearbeitung umgeht man dieses Problem im Regelfall damit, dass man die Gefahr unter Hinweis auf die Möglichkeit ihres Vorliegens als gegeben unterstellt (**abstrakte Prüfung**; vgl. Fall 14). Unter Umständen sind aber auch schon hier Probleme aus dem Bereich der Verhältnismäßigkeit zu erörtern, da letztlich die Gesichtspunkte der Dringlichkeit und Effektivität entscheidend sind. Dass dabei gegebenenfalls das Ausmaß der Gefahr sowie das Gewicht des zu schützenden Rechtsgutes von Bedeutung sein können, lässt sich nicht vermeiden.

3. Die Eilfallkompetenz ist im Bereich der Gefahrenabwehr die der Polizei eigene Kompetenz. Ergänzt wird sie durch die Kompetenz der Polizei, **Vollzugshilfe** für die Ordnungsbehörden zu leisten (vgl. § 1 III iVm §§ 47 ff. NRWPolG; Art. 2 III iVm Art. 50 ff. BayPAG; § 1 V iVm §§ 44 ff. HSOG; § 1 IV iVm §§ 51 ff. NSOG).

4. Gemäß Art. 70 I GG liegt die **Gesetzgebungskompetenz** für das Recht der Gefahrenabwehr bei den Ländern, sofern das GG sie nicht dem Bund zuspricht. Für das Polizei- und Ordnungsrecht findet sich in den Art. 73 f. GG keine allgemeine Kompetenzzuweisung an den Bund, sodass die Kompetenz hier in der Tat bei den Ländern liegt. Für bestimmte Teilbereiche des Gefahrenabwehrrechts hat der Bund jedoch eine Gesetzgebungskompetenz kraft ausdrücklicher Zuweisung. Kompetenzen auf dem Gebiet des Polizei- und Ordnungsrechts hat er bspw. im Grenzschutz (Art. 73 I Nr. 5 GG), (der Einrichtung) des Bundeskriminalamtes (Art. 73 I Nr. 9a und 10 GG), des Waffen- und Sprengstoffrechts (Art. 73 I Nr. 12 GG) uva (eine Übersicht der Bundeskompetenzen im Gefahrenabwehrrecht und der aufgrund dieser erlassenen Gesetze findet sich bei *Schenke* POR Rn. 25 ff.). Daneben können ungeschriebene Gesetzgebungsbefugnisse kraft Sachzusammenhangs treten, »wenn eine dem Bund zugewiesene Materie verständigerweise nicht geregelt werden kann, ohne dass zugleich eine nicht ausdrücklich zugewiesene Materie mitgeregelt wird« (BVerfG NJW 1999, 841).

Probleme ergeben sich hier insbesondere bei der Abgrenzung zum Bundeskompetenztitel des Strafrechts aus Art. 74 I Nr. 1 GG, weil dessen Umfang nicht eindeutig geklärt ist. Das gilt zum einen dann, wenn die Länder Maßnahmen treffen, die der Vorbeugung von Straftaten dienen (vgl. § 1 I 2 NRWPolG). Diese Fälle zählen streng genommen nicht zur Gefahrenabwehr, denn es besteht ja noch keine konkrete Gefahrensituation. Dennoch rechtfertigt der präventive Charakter häufig die Zuordnung zur Gefahrenabwehr eher als zum Strafrecht, welches der Sanktionierung bereits begangener Straftaten dient (vgl. dazu *Dietlein* in Dietlein/Hellermann ÖffR NRW § 3 Rn. 9). Abgrenzungsprobleme ergeben sich aber auch dann, wenn der Bund Regelungen erlässt, in denen Landesverbote mit Strafe bewehrt werden. Hier kommt es darauf an, dass der Bund nicht die Sachmaterie selbst regelt, sondern nur die Strafbewehrung (BVerfGE 26, 246 [257 f.] = BeckRS 1969, 104921). Der Verwendung sog. »Blankettstrafnormen«, die absichtlich offen formuliert wurden, um zu verhindern, dass der Bund die Sachmaterie mitregelt, hatte das BVerfG in seiner Entscheidung zum Bundeskampfhundegesetz (BVerfG NVwZ 2004, 597) weitgehend einen Riegel vorgeschoben. Zur Begründung gab es an, dass die Bundeskompetenz aufgrund der damals noch für alle Kompetenztitel der konkurrierenden Gesetzgebungskompetenz geltenden Erforderlichkeitsklausel gem. Art. 72 II GG nur für übereinstimmende Länderregelungen galt. Eine solche Übereinstimmung lag aber häufig nicht in der vom Gericht geforderten Weise vor. In der Konsequenz hätte eine bundesrechtliche Strafnorm, die tatbestandlich ganz unterschiedliche landesrechtliche Verbotsnormen sanktionierte, nicht zur Entstehung von Bundeseinheitlichkeit geführt, sondern die Uneinheitlichkeit noch verstärkt (vgl. dazu *Möstl* JURA 2005, 48 [50, 54 f.]). Seit der Föderalismusreform im Jahr 2006 ist die Erforderlichkeitsklausel des Art. 72 II GG auf Art. 74 I Nr. 1 GG nicht mehr anwendbar, sodass diese Regelung Blankettstrafnormen nicht mehr im Wege steht. Jedoch mag eine solche Strafnorm, die verschiedene Verhaltensweisen mit demselben Strafrahmen bedroht, angesichts des allgemeinen Gleichheitssatzes aus Art. 3 I GG weiterhin bedenklich sein.

Kompetenzrechtliche Probleme ergeben sich auch im Bereich der Küstenüberwachung. Hier sind die Kompetenzen zwischen Bund und Ländern bunt verteilt, sodass eine effektive Arbeit erschwert wird (vgl. dazu *König* DÖV 2002, 639; *Schnoor* NordÖR 2000, 221).

Von der Gesetzgebungsbefugnis zu unterscheiden ist die **Verwaltungskompetenz**, die bestimmt, welcher Rechtsträger für die Errichtung von Behörden zuständig ist. Die Verwaltungszuständigkeit liegt gem. Art. 30, 83 ff. GG ebenfalls grundsätzlich bei den Ländern. Ausnahmen hiervon sieht das Grundgesetz beispielsweise in Art. 87 I 1, 89 II 1 (Strom- und Schifffahrtspolizei) sowie in Art. 87 I 2 (Bundespolizeibehörden) und Art. 35 II und III (Katastrophenschutz) vor. Wichtig ist hier, dass die Länderaufgabe der Gefahrenabwehr von der nachrichtendienstlichen Tätigkeit strikt getrennt bleibt, um die Entstehung eines Überwachungsstaates zu verhindern (vgl. auch BVerfGE 97, 198 [217] = BeckRS 1998, 30006992; dieser Beschluss lässt die verfassungsrechtliche Verankerung des Trennungsgebots aber offen). Allerdings führen insbesondere Maßnahmen der Terrorismusbekämpfung, namentlich die Einführung einer von Bund und Ländern gleichermaßen genutzten Anti-Terror-Datei, zu der Frage, ob nicht das Trennungsgebot missachtet wird. Wie sich dies in Zukunft entwickeln wird, bleibt abzuwarten (vgl. *Dietlein* in Dietlein/Hellermann ÖffR NRW § 3 Rn. 12).

3. Fall: Nächtliches Geschrei

Sachverhalt

Die Polizisten P und S werden nachts (2.00 Uhr) wegen Geschreis aus einer Wohnung von den Nachbarn alarmiert. Sie begeben sich zu der Wohnung und hören schon im Hausflur, wie ein Mann (M) und eine Frau (F) sich äußerst wild und lautstark beschimpfen. Erst nach mehrmaligem Klingeln öffnet F mit blutender Wunde am Kopf die Tür. Hinter ihr steht der M, der laut schreiend den Beamten verbietet, die Wohnung zu betreten. Stattdessen schlägt er weiterhin auf F ein. Auch als F schließlich bewusstlos zu Boden geht, traktiert M sie weiter mit schweren Schlägen und Tritten. P und S betreten die Wohnung, nehmen den M sofort fest und verbringen ihn zur Polizeiwache.

Aufgrund welcher Rechtsgrundlagen wurden P und S tätig?

Lösungsvorschlag

Schwerpunkte:
- **Materiell:**
  - **Abgrenzung präventiven Handelns nach Polizeirecht von repressivem Handeln nach Strafprozessrecht**
  - **doppelfunktionale Maßnahmen**

Vorbemerkung:
Es ist dringend anzuraten, verschiedene Maßnahmen von Behörden (Verwaltungsakte, Realakte) getrennt auf ihre Rechtmäßigkeit zu überprüfen. Es kommt oft genug vor, dass Klausurbearbeiter alles in eine einheitliche Erörterung fassen. Dadurch wird die Klausurlösung unübersichtlich und unnötig kompliziert. Der Bearbeiter verliert leicht den Faden; oftmals übersieht er erörterungsbedürftige Probleme, sodass wertvolle Punkte für die Benotung verschenkt werden.

A. Das Betreten der Wohnung

Als Ermächtigungsgrundlage für das Betreten der Wohnung kommt sowohl eine – in Abgrenzung zur Generalklausel – spezielle polizeirechtliche Norm (§ 41 I 1 Nr. 3 NRWPolG[1]) als auch eine Norm der Strafprozessordnung (§ 102 StPO[2]) in Betracht. Diese Alternativität besteht deshalb, weil die **Polizei** neben der **Gefahrenabwehr** (Prävention) auch für die **Strafverfolgung** (Repression) zuständig ist. An die Unterscheidung dieser Bereiche knüpft die Zuordnung einer polizeilichen Maßnahme im Einzelfall an. Die Grundlage für die Beurteilung ist der von den Beamten **verfolgte Zweck**, präventiv oder repressiv tätig zu werden. Dieser Zweck wird nach hM nicht aufgrund des tatsächlichen Willens der Beamten ermittelt, sondern aus der **Sicht eines objektiven Beobachters**.[3]

Es war erkennbar, dass P und S die Wohnung betraten, um die Auseinandersetzung zwischen M und F zu beenden. Daran, den M strafrechtlich zur Verantwortung zu ziehen, war (noch) nicht gedacht. Da der Zweck des polizeilichen Handelns also im präventiven Bereich lag, ist die Ermächtigungsgrundlage im Polizeirecht zu suchen. Hier könnte die spezielle polizeirechtliche Norm des § 41 I 1 Nr. 3 NRWPolG die Ermächtigungsgrundlage für das Betreten der Wohnung sein. Danach kann die Polizei eine Wohnung ohne Einwilligung des Inhabers betreten und durchsuchen, wenn von der Wohnung Immissionen ausgehen, die nach Art, Ausmaß oder Dauer zu einer erheblichen Belästigung der Nachbarschaft führen.

1 Die meisten Polizeigesetze der anderen Bundesländer enthalten keine solche ausdrückliche Ermächtigung zur Verhinderung von Immissionen. Hier ist meist die Generalklausel Ermächtigungsgrundlage, wobei sich dadurch, dass die Ereignisse zur Nachtzeit stattfinden, weitere Besonderheiten ergeben. Für genauere Informationen empfiehlt sich ein Lehrbuch zum Polizeirecht des jeweiligen Bundeslandes.

2 Bei § 102 StPO ist anerkannt, dass die Anordnung der Durchsuchung dazu berechtigt, die Durchsuchung mit Zwangsmaßnahmen durchzusetzen, zB die Wohnung gewaltsam zu öffnen, vgl. Meyer-Goßner/Schmitt/Köhler/*Schmitt* StPO § 105 Rn. 13.

3 BayVGH NVwZ 1986, 655; VGH BW NVwZ-RR 1989, 412 (413); *R. Schmidt* POR Rn. 91 (»durchschnittlicher Polizeibeamter«); *Knemeyer* POR Rn. 122.

F und M hatten während der Nacht eine lautstarke Auseinandersetzung, welche die Nachbarn gestört hat. Folglich gingen von ihrer Wohnung Immissionen aus, die insbesondere aufgrund der Nachtzeit geeignet waren, die Nachbarn erheblich zu belästigen. Die Voraussetzungen des § 41 I 1 Nr. 3 NRWPolG sind damit erfüllt.

Zusätzlich lässt sich die Maßnahme auch auf § 41 I 1 Nr. 4 NRWPolG[4] stützen. Danach kann die Polizei eine Wohnung ohne Einwilligung des Inhabers betreten und durchsuchen, wenn das zur Abwehr einer gegenwärtigen Gefahr für Leib, Leben oder Freiheit einer Person oder für Sachen von bedeutendem Wert erforderlich ist. M schlug auf die bereits verletzte F ein. Es bestand somit eine Gefahr für Leib und Leben der F, die die Polizisten gem. § 41 I 1 Nr. 4 NRWPolG ebenfalls zum Betreten der Wohnung berechtigt.

B. Die Festnahme

Auch für die Festnahme einer Person gibt es sowohl spezielle polizeirechtliche Normen, welche die Abwehr einer Gefahr ermöglichen (vgl. § 35 I Nr. 2 NRWPolG[5], sog. Unterbindungsgewahrsam[6]), als auch die strafprozessualen Vorschriften über die Verhaftung (§§ 112 ff. StPO) und die vorläufige Festnahme (§ 127 StPO). Legt man die oben skizzierten Grundsätze zur Charakterisierung der Maßnahme an **(Zweckrichtung aus Sicht eines objektiven Beobachters)**, stellt sich das Problem, dass sie einerseits dazu gedacht war, F vor weiteren Misshandlungen zu schützen. Andererseits war aber offensichtlich, dass der M die F schon vorher massiv misshandelt und damit Straftatbestände verwirklicht hatte. In derartigen Fällen, in denen vernünftigerweise sowohl eine präventive als auch eine repressive Maßnahme in Betracht kommt (sog. **doppelfunktionale Maßnahmen**[7]), stellt die wohl herrschende Auffassung[8] auf den Schwerpunkt der Maßnahme ab. Der Schwerpunkt der Maßnahme wird dabei aus der Sicht eines objektiven Beobachters beurteilt. Der Gegenmeinung, die zur Charakterisierung einer Maßnahme als präventiv oder repressiv weitgehend auf die Sicht des handelnden Polizeibeamten abstellt,[9] ist aber zuzugeben, dass es für die Beurteilung des Schwerpunkts einer Maßnahme keine überzeugenden Kriterien gibt.[10] Deshalb bedarf die herkömmliche Abgrenzung nach dem Schwerpunkt zumindest für Zweifelsfälle der Ergänzung: Gefahrenabwehr ist wichtiger als Strafverfolgung. Ist bei einer doppelfunktionalen Maßnahme der Schwerpunkt der Strafverfolgung nicht hinreichend deutlich erkennbar, ist vom Schwerpunkt der Gefahrenabwehr

4 Art. 23 I 1 Nr. 3 BayPAG; § 31 I 2 BWPolG (schwere Gesundheitsgefahr; beachte die besonderen Voraussetzungen für die Durchsuchung von Wohnungen zur Nachtzeit in Abs. 2); § 38 II Nr. 2 HSOG; § 24 II Nr. 3 NSOG.

5 Art. 17 I Nr. 2 BayPAG; § 28 I Nr. 1 BWPolG; § 32 I Nr. 2 HSOG; § 18 I Nr. 2 NSOG.

6 Beachte: Das Erfordernis der erheblichen Bedeutung in § 35 I Nr. 2 NRWPolG bezieht sich nur auf Ordnungswidrigkeiten und enthält somit keinen Verweis auf § 8 III NRWPolG, vgl. *Tegtmeyer/Vahle* NRWPolG § 35 Rn 7 f.

7 Vgl. zum Begriff auch *Danne* JuS 2018, 434 (435 f.); *Schmidbauer* FS Steiner, 2009, 734 (735 ff.).

8 Vgl. BVerwGE 46, 255 (264) = BeckRS 1974, 31326905; BayVerfGH BayVBl 2011, 530; BayVGH BayVBl 2010, 220 f.; NVwZ 1986, 655; VGH BW NVwZ-RR 1989, 412 (413); *R. Schmidt* POR Rn. 91; *Knemeyer* POR Rn. 122.

9 *Schenke* POR Rn. 419 ff.

10 *Schenke* POR Rn. 423; *Schenke* NJW 2011, 2838 (2842).

auszugehen.[11] Dabei ist für die Ermittlung des Schwerpunkts zwar nicht ausschließlich, aber doch unter anderem die Sicht des handelnden Beamten maßgeblich.[12]

Für P und S bot sich eine Situation, in der die körperliche Unversehrtheit der F, wenn nicht sogar ihr Leben, in äußerster Gefahr war. Jedem verständigen Menschen wäre es demnach primär darauf angekommen, zunächst weiteren Schaden abzuwenden. An die Bestrafung des Täters konnte danach immer noch gedacht werden. Die Festnahme des M erfolgte somit unter präventiven Gesichtspunkten, mithin nach Normen des Polizeirechts (zB § 35 I Nr. 2 NRWPolG).

Ergänzende Hinweise

1. Die Frage, ob eine polizeiliche Maßnahme auf der Grundlage des Polizeirechts oder des Strafprozessrechts ergeht, kann in Klausuren bereits bei der **Ermittlung des einschlägigen Rechtsweges** zu beantworten sein. Einerseits kommt eine Überprüfung durch die VG gem. § 40 I 1 VwGO in Betracht, andererseits ist die Überprüfung von sog. Justiz-Verwaltungsakten gem. § 23 EGGVG den ordentlichen Gerichten übertragen (vgl. dazu *Kingreen/Poscher* POR § 2 Rn. 13 f.; zu der abdrängenden Sonderzuweisung zu den ordentlichen Gerichten in § 36 II NRWPolG für Fälle des fortdauernden Gewahrsams auf Grundlage des Polizeirechts vgl. unten die Lösung zu Fall 13, A I.). § 23 EGGVG ist allerdings nur dann einschlägig, wenn die Polizei im Rahmen der Strafverfolgung in eigener Zuständigkeit handelt (zB bei § 163b StPO). Wird die Polizei dagegen in Eil- und Notfällen anstelle des eigentlich zuständigen Richters oder im Vorgriff auf dessen Entscheidung tätig, so ist bei der Beschlagnahme gem. § 98 II 2 StPO, bei anderen Maßnahmen analog § 98 II 2 StPO, der ordentliche Rechtsweg eröffnet. § 98 II 2 StPO gilt auch (gegebenenfalls analog) bei erledigten Maßnahmen (BGH NJW 1998, 3653). Ordnen zB die Staatsanwaltschaft oder Ermittlungspersonen bei Gefahr im Verzug eine Durchsuchung nach § 105 StPO an, so ist dementsprechend der Antrag auf gerichtliche Entscheidung analog § 98 II 2 StPO der statthafte Rechtsbehelf (Meyer-Goßner/Schmitt/Köhler/*Schmitt* StPO § 105 Rn. 16), nicht ein Vorgehen nach § 23 EGGVG vor dem OLG. Zur Begründung der Vorzugswürdigkeit der Analogie zu § 98 II 2 StPO trotz des Bestehens von § 23 EGGVG lassen sich die Erwägungen des BVerfG in seinem Urteil zu den gesetzlichen Grundlagen für den Jugendstrafvollzug anbringen (BVerfG NJW 2006, 2093 [2096] = JA 2006, 831 f.). Danach ist es häufig unverhältnismäßig, den Betroffenen an ein »ortsfernes Obergericht, welches ohne besondere Vorkehrungen für die Möglichkeit mündlicher Kommunikation erst- und letztinstanzlich entscheidet«, zu verweisen. Zur Kritik an dem bei § 98 II 2 StPO ansetzenden Rechtsschutz vgl. *Schenke* NJW 2011, 2838 (2839 ff.).

2. Eine nur vereinzelt vertretene Auffassung spricht sich dafür aus, für sog. doppelfunktionale Maßnahmen eine **Alternativprüfung** zuzulassen, dh die Maßnahme als rechtmäßig anzusehen, wenn entweder die Norm des Polizeirechts oder aber die der StPO erfüllt ist. Welche Norm genau gewählt wird, sei dabei ohne Belang (vgl. *Schmidbauer* FS Steiner, 2009, 734 [753]; *Wolffgang/Hendricks/Merz* POR NRW Rn. 45, 108–110 mwN; vgl. auch *Schenke* POR Rn. 424, der von zwei Maßnahmen

---

11 Vgl. *Kingreen/Poscher* POR § 2 Rn. 14.
12 Vgl. dazu *R. Schmidt* POR Rn. 91.

ausgeht, die lediglich zeitlich zusammenfallen). Dem sollte nicht gefolgt werden. Es widerspricht dem Grundsatz der Gesetzmäßigkeit der Verwaltung, wenn – wie es ansonsten vorkommen könnte – eine Maßnahme der Polizei durch eine Norm gerechtfertigt wird, die an sich gar nicht anwendbar ist. Einen guten Überblick über den Meinungsstand bietet *Schmidbauer* FS Steiner, 2009, 734 ff.

3. Hinsichtlich der **Wohnungsverweisung** und des **Rückkehrverbots**, wie sie zB in § 34a NRWPolG geregelt sind, sei verwiesen auf *Trierweiler*, Wohnungsverweisung und Rückkehrverbot zum Schutz vor häuslicher Gewalt, 2006; *Guckelberger* JA 2011, 1 ff.; *Wolffgang/Hendricks/Merz* POR NRW Rn. 153; *Kingreen/Poscher* POR § 15 Rn. 27 ff. mwN.

4. § 35 I Nr. 2 NRWPolG kann nur dahingehend ausgelegt werden, dass die Norm allein zur Ingewahrsamnahme von Personen ermächtigt, die selbst Täter einer Straftat oder Ordnungswidrigkeit, deren Begehung oder Fortsetzung verhindert werden soll, sind. Diese Auslegung ist notwendig, weil die Norm anderenfalls mit Art. 5 I 2 lit. c EMRK kollidieren würde. Danach ist nämlich nur die Ingewahrsamnahme eines Täters möglich. Da die EMRK den Rang eines Bundesgesetzes (vgl. dazu BVerfGE 82, 106 [114] = NJW 1990, 2741) hat, würde dies nach dem Prinzip »Bundesrecht bricht Landesrecht« (Art. 31 GG) zur Nichtigkeit der Landesnorm führen. Aus diesem Grund kann § 35 I Nr. 2 NRWPolG nur in der dargelegten Weise ausgelegt werden (so auch OVG Brem NordÖR 2000, 109 [110] zum im Wesentlichen gleichlautenden § 15 I 1 Nr. 2 BremPolG).

5. Sofern den Beamten nicht wie hier die **Tür** geöffnet wird, sondern diese von den Beamten **aufgebrochen** werden muss, ist fraglich, auf welcher Rechtsgrundlage dies erfolgen kann. § 41 I Nr. 3 NRWPolG ermächtigt ausweislich seines Wortlauts nur zum Betreten der Wohnung. Fraglich ist, ob dies auch eine Ermächtigung beinhaltet, sich zwangsweise Zugang zu der Wohnung zu verschaffen. Gegen eine solche Betrachtungsweise spricht jedoch der Wortlaut des § 41 I Nr. 3 NRWPolG. Nach allgemeinem Begriffsverständnis bedeutet »betreten« das Eintreten und das Verweilen in einer Wohnung (*R. Schmidt* POR Rn. 529; *Dietlein* in Dietlein/Hellermann ÖffR NRW § 3 Rn. 192). Davon ist nicht erfasst, sich gewaltsam Zutritt zu verschaffen. Für dieses Begriffsverständnis spricht auch, dass es sich bei dem gewaltsamen Betreten der Wohnung um einen Grundrechtseingriff handelt (Art. 13, 14 GG). Nach dem Grundsatz vom Vorbehalt des Gesetzes kann dieser aber nur gerechtfertigt werden, wenn eine eindeutige Ermächtigungsgrundlage besteht und diese entsprechend der sog. Wesentlichkeitstheorie eine ausdrückliche Ermächtigung enthält. § 41 I Nr. 3 NRWPolG lässt sich aber eine solch eindeutige Ermächtigung zum gewaltsamen Betreten der Wohnung gerade nicht entnehmen. Die Annahme, der Regelung in § 41 I Nr. 3 NRWPolG sei ein **Zwangselement** immanent, führt außerdem dazu, dass die besonderen Voraussetzungen der **Verwaltungsvollstreckung** in §§ 50 ff. NRWPolG umgangen würden. Angesichts dessen vermag der ausschließlich auf das Betreten der Wohnung zugeschnittene § 41 I Nr. 3 NRWPolG das gewaltsame Aufbrechen der Tür nicht zu rechtfertigen.

4. Fall: Schwarzbau

Sachverhalt

Die Rechtsreferendare A und M absolvieren in der Gemeindeverwaltung der kleinen, kreisangehörigen nordrhein-westfälischen Gemeinde G ihre Verwaltungsstation. Eines Tages erhalten sie anonym die Information, dass B im Außenbereich (§ 35 BauGB) ohne Genehmigung ein Wohnhaus baut. A und M überprüfen die Richtigkeit dieser Angaben und entdecken den »Schwarzbau« des B. Sie stellen ferner fest, dass für das betreffende Gebiet, das ländlich geprägt ist, kein Bebauungsplan existiert.

A will dem B das Bauen mittels einer schriftlichen Verfügung verbieten. M will die Sache an den Kreis abgeben. Wer hat Recht?

Lösungsvorschlag

Schwerpunkt:
- **Materiell: Abgrenzung Allgemeine Ordnungsbehörden – Sonderordnungsbehörden (Zuständigkeit)**

Will ein Träger öffentlicher Verwaltung tätig werden, muss er für die von ihm vorgesehene Handlung **zuständig** sein. A will im Namen der Gemeinde G einen Verwaltungsakt in Form einer Bauuntersagung an B richten. Die Zuständigkeit der G hierfür könnte sich auf folgende Überlegungen gründen: B baut im Außenbereich (§ 35 BauGB). Alle Bauordnungen der Länder schreiben hierfür das **Erfordernis einer Baugenehmigung** vor (zB § 60 I NRWBauO; Art. 55 I BayBO; § 49 BWLBO; § 59 I NBauO). Holt B diese nicht ein, verstößt er gegen die geschriebene Rechtsordnung. Das stellt eine **Störung der öffentlichen Sicherheit** dar.[1] Dies könnte ein Einschreiten der örtlichen Ordnungsbehörde, also des Bürgermeisters der G (in dessen Auftrag A dann handeln würde), aufgrund der ordnungsbehördlichen Generalklausel (§ 14 NRWOBG) rechtfertigen. Zu bedenken ist aber, dass es sich beim **Bauordnungsrecht** um spezialgesetzlich geregeltes Gefahrenabwehrrecht[2] handelt. So finden sich in den Bauordnungen insbesondere **spezielle Ermächtigungsgrundlagen** für ein behördliches Einschreiten (zB §§ 58 II 2, 81, 82 NRWBauO; Art. 54 II 1 u. 2 BayBO; § 47 I BWLBO; § 79 I 1 u. 2 NBauO). Das spezielle Gefahrenabwehrrecht nach besonderen Gesetzen schließt das allgemeine Polizei- und Ordnungsrecht aus, soweit es für einzelne Aspekte der Gefahrenabwehr Regelungen enthält (wo und insoweit dies nicht der Fall ist, können die Vorschriften der allgemeinen Polizei- und Ordnungsgesetze ergänzend zur Anwendung kommen[3]). Im Rahmen des Baurechts ist die Aufgabe der Gefahrenabwehr den (unteren) **Bauaufsichtsbehörden** übertragen (vgl. §§ 57 I 2 NRWBauO; Art. 53 I BayBO; §§ 46 II, 48 I BWLBO; §§ 57 I 1, 58 I u. II NBauO), wobei diese teilweise – etwa bei den kreisfreien Städten – mit den örtlichen (allgemeinen) Ordnungsbehörden übereinstimmen, teilweise aber auch auf einer höheren kommunalen Ebene angesiedelt sind. Letzteres trifft in Nordrhein-Westfalen auch auf die kleinen[4] kreisangehörigen Gemeinden zu, für deren Gebiet der Kreis der Träger der (unteren) Bauaufsichtsbehörde ist (§ 57 I 1 Nr. 3 lit. b NRWBauO). Das bedeutet, dass M Recht hat und nur der Kreis für den Erlass einer Bauuntersagung zuständig ist.

1 Dazu noch näher Fall 5.

2 Weiteres spezielles Gefahrenabwehrrecht ist zB Gewerberecht, Versammlungsrecht, Handwerksrecht, Waffenrecht, Straßenverkehrsrecht.

3 *Götz/Geis* POR § 21 Rn. 1 ff.; *Schenke* POR Rn. 358 f.; ausf. auch *Kingreen/Poscher* POR § 11; aus der Perspektive des BauordnungsR: *Will* ÖffBauR Rn. 552, 745 ff.

4 Zu den Großen kreisangehörigen Städten und den Mittleren kreisangehörigen Städten vgl. § 4 NRWGO und die VO zur Bestimmung der Großen kreisangehörigen Städte und der Mittleren kreisangehörigen Städte nach § 4 der GO für das Land NRW v. 13.11.1979 (GV. NRW. 867), zuletzt geändert durch die 17. VO v. 27.10.2009 (GV. NRW. 679), abgedruckt in *v. Hippel/Rehborn,* Gesetze des Landes Nordrhein-Westfalen, Nr. 20b.

Ergänzende Hinweise

1. Zu den Gesetzgebungszuständigkeiten im Polizei- und Ordnungsrecht vgl. Hinweis 4 zu Fall 2.

2. Ist durch ein spezielles Gesetz geregelt, was erlaubt und was nicht erlaubt ist, liegt es nahe, dort eine spezielle Ermächtigungsgrundlage sowie spezielle Zuständigkeitsregeln zu suchen.

3. Soweit in einer Klausur fraglich ist, ob die zuständige Behörde gehandelt hat, ist dieses Problem im Rahmen der formellen Rechtmäßigkeit unter dem Prüfungspunkt »Zuständigkeit« abzuhandeln.

4. Einige Besonderheiten ergeben sich, wenn Polizei- und Ordnungsbehörden eine **Gefahr** abwehren wollen, die **aus dem Bereich eines anderen Trägers von Hoheitsgewalt** (Bund, Länder, Selbstverwaltungskörperschaften) stammt (stichwortartig: Hoheitsträger stört). In diesem Zusammenhang sind zwei Fragen strikt voneinander zu trennen:

Zunächst muss geklärt werden, ob die Vorschriften des Polizei- und Ordnungsrechts auch von Hoheitsträgern beachtet werden müssen. Diese sog. **materielle Polizeipflicht** ist mit Blick auf die Gesetzesbindung der Verwaltung aus Art. 20 III GG grundsätzlich anzunehmen (*Rhein* NRWOBG vor § 17 Rn. 14). Sie gilt auch für Bundesbehörden in Bezug auf das jeweilige Landesrecht (vgl. *Gusy* POR Rn. 137 ff., insbesondere Rn. 140). Hiervon abgesehen, geht auch das einfache Recht von einer materiellen Pflichtigkeit von Hoheitsträgern aus, wenn § 35 StVO zB Bundeswehr und Bundesgrenzschutz von den Anordnungen der Straßenverkehrsordnung befreit, soweit dies zur Erfüllung hoheitlicher Aufgaben dringend erforderlich ist (*Wolffgang/Hendricks/Merz* POR NRW Rn. 341). Eines solchen Dispenses hätte es nicht bedurft, wenn Hoheitsträger von vornherein dem Anwendungsbereich der Ge- und Verbotsvorschriften des Polizei- und Ordnungsrechts entzogen wären. Die materielle Bindung an das Polizei- und Ordnungsrecht kann entfallen, wenn dessen Befolgung den Hoheitsträger an der Ausübung der ihm übertragenen Aufgaben hindert. Dies folgt daraus, dass es sich bei der Funktionsfähigkeit staatlicher Einrichtungen selbst um ein Schutzgut der öffentlichen Sicherheit handelt. Im Konfliktfall muss durch eine Abwägung ermittelt werden, ob der Verstoß gegen das Polizei- und Ordnungsrecht ausnahmsweise unbeachtlich ist. Hierbei ist einerseits zu berücksichtigen, in welchem Ausmaß die Tätigkeit des störenden Hoheitsträgers beeinträchtigt wird, andererseits sind die hierdurch verursachten Nachteile für die betroffenen Güter und Interessen in die Überlegungen einzubeziehen (vgl. *Knemeyer* POR Rn. 351).

Daneben stellt sich das Problem der **formellen Polizeipflicht**. Die Frage ist hier, ob die Polizei- und Ordnungsbehörden **sachlich zuständig** sind, mit dem Instrumentarium des Gefahrenabwehrrechts gegen einen störenden Hoheitsträger einzuschreiten. Eine derartige Befugnis verneint eine früher gefestigte Ansicht mit einem Hinweis auf die **gesetzliche Kompetenzordnung** (vgl. *v. Mutius* JURA 1983, 298 [301 f.]; dazu *Kingreen/Poscher* POR § 3 Rn. 37–40). Jeder Hoheitsträger habe die im Rahmen seines Ressorts entstehenden Gefahren eigenverantwortlich zu beseitigen. Selbst wenn er hiervon pflichtwidrig absehe, sei den Gefahrenabwehrbehörden kein Freibrief für ein Tätigwerden in eigener Regie erteilt. Ihnen verbleibe nur die Möglichkeit, sich um ein entsprechendes Einschreiten der für den störenden Hoheitsträger zuständigen

Aufsichtsbehörde zu bemühen. Von diesem Grundsatz wird allerdings auch nach der überkommenen Auffassung im Bereich der **Fiskalverwaltung** (bei der die Verwaltung also privatrechtlich handelt) eine Ausnahme zugelassen. Hier übt der materiell pflichtige Hoheitsträger nämlich keine Hoheitsbefugnisse aus, sodass sein Verhalten mit dem einer Privatperson vergleichbar ist (*Knemeyer* POR Rn. 353). Die Gegenauffassung (*Schoch* JuS 1994, 849 [853]; *Schoch* JURA 2005, 324 ff.; *Britz* DÖV 2002, 891 ff.; *Borowski* VerwArch 2010, 58 ff.), die eine Zuständigkeit der Polizei- und Ordnungsbehörden mit Recht befürwortet, verweist darauf, dass es an einem echten Kompetenzkonflikt fehlt. Veranlassen die Gefahrenabwehrbehörden das zur Beseitigung einer Gefahr Erforderliche, so maßen sie sich keine Kompetenzen der Fachbehörde an, da sie nicht auf deren spezifischem Aufgabengebiet tätig werden, sondern lediglich das ausschließlich in ihren eigenen Zuständigkeitsbereich fallende Polizei- und Ordnungsrecht durchsetzen. Diese Sichtweise hat Unterstützung durch das BVerwG erfahren. Danach ist die für den Immissionsschutz zuständige Behörde befugt, nach § 24 S. 1 BImSchG gegenüber einer Gemeinde den beim Betrieb eines Schwimmbads einzuhaltenden Lärmschutzrichtwert anzuordnen (BVerwGE 117, 1 = BeckRS 2002, 23909). Näher zum Ganzen *Erbguth/Mann/Schubert* BesVerwR Rn. 521 ff.

Zu beachten ist, dass sich bei einem Vorgehen gegen **Kirchen** hinsichtlich der sachlichen Zuständigkeit keine Probleme stellen (vgl. *Tettinger/Erbguth/Mann* BesVerwR, 9. Aufl. 2007, Rn. 450 Fn. 52). Die Kirchen sind zwar Körperschaften des öffentlichen Rechts (Art. 140 GG iVm Art. 137 V WRV). Dennoch sind sie nicht in den Staat inkorporiert, sodass ihnen gegenüber Maßnahmen zur Gefahrenabwehr getroffen werden können. Zum Einschreiten der Ordnungsbehörde gegen das Zeitschlagen einer Kirchturmglocke BVerwGE 90, 163 = NJW 1992, 2779.

5. Fall: Auf Streife

Sachverhalt

Grundfall

Polizist P geht täglich in Bochum auf Streife.

Heute trifft er zunächst Rentner R, der gerade dabei ist, seinen Gehstock gegen den achtjährigen J zu erheben. J hatte R zuvor mit seinem Fußball angeschossen. P tritt dazwischen und verbietet R, auf J einzuschlagen.

Nachdem P weitergegangen ist, bemerkt er den A, der sein Auto gerade vor der Feuerwehrzufahrt eines Hauskomplexes abgestellt hat. P weist A an, dort nicht zu parken und weiterzufahren.

Nach einer Weile beobachtet er zunächst aus einiger Entfernung, wie sich zwei Kinder auf einer stark befahrenen, von Fußgängern aber wenig benutzten Kreuzung an einer Ampel zu schaffen machen. Wiederholt drücken sie auf den Ampelknopf, sodass die Ampel für die Autofahrer auf Rot umspringt und sich Stauungen bilden. Die Kinder wechseln jedoch niemals die Straßenseite. P untersagt ihnen die weitere Betätigung des Ampelknopfes.

Hat P jeweils rechtmäßig gehandelt?

Fallvariante

Von seinem längeren Streifengang völlig erschöpft, beschließt P, sich bei einer nahegelegenen Imbissbude eine Currywurst zu kaufen. Vor dem Imbissstand trifft er auf den Obdachlosen O, der gerade dabei ist, die am Wurststand versammelte Kundschaft ohne ersichtlichen Grund auf üble Art und Weise zu beleidigen und zu bedrohen. In einer freundlichen, aber bestimmten Art versucht P zunächst, O dazu zu bewegen, die Beleidigungen und Drohungen zu unterlassen. Die Ermahnungen des P zeigen bei O aber keine Wirkung. Ganz im Gegenteil: O wird zunehmend aggressiv und erklärt, sein Verhalten sei allein seine Sache. Er lasse sich von einem Polizisten überhaupt nichts vorschreiben. P spricht nach vorheriger Androhung einen Platzverweis aus und fordert O auf, sich mindestens 200 m von dem Imbissstand zu entfernen. O lacht dem P jedoch ins Gesicht und spuckt, anstatt sich zu entfernen, P direkt vor die Füße. Daraufhin ruft P über Funk seinen Kollegen U, der in der Nähe mit dem Streifenwagen unterwegs ist. Gemeinsam mit U führt P den O zu dem Polizeifahrzeug. P setzt sich an das Steuer und fährt mit O in ein etwa 10 km entfernt gelegenes Waldstück, damit O, wie P sagt, »dort seinen Frust in der freien Natur ausleben kann«. Dort lässt er O in der Gewissheit zurück, dass dieser es bis zum Ladenschluss am späten Nachmittag nicht mehr schaffen wird, zum Imbissstand zurückzukehren.

Durfte P den O in das Waldstück bringen und dort zurücklassen?

Lösungsvorschlag

Schwerpunkte:
- **Materiell:**
  - **Begriff der öffentlichen Sicherheit**
  - **Unterschied Gefahr – Störung**
  - **Schutzgüter der öffentlichen Sicherheit**
  - **Verbringungsgewahrsam**

A. Verbot gegenüber R

Als Ermächtigungsgrundlage für die Verbotsverfügung gegenüber R kommt allein die polizeirechtliche Generalklausel des § 8 I NRWPolG[1] in Betracht.

I. Formelle Rechtmäßigkeit

Die (sachliche) Zuständigkeit des P folgt daraus, dass der Schlag des R nicht ebenso schnell und damit effektiv durch die Ordnungsbehörden hätte abgewehrt werden können. P ist somit aufgrund der sog. polizeilichen Eilfallkompetenz[2] (§ 1 I 3 NRWPolG[3]) zuständig.

Im Rahmen des einzuhaltenden Verfahrens lässt sich an das Erfordernis einer **Anhörung** des R gem. § 28 I NRWVwVfG denken.[4] Zu berücksichtigen ist jedoch, dass der Schlag des R unmittelbar bevorstand, also unter Effektivitätsgesichtspunkten nicht mehr abgewartet werden konnte. Bei einer solchen »**Gefahr im Verzug**« kann gem. § 28 II Nr. 1 NRWVwVfG von einer Anhörung abgesehen werden.

Eine polizeiliche Verfügung ergeht im Übrigen grundsätzlich formfrei.[5]

Die Verbotsverfügung ist formell rechtmäßig.

II. Materielle Rechtmäßigkeit

1. Öffentliche Sicherheit

Zunächst hätte eine Gefahr für die öffentliche Sicherheit iSd § 8 I NRWPolG bestehen müssen. Die öffentliche Sicherheit umfasst den Schutz des Bestandes des Staates und seiner Einrichtungen sowie Veranstaltungen und der sonstigen Träger von Hoheitsgewalt, der subjektiven Rechte und Rechtsgüter des Einzelnen sowie der objektiven Rechtsordnung (Gesamtheit der geschriebenen Rechtsnormen).[6] Zu den geschützten Rechtsgütern des Einzelnen gehören der Körper (Schutz gegen Beeinträch-

1 Art. 11 I BayPAG; § 1 I 1 iVm § 3 BWPolG; § 11 HSOG; § 11 NSOG.
2 Näher dazu Fall 2.
3 Art. 3 BayPAG; § 60 II BWPolG; § 1 II 1 NSOG.
4 Beachten Sie bitte, dass die Polizei als Landesbehörde handelt und daher die Verfahrensgesetze der Länder einschlägig sind; in Schleswig-Holstein ist die Anhörung in § 87 LVwG geregelt.
5 Anders die ordnungsbehördliche Verfügung, die zB gem. § 20 I NRWOBG oder auch gem. § 19 BbgOBG (in Baden-Württemberg, Bayern, Hessen und Niedersachsen findet sich eine solche Vorschrift nicht) grundsätzlich schriftlich ergeht.
6 *Drews/Wacke/Vogel/Martens* Gefahrenabwehr 232 ff. mwN; *Schenke* POR Rn. 53 ff.; *R. Schmidt* POR Rn. 628 ff.; Legaldefinitionen in § 2 Nr. 2 BremPolG und § 3 Nr. 1 LSASOG.

tigungen des körperlichen Wohlbefindens und der körperlichen Unversehrtheit, vor allem Substanzeingriffe) sowie die Gesundheit (Schutz gegen das Hervorrufen eines pathologischen Zustands, vor allem Krankheit).[7] Hätte R den J geschlagen, noch dazu mit einem Stock, wäre dessen körperliches Wohlbefinden, höchstwahrscheinlich sogar die Unversehrtheit des Körpers im engeren Sinne, durch eine Verletzung beeinträchtigt worden.

2. Konkrete Gefahr

Hinsichtlich des Schutzgutes »Körper« hätte auch eine konkrete[8] Gefahr bestehen müssen. Diese kennzeichnet sich nach ganz hM als Sachlage, die bei ungehindertem Ablauf des objektiv zu erwartenden Geschehens mit hinreichender Wahrscheinlichkeit[9] und in überschaubarer Zukunft den Eintritt eines nicht unerheblichen Schadens für das infrage stehende Schutzgut zur Folge hat. R hatte seinen Stock schon erhoben. Der Schlag gegen J und damit eine nicht unerhebliche Körperverletzungshandlung stand also unmittelbar bevor und wäre ohne das Einschreiten des P sogleich erfolgt.

Eine konkrete Gefahr für die öffentliche Sicherheit war mithin gegeben.

3. Ordnungspflicht des R

R müsste ordnungspflichtig gewesen sein.[10] Er könnte Handlungsstörer gem. § 4 I NRWPolG[11] gewesen sein, also jemand, der durch eine Handlung eine Gefahrenlage unmittelbar verursacht. Hier hat R zum Schlag und damit zur Körperverletzung selbst unmittelbar angesetzt. Damit hat er durch eine Handlung eine Gefahrenlage geschaffen. Folglich ist R Handlungsstörer und damit ordnungspflichtig.

4. Ermessen

Fehler bei der Ausübung des Ermessens sind nicht ersichtlich.

5. Verhältnismäßigkeit

Das R gegenüber ausgesprochene Verbot müsste ferner gem. § 2 I u. II NRWPolG[12] verhältnismäßig gewesen sein. Das ist der Fall, wenn es zur Verwirklichung eines legitimen Zwecks geeignet, erforderlich und angemessen war. Geeignet war das Verbot, da es den angestrebten Erfolg der Verhinderung einer Körperverletzung herbeiführen konnte. Es war auch erforderlich, weil eine andere, gleich geeignete Maßnahme, die weniger belastend gewesen wäre, nicht ersichtlich ist. Die Angemessenheit der Verbotsverfügung unterliegt ebenfalls keinen Bedenken: Die allgemeine Handlungsfreiheit

---

7 Vgl. auch Schönke/Schröder/*Eser* StGB § 223 Rn. 2, mit dem Hinweis, dass sich beide überschneiden können.

8 Zum Unterschied zwischen konkreter und abstrakter Gefahr Fall 16, vgl. zum Gefahrbegriff insgesamt *Dietlein* in Dietlein/Hellermann ÖffR NRW § 3 Rn. 59 ff.; *Kingreen/Poscher* POR § 8; *Götz/Geis* POR § 6; *Meyer* JURA 2017, 1259; *Schenke* JuS 2018, 505.

9 Diese allg. akzeptierte Definition ist insoweit ungenau, als eine konkrete Gefahr auch dann vorliegt, wenn eine Sachlage **mit Sicherheit** zu einem Schaden führt.

10 Bei einer derart klaren Sachlage kann im Gutachten zu Einzelfragen der Urteilsstil gewählt werden. Im Text wird nur um der Klarheit der Darstellung willen der Gutachtenstil beibehalten.

11 Art. 7 I BayPAG; § 6 I BWPolG; § 6 I HSOG; § 6 I NSOG.

12 Art. 4 I u. II BayPAG; § 5 BWPolG; § 4 I u. II HSOG; § 4 I u. II NSOG.

(Art. 2 I GG) des R muss gegenüber dem Recht des J auf körperliche Unversehrtheit (Art. 2 II 1 GG) zurücktreten, weil die erzielten Vorteile die verursachten Belastungen überwiegen.

6. Zwischenergebnis

Die Verbotsverfügung gegenüber R erging insgesamt rechtmäßig.

B. Verbot gegenüber A

Als Ermächtigungsgrundlage kommt auch hier § 8 I NRWPolG in Betracht.

I. Formelle Rechtmäßigkeit

Zur formellen Rechtmäßigkeit kann auf die Ausführungen zu A. I. verwiesen werden.

II. Materielle Rechtmäßigkeit

Fraglich ist, ob das Verbot materiell rechtmäßig war.

1. Öffentliche Sicherheit

Es müsste eine Gefahr für die öffentliche Sicherheit vorgelegen haben. Zur Begriffsbestimmung kann auf A. II. 1. verwiesen werden. Danach erfasst die öffentliche Sicherheit auch den Schutz der objektiven Rechtsordnung, dh aller geschriebenen Rechtsnormen. Zu ihnen gehört die Vorschrift des § 12 I Nr. 5 StVO, die das Halten vor Feuerwehrzufahrten verbietet. Wenn A diesem Verbot zuwiderhandelt, beeinträchtigt er die öffentliche Sicherheit.

2. Konkrete Gefahr/Störung

Fraglich ist, ob eine konkrete Gefahr vorlag. Für deren Definition kann auf A. II. 2. verwiesen werden. Die Rechtsgutverletzung ist jedoch nicht mehr nur zu erwarten, sondern bereits eingetreten. Eine – wie hier – andauernde Rechtsgutverletzung wird polizeirechtlich als **Störung** bezeichnet. Teilweise ermächtigen die ordnungsrechtlichen Landesgesetze auch bei einer Störung ausdrücklich zu deren Abwehr (zB § 3 I HmbSOG; § 16 I Nr. 1 M-VSOG; § 3 I iVm § 1 I 1 SächsPolG). Teilweise, so zB in Nordrhein-Westfalen, ist der Fall der Störung jedoch nicht geregelt. In diesen Fällen wird durch ein *argumentum a maiore ad minus* die fortdauernde Störung der konkreten Gefahr gleichgestellt.[13] Die polizeirechtliche Generalklausel ermächtigt daher auch dann zur Abwehr von Störungen, wenn ausdrücklich nur die Gefahr erwähnt ist. Als Störung der öffentlichen Sicherheit erfüllt das unerlaubte Halten bzw. Parken des A somit den Tatbestand des § 8 I NRWPolG.[14]

---

13 *Schenke* POR Rn. 92; *Wolffgang/Hendricks/Merz* POR NRW Rn. 90, sehen zwar auch die Störung durch die Generalklauseln erfasst, begründen dies aber mit einem »argumentum a minori ad maius«.

14 Hier hat A allem Anschein nach nicht nur »gehalten«, sondern sogar »geparkt« (vgl. § 12 II StVO). »Parken« ist ein Sonderfall des »Haltens«; der Parkende muss immer auch die Pflichten erfüllen, die für das »Halten« gelten; vgl. dazu BHHJ/*Heß* StVO § 12 Rn. 33 ff.

3. Ordnungspflicht des A

Da A sein Fahrzeug selbst geparkt hat, ist er entsprechend der Erläuterung unter A. II. 3. als Verhaltensstörer ordnungspflichtig. Darüber hinaus ist er als Eigentümer des störenden Pkw Zustandsstörer gem. § 5 NRWPolG.[15]

4. Ermessen

Fehler bei der Ermessensausübung sind nicht ersichtlich.

5. Verhältnismäßigkeit

Zur Abwehr der Störung war das Weiterfahrgebot geeignet. Ein milderes Mittel ist nicht ersichtlich. Die Beschränkung der Rechte des A ist unter Abwägung mit der Verhinderung einer Verletzung der öffentlichen Sicherheit auch angemessen. Das A gegenüber ausgesprochene Gebot, mit dem Fahrzeug weiterzufahren, war somit verhältnismäßig.

6. Zwischenergebnis

Das Weiterfahrgebot war insgesamt rechtmäßig.

C. Verbot gegenüber den beiden Kindern

Ermächtigungsgrundlage ist wiederum die polizeirechtliche Generalklausel.

I. Formelle Rechtmäßigkeit

Hier kann nach oben auf A. I. verwiesen werden.

II. Materielle Rechtmäßigkeit

Eine Gefahr für die **öffentliche Sicherheit** könnte im Hinblick auf den Schutz des Bestandes der Einrichtungen und Veranstaltungen des Staates gegeben sein.[16] Entscheidend sind weniger die Begriffe der »Einrichtung« (räumliche Gebilde)[17] und der »Veranstaltung« (bei der die menschliche Teilnahme im Vordergrund steht)[18] als vielmehr die **staatliche Organisationshoheit.**[19] Hier ist ein weites Verständnis zugrunde zu legen,[20] sodass die Gewährleistung eines sicheren und reibungslosen Straßenverkehrs als staatliche Veranstaltung anzusehen ist.[21] Indem die beiden Kinder den Ampelknopf betätigen, bewirken sie Stauungen und eine Unterbrechung des freien Flusses des Straßenverkehrs. Dies widerspricht dem von staatlicher Seite verfolgten Ziel, zur Sicherheit aller Verkehrsteilnehmer einen möglichst ungestörten Verkehrsfluss zu gewährleisten (vgl. § 1 II StVO). Zu beachten ist allerdings, dass eine Ampel gerade

---

15 Art. 8 I BayPAG; § 7 BWPolG; § 7 I HSOG; § 7 I NSOG.

16 Soweit die »objektive Rechtsordnung« als Ausgestaltung der öffentlichen Sicherheit verletzt erscheint, geht dies vor. Der Prüfung einer Gefahr für eine staatliche Einrichtung/Veranstaltung bedarf es dann nicht mehr, vgl. *Kingreen/Poscher* POR § 7 Rn. 32 f.; *Wolffgang/Hendricks/Merz* POR NRW Rn. 65; ähnlich *Götz/Geis* POR § 4 Rn. 7 f.; vgl. auch Fall 12.

17 ZB Theater, Museen, Bibliotheken, Dienstgebäude, Kasernen.

18 ZB Staatsbesuche, Manöver, Paraden.

19 *Drews/Wacke/Vogel/Martens* Gefahrenabwehr 295, verzichten zB auf den Begriff der Veranstaltung.

20 Vgl. *R. Schmidt* POR Rn. 636; *Wagner* PolG NRW § 1 Rn. 15.

21 Vgl. OVG NRW NJW 1997, 1596; OLG Düsseldorf JZ 1960, 258 (259), sowie unten Fall 6.

dazu dienen soll, den Verkehr von Zeit zu Zeit – gegebenenfalls abhängig vom Willen der Fußgänger – aufzuhalten. Dies ist ihre Bestimmung. Ein bestimmungsgemäßer Gebrauch liegt indessen nur dann vor, wenn die Betätigung der Ampel dem Überqueren der Straße dienen soll. Ergeben die gesamten Umstände, wie hier, dass die Fußgänger gar nicht die Straße überqueren wollen, sondern die Ampel aus anderen Gründen, etwa rein spaßeshalber, bedienen, liegt kein bestimmungsgemäßer Gebrauch vor, sondern eine Störung des Straßenverkehrs und somit der öffentlichen Sicherheit.

Die beiden Kinder sind Verhaltensstörer. Das gegen sie gerichtete Verbot ist unter Ermessensgesichtspunkten nicht zu beanstanden. Auch ist es verhältnismäßig und damit insgesamt rechtmäßig.[22]

D. Ergebnis

P hat in allen drei Fällen rechtmäßig gehandelt.

E. Fallvariante: Vorgehen gegen O

I. Ermächtigungsgrundlage

1. § 35 I Nr. 3 NRWPolG

Als taugliche Ermächtigungsgrundlage für das Aufgreifen und Verbringen des O in das 10 km entfernt gelegene Waldstück kommt zunächst § 35 I Nr. 3 NRWPolG[23] in Betracht. Danach kann die Polizei eine Person in Gewahrsam nehmen, wenn das unerlässlich ist, um eine Platzverweisung nach § 34 NRWPolG[24] durchzusetzen. Zweifelhaft ist hier jedoch bereits, ob P den O in Gewahrsam genommen hat. Unter Gewahrsam ist ein mit hoheitlicher Gewalt hergestelltes Rechtsverhältnis zu verstehen, kraft dessen einer Person die Freiheit dergestalt entzogen wird, dass sie von der Polizei in einer dem polizeilichen Zweck entsprechenden Weise verwahrt und daran gehindert wird, sich fortzubewegen.[25] Der Gewahrsam ist also durch das Festhalten einer Person an einem bestimmten Ort gekennzeichnet. Demgegenüber hat P den O zur Durchsetzung des Platzverweises an einen weit entfernten, abgelegenen Ort gebracht und dort zurückgelassen. Dieses von den Polizeibehörden in der Vergangenheit wiederholt praktizierte Vorgehen wird als **Verbringungsgewahrsam** bezeichnet.[26] Hier-

22 Die Minderjährigkeit der Kinder ist dabei unerheblich, weil es für die Störereigenschaft weder auf die Schuldfähigkeit noch die Volljährigkeit ankommt. Vgl. dazu *Tegtmeyer/Vahle* PolG NRW § 4 Rn. 4.

23 Art. 17 I Nr. 3 BayPAG; § 28 I Nr. 1 BWPolG; § 32 I Nr. 3 HSOG; § 18 I Nr. 3 NSOG.

24 Art. 16 BayPAG; § 27a BWPolG; § 31 HSOG; § 17 NSOG.

25 LG Hamburg NVwZ-RR 1997, 537 (538); dazu auch *Dietlein* in Dietlein/Hellermann ÖffR NRW § 3 Rn. 172.

26 Worum es bei dem Verbringungsgewahrsam geht, wird anschaulich von *Köbschall,* Die Polizei 1997, 263 ff., geschildert: »Hierbei handelt es sich um die Verbringung einer Person von einem Gefahrenort zu einem anderen, weiter entfernten Ort. Sinn und Zweck dieser Maßnahme ist es, in erster Linie Störer ... durch Schaffung einer räumlichen Distanz an ihren störenden Handlungen zu hindern. Beispiele sind etwa Verbringungen von Fußballfans zur Verhinderung von Ausschreitungen, Verbringung von Personen im Anschluss an Versammlungen, aber auch das Entfernen von Stadtstreichern aus dem Stadtgebiet. Anlässlich der ›Chaostage‹ vom 4.–6.8.1995 in Hannover wurde als Sonderfall der Verbringung ein sog. ›Rückführungsgewahrsam‹ gegenüber den angereisten Punks zu ihren Heimatgemeinden durchgeführt.«

bei fehlt es – zumindest ab dem Zeitpunkt, in dem der Betroffene das Polizeifahrzeug verlässt – an dem für die Begründung von Gewahrsam erforderlichen tatsächlichen Herrschaftsverhältnis über eine Person. Da der Verbringungsgewahrsam nicht auf das Festhalten einer Person in einem umschlossenen Raum abzielt, kann er somit grundsätzlich nicht auf § 35 I Nr. 3 NRWPolG gestützt werden.[27]

2. Verbringungsgewahrsam als milderes Mittel im Verhältnis zur Unterbringung in einer Polizeieinrichtung

Im wissenschaftlichen Schrifttum wird die Anwendbarkeit des § 35 I Nr. 3 NRWPolG teilweise mit Hinweis darauf für zulässig erklärt, dass sich der Verbringungsgewahrsam gegenüber dem Gewahrsam in der Obhut der Polizei als ein milderes Mittel darstelle. Wenn die Polizei den Betroffenen zur Durchsetzung eines Platzverweises in einer Polizeieinrichtung unterbringen dürfe, müsse es ihr erst recht erlaubt sein, sich für die Durchführung des die Freiheitssphäre des Bürgers weniger beeinträchtigenden Verbringungsgewahrsams zu entscheiden.[28] Dies folge bereits aus dem Verhältnismäßigkeitsprinzip.[29] Eine solche Argumentation vermag allerdings nur dann zu überzeugen, wenn der Verbringungsgewahrsam zum einen das mildere Mittel ist und zum anderen mit der in § 35 I Nr. 3 NRWPolG normierten Ingewahrsamnahme wesensgleich, in dieser also gewissermaßen enthalten ist und deshalb aufgrund derselben Rechtsgrundlage vorgenommen werden kann, oder sich das Verhältnismäßigkeitsprinzip als solches als eigenständige Ermächtigungsgrundlage qualifizieren ließe. Beides ist nicht der Fall.[30]

Der Verbringungsgewahrsam ist im Vergleich zu der in § 35 I Nr. 3 NRWPolG geregelten Ingewahrsamnahme ein *aliud*. Denn anders als die Ingewahrsamnahme ist er nicht darauf gerichtet, die tatsächliche Gewalt über eine Person zu begründen. Darüber hinaus stellt der Verbringungsgewahrsam keine gegenüber der Ingewahrsamnahme mildere Maßnahme dar.[31] Beim Verbringungsgewahrsam findet sich der Betroffene unter Umständen an einem entlegenen, ihm völlig unbekannten Ort wieder. Es bleibt damit dem Zufall überlassen, ob und wie er wieder in eine ihm vertraute Gegend (zurück-)gelangt. Für einen Obdachlosen, der nicht über die finanziellen Mittel verfügt, um sich ein Taxi zu nehmen oder den öffentlichen Personennahverkehr zu benutzen, kann bereits eine verhältnismäßig geringe Ortsveränderung einschneidende Konsequenzen haben. Vor diesem Hintergrund lässt sich der Verbringungsgewahrsam nicht im Wege eines Erst-recht-Schlusses auf § 35 I Nr. 3 NRWPolG stützen. Schließlich handelt es sich beim Verhältnismäßigkeitsprinzip auch nicht um eine eigenständige Ermächtigungsgrundlage.[32] Die Funktion des Verhältnismäßigkeitsprinzips liegt in der Mäßigung der Staatsgewalt. Das Verhältnismäßigkeitsprinzip dient also dem Schutz des Rechtskreises des Bürgers vor Übergriffen durch den Staat. Mit dieser Funktion wäre es nicht zu vereinbaren, das Verhältnismäßigkeitsprinzip zur Grundlage von staatlichen Eingriffen zu erklären. Auch in Ansehung des

27 Vgl. *Mußmann* VBlBW 1986, 52 (54); aA mit Blick auf die jeweiligen Umstände des Einzelfalls *Reimer* in Hermes/Reimer LandesR Hessen § 5 Rn. 174.
28 *Hasse/Mordas* ThürVBl. 2002, 130 (132 u. 135).
29 *Kay/Böcking* PolizeiR NRW Rn. 242; *Leggereit* NVwZ 1999, 263 (264).
30 So zutr. *Gusy* NWVBl. 2004, 1 (8).
31 LG Hamburg NVwZ-RR 1997, 537 (538).
32 *Finger* NordÖR 2006, 423 (428); *Gusy* NWVBl. 2004, 1 (8).

Verhältnismäßigkeitsprinzips kann der Verbringungsgewahrsam nicht auf der Grundlage des § 35 I Nr. 3 NRWPolG vorgenommen werden.[33]

3. §§ 50 I, 55 I NRWPolG

Die Verbringung des O in das Waldstück lässt sich möglicherweise auf der Grundlage der Vorschriften über die Anwendung unmittelbaren Zwangs gem. §§ 50 I, 55 I NRWPolG[34] rechtfertigen. Nach § 50 I NRWPolG kann ein Verwaltungsakt, der auf ein Tun gerichtet ist, mit unmittelbarem Zwang durchgesetzt werden. Fraglich ist allerdings, ob die Durchsetzung des Platzverweises durch das Verbringen des O in das 10 km entfernte Waldstück eine Anwendung unmittelbaren Zwangs iSd § 55 I NRWPolG[35] darstellt. Zu beachten ist dabei, dass die Vollstreckungsvorschriften des Polizeigesetzes NRW gegenüber den polizeirechtlichen Standardmaßnahmen teilweise subsidiär sein dürften.[36] Bei der Durchsetzung eines Platzverweises kann zwar unmittelbarer Zwang angewendet werden, allerdings handelt es sich dabei nicht um ein Zwangsmittel iSd §§ 50 ff. NRWPolG. Der dabei angewendete Zwang ist bis zu einem gewissen Grad für die Durchsetzung notwendig und wird daher bereits von der Ermächtigungsgrundlage zum Erlass eines Platzverweises erfasst.[37] Außerdem dürfte das angewendete Zwangsmittel nur solange eingesetzt werden, bis die zu erzwingende Handlung vorgenommen wurde. Die zu erzwingende Handlung bestünde in der Befolgung des Platzverweises und damit in der Entfernung einer Person von einem eng umgrenzten Gebiet. Die verwiesene Person muss diesen Platz dann zwar verlassen, kann darüber hinaus allerdings nicht verpflichtet werden, einen anderen konkreten Ort aufzusuchen.[38] Da diese Verpflichtung sich nicht aus dem gegenüber O ausgesprochenen Platzverweis ergibt, kann auch kein unmittelbarer Zwang angewendet worden sein. Der Verbringungsgewahrsam lässt sich somit nicht als unmittelbarer Zwang zur Durchsetzung des Platzverweises klassifizieren.

4. Verbringungsgewahrsam als kombinierte Maßnahme

In der Rechtsprechung ist vereinzelt die Auffassung vertreten worden, der Verbringungsgewahrsam sei als eine kombinierte Maßnahme zu qualifizieren, die sich aus Gewahrsam im Fahrzeug (§ 35 I Nr. 3 NRWPolG) einerseits und dem Verbringen des Betroffenen an einen anderen Ort (§ 8 I NRWPolG, gegebenenfalls in Verbindung mit den polizeirechtlichen Vorschriften über den unmittelbaren Zwang) andererseits zusammensetze.[39] Auch dieser Ansatz vermag im Ergebnis jedoch nicht zu überzeugen. Entscheidend gegen eine solche Kombinationslösung spricht, dass § 35 I Nr. 3 NRWPolG den polizeilichen Gewahrsam vom Vorliegen bestimmter Tatbestandsvoraussetzungen abhängig macht. Damit ermächtigt § 35 I Nr. 3 NRWPolG zu polizeilichem Handeln, legt aber zugleich auch Grenzen für dieses Handeln fest.[40] Die mit

---

33 *Finger* NordÖR 2006, 423 (428); *Gusy* NWVBl. 2004, 1 (8); aA mit Blick auf hess. Landesrecht *Reimer* in Hermes/Reimer LandesR Hessen § 5 Rn. 174.

34 Art. 70 I, 75 I, 77 I BayPAG; §§ 49 f., 52 I BWPolG; §§ 47 I, 52 I HSOG; §§ 64 I, 69 NSOG.

35 Art. 75 I, 77 I BayPAG; §§ 50 I, 52 I BWPolG; § 52 I HSOG; § 69 NSOG.

36 Vgl. LG Hamburg NVwZ-RR 1997, 537 (540) zum Verhältnis von HmbVwVG und HmbSOG; *Dietlein* in Dietlein/Hellermann ÖffR NRW § 3 Rn. 241.

37 *Tegtmeyer/Vahle* PolG NRW § 34 Rn. 3 f.; *Schenke* POR Rn. 139 ff.

38 VG Bremen NVwZ 1986, 862 (863); Lisken/Denninger/*Rachor/Graulich* PolR-HdB E Rn. 418; *Hasse/Mordas* ThürVBl. 2002, 130 (131).

39 BayObLG NVwZ 1990, 194 (196).

40 *Gusy* NWVBl. 2004, 1 (8); vgl. auch *Schoch* in Schoch BesVerwR Kap. 1 Rn. 574, 591 ff.

§ 35 I Nr. 3 NRWPolG vorgenommene Begrenzung polizeilicher Befugnisse würde jedoch unterlaufen, wenn weitreichende Maßnahmen, die über die Ingewahrsamnahme hinausgehen, auf die polizeiliche Generalklausel gestützt werden könnten.[41] Denn die besonderen Tatbestandsvoraussetzungen des § 35 I Nr. 3 NRWPolG tragen dem Umstand Rechnung, dass die Ingewahrsamnahme einen schweren Eingriff in die durch Art. 2 II GG verbürgte (Fortbewegungs-)Freiheit des Betroffenen sowie sein Recht auf Freizügigkeit (Art. 11 I GG) darstellt. Ließe sich der Verbringungsgewahrsam auf eine kombinierte Anwendung von § 35 I Nr. 3 NRWPolG und § 8 I NRWPolG stützen, dann würde die mit dieser Maßnahme verbundene, gegenüber der Ingewahrsamnahme gesteigerte Eingriffsintensität nicht durch entsprechend strengere Voraussetzungen auf der Tatbestandsseite ausgeglichen. Die Vorgehensweise von P kann somit auch nicht auf eine kombinierte Anwendung von § 35 I Nr. 3 NRWPolG und § 8 I NRWPolG[42] gestützt werden.

5. Polizeirechtliche Generalklausel

Schließlich stellt sich die Frage, ob die Verbringung des O als »atypische Maßnahme«[43] auf die polizeiliche Generalklausel in § 8 I NRWPolG gestützt werden kann. Maßnahmen sind alle nach außen in Erscheinung tretenden Tätigkeitsakte, also insbesondere auch Handlungen der Polizei, die tatsächlicher Art sind. Ein derartiger Ansatz vermag bei näherer Betrachtung jedoch nicht zu überzeugen:[44] Beim Verbringungsgewahrsam handelt es sich um eine Freiheitsbeschränkung.[45] Zwar wird diese nicht in einer dafür vorgesehenen Polizeieinrichtung vollzogen; die Fortbewegungsfreiheit des Betroffenen wird aber in vergleichbarer Weise beeinträchtigt.[46] Für Freiheitsbeschränkungen stellen Art. 2 II GG sowie Art. 104 I GG besondere Anforderungen auf. So können Freiheitsbeschränkungen nur aufgrund eines Parlamentsgesetzes erfolgen. Bei der polizeirechtlichen Generalklausel handelt es sich zwar um ein solches Gesetz. Die Generalklausel befasst sich aber nicht ausdrücklich mit Freiheitsbeschränkungen. Die Generalklausel als Ermächtigungsgrundlage für den Verbringungsgewahrsam heranzuziehen, würde nicht dem Erfordernis einer hinreichend bestimmten grundrechtsspezifischen Ermächtigungsgrundlage genügen. Diesem Erfordernis genügen im Hinblick auf Freiheitsbeschränkungen allein die im Polizeigesetz enthaltenen Vorschriften über die Ingewahrsamnahme. Wie oben bereits festgestellt wurde, ist § 35 I Nr. 3 NRWPolG auf den Verbringungsgewahrsam aber gerade nicht anwendbar.

II. Ergebnis

P hat mangels tauglicher Ermächtigungsgrundlage rechtswidrig gehandelt.

41 *Gusy* NWVBl. 2004, 1 (8); vgl. auch *Schoch* in Schoch BesVerwR Kap. 1 Rn. 591 ff., unter Hinweis auf Art. 104 II GG.
42 Art. 11 I BayPAG; § 1 I 1 iVm § 3 BWPolG; § 11 HSOG; § 11 NSOG; § 13 LSASOG.
43 *Maaß* NVwZ 1985, 151 (156 f.).
44 *Finger* NordÖR 2006, 423 (428); *Gusy* NWVBl. 2004, 1 (8); *Reimer* in Hermes/Reimer LandesR Hessen § 5 Rn. 174.
45 Zur Abgrenzung Freiheitsentziehung/Freiheitsbeschränkung vgl. *Jarass/Pieroth* GG Art. 104 Rn. 10 ff.
46 LG Hamburg NVwZ-RR 1997, 537 (539).

Ergänzender Hinweis

Näher zum Begriff der Gefahr *Meyer* JURA 2017, 1259; *Schenke* JuS 2018, 505 ff. und *Schoch* JURA 2003, 472 ff. Zu Problemen, die sich dem auf den Begriff der Gefahr konzentrierten Polizei- und Ordnungsrecht angesichts neuartiger Herausforderungen stellen, vgl. *Kugelmann* DÖV 2003, 781 ff. Grundlegend zum Begriff der Gefahr und zur Subjektivierung des Gefahrenabwehrrechts *Poscher*, Gefahrenabwehr. Eine dogmatische Rekonstruktion, 1999.

6. Fall: Radarwarner[1]

Sachverhalt

R hat sich vorgenommen, Autofahrer auf mobile Radarfallen der Polizei aufmerksam zu machen. Seiner Ansicht nach dienen sie lediglich staatlicher Geldbeschaffung. Täglich fährt R daher durch seine kreisfreie (nordrhein-westfälische) Heimatstadt Köln, um Radarfallen aufzuspüren. Hat er eine entdeckt, so stellt er sich in einiger Entfernung davor auf, um von der Polizei nicht gesehen zu werden, und warnt herannahende Autofahrer durch ein entsprechendes Schild. Diese vermindern nötigenfalls ihre Geschwindigkeit. Eines Tages wird R von der Polizei entdeckt. Der Polizeibeamte P versucht zunächst vergeblich, R im Gespräch von seinem Verhalten abzubringen, und verbietet ihm dann, weiterhin Autofahrer zu warnen. P will, so sagt er, das Verbot auch für die kommenden Tage, überhaupt für die Zukunft verstanden wissen. R ist der Ansicht, dass P für ein derartiges Verbot unzuständig ist. Er erhebt daher am nächsten Tag gegen die Maßnahmen des P Klage vor dem VG Köln. Beurteilen Sie bitte die Erfolgsaussichten der Klage!

1 Dem Fall liegt die Entscheidung OVG NRW NJW 1997, 1596, zugrunde. Vgl. auch *Jahndorf* NWVBl. 1999, 317; *Schoch* JURA 2003, 177 (179 f.) mwN.

Lösungsvorschlag

Schwerpunkte:
- **Materiell: Begriff der öffentlichen Sicherheit (Vertiefung)**
- **Prozessual:**
  - **Anfechtungsklage**
  - **Fortsetzungsfeststellungsklage**
  - **Erledigung eines Verwaltungsaktes vor Klageerhebung**

Vorbemerkung:
R wendet sich mit seiner Klage gegen das Verbot des P, weiterhin Autofahrer mit einem Schild vor mobilen Radarfallen zu warnen. Da P dieses Verbot nicht nur für den Tag, an dem er den R entdeckt hatte, sondern für die gesamte Zukunft verstanden wissen wollte, sind in der Verfügung zwei Regelungen und mithin zwei Verwaltungsakte enthalten: das tagesbezogene Verbot, die Radarwarnungen fortzusetzen, sowie das zukunftsbezogene Verbot, sie wieder aufzunehmen. Die Klage des R richtet sich gegen beide Verbote. Da sich hinsichtlich der Zulässigkeit unterschiedliche Prüfungswege ergeben, empfiehlt es sich, diese der besseren Übersichtlichkeit wegen, getrennt zu prüfen.

A. Zulässigkeit der Klage gegen das tagesbezogene Verbot

I. Verwaltungsrechtsweg

Mangels einer aufdrängenden Sonderzuweisung könnte sich die Eröffnung des Verwaltungsrechtsweges aus § 40 I 1 VwGO ergeben. Dann müsste zunächst eine öffentlich-rechtliche Streitigkeit nichtverfassungsrechtlicher Art vorliegen. Öffentlich-rechtlich ist eine Streitigkeit, wenn die Beteiligten um die Rechtsfolgen aus der Anwendung von Rechtssätzen streiten, die **dem öffentlichen Recht zuzuordnen** sind.[2] Die Klassifizierung einer Norm als öffentlich-rechtlich oder privatrechtlich nimmt die heute ganz hM[3] nach der sog. modifizierten Subjektstheorie (Sonderrechtstheorie) vor. Danach ist die streitentscheidende Vorschrift ein Rechtssatz des öffentlichen Rechts, wenn zumindest ein Zuordnungssubjekt der Norm zwingend ein Träger hoheitlicher Gewalt als solcher ist.[4]

Streitentscheidend sind hier Normen des Polizeirechts. Beim Polizeirecht handelt es sich um eine klassische öffentlich-rechtliche Rechtsmaterie, deren berechtigtes Zuordnungssubjekt ausschließlich ein Träger hoheitlicher Gewalt ist. Eine öffentlich-rechtliche Streitigkeit liegt somit vor. Da die Streitigkeit keinen Bezug zum Verfassungsrecht aufweist,[5] ist sie auch nichtverfassungsrechtlicher Art.

Somit ist der Verwaltungsrechtsweg gem. § 40 I 1 VwGO eröffnet.

II. Statthafte Klageart

Als problematisch könnte sich ein Vorgehen gegen das tagesbezogene Verbot erweisen, weil es sich unter Umständen infolge Zeitablaufs erledigt hat. Ein Verwaltungs-

2 Vgl. *Kopp/Schenke* VwGO § 40 Rn. 6.
3 Vgl. *Maurer/Waldhoff* AllgVerwR § 3 Rn. 10 ff. auch zu den anderen Theorien.
4 Vgl. *Maurer/Waldhoff* AllgVerwR § 3 Rn. 10 ff.
5 Näher dazu *Kopp/Schenke* VwGO § 40 Rn. 32 ff.

akt hat sich erledigt, wenn von ihm keine Rechtswirkungen mehr ausgehen.[6] Da dem tagesbezogenen Verbot mit Ablauf des Tages, an dem es ausgesprochen wurde, keine Geltung und Wirkung mehr zukommt, die sachliche und rechtliche Beschwer für R also weggefallen ist,[7] ist Erledigung eingetreten. Das wiederum hat Konsequenzen für die Frage, mit welcher Klageart sich R gegen das tagesbezogene Verbot vor dem VG zur Wehr setzen kann.

Aus dem Zusammenspiel der S. 1 und 4 des § 113 I VwGO folgert die Rechtsprechung, dass eine Anfechtungsklage unzulässig ist, wenn sich der angegriffene Verwaltungsakt bereits erledigt hat.[8] Rechtsschutz gegen erledigte Verwaltungsakte kann nach hM nur mit der sog. Fortsetzungsfeststellungsklage gem. § 113 I 4 VwGO erlangt werden.[9] § 113 I 4 VwGO steht nach dem Wortlaut (»vorher«) aber in engem Zusammenhang mit § 113 I 1 VwGO. Diese Vorschrift regelt den Urteilsausspruch für die Anfechtungsklage. Die Fortsetzungsfeststellungsklage ist somit als Klageart gekennzeichnet, die grundsätzlich nur die Fortsetzung eines bereits rechtshängigen[10] (Anfechtungs-)Prozesses nach Erledigung des Verwaltungsakts ermöglicht.[11]

§ 113 I 4 VwGO könnte jedoch analog anwendbar sein. Dafür spricht, dass es in einer Vielzahl von Fällen zu einer **Erledigung von Verwaltungsakten vor Klageerhebung** kommt. Polizeiliche Verfügungen wie die gegenüber R getroffene sind ein typisches Beispiel. Es bestünde eine mit Art. 19 IV GG unvereinbare Rechtsschutzlücke, wenn trotz rechtlichen Interesses keine gerichtliche Klärung der Rechtmäßigkeit des betreffenden Verwaltungsakts mehr möglich wäre.[12] Ganz hM ist es daher, dass § 113 I 4 VwGO in diesen Fällen analog anzuwenden ist.[13]

Gegen das tagesbezogene Verbot ist folglich die Fortsetzungsfeststellungsklage gem. § 113 I 4 VwGO analog die statthafte Klageart.

---

6 *Schenke* VerwProzR Rn. 310 ff.; *R. Schmidt* VerwProzR Rn. 403 ff.

7 Vgl. zum Begriff der Erledigung *Kopp/Schenke* VwGO § 113 Rn. 101 f.

8 BVerwGE 26, 161 (165) = BeckRS 1967, 103941; BVerwGE 81, 226 (228 f.) = BeckRS 9998, 164951; BVerwG NJW 1989, 2486; vgl. auch *Hufen* VerwProzR § 14 Rn. 12 und zum Widerspruchsverfahren § 18 Rn. 55. Hat sich der Verwaltungsakt während der Anhängigkeit einer Anfechtungsklage erledigt, so kann der Kläger einen Antrag auf Klageänderung hin zur Fortsetzungsfeststellungsklage stellen, die gem. § 173 S. 1 VwGO iVm § 264 Nr. 2 ZPO kraft Gesetzes, dh unabhängig von der Zustimmung des Beklagten, stets zulässig ist, *Kopp/Schenke* VwGO § 113 Rn. 121. Bei Erledigung vor Anhängigkeit wird die Fortsetzungsfeststellungsklage direkt erhoben, hierzu Fall 13.

9 *Hufen* VerwProzR § 14 Rn. 12.

10 Rechtshängigkeit tritt – anders als im Zivilprozess – nicht erst mit Zustellung der Klage an den Gegner ein, sondern bereits mit der Einreichung der Klage bei Gericht, wie sich aus §§ 90 I, 81 I VwGO ergibt (vgl. *Mann/Wahrendorf* VerwProzR § 12 Rn. 158, 88; *Würtenberger/Heckmann* VerwProzR Rn. 301).

11 *Hufen* VerwProzR § 18 Rn. 42.

12 *Hufen* VerwProzR § 18 Rn. 42.

13 Vgl. BVerwGE 12, 87 (90) = BeckRS 1961, 103512; BVerwGE 26, 161 (165) = BeckRS 1967, 103941; BVerwGE 49, 36 (39) = BeckRS 9998, 106903; BVerwG NJW 1991, 581; *Ehlers* JURA 2005, 415 (417 f.); *Sodan/Klucker* VerwArch 94 (2003), 2 (19 ff.); anders akzentuierte in einem obiter dictum BVerwG NVwZ 2000, 63 (64) (hierzu der erg. Hinweis zu Fall 13); vgl. auch *Wehr* DVBl. 2001, 785, sowie *Fechner* NVwZ 2000, 121, der in diesem Fall eine Klageart sui generis für statthaft hält, auf die die Voraussetzungen der Feststellungsklage analog anzuwenden sind, gleichzeitig aber einen Überblick über die Problematik gibt.

III. Klagebefugnis

Die Fortsetzungsfeststellungsklage stellt eine Fortsetzung der Ausgangsklage (bzw. bei Erledigung des Verwaltungsakts vor Klageerhebung der hypothetischen Ausgangsklage) dar. Daher müssen sämtliche Voraussetzungen der Ausgangsklage erfüllt sein. Im Übrigen erfolgt die Notwendigkeit der Klagebefugnis analog § 42 II VwGO daraus, dass auch bei der Fortsetzungsfeststellungsklage Popularklagen zu vermeiden sind. Für die Klagebefugnis gem. § 42 II VwGO reicht es allerdings – wie bei der Anfechtungsklage – aus, wenn nur die Möglichkeit einer Rechtsverletzung besteht.[14] R ist Adressat eines belastenden Verwaltungsaktes in Form der tagesbezogenen Verbotsverfügung. Für den Adressaten eines belastenden Verwaltungsaktes besteht immer die Möglichkeit einer Verletzung seiner Rechte aus Art. 2 I GG.[15] R ist daher klagebefugt.

IV. Vorverfahren

Fraglich ist, ob vor der Erhebung der Fortsetzungsfeststellungsklage ein Widerspruchsverfahren durchzuführen ist. Die umstrittene Frage, ob dies nach § 68 I 1 VwGO analog grundsätzlich der Fall ist,[16] kann hier jedoch offen bleiben, da sich die Entbehrlichkeit des Vorverfahrens in Nordrhein-Westfalen jedenfalls aus § 68 I 2 Hs. 1 VwGO (analog) iVm § 110 I NRWJustG ergibt.

V. Klagefrist

R hat am Tag nach Ausspruch der Maßnahme die Klage eingereicht. Er hat damit die Klagefrist analog § 74 I VwGO eingehalten. Auf die Frage, ob die Einhaltung einer Klagefrist überhaupt erforderlich ist, kommt es daher nicht an.[17]

VI. Richtiger Klagegegner

Richtiger Klagegegner ist analog § 78 I Nr. 1 VwGO das Land NRW, das gem. § 1 NRWPOG der Rechtsträger der Polizei ist.

VII. Besonderes Feststellungsinteresse

§ 113 I 4 VwGO fordert, dass der Kläger ein berechtigtes Interesse an der begehrten Feststellung hat. Dazu haben sich in der Rechtsprechung Fallgruppen herausgebildet. Danach ist das besondere Feststellungsinteresse gegeben, wenn a) **Wiederholungsgefahr**[18] für die angegriffene Maßnahme besteht, b) eine fortbestehende Diskriminierung beseitigt werden soll[19] (sog. **Rehabilitationsinteresse**), c) eine **wesentliche Grundrechtsposition**[20] beeinträchtigt wurde, d) sich der in Rede stehende Verwal-

14 StRspr, vgl. nur BVerwGE 28, 131 (132) = BeckRS 9998, 160099; BVerwGE 36, 192 (199) = BeckRS 1970, 30423607; *Kopp/Schenke* VwGO § 42 Rn. 65 f.; *Hufen* VerwProzR § 14 Rn. 108 ff.

15 Sog. Adressatenformel; vgl. dazu bereits die Nachw. oben Fall 1 mit Fn. 5.

16 S. unten Hinweis 2.

17 Vgl. zur Problematik Fall 13 A.V.

18 BVerwGE 42, 318 (326) = BeckRS 9998, 107216; BVerwGE 80, 355 (365) = BeckRS 9998, 164845.

19 BVerwGE 26, 168 = BeckRS 1967, 103941 (Störer während einer Demonstration); BVerwG NJW 1991, 581 (Überwachung des Post- und Fernmeldeverkehrs wegen Verdachts einer Straftat); weitere Beispiele bei *Hufen* VerwProzR § 18 Rn. 50.

20 BVerwGE 61, 164 (167) = BeckRS 1980, 30424776 – Elternrecht; BayVGH NJW 2017, 2779 – nächtliche Sichtung eines Kofferraums; VGH BW NJW 1984, 1832 – Teilnahmepflicht an Tierversuchen; krit. zu dieser Fallgruppe *Hufen* VerwProzR § 18 Rn. 52; *Ogorek* JA 2002, 222 (228); restriktiv auch *Würtenberger/Heckmann* VerwProzR Rn. 739.

tungsakt **typischerweise kurzfristig erledigt** und ohne die Eröffnung der Fortsetzungsfeststellungsklage kein effektiver Rechtsschutz iSv Art. 19 IV GG zur Verfügung stünde[21] oder e) die Rechtswidrigkeit einer Maßnahme im Hinblick auf einen beabsichtigten **Amtshaftungs- oder Entschädigungsprozess**[22] festgestellt werden soll.[23]

Indem P das Verbot auch für die Zukunft verstanden wissen will, erscheint eine Wiederholung des tagesbezogenen Verbots in der Zukunft sehr wahrscheinlich. Fraglich ist, ob das Interesse des R an einer Feststellung der Rechtswidrigkeit des erledigten Verbotes hier deshalb entfällt, weil P schon ein gleichartiges Verbot auch für die Zukunft erlassen hat. Durch die Erteilung des zukunftsbezogenen Verbots hat sich die Wiederholungsgefahr nämlich bereits realisiert. In einem solchen Fall kann der Betroffene gegen das zukunftsbezogene Verbot vorgehen. Ein Vorgehen gegen das erledigte Verbot bringt ihm keine Vorteile. An der Feststellung der Rechtswidrigkeit des bereits erledigten Verbots besteht hier daher kein berechtigtes Interesse.[24] R hat mithin kein besonderes Interesse an der Feststellung.

VIII. Zwischenergebnis

Die Klage gegen das tagesbezogene Verbot ist unzulässig.

B. Zulässigkeit der Klage gegen das zukunftsbezogene Verbot

I. Verwaltungsrechtsweg

Der Verwaltungsrechtsweg gem. § 40 I 1 VwGO ist eröffnet (vgl. oben A. I.).

II. Statthafte Klageart

Im Gegensatz zum tagesbezogenen Verbot ist hinsichtlich des zukunftsbezogenen Verbots keine Erledigung eingetreten. Indem es sich bei dem Verbot um einen belastenden Verwaltungsakt handelt, ist die Anfechtungsklage gem. § 42 I Alt. 1 VwGO die statthafte Klageart.

III. Klagebefugnis

Als Adressat eines belastenden Verwaltungsakts ist R gem. § 42 II VwGO klagebefugt.

IV. Vorverfahren

Ein Vorverfahren ist gem. § 68 I 2 Hs. 1 VwGO iVm § 110 I 1 NRWJustG entbehrlich.

V. Klagefrist

R hat am Tag nach der Maßnahme Klage erhoben. Er hat folglich die Monatsfrist gem. § 74 I VwGO eingehalten.

21 *Kopp/Schenke* VwGO § 113 Rn. 145 mwN; vgl. auch BVerfG NJW 2017, 1939 – erledigter Justizverwaltungsakt; näher zur Fallgruppe eines erledigten Grundrechtseingriffs noch unten zu Fall 13, A. IV.

22 BVerwG NVwZ 1987, 229 – Schadensersatz wegen Nichternennung bei verspäteter Einweisung in eine begehrte Planstelle; aA VGH BW NVwZ-RR 1991, 518.

23 Erläuterungen zu den Fallgruppen finden sich bei *Hufen* VerwProzR § 18 Rn. 47 ff.

24 VGH BW NVwZ-RR 1990, 520; *Kuhla/Hüttenbrink* VerwProz Rn. 256.

VI. Richtiger Klagegegner

Die Klage ist gem. § 78 I Nr. 1 VwGO gegen das Land NRW – als Träger der Polizei, § 1 NRWPOG – zu richten.

VII. Beteiligtenfähigkeit

R ist gem. § 61 Nr. 1 Alt. 1 VwGO, das Land gem. § 61 Nr. 1 Alt. 2 VwGO beteiligtenfähig.

VIII. Zwischenergebnis

Die Klage hinsichtlich des zukunftsbezogenen Verbots ist zulässig.

C. Begründetheit

Vorbemerkung:
Auf eine hilfsgutachterliche Begründetheitsprüfung der Klage gegen das tagesbezogene Verbot wurde verzichtet. Eine solche ist vom Bearbeitervermerk nicht verlangt. Beide Verfügungen haben außerdem den gleichen materiellen Inhalt, nämlich das Verbot, vor Radarfallen zu warnen. Soweit hinsichtlich der Rechtmäßigkeit der Maßnahmen ein Unterschied besteht, ist das der Vollständigkeit halber in Fußnoten vermerkt.

Gemäß § 113 I 1 VwGO ist die Anfechtungsklage begründet, wenn der Verwaltungsakt rechtswidrig und R in seinen Rechten verletzt ist.

I. Ermächtigungsgrundlage

Da spezialgesetzliche Regelungen, insbesondere solche des Straßenverkehrsrechts, nicht einschlägig sind, konnte P sich für sein Vorgehen nur auf die polizeirechtliche Generalklausel des § 8 I NRWPolG[25] stützen.

II. Formelle Rechtmäßigkeit

1. Zuständigkeit

Die Polizei ist sachlich zuständig, wenn ihre sog. Eilfallkompetenz gem. § 1 I 3 NRWPolG[26] gegeben ist. Das ist der Fall, wenn eine Verlaufsprognose ergibt, dass die mit bürokratischen Mitteln arbeitende Ordnungsbehörde nicht ebenso wirksam und rechtzeitig einschreiten könnte wie die Polizei.[27]

Dies ist hinsichtlich des zukunftsbezogenen Verbotes zweifelhaft.[28] Es wäre durchaus Zeit gewesen, die örtliche Ordnungsbehörde zu informieren (vgl. § 1 I 4 NRWPolG; § 2 I 2 BWPolG; § 1 II 2 NSOG). Eine von ihr erlassene Verfügung hätte gleichfalls wirksam zukünftige Radarwarnungen des R verhindern können. Ein Eilfall lag nicht

25 Art. 11 I BayPAG; § 1 I 1 iVm § 3 BWPolG; § 11 HSOG; § 11 NSOG.
26 Art. 3 BayPAG; § 60 II BWPolG; § 1 II NSOG.
27 Vgl. Fall 2; *Götz/Geis* POR § 17 Rn. 1 f.
28 Hinsichtlich des tagesbezogenen Verbotes ist die Eilfallkompetenz der Polizei ohne Weiteres gegeben. Die schon stattfindenden Radarwarnungen konnten nur durch das sofortige Verbot wirksam unterbunden werden.

vor. P hätte sich daher auf das tagesbezogene und damit vorläufige Verbot derzeitiger Radarwarnungen beschränken müssen.

Möglicherweise ist die Polizei trotz fehlenden Eilfalles zuständig, weil eine Einrichtung der Polizei selbst gestört wird. Hiergegen spricht indes der eindeutige Wortlaut der Zuständigkeitsvorschriften (zB § 1 I 3 NRWPolG; dazu oben). Darauf, dass eine Behörde »näher dran« ist, kommt es nur dann und auch nur insoweit an, als sofortige Gefahrenabwehr erforderlich ist. Die Möglichkeit der Polizei, eine Maßnahme der Gefahrenabwehr vorzunehmen, trifft hier nur zufällig mit einer Gefahr für eine ihrer eigenen Einrichtungen zusammen. Sie kann dabei nicht anders als eine andere Behörde behandelt werden, der selbstverständlich eigene gefahrenabwehrende Maßnahmen nicht gestattet sind.

Die Zuständigkeit des P, dem R zukünftige Radarwarnungen zu untersagen, könnte letztlich aus § 11 I Nr. 3 NRWPOG folgen. Hiernach sind die Kreispolizeibehörden unter anderem für die Überwachung des Straßenverkehrs zuständig. Zweifelhaft ist indes, ob die Verbotsverfügung des P eine Maßnahme zur Überwachung des Straßenverkehrs darstellt. Hiergegen spricht, dass § 11 I Nr. 3 NRWPOG als Ausnahme zur Grundregel des § 1 I NRWOBG, dem zufolge die Gefahrenabwehr Aufgabe der Ordnungsbehörden ist, restriktiv auszulegen ist.[29] Weiterhin spricht der Wortlaut des § 48 II 2 NRWOBG gegen eine Anwendbarkeit. Danach sind »unbeschadet der Zuständigkeit der Polizeibehörden« Ordnungsbehörden zuständig für die Überwachung der Einhaltung zulässiger Höchstgeschwindigkeiten.[30]

P war mithin für das zukunftsbezogene Verbot nicht zuständig.

2. Verfahren und Form

Hinsichtlich des Verfahrens und der Form bestehen keine Bedenken. So ist R insbesondere von P in dem der Verbotsverfügung vorausgegangenen Gespräch angehört worden, § 28 I NRWVwVfG.

3. Zwischenergebnis

Die an R gerichtete Verfügung des P, Radarwarnungen auch in Zukunft zu unterlassen, war formell rechtswidrig.

III. Materielle Rechtmäßigkeit[31]

Die materielle Rechtmäßigkeit des Verbots, Autofahrer vor Geschwindigkeitsmessungen zu warnen, setzt zunächst voraus, dass die tatbestandlichen Voraussetzungen der polizeirechtlichen Generalklausel erfüllt sind. Tatbestandsvoraussetzung für die Verbotsverfügungen ist zunächst das Bestehen einer konkreten Gefahr für die öffentliche Sicherheit. Die öffentliche Sicherheit umfasst den Schutz des Bestandes des Staates und seiner Einrichtungen und Veranstaltungen und der sonstigen Träger von Hoheitsgewalt, der subjektiven Rechte und Rechtsgüter des Einzelnen sowie der

29 AA vertretbar.

30 Vgl. dazu *Dietlein* in Dietlein/Hellermann ÖffR NRW § 3 Rn. 36.

31 Im Gutachten sind innerhalb der Begründetheitsprüfung grds. alle in Betracht kommenden Rechtswidrigkeitsgründe zu prüfen. Bei der Prüfung, ob ein formell rechtswidriger Verwaltungsakt auch materiell rechtswidrig ist, handelt es sich nicht um ein Hilfsgutachten.

objektiven Rechtsordnung (Gesamtheit der geschriebenen Rechtsnormen).[32] R könnte durch seine Warnungen vor Radargeräten gegen § 23 Ib StVO verstoßen. Hiernach ist es dem Führer eines Kraftfahrzeuges untersagt, ein technisches Gerät zu betreiben oder betriebsbereit mitzuführen, das dafür bestimmt ist, Verkehrsüberwachungsmaßnahmen anzuzeigen oder zu stören. Das gilt insbesondere für Geräte zur Störung oder Anzeige von Geschwindigkeitsmessungen (Radarwarn- oder Laserstörgeräte).[33] Dieses Verbot soll verhindern, dass sich Kraftfahrer durch technische Vorkehrungen im Fahrzeug Maßnahmen der Verkehrsüberwachung entziehen können.[34] Die Bestimmung zielt somit auf technische Geräte, die vom Fahrer in dem zu kontrollierenden Fahrzeug betrieben oder mitgeführt werden. R bedient sich für seine Radarwarnungen aber weder eines technischen Gerätes noch ist er – während er warnend am Straßenrand steht – Kraftfahrer iSv § 23 Ib StVO. Sein Verhalten ist von dieser Bestimmung nicht erfasst.

Die Radarwarnungen des R könnten aber die **Funktionsfähigkeit von staatlichen Einrichtungen und Veranstaltungen** gefährden. Diese ist Schutzgut der öffentlichen Sicherheit.[35] Entsprechend dem recht weiten und eher untechnischen Verständnis der Begriffe[36] gehört dazu auch die Aufstellung bzw. der **Betrieb einer »Radarfalle«**.[37] Durch die Radarwarnungen des R wird die Polizei sowohl bei der Durchführung ihrer präventiv-ordnungsrechtlichen Aufgaben auf dem Gebiet der Verkehrsüberwachung gem. § 11 I Nr. 3 NRWPOG behindert als auch der Möglichkeit beraubt, begangene Verkehrsverstöße zu erforschen und zu verfolgen. Dadurch ist die öffentliche Sicherheit iSd § 8 I NRWPolG betroffen.

Die öffentliche Sicherheit müsste konkret gefährdet sein. Gefahr iSd § 8 I NRWPolG ist eine Sachlage, die bei ungehindertem Ablauf in absehbarer Zeit mit hinreichender Wahrscheinlichkeit zu einem Schaden für die öffentliche Sicherheit oder Ordnung führt.[38] Um eine Gefahr darzustellen, müssten die Radarwarnungen durch R geeignet sein, die Verkehrsüberwachung zu stören. R behindert den tatsächlichen Messvorgang nicht. Seine Warnungen könnten jedoch den Zweck der Radarkontrollen vereiteln. Welchen Zweck polizeiliche Geschwindigkeitskontrollen verfolgen, ist fraglich. Radarkontrollen könnten bezwecken, die Verkehrsteilnehmer im Kontrollbereich zur Einhaltung der zulässigen Höchstgeschwindigkeit anzuhalten, um die Sicherheit des Straßenverkehrs zu wahren. Nimmt man dies an, scheidet eine Gefahr für die öffentliche Sicherheit aus. Denn die Warnungen des R führen ja gerade dazu, dass sich die Autofahrer im Kontrollbereich an die Geschwindigkeitsbegrenzung halten und die Sicherheit des Straßenverkehrs gewahrt wird. Mobile Geschwindigkeitsmessungen, die von den zuständigen Behörden an ständig wechselnden Orten durchgeführt werden, sollen jedoch über den örtlichen und zeitlichen Bereich der Kontrolle hinaus wirken. Sie dienen der Feststellung und künftigen Abschreckung der Fahrer, die Geschwindigkeitsbeschränkungen nicht beachten. Durch die jederzeitige Möglichkeit

---

32 *Drews/Wacke/Vogel/Martens* Gefahrenabwehr 232 ff. mwN.

33 Zur Sicherstellung eines solchen Geräts: BayVGH NJW 2008, 1549.

34 BR-Drs. 751/01, 5 (11 f.).

35 Dazu grdl. *Kingreen/Poscher* POR § 7 Rn. 30 ff.

36 Dazu Fall 5.

37 OVG NRW NJW 1997, 1596; OLG Düsseldorf JZ 1960, 258 (259); *Drews/Wacke/Vogel/Martens* Gefahrenabwehr 233; *R. Schmidt* POR Rn. 636; vgl. auch *Denninger* in Lisken/Denninger PolR-HdB D Rn. 26.

38 BVerwGE 45, 51 (57) = BeckRS 9998, 107540; *R. Schmidt* POR Rn. 659 ff.

verdeckt durchgeführter Radarkontrollen sollen die Autofahrer überall und jederzeit zur Einhaltung der vorgeschriebenen Geschwindigkeit angehalten werden, insbesondere dann, wenn sie sich unkontrolliert glauben.[39] Die **Radarkontrolle** soll daher **zukünftig wirken**. In dieser Wirkung wird sie durch Warnungen, wie sie R vornimmt, beeinträchtigt. Das Verhalten des R stellt eine Gefahr für die öffentliche Sicherheit dar.

R ist als Handlungsstörer gem. § 4 I NRWPolG[40] richtiger Adressat des Verbotes, wenn er die Gefahr durch sein Verhalten verursacht hat. Nach ganz herrschender Auffassung ist grundsätzlich nur **die unmittelbare Verursachung** der Gefahr polizei- und ordnungsbehördlich relevant. Nur der, dessen Verhalten die Gefahr unmittelbar verursacht, ist Störer. Der lediglich mittelbare Verursacher ist grundsätzlich nicht verantwortlich.[41]

Fraglich ist, ob R durch die Radarwarnungen die Gefahr unmittelbar verursacht hat. Für eine lediglich mittelbare Verursachung könnte sprechen, dass R durch sein Verhalten andere, nämlich die vorbeifahrenden Verkehrsteilnehmer, zu einem angepassten Fahrverhalten veranlasst. Zu berücksichtigen ist jedoch, dass die Gefahr nicht erst durch das Verhalten der Autofahrer, sondern bereits durch die Radarwarnung verursacht wird. Der Zweck der Radarkontrollen, Verkehrsteilnehmer überall und jederzeit zu einem vorschriftsmäßigen Fahren anzuhalten, ist bereits in dem Moment vereitelt, in dem die Fahrer vor der Radarfalle gewarnt sind. Sobald sie von der drohenden Geschwindigkeitskontrolle wissen, kann diese keine abschreckende Wirkung mehr entfalten und keine generelle Verhaltenslenkung bewirken. Wie die gewarnten Fahrer auf die enttarnte und damit ihres eigentlichen Zwecks beraubte Radarfalle reagieren, spielt für die Zweckverfehlung keine Rolle mehr. R ist somit als Handlungsstörer iSd § 4 I NRWPolG richtiger Adressat des polizeilichen Verbots.

Ermessensfehler sind nicht ersichtlich, auch ist die Verfügung verhältnismäßig.

D. Ergebnis

Soweit sich die Klage gegen das Verbot künftiger Radarwarnungen richtet, hat sie Erfolg, da P insoweit unzuständig war. Soweit sie sich auf das tagesbezogene Verbot von Radarwarnungen bezieht, ist sie mangels Vorliegens eines besonderen Feststellungsinteresses unzulässig.[42]

Ergänzende Hinweise

1. Weitere Beispiele aus der Rechtsprechung für Gefährdungen der öffentlichen Sicherheit:

- Unfreiwillige Obdachlosigkeit (OVG Bln NVwZ 1991, 692; NdsOVG NVwZ 1992, 502; OVG Brem DÖV 1994, 221; NdsOVG NVwZ 2016, 164; BayVGH BeckRS 2018, 8642; hierzu auch Fall 15)

39 OVG NRW NJW 1997, 1596; *Jahndorf* NWVBl. 1999, 317 (320).
40 Art. 7 I BayPAG; § 6 I BWPolG; § 6 I HSOG; § 6 I NSOG.
41 Sog. Theorie der unmittelbaren Verursachung, vgl. im Einzelnen Fall 12.
42 IÜ wäre sie auch unbegründet, da das tagesbezogene Verbot sowohl formell als auch materiell rechtmäßig war.

- Hausbesetzung (VG Hannover DVBl. 1981, 786 [787]; hierzu auch Fall 14)
- Falsches Parken (HessVGH NVwZ 1988, 655; OVG NRW NJW 1993, 2698; hierzu auch Fall 17)
- Unterbindung einer Selbsttötung (BayVerfGH NJW 1989, 1790; BayObLG NJW 1989, 1815)
- Besitz von Minispionen (VG Berlin NJW 1983, 1014)
- Abstellen baurechtlich ungenehmigter Werbeträger (VG Arnsberg NWVBl. 1997, 233)
- Fotografieren polizeilicher Einsätze (OVG RhPf DVBl. 1998, 101)

2. Für den Fall, dass ein Widerspruchsverfahren durchgeführt wird, stellt sich die Frage, ob im Falle der Fortsetzungsfeststellungsklage bei Klageerhebung nach Erledigung ein solches Verfahren gem. § 68 I 1 VwGO statthaft ist. In der Literatur wird teilweise von der Zulässigkeit eines Widerspruchs nach Erledigung des angegriffenen Verwaltungsaktes (sog. **Fortsetzungsfeststellungswiderspruch**) ausgegangen, vgl. etwa *Pietzner/Ronellenfitsch* Assessorexamen ÖffR Rn. 1101 ff.; *Kopp/Schenke* VwGO vor § 68 Rn. 2, § 68 Rn. 34, § 73 Rn. 9; jeweils mwN; *Schenke* VerwProzR Rn. 666; *R. P. Schenke* NVwZ 2000, 1255 (1257); *Schoch* JURA 2003, 752 (753 f.); früher: *Hufen* VerwProzR, 1994, § 6 Rn. 14, der sich aber nunmehr der Gegenauffassung angeschlossen hat (§ 18 Rn. 55). Auch bei erledigten Verwaltungsakten könne eine ausreichende und damit sinnvolle Entscheidung über die Rechtswidrigkeit getroffen werden, da die Entscheidung der Bestandskraft fähig sei. Außerdem ergebe sich aus § 44 V VwVfG, dass die Verwaltung zur verbindlichen Feststellung der Rechtswidrigkeit erledigter Verwaltungsakte befugt sei: Denn wenn die Verwaltung nach dieser Bestimmung schon die Nichtigkeit eines Verwaltungsaktes feststellen könne, müsse dies erst Recht für dessen Rechtswidrigkeit gelten (*Schenke* VerwProzR Rn. 666). In der Rechtsprechung (BVerwGE 26, 161 = BeckRS 1967, 103941) und dem anderen Teil der Literatur (nunmehr auch *Hufen* VerwProzR § 18 Rn. 55 und § 8 Rn. 24; *Jahn* JuS 2001, 172 [174]; *Knemeyer* POR Rn. 68, 364 [397]; Redeker/v. Oertzen/*Redeker* VwGO § 113 Rn. 50; *R. Schmidt* VerwProzR Rn. 1092; *Schwerdtfeger/Schwerdtfeger* ÖffR Rn. 54) wird ein Fortsetzungsfeststellungswiderspruch dagegen für unzulässig gehalten. Die Verwaltung habe nicht die Kompetenz, über die Rechtswidrigkeit eines erledigten Verwaltungsaktes eine verbindliche Entscheidung zu treffen, dies sei vielmehr den VG vorbehalten (BVerwGE 26, 161 [165] = BeckRS 1967, 103941; VG Neustadt NVwZ 1985, 371 [372]; VG Frankfurt NVwZ 1988, 381). Ein bereits begonnenes Widerspruchsverfahren sei deshalb einzustellen (BVerwGE 26, 161 [165]: »Das Widerspruchsverfahren ist einzustellen [...]«). Hierfür soll sprechen, dass der Bürger in der Regel kein Interesse daran habe, dass die Verwaltung die Rechtswidrigkeit des erledigten Verwaltungsaktes feststellt. Von einer solchen behördlichen Feststellung gehe nämlich nicht die gleiche Bindungswirkung wie von einem verwaltungsgerichtlichen Urteil aus (*R. Schmidt* VerwProzR Rn. 1092; *Hufen* VerwProzR § 18 Rn. 55). Außerdem könne der eigentliche Zweck des Widerspruchsverfahrens, eine Selbstkorrektur der Verwaltung herbeizuführen, nach Erledigung des angegriffenen Verwaltungsaktes nicht mehr erreicht werden (BVerwGE 26, 161 [166 f.] = BeckRS 1967, 103941; *R. Schmidt* VerwProzR Rn. 1092; *Hufen* VerwProzR § 18 Rn. 55). Die (weitere) Durchführung eines Widerspruchsverfahrens sei nach Erledigung des Verwaltungsaktes daher eine »bloße Förmelei«.

Der Streit kreist im Wesentlichen um die Frage, ob ein Fortsetzungsfeststellungsausspruch durch die Verwaltung für den Widerspruchsführer sinnvoll ist oder nicht. Einem

Teil der Literatur ist zuzugestehen, dass dies keine Frage der Statthaftigkeit eines Rechtsbehelfs ist, entsprechende Bedenken vielmehr systematisch korrekt erst im Rahmen des besonderen Feststellungsinteresses Platz greifen können. Entscheidend ist für einen Fortsetzungsfeststellungsausspruch letztlich, ob der konkrete Fall einer der hierzu entwickelten Fallgruppen (Wiederholungsgefahr, Rehabilitationsinteresse, Vorbereitung der gerichtlichen Geltendmachung eines Amtshaftungs- oder Entschädigungsanspruchs etc, näher zu den Fallgruppen des besonderen Feststellungsinteresses Fall 13) angehört. Für die Position der Rechtsprechung spricht indessen, dass den Interessen des Betroffenen gerade in den besonderen Situationen, die diesen Fallgruppen zugrunde liegen, ein der Rechtskraft fähiges gerichtliches Urteil eher gerecht wird als eine schlichte Selbstkorrektur der Verwaltung. Der sog. Fortsetzungsfeststellungswiderspruch ist deshalb im Ergebnis nicht anzuerkennen.

7. Fall: Laserdrome[1]

Sachverhalt

A möchte in einer Halle am Stadtrand der kreisfreien nordrhein-westfälischen Stadt K das Spiel »Quasar« veranstalten. Zwei Gruppen kämpfen dabei gegeneinander, wobei die Spieler jeweils versuchen, mit dem »Quasargewehr« – einem »Laser-Handapparat« – möglichst viele Treffer auf den »Brust- und Rückenpaketen« der gegnerischen Mannschaft zu erzielen. Der »Laser-Handapparat« ähnelt äußerlich einer Maschinenpistole, die »Brust- und Rückenpakete«, die in Tarnfarben gehalten sind, erinnern an gepanzerte Westen. A hat zur Ausstattung und Dekoration der Halle bereits ausgemustertes Militärzubehör gekauft. Zudem hat er einen Bühnenbildner mit der Schaffung einer Kulisse, die eine durch Bomben zerstörte Stadt darstellt, beauftragt. In einem Werbeprospekt mit dem Titel »Quasar – Ein Spaß für die ganze Familie« heißt es:

»Du kriechst unter einen Pfeiler, suchst Schutz im rauchigen Dunkel des Raumes. Deine Ohren lauern auf das kleinste Geräusch Deines sich nähernden Feindes. Dein Zeigefinger spielt im Rhythmus des Herzschlags nervös am Abzug. Ein Fußtritt! Du wirbelst herum. Aus dem Nebel heraus zeigt ein Gewehr direkt auf Dich, und Deine Reflexe werfen Dich zur Seite, als ein leuchtend roter Laserstrahl durch die tiefe Schwärze auf Dich zugeschossen kommt. Augenblicklich betätigst Du den Abzug und schickst eine Salve der durchdringenden roten Strahlen in den Schatten.«

Nachdem der Oberbürgermeister von K (OB) von dem Vorhaben des A erfahren hat, untersagt er diesem nach ordnungsgemäßer Anhörung die Inbetriebnahme des »Quasar«-Spiels unter Verwendung von Tarnfarben und Militärzubehör sowie der geplanten Kulisse. A ist empört. Er kann sich zwar durchaus vorstellen, dass »Quasar«, so wie er es plant, von der Bevölkerungsmehrheit vielleicht als anstößig empfunden werde, ihn habe das aber nicht zu kümmern. Im Übrigen könne es doch mit dem Grundgesetz kaum vereinbar sein, dass ihm O unter Bezug auf einen so nebulösen Begriff wie den der »öffentlichen Ordnung« vorschreiben dürfe, wie er sein Gewerbe auszuüben habe. Was kann A tun?

---

1 Im Frühjahr 2009 plante die Bundesregierung (als Reaktion auf den Amoklauf eines Jugendlichen an einer Schule im schwäbischen Winnenden, bei dem 16 Menschen starben) eine Neuregelung des Waffenrechts. In diesem Zusammenhang gab es auch Pläne, kriegsähnliche Spiele wie Paintball und Laserdrome völlig zu verbieten, vgl. etwa FAZ v. 8.5.2009, 4; SZ v. 6./7.5.2009, 7, und v. 8.5.2009, 1, 6. Der Plan wurde aber unter anderem wegen verfassungsrechtlicher Bedenken nicht umgesetzt. Der Bundestag (BR-Drs. 577/09, 4) hat die Bundesregierung zu weiterer Prüfung aufgefordert. Dies führte zu dem Bericht der Bundesregierung v. 1.2.2010 (zu BR-Drs. 577/09 – Beschluss –). IErg sah sich die Bundesregierung nicht zu beschränkenden Maßnahmen für einzelne Schießdisziplinen veranlasst. Zu Änderungen des Waffenrechts im Zuge der Debatte im Jahr 2009 vgl. das Vierte Gesetz zur Änderung des Sprengstoffgesetzes v. 17.7.2009 (BGBl. 2009 I 2062).

Lösungsvorschlag

Schwerpunkte:
- **Materiell:**
  - **Anwendbarkeit des allgemeinen Polizei- und Ordnungsrechts**
  - **Begriff der öffentlichen Ordnung**
- **Prozessual:**
  - **Anfechtungsklage**
  - **richtiger Klagegegner**

In Betracht kommt für A die Erhebung einer Klage vor dem VG. Sie hat Erfolg, wenn sie zulässig und begründet ist.

A. Zulässigkeit

I. Verwaltungsrechtsweg

Zunächst müsste der Verwaltungsrechtsweg eröffnet sein. Mangels einer aufdrängenden Spezialzuweisung richtet sich die Eröffnung des Verwaltungsrechtswegs nach § 40 I 1 VwGO. Streitentscheidend sind entweder Normen des Gewerbe- oder des allgemeinen Ordnungsrechts.[2] Sie berechtigen ausschließlich Hoheitsträger zu Maßnahmen und gehören daher nach der sog. modifizierten Subjektstheorie zum öffentlichen Recht;[3] die Streitigkeit ist damit öffentlich-rechtlicher Natur. Sie ist darüber hinaus nichtverfassungsrechtlicher Art, da es sich bei keinem der Beteiligten um ein Verfassungsorgan handelt. Eine abdrängende Zuweisung ist nicht ersichtlich. Der Verwaltungsrechtsweg ist eröffnet.

II. Statthafte Klageart

A wendet sich gegen eine Verfügung des OB, die ihm ein Verhalten untersagt, ihn also belastet. Dabei weist die Verfügung alle Merkmale eines Verwaltungsakts iSd § 35 S. 1 VwVfG auf, sodass für sein Begehren allein eine Anfechtungsklage nach § 42 I VwGO statthaft ist.

III. Klagebefugnis

Als Adressat eines belastenden Verwaltungsakts erscheint es zumindest möglich, dass A in seinen Rechten aus Art. 2 I GG verletzt ist. A ist deshalb gem. § 42 II VwGO klagebefugt.

2 Es kommt häufig vor, dass mehrere Gesetze einschlägig sein können. Oftmals ist man bei der Prüfung der Zulässigkeit noch nicht sicher, welche Vorschrift die richtige Ermächtigungsgrundlage darstellt. Es ist daher angeraten und auch keineswegs falsch, im Rahmen der Zulässigkeit nur auf das Allernötigste zum materiellen Recht einzugehen. Eine genaue Norm muss hier grundsätzlich noch nicht genannt werden.

3 Vgl. zu den Abgrenzungstheorien *Maurer/Waldhoff* AllgVerwR § 3 Rn. 10 ff.; *Ipsen* AllgVerwR Rn. 15 ff.; zu den dogmatischen Hintergründen der Trennung von öffentlichem und privatem Recht *de Wall*, Die Anwendbarkeit privatrechtlicher Vorschriften im Verwaltungsrecht, 1999, 6–52 mwN.

IV. Richtiger Klagegegner und Beteiligtenfähigkeit

Die Klage ist gem. § 78 I Nr. 1 VwGO[4] gegen die Körperschaft, deren Behörde den angefochtenen Verwaltungsakt erlassen hat, hier die Stadt K, zu richten. Diese ist gem. § 61 Nr. 1 Alt. 2[5] beteiligtenfähig. Für A ergibt sich die Beteiligtenfähigkeit aus § 61 Nr. 1 Alt. 1 VwGO.

V. Vorverfahren

Ein Vorverfahren ist gem. § 68 I 2 Var. 1 VwGO iVm § 110 I 1 NRWJustG entbehrlich.

VI. Zwischenergebnis

Die Klage ist zulässig.

B. Begründetheit

Die Anfechtungsklage ist gem. § 113 I 1 VwGO begründet, wenn die Untersagungsverfügung rechtswidrig ist und A dadurch in seinen Rechten verletzt ist.

I. Ermächtigungsgrundlage

1. Spezialgesetzliche Ermächtigung

a) § 15 II GewO

Ermächtigungsgrundlage für die Untersagungsverfügung könnte § 15 II GewO sein. Danach kann die zuständige Behörde, wenn ein Gewerbe ohne die erforderliche Erlaubnis betrieben wird, die Fortsetzung des Betriebes verhindern. Über ihren Wortlaut hinaus kann nach dieser Vorschrift auch die Aufnahme einer Gewerbetätigkeit untersagt werden.[6]

Dann müsste das »Quasar«-Spiel überhaupt vom Regelungsbereich der Gewerbeordnung erfasst sein. A müsste folglich ein Gewerbe ausüben. Gewerbe iSd Gewerbeordnung ist jede erlaubte, auf Gewinnerzielung gerichtete und auf Dauer angelegte selbstständige Tätigkeit, ausgenommen Urproduktion, freie Berufe und bloße Verwaltung eigenen Vermögens.[7] Fraglich ist hier, ob es sich bei der Veranstaltung des »Quasar«-Spiels um eine erlaubte Tätigkeit handelt. Da die Veranstaltung eines »Quasar«-Spiels nicht gesetzlich verboten ist, könnte sie als erlaubt zu betrachten sein. Im Schrifttum wird jedoch die Auffassung vertreten, eine erlaubte Tätigkeit liege auch dann nicht vor, wenn die in Rede stehende Erwerbsart sozialschädlich sei. Auch sozial unwertige Tätigkeiten seien vom Gewerbebegriff ausgenommen.[8] Die

---

4 Zur Aufhebung des Behördenprinzips in NRW bereits oben Fall 1 Fn. 6. Anders noch die Rechtslage in Brandenburg und Niedersachsen, vgl. § 8 II BbgVwGG; § 79 II NJG, der allerdings nur für (unmittelbare) Landesbehörden gilt.

5 Die Beteiligtenfähigkeit der Behörde regelt § 61 Nr. 3 VwGO iVm § 8 I BbgVwGG bzw. § 79 I NJG, der allerdings nur für (unmittelbare) Landesbehörden gilt.

6 Tettinger/Wank/Ennuschat/*Ennuschat* § 15 Rn. 19.

7 Landmann/Rohmer/*Kahl,* Gewerbeordnung, 69. EL 2015, Bd. 1, Einl. Rn. 32.

8 *Götz/Geis* POR § 21 Rn. 13; Landmann/Rohmer/*Kahl,* Gewerbeordnung, 69. EL 2015, Bd. 1, Einl. Rn. 38 ff.

Veranstaltung eines »Quasar«-Spiels ist nach diesem Ansatz kein Gewerbe iSd § 1 GewO, sofern es sich bei ihr um eine sozialschädliche Tätigkeit handelt.[9] Gegen eine solche Einschränkung des Gewerbebegriffs spricht jedoch, dass das Merkmal der Sozialschädlichkeit jegliche Trennschärfe vermissen lässt. Es ist nicht zuletzt aus Gründen der Rechtssicherheit notwendig, den Gewerbebegriff möglichst eindeutig zu definieren. Für die Anerkennung einer Tätigkeit als Gewerbe kann daher nur ausschlaggebend sein, ob die fragliche Tätigkeit von der Rechtsordnung durch ein Verbot sanktioniert wird oder nicht.[10] Da es ein gesetzliches Verbot von »Quasar«-Spielen (noch) nicht gibt, ist die Tätigkeit des A als »erlaubt« iSd Gewerbebegriffs anzusehen. A betreibt mithin ein Gewerbe.

Problematisch ist aber, ob für das von A betriebene Gewerbe eine Erlaubnispflicht besteht. Für Spielhallen und ähnliche Unternehmen ergibt sich die Erlaubnispflicht aus § 33i GewO. Danach wäre die Durchführung des »Quasar«-Spiels erlaubnispflichtig, wenn sie als Betrieb eines Unternehmens anzusehen wäre, das ausschließlich oder überwiegend der Aufstellung von Spielgeräten oder der Veranstaltung anderer Spiele im Sinne des § 33c I 1 oder des § 33d I 1 GewO dient. Sowohl die Regelung des § 33c I 1 GewO als auch die des § 33d I 1 GewO setzen aber voraus, dass es sich jeweils um ein Spiel/Spielgerät handelt, das die Möglichkeit eines Gewinnes bietet.[11] Dieses ist bei dem »Quasar«-Spiel nicht der Fall. Das »Quasar«-Spiel ist daher nicht nach § 33i GewO erlaubnispflichtig. Es kann nicht nach § 15 II GewO untersagt werden.

b) § 51 GewO

Als Ermächtigungsgrundlage kommt ferner die Generalklausel des § 51 S. 1 GewO in Betracht. Hiernach kann die weitere Benutzung einer jeden gewerblichen Anlage zu jeder Zeit untersagt werden, wenn überwiegende Nachteile oder Gefahren für das Gemeinwohl festzustellen sind. Ohne Belang ist dabei (anders als bei § 15 II GewO), ob es sich um eine genehmigungsbedürftige oder genehmigungsfreie Anlage handelt.[12] Angesichts der generalklauselartigen Fassung des Tatbestandes, die starke Ähnlichkeit mit der ordnungsbehördlichen Generalklausel hat,[13] stellt sich die Frage nach dem Verhältnis von § 51 S. 1 GewO zum allgemeinen Polizei- und Ordnungsrecht der Länder. Unstreitig ist, dass § 51 S. 1 GewO die polizei- und ordnungsrechtlichen Generalklauseln nicht ausschließt; die Gewerbefreiheit kann nicht zu einer polizeirechtswidrigen Gewerbeausübung führen.[14] Weit überwiegend wird daher, jedenfalls für den Fall, dass es sich um ein noch nicht aufgenommenes Gewerbe handelt,[15] von der Subsidiarität des § 51 S. 1 GewO ausgegangen.[16] § 51 S. 1 GewO

9 Vgl. *Störmer* NWVBl. 1997, 313 (314).
10 Vgl. *Störmer* NWVBl. 1997, 313 (314) mwN.
11 Seit der Neufassung des § 33i GewO durch Gesetz v. 5.12.2012 (BGBl. 2012 I 2415) ist das Aufstellen von Unterhaltungsspielen ohne Gewinnmöglichkeit, wie zB Tischfußball, Billard, Bowling etc, nicht mehr erfasst. S. dazu Friauf/*Hahn* § 33i Rn. 13.
12 Vgl. Tettinger/Wank/Ennuschat/*Ennuschat* § 51 Rn. 11.
13 Anders als diese sieht § 51 GewO in S. 2 eine Entschädigungspflicht als Folge einer Untersagung vor.
14 BVerwGE 38, 209 (215 ff.) = BeckRS 9998, 108723; Tettinger/Wank/Ennuschat/*Ennuschat* § 51 Rn. 8.
15 Bei späterer Rechtswidrigkeit soll nach *Fröhler/Kormann,* Gewerbeordnung, 1978, GewO § 51 Rn. 3, § 51 aufgrund der Entschädigungsregel gelten.

erlangt demgemäß erst dann Bedeutung, wenn eine Verfügung auf der Grundlage des allgemeinen Polizei- und Ordnungsrechts unzulässig ist.[17] Dies ist im Folgenden zu prüfen.

2. Ordnungsbehördliche Generalklausel[18]

Rechtsgrundlage für die Untersagungsverfügung könnte die ordnungsbehördliche Generalklausel des § 14 I NRWOBG[19] sein. Hiernach können die Ordnungsbehörden die notwendigen Maßnahmen treffen, um eine im Einzelfall bestehende Gefahr für die öffentliche Sicherheit oder Ordnung abzuwenden. Problematisch ist jedoch, ob ein Rückgriff auf die ordnungsbehördliche Generalklausel noch in Betracht kommt. Zwar steht § 51 S. 1 GewO der Anwendung der Generalklausel aufgrund seiner Subsidiarität nicht entgegen. Die Anwendbarkeit der ordnungsbehördlichen Generalklausel könnte aber durch den Grundsatz der Gewerbefreiheit in § 1 I GewO gesperrt sein. Eine Auslegung der (landesrechtlichen) Regelungen des Polizei- und Ordnungsrechts als generelle Schranke des Gewerberechts verstieße gegen die (bundesrechtliche) Regelung des § 1 I GewO. Es bestünde ein Problem im Hinblick auf die Gesetzgebungskompetenz.[20] Sollten die Regelungen der GewO die Ausübung von Gewerben abschließend regeln, so käme zudem ein Verstoß gegen § 1 II 2 NRWOBG[21] in Betracht. Danach treffen die Ordnungsbehörden die notwendigen Maßnahmen zur Gefahrenabwehr nur auf der Grundlage des OBG, soweit (andere) gesetzliche Vorschriften fehlen oder eine abschließende Regelung nicht enthalten. Die Gewerbeordnung könnte in ihrem Regelungsbereich aber abschließenden Charakter haben, sodass gegen einen Gewerbebetrieb gerichtete Ordnungsverfügungen zwingend auf ihre Bestimmungen gestützt werden müssen.[22]

Die in § 1 GewO niedergelegte Gewerbefreiheit ist jedoch als Gewerbezulassungsfreiheit ausgestaltet, die lediglich das »Ob« der gewerblichen Tätigkeit, nicht aber auch die Art und Weise der Gewerbeausübung schützt.[23] Vor diesem Hintergrund ist die Anwendung von Normen außerhalb der Gewerbeordnung, welche die gewerbliche Tätigkeit beeinflussen, nicht kategorisch ausgeschlossen. Sie ist vielmehr zulässig, wenn durch diese Bestimmungen nicht die Gewerbeausübung als solche infrage gestellt, sondern lediglich das »Wie« der Gewerbeausübung reglementiert wird.[24] Das gilt selbst dann, wenn die Befolgung einer Verfügung, mit der nach dem allgemeinen Polizei- und Ordnungsrecht die Art und Weise der Ausübung einer gewerblichen Tätigkeit geregelt wird, praktisch auf die Einstellung des Gewerbebetriebs an einer bestimmten Stelle hinausläuft. Auch dann wird nicht das »Ob« der Gewerbeaus-

16 BVerwGE 38, 209 (217) = BeckRS 9998, 108723; Tettinger/Wank/Ennuschat/*Ennuschat* § 51 Rn. 8 f. mwN; *Gröpl/Brandt* VerwArch 95 (2004), 223 (245 f.).

17 Vgl. auch Hinweis 1 aE.

18 Zum Verhältnis des Gewerberechts zum allgemeinen Polizei- und Ordnungsrecht vgl. Hinweis 1.

19 Art. 7 II BayLStVG; § 1 I 1 iVm § 3 BWPolG; § 11 HSOG; § 11 NSOG.

20 *Ruthig/Storr* ÖffWirtschaftsR Rn. 320. Die Übertragung der Gesetzgebungskompetenz für Spielhallen an die Länder durch die Föderalismusreform 2006 hat an der Zuständigkeit des Bundes für Spiele wie dem hier in Rede stehenden nichts geändert. Der Begriff entspricht dem des § 33i GewO (*Jarass/Pieroth* GG Art. 74 Rn. 31a).

21 Vgl. § 3 I 2 u. 3 NSOG; § 3 I 2 u. 3 HSOG; § 4 I 2 u. 3 LSASOG.

22 Vgl. *Haurand* JA 1995, 196 f.

23 *Aubel* JURA 2004, 255 (256).

24 BVerwGE 115, 189 = BeckRS 2002, 20589.

übung geregelt, sondern nur das »Wie«.[25] Da sich die Verfügung des OB nur auf das »Quasar«-Spiel in der von A geplanten Form bezieht, wird A die Gewerbeausübung nicht schlechthin, sondern nur in Bezug auf bestimmte Spielvarianten untersagt. Dabei spielt es keine Rolle, ob andere Spielvarianten – etwa solche, die gänzlich auf eine kriegsähnliche Szenerie und Aufmachung verzichten – für die Kunden des A derart unattraktiv sind, dass A seinen Betrieb nicht mehr wirtschaftlich betreiben kann.[26] Der Rückgriff auf die ordnungsbehördliche Generalklausel ist damit nicht durch die Vorschriften der Gewerbeordnung ausgeschlossen.[27]

Fraglich ist, ob die ordnungsbehördliche Generalklausel als Ermächtigungsgrundlage deshalb ausscheidet, weil es sich bei der Ordnungsverfügung des OB um einen Eingriff in die durch Art. 12 I GG geschützte Berufsfreiheit handelt, der nur aufgrund einer besonderen Befugnisnorm vorgenommen werden könnte.[28] In der Rechtsprechung des BVerwG ist anerkannt, dass die ordnungsrechtliche Generalklausel angesichts der unvorhersehbaren Vielgestaltigkeit aller Lebenserscheinungen auch als ein die Berufsausübung regelndes Gesetz dienen kann.[29] Andererseits hat das BVerwG darauf hingewiesen, dass der Gesetzesvorbehalt in Art. 12 I 2 GG nach Möglichkeit entsprechend den Belangen der jeweils berührten Lebensgebiete durch fachlich orientierte Gesetze, also durch möglichst präzise gefasste Normen, auszufüllen sei. Es widerspreche daher dem Sinn des Gesetzesvorbehalts des Art. 12 I 2 GG, die ordnungsrechtliche Generalklausel generell und in jeder Hinsicht als taugliche Befugnisnorm für Berufsausübungsregelungen zu qualifizieren. Die Grenzen der Leistungsfähigkeit der Generalklausel seien vielmehr dann erreicht, wenn die Entscheidung darüber, ob durch die in Rede stehende Berufstätigkeit die öffentliche Ordnung verletzt werde, von einer verwickelten, in das Gebiet der Weltanschauungen hineinreichenden, abwägenden Wertung einer Mehrzahl verschiedener Schutzinteressen abhänge. In solchen Fällen dürfe die Generalklausel nicht auf Einzelfälle angewandt und dadurch der Sache nach das getan werden, was die Gesetzgebung hätte tun müssen, nämlich eine verbreitete neue Erscheinungsform der Berufsausübung zu regeln.[30] Nach Ansicht des BVerwG konnte im Jahr 2001 noch nicht abschließend beurteilt werden, ob durch das Betreiben eines Laserdrome eine Mehrzahl verschiedener Schutzinteressen tangiert wird und dadurch die Grenzen der Generalklausel erreicht sind.[31] Dies ergab sich nach Einschätzung des Gerichts daraus, dass es dem Gesetzgeber möglich sein muss, vor der Verabschiedung einer gesetzlichen Regelung die Entwicklung derartiger Spielveranstaltungen und mithin die Frage der Notwendigkeit einer gesetzlichen

25 BVerwGE 38, 209 (216 f.) = BeckRS 9998, 108723.

26 BVerwGE 38, 209 (214) = BeckRS 9998, 108723; vgl. *Huber/Unger* in Schoch BesVerwR Kap. 4 Rn. 232 Fn. 599 mit Hinweis auf BVerwGE 115, 189 (192 f.) = BeckRS 2002, 20589; aA *Beaucamp* DVBl. 2005, 1174 (1177).

27 In Fällen, in denen das »Ob« der Gewerbeausübung in Rede steht, sind die Normen des allgemeinen Polizei- und Ordnungsrechts hingegen nicht anwendbar, vgl. dazu Hinweis 1.

28 Vgl. BVerwGE 115, 189 (193 f.) = BeckRS 2002, 20589; VG Dresden NVwZ-RR 2003, 848 (849).

29 BVerwGE 10, 164 (165) = BeckRS 9998, 181513; BVerwGE 115, 189 (193 f.) = BeckRS 2002, 20589.

30 BVerwGE 10, 164 (165) = BeckRS 9998, 181513; BVerwGE 115, 189 (193 f.) = BeckRS 2002, 20589; krit. ggü. dem Ansatz des BVerwG *Aubel* JURA 2004, 255 (257). Nach BVerwG GewArch 2007, 247 (249) gilt diese Einschränkung jedoch nicht für den Fall, dass ein Eingreifen zum Schutz der Menschenwürde erforderlich ist. In solchen Fällen sei für eine normative Abwägung des Gesetzgebers kein Raum.

31 BVerwGE 115, 189 (194) = BeckRS 2002, 20589.

Regelung über einen längeren Zeitraum zu beobachten.[32] Ob dies für Laserdrome und ähnliche Tötungsspiele als solche angesichts der mittlerweile abgelaufenen Zeit immer noch gilt, wird in der Literatur bezweifelt.[33] A wurde lediglich eine spezielle Ausgestaltung des Spiels untersagt. Der Gesetzgeber kann aber nicht alle möglichen Varianten eines Spiels vorhersehen und im Einzelnen regeln. Die von A gewählten und ähnlichen Ausgestaltungen des Spiels sind auch nicht so weit verbreitet, dass ein Verbot eigens durch eine spezialgesetzliche Ermächtigungsgrundlage vorgesehen sein müsste. Auch in Ansehung des Grundrechts der Berufsfreiheit des A begegnet der Rückgriff auf § 14 I NRWOBG somit keinen durchgreifenden Bedenken.

II. Formelle Rechtmäßigkeit

Hinsichtlich der formellen Rechtmäßigkeit der Untersagungsverfügung bestehen keine Bedenken.

III. Materielle Rechtmäßigkeit

1. Die Voraussetzungen der Ermächtigungsgrundlage

a) Öffentliche Sicherheit

Die öffentliche Sicherheit umfasst den Bestand der Einrichtungen und Veranstaltungen des Staates und sonstiger Träger von Hoheitsgewalt, die subjektiven Rechte und Rechtsgüter des Einzelnen sowie die Gesamtheit der geschriebenen Rechtsnormen.[34] Hier könnte die geschriebene Rechtsordnung berührt sein. Die Veranstaltung des »Quasar«-Spiels könnte gegen § 118 I OWiG verstoßen. Nach dieser Bestimmung handelt ordnungswidrig, wer eine grob ungehörige Handlung vornimmt, die geeignet ist, die Allgemeinheit zu belästigen oder zu gefährden und die öffentliche Ordnung zu beeinträchtigen. Belästigend ist ein Vorgang, wenn er Dritten ein nicht nur geringfügiges Unbehagen zufügt, welches sowohl seelischer als auch körperlicher Art sein kann.[35] Dabei ist erforderlich, dass die Handlung von der Allgemeinheit unmittelbar selbst wahrgenommen werden kann.[36] Auch solche Bürger müssen mit ihr in Berührung kommen, die dies eigentlich gar nicht wollen.[37] Das von A veranstaltete »Quasar«-Spiel findet in einer abgeschlossenen Halle am Stadtrand statt. Es ist davon auszugehen, dass die Halle von außen nicht eingesehen werden kann. Dementsprechend haben nur die am Spiel Beteiligten die Möglichkeit, den Spielablauf wahrzunehmen.[38] Die Mitspieler haben in ihre Teilnahme am »Quasar«-Spiel eingewilligt. Ein Verstoß gegen § 118 I OWiG scheidet deshalb aus.

---

32 BVerwGE 115, 189 (194) = BeckRS 2002, 20589. Krit. *Kramer* NVwZ 2004, 1083, der schon damals angesichts des Umstandes, dass die ersten Entscheidungen zu Laserdromen mehr als zehn Jahre zurücklagen, den zugunsten des Gesetzgebers anerkannten Beobachtungszeitraum für abgelaufen hielt. Diese Auffassung wäre – auch angesichts des weiteren Zeitablaufs – in einer Klausur gut vertretbar.

33 *Schönleiter/Stenger* GewArch 2007, 320 (324); *Beaucamp* JA 2009, 279 (281).

34 *Drews/Wacke/Vogel/Martens* Gefahrenabwehr 232 ff. mwN; *Rhein* OBG NRW § 1 Rn. 35; *Schenke* POR Rn. 53 ff.; *R. Schmidt* POR Rn. 628 ff.; *Hebeler* JA 2002, 521 (522).

35 KK-OWiG/*Senge*, 4. Aufl. 2014, § 118 Rn. 13.

36 *Scheidler* GewArch 2005, 312 (318); *Szczekalla* JA 2002, 992 (994).

37 *Szczekalla* JA 2002, 992 (994); Göhler/*Gürtler* OWiG § 118 Rn. 6.

38 Vgl. VG Minden NVwZ-RR 2008, 378.

Fraglich ist, ob das Spiel »Quasar« gegen die in Art. 1 I GG verbürgte Garantie der Menschenwürde verstößt. Auch Grundrechte können ein Schutzgut der öffentlichen Sicherheit darstellen.[39] Problematisch ist jedoch, dass Grundrechte in erster Linie als Abwehrrechte des Bürgers gegen den Staat konzipiert sind. Grundrechtsverpflichtet sind daher grundsätzlich nur staatliche Organe. Etwas anderes ergibt sich auch nicht aus der Funktion der Grundrechte als objektive Wertordnung. Zwar ist anerkannt, dass sich aus dem objektiv-rechtlichen Gehalt der Grundrechte Schutzpflichten ergeben können. Auch diese Schutzpflichten richten sich allerdings allein an staatliche Organe und können deshalb nur von ihnen verletzt werden.[40] Eine Verletzung von Grundrechtsnormen durch das Verhalten von Privaten kommt daher in der Regel nicht in Betracht.

Eine Ausnahme von diesen Grundsätzen soll nach Ansicht des BVerwG jedoch für die Menschenwürdegarantie des Art. 1 I GG gelten. Die Menschenwürdegarantie könne als tragendes Konstitutionsprinzip im System der Grundrechte auch gegenüber Privaten Geltung beanspruchen.[41] Da das Grundgesetz den Schutz der Menschenwürde unabhängig davon garantiere, ob der Eingriff vom Staat oder von privater Hand ausgehe, könnten auch gewerbliche Unterhaltungsspiele – wie das hier in Rede stehende »Quasar«-Spiel – gegen Art. 1 I GG verstoßen.[42] Das Gericht hat in diesem Zusammenhang allerdings klargestellt, dass allein ein simuliertes Töten zu Unterhaltungszwecken die Menschenwürde noch nicht verletze.[43] Der Begriff der Menschenwürde bezeichnet – in Anlehnung an die von *Dürig* formulierte Objektformel – den sozialen Geltungsanspruch des Menschen, der es verbietet, ihn zum bloßen Objekt staatlicher Maßnahmen zu machen oder ihn einer Behandlung auszusetzen, die seine Subjektsqualität prinzipiell infrage stellt.[44] Die Mitspieler werden bei den wechselseitigen simulierten Kampfhandlungen aber gerade nicht zu bloßen Objekten degradiert, weil sie sich im Geschehen zumindest prinzipiell gleichgestellt gegenüberstehen, sodass eine Verletzung ihrer Menschenwürde insoweit ausscheidet.[45]

Allerdings geht das BVerwG davon aus, dass Unterhaltungsspiele auch dadurch die verfassungsrechtliche Garantie der Menschenwürde verletzen können, dass beim Spieler eine Einstellung erzeugt oder verstärkt wird, die den fundamentalen Wert- und Achtungsanspruch leugnet, der jedem Menschen zukommt.[46] Das sei insbeson-

39 Zum Grundrechtscharakter des Art. 1 I GG, der wegen der proklamatorischen Unbestimmtheit der Norm vielfach infrage gestellt wird, vgl. Dreier/*Dreier* GG Art. 1 I Rn. 121 ff. mwN; zum Streitstand umfassend *Enders*, Die Menschenwürde in der Verfassungsordnung, 1997. Das OVG NRW GewArch 2001, 71 (72 f.) stellt die Überlegungen zur Menschenwürde im Rahmen der Prüfung einer Gefahr für die öffentliche Ordnung an. Krit. hierzu *Kramer* NVwZ 2004, 1083 (1084). BVerwGE 115, 189 = BeckRS 2002, 20589 unterscheidet nicht zwischen den Schutzgütern, da es nur die Frage zu prüfen hatte, ob Bundesrecht (Art. 1 I GG) ein Einschreiten erforderlich macht.

40 *Aubel* JURA 2004, 255 (258).

41 BVerwGE 115, 189 (199) = BeckRS 2002, 20589; v. Mangoldt/Klein/Starck/*Starck* GG Art. 1 I Rn. 33 mwN; *Aubel* JURA 2004, 255 (258); zurückhaltend dagegen *Szczekalla* JA 2002, 992 (994). AA *Geddert-Steinacher*, Menschenwürde als Verfassungsbegriff, 1990, 94 f.; *Schoch* JURA 2003, 177 (180).

42 BVerwGE 115, 189 (199) = BeckRS 2002, 20589 im Zusammenhang mit seinen Ausführungen zu dem Begriff der öffentlichen Ordnung.

43 BVerwGE 115, 189 (199) = BeckRS 2002, 20589.

44 Maunz/Dürig/*Herdegen* GG Art. 1 Abs. 1 Rn. 36.

45 BVerwGE 115, 189 (199) = BeckRS 2002, 20589.

46 BVerwGE 115, 189 (200) = BeckRS 2002, 20589.

dere der Fall, wenn Gewaltakte gegen Menschen in der Absicht dargestellt werden, den Beteiligten ein sadistisches Vergnügen an dem Geschehen zu vermitteln. Denn eine solche Ausrichtung des Spiels schließe die Vorstellung von der Verfügbarkeit des Menschen als bloßes Objekt ein, in dessen Leben und körperliche Integrität nach Belieben eingegriffen werden könne.[47] Auf der Grundlage dieser Rechtsprechung könnte sich mit Blick auf das von A betriebene »Quasar«-Spiel ein Verstoß gegen Art. 1 I GG durchaus begründen lassen. Wie nicht zuletzt der von A herausgegebene Werbeprospekt belegt, dürfte sich dem »Quasar«-Spiel in seiner derzeitigen Ausgestaltung eine Tendenz zur Gewalt oder zumindest Bagatellisierung von Gewalt nicht absprechen lassen.

Bei näherer Betrachtung vermag der Ansatz des BVerwG, ein Unterhaltungsspiel könne durch die Verursachung oder Verstärkung einer menschenverachtenden Geisteshaltung die Menschenwürde verletzen, jedoch nicht zu überzeugen. Er basiert auf der Annahme, dass »Art. 1 I GG nicht nur die individuelle Würde der jeweiligen Person, sondern auch die Würde des Menschen als Gattungswesen« schütze.[48] Im Schrifttum ist zu Recht darauf hingewiesen worden, dass das BVerwG damit den Schutz der Menschenwürde vom konkreten Individuum loslöst und abstrahiert. Art. 1 I GG kommt in einer rein objektiv-rechtlichen Funktion zum Tragen, die keinen Bezug mehr zu einem konkreten Individuum aufweist. Es ist widersprüchlich, die individuelle Menschenwürde der Spieler durch die Teilnahme an einem »Quasar«-Spiel nicht als verletzt anzusehen, gleichzeitig aber zu behaupten, dass die bei den Mitspielern erzeugte Geisteshaltung zu einer Verletzung des abstrakten Menschenwürdeschutzes führt.[49] Ein derartig weites Verständnis des Art. 1 I GG birgt außerdem die Gefahr einer uferlosen Ausweitung des Begriffs der Menschenwürde in sich.[50] Ein Verstoß gegen Art. 1 I GG ist daher abzulehnen.[51] Eine Gefahr für die öffentliche Sicherheit besteht nicht.

b) Öffentliche Ordnung

Das Spiel könnte die öffentliche Ordnung[52] gefährden. Hierbei handelt es sich um die Gesamtheit der ungeschriebenen Wertvorstellungen, deren Befolgung durch den Einzelnen nach den jeweils herrschenden sozialen und ethischen Anschauungen als unerlässliche Voraussetzung eines gedeihlichen menschlichen Zusammenlebens innerhalb

---

47 BVerwGE 115, 189 (200) = BeckRS 2002, 20589.

48 BVerwGE 115, 189 (199) = BeckRS 2002, 20589; vgl. zu diesem Ansatz des BVerwG den instruktiven Beitrag von *Köhne* GewArch 2004, 285 (286).

49 *Aubel* JURA 2004, 255 (260); *Schoch* JURA 2003, 177 (181).

50 *Schoch* JURA 2003, 177 (181): »Das BVerwG hat die Menschenwürde zur kleinen Münze verkommen lassen.« Ähnlich *Szczekalla* JA 2002, 992 (994). Vgl. auch NdsOVG NdsVBl. 2010, 268 (271): »Bislang ist es schon nicht gelungen, hierfür [...] deutlichere Konturen zu entwickeln«.

51 An dieser Stelle lässt sich eine andere Ansicht gut vertreten. Geht man von einem Verstoß gegen die Menschenwürde und damit von einer Gefahr für die öffentliche Sicherheit aus, ergeben sich hieraus aber unter Umständen Konsequenzen auf der Rechtsfolgenseite. Wenn man – im Anschluss an das BVerwG – eine Verletzung der Menschenwürdegarantie des Art. 1 I GG annimmt, stellt sich an dieser Stelle die Frage, ob der Behörde das in § 14 I OBG eingeräumte Ermessen wirklich zusteht. Nach der konsequenten Ansicht des BVerwG soll nämlich der Verstoß gegen Art. 1 I GG zu einer Verengung des Ermessens führen: Im Regelfall *müsse* die Behörde eine mit der Menschenwürde unvereinbare Spielvariante daher unterbinden, vgl. BVerwGE 115, 189 (202) = BeckRS 2002, 20589.

52 Zum Begriff der öffentlichen Ordnung vgl. die Hinweise 4, 5 und 9 zu diesem Fall.

eines bestimmten Gebietes angesehen wird.[53] Es handelt sich um einen Blankettbegriff, der zu verschiedenen Zeiten an verschiedenen Orten unterschiedlich ausgelegt wird.[54] Die ordnungsrechtliche Generalklausel des § 14 I NRWOBG könnte aber, soweit sie den Schutz der öffentlichen Ordnung umfasst, verfassungswidrig[55] und deswegen als Ermächtigungsgrundlage untauglich sein.[56] Gegen die öffentliche Ordnung als Schutzgut der ordnungsrechtlichen Generalklausel wird vorgebracht, durch eine pauschale Verweisung auf ungeschriebene, unbestimmte gesellschaftliche Vorstellungen überschreite die Generalermächtigung die demokratischen und rechtsstaatlichen Grenzen der Verwaltung. Nur das Parlament könne – mit der rechtsstaatlich notwendigen Bestimmtheit – den Kreis der schützenswerten Gemeinschaftsgüter verbindlich festlegen.[57] Der Schutz der öffentlichen Ordnung ist jedoch traditionell im Recht der Gefahrenabwehr verankert. Die ordnungsbehördliche Generalklausel ist in jahrzehntelanger Entwicklung durch Rechtsprechung und Lehre nach Inhalt, Zweck und Ausmaß hinreichend präzisiert, in ihrer Bedeutung geklärt und im juristischen Sprachgebrauch verfestigt.[58] Das Grundgesetz selbst setzt den Schutz der öffentlichen Ordnung in Art. 13 VII, 35 II GG voraus und sieht dabei davon ab, die Parlamente zur abschließenden Festlegung des Kreises der hiervon erfassten Güter zu verpflichten. Auch kann es mit Blick auf das Demokratieprinzip nicht zu beanstanden sein, an die Vorstellungen der Mehrheit anzuknüpfen.[59] § 14 I NRWOBG ist daher **nicht verfassungswidrig**, soweit die Vorschrift auch den Schutz der öffentlichen Ordnung vorsieht.[60]

Damit stellt sich die Frage, ob das **»Quasar«-Spiel eine Gefahr für die öffentliche Ordnung** darstellt, also ob es gegen die herrschenden Wertvorstellungen verstößt. Diese werden durch das Menschenbild des Grundgesetzes wesentlich geprägt.[61] Im Mittelpunkt des Spiels stehen simulierte Tötungshandlungen im Rahmen einer nach-

53 *Kingreen/Poscher* POR § 7 Rn. 42; *Horn* in Gornig/Horn/Will ÖffR Hessen 2. Teil Rn. 282; *Wittreck* in Schlacke/Wittreck LandesR NRW § 4 Rn. 37; *Gusy* POR Rn. 96; *Erbguth/Mann/Schubert* BesVerwR Rn. 452; *Reimer* in Hermes/Reimer LandesR Hessen § 5 Rn. 48; *Drews/Wacke/Vogel/Martens* Gefahrenabwehr 245; *Götz/Geis* POR § 5 Rn. 1; *Rhein* OBG NRW § 1 Rn. 35, 40; *Schenke* POR Rn. 62 ff.; *Kramer* NVwZ 2004, 1083 (1084); *R. Schmidt* POR Rn. 637 ff., Rn. 638; *Hebeler* JA 2002, 521; jeweils mwN; vgl. auch die Legaldefinition in § 3 Nr. 2 LSASOG. Zur gleichlautenden Auslegung des Begriffs in Österreich *Giese* in Bachmann/Baumgartner BesVerwR 17 f.

54 Vgl. die Beispiele bei *Gusy* POR Rn. 98; *Kingreen/Poscher* POR § 7 Rn. 48.

55 Vgl. hierzu Hinweis 4 zu diesem Fall.

56 Dazu *Baudewin*, Der Schutz der öffentlichen Ordnung im Versammlungsrecht, 2007, 91 ff.

57 Vgl. *Götz/Geis* POR § 5 Rn. 6 ff.; ähnlich *Denninger* in Lisken/Denninger PolR-HdB D Rn. 36; *Habermehl* POR Rn. 103; vgl. auch *Würtenberger* in Ehlers/Fehling/Pünder BesVerwR III § 69 Rn. 230.; *Hebeler* JA 2002, 521 (524). Ebenfalls krit. *Kingreen/Poscher* POR § 7 Rn. 44 ff. Dagegen mit Recht *Drews/Wacke/Vogel/Martens* Gefahrenabwehr 246 f. mwN; *Gusy* POR Rn. 99 f.; *Schenke* POR Rn. 65; *Erbguth/Mann/Schubert* BesVerwR Rn. 455 ff.; *R. Schmidt* POR Rn. 639 ff., der allerdings für eine restriktive Praxis bei der Annahme einer Gefahr für die öffentliche Ordnung plädiert (Rn. 645).

58 Vgl. BVerfGE 54, 143 (144 f.) = BeckRS 9998, 104465; BVerfG DVBl. 2001, 558; vgl. auch BVerwGE 115, 189 (195 f.) = BeckRS 2002, 20589; OVG NRW NWVBl. 2001, 94 (95); VG Dresden NVwZ-RR 2003, 848 (850); ferner *Fechner* JuS 2003, 734 f.; *Schoch* JURA 2003, 177 (180).

59 *Drews/Wacke/Vogel/Martens* Gefahrenabwehr 247. Zu dem Streit auch *Gusy* POR Rn. 98 ff.; *Gornig/Jahn* POR 158 ff. (160); zur Verfassungsmäßigkeit von § 14 I OBG NRW gerade mit Blick auf einen Laserdrome-Fall auch *Degenhart* Klausurenkurs StaatsR II Rn. 653 ff.

60 Vgl. *Baudewin*, Der Schutz der öffentlichen Ordnung im Versammlungsrecht, 2007, 91 ff. (119 ff.).

61 OVG NRW GewArch, 2001, 71 (72); zur Problematik der Feststellung der herrschenden Wertvorstellungen als sozialempirisches Phänomen durch die Gerichte *Kahl* VerwArch 2008, 451 ff.

empfundenen bewaffneten, kriegsähnlichen Auseinandersetzung. Die verharmlosenden Bezeichnungen für die dem Spieler zur Verfügung gestellten Gegenstände (»Laser-Handapparat«, »Brust- und Rückenpakete«) können hierüber angesichts ihres äußeren Erscheinungsbildes nicht hinwegtäuschen. Der Kampfcharakter des Spiels spricht nicht nur aus der geplanten Gestaltung der Halle, sondern auch aus dem Werbeprospekt, in dem von einem »sich nähernden Feind« und seinem Angriff mit einem »Gewehr« die Rede ist. Das als »Spaß für die ganze Familie« bezeichnete Spiel macht simulierte Tötungshandlungen zum Gegenstand vergnüglicher Freizeitgestaltung. Das widerspricht dem Menschenbild des Grundgesetzes, wie es in den grundlegenden Entscheidungen der Verfassung für die Achtung der Menschenwürde (Art. 1 I GG), des Lebens sowie der körperlichen Unversehrtheit (Art. 2 II 1 GG) zum Ausdruck kommt.[62] Außerdem geht vom »Quasar«-Spiel eine gewaltverharmlosende Wirkung aus. In dem mit lebenden Menschen veranstalteten Tötungsspiel werden Handlungen, die Gewaltakte darstellen sollen, zu einer selbstverständlichen spielerischen Beschäftigung. Bei der von A gewählten Ausgestaltung des Spiels geht es auch nicht um einen sportlichen Wettkampf, in dem die Spieler ihre Schnelligkeit und Feinmotorik sowie ihre taktischen Fähigkeiten aneinander messen und der an eine Tötungshandlung nur angelehnt ist. Vielmehr geht es um das möglichst detailgetreue Nachspielen von Kriegs- und Tötungshandlungen.

Zudem könnte das Spiel bei Jugendlichen und jungen Erwachsenen, deren Persönlichkeitsbildung noch nicht abgeschlossen ist, auf die Dauer eine Abstumpfung gegenüber der Anwendung von Gewalt und gegenüber der Achtung vor dem Leben zur Folge haben, die einem gedeihlichen Zusammenleben abträglich ist.[63] Gesicherte empirische Erkenntnisse liegen zu dieser Frage, soweit ersichtlich, allerdings nicht vor.[64]

Das Vorhaben des A widerspricht aber bereits aufgrund der Ausgestaltung als möglichst realistisches Kriegsspiel den herrschenden Wertvorstellungen[65] und stellt eine Gefahr für die öffentliche Ordnung dar.[66]

---

62 Hierzu ausf. BVerwGE 115, 189 (199 ff.) = BeckRS 2002, 20589 – vgl. für ähnliche Laserspiele: OVG RhPf DÖV 1994, 965 (966) = NVwZ-RR 1995, 30 (31); Landmann/Rohmer/*Marcks*, Gewerbeordnung, 69. EL, 2015, § 33i Rn. 12a-12c; dazu auch Friauf/*Friauf* § 1 Rn. 150; aA: BayVGH NVwZ-RR 1995, 32 (33); für das sog. Gotcha-Spiel: OVG NRW GewArch 2001, 71 f.; für das Paintball- bzw. Reball-Spiel: NdsOVG NdsVBl. 2010, 268.

63 So etwa OVG RhPf DÖV 1994, 965 (966); OVG NRW NWVBl. 2000, 94 (95 f.) = DÖV 2001, 217; zurückhaltend *Gröpl/Brandt* VerwArch 95 (2004), 223 (240 ff.); *Baudewin,* Der Schutz der öffentlichen Ordnung im Versammlungsrecht, 2007, 76.

64 NdsOVG NdsVBl. 2010, 268 (272): Für die Annahme von Wirkungen auf die charakterliche Entwicklung »fehlt es an einer tragfähigen und gesicherten empirischen Grundlage (...). Je länger der Zeitraum andauert, in dem die Behörden keine Belege für die genannten nachteiligen Wirkungen vorlegen können, um so (!) weniger können sie sich angesichts der berührten Freiheitsrechte auf die bislang nur vermuteten Effekte berufen.« Die verrohende und abstumpfende Wirkung von Laserdromen wird verneint von *Aubel* Die Verwaltung 2004, 229 (250 ff.); *Beaucamp* DVBl. 2005, 1174 (1177 ff.); *Gröpel/Brandt* VerwArch 95 (2004), 223 (237 ff.); *Köhne* GewArch 2004, 285 ff.; *Scheidler* GewArch 2005, 312 (315 ff.).

65 Vgl. auch VG Minden NVwZ-RR 2008, 378. In diesem Fall ging es um eine Baugenehmigung für eine Paintballanlage, bei der allerdings die hier als menschenverachtend beurteilten Elemente ausgetauscht wurden. So durften die Spieler keine Tarnkleidung tragen, sondern bunte Overalls. Außerdem durften die Farbmarkierungskugeln keine rote Farbe enthalten. Schließlich durfte das Treffen der anderen Mitspieler nur »Nebeneffekt« sein, während der Hauptcharakter des Spiels in der Eroberung der gegnerischen Flagge liegen sollte. Dazu hat das Gericht unter Hervorhebung dieser besonderen Ausgestaltung des Spiels eine Verletzung der Menschenwürde verneint.

2. Ordnungspflicht

A ist als Verhaltensstörer gem. § 17 I NRWOBG[67] richtiger Adressat der Untersagungsverfügung.

3. Ermessen, Verhältnismäßigkeit

Fraglich ist, ob der OB das ihm eingeräumte Ermessen pflichtgemäß ausgeübt hat.[68] Die Ordnungsverfügung könnte nämlich gegen den allgemeinen Gleichheitssatz des Art. 3 I GG verstoßen. Der Gleichheitssatz verbietet, wesentlich Gleiches willkürlich ungleich und wesentlich Ungleiches willkürlich gleich zu behandeln.[69] Mit Blick darauf könnte problematisch sein, dass gegen Kriegsspiele und Gewaltdarstellungen in Filmen, im Fernsehen oder in Zeitschriften zumeist nicht eingeschritten wird.[70] Unabhängig von der Frage, inwieweit der OB für ein Vorgehen gegen Kriegsspielzeug und durch Massenkommunikationsmittel verbreitete Gewaltdarstellungen überhaupt sachlich zuständig ist, besteht hier jedoch in den Besonderheiten des »Quasar«-Spiels ein sachlicher Grund für eine differenzierende Behandlung: Das »Quasar«-Spiel erfordert eine unmittelbare körperliche Beteiligung der handelnden Spieler. Darüber hinaus finden sich die Spieler in die Simulation eines möglichst authentischen Kampfszenarios hineinversetzt. Angesichts dieser Gestaltung des Spiels wird eine Nähe zu realen Kampfhandlungen erzeugt, die weder bei »herkömmlichen« Kriegsspielen noch bei Gewaltdarstellungen in Filmen, im Fernsehen, in PC-Kampfspielen oder in Zeitschriften erreicht werden kann. Diese Besonderheiten des »Quasar«-Spiels stellen ein taugliches Differenzierungskriterium dar und lassen ein Vorgehen gegen A nicht als willkürlich erscheinen. Schließlich ist das »Quasar-Spiel« – zumindest in der von A geplanten Form – auch nicht mit traditionellen Sportarten vergleichbar, die – wie etwa das Fechten oder Boxen – an Kampfhandlungen angelehnt sind.[71] Auch in dieser Hinsicht lässt sich somit kein Verstoß gegen Art. 3 I GG feststellen.[72] Die Entscheidung des OB ist nicht ermessensfehlerhaft. Auch bestehen keine Anhaltspunkte dafür, dass sie unverhältnismäßig ist.

66 Vgl. *Horn* in Gornig/Horn/Will ÖffR Hessen 2. Teil Rn. 287; *Reimer* in Hermes/Reimer LandesR Hessen § 5 Rn. 52. Eine andere Ansicht ist durchaus vertretbar. So könnte man sich auf den Standpunkt stellen, es sei widersprüchlich, im Rahmen der Prüfung der öffentlichen Sicherheit einen Verstoß gegen Art. 1 I GG zu verneinen, dann aber beim Prüfungspunkt der öffentlichen Ordnung – unter Rückgriff auf Art. 1 I GG – von einem Verstoß gegen das Menschenbild des Grundgesetzes zu sprechen, vgl. *Beaucamp* DVBl. 2005, 1174 (1178 f.).

67 Art. 9 I 1 BayLStVG; § 6 I BWPolG; § 6 I HSOG; § 6 I NSOG; § 7 I LSASOG.

68 Wenn man – im Anschluss an das BVerwG – eine Verletzung der Menschenwürdegarantie des Art. 1 I GG annimmt, stellt sich an dieser Stelle die Frage, ob der Behörde das in § 14 I OBG eingeräumte Ermessen wirklich zusteht. Nach der konsequenten Ansicht des BVerwG soll nämlich der Verstoß gegen Art. 1 I GG zu einer Verengung des Ermessens führen: Im Regelfall *müsse* die Behörde eine mit der Menschenwürde unvereinbare Spielvariante daher unterbinden, vgl. BVerwGE 115, 189 (202) = BeckRS 2002, 20589.

69 BVerfGE 1, 15 (52); 4, 144 (155) = BeckRS 9998, 156931; BVerfGE 103, 310 (318) = BeckRS 2001, 30173032; vgl. v. Mangoldt/Klein/Starck/*Wollenschläger* GG Art. 3 I Rn. 40; *Jarass/Pieroth* GG Art. 3 Rn. 10 ff.; beide mwN.

70 OVG NRW NWVBl. 1995, 473 (474 f.); *Störmer* NWVBl. 1997, 313 (316 f.).

71 So aber für gewisse Paintballvarianten NdsOVG NdsVBl. 2010, 268 (272 f.).

72 OVG RhPf NVwZ-RR 1995, 30 (32); *Szczekalla* JA 2002, 992 (995 f.).

4. Zwischenergebnis

Die Untersagungsverfügung durfte aufgrund der ordnungsbehördlichen Generalklausel ergehen. Eines Rückgriffs auf § 51 S. 1 GewO bedarf es nicht.

IV. Ergebnis

Die Klage des A ist nicht begründet.

C. Gesamtergebnis

Die Klage hat keinen Erfolg. Das VG wird sie abweisen.

Ergänzende Hinweise

1. Das Verhältnis zwischen den Normen des Gewerberechts und denen des allgemeinen Polizei- und Ordnungsrechts stellt sich wie folgt dar: Die Normen des Gewerberechts können die Anwendung des allgemeinen Polizei- und Ordnungsrechts »sperren«. Grund dafür ist vor allem die in § 1 GewO verankerte Gewerbefreiheit. Da die Gewerbefreiheit jedoch als »Gewerbezulassungsfreiheit« ausgestaltet ist, sind die Normen des allgemeinen Polizei- und Ordnungsrechts, insbesondere die jeweiligen Generalklauseln, insoweit anwendbar, als sie nicht das »Ob« der Ausübung eines Gewerbes (also die »Zulassung«), sondern nur das »Wie« der Ausübung regeln (wie in dem oben gestellten Fall). Der Anwendbarkeit des allgemeinen Polizei- und Ordnungsrechts steht auch § 51 S. 1 GewO nicht entgegen, weil diese Vorschrift als subsidiär im Hinblick auf die allgemeinen polizei- und ordnungsrechtlichen Normen verstanden wird. Die Bedeutung von § 51 S. 1 GewO ist damit gering. In Fällen, in denen das »Ob« einer Gewerbeausübung in Rede steht, ist allerdings über eine Anwendung von § 51 S. 1 GewO nachzudenken. In solchen Konstellationen ist nämlich der Rückgriff auf das allgemeine Polizei- und Ordnungsrecht nicht möglich. Vgl. dazu die Anmerkungen und Fußnoten in der Falllösung sowie zur Beschränkung der Normen der GewO durch andere Gesetze und zur Subsidiarität des § 51 GewO Tettinger/Wank/Ennuschat/*Ennuschat* GewO § 1 Rn. 87 ff. sowie § 51 Rn. 3 ff.

2. Das **BVerwG** hat in BVerwGE 115, 189 ff. (= NVwZ 2002, 598) den Betrieb eines sog. Laserdromes mit simulierten Tötungshandlungen für unvereinbar mit der verfassungsrechtlichen Garantie der Menschenwürde erklärt. Es hat den Rechtsstreit jedoch ausgesetzt und dem EuGH gem. Art. 234 I lit. a und III EG (jetzt Art. 267 AEUV) die Frage vorgelegt, ob es mit den Vorschriften des Vertrages zur Gründung der Europäischen Gemeinschaft über den freien Dienstleistungs- und Warenverkehr (Art. 49 EG; jetzt Art. 56 AEUV) vereinbar ist, dass nach nationalem Recht ein gewerbliches Unterhaltungsspiel untersagt werden muss, weil es gegen die verfassungsrechtlichen Wertentscheidungen eines Mitgliedstaates verstößt, ohne dass in den anderen Mitgliedstaaten entsprechende Rechtsüberzeugungen bestehen (BVerwGE 115, 189 [190] [Leitsatz 3: Fragestellung], 202 ff. [Begründung]). In dem betreffenden Fall war – anders als in dem oben gestellten – die Klägerin Franchisenehmerin eines britischen Unternehmens, welches das Laserdrome-Konzept vertreibt. Der **EuGH** hat daraufhin entschieden, dass das Gemeinschaftsrecht einem nationalen Verbot nicht entgegen steht und damit die Rechtsauffassung des BVerwG bestätigt (EuGH NVwZ

2004, 1471). Er betonte, dass es sich bei dem Schutz der Menschenwürde durchaus um einen legitimen Zweck handele, der Einschränkungen der Dienstleistungsfreiheit zu rechtfertigen vermöge. Dabei sah es der EuGH ausdrücklich als unerheblich an, dass die Garantie der Menschenwürde in der Bundesrepublik Deutschland mit Verfassungsrang ausgestattet sei (EuGH NVwZ 2004, 1471 [1472] Abs. 34 der Entscheidung). Bei der Prüfung, ob das Verbot des Spiels zum Schutze der Menschenwürde erforderlich sei, räumte der EuGH den Mitgliedstaaten zudem einen gewissen Einschätzungsspielraum ein. So sei es nicht unerlässlich, dass die von den Behörden eines Mitgliedstaats erlassene Beschränkung der Dienstleistungsfreiheit einer allen Mitgliedstaaten gemeinsamen Auffassung entspreche, wie das betreffende Grundrecht oder sonstige öffentliche Interesse zu schützen sei (EuGH NVwZ 2004, 1471 [1473] Abs. 37 der Entscheidung). Vielmehr sei die Notwendigkeit und Verhältnismäßigkeit einer solchen Maßnahme nicht schon deshalb ausgeschlossen, weil ein Mitgliedstaat andere Schutzmaßnahmen als ein anderer Mitgliedstaat erlassen habe (EuGH NVwZ 2004, 1471 [1473] Abs. 38 der Entscheidung). Kritisch zur Entscheidung des EuGH *Bröhmer* EuZW 2004, 755 (756); *Jestaedt* JURA 2006, 127 (128); zu den europarechtlichen Aspekten von (Laserdromen ähnlichen) Kampfsportveranstaltungen vgl. auch *Degenhart*, Klausurenkurs im StaatsR II, Fall 10, Rn. 669 ff.; ferner *Lindner* JuS 2005, 302 (307 f.); *Beaucamp* DVBl. 2005, 1174; *Gröpl/Brandt* VerwArch 95 (2004), 223 (250 ff.).

Zur Frage, ob ein Franchisenehmer, dem nur bei Betrieb des Laserdromes eine Vergütung zusteht, durch eine von der Ordnungsbehörde an den Betreiber gerichtete Untersagungsverfügung in der Grundfreiheit auf freien Dienstleistungsverkehr aus Art. 49 EGV (jetzt Art. 56 AEUV) verletzt wird, vgl. OVG NRW NWVBl. 2000, 263.

3. Fall 7 ist im Wesentlichen der Entscheidung OVG RhPf DÖV 1994, 965 nachgebildet und folgt – unter Berücksichtigung der Rechtsprechung des BVerwG – im Ergebnis der Lösung des OVG. Ähnlich VG Neustadt GewArch 1994, 236 sowie OVG NRW NWVBl. 2001, 94 ff. (Teilabdruck in DÖV 2001, 217 f.). VG Köln GewArch 1995, 70, hielt die Untersagung eines Laserspiels, in dem lediglich ein künstliches Ziel menschliche Umrisse hat, für rechtswidrig. VG Weimar ThürVBl. 2017, 21 zieht einen Vergleich zu den ebenfalls harmlosen Spielen »Völkerball« oder »Cowboy und Indianer« bzw. zu den Wettkämpfen im Box- und Fechtsport. BayVGH NVwZ-RR 1995, 32 (33) sah in einem Spiel, in dem Treffer lediglich aus der Nähe und auf von den Spielern auf dem Rücken getragenen Geräten möglich sind, »eine Art Bewegungs- und Fangspiel«, das nicht die Vorstellung ernsthafter Kämpfe erzeuge. Neuerdings attestieren die bayerischen Gerichte dem Lasertag-Spiel ein erhebliches Fremd- und Selbstgefährdungspotenzial wegen seiner Eignung zur Störung der Persönlichkeitsentwicklung junger Menschen, vgl. noch zurückhaltend VG München BeckRS 2017, 137400; deutlicher BayVGH NJW 2016, 3545 (3546) unter Hinweis auf die Entscheidungsgründe des VG Würzburg BayVBl. 2017, 176. Nach Ansicht des NdsOVG NdsVBl. 2010, 268 (272 f.) ist bei Paint- und Reballspielen, soweit sie nach offiziellen Regeln der entsprechenden Verbände gespielt werden, das Spielgeschehen gegenüber realen Tötungshandlungen nicht weniger verfremdet als beim Fechtsport. Gegenüber manchen Computerspielen wirke es geradezu harmlos. In einem Beschluss vom 19.3.2018 befürchtet der 7. Senat des NdsOVG hingegen eine Gefährdung des körperlichen, geistigen oder seelischen Wohls von Kindern oder Jugendlichen und lässt die wirtschaftlichen Interessen der Paintball-Anlagenbetreiberin

– wie schon vorgehend VG Oldenburg BeckRS 2018, 45 – hinter dem überragend wichtigen Gemeinschaftsgut des Jugendschutzes zurückstehen (NdsOVG BeckRS 2018, 3817). Die rechtliche Bewertung solcher Spiele ist also durchaus nicht klar vorgezeichnet.

4. Die Diskussion um die Verfassungsmäßigkeit der gesetzlichen Verwendung des Begriffs »öffentliche Ordnung« ist in einer Klausur – trotz durchaus gewichtiger Stimmen in der Literatur – grundsätzlich nicht erforderlich. Die Überprüfung der Verfassungsmäßigkeit einer Norm ist in der Regel solchen Klausuren vorbehalten, die deutlich auf diese Prüfung hinzielen oder auf hochaktueller Rechtsprechung basieren. Hier ist die Prüfung der Verfassungsmäßigkeit des § 14 I NRWOBG durch den ausdrücklich hervorgehobenen Einwand des A, eine ihn belastende Ordnungsverfügung könne nicht unter Bezug auf einen so »nebulösen Begriff« wie den der öffentlichen Ordnung erlassen werden, ausnahmsweise angezeigt.

5. Zur öffentlichen Ordnung vgl. auch VG Neustadt NVwZ 1993, 98 (100) – »Zwergenweitwurf« und OVG NRW NJW 1994, 2909 – »Hissen der Reichskriegsflagge«; hierzu auch Fall 8. Zu weiteren Fällen *Hebeler* JA 2002, 521 (523 ff.) sowie *Fechner* JuS 2003, 734 (735 ff.) mwN. Zur öffentlichen Ordnung im Versammlungsrecht BVerfG NVwZ 2004, 90; BVerfG NJW 2003, 3689; 2004, 2814 (2815) mwN; OVG NRW NJW 2001, 2111 f. und 2986; NVwZ 2002, 737; *Röger*, Demonstrationsfreiheit für Neonazis?, 2004, 37 ff.; *Battis/Grigoleit* NJW 2004, 3459 ff.; *Rühl* NVwZ 2003, 531 ff.; *Baudewin*, Der Schutz der öffentlichen Ordnung im Versammlungsrecht, 2007; *Trurnit* NVwZ 2016, 873 (877 f.). Zur Diskussion um den Schutz der öffentlichen Ordnung in der voyeuristischen Fernsehproduktion »Big Brother« vgl. nur *Hinrichs* NJW 2000, 2173; *Huster* NJW 2000, 3477; *Hartwig* JZ 2000, 967; jeweils mwN.

6. Nach § 33i GewO kann die Erlaubnis zum Aufstellen von Spielgeräten – anders als etwa bei »Schaustellungen von Personen« gem. 33a II Nr. 2 GewO – nicht wegen Verstoßes gegen die guten Sitten versagt werden. Zu § 33a GewO vgl. vor allem die »Peep-Show«-Fälle des BVerwG (BVerwGE 64, 274 = NJW 1982, 664; BVerwGE 84, 314 = BeckRS 9998, 169989) und die überwiegend kritische Besprechungen in fast allen Zeitschriften (zB *Höfling* NJW 1983, 1582 ff. mwN), ferner BayVGH NVwZ 1992, 76 (»Frauen hinter Gittern«).

7. Zur Verfassungsmäßigkeit einer erhöhten Spielautomatensteuer auf Gewaltspielautomaten BVerfG DVBl. 2001, 1135.

8. Zur bauplanungsrechtlichen Subsumtion einer Lasertag-Halle unter die Nutzungsbegriffe der »Vergnügungsstätte« oder der »Anlage für sportliche Zwecke«, §§ 2 ff. BauNVO: OVG RhPf NVwZ-RR 2017, 278 ff.; krit. *Herbolsheimer* NVwZ 2017, 685 ff.

9. Soweit die öffentliche Ordnung nicht mehr Schutzgut der Polizeigesetze ist (etwa in §§ 174, 176 SchlHLVwG, vgl. zu dieser Tendenz *Götz/Geis* POR § 5 Rn. 5 ff., insbesondere Rn. 30; krit. gegenüber dem Schutz der öffentlichen Ordnung auch *Heckmann* JuS 1999, 986 [992 f.]; *Trute* Die Verwaltung 1999, 77 ff.; *Hebeler* JA 2002, 521 ff.; befürwortend hingegen *Beljin* DVBl. 2002, 15 ff.; *Bertrams* NWVBl. 2003, 289 ff.; *Erbel* DVBl. 2001, 1714 ff.), können ähnliche Ergebnisse erzielt werden, wenn man eine Störung der öffentlichen Sicherheit wegen eines Verstoßes gegen **§ 118 OWiG** prüft (dazu *Götz/Geis* POR § 5 Rn. 25 f. mwN).

8. Fall: Reichskriegsflagge

Sachverhalt

Grundfall

Der 101-jährige und weithin als überzeugter Verehrer der Hohenzollern-Monarchie bekannte E lebt in der nordrhein-westfälischen kreisfreien Stadt K. Eines Tages hisst er vor seinem Haus die Reichskriegsflagge. Sie diente als Hoheitszeichen zunächst allgemein dem Norddeutschen Bund und nach Ende der Monarchie weiterhin einigen staatlichen Institutionen, unter anderem der Reichskriegsmarine.[1] Durch das Hissen der Flagge möchte E lediglich seiner Verbundenheit mit den preußischen Tugenden Ausdruck verleihen. Volksverhetzende Absichten liegen ihm vollkommen fern.

Nachbar N, der in letzter Zeit häufig im Fernsehen gesehen hat, dass rechtsradikale Gruppen bei ihren Aufmärschen die Reichskriegsflagge mit sich führen, informiert die Ordnungsbehörde. Er meint, das Verhalten des E trage rechtsextremistische Züge und könne nicht toleriert werden. Das örtliche Ordnungsamt untersagt E nach ordnungsgemäßer Anhörung schriftlich, die Reichskriegsflagge weiterhin zu hissen. In der Begründung führt es aus, dass E sich nach § 130 StGB wegen Volksverhetzung strafbar gemacht habe und somit die öffentliche Sicherheit verletze. E erhebt vor dem VG Klage gegen die Untersagungsverfügung. Hat die Klage Erfolg?

Fallvariante

Während des Gerichtsverfahrens erkennt das Ordnungsamt, dass der Straftatbestand des § 130 StGB wegen fehlenden Vorsatzes nicht gegeben ist und ändert die Begründung der Untersagung. Es stützt sie nunmehr darauf, dass das Verhalten von E auch dann eine Gefahr für die öffentliche Sicherheit darstelle, wenn er sich wegen fehlenden Vorsatzes nicht nach § 130 StGB strafbar gemacht haben sollte. Die öffentliche Sicherheit sei immer schon dann betroffen, wenn ein Täter den objektiven Tatbestand einer Strafnorm verwirklicht habe; auf die subjektiven Elemente komme es bei § 14 I NRWOBG nicht an.

1 Einen geschichtlichen Überblick über die Entwicklung der Flaggen in Deutschland bietet BK/*E. Klein* GG Art. 22 Rn. 106 ff. Insbesondere mit Blick auf die Weimarer Republik vgl. auch die instruktive Darstellung von *Llanque*, Die Weimarer Reichsverfassung und ihre Staatssymbole, in Dreier/Waldhoff (Hrsg.), Das Wagnis der Demokratie. Eine Anatomie der Weimarer Reichsverfassung, 2018, 87 ff., mit Abbildungen der verschiedenen vom Reich verwendeten Reichsfahnen, auch der Reichskriegsfahnen auf S. 97.

Lösungvorschlag Grundfall

Schwerpunkte:
- **Materiell:**
  - **öffentliche Sicherheit in Abgrenzung zur öffentlichen Ordnung**
  - **falsche Begründung eines Verwaltungsakts**
- **Prozessual: Nachschieben von Gründen**

Die Klage des E hat Erfolg, wenn sie zulässig und begründet ist.

A. Zulässigkeit

I. Verwaltungsrechtsweg

Zunächst müsste der Verwaltungsrechtsweg eröffnet sein. Mangels einer aufdrängenden Spezialzuweisung ist § 40 I 1 VwGO einschlägig. Streitentscheidend sind allein Normen des Ordnungsrechts. Sie berechtigen ausschließlich Hoheitsträger zu Maßnahmen und gehören daher nach der sog. modifizierten Subjektstheorie[2] zum öffentlichen Recht; die Streitigkeit ist öffentlich-rechtlicher Natur. Sie ist darüber hinaus nichtverfassungsrechtlicher Art. Eine abdrängende Zuweisung ist nicht ersichtlich. Der Verwaltungsrechtsweg ist eröffnet.

II. Statthafte Klageart

E wendet sich gegen eine Verfügung, die ihm ein bestimmtes Verhalten aufgibt, ihn also belastet. Dabei weist die Verfügung alle Merkmale eines Verwaltungsakts iSd § 35 S. 1 VwVfG auf, sodass für sein Begehren allein eine Anfechtungsklage nach § 42 I Alt. 1 VwGO statthaft ist.

III. Klagebefugnis

Als Adressat eines belastenden Verwaltungsakts erscheint es zumindest möglich, dass E in seinen Rechten aus Art. 2 I GG verletzt ist. Er ist gem. § 42 II VwGO klagebefugt.

IV. Richtiger Klagegegner und Beteiligtenfähigkeit

Die Klage ist gem. § 78 I Nr. 1 VwGO[3] gegen die Stadt K als die Körperschaft zu richten, deren Behörde den angefochtenen Verwaltungsakt erlassen hat. Diese ist gem. § 61 Nr. 1 Alt. 2 VwGO[4] beteiligtenfähig. Für E ergibt sich die Beteiligtenfähigkeit aus § 61 Nr. 1 Alt. 1 VwGO.

---

2 Vgl. zu den Abgrenzungstheorien *Maurer/Waldhoff* AllgVerwR § 3 Rn. 10 ff.

3 Anders in den Bundesländern, in denen das Behördenprinzip gilt, vgl. unter anderem § 8 II BbgVwGG; § 79 II NJG, der allerdings nur für (unmittelbare) Landesbehörden, also nicht im vorliegenden Fall, gilt.

4 In den Ländern mit Behördenprinzip: § 61 Nr. 3 VwGO iVm § 8 I BbgVwGG bzw. § 79 I NJG, der allerdings nur für (unmittelbare) Landesbehörden gilt.

V. Vorverfahren

Gemäß § 68 I 2 Var. 1 VwGO bedarf es eines Vorverfahrens nicht, *wenn ein Gesetz dies bestimmt.* § 110 I 1 NRWJustG bestimmt die Entbehrlichkeit des Vorverfahrens für Anfechtungsklagen.

VI. Zwischenergebnis

Die Klage ist zulässig.

B. Begründetheit

Die Klage ist begründet, soweit die Untersagung rechtswidrig ist und E dadurch in seinen Rechten verletzt ist, § 113 I 1 VwGO.

I. Ermächtigungsgrundlage

Als Ermächtigungsgrundlage der Untersagung kommt allein die ordnungsbehördliche Generalklausel des § 14 I NRWOBG[5] in Betracht.

II. Formelle Rechtmäßigkeit

Hinsichtlich der formellen Rechtmäßigkeit bestehen lediglich Bedenken im Hinblick darauf, dass die Untersagung auf eine unzutreffende Begründung gestützt wurde, weil E sich wegen fehlenden Vorsatzes nicht nach § 130 StGB strafbar gemacht hat. Eine falsche Begründung könnte einen Verstoß gegen die Vorschrift des § 39 I 1 NRWVwVfG darstellen.

§ 39 I 1 NRWVwVfG bestimmt, dass ein schriftlicher Verwaltungsakt zu begründen ist. Diese **Begründungspflicht** ist aber nur **formell** zu verstehen, dh die Begründung muss nur erkennen lassen, von welchen wesentlichen tatsächlichen und rechtlichen Voraussetzungen und Überlegungen die Behörde bei ihrer Entscheidung ausging.[6] Es ist für § 39 NRWVwVfG **nicht entscheidend**, ob die Begründung **inhaltlich richtig** ist.[7] Da die Untersagungsverfügung die für das Ordnungsamt maßgeblichen Umstände mit hinreichender Deutlichkeit erkennen lässt, scheidet ein Verstoß gegen § 39 I 1 NRWVwVfG aus, ohne dass es auf die inhaltliche Richtigkeit der Begründung ankäme. Die Untersagungsverfügung ist mithin formell rechtmäßig.

III. Materielle Rechtmäßigkeit

Tatbestandlich setzt die Generalklausel voraus, dass eine Gefahr für die öffentliche Sicherheit oder Ordnung vorliegt. Fraglich ist, ob das für das Hissen der Reichskriegsflagge angenommen werden kann.

1. Öffentliche Sicherheit

Zunächst[8] ist eine Gefahr für die öffentliche Sicherheit zu prüfen. Sie dient unter anderem dem **Schutz der geschriebenen Rechtsordnung**[9], als deren Bestandteil die

5 Art. 7 II BayLStVG; § 1 I 1 iVm § 3 BWPolG; § 11 HSOG; 11 NSOG; § 13 LSASOG.
6 *Kopp/Ramsauer* VwVfG § 39 Rn. 2, 18 mwN; *Maurer/Waldhoff* AllgVerwR § 10 Rn. 43 f.
7 *Kopp/Ramsauer* VwVfG § 39 Rn. 18 mwN.
8 Zum Vorrang ggü. der öffentlichen Ordnung Hinweis 2 zu diesem Fall.

Strafrechtsordnung und somit § 130 StGB anerkannt ist. Eine Strafbarkeit nach § 130 StGB setzt voraus, dass der Täter die objektiven und subjektiven Merkmale des Tatbestandes erfüllt sowie rechtswidrig und schuldhaft gehandelt hat. Das subjektive Tatbestandselement der vorsätzlichen oder fahrlässigen Begehungsweise und das Deliktsmerkmal der Schuld sind für das Strafrecht unverzichtbar, da das Strafrecht der Prävention und der Unrechtsvergeltung dient, indem es ein individuelles Unwerturteil über ein bestimmtes menschliches Verhalten ausspricht. Ob es auch im Rahmen des § 14 I NRWOBG darauf ankommt, dass R den objektiven Tatbestand des § 130 StGB vorsätzlich erfüllt und schuldhaft gehandelt hat, ist zweifelhaft, da das Ordnungsbehördenrecht anderen Zwecken dient als das Strafrecht. Das Polizei- und Ordnungsrecht ist Gefahrenabwehrrecht. Es dient unmittelbar dem Rechtsgüterschutz, indem es die zuständigen Behörden ermächtigt, in Gefahrensituationen abwehrend einzugreifen. Die individuelle Zurechnung der Tat erfolgt nicht – wie im Strafrecht – über die Merkmale von Vorsatz/Fahrlässigkeit und Schuld, sondern verschuldensunabhängig nach dem Gesichtspunkt der Verhaltens- oder Zustandsverantwortlichkeit (§§ 17, 18 NRWOBG). Das Polizei- und Ordnungsrecht schützt die ihm anvertrauten Rechtsgüter unabhängig davon, ob der Störer schuldhaft handelt. Daher ist die geschriebene Rechtsordnung als Aspekt der öffentlichen Sicherheit gem. § 14 I NRWOBG schon dann betroffen, wenn der Täter die objektiven Merkmale eines Straftatbestandes erfüllt.[10]

Zu prüfen ist daher nur, ob R durch das Hissen der Reichskriegsflagge in einer Weise, die geeignet ist, den öffentlichen Frieden zu stören, zum Hass gegen Teile der Bevölkerung aufstachelt, zu Gewalt- oder Willkürmaßnahmen gegen sie auffordert oder die Menschenwürde anderer dadurch angreift, dass er Teile der Bevölkerung beschimpft, böswillig verächtlich macht oder verleumdet (§ 130 I StGB). Diese Voraussetzungen sind erfüllt, wenn das Zeigen der Reichskriegsflagge als Aufruf zu verstehen sein sollte, die in der Bundesrepublik Deutschland lebenden Ausländer einem Klima der Missachtung, Bedrohung und Gewaltanwendung auszusetzen. Hierin läge zugleich ein Angriff auf die Menschenwürde eines Teils der Bevölkerung, nämlich der im Inland lebenden Menschen nichtdeutscher Staatsangehörigkeit, indem eine feindselige Haltung dieser Bevölkerungsgruppe gegenüber erzeugt werden soll oder indem zu gewaltsamen Aktionen oder diskriminierender Behandlung gegenüber den Ausländern aufgerufen wird.[11] Die Tathandlung störte zudem den öffentlichen Frieden, da das Friedensgefühl der Bevölkerung – auch das des angegriffenen Bevölkerungsteils – im Schutze der Rechtsordnung zu leben, beeinträchtigt wäre.[12] Gewichtige Anhaltspunkte dafür, dass dem öffentlichen Aufstellen der Reichskriegsflagge aus der Sicht eines unbefangenen Beobachters ein solcher strafrechtlich relevanter Erklärungsinhalt zukommt, ergeben sich daraus, dass diese Flagge, die der Marine des Norddeutschen Bundes und anschließend der Reichskriegsmarine als Hoheitszeichen diente, in dieser Funktion keine Verwendung mehr findet und in der ursprünglichen

9 Vgl. *Drews/Wacke/Vogel/Martens* Gefahrenabwehr 232 ff. mwN; *Gusy* POR Rn. 79 ff.; *Kingreen/Poscher* POR § 7 Rn. 7 ff.; *Schenke* POR Rn. 58; *Erbguth/Mann/Schubert* BesVerwR Rn. 438 ff.; vgl. auch die Legaldefinitionen in § 2 Nr. 2 BremPolG und § 3 Nr. 1 LSASOG.

10 *Götz/Geis* POR § 4 Rn. 11; *Germann* Gefahrenabwehr 218 mwN in Fn. 452.

11 Zu diesen Tatbestandsvoraussetzungen des § 130 StGB Schönke/Schröder/*Sternberg-Lieben* StGB § 130 Rn. 2 ff.

12 Zu diesem Tatbestandsmerkmal BVerwGE 131, 216 = BeckRS 2008, 38433; OLG Hamburg NJW 1975, 1088.

Bedeutung auch kaum mehr im öffentlichen Bewusstsein bekannt ist. Vielmehr ist sie als Kampfsymbol militärischen Ursprungs nach dem Jahr 1945 und gehäuft in jüngerer Zeit vornehmlich von nationalistisch und rassistisch gesinnten, zu Gewalt bereiten Gruppierungen in der Öffentlichkeit missbraucht worden, sodass ihr Hissen nach dem objektiven Erklärungsinhalt als Identifikation mit deren Zielsetzung verstanden werden kann und überwiegend wohl auch verstanden wird.[13]

Da das Verhalten des R somit den objektiven Tatbestand des § 130 StGB erfüllt,[14] ist eine Gefahr für die öffentliche Sicherheit gem. § 14 I NRWOBG gegeben.

2. Öffentliche Ordnung

Das Hissen der Reichskriegsflagge könnte zudem eine Gefahr für die öffentliche Ordnung[15] darstellen. Unter den Schutz der öffentlichen Ordnung fällt die Gesamtheit der ungeschriebenen Wertvorstellungen, deren Befolgung durch den Einzelnen nach den jeweils herrschenden sozialen und ethischen Anschauungen als unerlässliche Voraussetzung eines geordneten menschlichen Zusammenlebens innerhalb eines bestimmten Gebietes angesehen wird.[16] Dieses Begriffsverständnis (»ungeschriebene Wertvorstellungen«) macht aber schon deutlich, dass die **öffentliche Ordnung gegenüber der öffentlichen Sicherheit subsidiär** ist. Soweit der Schutz von Gemeinschaftsbelangen zu gesetzlichen Regelungen mit Verboten und Geboten geführt hat, ist der Bereich der öffentlichen Sicherheit berührt, und die öffentliche Ordnung tritt dahinter zurück. Daher unterbleibt die Anwendung der öffentlichen Ordnung, wenn ein Sachverhalt vom Schutz der Rechte, Rechtsgüter und Rechtsnormen durch die öffentliche Sicherheit erfasst ist.[17]

Da das Verhalten des R bereits eine Gefahr für die öffentliche Sicherheit darstellt, ist eine Gefahr oder Störung der öffentlichen Ordnung nicht zu prüfen.

3. Ordnungspflicht

E hat durch das Hissen der Reichskriegsflagge die Gefahr als Handlungsstörer gem. § 17 I NRWOBG[18] verursacht.

4. Verhältnismäßigkeit

Die Ordnungsverfügung war geeignet, die Gefahr zu beseitigen. Ein milderes Mittel ist nicht ersichtlich. Der Eingriff in die Rechte des E müsste auch bei Abwägung mit dem erzielten Erfolg der Gefahrenabwehr angemessen sein. Angemessen ist die Maß-

13 OVG NRW NJW 1994, 2909 (2910); VGH BW NJW 2006, 635, der zwar von einer »Affinität des äußersten rechten Randes des politischen Spektrums zu dieser Flagge« spricht, hat einen Verstoß gegen § 130 StGB aber abgelehnt.

14 AA vertretbar.

15 Dazu *Baudewin,* Der Schutz der öffentlichen Ordnung im Versammlungsrecht, 2007, 87 f.; zur Verfassungsmäßigkeit dieses Begriffs und seiner Verwendung Fall 7.

16 *Drews/Wacke/Vogel/Martens* Gefahrenabwehr 245; *Götz/Geis* POR § 5 Rn. 1; jeweils mwN; vgl. auch die Legaldefinition in § 3 Nr. 2 LSASOG.

17 Vgl. *Fechner* JuS 2003, 734; *Hebeler* DJA 2002, 521 (526); *Schenke* POR Rn. 63; *Schenke/Schenke* in Steiner/Brinktrine BesVerwR § 2 Rn. 69; ferner *Prümm/Sigrist* AllgSOR Rn. 39, deren Schlussfolgerung, die öffentliche Ordnung sei überflüssig, aber unrichtig ist (wie schon Fall 7 zeigt). Für ein Nebeneinander von öffentlicher Sicherheit und öffentlicher Ordnung *Möstl* Staatliche Garantie 139 sowie *Thiel* POR § 8 Rn. 34 ff., Rn. 36.

18 Art. 9 I BayLStVG; § 6 I BWPolG; § 6 I HSOG; § 6 I NSOG; § 7 I LSASOG.

nahme dann, wenn der Nachteil für den Betroffenen und der erstrebte Erfolg in einem vernünftigen Verhältnis zueinander stehen. Die Ordnungsbehörde müsste bei Erlass der Ordnungsverfügung das Grundrecht auf Meinungsfreiheit aus Art. 5 I GG hinreichend berücksichtigt haben,[19] soweit das Zeigen einer Flagge durch den symbolträchtigen Charakter der Fahne eine Meinungskundgabe darstellt.[20] Art. 5 I GG schützt die Meinungskundgabe in Wort, Schrift und Bild. Meinungen sind alle durch das Element der Stellungnahme und des Dafürhaltens geprägten Äußerungen, die wegen der subjektiven Beziehung des Äußernden zum Inhalt seiner Aussage nicht dem empirischen Beweis zugänglich sind.[21] Das Hissen der Reichskriegsflagge ist als symbolische Solidaritätsbekundung mit den preußischen Tugenden durch das Element der Stellungnahme geprägt und mithin eine Meinungsäußerung in Bildform. Daran ändert auch der Umstand nichts, dass mit dem Zeigen der Fahne eine besondere Nähe zu rechtsextremistischen und oftmals fremdenfeindlichen Ansichten und eine entschiedene Ablehnung der freiheitlich-rechtsstaatlichen Demokratie zum Ausdruck gebracht werden könnte. Menschenverachtende Meinungen, die das geltende System des deutschen Rechtsstaates torpedieren und die öffentliche Ordnung oder gar Sicherheit gefährden, fallen deswegen nicht aus dem Schutzbereich der Meinungsfreiheit. Das Grundgesetz zwingt die Bürger nicht zur Werteloyalität. Demnach ist auch die Verbreitung nationalsozialistischen Gedankenguts zunächst einmal von Art. 5 I GG geschützt.[22]

Die Untersagungsverfügung ist aber gleichwohl nicht unangemessen. Dem E wurde nicht generell untersagt, seine Verbundenheit mit den preußischen Traditionen zum Ausdruck zu bringen. Die Ordnungsverfügung bezieht sich lediglich auf eine bestimmte Form der Meinungsäußerung, nämlich auf das Zeigen der Reichskriegsflagge. Es bleibt E somit unbenommen, seine Ansichten auf andere Weise kundzutun. Angesichts dessen hat die Ordnungsbehörde die Bedeutung des Grundrechts auf Meinungsfreiheit in dem konkreten Einzelfall nicht verkannt. Das gilt erst recht, wenn – wie hier – der objektive Tatbestand des § 130 StGB als erfüllt angesehen und ein erfolgter Angriff auf die Menschenwürde eines Teils der Bevölkerung erwogen wird. Im Verhältnis zur Menschenwürde setzt sich die Meinungsfreiheit nicht durch.[23] Die Anwendung des § 14 I NRWOBG durch die örtliche Ordnungsbehörde begegnet also auch mit Blick auf Art. 5 I 1 GG im Ergebnis keinen durchgreifenden Bedenken. Die Untersagungsverfügung verstößt damit nicht gegen das Verhältnismäßigkeitsprinzip.

5. Verstoß gegen die Grundsätze fehlerfreier Ermessensbetätigung

Durch seine unzutreffende Rechtsauffassung hat das Ordnungsamt möglicherweise ermessensfehlerhaft gehandelt. Das Gericht überprüft die Ausübung pflichtgemäßen Ermessens nach § 114 S. 1 VwGO.

19 Vgl. *Enders* JuS 1997, 539 (544).

20 Vgl. VGH BW NJW 2006, 635; OLG Koblenz BeckRS 2010, 6696.

21 BVerfGE 7, 198 (210) = BeckRS 9998, 181159; BVerfGE 33, 1 (14) = BeckRS 9998, 108558; BVerfGE 61, 1 (8) = BeckRS 9998, 101995; BVerfGE 90, 241 (247) = BeckRS 9998, 166324; BVerfGE 124, 300 (320) = BeckRS 2009, 41503.

22 Dazu Maunz/Dürig/*Grabenwarter* GG Art. 5 Abs. 1 Rn. 68–73.

23 Vgl. BVerfG NJW 2010, 2193 (2194 f.).

Die ordnungsbehördliche Generalklausel ist ihrem Wortlaut nach Ermessensnorm,[24] die Ordnungsbehörden »können«, müssen aber grundsätzlich[25] nicht die notwendigen Maßnahmen zur Gefahrenabwehr treffen. Auszurichten hat sich das Ermessen vor allem an dem Zweck der Ermächtigungsnorm sowie an den gesetzlichen Ermessensgrenzen, § 40 NRWVwVfG. Hält sich die Behörde nicht an den Zweck der Ermächtigungsnorm, liegt ein sog. **Ermessensfehlgebrauch** vor.[26] Den Zweck einer Ermächtigungsnorm kann die Behörde aber im Einzelfall nur dann verwirklichen, wenn sie den relevanten Sachverhalt vollständig und richtig ermittelt hat. Sie darf bei ihrer Entscheidung nicht von unzutreffenden, in Wahrheit nicht gegebenen tatsächlichen oder rechtlichen Voraussetzungen ausgehen. In einem solchen Fall liegt ein sog. **Ermessensdefizit** vor, das von dem anderen wichtigen Fall des Ermessensfehlgebrauchs, den sachfremden Erwägungen, unterschieden werden kann.[27] Die Behörde ist (wegen des fehlenden Vorsatzes) irrtümlich davon ausgegangen, dass die Voraussetzungen für ein ordnungsbehördliches Einschreiten nach § 14 I NRWOBG gegeben seien, weil E sich nach § 130 StGB strafbar gemacht habe. Sie hat damit eine rechtliche Voraussetzung für ihr Einschreiten angenommen, die nicht gegeben war, und damit den Sachverhalt, der ihrer Entscheidung zugrunde lag, falsch gedeutet. Hierin liegt ein Ermessensfehler iSd § 40 NRWVwVfG. Die Untersagung war somit rechtswidrig.

C. Ergebnis

Die Klage des E ist zulässig und begründet. Sie wird Erfolg haben.

Lösungsvorschlag Fallvariante

Nachschieben von Gründen gem. § 114 S. 2 VwGO

Hinsichtlich der Zulässigkeit der Klage kann nach oben verwiesen werden.

Im Rahmen der Begründetheit ist davon auszugehen, dass die Ordnungsbehörde aufgrund einer Gefahr für die öffentliche Sicherheit eine Untersagungsverfügung gegen E grundsätzlich hätte erlassen können.

Fraglich ist, ob sie die im Ermessen stehende und wegen einer fehlerhaften Begründung rechtswidrige Untersagung durch ein sog. **Nachschieben von** (richtigen) **Gründen** rechtmäßig machen kann. Mit **§ 114 S. 2 VwGO** ist nunmehr[28] eine gesetzliche Regelung für dieses Problem vorhanden. Dabei ist es ohne Belang, ob man der Norm mit der wohl überwiegenden Meinung in der Literatur keine materiellrechtliche Bedeutung beimisst, sondern sie lediglich als prozessuale Festschreibung der bisherigen Rechtsprechung ansieht, die davon ausging, dass in der neuen Begründung eines Ermessens-Verwaltungsakts der Erlass eines gänzlich neuen Verwaltungsakts zu sehen sei, der nur im Wege der Klageänderung Gegenstand des laufenden Ge-

24 Zu der Frage, wann eine Norm Ermessen einräumt, *Maurer/Waldhoff* AllgVerwR § 7 Rn. 7 ff.
25 Zu dem Ausnahmefall der sog. Ermessensreduzierung auf Null Fall 14.
26 *Maurer/Waldhoff* AllgVerwR § 7 Rn. 22; *Kopp/Ramsauer* VwVfG § 40 Rn. 88.
27 Näher *Kopp/Ramsauer* VwVfG § 40 Rn. 89 f. mwN.
28 Zum früheren Streitstand vgl. *Hufen* VerwProzR § 24 Rn. 19 ff.; ferner *Maurer/Waldhoff* AllgVerwR § 10 Rn. 64 ff.; *Schenke* NVwZ 1988, 1 ff.

richtsverfahrens werden könne.[29] Entscheidend ist, dass § 114 S. 2 VwGO der Behörde ermöglicht, ihre **Ermessenserwägungen noch im Gerichtsverfahren zu ergänzen**, was dann, wenn der Verwaltungsakt sowohl im Ergebnis als auch in seiner Begründung rechtmäßig ist, zur Unbegründetheit der Klage führt. Dies ist nach hM auch vor dem Hintergrund des Amtsermittlungs- und Untersuchungsgrundsatzes gem. § 86 I VwGO zu befürworten.[30] Dabei ist allerdings zu beachten, dass § 114 S. 2 VwGO **lediglich** von einer **Ergänzung** der Ermessenserwägungen spricht, nicht aber die Fälle erfassen will, in denen eine völlige Auswechslung der Begründung, sei sie tatsächlicher oder rechtlicher Natur, vorgenommen wird. § 114 S. 2 VwGO ist daher auf die Fälle zu beschränken, in denen vorhandene und auch grundsätzlich richtige, aber insgesamt nicht ausreichende Ermessenserwägungen um bis dahin fehlende ergänzt werden.[31] Dies ist hier der Fall. Das Ordnungsamt hat seine Untersagung nicht neu begründet, sondern die ursprüngliche Begründung lediglich korrigiert. Das ist nach § 114 S. 2 VwGO möglich.

Ergebnis

Durch das Nachschieben der richtigen rechtlichen Begründung ist der Ermessensfehler behoben. Die Untersagung wird damit rechtmäßig. Die Klage des E ist nicht begründet. Sie wird keinen Erfolg haben.

Ergänzende Hinweise

1. Der Fall ist der Entscheidung des OVG NRW NJW 1994, 2909 nachgebildet.

2. Es wäre verfehlt, sofort eine Gefahr für die öffentliche Ordnung zu prüfen, weil gegenüber der öffentlichen Sicherheit die **öffentliche Ordnung subsidiär** ist (vgl. die Nachweise oben in Fn. 16). Daher kann das Bestehen einer Gefahr für die öffentliche Sicherheit auch nicht bei gegebenenfalls schwierigen Rechtsfragen mit der Begründung dahingestellt bleiben, dass jedenfalls eine Gefahr für die öffentliche Ordnung bestehe.

29 Grdl. war BVerwGE 85, 163 (165 ff.) = BeckRS 9998, 08822; vgl. *Kopp/Schenke* VwGO § 113 Rn. 72 mwN.

30 *Hufen* VerwProzR § 24 Rn. 20; krit. *Schenke* VerwProzR Rn. 811 ff.

31 *Kopp/Schenke* VwGO § 113 Rn. 72; *Würtenberger/Heckmann* VerwProzR Rn. 703.

9. Fall: Streunender Hund II

Sachverhalt

Legen Sie zunächst die Sachlage des Falles 2 zugrunde. Gehen Sie aber davon aus, dass der Hund sich, was dem R aufgefallen ist, immer tunlichst vom Straßenverkehr ferngehalten hat.

R informiert am nächsten Tag die Ordnungsbehörde, die den Beamten O vorbeischickt. Nachdem N sich in einem Gespräch uneinsichtig zeigt, verbietet O ihm schließlich durch Bescheid vom selben Tage, den Hund unbeaufsichtigt herumlaufen zu lassen. Zugleich ordnet O mit näherer Begründung die sofortige Vollziehung des Verbots an. N will das Verbot und erst recht dessen sofortige Geltung nicht hinnehmen. Da er am nächsten Tag ohnehin frei hat, suchen er und sein Hund den Rechtsanwalt Dr. Studiosus auf.

Wozu wird der Rechtsanwalt raten?[1]

---

1 Es sei darauf hingewiesen, dass derartige Fragestellungen nicht erst im 2. Staatsexamen relevant werden, sondern schon in der Ersten Prüfung zulässig und auch schon gestellt worden sind. Man sollte sich durch eine »anwaltliche« Aufgabenstellung aber nicht kopfscheu machen lassen. Wie im Folgenden zu sehen ist, führt der anwaltliche Ausgangspunkt ziemlich schnell auf die bekannten Pfade gutachtlicher Prüfung.

Lösungsvorschlag

Schwerpunkte:
- **Materiell:**
  - **Zurücktreten staatlichen Schutzes bei Beeinträchtigung privater Rechte (Subsidiaritätsprinzip)**
  - **unmittelbare Verursachung bei gefahrträchtigem Verhalten eines Tieres**
- **Prozessual:**
  - **Anwaltliche Fragestellung; einstweiliger Rechtsschutz gem. § 80 V VwGO**

A. Klärung des Rechtsschutzziels und des Antrags[2]

N will das Verbot und dessen sofortige Geltung nicht hinnehmen. Es geht ihm daher um die Aufhebung des Verbots sowie um die aufschiebende Wirkung seines Rechtsbehelfs. Beides kann grundsätzlich nur durch die Erhebung eines Widerspruchs oder einer Klage erreicht werden, vgl. § 80 I 1 VwGO (sog. Suspensiveffekt), § 113 I 1 VwGO. Das Widerspruchsverfahren ist jedoch in Nordrhein-Westfalen gem. § 68 I 2 Var. 1 VwGO iVm § 110 I NRWJustG entbehrlich. Für N kommt daher nur eine Klage in Betracht, sodass auch nur ihr aufschiebende Wirkung zukommen kann. O hat mit dem Verbot jedoch zugleich eine Anordnung iSd § 80 II 1 Nr. 4 VwGO getroffen und die sofortige Vollziehung des Verbotes angeordnet. Demgemäß hat eine Klage gegen die Anordnung (ausnahmsweise) keine aufschiebende Wirkung. Eine Klage hilft N daher auch nicht weiter.

Zu denken ist in derartigen Fällen an einen Antrag im Verfahren um die Gewährung **einstweiligen Rechtsschutzes** nach § 80 V VwGO. Ein solcher Antrag kann einerseits in den Fällen des § 80 II 1 Nr. 1–3 VwGO auf (erstmalige) Anordnung, andererseits im Fall des § 80 II 1 Nr. 4 VwGO auf Wiederherstellung der aufschiebenden Wirkung einer Klage durch das VG gerichtet sein. Für N ist somit die Variante der Wiederherstellung der aufschiebenden Wirkung einschlägig (§ 80 II 1 Nr. 4 VwGO).

Der Anwalt wird N daher zu einem Antrag nach § 80 V VwGO, gerichtet auf Wiederherstellung der aufschiebenden Wirkung einer Anfechtungsklage, raten, sofern ein solcher Antrag zulässig und begründet ist.[3] Zusätzlich wird er einen Rechtsbehelf einlegen, der grundsätzlich aufschiebende Wirkung hat. Wie dargelegt, kann das nur die Anfechtungsklage sein (nicht aber ein Widerspruch).[4]

---

2 Ausnahmsweise (!) ist dies vor dem Einstieg in die eigentliche rechtliche Begutachtung zu erörtern, da das Begehren des N nicht klar formuliert ist. In dessen Ermittlung erschöpft sich häufig der anwaltliche Charakter einer Aufgabenstellung.

3 Zwar stellt auch dieses Verfahren letztlich auf den Erfolg des Widerspruchs oder der Anfechtungsklage ab. Die suspendierende Wirkung eines solchen Rechtsbehelfs soll nach § 80 V VwGO überhaupt erst angeordnet werden. Die Begutachtung muss sich aber ausschließlich mit dem Verfahren nach § 80 V VwGO beschäftigen, da allein dieses den vorläufigen Rechtsschutz ausmacht.

4 Ob dies bereits vor Erhebung des Antrags nach § 80 V VwGO oder zumindest gleichzeitig geschehen muss, ist im Hinblick auf den Widerspruch (für die Anfechtungsklage gilt § 80 V 2 VwGO) umstr.; dazu unten Hinweis 3.

B. Zulässigkeit

I. Verwaltungsrechtsweg

Mangels einer aufdrängenden Spezialzuweisung ist der Verwaltungsrechtsweg gem. § 40 I 1 VwGO eröffnet. Streitentscheidend sind allein Normen des Gefahrenabwehrrechts, einer klassischen Materie des öffentlichen Rechts.

II. Statthaftigkeit des Antrags

Ein Antrag des N nach § 80 V VwGO, die aufschiebende Wirkung seiner Klage wiederherzustellen, ist statthaft, wenn N im Hauptsacheverfahren eine Anfechtungsklage erheben müsste, um sein Ziel zu erreichen. Jede andere Hauptsacheklage, sei sie Verpflichtungs-, Leistungs- oder Feststellungsklage, wäre im vorläufigen Rechtsschutz nach § 123 VwGO zu verfolgen,[5] vgl. § 123 V VwGO. Hier begehrt N in der Hauptsache die Aufhebung der Verbotsverfügung, die einen Verwaltungsakt iSd § 35 S. 1 VwVfG darstellt. Dies kann er im Hauptsacheverfahren nur mit einer Anfechtungsklage nach § 42 I VwGO durchsetzen. Folglich ist der Antrag nach § 80 V VwGO statthaft.

III. Antragsbefugnis

Weiter müsste N analog § 42 II VwGO antragsbefugt sein. Für den Adressaten eines belastenden Verwaltungsaktes besteht immer die Möglichkeit einer Verletzung seiner allgemeinen Handlungsfreiheit aus Art. 2 I GG. N ist daher analog § 42 II VwGO antragsbefugt.

IV. Antragsgegner

Richtiger Antragsgegner ist analog § 78 I Nr. 1 VwGO[6] die Körperschaft, deren Behörde den angegriffenen Verwaltungsakt erlassen hat.[7] Dies ist die Stadt K als Rechtsträgerin des gem. §§ 1, 3, 5 NRWOBG, § 63 I NRWGO zuständigen Oberbürgermeisters der Stadt K.

V. Beteiligtenfähigkeit

N ist gem. § 61 Nr. 1 Alt. 1 VwGO beteiligtenfähig. Für die Stadt K ergibt sich die Beteiligtenfähigkeit aus § 61 Nr. 1 Alt. 2 VwGO.[8]

---

5 Hierzu *Würtenberger/Heckmann* VerwProzR Rn. 570 ff.; *Kopp/Schenke* VwGO § 80 Rn. 12, § 123 Rn. 4 mwN; mit Recht weist *Gersdorf* VerwProzR Rn. 146, darauf hin, dass die Bestimmung der Statthaftigkeit eines Antrags nach § 80 V VwGO nach der Klageart im Hauptsacheverfahren (Anfechtungsklage) nur eine Faustformel ist. Allerdings führt diese Formel in nahezu allen Fällen zu einem richtigen Ergebnis. Sonderfälle sind zu beachten: Im Einzelnen kommt es auch auf die materiell-rechtliche Ausgestaltung der infrage stehenden Rechtsverhältnisse durch die jeweiligen Fachgesetze an, etwa im Aufenthaltsrecht (*Kopp/Schenke* VwGO § 123 Rn. 4 f.).

6 Anders in den Bundesländern, in denen das Behördenprinzip gilt, vgl. § 8 II BbgVwGG; § 79 II NJG, der allerdings nur für (unmittelbare) Landesbehörden, also nicht in einem Fall wie dem vorliegenden, gilt.

7 Vgl. *Schenke* VerwArch 91 (2000), 587 (607 ff.) mwN auch zur Gegenauffassung, wonach Antragsgegner der Rechtsträger der Behörde sei, die die Anordnung der sofortigen Vollziehung getroffen habe (§ 78 II VwGO analog). Dies kann dann auch die Widerspruchsbehörde sein.

8 In den Ländern mit Behördenprinzip: § 61 Nr. 3 VwGO iVm § 8 I BbgVwGG bzw. § 79 I NJG, der allerdings nur für (unmittelbare) Landesbehörden gilt.

VI. Rechtsschutzinteresse

Das Rechtsschutzinteresse für einen Antrag nach § 80 V VwGO besteht möglicherweise nur, wenn auch gem. § 80 I 1 VwGO Anfechtungsklage erhoben ist. Für die Anfechtungsklage verzichtet das Gesetz jedoch auf diese Voraussetzung (§ 80 V 2 VwGO).[9] Erforderlich ist allerdings, dass die Anfechtungsklage nicht offensichtlich (zB wegen eindeutiger Versäumung der Klagefrist) unzulässig ist und ihr gem. § 80 II 1 VwGO keine aufschiebende Wirkung zukommt.[10] N wird Klage gegen das nach § 80 II 1 Nr. 4 VwGO sofort vollziehbare Verbot des O erheben. Es ist nicht ersichtlich, dass diese Klage unzulässig wäre.

Möglicherweise muss N, damit er für einen Antrag bei dem VG nach § 80 V VwGO das notwendige Rechtsschutzinteresse hat, zuvor einen entsprechenden Antrag gem. § 80 IV VwGO bei der Behörde stellen. Das Gesetz knüpft die Zulässigkeit eines Antrags nach § 80 V VwGO aber nur in den Fällen des § 80 II 1 Nr. 1 VwGO an den vorherigen Antrag bei der Behörde (§ 80 VI 1 VwGO). Im Übrigen ist ein solcher Antrag nicht erforderlich.[11] N braucht somit keinen Antrag nach § 80 IV VwGO bei der Behörde zu stellen, bevor er den Antrag nach § 80 V VwGO bei dem VG stellt.

Dem N fehlt es daher nicht am Rechtsschutzinteresse für seinen Antrag nach § 80 V VwGO.

VII. Zwischenergebnis

Ein Antrag des N nach § 80 V VwGO ist zulässig.

C. Begründetheit

Für den Erfolg eines Antrags nach § 80 V VwGO auf Wiederherstellung des Suspensiveffekts kommt es in der Sache zunächst darauf an, ob die Anordnung der sofortigen Vollziehung den Anforderungen des § 80 III VwGO entsprechend schriftlich begründet wurde.[12] Das war hier der Fall.[13]

Unabhängig von den formellen Anforderungen des § 80 III VwGO ist der Antrag nach § 80 V VwGO begründet, wenn das private Interesse des Antragstellers an der aufschiebenden Wirkung das öffentliche Interesse an der sofortigen Vollziehung überwiegt.[14] Dies ist im Rahmen einer Abwägung zu beurteilen. Maßgebliches Krite-

9 Für den Fall, dass es um die aufschiebende Wirkung eines Widerspruchs geht, s. Hinweis 3 zu diesem Fall.

10 Vgl. *Gersdorf* VerwProzR Rn. 156; *Mann/Wahrendorf* VerwProzR § 24 Rn. 391, 415; *Hufen* VerwProzR § 32 Rn. 35, der allerdings nicht auf die offensichtliche Unzulässigkeit des Rechtsbehelfs abstellt, sondern die Bestandskraft der Ausgangsentscheidung hervorhebt; *Schenke* VerwProzR Rn. 991, der diese Voraussetzungen bei der Statthaftigkeit des Antrags prüft.

11 *Mann/Wahrendorf* VerwProzR § 24 Rn. 414 mwN.

12 Näher dazu Fall 15 in der Lösung des Grundfalls unter B. I. 1. und *Grigoleit*, Die Anordnung der sofortigen Vollziehbarkeit gem. § 80 Abs. 2 Nr. 4 VwGO als Verwaltungshandlung, 1997, 155 ff.; vgl. auch die Hinweise in Fn. 19.

13 Zum Problem der Notwendigkeit einer vorherigen Anhörung vgl. ebenfalls Fall 15 in der Lösung des Grundfalls unter B. I. 2. sowie Fn. 19.

14 Da § 80 V VwGO selbst keine Tatbestandsvoraussetzungen aufstellt, die Entscheidung vielmehr in das Ermessen des Gerichts stellt, orientiert man sich zum einen an der Hilfsfunktion, die dem vorläufigen Rechtsschutz im Verhältnis zum Hauptsacherechtsschutz zukommt sowie zum anderen an dem Rechtsgedanken des § 80 IV 3 Var. 1 VwGO und der Parallelregelung in § 123 VwGO, vgl. *Schenke* VerwProzR Rn. 1001.

rium sind hierbei die Erfolgsaussichten der noch zu erhebenden Klage in der Hauptsache. Sie hängen entscheidend davon ab, ob der angegriffene Verwaltungsakt rechtmäßig oder rechtswidrig ist. Die Abwägung fällt daher zugunsten des Antragstellers aus, wenn die im Rahmen des § 80 V VwGO gebotene summarische Prüfung[15] ergibt, dass der angegriffene Verwaltungsakt offensichtlich rechtswidrig ist, zu seinen Ungunsten, wenn die Prüfung ergibt, dass er offensichtlich rechtmäßig ist. Nur dann, wenn sich die Rechtmäßigkeit des angegriffenen Verwaltungsakts aus tatsächlichen Gründen[16] nicht eindeutig beurteilen lässt, ist eine Interessenabwägung im weiteren Sinne vorzunehmen.[17] Bei ihr sind dann die Auswirkungen der sofortigen Vollziehung den Auswirkungen bei aufschiebender Wirkung gegenüber zu stellen.[18]

Fraglich ist also zunächst, ob die Verbotsverfügung nach derzeitigem Sachstand rechtswidrig ist.[19]

I. Ermächtigungsgrundlage

Als Ermächtigungsgrundlage für das Verbot kommt nur die ordnungsrechtliche Generalklausel des § 14 I NRWOBG[20] in Betracht.[21]

II. Formelle Rechtmäßigkeit

1. Zuständigkeit

Hinsichtlich der sachlichen Zuständigkeit des O bestehen keine Bedenken.[22]

---

15 »Summarisch« meint dabei nicht eine oberflächliche Rechtmäßigkeitsprüfung, sondern lediglich, dass sich das Gericht mit den bisher ermittelten Tatsachen und den sofort verfügbaren Beweismitteln zufrieden geben darf. Für den Bearbeiter eines unstreitigen Sachverhalts bedeutet dies eine gewöhnliche Begutachtung der Rechtmäßigkeit eines Verwaltungsaktes, die sich in nichts von derjenigen bei einer Anfechtungsklage unterscheidet.

16 Beispiel: Über die für die Rechtmäßigkeit einer Verfügung entscheidenden Tatsachen ist bisher kein Beweis erhoben worden. Ihr Vorliegen erscheint sowohl möglich als auch nicht möglich.

17 *Schenke* VerwProzR Rn. 1002 f.; aA wohl *Hufen* VerwProzR § 32 Rn. 39, der die Abwägung auch in der Klausur in den Vordergrund stellen will. Der hier vertretene Aufbau und die dementsprechenden Formulierungen entsprechen jedoch dem Vorgehen der Gerichte. Das Zurückstellen einer Abwägung im weitesten Sinne zugunsten der summarischen Prüfung der Erfolgsaussichten eines Rechtsbehelfs hat den Vorteil besserer Handhabbarkeit und größerer Übersichtlichkeit.

18 Vgl. *Hufen* VerwProzR § 32 Rn. 39 aE.

19 Wendet sich der Antragsteller gegen eine Anordnung der sofortigen Vollziehung durch die Behörde gem. § 80 II 1 Nr. 4 VwGO, so ist zuvor zu prüfen, ob die sofortige Vollziehung entspr. § 80 III VwGO besonders begründet wurde. Ist das nicht der Fall, führt dieser Fehler nach hM nicht zur Wiederherstellung der aufschiebenden Wirkung, sondern lediglich zur Aufhebung der Vollziehungsanordnung, was der Behörde die Möglichkeit gibt, den formellen Mangel durch Erlass einer neuen, zureichend begründeten Vollziehungsanordnung zu beheben, vgl. VGH BW VBlBW 1996, 297 (298); BayVGH NVwZ 1985, 663; *Pietzner/Ronellenfitsch* Assessorexamen ÖffR Rn. 1568. Von einer Mindermeinung, die die Anordnung der sofortigen Vollziehung als eigenständigen Verwaltungsakt ansieht, wird über die Begründung nach § 80 III VwGO hinaus eine gesonderte Anhörung gefordert, vgl. OVG Brem DVBl. 1980, 420 (422), sowie Redeker/v. Oertzen/*Redeker* § 80 Rn. 27, die die Anhörung zumindest idR für erforderlich halten.

20 Art. 7 II BayLStVG; § 1 I 1 iVm § 3 BWPolG; § 11 HSOG; § 11 NSOG; § 13 LSASOG.

21 Zu den bei einem Terrier offensichtlich nicht anwendbaren sog. Kampfhunde-Verordnungen bzw. Hunde-Gesetzen vgl. *Götz/Geis* POR § 22 Rn. 26 ff.

22 Auf die in Fall 2 behandelten Probleme um die Eilfallkompetenz der Polizei kommt es hier nicht an.

a) Zurücktreten staatlichen Schutzes (Subsidiaritätsprinzip)

Zu bedenken ist aber, dass mit der Gesundheit der Kinder lediglich private Rechte geschützt würden. Nutznießer des Verbots sind allein die Kinder und der private Inhaber des Spielplatzes. Private Rechte werden indessen lediglich mit Einschränkungen polizeirechtlich geschützt (vgl. § 1 II NRWPolG; Art. 2 II BayPAG; § 2 II BWPolG; § 1 III HSOG; § 1 III NSOG). Die Polizeigesetze sehen als Ausdruck eines **allgemeinen Subsidiaritätsprinzips**[23] vor, dass der Schutz privater Rechte der Polizei nur dann obliegt, wenn gerichtlicher Schutz nicht rechtzeitig zu erlangen ist und wenn ohne polizeiliche Hilfe die Verwirklichung des Rechts vereitelt oder wesentlich erschwert werden würde.[24] Dieses Subsidiaritätsprinzip gilt als übergreifender Grundsatz des Gefahrenabwehrrechts auch für die allgemeinen Ordnungsbehörden selbst dann, wenn es an einer ausdrücklichen Regelung in den Ordnungsbehörden- bzw. Sicherheitsgesetzen, wie im OBG von Nordrhein-Westfalen, fehlt.[25]

Die Nutznießer des durch O ausgesprochenen Verbots könnten effektiven Rechtsschutz durch eine zivilgerichtliche einstweilige Verfügung (vgl. §§ 935 f., 940, 916 ff. ZPO), gerichtet auf ein Unterlassen gem. §§ 823 I, 1004 BGB, erlangen. Eine derartige Verfügung ist innerhalb kürzester Zeit zu erreichen.

b) Ausnahmen vom Subsidiaritätsprinzip

Die Ordnungsbehörde war gleichwohl zuständig, wenn das Subsidiaritätsprinzip ausnahmsweise nicht anwendbar war. Das Subsidiaritätsprinzip unterliegt Einschränkungen. Es greift unter anderem dann nicht, wenn neben den privaten Rechten auch andere Schutzgüter der öffentlichen Sicherheit, so insbesondere die geschriebene Rechtsordnung in Form von öffentlichem Recht – Strafgesetze, OWiG-Tatbestände –, beeinträchtigt sind.[26] Dies ist hier jedoch nicht der Fall.[27]

Darüber hinaus verhindert das Subsidiaritätsprinzip in zwei weiteren Fällen ein behördliches Einschreiten nicht: Zum einen, wenn eine unbestimmte Anzahl von Personen betroffen ist.[28] Begründen lässt sich dies damit, dass in diesem Fall doch die Allgemeinheit betroffen ist und daher ein öffentliches Interesse am Einschreiten besteht. Zum anderen greift das Subsidiaritätsprinzip dann nicht, wenn dem betroffenen privaten Recht in seiner Wertigkeit ein gesteigerter Rang zukommt und schwere Schäden drohen.[29] So haben insbesondere die Grundrechte durch den ihnen inne-

---

23 Hierzu *Götz/Geis* POR § 17 Rn. 1 f., § 20 Rn. 2.

24 Diese Eilfall-Einschränkung polizeilicher Befugnisse darf nicht mit der Eilfallkompetenz verwechselt werden, die im Rahmen der sachlichen Zuständigkeit die Befugnisse der Polizei von denen der Ordnungsbehörden trennt (vgl. Fall 2).

25 Vgl. *Kingreen/Poscher* POR § 3 Rn. 41; *Schenke/Schenke* in Steiner/Brinktrine BesVerwR § 2 Rn. 50; *Schenke* POR Rn. 54; aA *Dietlein* in Dietlein/Hellermann ÖffR NRW § 3 Rn. 34, der den Ordnungsbehörden jegliche Kompetenz zum Schutz privater Rechte abspricht.

26 *Götz/Geis* POR § 4 Rn. 7.

27 Das Verbot wäre aber unter Subsidiaritätsgesichtspunkten eindeutig nicht zu beanstanden, wenn wie in Fall 2 auch der Straßenverkehr als staatliche Einrichtung/Veranstaltung durch den freilaufenden Hund gefährdet wäre.

28 In der Begründung undeutlich die (ältere) Rspr.: PrOVGE 51, 313; PrOVG JW 1924, 2087; OVG RhPf AS 2, 22, (26 f.).

29 *Drews/Wacke/Vogel/Martens* Gefahrenabwehr 229 f. mwN.

wohnenden staatlichen Schutzauftrag,[30] vorrangig Art. 2 II GG (Schutz von Leben und körperlicher Unversehrtheit),[31] maßgeblichen Einfluss.

Durch die Hundeexkremente droht nicht unbedingt eine schwere Gesundheitsgefahr für die Kinder. Anders ist dies aber, wenn man das aggressive Verhalten des Hundes berücksichtigt, das zu schweren (Biss-)Verletzungen führen kann. Aufgrund des großen Einzugsgebiets des Spielplatzes ist eine unbestimmte Anzahl von Kindern und damit die Allgemeinheit betroffen. Das Subsidiaritätsprinzip steht daher ordnungsbehördlichem Einschreiten nicht entgegen. Mithin war O für den Erlass des Verbotes zuständig.

2. Form, Verfahren

Sonstige Bedenken im Hinblick auf die formelle Rechtmäßigkeit des Verbots bestehen nicht. Insbesondere ist N gem. § 28 I NRWVwVfG angehört worden.

III. Materielle Rechtmäßigkeit

1. Gefahr für die öffentliche Sicherheit

Zunächst müsste eine konkrete Gefahr für die öffentliche Sicherheit bestehen. Unter den Schutz der öffentlichen Sicherheit fällt unter anderem als Individualrechtsgut die Gesundheit.[32] Wie dargelegt, kann das aggressive Verhalten des Hundes zu schweren (Biss-)Verletzungen führen. Dies gefährdet die Gesundheit der dort spielenden Kinder. Eine Gefahr für die öffentliche Sicherheit liegt vor.

2. Ordnungspflicht

Richtiger Adressat einer gefahrabwehrenden Verfügung ist derjenige, der die Gefahr als Verhaltens- oder Zustandsstörer zu verantworten hat (§§ 17, 18 NRWOBG[33]). Als Verhaltensstörer hat N die Gefahr verursacht, wenn er die letzte unmittelbare Ursache der Gefahr gesetzt hat (so die herrschende Theorie der unmittelbaren Verursachung).[34] Unzweifelhaft ist dies der Fall, wenn ein Halter seinen Hund auf Personen hetzt. Jedoch überschreitet auch derjenige Halter die Schwelle zur Gefahr, der einen potentiell zu einer Gefahrverursachung iSd Polizei- und Ordnungsrechts neigenden Hund frei umherlaufen lässt, sodass das darin liegende Gefahrenpotential sich verwirklichen kann. Ein »frei verantwortliches« Handeln des Hundes als Überschreitung der Gefahrenschwelle kann es im Polizei- und Ordnungsrecht nicht geben, da dieses nur an menschliches Handeln anknüpft. N ist Verhaltensstörer. Als Eigentümer bzw. Halter des Hundes ist N derjenige, der die tatsächliche Gewalt über ihn ausübt. Er ist somit auch Zustandsstörer und richtiger Adressat der Verfügung.

3. Ermessen/Verhältnismäßigkeit

Ermessensfehler sind nicht ersichtlich.

---

30 Hierzu allg. HdBSt V, ²2001/*Isensee* § 111; HdBSt IX, ³2011/*Isensee*, § 191.

31 Vgl. hierzu nur BVerfGE 39, 1 (41 f.) = BeckRS 1975, 105561; BVerfGE 46, 160 (164) = BeckRS 9998, 105945; BVerfGE 56, 54 (73 ff.) = BeckRS 9998, 103641.

32 *Drews/Wacke/Vogel/Martens* Gefahrenabwehr 232 ff. mwN.

33 § 9 I, II BayLStVG; §§ 6, 7 BWPolG; §§ 6, 7 HSOG; §§ 6, 7 NSOG.

34 *Götz/Geis* POR § 9 Rn. 11 ff.; *Schoch* JuS 1994, 932 mwN; *R. Schmidt* POR Rn. 766 ff.; vgl. dazu *Thiel* POR § 8 Rn. 81 ff., Rn. 91. Näher zur Theorie der unmittelbaren Verursachung Fall 12.

Die Verfügung des O müsste verhältnismäßig sein. Das Verbot, den Hund nicht mehr frei und unbeaufsichtigt umherlaufen zu lassen, ist geeignet, die Gefahr abzuwenden. Ein milderes Mittel ist nicht ersichtlich. Gleichfalls ist nicht anzunehmen, dass unter Berücksichtigung ihrer jeweiligen Wertigkeit die Rechte des N gegenüber den Rechten der spielenden Kinder sowie des Spielplatzbetreibers unangemessen zurückstehen müssen.

IV. Zwischenergebnis

Soweit O dem N verbietet, seinen Hund auch zukünftig frei und unbeaufsichtigt umherlaufen zu lassen, ist die Verfügung offensichtlich rechtmäßig.

V. Besonderes Vollziehungsinteresse

Ob ein Antrag auf Wiederherstellung der aufschiebenden Wirkung nach § 80 V VwGO bereits deswegen abzulehnen ist, weil der angegriffene Verwaltungsakt offensichtlich rechtmäßig ist, sodass ein Rechtsmittel in der Hauptsache keine Aussicht auf Erfolg hat,[35] oder ob darüber hinaus ein besonderes Interesse an der sofortigen Vollziehung bestehen muss,[36] ist umstritten. Für das Erfordernis eines besonderen öffentlichen oder privaten Interesses lässt sich anführen, dass die Anordnung der sofortigen Vollziehung nach § 80 II 1 Nr. 4 VwGO das Vorliegen eines solchen Interesses voraussetzt.[37] Eine Entscheidung des Meinungsstreits kann jedoch dahinstehen, wenn an der sofortigen Vollziehung der Verfügung ein besonderes öffentliches oder privates Interesse besteht.

Wäre das gegenüber dem Hundehalter N ausgesprochene Verbot nicht sofort vollziehbar, bestünde bis zu einer Entscheidung über die Klage des N die Gefahr, dass Kinder durch den Hund gesundheitlich beeinträchtigt werden. Ein öffentliches Interesse an der sofortigen Vollziehung besteht also. Der Meinungsstreit um die Notwendigkeit eines solchen Interesses braucht somit nicht entschieden zu werden.

Ein Antrag des N auf Anordnung der aufschiebenden Wirkung nach § 80 V VwGO wäre unbegründet und hätte keinen Erfolg.

D. Ergebnis

Der Rechtsanwalt wird dem N raten, gegen das Verbot des O nichts zu unternehmen, sondern es zu befolgen.

35 Ähnlich OVG NRW NWVBl. 1990, 385 f., mit der Überlegung, dass bei offensichtlicher Rechtmäßigkeit des angegriffenen Verwaltungsakts regelmäßig ein überw. öffentliches Interesse an seiner sofortigen Vollziehung bestehe; dazu auch *Kopp/Schenke* VwGO § 80 Rn. 159 mwN zu den widerstreitenden Auffassungen in Lit. und Rspr.

36 So etwa VGH BW VBlBW 1997, 390 (391); SchlHOVG NVwZ 1992, 687 f.; HessVGH NVwZ 1985, 918; *Kopp/Schenke* VwGO § 80 Rn. 159; *Mann/Wahrendorf* VerwProzR § 24 Rn. 418; Redeker/v. Oertzen/*Redeker* VwGO § 80 Rn. 19, 49; *Würtenberger/Heckmann* VerwProzR Rn. 597 ff.; 613 ff.

37 Redeker/v. Oertzen/*Redeker* VwGO § 80 Rn. 49.

Ergänzende Hinweise

1. Beispiele für Fälle, in denen das Subsidiaritätsprinzip ein staatliches Eingreifen zum Schutz privater Rechte ausnahmsweise nicht rechtswidrig macht (nach *Götz/Geis* POR § 4 Rn. 22 ff.):

- Obdachlosenunterbringung (vgl. *Götz/Geis* POR § 4 Rn. 23),
- Personalienfeststellung (dazu *Götz/Geis* POR § 4 Rn. 24),
- Sicherung des Vermieterpfandrechts (*Götz/Geis* POR § 4 Rn. 25),
- Hausbesetzung (dazu auch unten Fall 14, dort B. II. 1. b) aa) sowie Hinweis 2 mwN),
- Zuparken eines Kfz (vgl. *Götz/Geis* POR § 4 Rn. 26 mwN).

2. Im Zusammenhang mit dem Schutz privater Rechte stellt sich regelmäßig auch die Frage nach einem Anspruch des betroffenen Bürgers auf behördliches Einschreiten. Ein solcher Anspruch ist nur im Falle einer sog. Ermessensreduzierung auf Null gegeben (vgl. hierzu Fall 14).

3. Sollte eine der Ausnahmen des § 110 II u. III NRWJustG greifen und ein Widerspruchsverfahren nicht entbehrlich sein, so stellt sich die Frage, ob für die Zulässigkeit eines **Antrags nach § 80 V VwGO** die **vorherige Einlegung des Widerspruchs** erforderlich ist. Dies könnte sich aus dem Wortlaut des § 80 V 1 VwGO (der Suspensiveffekt des Widerspruchs wird »angeordnet« bzw. »wiederhergestellt«) und aus einem Gegenschluss zu § 80 V 2 VwGO ergeben. Dem ist jedoch entgegenzuhalten, dass es mit dem Gebot effektiven Rechtsschutzes (Art. 19 IV 1 GG) nicht vereinbar erscheint, wenn trotz des Bedürfnisses nach einstweiligem Rechtsschutz zunächst Widerspruch erhoben werden müsste, der nach § 80 II VwGO nicht einmal aufschiebende Wirkung hätte. Das wäre reiner Formalismus (hM, vgl. *R. Schmidt* VerwProzR Rn. 945 ff. [947]; *Mann/Wahrendorf* VerwProzR § 24 Rn. 415; *Schenke* VerwProzR Rn. 992; *Gersdorf* VerwProzR Rn. 155; jeweils mwN). Zu prüfen ist dieses Problem bei der Zulässigkeit des Antrags nach § 80 V VwGO, dort im Rahmen des Rechtsschutzbedürfnisses.

4. Problematisch sind die Fälle, in denen die Behörde eine bestehende aufschiebende Wirkung von Widerspruch und Anfechtungsklage missachtet und zum Vollzug des Verwaltungsakts schreitet (»**faktischer Vollzug**«). Nach der Systematik und Entstehungsgeschichte der VwGO ist § 123 nicht anwendbar, da in den Fällen, in denen in der Hauptsache eine Anfechtungsklage statthaft ist, nur die §§ 80, 80a VwGO zur Anwendung kommen sollen. Die §§ 80, 80a VwGO regeln aber die Fälle des faktischen Vollzugs nicht ausdrücklich. Das Fehlen einer Rechtsschutzmöglichkeit ist mit Blick auf die Rechtsschutzgarantie des Art. 19 IV 1 GG jedoch nicht hinnehmbar (planwidrige Regelungslücke). Auch ist der Rechtsschutz in den Fällen des faktischen Vollzugs genauso geboten wie in den gesetzlich geregelten Fällen (vergleichbare Interessenlage). Die Voraussetzungen einer analogen Anwendung des § 80 V VwGO sind daher erfüllt. Der Betroffene kann beim VG die **Feststellung der aufschiebenden Wirkung** beantragen. Diese Feststellung ist freilich nicht vollstreckbar. Missachtet die Behörde auch die Entscheidung des Gerichts, so bleibt nur noch ein Antrag nach § 123 I VwGO. Die darauf ergehende einstweilige Anordnung ist gem. §§ 168 I Nr. 2, 172 VwGO vollstreckbar. Ist der faktische Vollzug bereits erfolgt, kommt zudem eine Entscheidung analog § 80 V 3 VwGO in Betracht (zum Ganzen *Schenke* VerwProzR Rn. 1016; *Gersdorf* VerwProzR Rn. 147).

10. Fall: Fallender Baum

Sachverhalt

Grundfall

E ist Eigentümerin eines in der nordrhein-westfälischen Stadt K gelegenen Grundstücks. Dieses befindet sich im Winkel einer Kreuzung, sodass es auf einer Seite in der Breite und auf der anderen Seite in der Länge von jeweils einer Straße begrenzt wird. Auf der breiten Seite stehen in unmittelbarer Nähe zur Straße fünf große Bäume. E betreibt tagsüber auf dem Grundstück wegen der verkehrsgünstigen Lage einen Blumenhandel unter freiem Himmel. Eines Nachts befährt L mit seinem Lastwagen eine dieser Straßen und verliert die Kontrolle über sein Fahrzeug. Der Lkw gelangt auf das Grundstück der E und rammt mit der vollen Länge die fünf Bäume. Infolge des Aufpralls ragen diese nunmehr über den Fußgängerweg und die Fahrbahn. Nachbar N befürchtet, dass die Bäume bald aus dem Erdreich brechen werden. Er informiert das örtliche Ordnungsamt. Dessen Leiter fragt an, gegen wen man welche Maßnahmen ergreifen könne.

Fallvariante 1

Gegen den Willen der E hat das Ordnungsamt der Stadt K eine Begutachtung der Bäume und des Erdreichs vorgenommen. Gegen E wurde eine entsprechende Duldungsverfügung erlassen. Die Begutachtung ergibt, dass die Gefahr des Umstürzens nicht besteht. E, die ihren Blumenhandel vorübergehend nicht ausüben konnte und einen Verdienstausfall erlitten hat, fragt, ob sie verlangen kann, dass ihr der Verdienstausfall ersetzt wird.

Fallvariante 2

Die Begutachtung hat ergeben, dass die Bäume in absehbarer Zeit zu fallen drohen. L hat mittlerweile seine Arbeit verloren und ist mittellos. Das Ordnungsamt gibt der E durch eine formell ordnungsgemäße Verfügung auf, die fünf Bäume zu entfernen. Nach den Erkundigungen der E müsste dies mithilfe eines Krans und durch besondere Experten erfolgen, da ansonsten durch die Wurzelentfernung das Straßenpflaster aufgerissen würde. Für jeden Baum würde dies 10.000 EUR, insgesamt also 50.000 EUR kosten. Das Grundstück ist jedoch nur 45.000 EUR wert. Ist die Verfügung rechtmäßig?

Lösungsvorschlag Grundfall

Schwerpunkte:
- **Materiell:**
  - **Gefahrenverdacht**
  - **Auswahl zwischen mehreren Störern**

Die Ordnungsbehörde könnte Maßnahmen in Erwägung ziehen, um zu klären, ob von den Bäumen eine Gefahr ausgeht.

A. Ermächtigungsgrundlage

Mangels spezieller Eingriffsermächtigungen kann eine entsprechende Maßnahme nur auf die ordnungsbehördliche Generalklausel in § 14 I NRWOBG[1] gestützt werden.

B. Formelle Rechtmäßigkeit

Die sachliche, örtliche und instanzielle Zuständigkeit der örtlichen Ordnungsbehörde ergibt sich aus den §§ 1 I, 3 I, 4 I, 5 I NRWOBG.[2] E ist vor Erlass einer Ordnungsverfügung gem. § 28 I NRWVwVfG anzuhören. Die Ordnungsverfügung muss schriftlich ergehen, § 20 I 1 NRWOBG.

C. Materielle Rechtmäßigkeit

I. Voraussetzungen der Ermächtigungsgrundlage

1. Gefahr für die öffentliche Sicherheit

Die Generalklausel setzt zunächst eine Gefahr für die öffentliche Sicherheit voraus. Geschützt sind hierdurch der Bestand des Staates und seiner Einrichtungen und Veranstaltungen und der sonstigen Träger von Hoheitsgewalt, die subjektiven Rechte und Rechtsgüter des Einzelnen sowie die objektive Rechtsordnung (Gesamtheit der geschriebenen Rechtsnormen).[3] Eine Gefahr besteht, wenn eine Sachlage gegeben ist, die bei ungehindertem Ablauf des objektiv zu erwartenden Geschehens mit hinreichender Wahrscheinlichkeit und in überschaubarer Zukunft den Eintritt eines nicht unerheblichen Schadens für das infrage stehende Schutzgut zur Folge hat.[4] Wenn die Bäume auf die Straße fielen, bestünde eine Gefahr für Leben und Gesundheit der dort verkehrenden Menschen. Auch würde das Gemeinschaftsgut der Leichtigkeit des Straßenverkehrs[5] beeinträchtigt. Das setzt allerdings voraus, dass die Bäume tatsäch-

1 Art. 7 II BayLStVG; § 1 I 1 iVm § 3 BWPolG; § 11 HSOG; § 11 NSOG.
2 Art. 6 BayLStVG, Art. 3 I Nr. 4 BayVwVfG; §§ 1 I, 60 I, 66 II, 62 IV BWPolG; §§ 1 I, 100 I, 2 S. 2 u. S. 3 HSOG; §§ 1 I, 100 I, 97 I NSOG.
3 *Kingreen/Poscher* POR § 7 Rn. 2 ff.; *Schenke* POR Rn. 53 ff.; *R. Schmidt* POR Rn. 628; vgl. auch die Legaldefinitionen in § 2 Nr. 2 BremPolG und § 3 Nr. 1 LSASOG.
4 *Erbguth/Mann/Schubert* BesVerwR Rn. 463; *Götz/Geis* POR § 6 Rn. 3 ff.; *Rhein* OBG NRW § 1 Rn. 13; *Schenke/Schenke* in Steiner/Brinktrine BesVerwR § 2 Rn. 77.
5 Zu dessen Einordnung vgl. Fall 5 und *Dietlein* in Dietlein/Hellermann ÖffR NRW § 3 Rn. 53 f.; *Götz/Geis* POR § 6 Rn. 6.

lich umstürzen. Hierfür besteht nach derzeitigem Kenntnisstand ebenso wie für das Gegenteil und damit letztlich für das Vorliegen oder Nichtvorliegen einer Gefahr eine jeweils gleich große Wahrscheinlichkeit. Diese Sachlage kennzeichnet in Abgrenzung zur konkreten Gefahr, bei der nach obigen Ausführungen eine hinreichende Wahrscheinlichkeit eines Schadens bestehen muss, den sog. **Gefahrenverdacht,**[6] bei dem eine Gefahr nicht festgestellt ist und der deshalb begrifflich von der konkreten Gefahr iSd § 14 I NRWOBG abgegrenzt wird.

2. Gefahrenverdacht

Fraglich ist, ob ein Gefahrenverdacht ausreicht, um Maßnahmen aufgrund der ordnungsbehördlichen Generalklausel zu erlassen. Die hM[7] geht von einer **uneingeschränkten Anwendbarkeit der Generalklausel** auch auf den **Gefahrenverdacht** aus.[8] Uneinigkeit[9] besteht hier lediglich darüber, ob die Generalklausel aufgrund einer (wertungsmäßigen) Gleichsetzung von Gefahr und Gefahrenverdacht direkt[10] oder lediglich analog anzuwenden ist.[11] Für die direkte Anwendung spricht das Bedürfnis nach effektiver Gefahrenabwehr auf gesetzmäßiger Grundlage, für die Analogie, dass die erwähnte Gleichsetzung von Verdacht und Gefahr, von Verdächtigem und Störer der Systematik des Polizeirechts widerspricht.[12] Im Ergebnis wirkt sich dies aber auf die Möglichkeit, Maßnahmen zu treffen, nicht aus.

Nach der Gegenansicht ermächtigt die Generalklausel im Falle des Gefahrenverdachts ausschließlich dann zu Maßnahmen, wenn die Möglichkeit der Verletzung bedeutender Rechtsgüter, insbesondere Leben und Gesundheit, besteht.[13] In allen anderen Fällen überwiege der grundrechtlich geschützte Anspruch des Bürgers auf Freiheit von staatlichen Eingriffen gegenüber dem Bedürfnis eines effektiven Rechtsgüterschutzes.[14] Dem müsse Rechnung getragen werden, indem man bei Unsicherheiten über das Vorliegen einer Gefahr Maßnahmen aufgrund von § 14 NRWOBG nur zulasse, wenn die möglicherweise gefährdeten Rechtsgüter hochrangig seien.[15] Auch dieser Meinung zufolge kann die Generalklausel zumindest im hier in Rede stehenden Fall aufgrund der möglichen Gefahr für Leben und Gesundheit der auf der Straße verkehrenden Bürger als Ermächtigungsgrundlage ordnungsbehördlicher Maßnahmen dienen. Der Meinungsstreit bedarf daher keiner Entscheidung. Die ordnungsbehördliche Generalklausel ermächtigt die Ordnungsbehörde zu einem Einschreiten.

---

6 *Götz/Geis* POR § 6 Rn. 30 ff.; *R. Schmidt* POR Rn. 689 ff. Vgl. auch *Würtenberger* in Ehlers/Fehling/Pünder BesVerwR III § 69 Rn. 239 ff., der zwischen einem allgemeinen und einem konkreten Gefahrenverdacht unterscheidet und daher besondere Konsequenzen für den Gefahrerforschungseingriff zieht, hierzu näher im Lösungsvorschlag zum Grundfall unter C. III. 2. b).

7 Vgl. nur *Götz/Geis* POR § 6 Rn. 31 mwN.

8 Krit. zum Begriff des Gefahrenverdachts *Schenke* POR Rn. 83 ff.; *Schenke* JuS 2018, 505 (508); *Poscher* NVwZ 2001, 141 ff.

9 Die Frage ist rein dogmatischer Natur und kann in einer Klausur stets unentschieden bleiben.

10 *Brandt/Smeddinck* JURA 1994, 225 (230); *Gerhardt* JURA 1987, 521 (525); *Schneider* DVBl. 1980, 406 ff.

11 *Götz* POR, 15. Aufl. 2013, § 6 Rn. 29 mwN.

12 *Götz* POR, 15. Aufl. 2013, § 6 Rn. 29 mwN.

13 Schmidt-Aßmann/*Friauf* BesVerwR, 11. Aufl. 1999, 2. Abschn. Rn. 52a (der hM folgt aber *Schoch* in Schoch BesVerwR Kap. 1 Rn. 295 f.); *Wolffgang/Hendricks/Merz* POR NRW Rn. 251 mwN.

14 *Wolffgang/Hendricks/Merz* POR NRW Rn. 251 mwN; vgl. auch *Meyer* JURA 2017, 1266.

15 Schmidt-Aßmann/*Friauf* BesVerwR, 11. Aufl. 1999, 2. Abschn. Rn. 52a.

II. Verantwortlichkeit

1. Verdachtsstörer

Zu fragen ist, gegen wen etwaige Maßnahmen zu richten sind. Nach allgemeinen Grundsätzen kommen in erster Linie Verhaltensstörer, § 17 NRWOBG,[16] und Zustandsstörer, § 18 NRWOBG,[17] in Betracht. Diese Grundsätze finden auch im Falle eines bloßen Gefahrenverdachts Anwendung, allerdings unter Beachtung des Umstands, dass der Gefahrenverdacht idR keine endgültigen Maßnahmen rechtfertigt, sondern nur solche, die der Behörde Klarheit über die mögliche Gefahr verschaffen. Weitergehende Maßnahmen sind grundsätzlich zunächst nicht erforderlich und somit nicht verhältnismäßig. Mit solchen sog. **Gefahrerforschungseingriffen** wird derjenige, der im Gefahrenfalle der Verantwortliche ist, vorläufig als Verantwortlicher in Anspruch genommen.[18] Ausgehend von dem Sachverhalt, der zur Entstehung des Gefahrenverdachts geführt hat, muss L als Verdachtsverhaltensstörer angesehen werden, da er mit seinem Lastwagen die möglicherweise gefährliche Neigung der Bäume herbeigeführt hat. Daneben könnte E als Verdachtszustandsstörerin anzusehen sein, weil sie Eigentümerin des Grundstücks und damit auch der Bäume ist.

2. »Opferrolle« des Zustandsstörers

Der Störereigenschaft der E könnte jedoch entgegenstehen, dass sie als Grundstückseigentümerin, sollte sich die Fallneigung der Bäume bestätigen, zugleich **Opfer**[19] **des Verhaltens des Handlungsstörers** L ist. Vor diesem Hintergrund könnte man daran denken, die Störereigenschaft der E aus Gründen der materiellen Gerechtigkeit abzulehnen. So wird in diesem Zusammenhang vertreten, dass zwar die Sozialpflichtigkeit des (Grundstücks-)Eigentümers (Art. 14 II GG) fordere, dass er nicht nur die Vorteile der Sache genießen solle, sondern auch die Nachteile zu tragen habe.[20] Ihm sollen aber nicht die Risiken aufgebürdet werden, die sich aus einer nicht ihn, sondern die Allgemeinheit treffenden Gefahrenlage (zB moderner Massenverkehr) ergeben.[21] E wäre demgemäß als Opfer eines **außerhalb** ihrer **Risikosphäre** liegenden Ereignisses nicht Zustandsstörerin.

Die **hM** lässt dagegen die **Opferrolle**[22] des Zustandsstörers, wie im Übrigen auch jede andere außerhalb des bloßen Vorhandenseins der Sache liegende Ursache,[23] selbst dann **unbeachtet**, wenn erwiesen ist, dass die Gefahr durch einen Verhaltensstörer herbeigeführt wurde. Das Gesetz knüpfe für die Zustandshaftung einzig und allein an

16 Art. 9 I BayLStVG; § 6 BWPolG; § 6 HSOG; § 6 NSOG.

17 Art. 9 II BayLStVG; § 7 BWPolG; § 7 HSOG; § 7 NSOG.

18 *Götz/Geis* POR § 6 Rn. 31 mwN; *Frings/Spahlholz* Gefahrenabwehr NRW Rn. 227; *R. Schmidt* POR Rn. 689 ff., 780; aA *Schenke* POR Rn. 263; *Schenke* JuS 2018, 505 (511 f.).

19 So die Formulierung bei *Götz* POR, 15. Aufl. 2013, § 9 Rn. 59 ff.; vgl. dazu *Dietlein* in Dietlein/Hellermann ÖffR NRW § 3 Rn. 100.

20 Schmidt-Aßmann/*Friauf* BesVerwR, 11. Aufl. 1999, 2. Abschn. Rn. 92; vgl. auch *Würtenberger* in Ehlers/Fehling/Pünder BesVerwR III § 69 Rn. 248.

21 Schmidt-Aßmann/*Friauf* BesVerwR, 11. Aufl. 1999, 2. Abschn. Rn. 92; vgl. dazu *R. Schmidt* POR Rn. 813, unter anderem zu auf Naturereignissen oder auf Fremdverschulden beruhenden Gefahren und einem etwaigen Verstoß gegen das Übermaßverbot bei Inanspruchnahme des Zustandsstörers; *Schenke* DVBl. 1986, 362 (363 f.); *Breuer* JuS 1986, 359 (363).

22 Näher dazu *Mohr* NVwZ 2003, 686 (687 f.).

23 ZB: Steinschlaggefahr (BVerwG NJW 1999, 231).

die rechtliche und tatsächliche Sachherrschaft des Eigentümers an.[24] E wäre demnach Zustandsstörerin.

Das Polizei- und Ordnungsrecht wird von dem Zweck beherrscht, **effektive Gefahrenabwehr** zu garantieren. Hiermit wäre es unvereinbar, einen Zustandsstörer von vornherein aus seiner Verantwortlichkeit zu entlassen. Überlegungen, ob sich eine »Opferrolle« des Zustandsstörers auf die gefahrenabwehrende Inanspruchnahme auswirken muss, können noch im Rahmen der Ermessensentscheidung hinsichtlich der Auswahl unter mehreren Störern[25] und bei der Beurteilung der Angemessenheit im Rahmen der Verhältnismäßigkeitsprüfung[26] angestellt werden. Dies erlaubt sachgerechte, flexible Lösungen, wie zB die Teilbeseitigung der Gefahr durch den Zustandsstörer. Auch die verfassungsrechtliche Eigentumsgarantie vermag keine andere Beurteilung zu rechtfertigen, da sich insbesondere ein Grundstückseigentümer die Lage und Vorgeschichte seines Grundstücks zurechnen lassen muss, was wiederum – anschaulich verdeutlicht am Beispiel dieses Falles – nicht dazu führen kann, dass er sich von verkehrsbedingten Risiken lösen darf.[27] Trotz »Opferrolle« ist E daher als Zustandsstörerin anzusehen.

Festzuhalten bleibt, dass sowohl E als auch L ordnungspflichtig sind.

III. Ermessen

1. Entschließungsermessen

Bei der Frage, ob die Ordnungsbehörde tätig werden darf, ist darauf abzustellen, dass Gefahren für bedeutende Rechtsgüter in Rede stehen. Vor diesem Hintergrund ist das grundsätzliche Tätigwerden nicht zu beanstanden.

2. Auswahlermessen

a) Auswahl des richtigen Adressaten

Als Adressaten kommen, anknüpfend an das Ergebnis zu C. II. 2., sowohl E als auch L in Betracht. Zwar ist es grundsätzlich möglich, beide nebeneinander zur Verantwortung zu ziehen,[28] zwingend ist dies aber nicht. Für die Frage, welcher von mehreren Störern in Anspruch genommen werden soll, kommt es entscheidend auf den

---

24 StRspr: BVerwG NJW 1998, 1004; 1999, 231; NVwZ 1997, 577 (578); 1992, 480; auch BVerfGE 102, 1 (18 f.) = NJW 2000, 2573. So auch *Würtenberger* in Ehlers/Fehling/Pünder BesVerwR III § 69 Rn. 247; *Drews/Wacke/Vogel/Martens* Gefahrenabwehr 320 f.

25 Dazu im Lösungsvorschlag zum Grundfall unter C. III. 2. a).

26 Dies gilt insbes., wenn es um kostenträchtige Maßnahmen geht, vgl. BVerfGE 102, 1 (19 ff.) = NJW 2000, 2573, dazu unten die Lösung der Fallvariante 2, C. IV. 2. Auch OVG NRW NJW 2010, 1988 (1989 li.Sp. oben) sieht offenbar den Verhältnismäßigkeitsgrundsatz als Anknüpfungspunkt für Grenzen der Zustandsverantwortlichkeit.

27 *Würtenberger* in Ehlers/Fehling/Pünder BesVerwR III § 69 Rn. 249 f.; einschr. BVerfGE 102, 1 (21) = NJW 2000, 2573 (2575); hierzu *Bickel* NJW 2000, 2562 ff.; *Lepsius* JZ 2001, 22 (26 f.); *Lepsius* Besitz und Sachherrschaft 121, 378 ff., 384, 418 f., 511 mit Fn. 212; *Vöneky* DÖV 2003, 400 ff.

28 *Götz/Geis* POR § 9 Rn. 91. Zu denken ist insbesondere an Fälle, bei denen die Störung von einer Sache ausgeht, die im Gesamthands- oder Miteigentum mehrerer steht, vgl. *Dietlein* in Dietlein/Hellermann ÖffR NRW § 3 Rn. 124.

Grundsatz der Effektivität an.[29] Vorrangig ist derjenige auszuwählen, der die Gefahrbeseitigung, im Falle von E und L die Gefahrermittlung, am wirksamsten vornehmen kann. An diesem Grundsatz muss die Behörde sich bei der Ausübung ihres Ermessens nach § 40 NRWVwVfG orientieren.

Ob eine Gefahr vorliegt, kann nur durch eine Begutachtung der Bäume und des Erdreichs ermittelt werden. Da hierfür das Betreten des Grundstücks der E unumgänglich ist, wird sich eine derartige Maßnahme zwangsläufig auf die Eigentümerrechte der E auswirken. Sie muss daher die notwendige Untersuchung selbst vornehmen, erlauben oder zumindest dulden.[30] Auch wenn man L zur Gefahrerforschung heranziehen wollte, müsste gegen E eine Duldungsverfügung ergehen. E ist also einerseits Sachnächste und andererseits unter allen Umständen am Verfahren zu beteiligen. Vor diesem Hintergrund erscheint es am einfachsten und wirkungsvollsten – somit auch ermessensfehlerfrei, von vornherein nur gegen E vorzugehen.

Einer Inanspruchnahme der E könnte jedoch der bereits angesprochene[31] Gesichtspunkt der materiellen Gerechtigkeit entgegenstehen. Grundsätzlich ist die »**Opferrolle**« des Zustandsstörers im Rahmen der Ermessensentscheidung hinsichtlich der Auswahl des in Anspruch zu nehmenden Störers zu berücksichtigen.[32] Dabei muss der Umstand, dass der Zustandsverantwortliche nicht lediglich Störer, sondern zugleich »Opfer« des Handlungsstörers ist, ins Gewicht fallen.[33] Die Inanspruchnahme des Zustandsstörers ist demnach grundsätzlich **ermessensfehlerhaft**. Etwas anderes gilt ausnahmsweise dann, wenn lediglich der Zustandsstörer in der Lage ist, die Gefahr zu beseitigen, oder aber wenn im Falle eines Gefahrenverdachts erst durch die geplanten Gefahrerforschungsmaßnahmen festgestellt werden kann, wer als Verhaltensstörer in Betracht kommt.[34] Im Falle von E und L greift keine dieser Ausnahmen. Zu bedenken ist jedoch, dass es zum gegenwärtigen Zeitpunkt noch nicht um eine endgültige Beseitigung der potentiellen Gefahr, sondern lediglich um Gefahrerforschungsmaßnahmen geht. Diese führen zu einer weitaus geringeren Belastung als die sich möglicherweise anschließende Gefahrbeseitigung. Hinzu kommt, dass E durch die erforderliche Begutachtung der Bäume ohnehin in ihren Rechten beeinträchtigt werden wird. Daher erscheint es sachgerecht, von einer Berücksichtigung der »Opferrolle« der E abzusehen und sie aus Gründen der Effektivität der Gefahrenabwehr in Anspruch zu nehmen.

E ist daher die richtige Adressatin einer Ordnungsverfügung.

b) Auswahl des richtigen Mittels – Verfügungsinhalt

Zu prüfen ist weiterhin, welche Maßnahme zur Erforschung des Gefahrenverdachts in einer an E gerichteten Verfügung angeordnet werden kann. Denkbar ist, der E die Begutachtung der Bäume selbst aufzugeben, oder aber ihr lediglich aufzugeben, eine behördliche Probebohrung zu dulden. Fraglich ist mithin, ob der potentielle Störer

29 *R. Schmidt* POR Rn. 816; *Götz/Geis* POR § 9 Rn. 91, spricht von Zweckmäßigkeit; *Dietlein* in Dietlein/Hellermann ÖffR NRW § 3 Rn. 124 ff. (126).

30 Zur genauen Bestimmung des Mittels und des Verfügungsinhaltes, vgl. C. III. 2. b).

31 Oben C. II. 2.

32 *Würtenberger* in Ehlers/Fehling/Pünder BesVerwR III § 69 Rn. 288; krit. etwa *Lepsius* JZ 2001, 22 (26 f.); *Lepsius* Besitz und Sachherrschaft 378 ff.

33 *Götz/Geis* POR § 9 Rn. 96.

34 Vgl. insoweit VGH BW DVBl. 1990, 1046.

oder die Ordnungsbehörde selbst die Gefahrerforschung durchführen muss. Die Antwort auf diese Frage wird sehr kontrovers diskutiert.[35] **Einerseits** wird vertreten, dass die **Gefahrerforschungsmaßnahme dem potentiellen Störer auferlegt** werden könne.[36] Zur Begründung wird insbesondere angeführt, dass die Gefahrerforschung eine Vorstufe und damit Teil der eigentlichen Gefahrbeseitigung sei, welche ihrerseits ohne Weiteres dem Störer auferlegt werden könne bzw. müsse.[37] Daher fordere das Zusammenspiel von gefahrenabwehrender Grundverfügung und behördlicher Vollstreckung im Polizei- und Ordnungsrecht, dass die Behörde erst bei Untätigkeit des Verfügungsadressaten die erforderlichen Gefahrerforschungsmaßnahmen im Wege der Ersatzvornahme selbst vornehmen dürfe.[38]

Die **Gegenmeinung** will dem (potentiellen) Störer im Stadium der Gefahraufklärung lediglich eine **Duldung behördlicher Aufklärungsmaßnahmen** zumuten.[39] Die Gefahrerforschung sei gerade (noch) nicht Teil der Gefahrenabwehr, sondern dem Stadium der Sachverhaltsermittlung zuzurechnen.[40] Demgemäß werde das behördliche Handeln maßgeblich vom Amtsermittlungsgrundsatz des § 24 NRWVwVfG beeinflusst, der die Aufgabe der Ermittlung des (für die spätere Gefahrenabwehr) relevanten Sachverhaltes ausschließlich der Behörde zuweise.[41]

Im Fall von E und L geht es nicht in erster Linie darum festzustellen, wer Störer ist, sondern darum, ob überhaupt eine Gefahr besteht. In derartigen Fällen[42] wird man die Gefahrerforschung schwerlich bereits der Gefahrenabwehr zurechnen können, ohne die Abgrenzung zur verwaltungsverfahrensrechtlich vorgesehenen Phase der Sachverhaltsermittlung von vornherein aufzugeben. Steht fest, dass die **Behörde** den **Sachverhalt noch ermitteln** muss, so muss sie sich der Vorschrift des § 24 NRWVwVfG unterwerfen und die **Durchführung der erforderlichen Maßnahmen selbst übernehmen**. Gegen E darf daher nur eine Duldungsverfügung ergehen. Gegen L sind keine Maßnahmen möglich.

IV. Verhältnismäßigkeit

Die Duldungsverfügung müsste angesichts des konkreten Gefahrenverdachts geeignet, erforderlich und angemessen sein. Durch die Duldungsverfügung wird die Be-

---

35 Dazu *Kingreen/Poscher* POR § 9 Rn. 24 f.; *Erbguth/Mann/Schubert* BesVerwR Rn. 480; vgl. *Schoch* in Schoch BesVerwR 1. Kap. Rn. 298 mwN.

36 Von *Götz/Geis* POR § 6 Rn. 31 zu weitgehend als hM bezeichnet.

37 VGH BW NVwZ 1991, 491 (492, 493, 494); BayVGH NVwZ 1986, 942 (946); undeutlich, aber sich wohl dieser Argumentation anschließend *Götz/Geis* POR § 6 Rn. 34 aE; vgl. auch OVG RhPf NVwZ 1992, 498 (501).

38 Vgl. VGH BW NVwZ 1986, 325 (326), in diesem Fall waren nach Ansicht des Gerichts allerdings die Voraussetzungen eines Sofortvollzugs gegeben.

39 OVG RhPf NVwZ 1987, 240 (241); HessVGH NVwZ 1991, 498 (500 f.); OVG NRW ZfW 1983, 180 (182); OVG NRW NWVBl. 1990, 159; *Knemeyer* POR Rn. 97 aE; *Schink* DVBl. 1986, 161 (165); *Papier* DVBl. 1985, 873 (875); wohl auch *Wolffgang/Hendricks/Merz* POR NRW Rn. 253 ff., jedoch mit Einschränkungen.

40 OVG RhPf NVwZ 1987, 240 (241); HessVGH NVwZ 1991, 498 (500 f.); OVG NRW NWVBl. 1990, 159.

41 OVG RhPf NVwZ 1987, 240 (241); HessVGH NVwZ 1991, 498 (501); OVG NRW NWVBl. 1990, 159.

42 Anders mag es aussehen, wenn annähernd sicher feststeht, dass eine Gefahr besteht sowie wer sie verursacht hat, und lediglich das Ausmaß der Gefahr noch zu klären ist, vgl. *Erbguth/Mann/Schubert* BesVerwR Rn. 480.

gutachtung der Bäume und des Erdreichs rechtlich ermöglicht. Ein milderes Mittel zur Gefahrerforschung ist nicht ersichtlich, sodass auch die Erforderlichkeit gegeben ist. Nachteile, die die Duldungsverfügung bei der E möglicherweise hervorrufen, sind eine zeitweilig eingeschränkte Grundstücksnutzung sowie ein Verdienstausfall (hierzu Fallvariante 1). Der Vorteil der Duldungsverfügung, also die Klarheit darüber, ob eine Gefahr für Leben und Gesundheit besteht, wiegt diese Nachteile jedoch auf, sodass die Duldungsverfügung auch angemessen ist.[43] Insgesamt ist die Duldungsverfügung verhältnismäßig.[44]

V. Ergebnis

Gegen E kann eine Verfügung mit dem Inhalt erlassen werden, dass sie eine von der örtlichen Ordnungsbehörde vorzunehmende Begutachtung der Bäume und des Erdreichs auf ihrem Grundstück zu dulden hat. Gegen L können derzeit, dh in der Phase der Gefahrerforschung, keine Maßnahmen verhängt werden.

Lösungsvorschlag Fallvariante 1

Ein Anspruch der E auf Ersatz eines durch die Begutachtung erlittenen Verdienstausfalls besteht, wenn die Voraussetzungen einer entsprechenden Anspruchsgrundlage erfüllt sind. Zu denken ist sowohl an eine verschuldensunabhängige Entschädigung als auch an einen verschuldensabhängigen Schadensersatz.

A. Entschädigung

I. § 39 I lit. b NRWOBG

Als Anspruchsgrundlage kommt zunächst § 39 I lit. b NRWOBG[45] in Betracht.

1. Rechtswidrige Maßnahme

Dann müsste eine rechtswidrige Maßnahme einer Ordnungsbehörde vorliegen.

a) Maßnahme

Unter einer Maßnahme iSd § 39 I NRWOBG versteht man die (positive[46]) Handlung einer Behörde, die unmittelbar in Rechte des Betroffenen eingreift, ohne dass es auf

43 Nicht angemessen wäre es zB, die Bäume endgültig zu fällen.

44 Problematisch ist die Verhältnismäßigkeit im Rahmen des Gefahrenverdachts vor allem, wenn es darum geht, endgültige gefahrenabwehrende Maßnahmen zu treffen. Auch diese können aber je nach Fallgestaltung durch einen Gefahrerforschungseingriff gedeckt sein, hierzu *Götz/Geis* POR § 6 Rn. 30 ff. mwN; BHKM/*Heckmann* ÖffR Bayern 3. Teil, Rn. 133; wegen Außerachtlassung dieser Maßgabe ungenau: *Wolffgang/Hendricks/Merz* POR NRW Rn. 253. Vorsorgliche und endgültige Maßnahmen sind uU auch parallel denkbar.

45 § 64 I 2 HSOG; § 80 I 2 NSOG; in Bayern und Baden-Württemberg ist eine ausdrückliche Normierung von Ersatzansprüchen wegen rechtswidriger Maßnahmen nicht erfolgt. Die Entschädigung erfolgt hier aus dem Gesichtspunkt des enteignungsgleichen bzw. enteignenden Eingriffs bzw. in Bayern gem. Art. 87 BayPAG, der diesen Ansprüchen als lex specialis vorgeht (vgl. zur Vorgängernorm BHKM/*Heckmann* ÖffR Bayern 3. Teil, Rn. 448 ff. [450, 452]; *Würtenberger/Heckmann* PolizeiR BW, 6. Aufl. 2005, Rn. 535; *Schenke* POR Rn. 683).

46 Zu unterlassenen Eingriffen Hinweis 1 zu Fall 11.

ihre Finalität ankommt.[47] Die Verfügung, die Begutachtung der Bäume und des Erdreiches zu dulden, ist demgemäß eine Maßnahme iSd § 39 I NRWOBG.

b) Rechtswidrigkeit

Hinsichtlich der Rechtswidrigkeit der Duldungsverfügung kann auf die Lösung des Grundfalles verwiesen werden. Kurz zusammenfassend kann festgehalten werden, dass eine Duldungsverfügung als Gefahrerforschungsmaßnahme aufgrund eines Gefahrenverdachts rechtmäßig ergangen ist.

2. Ergebnis

Aufgrund der Rechtmäßigkeit der Duldungsverfügung scheidet ein Entschädigungsanspruch gem. § 39 I lit. b NRWOBG aus.

II. § 39 I lit. a NRWOBG[48] analog

Die Rechtmäßigkeit der Duldungsverfügung beruht allein auf der Gleichsetzung von Gefahrenverdacht und Gefahr iSd Gefahrenabwehrrechts. Diese Gleichsetzung darf sich aber nicht zum Nachteil des Betroffenen auswirken.[49] Insofern kommt eine analoge Anwendung von § 39 I lit. a NRWOBG in Betracht.

1. Voraussetzungen der Analogie

§ 39 I lit. a NRWOBG liegt der Gedanke der Entschädigung für ein Sonderopfer zugrunde.[50] Wird jemand zugunsten der Allgemeinheit in Anspruch genommen, obwohl er eine Gefahr nicht verursacht hat, so wird er anderen Bürgern gegenüber ungleich behandelt bzw. ungleich belastet. Auch wenn dies aufgrund höherstehender Allgemeininteressen auf der Ebene der Inanspruchnahme (sog. **Primärebene der Gefahrenabwehr**) gerechtfertigt ist, fordert das Wesen des gefahrenabwehrrechtlichen Entschädigungsrechts auf der sog. **Sekundärebene der Gefahrenabwehr** einen gerechten Schadensausgleich.[51] § 39 I lit. a NRWOBG formuliert diesen Gedanken ausdrücklich für den sog. Nichtstörer iSd § 19 NRWOBG.[52] Da eine vergleichbare Regelung für Fälle mit gleicher Interessenlage[53] – wie den Gefahrenverdacht – nicht existiert, ist eine **analoge Anwendung des § 39 I lit. a NRWOBG auf den Fall des Gefahrenverdachts** gerechtfertigt und **anerkannt**.[54] Dies gilt zumindest, wenn es

47 Vgl. *Götz/Geis* POR § 15 Rn. 25; *Wolffgang/Hendricks/Merz* POR NRW Rn. 575.

48 Art. 87 I BayPAG iVm § 11 I BayLStVG; § 55 I 1 BWPolG; § 64 I 1 HSOG; § 80 I 1 NSOG.

49 Zu einem ähnlichen Ansatz bei der Anscheinsgefahr Fall 11.

50 *Wolffgang/Hendricks/Merz* POR NRW Rn. 634 ff.

51 BGHZ 117, 303 = BeckRS 9998, 96461 (Leitentscheidung); *Schoch* JuS 1995, 504 (510).

52 Art. 9 III BayLStVG; § 9 BWPolG; § 9 HSOG; § 8 NSOG.

53 Eine Übersicht über die Fallgruppen, in denen § 39 NRWOBG bzw. gleichlautende Vorschriften anderer Landesgesetze angewendet werden, findet sich in Hinweis 4 zu diesem Fall.

54 BGHZ 117, 303 (307 f.) = BeckRS 9998, 96461; BGHZ 126, 279 (283) = BeckRS 9998, 166380; *Kingreen/Poscher* POR § 26 Rn. 14 ff.; *Erbguth/Mann/Schubert* BesVerwR Rn. 773; *Wolffgang/Hendricks/Merz* POR NRW Rn. 639, 641 aE. Zum gleich gelagerten Problem der Anscheinsgefahr OLG Hamm NWVBl. 1992, 110 (111 f.); HmbOVG NJW 1986, 2005 (2006); LG Köln NJW 1998, 317 (318); *Schoch* JuS 1995, 504 (510); *Schenke/Ruthig* VerwArch 87 (1996), 329 (333) (Fn. 13 mwN); krit. aber *Rhein* OBG NRW, § 39 Rn. 7. Vgl. auch Fall 11, B. I. 2.

sich wie hier um einen Fall der reinen Zustandsverantwortlichkeit handelt, der Gefahrenverdacht sich also nicht auf ein Verhalten des Verdachtsstörers gründet.[55]

Ein Entschädigungsanspruch der E lässt sich daher dem Grunde nach auf § 39 I lit. a NRWOBG analog stützen.

2. Schadensumfang

Ersatzfähig sind nach § 40 I 1 NRWOBG[56] Vermögensschäden,[57] die in einem unmittelbaren Zusammenhang mit der zu entschädigenden Maßnahme stehen. Ausdrücklich erwähnt ist im dortigen S. 2 beispielhaft der Ausfall des gewöhnlichen Verdienstes. E kann daher ihren Verdienstausfall geltend machen.

3. Ergebnis

E steht ein Anspruch auf Ersatz des entgangenen Verdienstes analog § 39 I lit. a NRWOBG zu.

4. Anhang: Mitverschulden als Korrektiv[58]

Eine Minderung der Entschädigung sieht § 40 IV NRWOBG für die Fälle vor, in denen ein Mitverschulden des Betroffenen bei der Entstehung des Schadens mitgewirkt hat. Je nach Umfang der Ursächlichkeit kann es sogar zu einem völligen Ausschluss der Entschädigung kommen.[59] Für den Gefahrenverdacht bedeutet das, dass der vermeintliche Störer die Verdachtsmomente, die einen Gefahrenverdacht begründeten, nicht zurechenbar verursacht haben darf.[60] Dies war bei E der Fall.

B. Schadensersatz

Als Anspruchsgrundlage für Schadensersatz kommt § 839 BGB iVm Art. 34 GG in Betracht.[61] Ein Anspruch scheitert jedoch daran, dass es bereits an der erforderlichen **Amtspflichtverletzung fehlt**. Auch ein objektiv und pflichtgemäß handelnder Dritter wäre vom Vorliegen eines Gefahrenverdachts ausgegangen. Jeder pflichtgemäß

---

55 Vgl. Fall 11, B. I. 2.

56 Art. 11 I BayLStVG iVm Art. 87 VII BayPAG; § 65 HSOG; § 81 I NSOG.

57 Nicht ersatzfähig sind an sich immaterielle Schäden, sodass auch ein Anspruch auf Schmerzensgeld nach früher gefestigter Rspr. ausschied; der BGH hat aber im Jahre 2017 seine Rspr. geändert und mit Blick auf die 2002 eingeführte allgemeine Regelung des § 253 II BGB entschieden, dass bei Körper- und Gesundheitsverletzungen grds. ein Schmerzensgeld zu zahlen ist (BGH NJW 2017, 3384; näher *Will/Quarch* StaatshaftungsR § 13 Rn. 54 mwN. Vgl. schon vor der Änderung der Rspr. § 65 II HSOG und § 81 III NSOG, die unter anderem bei einer Verletzung des Körpers oder der Gesundheit auch eine angemessene Kompensation von Nicht-Vermögensschäden gewähren; eingeschränkt auf den Fall der Freiheitsentziehung auch: Art. 87 VII 2 BayPAG.

58 Ist, wie hier, die Entstehung der Gefahrenverdachtsmomente dem vermeintlichen Störer offensichtlich nicht zuzurechnen, braucht auf das Korrektiv des Mitverschuldens nicht eingegangen zu werden. Der Anhang soll lediglich verdeutlichen, dass die in Klausuren häufig problematische Zurechnung von Verdachtsmomenten richtigerweise im Rahmen des Mitverschuldens nach § 40 IV NRWOBG zu problematisieren ist. Jedoch ist auch vertretbar, das fehlende Mitverschulden als Voraussetzung der Analogie zu sehen. Vgl. dazu auch Fall 11, Lösung B. I. 2. und die dortigen Nachw.

59 *Wolffgang/Hendricks/Merz* POR NRW Rn. 639 aE.

60 BGHZ 117, 303 = BeckRS 9998, 96461 (Leitentscheidung); *Schoch* JuS 1995, 504 (510).

61 Zu den einzelnen Tatbestandsvoraussetzungen *Maurer/Waldhoff* AllgVerwR § 26 Rn. 11 ff.

handelnde Beamte hätte die Begutachtung der Bäume und des Erdreichs vorgenommen und E die Duldung dieser Maßnahmen aufgegeben.

Lösungsvorschlag Fallvariante 2

Die Verfügung ist rechtmäßig, wenn sie den Anforderungen der Ermächtigungsgrundlage genügt.

A. Ermächtigungsgrundlage

Als Ermächtigungsgrundlage kommt ausschließlich die ordnungsbehördliche Generalklausel in § 14 I NRWOBG[62] in Betracht.

B. Formelle Rechtmäßigkeit

Die Ordnungsverfügung erging formell rechtmäßig.

C. Materielle Rechtmäßigkeit

I. Tatbestandliche Voraussetzungen der Ermächtigungsgrundlage

Es müsste eine Gefahr für die öffentliche Sicherheit bestehen. Eine solche ergibt sich daraus, dass ein Umstürzen der Bäume auf die Straße alsbald bevorsteht. Schäden für Leben und Gesundheit der Verkehrsteilnehmer sowie eine Beeinträchtigung des Gemeinschaftsgutes »Leichtigkeit des Straßenverkehrs« sind zu erwarten.[63]

II. Verantwortlichkeit

Ordnungspflichtig sind L als Handlungsstörer nach § 17 I NRWOBG[64] sowie E als Zustandsstörerin nach § 18 I NRWOBG.[65] Für Letztere ergibt sich entsprechend den Ausführungen zum Grundfall unter C. II. 2. nichts anderes, wenn man berücksichtigt, dass sie ein »Opfer« des Verhaltens des L ist. Auch die hohen Kosten der Maßnahme ändern an der grundsätzlichen Zustandsverantwortlichkeit der E nichts.[66]

III. Ermessen

1. Entschließungsermessen

Vor dem Hintergrund, dass bedeutende Rechtsgüter zu schützen sind, ist das Tätigwerden der Behörde nicht zu beanstanden.

62 Art. 7 II BayLStVG; § 1 I 1 iVm § 3 BWPolG; § 11 HSOG; 11 NSOG.
63 Vgl. die Lösung des Grundfalls unter C. I.
64 Art. 9 I BayLStVG; § 6 I BWPolG; § 6 I HSOG; § 6 I NSOG.
65 Art. 9 II BayLStVG; § 7 BWPolG; § 7 HSOG; § 7 NSOG.
66 Nach BVerfGE 102, 1 (19 ff.) = NJW 2000, 2573 ist lediglich das Ausmaß dessen, was dem Zustandsverantwortlichen abverlangt werden darf, begrenzt.

2. Auswahlermessen

a) Auswahl des richtigen Adressaten

Anknüpfend an das Ergebnis zu C. II. könnten sowohl L als auch E zur Gefahrenbeseitigung herangezogen werden. Bei der Auswahl ist entscheidend auf den Grundsatz der Effektivität der Gefahrenabwehr abzustellen, sodass wegen ihrer Sachnähe zur Gefahr grundsätzlich E in Anspruch zu nehmen wäre. Hinzu kommt, dass L mittlerweile mittellos ist.[67] Ihm die teure Gefahrbeseitigung aufzuerlegen, verspricht keinen Erfolg. Wie bereits im Rahmen der Lösung des Grundfalles unter C. III. 2. a) angesprochen, muss jedoch die »Opferrolle« des Zustandsstörers bei der Ermessensbetätigung stark ins Gewicht fallen. Sie drängt es geradezu auf, den Verhaltensstörer aus Gründen der materiellen Gerechtigkeit vorrangig in Anspruch zu nehmen. Zu bedenken ist aber, dass **primäres Ziel ordnungsbehördlichen Handelns die effektive Gefahrenabwehr** ist. Daher spricht die Mittellosigkeit des L entscheidend dafür, ihn nicht in Anspruch zu nehmen, da dies erfolglos bleiben wird. Allein die E ist in der Lage, die Gefahr effektiv abzuwenden. Ihre Inanspruchnahme ist ermessensfehlerfrei.[68]

b) Auswahl des richtigen Mittels

Richtiges Mittel zur Gefahrbeseitigung ist die Anordnung, die Bäume zu beseitigen.

IV. Verhältnismäßigkeit

Die Beseitigungsanordnung müsste des Weiteren verhältnismäßig, dh geeignet, erforderlich und angemessen sein.

1. Geeignetheit, Erforderlichkeit

Die Beseitigung der Bäume ist geeignet, die von ihnen ausgehende Gefahr zu beheben. Sie ist ebenfalls erforderlich. Zwar ließe sich an Stützmaßnahmen als milderes Mittel denken, diese müssten jedoch unter Inanspruchnahme des Straßenraumes erfolgen, da die Bäume unmittelbar an der Grenze zur Straße stehen. Daher wären sie als Mittel zur Gefahrbeseitigung nicht ebenso geeignet wie eine Beseitigung der Bäume.

2. Angemessenheit – Begrenzung der Zustandsverantwortlichkeit bei wertmäßiger Überbelastung

Fraglich ist, ob es auch angemessen ist, der E die Beseitigung der Bäume aufzugeben. Das wäre nicht der Fall, wenn der Schutzzweck der Maßnahme zu den mit ihr einhergehenden Belastungen des Störers in einem **offensichtlichen Missverhältnis**[69] steht. Ein solches könnte sich daraus ergeben, dass die Gefahrbeseitigung von E einen

67 Im Regelfall wird die Behörde bei der Auswahl zwischen mehreren Störern den Leistungsfähigsten in Anspruch nehmen, vgl. *Götz/Geis* POR § 9 Rn. 91 f. Hiermit wird jedoch nur der Zweckmäßigkeit Rechnung getragen, nicht aber einem sozialen Gedanken.

68 Anschaulich verdeutlicht wird hierbei der entscheidende Nachteil der Ansicht, die bei einer »Opferrolle« des Zustandsstörers gerade diese Eigenschaft (als Zustandsstörer) negieren will. Sie hat bei Mittellosigkeit des Verhaltensstörers niemanden, den sie in Anspruch nehmen kann. Zur Kritik einer Begrenzung der Zustandshaftung mithilfe der »Opferrolle« *Lepsius* JZ 2001, 22 (26 f.).

69 Vgl. *Götz* POR, 15. Aufl. 2013, § 9 Rn. 61.

Kostenaufwand verlangt, der den Wert ihres Grundstücks übersteigt. Die Frage der Beschränkung der Zustandsverantwortlichkeit wird kontrovers diskutiert.[70] Geht man mit der Rechtsprechung im Hinblick auf die Sozialpflichtigkeit des Eigentums, Art. 14 II GG, davon aus, dass eine »Opferrolle« des Zustandsverantwortlichen seine Störereigenschaft nicht ausschließt und seine Inanspruchnahme in Ausnahmefällen – wie dem der E – auch nicht ermessensfehlerhaft ist, so bietet die Frage der Angemessenheit der Ordnungsverfügung die letzte Möglichkeit, der **»Opferrolle«** des Zustandsverantwortlichen Rechnung zu tragen. Diskutiert, wenn auch nicht verbindlich entschieden, wurde in der Rechtsprechung eine Beschränkung der Zustandsverantwortlichkeit bei wirtschaftlicher Leistungsunfähigkeit.[71] Deutlicher wurde eine Beschränkung für den Fall formuliert, dass der (auf den Wert der Sache bezogene) Umfang der Inanspruchnahme den Wert der Sache überschreite.[72] Diesem Ansatz ist zu folgen, da er die Wertung des Art. 14 II GG in angemessener und interessengerechter Weise berücksichtigt. Diese Wertgrenze stellt jedoch nur einen Anhaltspunkt zur Feststellung der Zumutbarkeit dar. So ist eine Inanspruchnahme in der Regel nicht unzumutbar, wenn der Eigentümer selbst die Gefahr verursacht, sie bewusst in Kauf genommen, oder in fahrlässiger Weise die Augen hiervor verschlossen hat. Wurde die Gefahr indes von Naturgewalten oder nicht nutzungsberechtigten Dritten verursacht, ohne dass der Eigentümer dies vorhersehen konnte, so ist eine Inanspruchnahme über den Wert der Sache hinaus unzumutbar.[73] Die Gefahr wurde von L verursacht. Es spricht nichts dafür, dass E dies hätte vorhersehen können. Sachgerecht erscheint es daher, der E nur die Beseitigung von vier der fünf Bäume, also eine Aufwendung in Höhe von 40.000 EUR zuzumuten. Dies unterschreitet den Wert ihres Grundstücks.

V. Ergebnis

Die Beseitigungsverfügung ist teilweise rechtswidrig. Der E kann nur die Beseitigung von vier der fünf Bäume aufgegeben werden.

Ergänzende Hinweise

1. Ob die **Gefahrerforschung** bereits der **Gefahrenabwehr oder** noch der **Sachverhaltsermittlung** zuzuordnen ist, hängt – wie die Lösung des Grundfalls unter C. III. 2. b) zeigen sollte – stark von den Umständen des Einzelfalles ab.

2. Früher wurde die Problematik des **Gefahrenverdachts** im allgemeinen Polizei- und Ordnungsrecht vorrangig am Beispiel der Bodenaltlasten bzw. der Kontamination von Grund und Boden (Öleinsickerung uÄ) diskutiert und erläutert. Gerade hierfür trifft inzwischen das Bundes-Bodenschutzgesetz v. 17.3.1998 (BGBl. I 502) spezielle Regelungen. Insbesondere mit den §§ 9 und 24 trifft es Regelungen für die

70 Vgl. bereits den Grundfall unter C. II. 2.

71 BVerwGE 10, 282 (283) = NJW 1960, 1588; *Seibert* DVBl. 1992, 664 (672), deutet dies wohl zu weitgehend als ruinöse Inanspruchnahme.

72 BVerfGE 102, 1 (20 f.) = NJW 2000, 2573; vgl. auch BVerwG NVwZ 1991, 475; 1997, 577 (578); *Trute* Die Verwaltung 1999, 73 (79 f.); krit. *Lepsius* JZ 2001, 22 (26 f.); *Lepsius* Besitz und Sachherrschaft 121.

73 Vgl. BVerfGE 102, 1 (21 ff.) = NJW 2000, 2573.

Gefahrerforschung und die Kostentragung. Dazu etwa *Peine* NuR 1999, 121; *Schwertner/Libert* ZfBR 2010, 123.

3. Ebenso wie im Falle der Inanspruchnahme aufgrund eines Gefahrenverdachts kann die Inanspruchnahme aufgrund einer **Anscheinsgefahr** zu einem Entschädigungsanspruch analog § 39 I lit. a NRWOBG führen. Der Prüfungsaufbau ist in beiden Fällen gleich (vgl. Fall 11).

4. Fallgruppen für die Anwendung von **§ 39 NRWOBG** (Art. 87 I BayPAG; § 55 I BWPolG; § 64 HSOG; § 80 I NSOG):

- Inanspruchnahme als Nichtstörer, § 39 I lit. a NRWOBG,
- Rechtswidrige Inanspruchnahme als Störer, § 39 I lit. b NRWOBG,
- eine Gefahr ging nur aus ex-ante-Sicht von einer Sache aus, der vermeintliche Zustandsstörer (»Anscheinszustandsstörer«) hat die die Anscheinsgefahr begründenden Umstände aber nicht zu verantworten, § 39 I lit. a NRWOBG **analog** (BGH NJW 1994, 2355 [2356]; BGHZ 117, 303 [307 f.] = NJW 1992, 2639; BGHZ 126, 279 [283 ff., 285] = NJW 1994, 2355),
- eine Gefahr ging nur aus ex-ante-Sicht von einem Verhalten aus, der vermeintliche Verhaltensstörer (»Anscheinsverhaltensstörer«) hat sich dabei aber rechtmäßig verhalten, und es besteht keine in den haftungsrechtlichen Risikobereich des Handelnden fallende Verantwortlichkeit, § 39 I lit. a NRWOBG **analog** (BGH NJW 1994, 2355; DVBl. 1996, 1312 [1314]). Vgl. dazu noch den Fall 11 (B. I. 2.); ferner Hinweis 3 zu Fall 11.

Näher zum Ganzen *Erbguth/Mann/Schubert* BesVerwR Rn. 769 ff.; dort unter Rn. 776 auch zu spezialgesetzlich geregelten Fällen der Entschädigung für die Inanspruchnahme als Störer (zB §§ 56 ff. IfSG; 15 ff. TierGesG).

5. Zum Einschreiten wegen eines Gefahrenverdachts bei der Gefahrenabwehr im Internet *Germann* Gefahrenabwehr, 241, passim; zur polizeilichen Gefahrenabwehr im Internet ferner *Kugelmann* POR 7. Kap. Rn. 197 ff. mwN.

6. Grundlage und Ausgestaltung der **Zustandsverantwortlichkeit des Insolvenzverwalters** sind umstritten. Die hM (BVerwGE 122, 75 [77 ff.] = BeckRS 2004, 25208; BVerwGE 108, 269 [271] = BeckRS 1999, 30046413 [zur GesO der DDR]; zustimmend *Lepsius* Besitz und Sachherrschaft 333 ff.; *Trute* Die Verwaltung, 1999, 73 [83 ff.]) stellt auf die Übernahme der tatsächlichen Gewalt (vgl. § 18 II NRWOBG) durch den Insolvenzverwalter gem. § 80 I InsO ab. Mit dieser Übernahme scheide auch eine Inanspruchnahme des Eigentümers gem. § 18 II 2 NRWOBG aus. Die ordnungsrechtliche Verantwortlichkeit trifft somit allein den Insolvenzverwalter und die hierdurch entstehenden Kosten stellen als Kosten der Verwaltung eine Masseverbindlichkeit nach § 55 I Nr. 1 InsO dar. Seiner Zustandsverantwortlichkeit kann sich der Insolvenzverwalter jedoch durch die Freigabe der Sache, durch welche die Verfügungsgewalt und damit die tatsächliche Gewalt wieder auf den Schuldner übergehen, entledigen (HessVGH NJW 2010, 1545 [1546]; NdsOVG NJW 2010, 1546 [1547]).

Nicht zuletzt wegen dieser Möglichkeit, aber auch aus grundsätzlichen Erwägungen, ist diese Rechtsprechung auf Kritik gestoßen (vgl. vor allem *K. Schmidt* NJW 2010, 1489). Die Freigabe hat zur Folge, dass der Insolvenzschuldner wieder ordnungspflichtig wird. Da er jedoch abgesehen von den freigegebenen Gegenständen nicht über sein Vermögen verfügen kann, führt dies letztlich dazu, dass eine Kostenerstattung ausscheidet. Der Insolvenzverwalter wird die Sache nämlich immer nur dann freigeben, wenn die Kosten der Maßnahme den Wert der Sache übersteigen. Was auf den ersten Blick als Bevorzugung der Verwaltungsbehörde erscheint (Masseverbindlichkeit), stellt sich letztlich als deren Benachteiligung dar (Freigabemöglichkeit). Auch geht es nach der Kritik übenden Ansicht nicht um eine Verantwortlichkeit des Insolvenzverwalters, sondern um eine solche des Insolvenzschuldners. Dass der Insolvenzverwalter aufgrund der herrschenden Amtstheorie Adressat einer Ordnungsverfügung sei, ändere nichts daran, dass es für die Frage der Zustandsverantwortlichkeit allein darauf ankommen könne, ob der Insolvenzschuldner ordnungspflichtig sei. Dieser bleibe als Eigentümer Zurechnungssubjekt der Ordnungspflicht und zwar unabhängig davon, ob die Sache, von der die Gefahr ausgehe, durch den Insolvenzverwalter verwaltet werde oder durch diesen freigegeben worden sei.

7. Zur Frage, ob bei Zustandsverantwortlichkeit die Zurechnungstheorien Anwendung finden *Kingreen/Poscher* POR § 9 Rn. 42 ff.

11. Fall: Betrunkener Preuße

Sachverhalt

Der Bonner Student S gehört der Studentenverbindung Borussia 08/15 an. Trotzdem ist er, insbesondere vor Autofahrten, äußerst vorsichtig im Umgang mit Alkohol. Das hat ihm bei seinen Kameraden oftmals Hänseleien eingebracht. Als dies eines Abends in einer Gastwirtschaft erneut geschah, verabredete S mit dem Wirt, ihm in Weinpokalen statt Wein verdünnten Apfelsaft zu servieren. Hiervon trank S große Mengen, sodass er am Ende glaubhaft den Betrunkenen spielen konnte. Kurz nach Mitternacht ließ er sich unter dem Gejohle seiner Verbindungsbrüder, immer noch den Betrunkenen mimend, zu seinem Auto bringen. Beim Einsteigen wurde er jedoch von dem Polizisten P angesprochen, der ihn fragte, ob er in diesem Zustand fahren wolle. Um sich vor den Kameraden nicht bloßzustellen, deckte S die Angelegenheit nicht auf und weigerte sich auch, ins »Röhrchen zu pusten«. P forderte ihn daraufhin auf, ihm Fahrzeugschlüssel, Führerschein und Kfz-Schein herauszugeben. S kam dieser Aufforderung nach. S fuhr dann mit einem Taxi nach Hause und wandte hierfür 10 EUR auf. Nun möchte er gerichtlich deren Rückerstattung durchsetzen. Erfolgreich?

Lösungsvorschlag

Schwerpunkte:
- **Materiell:**
  - **Sicherstellung**
  - **Anscheinsgefahr**
  - **Entschädigungsanspruch des Anscheinsstörers**
- **Prozessual: Rechtsweg bei Entschädigungs- und Schadensersatzansprüchen**

Eine Klage des S hat Erfolg, wenn sie zulässig und begründet ist.

A. Zulässigkeit

Mangels einer aufdrängenden Spezialzuweisung ist der Rechtsweg zu den VG grundsätzlich nach § 40 I 1 VwGO gegeben, da streitentscheidend Normen des öffentlichen Rechts sind. Mit § 40 II 1 VwGO besteht jedoch für Ansprüche aus Aufopferung für das gemeine Wohl sowie für Schadensersatzansprüche wegen der Verletzung öffentlich-rechtlicher Pflichten eine Sonderzuweisung zu den ordentlichen Gerichten. Sowohl ein möglicher Aufopferungsanspruch aus § 39 I NRWOBG[1] als auch ein etwaiger Schadensersatzanspruch aus § 839 BGB iVm Art. 34 GG sind daher vor den Zivilgerichten geltend zu machen.[2]

B. Begründetheit

Die Klage des S ist begründet, wenn ihm ein Anspruch auf Erstattung der Taxikosten zusteht.[3]

I. Entschädigung

1. § 39 I lit. b NRWOBG als Anspruchsgrundlage

Als Anspruchsgrundlage kommt zunächst § 39 I lit. b NRWOBG[4] in Betracht. Diese Vorschrift findet nach § 67 NRWPolG im Bereich polizeibehördlichen Handelns entsprechende Anwendung. Dann müsste eine rechtswidrige Maßnahme einer Polizeibehörde vorliegen.

---

1 Art. 87 I BayPAG; § 55 I 1 BWPolG; § 64 I HSOG; § 80 I NSOG.

2 Landesgesetzliche Rechtswegregelungen wie zB § 43 NRWOBG, § 86 NSOG sind vor dem Hintergrund der abschließenden bundesrechtlichen Normierung in der Verwaltungsgerichtsordnung lediglich deklaratorisch.

3 Zu denken ist an (verschuldensunabhängige) Entschädigung und an (verschuldensabhängigen) Schadensersatz. Aufgrund der geringeren Anforderungen eines Entschädigungsanspruchs – insbesondere im Rahmen des Verschuldens – ist dieser als erstes zu prüfen.

4 § 64 I 2 HSOG; § 80 I 2 NSOG; in Bayern und Baden-Württemberg ist eine ausdrückliche Normierung von Ersatzansprüchen wegen rechtswidriger Maßnahmen nicht erfolgt. Die Entschädigung erfolgt hier aus dem Gesichtspunkt des enteignungsgleichen bzw. enteignenden Eingriffs bzw. in Bayern gem. Art. 87 BayPAG, der diesen Ansprüchen als lex specialis vorgeht (vgl. zur Vorgängernorm BHKM/*Heckmann* ÖffR Bayern 3. Teil Rn. 448 ff.; *Würtenberger/Heckmann* PolizeiR BW, 6. Aufl. 2005, Rn. 535; *Schenke* POR Rn. 683).

a) Maßnahme einer Polizeibehörde

Unter einer Maßnahme iSd § 39 I NRWOBG versteht man die (positive)[5] Handlung einer Behörde, die unmittelbar in Rechte des Betroffenen eingreift, ohne dass es auf die Finalität der Handlung ankommt.[6] P handelte als Organwalter der örtlichen Polizeibehörde,[7] als er den S um Schlüssel und Papiere bat. Demgemäß ist in dem Vorgehen des P eine Maßnahme der Polizeibehörde zu sehen.

b) Rechtswidrigkeit

Fraglich ist, ob die Maßnahme des P rechtswidrig war.

aa) Ermächtigungsgrundlage

Als Ermächtigungsgrundlage kommt § 43 Nr. 1 NRWPolG[8] – Sicherstellung – in Betracht.

bb) Formelle Rechtmäßigkeit der Sicherstellung

P ist als Beamter der örtlichen Polizeibehörden zuständig.[9] Er hat S zu der Angelegenheit auch ordnungsgemäß iSd § 28 I NRWVwVfG angehört. Die Maßnahme war formell rechtmäßig.

cc) Materielle Rechtmäßigkeit

(1) Gefahr für die öffentliche Sicherheit

§ 43 Nr. 1 NRWPolG setzt zunächst voraus, dass eine gegenwärtige Gefahr besteht. Bezugsobjekte der Gefahr sind, trotz fehlender Erwähnung im Wortlaut, wegen der Grundaussage der polizeirechtlichen Generalklausel (§ 8 NRWPolG[10]) die öffentliche Sicherheit und die öffentliche Ordnung. Die Gefahr kann von der Sache selbst ausgehen oder von ihrem Besitzer.[11] Die öffentliche Sicherheit schützt unter anderem die objektive Rechtsordnung, also die Gesamtheit der geschriebenen Rechtsnormen.[12] Hierzu gehört § 316 StGB, der das Fahren unter Alkoholeinfluss unter Strafe stellt. Eine Gefahr für die geschriebene Rechtsordnung hätte bei einer Sachlage bestanden, die bei ungehindertem Ablauf des objektiv zu erwartenden Geschehens mit hinreichender Wahrscheinlichkeit und in überschaubarer Zukunft die Begehung dieser

---

5 Zu unterlassenen Eingriffen vgl. Hinweis 1 zu diesem Fall.

6 *Götz/Geis* POR § 15 Rn. 25; *Wolffgang/Hendricks/Merz* POR NRW Rn. 575; *Schenke* POR Rn. 684.

7 Zur internen Organisation der Verwaltungsträger und den entspr. Begrifflichkeiten *Maurer/Waldhoff* AllgVerwR § 21 Rn. 19 ff.

8 Art. 25 I Nr. 1 BayPAG; § 33 I Nr. 1 BWPolG (»Beschlagnahme«); § 40 I Nr. 1 HSOG; § 26 Nr. 1 NSOG.

9 Das ergibt sich aus der Zuständigkeit des P für die Gefahrenabwehr im Eilfall (§ 1 I 3 NRWPolG iVm § 11 I Nr. 1 NRWPOG), aber auch aus der Zuständigkeit der Polizei für die Überwachung des Straßenverkehrs (§ 11 I Nr. 3 NRWPOG).

10 Art. 11 I BayPAG; § 11 HSOG; § 11 iVm § 2 Nr. 1 lit. a, b NSOG. § 33 I Nr. 1 BWPolG benennt die Schutzgüter selbst.

11 Zur Gefahr vgl. *Götz/Geis* POR § 6 Rn. 3 ff.

12 Vgl. nur *Schenke* POR Rn. 58.

Straftat zur Folge gehabt hätte.[13] Als »gegenwärtig« wäre die Gefahr zu bezeichnen gewesen, wenn sie sich bereits realisiert oder ihre Realisierung unmittelbar bevor gestanden hätte.[14] Da S jedoch infolge des bloßen Apfelsaftgenusses keineswegs unter Alkoholeinfluss stand, bestand objektiv keine gegenwärtige Gefahr. Zu berücksichtigen ist aber, dass S die Trunkenheit glaubhaft vorgespielt hat. Es könnte deshalb eine sog. **Anscheinsgefahr** vorgelegen haben. Diese ist als echte Gefahr im Sinne des Gefahrenabwehrrechts weitgehend anerkannt.[15] Unter einer Anscheinsgefahr versteht man eine Sachlage, die sich bei einer Betrachtung ex ante (im Zeitpunkt des Einschreitens) für einen objektiven, den Sachverhalt verständig würdigenden Beobachter als konkrete Gefahr darstellt, die sich aber bei Betrachtung ex post (im Nachhinein) als ungefährlich erweist.[16] So liegt es hier. Ein objektiver Beobachter anstelle des P konnte durch das Verhalten des S keinen anderen Eindruck gewinnen, als dass S betrunken und im Begriff war, in diesem Zustand sein Auto im Straßenverkehr zu bewegen. Eine – gegenwärtige – Anscheinsgefahr für die öffentliche Sicherheit lag mithin vor.

(2) Ordnungspflicht

S hat durch das Vortäuschen der Trunkenheit die (Anscheins-)Gefahr verursacht. Er ist demgemäß als Verhaltensstörer iSd § 4 I NRWPolG[17] anzusehen (sog. Anscheinsverhaltensstörer[18]). Die gefahrenabwehrende Maßnahme konnte gegen ihn gerichtet werden.

(3) Ermessen, Verhältnismäßigkeit

Ermessensfehler sind nicht ersichtlich.

Die Sicherstellung war auch geeignet, die (Anscheins-)Gefahr abzuwehren, da dem S die Möglichkeit der Fahrzeugbenutzung genommen wurde. Ein milderes Mittel ist nicht ersichtlich. In Abwägung mit dem hohen Bedürfnis nach Sicherheit im Straßenverkehr mussten die Rechte des S aus Art. 14 I GG (Recht zur Benutzung der sichergestellten Sachen[19]) und Art. 2 I GG (Recht auf Fortbewegung mit einem Auto) zurückstehen.

(4) Zwischenergebnis

Die Sicherstellung der Schlüssel und Papiere war rechtmäßig.

---

13 Vgl. *Knemeyer* POR Rn. 87; *Götz/Geis* POR § 6 Rn. 3; *Schenke/Schenke* in Steiner/Brinktrine BesVerwR § 2 Rn. 77.

14 *Dietlein* in Dietlein/Hellermann ÖffR NRW § 3 Rn. 66.

15 BVerwGE 45, 51 (58) = BeckRS 9998, 107540; *Wolffgang/Hendricks/Merz* POR NRW Rn. 241 f.; *Schenke/Schenke* in Steiner/Brinktrine BesVerwR § 2 Rn. 88 f.; *Schenke* POR Rn. 80 f.; *Schenke* JuS 2018, 505 (507); *Schoch* JuS 1994, 667 (668 f.) mwN; *R. Schmidt* POR Rn. 683; *Knemeyer* POR Rn. 95 ff.; *Dietlein* in Dietlein/Hellermann ÖffR NRW § 3 Rn. 62. *Götz* hingegen ist der Ansicht, dass auf die Anscheinsgefahr vollständig verzichtet werden könne, *Götz/Geis* POR § 6 Rn. 42 ff.

16 Vgl. *Schenke* POR Rn. 80; *R. Schmidt* POR Rn. 682; ferner *Dietlein* in Dietlein/Hellermann ÖffRNRW § 3 Rn. 62; dazu auch *Meyer* JURA 2017, 1259.

17 Art. 7 I BayPAG; § 6 I BWPolG; § 6 I HSOG; § 6 I NSOG.

18 Vgl. dazu Hinweis 4 zu Fall 10.

19 Vom Grundrecht auf Eigentum ist das Recht zur Benutzung der im Eigentum stehenden Sachen mit eingeschlossen, vgl. *Jarass/Pieroth* GG Art. 14 Rn. 16 f.

Aufgrund der Rechtmäßigkeit der den Schaden des S verursachenden Maßnahme scheidet ein Entschädigungsanspruch gem. § 39 I lit. b NRWOBG aus.

2. § 39 I lit. a NRWOBG analog als Anspruchsgrundlage

Ein Entschädigungsanspruch könnte sich aus einer analogen Anwendung des § 39 I lit. a NRWOBG,[20] für das Handeln einer Polizeibehörde iVm § 67 NRWPolG, ergeben. Nach § 39 I lit. a NRWOBG iVm § 67 NRWPolG hat derjenige einen Anspruch auf Entschädigung, der als Nichtstörer nach § 19 NRWOBG bzw. § 6 NRWPolG in Anspruch genommen worden ist und einen Schaden erlitten hat. Für eine analoge Anwendung dieser Regelung auf die Fälle der Anscheinsgefahr könnte angeführt werden, dass die Rechtmäßigkeit der Maßnahme des P allein auf der Konstruktion der Anscheinsgefahr als Gefahr iSd Gefahrenabwehrrechts beruht und sich dies möglicherweise nicht zum Nachteil des Betroffenen auswirken darf.

a) Voraussetzungen der Analogie

§ 39 I lit. a NRWOBG liegt der Gedanke der **Entschädigung für ein Sonderopfer** zugrunde.[21] Wird jemand zugunsten der Allgemeinheit in Anspruch genommen, obwohl er eine Gefahr nicht verursacht hat, wird er anderen Bürgern gegenüber ungleich behandelt bzw. ungleich belastet. Auch wenn dies durch höherstehende Allgemeininteressen auf der Ebene der Inanspruchnahme (sog. Primärebene der Gefahrenabwehr) gerechtfertigt ist, spricht die dogmatische Einordnung des Entschädigungsanspruchs aus § 39 I lit. a NRWOBG dafür, auf der sog. Sekundärebene der Gefahrenabwehr einen **gerechten Schadensausgleich** herbeizuführen.[22] § 39 I lit. a NRWOBG formuliert diesen Gedanken ausdrücklich für den sog. Nichtstörer iSd § 19 NRWOBG bzw. § 6 NRWPolG.[23] Mangels einer vergleichbaren Vorschrift für Fälle mit ähnlicher Interessenlage ist eine analoge Anwendung insbesondere **für die Fälle der Anscheinsgefahr gerechtfertigt und anerkannt**, soweit es sich um einen Fall der Zustandsverantwortlichkeit handelt oder soweit im Fall der Verhaltensverantwortlichkeit, das den Anschein der Gefahr begründende Verhalten rechtmäßig war und keine in den haftungsrechtlichen Risikobereich des Handelnden fallende Verantwortlichkeit für die Anscheinsgefahr begründet hat,[24] also vom Anscheinsverhaltensstörer nicht zu vertreten ist.[25]

S könnte daher als Anscheinsstörer einen Entschädigungsanspruch analog § 39 I lit. a NRWOBG iVm § 67 NRWPolG haben.

---

20 Art. 87 I BayPAG (bei Handeln der Sicherheitsbehörden iVm § 11 I BayLStVG); § 55 I 1 BWPolG; § 64 I 1 HSOG; § 80 I 1 NSOG.

21 *Wolffgang/Hendricks/Merz* POR NRW Rn. 564 ff., insbesondere 572.

22 BGHZ 117, 303 = BeckRS 9998, 96461 (Leitentscheidung); *Schoch* JuS 1995, 504 (510).

23 Art. 10 BayPAG (bzw. Art. 9 III BayLStVG); § 9 BWPolG; § 9 HSOG; § 8 NSOG.

24 BGHZ 117, 303 (307 f.) = BeckRS 9998, 96461; BGHZ 126, 279 (283) = BeckRS 9998, 166380; *Kingreen/Poscher* POR § 26 Rn. 14 f.; *Wolffgang/Hendricks/Merz* POR NRW Rn. 639; *Schoch* JuS 1995, 504 (510); *Erbguth/Mann/Schubert* BesVerwR Rn. 773 f.; *Schenke/Ruthig* VerwArch 87 (1996), 329 (333) (Fn. 13 mwN); *Dietlein* in Dietlein/Hellermann ÖffR NRW § 3 Rn. 285.

25 *Dietlein* in Dietlein/Hellermann ÖffR NRW § 3 Rn. 285; vgl. dazu bereits o. Hinweis 4 zu Fall 10.

b) Mitverschulden als Korrektiv[26]

Einem Entschädigungsanspruch könnte allerdings entgegenstehen, dass S seine Trunkenheit bewusst vorgetäuscht hat. § 40 IV NRWOBG iVm § 67 NRWPolG[27] sieht für die Fälle, in denen ein Mitverschulden des Betroffenen bei der Entstehung des Schadens mitgewirkt hat, eine Minderung der Entschädigung vor. Je nach Umfang der Ursächlichkeit kann es zu einem **völligen Ausschluss der Entschädigung** kommen.[28] Für den Anscheinsstörer bedeutet das, dass er keine Entschädigung erhält, wenn er die **Anscheinsgefahr zurechenbar** verursacht hat.[29] So liegt es im Fall des S. Er hat durch sein Verhalten den Eindruck eines Betrunkenen und Fahruntüchtigen hervorgerufen und hätte den wahren Sachverhalt ohne Weiteres aufklären können. Damit trägt er die alleinige Verantwortung dafür, dass bei P der Eindruck einer Gefahr entstehen konnte. Dies rechtfertigt es, ihm den Entschädigungsanspruch ganz abzuerkennen.

c) Zwischenergebnis

Auch § 39 I lit. a NRWOBG analog gewährt dem S keinen Entschädigungsanspruch.

II. Schadensersatz

Als Grundlage für einen Anspruch auf Schadensersatz kommt allenfalls § 839 BGB iVm Art. 34 GG in Betracht. Es fehlt allerdings an der erforderlichen Amtspflichtverletzung des P. Auch ein objektiv und pflichtgemäß handelnder Dritter musste den Eindruck haben, dass S betrunken war. Daran anknüpfend hätte jeder andere pflichtgemäß handelnde Beamte in der Lage des P Schlüssel und Papiere sichergestellt.

Ein Schadensersatzanspruch aus § 839 BGB iVm Art. 34 GG scheidet daher aus.

III. Ergebnis

Eine Klage des S bleibt erfolglos, da sie zwar zulässig, aber nicht begründet ist.

---

26 Dieser Abschnitt dient (nachdem unter a) die Analogie abstrakt, also unabhängig vom Fall als Anspruchsgrundlage für die Fälle der Anscheinsgefahr begründet wurde) dazu, die Besonderheiten des Falles aufzugreifen. Auch BGHZ 117, 303 (308) = BeckRS 9998, 96461 verweist auf § 40 IV NRWOBG, BGHZ 126, 279 (285) = BeckRS 9998, 166380 spricht immerhin von »Mitverantwortung«. In der Tat liegt eine Behandlung des vorwerfbaren Verhaltens des S unter dem Aspekt des Mitverschuldens nahe. Sie ist aber methodisch und sachlich nicht zwingend. Denkbar und gut vertretbar wäre auch, gleich unter die von Rspr. und Lit. (Fn. 24) formulierten Voraussetzungen des Anspruchs analog § 39 I lit. a NRWOBG zu subsumieren und diese Voraussetzungen als nicht erfüllt zu sehen.

27 Art. 87 VII 3 BayPAG (ggf. iVm § 11 I 1 BayLStVG); § 65 V 2 und 3 HSOG; § 81 V 3 NSOG. Vgl. auch § 55 I 3 BWPolG.

28 *Wolffgang/Hendricks/Merz* POR NRW Rn. 639 aE.

29 Vgl. dazu BGHZ 117, 303 (307 f.) = BeckRS 9998, 96461 (Leitentscheidung); BGHZ 126, 279 (283) = NJW 1994, 2355; *Kingreen/Poscher* POR § 26 Rn. 14; *Wolffgang/Hendricks/Merz* POR NRW Rn. 639; *Schoch* JuS 1995, 504 (510); *Erbguth/Mann/Schubert* BesVerwR Rn. 773 f.; *Schenke/Ruthig* VerwArch 87 (1996), 329 (333) (Fn. 13 mwN); *Dietlein* in Dietlein/Hellermann ÖffR NRW § 3 Rn. 285.

Ergänzende Hinweise

1. Nach hM werden von dem Begriff **»Maßnahme«** iSd Anspruchsgrundlagen für Entschädigungen grundsätzlich **nur positive Eingriffshandlungen**, nicht aber unterlassene Eingriffe erfasst, *Rhein* NRWOBG § 39 Rn. 1. Etwas anderes gilt nur beim sog. qualifizierten Unterlassen, also dann, wenn ein Anspruch auf Einschreiten besteht. Zur Vertiefung *Buchberger/Rachor* in Lisken/Denninger PolR-HdB M Rn. 14 f., vgl. auch *Dietlein* in Dietlein/Hellermann ÖffR NRW § 3 Rn. 278, wonach auch ein qualifiziertes Unterlassen keine Maßnahme darstellen soll.

2. Der Begriff der **Maßnahme iSd § 39 I NRWOBG** (Art. 87 I BayPAG; § 55 I BWPolG; § 64 I HSOG; § 80 I NSOG) wird **weiter gefasst als der des Verwaltungsakts**. Erfasst werden beispielsweise auch das sog. feindliche Grün einer Verkehrsampel (BGHZ 99, 249 = NJW 1987, 1945) sowie die Erteilung einer Auskunft (BGH DVBl. 1978, 704; 1985, 109; 1994, 1134; abgrenzend BGHZ 117, 83 = NJW 1992, 1230); zum Ganzen *Kingreen/Poscher* POR § 26 Rn. 20 f.; *Schenke* POR Rn. 684; *Rhein* NRWOBG § 39 Rn. 2.

3. Eine **Analogie zu § 39 I lit. a NRWOBG** (Art. 87 I BayPAG; § 55 I 1 BWPolG; § 64 I 1 HSOG; § 80 I 1 NdsSOG) ist auch bei der Inanspruchnahme eines **Gefahrenverdachtsstörers** (dazu die Lösung von Fall 10, Fallvariante 1 unter A. II.) anerkannt. Für den **unbeteiligten Dritten** bestehen in einigen Ländern, zB Bayern (Art. 87 II BayPAG), Berlin (§ 59 I Nr. 2 BlnASOG), Mecklenburg-Vorpommern (§ 73 MVSOG) und Schleswig-Holstein (§ 222 LVwG) ausdrückliche Regelungen, vgl. auch für die Bundespolizei: § 51 II Nr. 2 BPolG. Für **Polizeihelfer und freiwillige Nothelfer** wird sie diskutiert (zur Vertiefung *Wolffgang/Hendricks/Merz* POR NRW Rn. 644).

4. Für den Fall, dass S die Schlüssel nicht freiwillig herausgibt und P diese (zwangsweise) wegnehmen muss, stellt sich die Frage, welche Ermächtigungsgrundlage für diese Maßnahme einschlägig ist. So ließe sich überlegen, ob die Ermächtigung zur **Sicherstellung** nach § 43 Nr. 1 NRWPolG bereits ein solches **Zwangselement** enthält oder ob die zwangsweise Durchsetzung dieser Anordnung dann im Wege der Verwaltungsvollstreckung vorzunehmen ist. Für die zweite Möglichkeit spricht, dass es sich bei der Anwendung von Zwangsmaßnahmen regelmäßig um Grundrechtseingriffe handelt. Diese sind aber nur gerechtfertigt, wenn das ermächtigende Gesetz die wesentlichen Elemente des Eingriffs regelt (Parlamentsvorbehalt). Der Wortlaut des § 43 Nr. 1 NRWPolG enthält aber keinerlei Anhaltspunkte dafür, dass auch Zwangsmaßnahmen erlaubt sein sollen. Aus diesem Grund ist es vorzugswürdig, der Norm ein Zwangselement abzusprechen und eine Zwangsmaßnahme im Fall der Sicherstellung nur unter den Voraussetzungen des Verwaltungsvollstreckungsrechts zu ermöglichen (vgl. zum Ganzen: OVG NRW NWVBl. 1991, 338 ff.; *Kingreen/Poscher* POR § 11 Rn. 13 ff.; § 18 Rn. 15 ff.; *Wolffgang/Hendricks/Merz* POR NRW Rn. 191 ff.; *Graulich* in Lisken/Denninger PolR-HdB E Rn. 644 f.; *Schmitt-Kammler* NWVBl. 1995, 166 ff. sowie Hinweis 5 zu Fall 3).

5. Ist die **Ordnungsbehörde** gem. § 39 I lit. a NRWOBG zur Entschädigung verpflichtet, **kann** sie bei den nach §§ 17, 18 NRWOBG ordnungspflichtigen Personen gem. § 42 II NRWOBG nach den Regeln der Geschäftsführung ohne Auftrag **Rückgriff nehmen**.

Fraglich ist, ob die Behörde den Anspruch durch Verwaltungsakt durchsetzen kann. Nach einer im Vordringen befindlichen Meinung ist zumindest für die Geltendmachung von Zahlungsansprüchen durch Verwaltungsakt eine Ermächtigung auch für die Handlungsform des Verwaltungsakts, welche für den Betroffenen eine über die Inanspruchnahme hinausgehende Belastung darstellt, erforderlich (vgl. zB ThürOVG DVBl. 2011, 242 [242 f.] mwN). Wer dieser Meinung folgt, was gut vertretbar ist, wird eine solche Ermächtigung aus § 42 II NRWOBG nicht herleiten können. Anders als zB § 77 I NRWVwVG, der festlegt, dass Kosten »erhoben« werden, spricht § 42 II NRWOBG lediglich davon, dass die Behörde Ersatz »verlangen« kann. Dieser Formulierung, die der einer zivilrechtlichen Anspruchsnorm entspricht, kann nicht andeutungsweise entnommen werden, dass die Behörde durch Verwaltungsakt vorgehen darf. Sie muss die Forderung daher gegebenenfalls vor dem VG, das gem. § 43 II NRWOBG zuständig ist, einklagen.

Umstritten ist die Anwendbarkeit der Norm auf die Fälle, in denen ein Anscheins- oder Verdachtsstörer analog § 39 I lit. a NRWOBG zu entschädigen ist. Während die Analogie zu § 39 I lit. a NRWOBG zugunsten des Bürgers wirkt, ist eine analoge Anwendung der Eingriffsnorm des § 42 II NRWOBG im Hinblick auf den Vorbehalt des Gesetzes problematisch (vgl. zum Ganzen: *Dietlein* in Dietlein/Hellermann ÖffR NRW § 3 Rn. 293 f.).

6. Zwischen Gefahrenverdacht (vgl. Fall 10) und Anscheinsgefahr ist zu unterscheiden, was allerdings in der Rechtsprechung nicht immer geschieht. Vorstellbar ist daneben auch der Anschein eines Gefahrenverdachts (vgl. dazu BVerwGE 49, 36 [42, 44] = BeckRS 9998, 106903).

7. Die Anscheinsgefahr ist ferner von der heute nicht mehr anerkannten sog. **latenten Gefahr** zu unterscheiden. Der Begriff der latenten Gefahr bezeichnete eine zunächst ungefährliche Sachlage, die sich durch Hinzutreten externer Umstände zu einer Gefahr entwickeln konnte (vgl. nur *Kingreen/Poscher* POR § 2 Rn. 28 ff.; *Schoch* in Schoch BesVerwR Kap. 1 Rn. 399 ff.; *R. Schmidt* POR Rn. 675 f.). Häufig zitierte Beispiele sind der Schweinemästerfall (OVG NRW OVGE 11, 250 ff.) und der Fall »Ahnenbrühe« (OVG Münster Urt. v. 30.5.1952 – V A 1420/51 – veröffentlicht in: v. Münch (Hrsg.), Gerichtsentscheidungen zum Polizeirecht 1971, 125 ff.; hier zitiert nach *U. Stelkens/v. Beauvais* WiVerw 2017, 1 [3]. Heute ist jedoch weitgehend anerkannt, dass diese Fallgestaltungen nach spezialgesetzlichen Vorschriften (Immissionsschutzrecht, Recht der Bauleitplanung, Bodenschutzrecht) zu beurteilen sind, sodass sich der Rückgriff auf die Rechtsfigur der latenten Gefahr erübrigt (vgl. *Schoch* in Schoch BesVerwR 1. Kap. Rn. 400 f.; *Wolffgang/Hendricks/Merz* POR NRW Rn. 265 ff.; *Heckmann* in BHKM ÖffR Bayern 3. Teil Rn. 124).

8. Eine **Sicherstellung** kann aus verschiedenen Gründen erfolgen, auch zur Sicherung des Eigentums (zB an einem Kfz, das mit offenen Fenstern geparkt ist). So ist gesetzlich vorgesehen, dass die Polizei (oder sonstige Gefahrenabwehrbehörde) eine Sache sicherstellen kann, um den Eigentümer oder den rechtmäßigen Inhaber der tatsächlichen Gewalt vor Verlust oder Beschädigung einer Sache zu schützen (zB § 43 Nr. 2 NRWPolG; § 40 I Nr. 2 HSOG; § 26 Nr. 2 NSOG). Das SächsOVG sieht den entsprechenden Tatbestand in § 26 I SächsPolG in einer inhaltlichen Nähe zur Geschäftsführung ohne Auftrag gem. §§ 677 ff. BGB und stellt deshalb auf den mutmaßlichen Willen des Betroffenen ab: Die Sicherstellung zur **Eigentumssicherung** sei zulässig, wenn sie dem objektivierten mutmaßlichen Willen des Betroffenen entspreche. Auch sei die Verhältnismäßigkeit zu wahren. Rechtmäßig sei die Sicherstellung eines Kfz, bei dem auf der hinteren rechten Seite das Fenster nicht verschlossen war, nachdem die Polizeibeamten erfolglos versucht hatten, die Telefonnummer des Halters zu ermitteln, um ihn zu benachrichtigen (SächsOVG NJW 2016, 181 [182]).

9. Ob die **Sicherstellung einer Wohnung, um Flüchtlinge unterzubringen**, auf der Grundlage der Vorschrift in §§ 43 Nr. 1 NRWPolG; 40 Nr. 1 HSOG; 26 Nr. 1 NSOG (»um eine gegenwärtige Gefahr abzuwehren«) erfolgen kann, ist umstritten. Das NdsOVG hat es ausgeschlossen, diese Vorschrift heranzuziehen. Sie sei so zu verstehen, dass die Gefahrenlage in einer Eigenschaft der sicherzustellenden Sache begründet sein oder sich auch aus dem Verhalten des Besitzers der Sache ergeben müsse. Beide Voraussetzungen sind aber idR nicht erfüllt, da weder von der Sache – hier der Wohnung – noch von deren Gewahrsamsinhaber eine gegenwärtige Gefahr für die unterzubringenden Flüchtlinge ausgeht (NdsOVG NVwZ 2016, 164 [165 Rn. 17]). Dem wird in der Literatur entgegen gehalten, dass es für die restriktive Interpretation der Vorschrift über die Sicherstellung im Gesetz keinen Anhaltspunkt gebe. Daher könnten auch Sachen eines Nichtstörers sichergestellt werden, sofern dies zur Gefahrenabwehr erforderlich sei (*Hauk* JA 2017, 922 [927]; *Beaucamp* JA 2017, 728 [729 f.]; *M.G. Fischer* NVwZ 2016, 168).

Denkbar wäre – in der Konsequenz der Rspr. des NdsOVG – zwar eine »Beschlagnahme« der Wohnung auf der Grundlage der polizei- bzw. ordnungsrechtlichen Generalklausel. Es bestehen aber schon Bedenken gegen deren Anwendbarkeit. Denn die »Beschlagnahme« der Wohnung führt auf Seiten des Eigentümers zu einem intensiven Grundrechtseingriff (Art. 14 I GG), den der Gesetzgeber eigenständig regeln müsste; es bedürfte einer besonderen Ermächtigungsgrundlage (NdsOVG NVwZ 2016, 165 f., das die Frage aber offen lässt; zustimmend *Hauk* JA 2017, 922 [927]). Auch in dieser Hinsicht besteht allerdings Streit. In der Literatur wird die Generalklausel für anwendbar gehalten (*Frenz* JA 2018, 360 (363); jedenfalls aber müsse dem Gesetzgeber eine hinreichende Übergangszeit zugebilligt werden (*M.G. Fischer* NVwZ 2016, 168).

Schließlich sind die Voraussetzungen für ein entsprechendes polizei- oder ordnungsbehördliches Einschreiten gegen den Eigentümer nicht erfüllt: Der Eigentümer könnte nur als Nichtstörer gem. §§ 6 NRWPolG; 9 HSOG; 8 NSOG in Anspruch genommen werden. Das aber scheitert regelmäßig schon daran, dass keine gegenwärtige Gefahr besteht (so NdsOVG NVwZ 2016, 164 [166 Rn. 24 ff.]; klausurtechnisch aufbereitet bei *Fontana/Klein* JA 2017, 846 (850 ff.); aA VG Lüneburg BeckRS 2015, 53223: es sei nicht erforderlich, dass diejenigen Personen, denen Obdachlosigkeit drohe, bereits individualisierbar seien; ausreichend sei vielmehr, dass mit an Sicherheit grenzender Wahrscheinlichkeit die konkret zu erwartenden Flüchtlinge von Obdachlosigkeit betroffen wären).

Jedenfalls aber stellt sich die Frage, ob die Behörde außer Stande ist, die Gefahr selbst oder durch Beauftragte (also auch durch Anmietung von Wohnraum) abzuwehren. Diese Frage dürfte regelmäßig zu verneinen sein. Die Behörde wird oftmals die Möglichkeit haben, Wohnraum anzumieten (NdsOVG NVwZ 2016, 164 [167 Rn. 35 ff.]; VG Lüneburg BeckRS 2015, 53223; *M.G. Fischer* NVwZ 2016, 168 [169], der für die Schaffung einer eigenständigen Rechtsgrundlage plädiert). Die Länder Hamburg und Bremen haben besondere Vorschriften zur Sicherstellung privaten Eigentums für die Unterbringung von Flüchtlingen geschaffen (§ 14a HmbSOG; § 26a BremPolG; dazu *Ewer/Mutschler-Siebert* NJW 2016, 11 [14 f.]). Doch wird sowohl deren Verfassungsmäßigkeit als auch ihre Notwendigkeit bezweifelt (vgl. *Froese* JZ 2016, 176 [178 ff.]). Beide Bestimmungen sind mit Wirkung zum 31.3.2017 außer Kraft getreten.

12. Fall: Ligaalltag

Sachverhalt

Angenommen: In der Bundesligasaison 2029/2030 sind die Spiele ausschließlich im sog. Pay-TV zu sehen. Der Fernsehhändler F stellt daher im Schaufenster seines Geschäfts in der nordrhein-westfälischen kreisfreien Großstadt K zwei Großbild-Fernseher auf, auf denen an jedem Samstagnachmittag Spiele zu sehen sind. Diese Werbeidee findet großen Zuspruch. Bei jeder Übertragung finden sich viele Zuschauer ein, die sich für die Dauer der Fernsehübertragung mit Campingstühlen und Kühltaschen ausgerüstet auf dem Gehweg und sogar auf Teilen der angrenzenden stark befahrenen Straße niederlassen. Das zuständige Ordnungsamt gibt daraufhin dem F im November 2029 mit formell rechtmäßiger Verfügung auf, weitere Übertragungen in dieser Saison zu unterlassen. Der Bescheid enthält ferner die Androhung eines Zwangsgeldes iHv 5.000 EUR für jedes weitere Zuwiderhandeln.

Zunächst beachtet F das Verbot. Am letzten Spieltag im Juni 2030 – zwischen zwei Mannschaften findet ein Kopf-an-Kopf-Rennen statt – zeigt er die gesendete Live-Konferenz-Übertragung jedoch in seinem Schaufenster. Eine Woche später – die Saison ist mittlerweile beendet – setzt das Ordnungsamt formell rechtmäßig ein Zwangsgeld iHv 5.000 EUR fest. F erhebt vor dem VG Klage gegen die Verbotsverfügung und die Festsetzung des Zwangsgeldes. Kann er damit auf der Grundlage des gegenwärtig geltenden Rechts Erfolg haben?

Sollte der Bearbeiter die Klage für vollständig oder teilweise unzulässig halten, so ist die Klage für die weitere – hilfsgutachterliche – Prüfung als zulässig zu behandeln.

Lösungsvorschlag

Schwerpunkte:
- **Materiell:**
  - **Theorie der unmittelbaren Verursachung**
  - **Zweckveranlasser**
  - **Anwendung von Zwangsmitteln (Zwangsgeld) bei fehlender Wiederholungsgefahr**
- **Prozessual:**
  - **Klagehäufung im Verwaltungsprozess**
  - **Gegenüberstellung Fortsetzungsfeststellungsklage – Anfechtungsklage**

Die Klage des F wird Erfolg haben, wenn sie zulässig und begründet ist.

A. Zulässigkeit

I. Verwaltungsrechtsweg

Mangels aufdrängender Spezialzuweisung richtet sich die Eröffnung des Verwaltungsrechtswegs nach § 40 I 1 VwGO. Als streitentscheidende Normen kommen hier die Vorschriften des VersG, des NRWStrWG, der StVO, des NRWOBG und (im Hinblick auf das Zwangsgeld) des NRWVwVG in Betracht. Bei all diesen Materien handelt es sich um typisch öffentlich-rechtliches Sonderrecht. Die Streitigkeit ist daher öffentlich-rechtlicher Natur. Sie ist auch nichtverfassungsrechtlicher Art. Mangels abdrängender Sonderzuweisung ist der Verwaltungsrechtsweg eröffnet.

II. Statthafte Klageart[1]

1. Klage gegen die Verbotsverfügung

F ist Adressat eines belastenden Verwaltungsaktes in Gestalt der Verbotsverfügung. Insoweit ist grundsätzlich die Anfechtungsklage gem. § 42 I Alt. 1 VwGO statthaft. Zu bedenken ist aber, dass die Verbotsverfügung auf die konkrete Bundesligasaison (2029/2030) beschränkt war. Diese ist beendet, die Verbotsverfügung somit gegenstandslos geworden. Die aus dieser Verfügung sich ergebende unmittelbare tatsächliche und rechtliche Beschwer für F, also das Verbot, in der dargestellten Weise Fernsehübertragungen zu zeigen, ist entfallen. Derartiges kennzeichnet einen **erledigten Verwaltungsakt.**[2] Als besonderen Rechtsbehelf hiergegen sieht die Verwaltungsgerichtsordnung für das gerichtliche Verfahren ausschließlich[3] die sog. **Fortsetzungsfeststellungsklage** gem. § 113 I 4 VwGO vor. In Rechtsprechung und Literatur wird jedoch in Fällen, in denen ein Verwaltungsakt vollzogen worden ist, keine Erledigung angenommen. Mit Recht wird geltend gemacht, dass eine Erledigung des Verwaltungsaktes nicht eingetreten ist, wenn und solange die Vollziehung rückgängig gemacht werden kann (etwa nach § 113 I 2 u. 3 VwGO) oder der Kläger durch sonstige

1 Im Folgenden werden die beiden unterschiedlichen Klageanträge, um ihre Gemeinsamkeiten herauszustellen, parallel geprüft. Eine andere Möglichkeit wäre es, die gesamte Zulässigkeitsprüfung getrennt vorzunehmen. Vor allem, um als Bearbeiter den Überblick nicht zu verlieren, wird sich dies sogar im Regelfall in Klausuren empfehlen.

2 Vgl. dazu *Kopp/Schenke* VwGO § 113 Rn. 102; *Hufen* VerwProzR § 14 Rn. 12.

3 Zur Frage, ob auch ein Fortsetzungsfeststellungswiderspruch zulässig ist, Fall 6 Hinweis 2.

rechtliche Auswirkungen des Verwaltungsaktes noch beschwert ist, zB wenn ein Kostenersatzanspruch in Betracht kommt, für den der Verwaltungsakt die Grundlage bildet.[4]

F kann das an ihn gerichtete Verbot zwar – schon wegen des Endes der Fußballsaison – nicht mehr befolgen. Doch bildet die Verbotsverfügung die Grundlage für den Vollzug, den die Behörde bereits eingeleitet hat. Mit dem Vollzug wiederum ist die Haftung des F für seine Kosten unmittelbar verbunden (§ 20 II NRWVO VwVG). Es lässt sich daher nicht sagen, dass der Verwaltungsakt für F keine Beschwer mehr entfaltet und seine Aufhebung sinnlos geworden ist.[5] Die Verbotsverfügung hat sich nicht erledigt. Nicht die Fortsetzungsfeststellungsklage, sondern die Anfechtungsklage ist statthaft.

2. Klage gegen die Zwangsgeldfestsetzung

Auch durch die Festsetzung des Zwangsgeldes ist F beeinträchtigt. Da es sich also um einen belastenden Verwaltungsakt handelt, ist allein die Anfechtungsklage gem. § 42 I Alt. 1 VwGO statthafte Klageart.

3. Objektive Klagehäufung[6]

Da gegen zwei eigenständige Verwaltungsakte vorgegangen werden soll, liegen auch zwei Klagen vor. Die Zulässigkeit der Verfolgung mehrerer Klagebegehren in einem Verfahren beurteilt sich im Verwaltungsprozessrecht nach § 44 VwGO. Hiernach ist die sog. objektive Klagehäufung zulässig,[7] wenn sich die Klagen **gegen denselben Beklagten** richten, sie **im Zusammenhang** stehen und **dasselbe Gericht** zuständig ist. Die erste und die letzte Voraussetzung sind unzweifelhaft erfüllt. An den Zusammenhang der verschiedenen Klagebegehren werden keine hohen Anforderungen gestellt. Es spielt keine Rolle, ob der Zusammenhang rechtlicher (mehrere Begehren entspringen einem Tatbestand) oder tatsächlicher (ein einheitlicher Sachverhalt erfüllt mehrere Anspruchsgrundlagen) Natur ist.[8] Da Anknüpfungspunkt beider Klagen das Aufstellen der Fernsehgeräte ist, ist der Zusammenhang hier tatsächlicher Natur. Die objektive Klagehäufung ist zulässig.

III. Klagebefugnis

1. Klage gegen die Verbotsverfügung

Für F als Adressat eines ihn belastenden Verwaltungsaktes erscheint es zumindest möglich, dass er durch die Verbotsverfügung in seinen Rechten aus Art. 2 I GG verletzt ist. F ist klagebefugt.

---

4 OVG NRW NWVBl. 2007, 26 (27); *Kopp/Schenke* VwGO § 113 Rn. 104; *Ogorek* JA 2001, 222 (224); jeweils mwN.

5 Zu dem von der hM abw. Verständnis *Schenkes* von der Erledigung eines Verwaltungsakts (wenn die Aufhebung des Verwaltungsakts sinnlos geworden ist) vgl. *Kopp/Schenke* VwGO § 113 Rn. 102 mwN.

6 Aufbauhinweis: Die Klagehäufung kann ähnlich wie die Beiladung auch als gesonderter Prüfungspunkt zwischen Zulässigkeit und Begründetheit behandelt werden.

7 Die Zulässigkeit der subjektiven Klagehäufung im Verwaltungsprozess richtet sich nach § 64 VwGO iVm den §§ 59–63 ZPO.

8 Redeker/v. Oertzen/*v. Nicolai* VwGO § 44 Rn. 3; *Kopp/Schenke* VwGO § 44 Rn. 5.

2. Klage gegen die Zwangsgeldfestsetzung

Das gilt auch im Rahmen der Anfechtungsklage gegen die Zwangsgeldfestsetzung.

IV. Vorverfahren und Klagefrist

1. Klage gegen die Verbotsverfügung

Gemäß § 68 I 2 Hs. 1 VwGO bedarf es eines Vorverfahrens nicht, *wenn ein Gesetz dies bestimmt.* § 110 I 1 NRWJustG bestimmt die Entbehrlichkeit des Vorverfahrens in Nordrhein-Westfalen. F hätte gegen die Verbotsverfügung unmittelbar Anfechtungsklage gem. § 42 I Alt. 1 VwGO erheben müssen. Die Frist zur Klageerhebung beträgt gem. § 74 I 1 VwGO einen Monat. Die Verbotsverfügung erfolgt im November 2029. Im Juni 2030 war die Frist daher abgelaufen, sodass die Verbotsverfügung bestandskräftig und die Anfechtungsklage verfristet ist.

2. Klage gegen die Zwangsgeldfestsetzung

Auch gegen die Zwangsgeldfestsetzung ist das Vorverfahren gem. § 68 I 2 Hs. 1 VwGO iVm 110 I 1 NRWJustG entbehrlich. Die Klage beim VG hat F insoweit fristgerecht eingereicht.

V. Klagegegner

Die Klage gegen die Festsetzung des Zwangsgeldes ist gem. § 78 I Nr. 1 VwGO gegen die Körperschaft zu richten, deren Behörde den angefochtenen Verwaltungsakt erlassen, also das Zwangsgeld festgesetzt hat. Dies ist hier die Stadt K.[9]

VI. Zwischenergebnis

Die Klage gegen die Verbotsverfügung ist unzulässig.

Die Klage gegen die Festsetzung des Zwangsgeldes ist zulässig.

B. Begründetheit (hilfsgutachterlich hinsichtlich der Klage gegen die Verbotsverfügung)

Die Klage ist begründet, soweit die Verbotsverfügung und die Zwangsgeldfestsetzung rechtswidrig sind und den F in seinen Rechten verletzen, § 113 I 1 VwGO.

I. Anfechtung der Verbotsverfügung

Hinsichtlich der Klage gegen die Verbotsverfügung ist die Zulässigkeit zu unterstellen.

---

9 Anders in den Bundesländern, in denen das Behördenprinzip gilt, vgl. unter anderem § 8 II BbgVwGG; § 79 II NJG, der allerdings nur für (unmittelbare) Landesbehörden, also nicht im vorliegenden Fall, gilt.

1. Ermächtigungsgrundlage

a) § 15 I VersG

Als Ermächtigungsgrundlage für das Verbot des Ordnungsamtes kommt zunächst § 15 I VersG in Betracht. Dann müsste es sich bei den Treffen der Fußballfans vor dem Geschäft des F um Versammlungen gehandelt haben. Versammlungen sind auf Meinungsbildung und/oder Meinungskundgabe gerichtet und dienen nicht lediglich der Unterhaltung.[10] Diese steht jedoch eindeutig im Vordergrund einer Ansammlung von Fußballfans. Es handelte sich daher nicht um eine Versammlung. § 15 I VersG scheidet als Ermächtigungsgrundlage aus.

b) § 22 S. 1 NRWStrWG[11]

Als Ermächtigungsgrundlage kommt sodann § 22 S. 1 NRWStrWG in Betracht. Danach kann die für die Erteilung der Sondernutzungserlaubnis zuständige Behörde die erforderlichen Maßnahmen zur Beendigung der Benutzung anordnen, wenn eine Straße ohne die erforderliche Erlaubnis benutzt wird. Die Nutzung des Gehweges und von Teilen der Straße könnte eine erlaubnispflichtige Sondernutzung iSd § 18 I 1 NRWStrWG[12] darstellen. Fraglich ist aber, ob das Straßen- und Wegerecht hier Anwendung findet. In Betracht kommt nämlich auch, dass die Behörde auf der Grundlage des Straßenverkehrsrechts handelte, also um die Sicherheit des Straßenverkehrs zu gewährleisten. Zwar ist nicht ausgeschlossen, dass ein Verstoß gegen die Normen der StVO zugleich eine verbotene Sondernutzung darstellt.[13] Die Behörde griff jedoch ein, weil die Zuschauer sich auch auf der viel befahrenen Straße niederließen und Unfälle und Behinderungen zu befürchten waren. Ziel des Verbotes war daher die Vermeidung von Gefahren für den Straßenverkehr. Es ging nicht darum, eine über den Gemeingebrauch gehende Sondernutzung der Straße abzustellen.

§ 22 S. 1 NRWStrWG ist mithin nicht einschlägig.

c) § 44 StVO

Als Ermächtigungsgrundlage kommt § 44 I 1 StVO in Betracht. Danach sind zur Ausführung der StVO, soweit nichts anderes bestimmt ist, die Straßenverkehrsbehörden zuständig. Aus dem Wortlaut der Norm und der amtlichen Überschrift (»Sachliche Zuständigkeit«) ergibt sich aber, dass diese Norm lediglich die Zuständigkeit regelt, die zuständige Behörde jedoch nicht zugleich zum Eingreifen ermächtigt. Von der Zuständigkeit darf nicht auf die Befugnis zum Eingriff geschlossen werden.[14]

§ 44 StVO ist daher keine taugliche Ermächtigungsgrundlage.

---

10 *Jarass/Pieroth* GG Art. 8 Rn. 3; zum Versammlungsbegriff im Hinblick auf Vergnügungsveranstaltungen vgl. auch BVerfG NJW 2001, 2459 = JuS 2001, 1223 (*Sachs*), betr. »Fuckparade« und »Love-Parade«. Nach Ansicht des BVerfG ist es verfassungsrechtlich tragfähig, beide Veranstaltungen nicht als Versammlungen einzuordnen (vgl. *Tillmanns* JA 2002, 277 ff.); vgl. auch BVerfGE 104, 92 (104) = BeckRS 2012, 55832; BVerfG NVwZ 2005, 80 sowie Fall 21; instruktiv zum Versammlungsbegriff *Gröpl/Leinenbach* JA 2018, 8.

11 Art. 18b I 1 BayStrWG; § 16 VIII 1 BWStrG; § 17a I 1 HStrG; § 22 S. 1 NStrG.

12 Art. 18 I 1 BayStrWG; § 16 I 1 BWStrG; § 16 I 1 HStrG; § 18 I NStrG.

13 Vgl. BGHSt 47, 181 (187) = BeckRS 2002, 1443.

14 Vgl. Hinweis 1 zu Fall 1.

d) Ordnungsbehördliche Generalklausel

Als Grundlage der Verbotsverfügung kommt somit allein die ordnungsbehördliche Generalklausel § 14 I NRWOBG[15] in Betracht.

2. Formelle Rechtmäßigkeit

Die Verbotsverfügung ist formell rechtmäßig ergangen.[16]

3. Materielle Rechtmäßigkeit

a) Voraussetzungen der Ermächtigungsgrundlage

Für die materielle Rechtmäßigkeit müssten zunächst die Tatbestandsvoraussetzungen des § 14 I NRWOBG erfüllt sein.

Fraglich ist, ob eine konkrete Gefahr für die öffentliche Sicherheit bestand. Die öffentliche Sicherheit umfasst den Schutz des Bestandes des Staates und seiner Einrichtungen und Veranstaltungen und der sonstigen Träger von Hoheitsgewalt, der subjektiven Rechte und Rechtsgüter des Einzelnen sowie der objektiven Rechtsordnung (Gesamtheit der geschriebenen Rechtsnormen).[17] Eine konkrete Gefahr ist eine Sachlage, die bei ungehindertem Ablauf des objektiv zu erwartenden Geschehens mit hinreichender Wahrscheinlichkeit und in überschaubarer Zukunft den Eintritt eines nicht unerheblichen Schadens für das infrage stehende Schutzgut zur Folge hat.[18]

Infrage kommt ein Verstoß gegen § 33 StVO als Teil der objektiven Rechtsordnung. Da die Fernseher nicht außerhalb geschlossener Ortschaften aufgestellt werden, kommt ein Verstoß gegen § 33 I 1 Nr. 3 StVO (Werbung und Propaganda durch Bild, Schrift, Licht oder Ton) nicht in Betracht. Zu denken wäre jedoch an einen Verstoß gegen § 33 I 1 Nr. 2 StVO. Dann müsste es sich bei dem Aufstellen der Fernseher um ein Anbieten von Leistungen oder Waren handeln. Anbieten ist der Hinweis auf die Bezugsmöglichkeit einer Ware oder Leistung mit der – auch stillschweigenden – Aufforderung zu ihrem Erwerb.[19] Zwar wird der F mit seiner Werbeaktion auch bezweckt haben, Kunden für sein Geschäft zu gewinnen. Es ging ihm aber nicht um das Angebot konkreter Waren, welche er den Fußballfans in zeitlicher Nähe zur Bundesligaübertragung verkaufen wollte. Vielmehr handelte es sich um eine allgemeine Werbung, die jedoch von § 33 I 1 Nr. 3 StVO erfasst wird und daher nicht auch unter Nr. 2 fällt.

---

15 Art. 7 II BayLStVG; § 1 I 1 iVm § 3 BWPolG; § 11 HSOG; § 11 NSOG.

16 Vgl. den Sachverhaltshinweis zu diesem Fall. Von der Zuständigkeit des Ordnungsamts der Stadt K war auszugehen. Da K eine kreisfreie Stadt ist, wäre sie sowohl nach den Regeln des OBG als auch nach § 1 der Verordnung über die Bestimmung der zuständigen Behörden nach der Straßenverkehrs-Ordnung iVm § 3 I NRWOBG (abgedruckt unter anderem in der Sammlung *v. Hippel/Rehborn*, Gesetze des Landes NRW, Nr. 58) zuständig. Die Anwendung des OBG entspräche dem Grundsatz, dass die Zuständigkeit der Ermächtigungsgrundlage folgt. Vgl. aber auch VGH BW Urt. v. 5.10.1995 – 12 S 3292/94, juris, Ls. 1, Rn. 26.

17 *Drews/Wacke/Vogel/Martens* Gefahrenabwehr 232 ff. mwN; vgl. auch die Legaldefinitionen in § 2 Nr. 2 BremPolG und § 3 Nr. 1 LSASOG. Außerdem *Dietlein* in Dietlein/Hellermann ÖffR NRW § 3 Rn. 49 ff.; *Schenke* POR Rn. 53 ff.; *Knemeyer* POR Rn. 100 f.

18 *Knemeyer* POR Rn. 87; *Götz/Geis* POR § 6 Rn. 3; *Kingreen/Poscher* POR § 8 Rn. 2, 9 ff.; *Schenke/Schenke* in Steiner/Brinktrine BesVerwR § 2 Rn. 77; zum Gefahrbegriff allg.: *Dietlein* in Dietlein/Hellermann ÖffR NRW § 3 Rn. 59 ff.; *Meyer* JURA 2017, 1259; *Schenke* JuS 2018, 505.

19 BHHJ/*Hühnermann* StVO § 33 Rn. 3.

Das Zeigen der Fußballspiele könnte jedoch wegen § 29 II 1 StVO erlaubnispflichtig und daher ohne Erlaubnis verboten sein.[20] Dann müsste es sich bei der Übertragung der Spiele um eine Veranstaltung handeln, für die Straßen mehr als verkehrsüblich in Anspruch genommen werden. Der Begriff der Veranstaltung ist weit zu verstehen und erfasst jegliche, auch sog. stationäre Vorgänge, durch die Straßen mehr als verkehrsüblich in Anspruch genommen werden. Dabei kommt es nicht darauf an, dass die Teilnehmer der Veranstaltung zugleich Verkehrsteilnehmer sind, denn die Norm soll den Straßenverkehr auch vor Beeinträchtigungen von außen schützen.[21] Dennoch ist fraglich, ob in dem Aufstellen der Fernsehgeräte eine Veranstaltung gesehen werden kann. »Veranstalten« bedeutet herkömmlicherweise, etwas als Verantwortlicher und Organisator stattfinden zu lassen.[22] Weder F noch andere Personen haben hier jedoch eine Organisation der Ansammlung vorgenommen. F hat vielmehr nur seine Fernsehgeräte aufgestellt und eingeschaltet. Gegen eine Wertung als Veranstaltung spricht auch, dass Werbemaßnahmen in § 33 I 1 Nr. 2, Nr. 3 StVO ausdrücklich geregelt werden. Führt eine Werbemaßnahme durch einen großen Menschenauflauf zu Verkehrsbehinderungen, so würden durch die Subsumtion unter § 29 II 1 StVO die weiteren Voraussetzungen des § 33 StVO umgangen. Es handelt sich bei der Übertragung der Spiele daher nicht um eine Veranstaltung iSd § 29 II 1 StVO.[23]

Aufgrund der Erfahrungen mit den bislang erfolgten TV-Übertragungen stand jedoch zu erwarten, dass die Fußballfans sich wiederum teilweise auf der Straße niederlassen würden. Behinderungen des Straßenverkehrs waren demnach mit großer Wahrscheinlichkeit zu erwarten. Derartiges verstößt gegen das in § 1 II StVO statuierte Gebot der gegenseitigen Rücksichtnahme als Teil der objektiven Rechtsordnung. Gleichfalls zu erwarten war, dass es zu Unfällen kommen würde. Subjektive Rechte wie das Eigentum an Autos sowie Leben und Gesundheit von Zuschauern und Autofahrern waren bedroht. Eine Gefahr für die öffentliche Sicherheit bestand nach alledem.[24] Die Voraussetzungen der Ermächtigungsgrundlage aus § 14 I NRWOBG waren erfüllt.

b) Ordnungspflicht

F müsste ordnungspflichtig gewesen sein. Ordnungspflichtig ist, wer die Gefahr als Handlungsstörer (§ 17 NRWOBG[25]) oder als Zustandsstörer (§ 18 NRWOBG[26]) verursacht hat. Nach der herrschenden **Theorie der unmittelbaren Verursachung** ist darauf abzustellen, wer die letzte unmittelbare Ursache der Gefahr gesetzt hat.[27] Die Ursache der Gefahr (Verkehrsbehinderungen, drohende Sach- und Personen-

20 Nach § 49 II Nr. 6 StVO handelt es sich dabei um eine Ordnungswidrigkeit.

21 BVerwG NZV 1989, 325 (326).

22 Brockhaus Enzyklopädie, Bd. 28: Deutsches Wörterbuch REH-ZZ, 19. Aufl. 1995, 3625.

23 AA vor dem Hintergrund des weiten Veranstaltungsbegriffs in BVerwG NZV 1989, 325 (326) wohl vertretbar. Dann ergibt sich die Ordnungspflicht des F als Handlungsstörer schon aus seiner Eigenschaft als Veranstalter.

24 Für die Prüfung einer Gefahr für das Gemeinschaftsgut »Leichtigkeit des Straßenverkehrs«, vgl. dazu Fall 5, besteht kein Anlass. Der Schutz gesetzlich erfasster Bereiche wie zB des Straßenverkehrs – über StVO und StVG – durch die »objektive Rechtsordnung« geht vor, so auch *Wolff-gang/Hendricks/Merz* POR NRW Rn. 65.

25 Art. 9 I BayLStVG; § 6 I BWPolG; § 6 I HSOG; § 6 I NSOG.

26 Art. 9 II BayLStVG; § 7 BWPolG; § 7 I HSOG; § 7 I NSOG.

27 *Götz/Geis* POR § 9 Rn. 10 ff.; *Schoch* JuS 1994, 932 ff. mwN; *Dietlein* in Dietlein/Hellermann ÖffR NRW § 3 Rn. 79; *Schenke* POR Rn. 242; *Erbguth/Mann/Schubert* BesVerwR Rn. 491.

schäden) liegt in dem Betreten der Straße durch die Fußballfans. Sie haben durch ihr Verhalten die Gefahr verursacht und sind daher als Handlungsstörer gem. § 17 NRWOBG ordnungspflichtig. Problematischer ist, ob auch F die Gefahr unmittelbar verursacht hat. Sein Verhalten bedurfte nämlich des weiteren Verhaltens der Fußballfans, um zu der hier in Rede stehenden Gefahr zu führen.[28] Es stellt sich daher die Frage, ob F als unmittelbarer Verursacher angesehen werden kann. Hierbei ist zwischen den Kriterien Ursache und Unmittelbarkeit zu trennen. Als Ursache wird jede im weitesten Sinne kausale Tatsache für ein Ereignis verstanden, sodass alle Glieder einer sog. Ursachenkette Ursache sind.[29] Auch das Verhalten des F ist somit Ursache für die Gefahr. Ein derart weites Ursachenverständnis führt im Polizei- und Ordnungsrecht aber bei der Frage, wer verantwortlich für eine Gefahrbeseitigung gemacht werden soll, nach ganz überwiegender Auffassung zu weit.[30] Zur Eingrenzung dient das Kriterium der Unmittelbarkeit, das im Sinne eines engen Wirkungs- und Verantwortungszusammenhanges zwischen dem Verhalten, das die Gefahrengrenze überschreitet, und der Gefahr verstanden wird.[31] Dies zugrunde gelegt, ist festzustellen, dass die Fußballfans, wenn sie die Straße betreten, durch ihr frei verantwortliches Verhalten eine polizei- und ordnungsrechtlich relevante, weil unmittelbare Ursache für die Gefahr setzen. In dem Aufstellen der Fernsehgeräte durch F liegt nur ein Anreiz, eine lediglich mittelbare Ursache für die Entstehung der Gefahr. Derartiges kann unter dem Gesichtspunkt der unmittelbaren Verursachung nicht ohne Weiteres zur Ordnungspflichtigkeit führen.

Die Theorie der unmittelbaren Verursachung muss ihre Grundsätze deshalb modifizieren, will sie aufgrund von Billigkeitserwägungen in besonders gelagerten Fällen nur mittelbarer Verursachung zu einer Verantwortlichkeit kommen. Hierfür hat sich die Figur des sog. **Zweckveranlassers** herausgebildet. Voraussetzung ist dabei, dass die Gefahrverursachung bezweckt worden ist.[32] Insoweit das Wort »bezweckt« auf ein subjektives Element hindeutet, wird dies von der hM[33] nicht verlangt. Nur vereinzelt wird noch davon ausgegangen, dass auch ein echtes subjektives Element im Sinne eines Willens zur Gefahrverursachung vorhanden sein müsse (sog. *subjektive Theorie*).[34] Subjektive Elemente wie das Kriterium des Verschuldens können aber im Recht der Gefahrenabwehr nicht zum entscheidenden Gesichtspunkt erhoben werden, soll nicht das Ziel dieser Rechtsmaterie, die möglichst effektive Gefahrenabwehr,

28 Vgl. die ähnliche Problematik bei ruhestörenden Ansammlungen auf öffentlichen Plätzen, dazu VG Köln NWVBl. 2018, 485; krit. *Jaschke* NWVBl. 2018, 459 (459 f.).

29 *Götz/Geis* POR § 9 Rn. 10 f.; *Wolffgang/Hendricks/Merz* POR NRW Rn. 360.

30 Das entspricht der im Strafrecht vorherrschenden Äquivalenztheorie und ihrer conditio-sine-qua-non-Formel, *Wolffgang/Hendricks/Merz* POR NRW Rn. 353.

31 Vgl. OVG NRW ZUR 2018, 288 (289), nach dessen Ansicht »Personen, die entferntere, nur mittelbare Ursachen für den eingetretenen Erfolg gesetzt haben […] keine Verursacher [sind]«, wohl aber Hintermänner, deren Handlung mit der durch den Verursacher unmittelbar herbeigeführten Gefahr eine natürliche Einheit bildet; *Götz/Geis* POR § 9 Rn. 12.

32 PrOVGE 80, 176; 40, 216; *Götz/Geis* POR § 9 Rn. 21; krit. *Erbguth/Mann/Schubert* BesVerwR Rn. 496 ff.; *Muckel* DÖV 1998, 18 ff.; *Kingreen/Poscher* POR § 9 Rn. 27 ff.; *Beaucamp/Seifert* JA 2007, 577 ff.

33 *Götz/Geis* POR § 9 Rn. 21; vgl. auch *Schoch* in Schoch BesVerwR Kap. 1 Rn. 359 mwN; *R. Schmidt* POR Rn. 768 f., 773, verlangt entweder ein objektives Bezwecken oder ein subjektives Element des »billigend in Kauf Nehmens«.

34 ZB *Knemeyer* POR Rn. 328; vgl. auch PrOVGE 80, 176, im sog. »Borkum-Lied«-Fall, die überw. kritisiert wurde. Die Entscheidung im sog. Schaufensterpuppen-Fall (PrOVGE 85, 270) löste als Leitentscheidung für den Zweckveranlasser diese Rspr. mit den heutigen Grundsätzen ab.

konterkariert werden.[35] Es will nicht ahnden oder wegen persönlicher Schuld zur Verantwortung ziehen.[36] Daher wird **aus objektiver Sicht** danach gefragt werden, ob die Gefahrverursachung die typische oder doch naheliegende Folge der eigentlich nur mittelbar ursächlichen Handlung ist (sog. *objektive Theorie*). Die sog. *Kombinationstheorie* verbindet beides und verlangt, dass der Hintermann entweder die Gefahr subjektiv bezweckt hat oder dass sie objektiv typische Folge seines Handelns war.[37] Die rein subjektive Sicht ist aus den genannten Gründen abzulehnen. Insoweit ist auch die Kombinationslösung problematisch. Allein maßgeblich muss vor dem Hintergrund möglichst effektiver Gefahrenabwehr eine objektive Deutung der Figur des Zweckveranlassers sein. Im Falle des F bedeutet dies: Ein Spiel in der Fußball-Bundesliga ist ein Ereignis, das große Teile der Bevölkerung anspricht. Die Erfahrung hat gezeigt, dass sich bei öffentlichen Übertragungen stets Menschen finden, um gemeinsam dieses Ereignis zu erleben, insbesondere wenn die eigene Mannschaft spielt. Erfolgt dies auf einem räumlich eng begrenzten Bürgersteig, so liegt es auf der Hand, dass die Zuschauer sich auf die Straße begeben werden. F hat daher ein Verhalten an den Tag gelegt, dessen typische Folge ein gefährliches Verhalten Dritter ist. Er hat die Gefahr »objektiv bezweckt«. F ist Zweckveranlasser und kann gem. § 17 I NRWOBG zur Verantwortung gezogen werden.

c) Ermessen

Zweifel an einer ordnungsgemäßen Betätigung des Auswahlermessens zwischen den verschiedenen Störern bestehen nicht, da die Notwendigkeit effektiver Gefahrenabwehr[38] für eine Inanspruchnahme des F spricht. Weitere Gefahren durch Tumulte konnten nur durch ein Verbot gegenüber F abgewendet werden.

d) Verhältnismäßigkeit

Das Verbot gegen F war geeignet, die Gefahr zu beseitigen (§ 15 I NRWOBG[39]). Bei der Prüfung der Erforderlichkeit ist grundsätzlich zu bedenken, dass auch gegen die Fußballfans hätte eingeschritten werden können. Ob sich eine Menschenmenge während eines wichtigen Bundesligaspiels ohne Weiteres nach Hause schicken lässt, ist allerdings höchst zweifelhaft. Dabei sind Tumulte zu erwarten, bei denen es einer großen Anzahl von Polizei- bzw. Ordnungskräften bedarf, ohne dass die Gefahr weiterer Personen- oder Sachschäden mit hinreichender Sicherheit ausgeschlossen werden kann. Ein milderes gleich geeignetes Mittel zur Gefahrenabwehr ist daher nicht in Sicht. Das Verbot gegen F zu richten, ist auch angemessen. Ihm wird die Werbung für sein Geschäft nicht generell, sondern lediglich partiell untersagt. Dem steht die Abwendung einer Gefahr für den Straßenverkehr sowie für die Gesundheit von Zuschauern und Autofahrern gegenüber. Diese wiegen schwerer. Das Verbot ist verhältnismäßig iSv § 15 NRWOBG.

---

35 Dh nicht, dass das Verschulden bei der Frage, gegen wen vorgegangen werden kann, keine Rolle spielen darf; der Grundsatz der Verhältnismäßigkeit bietet im Rahmen der Angemessenheitsprüfung (Verhältnismäßigkeit ieS) eine Möglichkeit, um auch zu berücksichtigen, ob einer von mehreren Störern die Gefahr schuldhaft verursacht hat, näher *Muckel* DÖV 1998, 18 (24 f.).

36 OVG NRW OVGE 5, 185 (187); *Götz/Geis* POR § 9 Rn. 10.

37 Für ein Nebeneinander der subjektiven und objektiven Theorie *Schenke* POR Rn. 245 mit Fn. 62. Zur Bezeichnung der »Theorien« *Schoch* in Schoch BesVerwR Kap. 1 Rn. 359 mN.

38 Hierzu Fall 10, 2. Fallvariante, unter B. III. 2. a).

39 Art. 8 I BayLStVG; § 5 I BWPolG; § 4 I HSOG; § 4 I NSOG.

e) Zwischenergebnis

Die Verbotsverfügung gegenüber F ist rechtmäßig.

II. Anfechtung der Zwangsgeldfestsetzung

1. Ermächtigungsgrundlage

Ermächtigungsgrundlage für die Festsetzung eines Zwangsgeldes ist § 55 I iVm § 64 S. 1 NRWVwVG.[40]

2. Formelle Rechtmäßigkeit

Die Festsetzung des Zwangsgeldes war formell rechtmäßig.[41]

3. Materielle Rechtmäßigkeit

Für die materielle Rechtmäßigkeit müssten die Voraussetzungen der Ermächtigungsgrundlage aus § 55 I iVm § 64 S. 1 NRWVwVG[42] erfüllt sein. Sie bestehen in dem Vorliegen eines (Grund-)Verwaltungsakts, der auf die Vornahme einer Handlung oder auf Duldung oder Unterlassung gerichtet ist, und in der Androhung. Der (Grund-)Verwaltungsakt muss darüber hinaus entweder unanfechtbar sein, oder ein Rechtsmittel gegen ihn darf keine aufschiebende Wirkung haben.

a) Grundverwaltungsakt

Als (Grund-)Verwaltungsakt, dessen Einhaltung im Wege des Verwaltungszwangs durchgesetzt werden soll, kommt allein die Verbotsverfügung in Betracht. Da F, wie bereits erläutert, verspätet Klage gegen die Verbotsverfügung erhoben hat, ist diese auch unanfechtbar.

b) Androhung

Das Zwangsgeld müsste gem. § 63 NRWVwVG[43] angedroht worden sein. Mit der Verbotsverfügung wurde zeitgleich eine Androhung iSd § 63 NRWVwVG ausgesprochen. Die formellen Voraussetzungen wie Schriftlichkeit (Abs. 1 S. 1) und Bestimmung der Zwangsgeldhöhe (Abs. 5) sind erfüllt. Die Verbindung mit dem Grundverwaltungsakt war gem. § 63 II 1 NRWVwVG zulässig.

---

40 Anders als im NRWPolG (§§ 50 ff.) finden sich im NRWOBG keine Regelungen über die Verwaltungsvollstreckung. Es ist auf das (allgemeine) Verwaltungsvollstreckungsgesetz des Landes zurückzugreifen. Ähnlich die Situation in Bayern, wo nur das BayPAG Regelungen zur Verwaltungsvollstreckung enthält (Art. 70 ff. BayPAG). In Baden-Württemberg normiert § 49 I PolG für die Zwangsmittel Zwangsgeld, Zwangshaft und Ersatzvornahme die Anwendung des Landesverwaltungsvollstreckungsgesetzes, während sich gem. Abs. 2 die Anwendung unmittelbaren Zwangs nach dem BWPolG richtet.

41 Sachverhaltshinweis.

42 § 49 I BWPolG iVm §§ 2 Nr. 1, 11 BWVwVG; § 47 I iVm § 50 I HSOG; § 64 I iVm § 67 I 1 NSOG. In Bayern ist eine Festsetzung des Zwangsgeldes nicht erforderlich. Hier ist die Androhung zugleich Vollstreckungstitel, vgl. Art. 31 III 2 BayVwZVG.

43 Art. 36 BayVwZVG; § 49 I BWPolG iVm § 13 BWVwVG; § 53 HSOG; § 70 NSOG.

c) Verhältnismäßigkeit

Die Festsetzung des Zwangsgeldes müsste darüber hinaus verhältnismäßig sein, § 58 NRWVwVG.[44]

Problematisch ist, ob die Festsetzung des Zwangsgeldes noch als geeignet angesehen werden kann, nachdem die Bundesligasaison – nur für sie galt die Verbotsverfügung – beendet war. Wiederholungsgefahr bestand daher nicht mehr.

Es ließe sich daran denken, Sinn und Zweck eines Zwangsgeldes darin zu sehen, den Pflichtigen zu veranlassen, die verbotene Handlung künftig zu unterlassen. Ist es ihm nicht mehr möglich in der verbotenen Weise zu handeln, so verliert das Zwangsgeld seinen Sinn.[45] Hierfür lässt sich auch die Vorschrift des § 65 III lit. a NRWVwVG anführen, wonach der Vollzug einzustellen ist, sobald sein Zweck erreicht ist. Richtigerweise muss aber der **Sinn und Zweck des Zwangsgeldes** (auch) darin gesehen werden, den **Willen des Pflichtigen** unbedingt im Hinblick auf das erlassene Verbot **zu beugen.**[46] Im Wesentlichen soll dies nicht erst mit der Festsetzung, sondern schon mit der Androhung bewirkt werden. Die Androhung kann ihren Zweck jedoch nur dann wirksam erfüllen, wenn ohne Zweifel feststeht, dass bei Zuwiderhandlungen ein Zwangsgeld festgesetzt werden wird und vom Pflichtigen bezahlt werden muss. Gerade bei Unterlassungsverfügungen, bei denen ein Verstoß oftmals die Wiederholungsgefahr ausschließt, muss dies dazu führen, dass die Festsetzung (und die spätere Beitreibung) nicht unterbleiben darf, was sich auch aus § 60 III 2 Hs. 2 NRWVwVG ergibt. Erblickt man den Zweck des Zwangsgeldes vorrangig in der Effektivität und Generalprävention, so findet § 65 III lit. a NRWVwVG schon seinem Wortlaut nach keine Anwendung, weil der Zweck des Zwangsgeldes nicht erreicht worden ist.

Die Festsetzung des Zwangsgeldes war auch erforderlich und angemessen. Ein milderes Mittel ist nicht ersichtlich. Bei Abwägung mit Effektivitätsgesichtspunkten und solchen der Generalprävention muss das Interesse des F zurückstehen.

4. Ergebnis

Die Festsetzung des Zwangsgeldes war rechtmäßig. Die Klage des F ist unbegründet und daher abzuweisen.

---

44 Art. 29 III BayVwVZG. In den Gesetzen, die die ordnungsbehördliche und polizeiliche Gefahrenabwehr einheitlich regeln, folgt dieser allg. Grundsatz zB aus den §§ 5 BWPolG; 4 HSOG; 4 NSOG.

45 So ausdrücklich OVG MV GewArch 1997, 26 f., jedoch für eine in Nordrhein-Westfalen nicht bestehende Spezialnorm (§ 92 I Nr. 5 MVSOG).

46 Vgl. hierzu wie zum Folgenden OVG NRW NVwZ-RR 1990, 17 f.; 1993, 671; ferner *Dünchheim* NVwZ 1996, 117; BHKM/*Heckmann* ÖffR Bayern 3. Teil Rn. 227 ff.

13. Fall: Der betrunkene Makler

Sachverhalt

Der Kölner Grundstücksmakler M hat in der sicheren Erwartung eines guten Geschäfts erheblich über den Durst getrunken. Der Abschluss soll am nächsten Morgen um 8.30 Uhr stattfinden. Laut singend zieht er nachts um ein Uhr durch ein Wohnviertel. Auf Ermahnungen des Polizisten P, mitten in der Nacht keinen Lärm zu machen, reagiert er wegen seiner Volltrunkenheit nicht mehr. Auf die Frage des P, wo er denn zu Hause sei, gibt er keine Antwort. Eine Durchsuchung der Kleidung, die P vornimmt, fördert keinen Ausweis zu Tage. P nimmt den M daher in Polizeigewahrsam. M lässt sich nach einigen Diskussionen willig abführen und in die Ausnüchterungszelle der Polizeiwache bringen, wo sie um halb zwei eintreffen.

Am nächsten Morgen ist auf der Wache viel Betrieb. M, der bestens schläft, wird zunächst vergessen. Erst als gegen elf Uhr seine Frau mit ihren telefonischen Nachforschungen bis zu der Wache durchgedrungen ist, wird er geweckt. Jetzt wird auch seine Identität geklärt. Das erwartete gute Geschäft hat M allerdings inzwischen versäumt. Ein Konkurrent, dem der Auftraggeber das besonders preiswerte große Objekt ebenfalls an die Hand gegeben hatte, hat bereits einen Käufer gefunden. Dem M ist ein nachweisbarer Verdienstausfall iHv 7.500 EUR entstanden.

M klagt zunächst vor dem VG auf Feststellung, dass die Ingewahrsamnahme seiner Person rechtswidrig gewesen sei.

Frage 1: Ist die Klage zulässig?

Frage 2: Hat M einen Anspruch auf Ersatz des erlittenen Verdienstausfalls? Gegen wen richtet sich dieser Anspruch?

Lösungsvorschlag Frage 1

Schwerpunkte:
- **Materiell: Polizeigewahrsam**
- **Prozessual:**
  - **Feststellungsklage**
  - **Fortsetzungsfeststellungsklage**

Die Klage hat Erfolg, wenn sie zulässig und begründet ist.

A. Zulässigkeit

I. Verwaltungsrechtsweg

Zunächst müsste der Verwaltungsrechtsweg eröffnet sein. Mangels aufdrängender Spezialzuweisung richtet sich dies nach § 40 I 1 VwGO. Streitentscheidend sind allein Normen des Polizeirechts, einer klassischen Materie des öffentlichen Rechts. Die Beteiligten streiten nicht vorrangig um Verfassungsrecht und sind auch nicht unmittelbar am Verfassungsleben beteiligt, sodass die Streitigkeit nichtverfassungsrechtlicher Art ist. Möglicherweise ist hier aber eine abdrängende Zuweisung einschlägig. Nach § 40 I 2 VwGO können Materien des Landesrechts auch durch Landesrecht anderen Gerichten zugewiesen werden. Gemäß § 36 II 1 NRWPolG[1] ist das Amtsgericht zuständig, über die Zulässigkeit und Fortdauer einer Freiheitsentziehung zu entscheiden. Hierin könnte eine abdrängende Zuweisung liegen.[2] Gegen die Anwendbarkeit dieser Regelung im vorliegenden Fall spricht allerdings, dass der Wortlaut der Norm sich nur mit dem Fall beschäftigt, dass eine Person festgehalten wird, nicht aber mit dem Fall, dass die Freiheitsentziehung bereits beendet ist. Die Anwendung der Vorschrift ließe sich daher nur durch eine Analogie rechtfertigen. Einer analogen Anwendung von § 36 II 1 NRWPolG dürfte aber bereits die fehlende Regelungslücke entgegenstehen, denn es kann nicht davon ausgegangen werden, dass der Gesetzgeber schlichtweg vergessen hat, nachträglichen Rechtsschutz für die Ingewahrsamnahme vorzusehen. Es ist vielmehr davon auszugehen, dass er den durch § 40 I 1 VwGO gewährleisteten Rechtsschutz vor den VG als ausreichend ansah.[3] Im Ergebnis ist der Rechtsweg zu den Amtsgerichten daher nur gegeben, wenn es darum geht, die Rechtmäßigkeit der **fortdauernden** Freiheitsentziehung zu überprüfen. Geht es hingegen darum, nachträglich die Rechtmäßigkeit der Freiheitsentziehung zu überprüfen, so bleibt es bei der Zuständigkeit der VG.

II. Statthafte Klageart

M begehrt die Feststellung, dass seine Ingewahrsamnahme rechtswidrig erfolgte. Nicht an den Antrag, wohl aber an dieses Begehren ist das Gericht gebunden, § 88 VwGO.

1 Art. 18 III 1 u. 2 BayPAG; § 28 IV 1 BWPolG; § 33 II HSOG; § 19 III NSOG.
2 Vgl. dazu BVerwGE 62, 317 (321 ff.) = BeckRS 9998, 103307.
3 Vgl. dazu OVG NRW NJW 1990, 3224 (3225) mit weiteren Argumenten; vgl. auch ThürOVG DÖV 1999, 879; *Schenke* POR Rn. 145; ferner *Hauk* JA 2017, 922 (925 f.).

1. Feststellungsklage gem. § 43 VwGO

Als Klageart kommt die (allgemeine[4]) Feststellungsklage in Betracht. Sie ist statthaft, wenn das **Bestehen oder Nichtbestehen eines Rechtsverhältnisses** oder die Nichtigkeit eines Verwaltungsakts festgestellt werden soll, § 43 I VwGO. Unter einem Rechtsverhältnis versteht man die aus einem konkreten Sachverhalt aufgrund einer öffentlich-rechtlichen Rechtsnorm sich ergebenden rechtlichen Beziehungen einer Person zu einer anderen Person oder zu einer Sache.[5] P hat M in Gewahrsam genommen. Durch diesen Eingriff in die Rechte des M aus Art. 2 II 2 GG ist eine rechtlich relevante Beziehung entstanden. Diese ist öffentlich-rechtlicher Natur, da Maßstab für den Eingriff letztlich die öffentlich-rechtliche Regelung des § 35 I Nr. 1 NRWPolG[6] sein wird.

Für die Feststellung des Bestehens eines Rechtsverhältnisses müsste dieses tatsächlich noch andauern, für die Feststellung des Nichtbestehens müsste es scheinbar andauern. Die Ingewahrsamnahme des M als Verwaltungsakt hat sich erledigt, da sie nicht mehr rückgängig gemacht werden kann und keine Beschwer mehr entfaltet. Mit Erledigung des Verwaltungsakts ist auch das Rechtsverhältnis nicht mehr existent. Es ließe sich daran denken, dem Kläger bei einem berechtigten rechtlichen Interesse an der Feststellung, wie hier dem M aufgrund möglicher Ersatzansprüche, weiterhin die (allgemeine) Feststellungsklage zuzugestehen.[7] Diese Argumentation vermengt jedoch Fragen der Statthaftigkeit der Feststellungsklage mit solchen des besonderen Feststellungsinteresses.[8] Auch ist zu bedenken, dass gerade dann, wenn es erkennbar um Erstattungsansprüche geht, die Rechtmäßigkeit eines Verwaltungsaktes lediglich Vorfrage für das Rechtsverhältnis ist, das sich aus einer Erstattungspflicht ergibt, gerade dieses aber nicht abschließend durch Feststellungen zur Rechtmäßigkeit geklärt wird. Derartige Vorfragen sollen mit der (allgemeinen) Feststellungsklage aber nicht geklärt werden.[9] Zu beachten ist weiterhin, dass im Rahmen der Statthaftigkeit, zumindest sofern es um erledigte Verwaltungsakte geht, die (allgemeine) Feststellungsklage in Konkurrenz zur sog. Fortsetzungsfeststellungsklage gem. § 113 I 4 VwGO tritt. In derartigen Fällen spricht der Grundsatz der Spezialität für die alleinige Anwendung der Fortsetzungsfeststellungsklage.[10] Betrachtet man die Fortsetzungsfeststellungsklage als Unterart der Anfechtungsklage,[11] so lässt sich auch die Subsidiaritätsklausel[12] des § 43 II 1 VwGO für einen Vorrang der Fortsetzungsfeststellungsklage anführen.

Im Ergebnis ist die (allgemeine) Feststellungsklage nicht statthaft.

4 Eine Übersicht über die Feststellungsklagen bietet *Hufen* VerwProzR § 18 Rn. 1. Beachte aber: Die sog. Fortsetzungsfeststellungsklage (§ 113 I 4 VwGO) wird von der hM als Unterart der Anfechtungsklage betrachtet; vgl. nur *Kopp/Schenke* VwGO § 113 Rn. 97 mwN; *Wehr* DVBl. 2001, 785 (786): »amputierte Anfechtungsklage«; anders BVerwG NVwZ 2000, 63 (64) – obiter dictum, das zu einer Feststellungsklage nach § 43 VwGO tendierte; näher dazu im erg. Hinweis zu diesem Fall.

5 BVerwGE 40, 323 (325) = BeckRS 1972, 30443217; *Hufen* VerwProzR § 18 Rn. 4, 9 ff.

6 Art. 17 I Nr. 1 BayPAG; § 28 I Nr. 2 lit. b BWPolG; § 32 I Nr. 1 HSOG; § 18 I Nr. 1 NSOG.

7 So BVerwGE 61, 128 (134 f.) = NJW 1981, 2426.

8 Dazu *Hufen* VerwProzR § 18 Rn. 38, 47.

9 Vgl. *Kopp/Schenke* VwGO § 43 Rn. 13.

10 BayVGH BayVBl. 1977, 49; *Kopp/Schenke* VwGO § 43 Rn. 5; *Schenke* VerwProzR Rn. 417 f.

11 So die hM, vgl. oben Fn. 4.

12 *Schenke* VerwProzR Rn. 417.

2. Fortsetzungsfeststellungsklage gem. § 113 I 4 VwGO

Die Fortsetzungsfeststellungsklage ist gem. § 113 I 4 VwGO statthafte Klageart, wenn sich der in Rede stehende **Verwaltungsakt vor der Entscheidung des Gerichts** durch Zurücknahme oder anders **erledigt** hat. § 113 I 4 VwGO steht nach dem Wortlaut (»vorher«) in engem Zusammenhang mit § 113 I 1 VwGO. Diese Vorschrift regelt den Urteilsausspruch für die Anfechtungsklage. Die Fortsetzungsfeststellungsklage ist somit als Klageart gekennzeichnet, die grundsätzlich nur die Fortsetzung eines bereits rechtshängigen[13] Prozesses nach Erledigung ermöglicht.[14] Die Ingewahrsamnahme des M hatte sich nach den Ausführungen unter A. II. 1. jedoch schon vor Klageerhebung erledigt. Die direkte Anwendung des § 113 I 4 VwGO scheidet somit aus.

3. Fortsetzungsfeststellungsklage analog § 113 I 4 VwGO

§ 113 I 4 VwGO könnte analog anwendbar sein. Dafür spricht, dass es in einer Vielzahl von Fällen zu einer **Erledigung von Verwaltungsakten vor Klageerhebung** kommt. Polizeiliche Verfügungen wie die gegenüber M getroffene sind ein typisches Beispiel. Es bestünde eine mit Art. 19 IV GG unvereinbare Rechtsschutzlücke, wenn trotz rechtlichen Interesses keine gerichtliche Klärung der Rechtmäßigkeit des betreffenden Verwaltungsakts mehr möglich wäre.[15] Ganz hM ist es daher, dass § 113 I 4 VwGO in diesen Fällen analog anzuwenden ist.[16]

Die Fortsetzungsfeststellungsklage ist somit die im Hinblick auf die Ingewahrsamnahme statthafte Klageart.

III. Klagebefugnis

Die Fortsetzungsfeststellungsklage setzt die Ausgangsklage bzw. im Fall der Analogie (bei Erledigung des Verwaltungsakts vor Klageerhebung) die hypothetische Ausgangsklage fort. Grundsätzlich müssen daher sämtliche Zulässigkeitsvoraussetzungen der Ausgangsklage erfüllt sein.[17] Für die Klagebefugnis gem. § 42 II VwGO folgt dies auch aus der Notwendigkeit, Popularklagen zu vermeiden.[18] Für M als Adressat eines ihn belastenden Verwaltungsaktes erscheint es zumindest möglich, dass er durch die Ingewahrsamnahme in seinen Rechten aus Art. 2 I und II 2 GG verletzt worden ist. M ist klagebefugt.

---

13 Rechtshängigkeit tritt – anders als im Zivilprozess – nicht erst mit Zustellung der Klage an den Gegner ein, sondern bereits mit der Einreichung der Klage bei Gericht, wie sich aus §§ 90 I, 81 I VwGO ergibt (vgl. *Mann/Wahrendorf* VerwProzR § 12 Rn. 158; *Würtenberger/Heckmann* VerwProzR Rn. 301).

14 *Hufen* VerwProzR § 18 Rn. 36.

15 *Hufen* VerwProzR § 18 Rn. 42.

16 Vgl. BVerwGE 12, 87 (90) = BeckRS 1961, 103512; BVerwGE 26, 161 (165) = BeckRS 1967, 103941; BVerwGE 49, 36 (39) = BeckRS 9998, 106903; BVerwG NJW 1991, 581; 2008, 98; *Schenke* VerwProzR Rn. 323 ff.; *Ehlers* JURA 2001, 415 (417 f.); *Sodan/Kluckert* VerwArch 94 (2003), 2 (19 ff.); anders – obiter dictum – BVerwG NVwZ 2000, 63 (64) (hierzu der erg. Hinweis), auch *Wehr* DVBl. 2001, 785; *Fechner* NVwZ 2000, 121, der eine Klageart sui generis befürwortet, auf die die Voraussetzungen der Feststellungsklage analog anzuwenden sind.

17 *Kopp/Schenke* VwGO § 113 Rn. 97. Für die Streitfrage, ob bei der nach Erledigung erhobenen Fortsetzungsfeststellungsklage auch ein Widerspruchsverfahren notwendig ist, vgl. etwa *Pietzner/Ronellenfitsch* Assessorexamen ÖffR Rn. 1101 f. mwN sowie den erg. Hinweis 2 zu Fall 6.

18 *Kopp/Schenke* VwGO § 42 Rn. 59.

IV. Besonderes Feststellungsinteresse

§ 113 I 4 VwGO fordert, dass der Kläger ein berechtigtes Interesse an der begehrten Feststellung hat. Dazu haben sich in der Rechtsprechung Fallgruppen herausgebildet. Danach ist das besondere Feststellungsinteresse gegeben, wenn a) **Wiederholungsgefahr**[19] für die angegriffene Maßnahme besteht, b) eine fortbestehende Diskriminierung beseitigt werden soll[20] (sog. **Rehabilitationsinteresse**), c) eine **wesentliche Grundrechtsposition**[21] beeinträchtigt wurde, d) sich der in Rede stehende Verwaltungsakt **typischerweise kurzfristig erledigt** und ohne die Eröffnung der Fortsetzungsfeststellungsklage kein effektiver Rechtsschutz iSv Art. 19 IV GG zur Verfügung stünde[22] oder e) die Rechtswidrigkeit einer Maßnahme im Hinblick auf einen beabsichtigten **Amtshaftungs- oder Entschädigungsprozess**[23] festgestellt werden soll.[24] Für M kommt zunächst die dritte Fallgruppe in Betracht. Diese Fallgruppe der Beeinträchtigung eines Grundrechts ist jedoch fragwürdig.[25] Da die ganz hM in Rechtsprechung und Literatur in Art. 2 I GG die allgemeine Handlungsfreiheit grundrechtlich geschützt sieht, birgt eine auf Grundrechtseingriffe abstellende Fallgruppe die Gefahr in sich, dass der Anwendungsbereich der Fortsetzungsfeststellungsklage in unüberschaubarer Weise ausgeweitet wird.[26] Andererseits verlangt nach der Rechtsprechung des BVerfG das Gebot effektiven Rechtsschutzes aus Art. 19 IV GG, dass zumindest in Fällen »tiefgreifender Grundrechtseingriffe«[27] eine gerichtliche Kontrolle stattfindet, wenn die direkte Belastung durch den angegriffenen Hoheitsakt sich nach dem typischen Verfahrensablauf auf eine Zeitspanne beschränkt, in der der Betroffene die gerichtliche Entscheidung kaum erlangen kann.[28]

19 BVerwGE 42, 318 (326) = BeckRS 9998, 107216; BVerwGE 80, 355 (365) = BeckRS 9998, 164845.

20 BVerwGE 26, 168 = BeckRS 1967, 103941 (Störer während einer Demonstration); BVerwG NJW 1991, 581 (Überwachung des Post- und Fernmeldeverkehrs wegen Verdachts einer Straftat); weitere Beispiel bei *Hufen* VerwProzR § 18 Rn. 50.

21 BVerwGE 61, 164 (167) = BeckRS 1980, 30424776 – Elternrecht; BayVGH NJW 2017, 2779 – nächtliche Sichtung eines Kofferraums; VGH BW NJW 1984, 1832 – Teilnahmepflicht an Tierversuchen; krit. zu dieser Fallgruppe *Hufen* VerwProzR § 18 Rn. 52; *Ogorek* JA 2002, 222 (228); restriktiv auch *Würtenberger/Heckmann* VerwProzR Rn. 739.

22 *Kopp/Schenke* VwGO § 113 Rn. 145 mwN; vgl. auch BVerfG NJW 2017, 1939 – erledigter Justizverwaltungsakt.

23 BVerwG NVwZ 1987, 229 (Schadensersatz wegen Nichternennung bei verspäteter Einweisung in eine begehrte Planstelle); aA VGH BW NVwZ-RR 1991, 518.

24 Erläuterungen zu den vier Fallgruppen finden sich bei *Hufen* VerwProzR § 18 Rn. 47 ff.

25 BVerwGE 87, 23 (25) = BeckRS 9998, 56866, subsumiert den Fall einer Beeinträchtigung des Grundrechts aus Art. 10 GG unter die Fallgruppe des Rehabilitationsinteresses (vgl. auch *Rozek* JuS 1995, 598 [599]). Diese Fallgruppe wird damit jedoch terminologisch und inhaltlich konturenlos, weil es nicht mehr um eine »Rehabilitation« des Klägers geht.

26 VGH BW NJW 1984, 1832 (1833); BayVGH BeckRS 2018, 21844 – kein tiefgreifender Grundrechtseingriff bei der Betroffenheit von Art. 2 I GG; *Hufen* VerwProzR § 18 Rn. 52; *Ogorek* JA 2002, 222 (228); *Schenke* VerwProzR Rn. 586; *Kopp/Schenke* VwGO § 113 Rn. 146 mwN in Fn. 257.

27 Ein solcher ist stets anzunehmen bei Grundrechtseingriffen, deren Zulässigkeit von vorne herein nur durch den Richter festgestellt werden darf, wie Wohnungsdurchsuchungen und Inhaftierungen, BVerfG NJW 1997, 2163 (2164); 2002, 2456; vgl. auch BVerfGE 96, 27 (40) = NJW 1997, 2163; BVerfG NVwZ 1999, 290 (291 f.); BVerfGE 117, 244 (268) = BeckRS 2007, 33063; vgl. auch BVerfG NJW 2017, 1164 – Akteneinsicht durch Nebenkläger; abl. bei einer vom Kopftuchverbot betroffenen Rechtsreferendarin BayVGH BeckRS 2018, 7009.

28 BVerfGE 96, 27 (40) = NJW 1997, 2163.

Zwar handelt es sich vorliegend um eine solche kurzfristige Maßnahme, die möglicherweise einen Eingriff in Art. 2 II 2 GG darstellt; das BVerfG[29] hat bereits entschieden, dass die Ingewahrsamnahme nach § 35 I Nr. 3 NRWPolG (Ingewahrsamnahme zur Durchsetzung eines Platzverweises) ein Feststellungsinteresse immer begründet; diese Rechtsprechung lässt sich aber auf die Ingewahrsamnahme nach § 35 I Nr. 1 NRWPolG nicht übertragen. Das ergibt sich vor allem daraus, dass diese in erster Linie zum Vorteil der betroffenen Person erfolgt. Darüber hinaus wird M hier auch nur kurze Zeit festgehalten. Während dieser Zeit schläft er, sodass er die Auswirkungen des Gewahrsams kaum bemerkt. Schließlich kommt noch hinzu, dass er sich willig hat mitnehmen lassen und nicht gezwungen wurde. Insgesamt kann von einem »tiefgreifenden« Grundrechtseingriff daher nicht gesprochen werden. Mit dem Grundrecht der Freiheit der Person lässt sich daher für M kein Feststellungsinteresse begründen.

Möglicherweise folgt ein berechtigtes Interesse des M hier aber aus der vierten Fallgruppe. Danach ist ein berechtigtes Interesse in den Fällen anzunehmen, in denen sich der in Rede stehende Verwaltungsakt typischerweise kurzfristig erledigt, was insbesondere auf polizeirechtliche Maßnahmen zutrifft. In solchen Fällen wird es aufgrund der kurzfristigen Erledigung nie zu einer Hauptsacheentscheidung hinsichtlich der Rechtmäßigkeit der Maßnahme kommen.[30] Sowohl das BVerfG[31] als auch das BVerwG[32] verlangen allerdings – für das BVerfG wurde dies oben schon erwähnt – auch bei sich kurzfristig erledigenden Maßnahmen einen tiefgreifenden Grundrechtseingriff.

Der Bürger kann jedoch auch durch Maßnahmen, die nicht als schwerwiegende Grundrechtseingriffe zu qualifizieren sind, besonders belastet werden. Gerade Maßnahmen von Polizeivollzugsbeamten, die nach § 80 II 1 Nr. 2 VwGO sofort vollziehbar sind bzw. deren sofortige Vollziehbarkeit nach § 80 II 1 Nr. 4 VwGO angeordnet werden kann, und die, auch wenn sie rechtswidrig sind, gem. § 6 I VwVG Bund bzw. § 55 I NRWVwVG[33] vollstreckt werden können, stellen eine solche Belastung dar. Mit Art. 19 IV 1 GG sind solche Regelungen nur dann vereinbar, wenn dem Bürger eine nachträgliche gerichtliche Überprüfung nicht versperrt wird.[34] Für den Rechtsschutz nach Art. 19 IV GG ist es grundsätzlich ohne Belang, um was für ein subjektives Recht es sich handelt, dessen Verletzung geltend gemacht wird.[35] Dass die Anerkennung dieser Fallgruppe zu einer Überlastung der Gerichte führt, ist nicht erwiesen; im Übrigen sind im Hinblick auf Art. 19 IV 1 GG die Gerichte auch so auszustatten, dass ihnen die Erfüllung ihrer Aufgaben in einem angemessenen zeitlichen Rahmen möglich ist.[36]

Insofern wird es regelmäßig ausreichen, wenn die hoheitliche belastende Maßnahme sich typischerweise kurzfristig erledigt, ohne dass es darauf ankommt, ob sie einen tiefgreifenden Grundrechtseingriff darstellt.[37] M wurde hier in Gewahrsam genommen, abgeführt und in die Ausnüchterungszelle gebracht. Dies stellt eine belastende Maßnahme – wenn auch keinen tiefgreifenden Grundrechtseingriff – dar. Die Maß-

29 BVerfG NJW 1999, 3773.
30 *Kopp/Schenke* VwGO § 113 Rn. 145.
31 BVerfG NJW 2002, 2456; 1999, 3773; 1997, 2163 (2164).
32 BVerwG NVwZ 1999, 991.
33 §§ 47 I, 52 I HSOG; §§ 64 I, 69 NSOG.
34 *Sodan/Kluckert* VerwArch 94 (2003), 3 (14).
35 *Kopp/Schenke* VwGO § 113 Rn. 145.
36 *Sodan/Kluckert* VerwArch 94 (2003), 3 (14 f.).
37 *Kopp/Schenke* VwGO § 113 Rn. 145.

nahme hat sich auch kurzfristig erledigt. M hat daher ein berechtigtes Interesse an der Feststellung.

Möglicherweise kann M sich auch auf die fünfte Fallgruppe (Vorbereitung eines Amtshaftungs- oder Entschädigungsprozesses) berufen. Für diese Fallgruppe ist jedoch ergänzend anzumerken, dass das besondere Feststellungsinteresse nur in den Fällen einer direkten Anwendung des § 113 I 4 VwGO, also dann, wenn die Erledigung nach Klageerhebung eingetreten ist, angenommen werden kann. Ist das VG noch nicht mit dem Rechtsstreit befasst und geht es letztlich nur um Schadensersatz oder Entschädigung vor einem Zivilgericht (vgl. § 40 II 1 VwGO), bedarf es zur Wahrung effektiven Rechtsschutzes nur der Entscheidung des Zivilgerichts;[38] dieses entscheidet den Rechtsstreit unter allen (auch verwaltungs-)rechtlichen Gesichtspunkten, § 17 II 1 GVG. Da M im Ergebnis nur den Ersatz seines Verdienstausfalls begehrt, bedarf es einer verwaltungsgerichtlichen Entscheidung nicht. Aus der fünften Fallgruppe folgt daher für M kein berechtigtes Interesse an der Feststellung.

V. Klagefrist

Auch fragt sich, ob M seine Klage innerhalb der Frist des § 74 I VwGO erheben musste. Da sich die Vorschrift in direkter Anwendung nur auf Anfechtungs- und Verpflichtungsklagen (§ 74 II VwGO) bezieht, kommt allenfalls eine entsprechende Anwendung in Betracht. Eine Analogie zu § 74 I VwGO wird von Teilen der Literatur und der Rechtsprechung vor allem mit Hinweis darauf gerechtfertigt, dass eine Fortsetzungsfeststellungsklage schon aus Gründen des Rechtsfriedens nicht ohne jegliche zeitliche Beschränkung zugelassen werden dürfe.[39]

Nach Ansicht des BVerwG führt der Verzicht auf die Klagefrist aus § 74 I VwGO dagegen nicht zu einer unzumutbaren Beeinträchtigung des Rechtsfriedens und der Rechtssicherheit. Vielmehr werde die Verwaltung vor einer Jahre nach Erledigung des Verwaltungsakts erhobenen Klage hinreichend durch das Erfordernis eines berechtigten Feststellungsinteresses sowie durch das Institut der Verwirkung geschützt.[40]

Zu beachten ist, dass beide Auffassungen in einer Vielzahl von Fällen letztlich zum selben Ergebnis gelangen werden. Die Monatsfrist des § 74 VwGO setzt nämlich voraus, dass dem Verwaltungsakt eine ordnungsgemäße Rechtsbehelfsbelehrung beigefügt wurde. Auf die Möglichkeit einer Fortsetzungsfeststellungsklage wird die Behörde aber in der Regel nicht hingewiesen haben. Aus diesem Grund beginnt mit Erledigung des Verwaltungsakts die Jahresfrist des § 58 II VwGO zu laufen.

Unabhängig von der Anwendung des § 74 I VwGO auf die Fortsetzungsfeststellungsklage ist die von M erhobene Klage fristgemäß erhoben. Die Frage, ob M eine Klagefrist einhalten musste, kann daher offen bleiben.

VI. Richtiger Klagegegner

Richtiger Klagegegner ist analog § 78 I Nr. 1 VwGO das Land NRW, das gem. § 1 NRWPOG der Rechtsträger der Polizei ist.

---

38 BVerwGE 81, 226 (228) = BeckRS 9998, 164951; BayVGH BayVBl. 1983, 473; vgl. *Würtenberger/Heckmann* VerwProzR Rn. 740.
39 VGH BW VBlBW 1998, 109 (110).
40 BVerwGE 109, 203 (208) = BeckRS 1999, 30066926.

B. Ergebnis

Die Klage des M auf Feststellung der Rechtswidrigkeit der Ingewahrsamnahme ist zulässig.[41]

Lösungsvorschlag Frage 2

Schwerpunkte:
- **Materiell: Entschädigung und Schadensersatz nach Ingewahrsamnahme**

Ein Ersatz des Verdienstausfalls kommt in Betracht aufgrund eines (verschuldensunabhängigen) Entschädigungsanspruchs und eines (verschuldensabhängigen) Schadensersatzanspruchs.

A. Entschädigung

I. Anspruchsgrundlage

Anspruchsgrundlage für eine Entschädigung kann allein § 39 I lit. b NRWOBG iVm § 67 NRWPolG[42] sein. Nach § 39 I lit. b NRWOBG ist ein Schaden, den jemand durch rechtswidrige Maßnahmen der Ordnungsbehörden erleidet, zu ersetzen. Nicht erforderlich ist, dass die Ordnungsbehörde ein Verschulden trifft. Nach § 67 NRWPolG ist § 39 I lit. b NRWOBG für Maßnahmen von Polizeibehörden entsprechend anwendbar.

II. Tatbestandsvoraussetzungen

§ 39 I lit. b NRWOBG iVm § 67 NRWPolG setzt eine rechtswidrige polizeiliche Maßnahme voraus.

1. Ingewahrsamnahme

Als Anknüpfungspunkt kommt zunächst die Ingewahrsamnahme des M in Betracht.

a) Ermächtigungsgrundlage

Ermächtigungsgrundlage kann nur § 35 I Nr. 1 NRWPolG[43] sein.

---

41 Nach der Begründetheit der Klage war nicht gefragt. Bei der Prüfung der Begründetheit hätte untersucht werden müssen, ob die Ingewahrsamnahme rechtswidrig erfolgte, vgl. § 113 I 4 VwGO. Eine Prüfung der Rechtmäßigkeit der Maßnahme findet sich in den Ausführungen zur Lösung der Frage 2.

42 § 64 I 2 HSOG; § 80 I 2 NSOG; in Bayern und Baden-Württemberg ist eine ausdrückliche Normierung von Ersatzansprüchen wegen rechtswidriger Maßnahmen nicht erfolgt. Die Entschädigung erfolgt hier aus dem Gesichtspunkt des enteignungsgleichen bzw. enteignenden Eingriffs bzw. in Bayern über den für rechtmäßige und rechtswidrige Maßnahmen geltenden Art. 87 BayPAG, der diesen Ansprüchen als lex specialis vorgeht (vgl. zur Vorgängernorm BHKM/*Heckmann* ÖffR Bayern 3. Teil Rn. 448 ff. (450, 452); *Würtenberger/Heckmann* PolizeiR BW, 6. Aufl. 2005, Rn. 535; *Schenke* POR Rn. 683).

43 Art. 17 I Nr. 1 BayPAG; § 28 I Nr. 2 lit. b BWPolG; § 32 I Nr. 1 HSOG; § 18 I Nr. 1 NSOG.

b) Formelle Rechtmäßigkeit

Gemäß § 7 I NRWPOG war P örtlich, gem. § 1 I 1 NRWPolG iVm § 10 NRWPOG sachlich zuständig; die Eilfallkompetenz (§ 1 I 3 NRWPolG) ergibt sich daraus, dass ordnungsbehördliche Hilfe nicht gleich effektiv zu erlangen war. Die gem. § 28 I NRWVwVfG erforderliche Anhörung ist durch die – erfolglose – Ansprache des M erfolgt. Eine polizeiliche Verfügung konnte formfrei ergehen.

c) Materielle Rechtmäßigkeit

Materiell-rechtlich setzt § 35 I Nr. 1 NRWPolG voraus, dass eine Gefahr für Leib oder Leben besteht. Das ist nach § 35 I Nr. 1 NRWPolG insbesondere dann der Fall, wenn die Person sich erkennbar in einem die freie Willensbestimmung ausschließenden Zustand oder sonst in hilfloser Lage befindet. M war wegen seiner Trunkenheit ersichtlich nicht mehr fähig, allein nach Hause zu finden, und befand sich deshalb in hilfloser Lage.

M war Verhaltensstörer gem. § 4 I NRWPolG.[44]

Die Ingewahrsamnahme des M müsste auch verhältnismäßig gewesen sein. Geeignet war sie deshalb, weil sie die hilflose Lage des M aufgehoben hat. Sie war auch erforderlich, denn M konnte seine Wohnung nicht mehr angeben, und diese war auch nicht zu ermitteln, sodass als Ort der Ausnüchterung nur die Zelle in Betracht kam. Verglichen mit der Gefahr, die für M selbst bestand, sowie den erheblichen Belästigungen, die M durch sein lautstarkes Singen in der Wohngegend hervorrief, war die Ingewahrsamnahme auch angemessen.

Da die Ingewahrsamnahme als solche rechtmäßig war, scheidet insoweit ein Entschädigungsanspruch aus.

2. Dauer des Gewahrsams

Möglicherweise liegt aber darin, dass M nicht bereits am Morgen geweckt wurde, eine rechtswidrige Maßnahme. An die Dauer des Gewahrsams sind aufgrund seiner **freiheitsentziehenden Wirkung** und des darin begründeten Einflusses der Art. 2 II 2, 104 II und III GG **strenge Anforderungen** zu stellen. So ist der festgehaltenen Person gem. § 37 I NRWPolG[45] unverzüglich der Grund für die Ingewahrsamnahme bekanntzugeben. Auch ist ihr nach § 37 II 1 NRWPolG[46] unverzüglich Gelegenheit zu geben, einen Angehörigen oder eine Person ihres Vertrauens zu benachrichtigen bzw. ist diese Benachrichtigung durch die Polizei zu übernehmen, § 37 II 3 NRWPolG[47]. Ferner ist die Person gem. § 38 I Nr. 1 NRWPolG[48] zu entlassen, sobald der Grund für den Gewahrsam entfallen ist. Insbesondere die Regelungen in § 37 I und II NRWPolG begründen für die Polizei aufgrund ihres Wortlauts (»unverzüglich«) die Pflicht, den Zustand des aufgrund von § 35 I Nr. 1 NRWPolG Festgehaltenen in angemessenen Abständen zu überprüfen, um ihm die Ausübung seiner Rechte zu ermöglichen und ihn so früh wie möglich zu entlassen. Dies wurde hier versäumt. Zwar ist ein Unterlassen (hier: des Weckens) grundsätzlich nicht als Maß-

44 Art. 7 I BayPAG; § 6 I BWPolG; § 6 I HSOG; § 6 I NSOG.
45 Art. 19 I BayPAG; § 28 II BWPolG; § 34 I HSOG; § 20 I 1 NSOG.
46 Art. 19 II 1 BayPAG; § 1 II 2 BWDVOPolG; § 34 II 1 HSOG; § 20 II 1 NSOG.
47 Art. 19 II 3 BayPAG; § 34 II 3 HSOG; § 20 II 2 NSOG.
48 Art. 20 Nr. 1 BayPAG; § 28 III 1 BWPolG; § 35 I Nr. 1 HSOG; § 21 S. 1 Nr. 1 NSOG.

nahme iSd § 39 I lit. b NRWOBG anzusehen.[49] Hier ist es jedoch so, dass der Schwerpunkt der Vorwerfbarkeit nicht in dem unterlassenen Wecken gesehen werden darf. Die Rechtswidrigkeit ergibt sich vielmehr aus der Aufrechterhaltung des Gewahrsams, die eine positive Verhaltensweise und damit eine Maßnahme[50] darstellt.[51]

3. Schadensumfang

Gemäß § 40 I 2 NRWOBG iVm § 67 NRWPolG[52] erfasst die Entschädigungspflicht auch den entgangenen Gewinn in Gestalt des (gewöhnlichen) Verdienstausfalls.

4. Kausalität

Zwischen der Maßnahme und dem Schaden besteht auch Kausalität.

III. Ergebnis

M hat mithin einen Anspruch auf Ersatz der 7.500 EUR aus § 39 I lit. b NRWOBG iVm § 67 NRWPolG.

B. Schadensersatz

I. Anspruchsgrundlage

Als Anspruchsgrundlage für Schadensersatz kommt § 839 BGB iVm Art. 34 GG in Betracht.

II. Tatbestandsvoraussetzungen

1. Handeln in Ausübung eines anvertrauten öffentlichen Amtes

Da § 839 BGB iVm Art. 34 GG eine einheitliche Anspruchsgrundlage bilden,[53] ergibt sich, dass zunächst »jemand« iSd Art. 34 S. 1 GG in Ausübung eines ihm anvertrauten öffentlichen Amtes, also öffentlich-rechtlich, gehandelt haben muss.[54] Entscheidend ist – ähnlich wie bei der Frage der Eröffnung des Verwaltungsrechtswegs, auf welche Norm(en) sich das Handeln stützt und welchem Rechtsgebiet sie zuzuordnen sind. Mit der Ingewahrsamnahme des M hat P eindeutig polizeirechtlich, also öffentlich-rechtlich, gehandelt. Handeln in Ausübung eines öffentlich-rechtlichen Amtes liegt mithin vor.

2. Beamter im haftungsrechtlichen Sinne

Anders als Art. 34 S. 1 GG verwendet § 839 I 1 BGB den Begriff des Beamten. Der Begriff des Beamten kann daher nur unter Berücksichtigung von Art. 34 S. 1 GG

49 Vgl. *Buchberger/Rachor* in Lisken/Denninger PolR-HdB M Rn. 14 f.; sowie Hinweis 1 zu Fall 11.
50 Vgl. dazu *Götz/Geis* POR § 12 Rn. 1, und Hinweis 1 zu Fall 11.
51 Die Annahme eines Unterlassens als Schwerpunkt der Vorwerfbarkeit dürfte allerdings ebenso vertretbar sein. Um dann zu einer Maßnahme iSd § 39 I lit. b NRWOBG zu kommen, müsste man von einer Handlungspflicht der Polizeibeamten und somit von einem qualifizierten Unterlassen ausgehen, vgl. Hinweis 1 zu Fall 11.
52 § 65 I 2 HSOG; § 81 I 2 NSOG. Beachte für Bayern und Baden-Württemberg den Hinweis in Fn. 42. Beachte erg. Art. 87 VII 2 BayPAG, der demgegenüber bei Freiheitsentziehungen auch eine Entschädigung für *Nicht*vermögensschäden regelt.
53 Hierzu im Text unter B. III.
54 *R. Schmidt* AllgVerwR Rn. 1070.

(»jemand«) ausgelegt werden. »Beamter« im (weiten) Verständnis des Staatshaftungsrechts ist jeder, der hoheitlich, dh öffentlich-rechtlich handelt.[55] Wenn die Frage des Handelns in Ausübung eines öffentlichen Amtes bejaht werden konnte, so ist damit in der Regel auch die Beamteneigenschaft gegeben. P ist Beamter im haftungsrechtlichen Sinne.

3. Verletzung einer Amtspflicht, die dem Geschädigten gegenüber bestand

Ferner müsste P eine Amtspflicht verletzt haben, die zumindest auch den Schutz des Geschädigten bezweckte.[56] Im Falle des M wurde die allgemeine Amtspflicht verletzt, wonach Amtsträger die ihnen durch öffentlich-rechtliche Normen eingeräumten Befugnisse (und auferlegten Pflichten) nicht fehlerhaft, dh rechtswidrig ausüben dürfen.[57] Inwieweit dieser Amtspflicht drittschützende Wirkung zukommt, muss anhand der jeweiligen Ermächtigungsgrundlage ermittelt werden.[58]

a) Die Ingewahrsamnahme gem. § 35 I Nr. 1 NRWPolG

Wie bereits oben erläutert, war die Ingewahrsamnahme des M nicht rechtswidrig. Rechtswidrig war jedoch die Aufrechterhaltung[59] des Gewahrsams. M hätte früher geweckt werden müssen (vgl. A. II. 2.).

b) Drittschützender Charakter der Amtspflicht

Die Pflichten der §§ 37 I und II, 38 I Nr. 1 NRWPolG bestehen erkennbar im Interesse und zum Schutz des Festgehaltenen, hier des M.[60]

c) Schuldhaftes Handeln

Die Amtshaftung als Verschuldenshaftung setzt vorsätzliches oder fahrlässiges Verhalten des Amtswalters iSd § 276 I 1 BGB voraus.[61] Vorsätzliches Handeln kann nicht angenommen werden. Da die Polizisten auf der Wache den M vergessen haben, liegt in jedem Fall Fahrlässigkeit vor. Ein pflichtgetreuer Durchschnittsbeamter[62] hätte in der gegebenen Situation der Wahrung der Rechte des M Vorrang vor anderen Arbeiten gegeben.

---

55 *R. Schmidt* AllgVerwR Rn. 1066 f.

56 Anknüpfungspunkt der Amtspflicht ist nicht das Verhältnis Beamter – Bürger, sondern das Verhältnis Beamter – Dienstherr. Ein zwar rechtswidrig handelnder Beamter, der dies aufgrund einer dienstlichen Weisung tut, handelt zB nicht amtspflichtwidrig. Eine Amtspflicht verletzt in diesem Fall nur der Weisungsgeber.

57 BGHZ 97, 97 (102) = BeckRS 9998, 100077; vgl. *Grzeszick* in Erichsen/Ehlers AllgVerwR § 44 Rn. 19.

58 Hierzu näher *Maurer/Waldhoff* AllgVerwR § 26 Rn. 19 ff.; *Grzeszick* in Erichsen/Ehlers AllgVerwR § 44 Rn. 18 ff.

59 Sieht man den Schwerpunkt der Vorwerfbarkeit in einem Unterlassen des Weckens, so begründen die §§ 37 I u. II, 38 I Nr. 1 NRWPolG eine Handlungspflicht. Auch dies führt zur Amtspflichtverletzung. Allg. zur Amtspflichtverletzung durch Unterlassen *Maurer/Waldhoff* AllgVerwR § 26 Rn. 22; *Will/Quarch* StaatshaftungsR § 4 Rn. 16 mwN.

60 Allg. lässt sich sagen, dass Normen der Eingriffsverwaltung grundsätzlich drittschützenden Charakter haben, zumindest soweit es um den Adressaten geht. Gerechtfertigt ist dies, da durch sie zu Eingriffen in grundrechtlich geschützte Positionen ermächtigt wird. Vgl. hierzu *Grzeszick* in Erichsen/Ehlers AllgVerwR § 43 Rn. 19.

61 *Maurer/Waldhoff* AllgVerwR § 26 Rn. 24.

62 *Maurer/Waldhoff* AllgVerwR § 26 Rn. 24.

4. Kausalität

Die Pflichtverletzung war auch kausal[63] für den Schaden des M.

5. Keine Haftungsbeschränkung

Haftungsbeschränkungen sind in § 839 I 2 (Subsidiaritätsklausel), II (Spruchrichterprivileg) und in III BGB (versäumtes Rechtsmittel) vorgesehen.[64] Diese Vorschriften sind hier aber nicht einschlägig.

6. Kein Haftungsausschluss

Ein Haftungsausschluss kann spezialgesetzlich vorgesehen sein, ist hier aber gleichfalls nicht ersichtlich.[65]

7. Schadensumfang

Was dem Geschädigten als Schaden zu ersetzen ist, richtet sich mangels anderweitiger Regelungen nach §§ 249 ff. BGB. Der dem M entstandene Verdienstausfall ist als entgangener Gewinn iSd § 252 BGB anzusehen und demgemäß ersatzfähig.

III. Anspruchsgegner

Fraglich ist, gegenüber wem der Amtshaftungsanspruch geltend zu machen ist. In Betracht kommt entweder P oder das Land Nordrhein-Westfalen als Arbeitgeber bzw. Anstellungskörperschaft. § 839 BGB und Art. 34 GG[66] bilden eine einheitliche Anspruchsgrundlage.[67] Anspruchsgegner ist der Staat, der für das Verhalten eines für ihn tätigen Amtswalters haftet.[68] Dies ergibt sich aus Art. 34 S. 1 GG, dem zu entnehmen ist, dass derjenige Verwaltungsträger[69] haftet, in dessen Diensten der Amtswalter steht. Wer Dienstherr ist, bestimmt die hM nach der sog. Amtsübertragungstheorie/ Anvertrauungstheorie. Hiernach kommt es darauf an, welcher Verwaltungsträger dem Amtsträger das Amt, bei dessen Ausübung er rechtswidrig handelte, anvertraut, wer ihm also die Aufgaben, bei deren Wahrnehmung es zu der Amtspflichtverletzung gekommen ist, übertragen hat.[70] Dies ist im Regelfall die Anstellungskörperschaft.[71]

63 Anzuwenden sind die zivilrechtlichen Kausalitätskriterien, dh die Äquivalenztheorie (conditio-sine-qua-non-Formel) und die Adäquanztheorie, hierzu Palandt/*Grüneberg* Vorbem v. § 249 Rn. 24 ff.

64 Näher zu alledem *Maurer/Waldhoff* AllgVerwR § 26 Rn. 28 ff.

65 Beispiele: § 5 Nr. 1 RBHG keine Haftung für Gebührenbeamte des Bundes; § 5 Nr. 2 RBHG unter Umständen keine Haftung für Beamte im Auswärtigen Dienst; § 19 I 4 BNotO keine Haftung des Staates für Notare.

66 Bitte lesen Sie beide Normen und vergleichen Sie die Unterschiede im Wortlaut!

67 *Maurer/Waldhoff* AllgVerwR § 26 Rn. 7 ff.

68 Nur dann, wenn die Haftungsüberleitung nach Art. 34 GG nicht greift, besteht die Möglichkeit, den Amtswalter persönlich über § 839 BGB in Anspruch zu nehmen.

69 Art. 34 GG spricht von Staat und Körperschaft, wobei Letztere sämtliche juristischen Personen des öffentlichen Rechts, auch Anstalten und Stiftungen, umfasst, *Maurer/Waldhoff* AllgVerwR § 26 Rn. 43 ff.

70 BGHZ 53, 217 (218 f.) = NJW 1970, 750; BGHZ 99, 326 (330) = NJW 1987, 2737; zu den früher vertretenen Kriterien *Maurer/Waldhoff* AllgVerwR § 26 Rn. 43 ff.

71 Problematisch ist die Frage nach dem Dienstherrn, wenn ein Amtswalter Aufgaben eines anderen Verwaltungsträgers übernimmt, zB ein Gemeindeorgan staatliche Aufgaben (Auftragsangelegenheiten, Weisungsangelegenheiten) erledigt, oder eine sog. Doppelstellung gegeben ist, wie sie zB in NRW der Landrat als Organ des Kreises einerseits und als untere staatliche Verwaltungs-

P ist als Polizist Landesbeamter. Anspruchsgegner ist folglich das Land Nordrhein-Westfalen.

IV. Ergebnis

M hat aus § 839 BGB iVm Art. 34 GG einen Anspruch auf Ersatz seines Verdienstausfalles. Der Amtshaftungsanspruch richtet sich gegen das Land NRW.

Ergänzender Hinweis

In der Falllösung wurde zur Feststellung der Rechtswidrigkeit eines bereits **vor Klageerhebung erledigten Verwaltungsakts** die **Fortsetzungsfeststellungsklage** in analoger Anwendung des § 113 I 4 VwGO für statthaft erklärt. Gegen eine derartige »nachgezogene Fortsetzungsfeststellungsklage« (BVerwGE 12, 87 [90] = NJW 1961, 2077) ist in der Literatur zum Teil der Einwand erhoben worden, es fehle an der für eine Analogie erforderlichen Regelungslücke, weil mangels vorrangiger Gestaltungsklage ohne Weiteres auf die **allgemeine Feststellungsklage** gem. § 43 I VwGO zurückgegriffen werden könne (Schoch/Schneider/Bier/*Gerhardt* VwGO § 113 Rn. 99).

Dieser Kritik gegenüber zeigte sich das BVerwG in einer vereinzelt gebliebenen Entscheidung aufgeschlossen, wenn es konzedierte, dass »es möglicherweise näher gelegen hätte, von vornherein (in Bezug auf die Erledigung von Verwaltungsakten vor Klageerhebung) den Rechtsschutzbereich der allgemeinen Feststellungsklage des § 43 VwGO entsprechend weiterzuentwickeln«, statt auf § 113 I 4 VwGO zurückzugreifen (BVerwGE 109, 203 [209] = NVwZ 2000, 63 [64]; hierzu *Wehr* DVBl. 2001, 785 [786 f.]). Dies gelte umso mehr, als § 74 I VwGO auf diese Fälle nicht analog angewendet werden soll (BVerwGE 109, 203 [206 ff.] = NVwZ 2000, 63 [64]). Eine solche Analogie hätte bei einer entsprechenden Anwendung des § 113 I 4 VwGO nahegelegen, da mit der Fortsetzungsfeststellungsklage grundsätzlich eine Anfechtungsklage fortgeführt wird, für die § 74 VwGO gegolten hätte.

Die Frage, ob sich die statthafte Klageart bei Erledigung des Verwaltungsakts vor Klageerhebung aus der **analogen Anwendung des § 113 I 4 VwGO** oder aus § 43 I VwGO ergibt, hat das BVerwG letztlich offen gelassen. Zwischendurch hat das BVerwG seine damaligen Bedenken gegen eine Fortsetzungsfeststellungsklage analog § 113 I 4 VwGO nicht aufrechterhalten, die Position des Gerichts ist aber möglicherweise nicht ganz deutlich, vielleicht auch nicht ganz einheitlich. 2007 erwähnte derselbe Senat, der auch das obiter dictum zugunsten der allgemeinen Feststellungsklage formuliert hatte, seine damaligen Bedenken gegen die Fortsetzungsfeststellungsklage nicht einmal mehr;[72] 2012 hingegen wurden dann wieder beide Möglichkeiten – Fortsetzungsfeststellungsklage wie allgemeine Feststellungsklage – aufgezeigt und die Frage, welche Klageart statthaft sei, offen gelassen.[73]

---

behörde andererseits inne hat. Nach der hM haftet im Falle des Gemeindeorgans der Auftrag- bzw. Weisungsgeber, im Falle des Landrats als untere staatliche Verwaltungsbehörde das Land.

72 BVerwG NVwZ 2007, 227.

73 BVerwG NJW 2012, 2676. Näher zum Ganzen *R. Schmidt* VerwProzR Rn. 445 mwN auch zur Gegenmeinung.

14. Fall: Leben auf prinzlichem Grund

Sachverhalt

Einer Gruppe von Nichtsesshaften wird im Winter der Zutritt zu einem Obdachlosenheim in der kreisfreien nordrhein-westfälischen Großstadt S verweigert. Zur Begründung trägt die Heimleitung vor, sämtliche Mitglieder der Gruppe hätten bei ihren Aufenthalten in der Vergangenheit verbotswidrig Alkohol konsumiert und infolgedessen Streitereien verursacht sowie Gewalttätigkeiten verübt. Die Gruppe besorgt sich Zelte, überwindet die entsprechenden Zäune und besetzt einen Teil des derzeit ungenutzten Poloplatzes des ortsansässigen Poloclubs »Prince C. and Friends e.V.«. Der Vorsitzende des Poloclubs V und andere Mitglieder, die die Obdachlosen zum Abzug bewegen wollen, werden verjagt. Man bezeichnet sie als »ausbeuterische Großgrundbesitzer«, denen jetzt nur das genommen werde, was sie der Allgemeinheit aufgrund der Sozialpflichtigkeit des Eigentums schuldeten.

Anwalt A, im Übrigen Mitglied des Vereins der Polofreunde, rät dem V von einer (zivil-)gerichtlichen Räumung ab. Sowohl eine Klage als auch ein Antrag auf einstweiligen Rechtsschutz seien unzulässig, solange die Namen der Obdachlosen nicht bekannt seien. Entsprechende Ermittlungen bleiben erfolglos, unter anderem auch deshalb, weil die Zeltenden in ihrer Zusammensetzung – die Möglichkeit des »Wohnens mit Selbstbestimmung« hat sich inzwischen in der Szene herumgesprochen – ständig wechseln. V bittet deshalb die Polizei, den besetzten Platzteil zu räumen, anderenfalls müsse man über kurz oder lang »die Sache selbst in die Hand nehmen«. Die Polizei lehnt ein Einschreiten jedoch ab. Einerseits sei eine gewalttätige Konfrontation mit den stets alkoholisierten Obdachlosen zu erwarten, die außer Verhältnis zu dem angestrebten Erfolg stehe. Andererseits werde der Poloplatz ja momentan auch nicht genutzt.

Anwalt A, von V nunmehr mit der Wahrnehmung seiner Interessen beauftragt, stellte zunächst einen Antrag auf Erlass einer Räumungsverfügung gegenüber den Obdachlosen auch bei dem örtlichen Ordnungsamt. Nachdem dieser wie auch der Antrag des V bei der Polizei erfolglos blieb, überlegt er, ob und gegen wen gerichtlicher Rechtsschutz Erfolg haben könnte.

Zusatzfrage

Angenommen, V kann von dem Ordnungsamt verlangen, dass es gegen die Platzbesetzer einschreitet und den Poloplatz räumt: Besteht dann eine Möglichkeit, dass Rechtsanwalt A dem V schnell zu seinem Recht verhilft?

Lösungsvorschlag

Schwerpunkte:
- **Materiell:**
  - **Platzverweis**
  - **Eilfallkompetenz und Vollzugshilfe**
  - **Subsidiaritätsprinzip beim Schutz privater Rechte**
  - **Grundrechte als Rechtfertigungsgründe**
  - **Allgemeinverfügung**
  - **Opportunitätsprinzip**
  - **Ermessensreduzierung**
- **Prozessual:**
  - **Verpflichtungsklage, insbesondere Klagebefugnis bei Ermessensentscheidungen**
  - **Antrag auf Erlass einer einstweiligen Anordnung gem. § 123 VwGO**

A. Klage gegen die Polizei

In Betracht kommt zunächst eine Klage gegen die Polizei auf Räumung des Platzes. Die Klage hat Erfolg, wenn sie zulässig und begründet ist.

I. Zulässigkeit

1. Verwaltungsrechtsweg

Mangels aufdrängender Spezialzuweisung ist der Verwaltungsrechtsweg gem. § 40 I 1 VwGO eröffnet. Streitentscheidend sind Normen des Polizeirechts, einer klassischen Materie des öffentlichen Rechts. Da die Beteiligten zumindest nicht vorrangig um Verfassungsrecht streiten und nicht unmittelbar am Verfassungsleben beteiligt sind, ist die Streitigkeit auch nichtverfassungsrechtlicher Art. Eine abdrängende Sonderzuweisung besteht nicht.

2. Statthafte Klageart

Statthafte Klageart könnte die Verpflichtungsklage gem. § 42 I Alt. 2 VwGO sein. Dann müsste der Erlass eines Verwaltungsaktes begehrt werden. V strebt den Erlass einer Räumungsverfügung gegenüber den Obdachlosen durch die Polizei an. Eine solche Anweisung stellt einen Verwaltungsakt in Form einer Verfügung aufgrund von § 34 I 1 NRWPolG[1] (Platzverweis) oder § 8 NRWPolG[2] (Generalklausel) dar. V begehrt daher den Erlass eines (für ihn) begünstigenden Verwaltungsakts, sodass die Verpflichtungsklage[3] die statthafte Klageart ist.

3. Beteiligten- und Prozessfähigkeit

Kläger ist der Poloclub »Prince C. and Friends e.V.«. Als eingetragener Verein ist er juristische Person (des Privatrechts), § 21 BGB, und nach § 61 Nr. 1 Alt. 2 VwGO

---

1 Art. 16 S. 1 BayPAG; § 27a I BWPolG; § 31 I 1 HSOG; § 17 I 1 NSOG.
2 Art. 11 I BayPAG; § 1 I 1 iVm § 3 BWPolG; § 11 HSOG; § 11 NSOG.
3 Da der Erlass des begehrten Verwaltungsakts bereits in einem Verwaltungsverfahren durch die Behörde abgelehnt wurde, spricht man präzisierend von einer Versagungsgegenklage, vgl. hierzu *Hufen* VerwProzR § 15 Rn. 4. Der Begriff hat nur klarstellende Funktion und muss nicht unbedingt verwendet werden.

beteiligtenfähig. Auch das beklagte Land NRW ist gem. § 61 Nr. 1 Alt. 2 VwGO beteiligtenfähig.[4] Die Prozessfähigkeit des Poloclubs folgt aus § 62 III VwGO. Für ihn handelt im Prozess der Vorsitzende V als gesetzlicher Vertreter (§ 26 I 2 BGB). Die Prozessfähigkeit des Landes NRW ergibt sich ebenfalls aus § 62 III VwGO. Das Land wird vertreten durch das sachlich zuständige Fachministerium als oberste Landesbehörde (§ 3 NRWLOG), hier das Innenministerium (§ 5 NRWPOG), das wiederum vertreten wird durch das jeweilige (dh örtlich zuständige) Polizeipräsidium (§ 2 I Nr. 1 NRWPOG iVm dem Vertretungserlass NRW v. 1.7.2011[5] Abschn. 2 Nr. 5).

4. Klagebefugnis

Gemäß § 42 II VwGO müsste der Poloclub geltend machen, durch die Ablehnung des Verwaltungsakts in seinen Rechten verletzt zu sein. Der Kläger muss bei der Verpflichtungsklage darlegen, dass ihm ein **subjektives Recht auf den begehrten Verwaltungsakt** zusteht.[6] Ausreichend ist, dass dieses Recht möglicherweise besteht[7] bzw. dass das Recht nicht offensichtlich und eindeutig ausgeschlossen ist.[8] Eine mögliche Anspruchsgrundlage ist vorrangig im einfachen Recht zu suchen.[9] Das Vorgehen der Polizei bei der Platzräumung würde sich, wie bereits erwähnt, entweder nach § 34 NRWPolG oder nach § 8 NRWPolG richten. Diese Vorschriften räumen der Polizei Ermessen ein. Ein Recht, dh ein Anspruch des Klägers auf Erlass einer Verfügung, ist in derartigen Fällen nur möglich, wenn ermessensrelevante Belange zu seinen Gunsten bestehen (sog. **Anspruch auf ermessensfehlerfreie Entscheidung**) und diese ferner – zumindest möglicherweise – außer Acht gelassen wurden. Ermessensrelevante Belange des Klägers bestehen, wenn die Ermächtigungsgrundlage (zumindest auch) seinem Schutz dient.[10] Sowohl der Platzverweis nach § 34 NRWPolG als auch eine polizeiliche Verfügung nach § 8 NRWPolG setzen eine Gefahr für die öffentliche Sicherheit voraus. Diesem Begriff unterfallen auch Individualrechtsgüter wie das Eigentum.[11] Die zu einer Räumung gegebenenfalls ermächtigenden Normen dienen demnach auch dem Schutz des Einzelnen,[12] hier des klagenden Poloclubs. Dass dessen Eigentumsrecht von der Polizei bei ihrer ablehnenden Entscheidung nicht hinreichend berücksichtigt worden ist, erscheint zumindest möglich. Der Poloclub ist daher klagebefugt.

4 Ein anderes gilt in den Bundesländern, in denen – anders als in NRW – das Behördenprinzip angeordnet ist, vgl. unter anderem § 8 II BbgVwGG; § 79 II NJG, der allerdings nur für (unmittelbare) Landesbehörden gilt. Die Beteiligtenfähigkeit der Behörde regelt § 61 Nr. 3 VwGO iVm § 8 I BbgVwGG bzw. § 79 I NJG.

5 MBl.NRW. S. 246, zuletzt geändert durch RdErl. v. 3.4.2014 (MBl.NRW. 2014 S. 186).

6 Keine Anwendung findet die sog. Adressatenformel, dh die Berufung auf Art. 2 I GG; vgl. hierzu *Gersdorf* VerwProzR Rn. 70 mwN; zur Adressatenformel vgl. im Übrigen die Nachw. in Fall 1 mit Fn. 5.

7 *Hufen* VerwProzR § 15 Rn. 16, 24.

8 BVerwGE 44, 1 (3) = NJW 1974, 203.

9 Ggü. den Grundrechten besteht für das einfache Recht ein sog. Anwendungsvorrang, *Kopp/Schenke* VwGO § 42 Rn. 118 mwN. Dieser ist insbesondere im Bereich des Art. 14 I 1 GG zu beachten. Gerade hierbei folgt ein möglicher Anspruch auf ein bestimmtes Handeln der Behörden grundsätzlich nur aus einfachem Recht, da durch dieses Inhalt und Schranken des Eigentums bestimmt werden, vgl. Art. 14 I 2 GG. Art. 14 I 1 GG selbst kann allenfalls mittelbar Einfluss haben und nur in Ausnahmefällen eine eigenständige Anspruchsgrundlage bilden.

10 *Hufen* VerwProzR § 15 Rn. 26.

11 *Drews/Wacke/Vogel/Martens* Gefahrenabwehr 232 ff. mwN.

12 StRspr seit BVerwGE 11, 95 (97) = NJW 1961, 793.

5. Vorverfahren

Gemäß § 68 I 2 Var. 1 VwGO bedarf es eines Vorverfahrens nicht, *wenn ein Gesetz dies bestimmt.* § 110 I 2 NRWJustG bestimmt die Entbehrlichkeit des Vorverfahrens vor Verpflichtungsklagen in Nordrhein-Westfalen.

6. Ergebnis

Die Klage des Poloclubs ist zulässig.

II. Begründetheit

Die (Verpflichtungs-)Klage ist begründet, wenn die Ablehnung oder Unterlassung des Verwaltungsakts rechtswidrig und der Kläger dadurch in seinen Rechten verletzt ist, § 113 V 1 VwGO (sog. Verpflichtungsurteil). Ist die Sache nicht spruchreif, dh kann eine abschließende Entscheidung über das Klagebegehren nicht getroffen werden,[13] spricht das Gericht die Verpflichtung der Behörde aus, den Kläger unter Beachtung der Rechtsauffassung des Gerichts neu zu bescheiden, § 113 V 2 VwGO (sog. Bescheidungsurteil).[14]

1. Befugnis zum Einschreiten gegen die Platzbesetzer

Der Poloclub begehrt die Verurteilung der Polizei zu einem Einschreiten gegen die Platzbesetzer. Ein Anspruch hierauf kann nur dann bestehen, wenn die Polizei überhaupt einschreiten darf.[15]

a) Ermächtigungsgrundlage

Denkbar ist, dass die Polizei gegen die Platzbesetzer einen **Platzverweis** gem. § 34 I 1 NRWPolG[16] ausspricht. Mit dem Platzverweis kann eine Person vorübergehend von einem Ort verwiesen werden oder ihr **vorübergehend** das Betreten eines Ortes verboten werden. Dem Poloclub kommt es entscheidend darauf an, die Besetzer endgültig und dauerhaft von ihrem Poloplatz zu entfernen. Ein Platzverweis kann diesem Begehren nicht genügen. § 34 NRWPolG scheidet daher als Ermächtigungsgrundlage für ein Einschreiten in der gewünschten Form aus. Da andere Spezialermächtigungen nicht ersichtlich sind, könnte allein die polizeirechtliche Generalklausel § 8 I NRWPolG[17] die Polizei zu dem begehrten Einschreiten gegen die Platzbesetzer ermächtigen. Wenn aber § 34 I 1 NRWPolG nur deshalb nicht einschlägig sein soll, weil die Räumung endgültig und nicht nur vorübergehend erfolgt, dann könnte allerdings auch die Generalklausel unanwendbar sein. Es ließe sich argumentieren, ein längerfristiges Verbot, einen Ort zu betreten, dürfe nur auf der Grundlage von § 34 II NRWPolG ergehen. Aber auch ein Aufenthaltsverbot müsste zeitlich befristet sein

13 *Kopp/Schenke* VwGO § 113 Rn. 193.

14 Hauptanwendungsfall des § 113 V 2 VwGO ist der Fall, dass die Behörde eine Ermessensentscheidung zu treffen hat, sich eine Ermessensreduzierung auf Null nicht feststellen lässt, die Behörde aber ein Tatbestandsmerkmal falsch angewendet oder einen Ermessensfehler begangen hat.

15 In den Fällen, in denen die Behörde eine Ermessensentscheidung trifft, kann streng genommen eine Anspruchsgrundlage nicht bezeichnet werden. Daher empfiehlt es sich, zuerst zu prüfen, ob behördlicherseits überhaupt gehandelt werden darf, und dann nach einer Ermessensreduzierung zu fragen.

16 Art. 16 S. 1 BayPAG; § 27a I BWPolG; § 31 I 1 HSOG; § 17 I 1 NSOG.

17 Art. 11 I BayPAG; § 1 I 1 iVm § 3 BWPolG; § 11 HSOG; § 11 NSOG.

und dürfte eine Dauer von drei Monaten nicht überschreiten (§ 35 II 4 NRWPolG[18]). Da ein Aufenthaltsverbot von längerer Dauer nicht auf § 34 II NRWPolG gestützt werden kann, könnte die Anwendung der Generalklausel gesperrt sein. Wenn die Räumungsanordnung wie in Hausbesetzer-Fällen[19] als »Besitzentziehung« qualifiziert wird, dann kann sie jedoch auf der Grundlage der Generalklausel erfolgen, denn eine »Besitzentziehung« mit dem Willen des Berechtigten ist in den §§ 9 ff. NRWPolG nicht normiert (auch keine Sicherstellung nach § 43 Nr. 1 NRWPolG, die immer ohne oder gegen den Willen des Berechtigten erfolgt), sodass die Generalklausel (§ 8 I NRWPolG) nicht durch eine spezielle Ermächtigungsgrundlage verdrängt wird.[20]

b) Formelle Rechtmäßigkeit

aa) Sachliche Zuständigkeit

Gemäß § 1 I 1 NRWPolG, § 10 S. 1 NRWPOG[21] ist die Polizei für die Gefahrenabwehr zuständig. Die Besetzer des Poloplatzes stören gegenwärtig die Eigentumsrechte des Poloclubs, sodass die Möglichkeit einer Gefahr für die öffentliche Sicherheit besteht.

bb) Eilfallkompetenz

Für die sachliche Zuständigkeit der Polizei reicht das Bestehen einer Gefahr nicht aus. Nach § 1 I 3 NRWPolG,[22] ist die Polizei nur dann zu einem Einschreiten befugt, wenn ein **Handeln der Ordnungsbehörde nicht oder nicht rechtzeitig möglich** erscheint (sog. Eilfallkompetenz). Dies ist im Grundsatz der Fall, wenn eine Verlaufsprognose ergibt, dass die mit bürokratischen Mitteln arbeitende Ordnungsbehörde nicht ebenso wirksam und rechtzeitig einschreiten könnte wie die Polizei.[23] Durch die Besetzung des Poloplatzes ist keine Situation entstanden, die ein sofortiges Einschreiten erfordern würde.[24] Zur Beschleunigung und Verhinderung einer nicht mehr hinnehmbaren und unangemessenen Verfestigung der Situation mag uU eine sofortige Vollziehung (vgl. § 50 II NRWPolG,[25] § 55 II NRWVwVG[26]) sinnvoll sein.

18 Art. 16 II 3 BayPAG (mit Verlängerungsoption); § 27a II 3 BWPolG; § 31 III 4 HSOG; anders § 17 IV NSOG, der keine absolute zeitliche Obergrenze kennt.

19 Zur Frage, auf welcher Ermächtigungsgrundlage solche Räumungsanordnungen ergehen können, wird auch vertreten, dass es sich nicht um Platzverweise handele, »sondern [um] eine Besitzentziehung gegenüber Unbefugten, die dem Herausgabeverlangen bei beweglichen Sachen entspricht«, *Graulich* in Lisken/Denninger PolR-HdB E Rn. 249.

20 AA vertretbar, etwa mit dem Argument, dass die Generalklausel deshalb nicht anwendbar ist, gerade weil der nordrhein-westfälische Gesetzgeber (bewusst) nur die Besitzentziehung gegen/ohne den Willen und nicht mit dem Willen des Berechtigten – wie es für den Sachverhalt zuträfe – geregelt hat. Die Polizei würde sonst zum Vollstrecker privater Interessen, die eigentlich gerichtlich eingeklagt werden müssten. Wer eine Sperrung der Generalklausel vertritt, setzt die Prüfung hilfsgutachterlich fort, sofern der Bearbeitervermerk dem nicht entgegensteht.

21 Art. 2 I BayPAG; § 1 I 1 BWPolG; § 1 I HSOG; § 1 I 1 NSOG.

22 Art. 3 BayPAG; §§ 2 II 2, 60 II BWPolG; § 1 II 1 NSOG.

23 *Götz/Geis* POR § 17 Rn. 2; *Dietlein* in Dietlein/Hellermann ÖffR NRW § 3 Rn. 26; *R. Schmidt* POR Rn. 18; *Kingreen/Poscher* POR § 3 Rn. 19, vgl. auch Fall 6.

24 Ob ein ebenso wirksames ordnungsbehördliches Handeln möglich ist, hängt in hohem Maße von den Umständen des Einzelfalls ab. Sobald ein Hausbesetzer bspw. mit der Zerstörung privaten Eigentums beginnt, ist die Eilfallkompetenz der Polizei völlig unzweifelhaft. Gleiches gilt, wenn ein Hausbesetzer in vom Eigentümer selbst bewohnte Räume eindringt.

25 Art. 70 II BayPAG; §§ 49 ff. BWPolG, die keinen Verwaltungsakt voraussetzen; § 47 II HSOG; § 64 II 1 NSOG.

26 Art. 35 BayVwZVG.

Diese kann indessen auch durch die Ordnungsbehörde vorgenommen werden, sodass sie ebenso effektiv und rechtzeitig zu handeln in der Lage ist wie die Polizei.

Jedoch könnte die hohe Wahrscheinlichkeit einer Weigerung der Platzbesetzer, der Räumungsverfügung nachzukommen, eine andere Beurteilung rechtfertigen. Eine Weigerung würde dann nämlich die Vollstreckung der Räumungsverfügung durch Anwendung unmittelbaren Zwanges[27] (vgl. §§ 55, 57 ff. NRWPolG,[28] §§ 62, 66 ff. NRWVwVG[29]) erforderlich machen, dh die Räumung unter Gewaltanwendung. Hierbei dürfte der Einsatz von mehr oder minder bewaffneten Personen erforderlich sein. Über diese verfügt eine Ordnungsbehörde regelmäßig nicht selbst. Man könnte daher vertreten, dass in derartigen Fällen trotz der Möglichkeit eines rechtzeitigen Einschreitens der Ordnungsbehörde (§ 1 I 3 Alt. 2 NRWPolG) die Voraussetzungen des § 1 I 3 Alt. 1 NRWPolG erfüllt sind,[30] weil die Ordnungsbehörde letztlich gar nicht effektiv eingreifen kann. Dabei würde jedoch die systematische Trennung zwischen Grundverfügung und Vollstreckung verkannt. Richtig ist, dass ein Unvermögen der Ordnungsbehörde, die Grundverfügung zu vollstrecken, bereits bei Erlass der Grundverfügung zu beachten wäre. Ein solches Unvermögen besteht jedoch nicht, da die Ordnungsbehörde nach §§ 1 III, 47 ff. NRWPolG[31] die Möglichkeit hat, die Polizei um Vollzugshilfe zu ersuchen. Die Einrichtung der Vollzugshilfe verdeutlicht den Willen des Gesetzgebers, der Polizei in Fällen wie dem vorliegenden grundsätzlich erst im Rahmen der Vollstreckung Zuständigkeiten zuzuweisen. Daher kann die Eilfallkompetenz der Polizei auch nicht mit § 1 I 3 Alt. 1 NRWPolG begründet werden.[32]

Etwas anderes ergibt sich auch nicht daraus, dass die Platzbesetzung uU einen Hausfriedensbruch gem. § 123 I StGB darstellt.[33] Zwar gilt die Subsidiaritätsklausel des § 1 I 3 NRWPolG nicht für die Fälle des § 1 I 2 NRWPolG, dh wenn die Polizei zur Verhütung und vorbeugenden Bekämpfung von Straftaten handelt. Eine Einschränkung muss aber dann gemacht werden, wenn der Straftatbestand primär der Ahndung zivilrechtlichen Unrechts dient. Dies ist bei § 123 I StGB der Fall. Für dessen Verfolgbarkeit ist zudem unbedingt ein Strafantrag notwendig. Die Annahme eines besonderen öffentlichen Interesses an der Strafverfolgung vermag den Antrag nicht zu ersetzen.[34] Das Antragserfordernis macht die Strafverfolgung abhängig vom Willen des Verletzten und gibt diesem damit die Möglichkeit, sich Gedanken über die Angemessenheit einer Strafverfolgung zu machen und sich dabei durchaus auch Zeit zu lassen (§ 77b StGB). Dazu geriete ein Verständnis der polizeilichen Eilfallkompetenz in Widerspruch, nach dem diese unabhängig vom Willen des Berechtigten der Polizei ein Einschreiten ermöglichte – ungeachtet dessen, dass es hier nur um ein präventives Handeln geht, von dem das repressive Handeln der Polizei im Rahmen der Strafverfolgung grundsätzlich zu unterscheiden ist. Jedenfalls solange V einen Strafantrag nicht gestellt hat, ist die Eilfallkompetenz der Polizei nicht gegeben.

---

27 Zum unmittelbaren Zwang gem. §§ 55, 57 ff. NRWPolG vgl. BeckOK PolR NRW/*Muckel* NRWPolG § 55 Rn. 1 ff.

28 Art. 70, 75 ff. BayPAG; §§ 49 II, 50 ff. BWPolG; §§ 52, 54 ff. HSOG; §§ 69, 71 ff. NSOG.

29 Art. 34 ff. BayVwZVG.

30 So wohl *Tegtmeyer/Vahle* PolG NRW § 1 Rn. 16 ff., 19; *Erbguth/Mann/Schubert* BesVerwR Rn. 661.

31 Art. 2 III, 67 ff. BayPAG; § 60 V BWPolG; §§ 1 V, 44 ff. HSOG; §§ 1 IV, 51 ff. NSOG.

32 Vgl. *Dietlein* in Dietlein/Hellermann ÖffR NRW § 3 Rn. 27.

33 Hierzu unter B. II. 1. c) aa).

34 Etwas anderes gilt zB für den Diebstahl geringwertiger Sachen gem. §§ 242, 248a StGB.

2. Ergebnis

Mangels Kompetenz zum Handeln ist eine Klage gegen die Polizei auf Einschreiten gegen die Platzbesetzer unbegründet.

B. Klage gegen die örtliche Ordnungsbehörde

In Betracht kommt auch eine Klage gegen die Ordnungsbehörde.

I. Zulässigkeit

Für die Prüfung der Zulässigkeit kann auf die Ausführungen unter A. I. Bezug genommen werden. Grundlage einer Verpflichtungsklage sind § 24 Nr. 13 NRWOBG iVm § 34 I 1 NRWPolG[35] (Platzverweis) und § 14 I NRWOBG[36] (Generalklausel). Beklagte ist die Stadt S.

II. Begründetheit

1. Befugnis zum Einschreiten

Auch im Hinblick auf die Befugnis der Ordnungsbehörde zum Einschreiten kann zunächst auf die Ausführungen oben (A. II.) verwiesen werden. Es ist wiederum zunächst zu fragen, ob die Ordnungsbehörde eine Räumungsverfügung erlassen kann.

a) Ermächtigungsgrundlage

Da ein Platzverweis entsprechend den Ausführungen unter A. II. 1. ausscheidet, kann Ermächtigungsgrundlage nur die ordnungsbehördliche Generalklausel § 14 I NRWOBG[37] sein.

b) Formelle Rechtmäßigkeit

aa) Sachliche Zuständigkeit – Subsidiaritätsprinzip

Die Zuständigkeit der Ordnungsbehörden zur Gefahrenabwehr ergibt sich aus § 1 I NRWOBG.[38] Fraglich ist die Zuständigkeit unter dem Gesichtspunkt des **allgemeinen Subsidiaritätsprinzips**[39] (vgl. § 1 II NRWPolG).[40] Als allgemeiner Grundsatz des Rechts der Gefahrenabwehr gilt das Subsidiaritätsprinzip auch für die allgemeinen Ordnungsbehörden selbst dann, wenn es – wie in Nordrhein-Westfalen – an einer ausdrücklichen landesrechtlichen Regelung in den Ordnungsbehördengesetzen fehlt.[41] Danach obliegt der Schutz privater Rechte den Polizei- und Ordnungsbehörden nur dann, wenn gerichtlicher Schutz nicht oder nicht rechtzeitig zu erlangen

---

35 Art. 16 S. 1 BayPAG; § 27a I BWPolG; § 31 I 1 HSOG; § 17 I 1 NSOG.

36 Art. 7 II BayLStVG; § 1 I 1 iVm § 3 BWPolG; § 11 HSOG; § 11 NSOG.

37 Art. 7 II BayLStVG; § 1 I 1 iVm § 3 BWPolG; § 11 HSOG; § 11 NSOG.

38 Art. 6 BayLStVG; § 1 I 1 BWPolG; § 1 I 1 HSOG; § 1 I 1 NSOG.

39 Hierzu *Götz/Geis* POR § 4 Rn. 20 ff.; *Knemeyer* POR Rn. 135 ff.; *Dietlein* in Dietlein/Hellermann ÖffR NRW § 3 Rn. 34 f.; *R. Schmidt* POR Rn. 68 ff.; *Schenke* POR Rn. 54.

40 Instruktiv dazu VG Minden NJW 2006, 1450.

41 Vgl. *Schenke/Schenke* in Steiner/Brinktrine BesVerwR § 2 Rn. 50 mwN; *Schenke* POR Rn. 54; vgl. auch oben die Fälle 1 und 9.

ist.[42] Grundsätzlich ist der Bürger für die Durchsetzung seiner Rechte auf die **Möglichkeit der Erwirkung eines Urteils** oder einer **einstweiligen Verfügung durch ein Zivilgericht** (vgl. §§ 935, 940, 916 ff. ZPO) verwiesen. Dagegen, dass das Subsidiaritätsprinzip hier greift, könnte aber schon § 123 StGB sprechen. Die Vorschrift zeigt, dass der Gesetzgeber das Hausrecht für besonders schutzbedürftig hält und es zu einem Gegenstand öffentlichen Schutzes macht.[43] Dagegen könnte eingewandt werden, auch § 123 StGB schütze ein privates Recht, nur mit anderen Mitteln als das Recht der Gefahrenabwehr. Diese Frage nach der Anwendbarkeit des Subsidiaritätsprinzips kann aber dahinstehen,[44] wenn jedenfalls seine Voraussetzungen nicht erfüllt sind. Zu beachten ist nämlich, dass eine Klage bzw. eine Antragsschrift zwingend einen Gegner benennen muss, vgl. § 253 II Nr. 1 ZPO, soll die Unzulässigkeit vermieden werden.[45] Ist die Identität der gegnerischen Partei, wie hier, nicht festzustellen, so wird ein Rechtsstreit gegen Unbekannte dann für zulässig erachtet, wenn trotzdem eine **zumindest vorübergehende Abgrenzbarkeit** möglich ist.[46] Eine solche Abgrenzbarkeit besteht allerdings nur, wenn der Kreis der Unbekannten sich nicht fortwährend in Zusammensetzung und Zahl verändert.[47] Ist dies aber, wie hier, der Fall, kann nicht festgestellt werden, gegen wen sich eine Klage oder eine einstweilige Verfügung überhaupt richtet und wem sie zuzustellen ist. Zivilgerichtlicher Schutz ist daher nicht zu erlangen, ordnungsbehördliches Handeln nicht subsidiär. Soweit in der Rechtsprechung[48] in Fällen wie dem vorliegenden verlangt wird, dass der Eigentümer die Besetzer zumindest aufgefordert hat, das Grundstück innerhalb einer bestimmten Frist zu verlassen, und angedroht hat, anderenfalls gerichtliche oder polizeiliche Hilfe in Anspruch nehmen zu wollen, kann dies zumindest dann nicht gelten, wenn die Besetzer jegliche Kommunikation verweigern.

bb) Örtliche und instanzielle Zuständigkeit

Der Oberbürgermeister der Stadt S ist als örtliche Ordnungsbehörde gem. §§ 4 I, 5 I NRWOBG, §§ 62, 63 NRWGO[49] örtlich und instanziell zuständig.

cc) Verfahren, Form

Gemäß § 28 I NRWVwVfG müssten die Platzbesetzer vor Erlass einer Räumungsverfügung gehört werden. Die Räumungsverfügung müsste sodann schriftlich ergehen, § 20 I 1 NRWOBG.[50]

---

42 Diese Einschränkung polizeilicher Befugnisse darf nicht mit der Eilfallkompetenz verwechselt werden, die im Rahmen der sachlichen Zuständigkeit die Befugnisse der Polizei von denen der Ordnungsbehörden trennt (vgl. Fall 1).

43 Vgl. *Erbguth/Mann/Schubert* BesVerwR Rn. 446; *Rhein* OBG NRW § 14 Rn. 35.

44 Vgl. dazu *Kingreen/Poscher* POR § 3 Rn. 41 ff.

45 Thomas/Putzo/*Reichold* ZPO, 37. Aufl. 2016, § 253 Rn. 7.

46 Baumbach/Lauterbach/Albers/*Hartmann* ZPO, 74. Aufl. 2016, § 253 Rn. 27.

47 Bejahend LG Kassel NJW-RR 1991, 382 (»die unbekannten derzeitigen Besitzer«), verneinend OLG Köln NJW 1982, 1888 (»eine wechselnde Anzahl von etwa 20–100 Personen in einem besetzten Haus«) und BezG Potsdam OLGZ 1993, 325 (»die Besetzer eines Gebäudes«); BGH NJW 2018, 399 (keine sichere Identifizierung von »40 männlichen und weiblichen Personen«).

48 VG Berlin BeckRS 2003, 25903.

49 Art. 6 BayLStVG; §§ 1 I, 60 I, 66 II, 62 IV BWPolG; §§ 1 I, 2 S. 2 und 3, 89 HSOG; §§ 1 I, 97 I NSOG; jeweils iVm den jeweiligen kommunalrechtlichen Vorschriften zur Vertretung der Gemeinde durch den Bürgermeister.

50 Ein solches Erfordernis besteht in Bayern, Baden-Württemberg, Hessen und Niedersachsen nicht.

c) Materielle Rechtmäßigkeit

aa) Öffentliche Sicherheit

Im Rahmen der materiellen Rechtmäßigkeit ist zu prüfen, ob die Voraussetzungen der Ermächtigungsgrundlage erfüllt sind. Es müsste eine Gefahr für die öffentliche Sicherheit bestehen. Die öffentliche Sicherheit schützt die objektive Rechtsordnung (Gesamtheit der geschriebenen Rechtsnormen), die subjektiven Rechte und Rechtsgüter des Einzelnen sowie den Bestand der Einrichtungen und Veranstaltungen des Staates und der sonstigen Träger von Hoheitsgewalt.[51] Zur objektiven Rechtsordnung gehört – unabhängig von der angesprochenen[52] Unsicherheit im Hinblick auf die Frage, ob ein Verstoß gegen § 123 I StGB eine Ausnahme vom Subsidiaritätsprinzip begründet – auch § 123 I StGB (Hausfriedensbruch). Der Poloplatz ist umzäunt und deshalb als befriedetes Besitztum anzusehen.[53] Das nicht erlaubte Eindringen und Verweilen der Platzbesetzer stellt demgemäß eine Straftat dar. Aufgrund dessen besteht nicht nur eine Gefahr für die öffentliche Sicherheit, sondern es ist bereits eine Störung eingetreten. Diese steht der Gefahr nach allgemeiner Ansicht gleich.[54] Da ferner das subjektive Recht des Eigentums an dem Poloplatz beeinträchtigt ist, liegt eine Störung auch unter diesem Aspekt vor.

Fraglich ist, ob möglicherweise eine Störung der öffentlichen Sicherheit deshalb ausgeschlossen ist, weil die Platzbesetzer – wie sie selbst sagen – nur die **Sozialbindung des Eigentums** verwirklichen. Man könnte daran denken, aus Art. 14 II GG einen Rechtfertigungsgrund gegenüber der Verwirklichung von § 123 I StGB und den zivilrechtlichen Eigentümeransprüchen aus §§ 985, 1004 I BGB herzuleiten. Art. 14 II GG beinhaltet den Auftrag an den Gesetzgeber, bei der nach Art. 14 I 2 GG vorzunehmenden Bestimmung von Inhalt und Schranken des Eigentums das Allgemeinwohl zu beachten.[55] Über den Sinn einer äußerst großzügig angelegten Freifläche für sportliche Zwecke lässt sich in Zeiten von Wohnungsknappheit und damit einhergehender Obdachlosigkeit sicherlich streiten. Ist die Anlage jedoch durch den kommunalen Satzungsgeber bauplanungsrechtlich[56] vorgesehen worden, so kann der sich an eben diesen Satzungsgeber richtende Auftrag, die Sozialbindung zu verwirklichen, **nicht von einzelnen Bürgern eigenmächtig verwirklicht** werden.[57]

Festhalten lässt sich, dass eine Störung der öffentlichen Sicherheit gegeben ist.

---

51 *Drews/Wacke/Vogel/Martens* Gefahrenabwehr 232 ff. mwN; *Kingreen/Poscher* POR § 7 Rn. 2 ff.; *Schenke* POR Rn. 53 ff.; *Dietlein* in Dietlein/Hellermann ÖffR NRW § 3 Rn. 50 ff.; Legaldefinitionen in § 2 Nr. 2 BremPolG u. § 3 Nr. 1 LSASOG.

52 B. II. 1. b) aa).

53 Vgl. Schönke/Schröder/*Sternberg-Lieben* StGB § 123 Rn. 6 f.

54 Vgl. *Schenke/Schenke* in Steiner/Brinktrine BesVerwR § 2 Rn. 105; *Wolffgang/Hendricks/Merz* POR NRW Rn. 90. Vgl. auch Fall 5.

55 BVerfGE 37, 132 (140 f.) = NJW 1974, 1499; *Jarass/Pieroth* GG Art. 14 Rn. 2, 33 f., 39.

56 Beachte: Durch die Regelungen eines Bebauungsplanes werden iSd Art. 14 I 2 GG Inhalt und Schranken des Eigentums bestimmt, vgl. *Muckel/Stemmler* ÖffBauR 53 ff. (74, 87), 204 f.

57 Die Argumentation mit der Sozialbindung des Eigentums findet sich regelmäßig auch in den sog. **Hausbesetzer-Fällen**, in denen leerstehende Häuser besetzt werden. Die Sozialbindung führt auch hier aufgrund des lediglich an den Gesetzgeber gerichteten Auftrages zu keiner anderen Beurteilung. Einfachgesetzliche Regelungen als Ausprägungen der Sozialbindung können gleichfalls nicht rechtfertigend greifen, legitimiert doch die materielle Verpflichtung des Eigentümers nicht zur Selbsthilfe, vgl. zu diesem Problemkreis *Degenhart* JuS 1982, 330 (331); VG Hannover DVBl. 1981, 786 (787). Zu einer weiteren typischen Argumentation bei Hausbesetzer-Fällen Hinweis 2.

bb) Ordnungsrechtliche Verantwortlichkeit

Die Hausbesetzer sind Handlungsstörer und daher gem. § 17 I NRWOBG[58] ordnungsrechtlich verantwortlich.

cc) Ordnungsgemäße Ermessensbetätigung[59]

Entschiede sich die Ordnungsbehörde, mittels einer Räumungsverfügung gegen die Platzbesetzer einzuschreiten, so wäre dies unter Ermessensgesichtspunkten nicht zu beanstanden.

dd) Verhältnismäßigkeit

Die Räumungsverfügung müsste verhältnismäßig, dh geeignet, erforderlich und angemessen sein. Fraglich ist schon, ob eine Räumungsverfügung geeignet ist, den Poloplatz von den Platzbesetzern effektiv, dh dauerhaft zu befreien. Eine Räumungsverfügung ist ein Verwaltungsakt iSd § 35 S. 1 VwVfG, der für seine Wirksamkeit nach § 43 I VwVfG bekanntgegeben werden muss. Ein Verwaltungsakt iSd § 35 S. 1 VwVfG ist einzelfallbezogen, dh er richtet sich an eine bestimmte Person. Korrespondierend hierzu muss er dieser Person auch bekanntgegeben werden, § 43 I 1 VwVfG. Die Zahl und die Identität der Platzbesetzer wechseln jedoch ständig. Eine einmal gegen einen Platzbesetzer ausgesprochene Räumungsverfügung würde gegenüber einem anderen, später hinzukommenden Platzbesetzer nicht gelten. In derartigen Fällen hilft § 35 S. 2 VwVfG, der die sog. Allgemeinverfügung erlaubt. Danach ist es möglich, die Verfügung an einen nach allgemeinen Merkmalen bestimmten oder bestimmbaren Personenkreis zu richten. Mit einer entsprechenden Formulierung könnten alle, auch künftige Platzbesetzer, erfasst werden. Die Bekanntgabe könnte sodann gem. § 41 III 2 VwVfG öffentlich erfolgen. Untunlich iSd Vorschrift wäre eine Bekanntgabe an alle Beteiligten, weil die individuelle Bekanntgabe wegen des ständigen Wechsels der Platzbesetzer nicht möglich oder jedenfalls mit erheblichen Schwierigkeiten verbunden wäre.[60] Eine Räumungsverfügung in Form einer Allgemeinverfügung wäre demnach geeignet, die Gefahr abzuwehren.

Möglicherweise ist die Räumungsverfügung aber nicht das mildeste unter mehreren gleich geeigneten Mitteln zur Gefahrenabwehr und damit nicht erforderlich. Als milderes Mittel kommt eine Identitätsfeststellung gem. § 24 Nr. 4 NRWOBG iVm § 12 I Nr. 1 NRWPolG[61] in Betracht. Durch eine solche könnte es dem Poloclub nämlich ermöglicht werden, die Räumung doch noch zivilgerichtlich zu verfolgen. Allerdings unterliegen, wie bereits mehrfach angesprochen, der Kreis und die Zahl der Platzbesetzer ständigem Wechsel. Ein Urteil oder eine einstweilige Verfügung der Zivilgerichte würde demnach höchstwahrscheinlich niemals alle während der Vollstreckung anwesenden Platzbesetzer erfassen. Die Identitätsfeststellung ist folglich

58 Art. 9 I BayLStVG; § 6 I BWPolG; § 6 I HSOG, § 6 I NSOG.

59 An dieser Stelle ist noch nicht zu klären, ob möglicherweise eine Ermessensreduzierung auf Null und damit ein Anspruch des Klägers besteht. Dies entspricht der Zweiteilung des Aufbaus nach »Befugnis« und »Pflicht«. Hier ist nur zu prüfen, ob eine Räumungsverfügung, wenn sie denn tatsächlich erlassen würde, rechtmäßig wäre.

60 Vgl. *Kopp/Ramsauer* VwVfG § 41 Rn. 46.

61 Art. 7 II Nr. 2 BayLStVG (Generalklausel); § 26 I Nr. 1 BWPolG; § 18 I HSOG; § 13 I Nr. 1 NSOG.

nicht in gleicher Weise geeignet, eine dauerhafte Räumung des Platzes zu erreichen wie die Räumungsverfügung.

Im Rahmen der Angemessenheitsprüfung ist zu klären, ob die durch die Räumungsverfügung erzielten Vorteile die mit ihr verbundenen Nachteile unter Wertungsgesichtspunkten überwiegen. Zu bedenken ist die zu befürchtende Eskalation von Gewalt, die bei einer uU notwendigen Vollstreckung der Räumung zu erwarten ist. Bei der Prüfung der Verhältnismäßigkeit müssen aber solche Gesichtspunkte unberücksichtigt bleiben, die als rechtswidrig zu qualifizieren wären.[62] Widerstand gegen eine rechtmäßig durchgeführte Polizeiaktion kann nur rechtswidrig sein und deren Beurteilung nicht beeinflussen.

Insgesamt wäre eine Räumungsverfügung verhältnismäßig.

d) Zwischenergebnis

Die örtliche Ordnungsbehörde ist zum Erlass einer Räumungsverfügung aufgrund von § 14 I NRWOBG im Hinblick auf die Besetzung des Poloplatzes befugt.

2. Pflicht zum Einschreiten gegen die Platzbesetzer – Ermessensreduzierung auf Null

Der Poloclub hat nur dann einen Anspruch auf eine Räumung des Platzes, wenn die Ordnungsbehörde zu einem entsprechenden Einschreiten verpflichtet ist.

a) Notwendigkeit der Ermessensreduzierung

Wie bereits erwähnt, ermöglicht § 14 I NRWOBG der Behörde eine Ermessensentscheidung, dh es gilt das sog. **Opportunitätsprinzip.**[63] Die Ermessensentscheidung betrifft einerseits die Frage, **ob** eingeschritten wird (sog. Entschließungsermessen), und andererseits, **wie** eingeschritten wird (sog. Auswahlermessen). Da für das »Wie« nach obigen Ausführungen zur Verhältnismäßigkeit unzweifelhaft nur eine Räumungsverfügung in Betracht kommt, stellt die Entscheidung über das »Ob« das zentrale Problem dar, wenn der Poloclub mit seiner Klage die Verurteilung der Ordnungsbehörde zum Erlass einer Räumungsverfügung erreichen will. Eine Pflicht zum Tätigwerden besteht bei einer Ermessen gewährenden Ermächtigungsgrundlage dann, wenn die vorzunehmende sachgerechte Abwägung aller relevanten Umstände ergibt, dass nur das Tätigwerden rechtmäßig ist (sog. **Ermessensreduzierung auf Null**).[64]

b) Abwägung

Bei vordergründiger Betrachtung muss Folgendes gelten: Für ein Tätigwerden der Ordnungsbehörde sprechen die Beeinträchtigung privaten Eigentums sowie die fortlaufende Verwirklichung des strafbaren Hausfriedensbruches. Gegen ein Einschreiten spricht, dass es bei einer zwangsweise durchgesetzten Räumung zu Gewalttätigkeiten und infolgedessen auch zu schweren, möglicherweise sogar lebensgefährlichen Körperverletzungen kommen kann. Das private Eigentumsinteresse ist ferner dadurch

---

62 *Degenhart* JuS 1982, 330 (334).

63 *Götz/Geis* POR § 11 Rn. 1; *Schenke* POR Rn. 93; *R. Schmidt* POR Rn. 705 ff.; *Dietlein* in Dietlein/Hellermann ÖffR NRW § 3 Rn. 118 ff.

64 BVerwGE 11, 95 (97) = NJW 1961, 793; *Drews/Wacke/Vogel/Martens* Gefahrenabwehr 396 ff.; *Götz/Geis* POR § 11 Rn. 6.

abgeschwächt, dass der Poloplatz derzeit nicht genutzt wird. Gleichzeitig stellt sich der Hausfriedensbruch gem. § 123 II StGB als reines Antragsdelikt dar. Seine Verfolgung und Unterbindung hängt von privater Initiative ab. Ein Strafantrag ist bislang noch nicht gestellt worden. Soweit all dies die Entscheidung für ein Nichteinschreiten als nicht ermessensfehlerhaft erscheinen lässt, könnte eine Ermessensreduzierung auf Null aus zweierlei Gesichtspunkten in Betracht kommen: Zunächst wird allgemein befürwortet, dass erhebliche Gefahren für bedeutende Rechtsgüter die Ordnungsbehörde zum Einschreiten zwingen.[65] Als bedeutende Rechtsgüter werden Leib und Leben sowie das Vermögen, wenn ihm ein erheblicher Schaden droht, angesehen.[66] Eine Beeinträchtigung von Eigentum führt demnach nicht in jedem Fall bereits zu einer Ermessensreduzierung auf Null. Bei der Besetzung des Poloplatzes tritt aber ein weiterer Gesichtspunkt hinzu: Würde man zugunsten des Poloclubs nicht einschreiten, dann wäre dieser mangels zivilgerichtlichen Rechtsschutzes zwangsläufig zur Selbsthilfe gem. § 229 BGB gezwungen. Private, die zu einer halbwegs kontrollierten Gewaltanwendung weder ausgebildet noch ausgerüstet sind, würden auf andere, möglicherweise durch Alkoholkonsum stark enthemmte Private treffen und möglicherweise eine Gewalteskalation mit schweren unabsehbaren Folgen verursachen. Dass hierbei Straftaten verübt werden würden, die im Einzelfall weder durch Selbsthilfe noch durch Notwehr gerechtfertigt wären, ist äußerst wahrscheinlich. Eine Gefahr für bedeutende Rechtsgüter ist insgesamt wahrscheinlich. Letztlich wäre auch das Gewaltmonopol[67] des Staates beeinträchtigt, das private Gewalt gerade ausschließt. Eine Ermessensreduzierung auf Null ist zu bejahen.[68]

c) Zwischenergebnis

Die Ordnungsbehörde ist daher verpflichtet, gegen die Platzbesetzer eine Räumungsverfügung zu erlassen.

3. Gesamtergebnis

Das Gericht wird die Stadt S – als Trägerin der örtlichen Ordnungsbehörde – verpflichten, gegen die Besetzer des Poloplatzes im Wege einer Räumungsverfügung einzuschreiten.

Zusatzfrage

In Betracht kommt ein Antrag des A für den Verein bei dem VG auf Erlass einer einstweiligen Anordnung gem. § 123 VwGO. Der Antrag müsste zulässig und begründet sein, damit er Erfolg hat.

---

65 *Schenke* POR Rn. 100 f. mit instruktiven grundlegenden Ausführungen zur dogmatischen Entwicklung der Ermessensreduzierung im Polizei- und Ordnungsrecht und ihren Voraussetzungen; ferner *Götz/Geis* POR § 11 Rn. 6; *Drews/Wacke/Vogel/Martens* Gefahrenabwehr 396 ff.; *Kingreen/Poscher* POR § 10 Rn. 41 ff.

66 VG Berlin DVBl. 1981, 785; VG Gelsenkirchen BeckRS 2017, 144941; *Götz/Geis* POR § 11 Rn. 6; *Schenke* POR Rn. 101 mwN.

67 Vgl. hierzu *Schöbener/Knauff* Staatslehre § 4 Rn. 80 ff.

68 Eine andere Beurteilung dürfte, je nach Argumentation, vertretbar sein. Im Übrigen ist zu beachten, dass bereits geringe Veränderungen im Sachverhalt zu einer anderen Beurteilung führen würden, so zB wenn man annähme, dass sich die Platzbesetzer in Verhandlungen mit dem Platzeigentümer befänden.

I. Zulässigkeit des Antrags

1. Verwaltungsrechtsweg

Der Verwaltungsrechtsweg ist gem. § 40 I 1 VwGO eröffnet.

2. Statthafte Antragsart

Da in der Hauptsache eine Verpflichtungsklage zur erheben wäre (s. Grundfall), kommt im Rahmen des einstweiligen Rechtsschutzes nur eine einstweilige Anordnung gem. § 123 VwGO in Betracht (§ 123 V VwGO). Der Antrag auf Erlass einer solchen Anordnung ist statthaft – unabhängig davon, ob es sich um den Antrag auf Erlass einer sog. Sicherungsanordnung nach § 123 I 1 VwGO oder einer sog. Regelungsanordnung gem. § 123 I 2 VwGO handelt.[69]

3. Antragsbefugnis

Der Verein ist auch antragsbefugt, analog § 42 II VwGO, da die Möglichkeit besteht, dass der Verein in subjektiv-öffentlichen Rechten (insbesondere seinem Eigentum, aber auch seinem Hausrecht) verletzt ist und einen Anspruch auf behördliches Einschreiten hat (vgl. insoweit die Formulierung der Zusatzfrage).[70]

4. Zuständiges Gericht

Das Gericht der Hauptsache ist zuständig (§ 123 II VwGO).[71]

5. Rechtsschutzinteresse

Das Rechtsschutzinteresse besteht (ein Antrag an die Behörde ist erfolglos gestellt worden; das Begehren in der Hauptsache ist nicht offensichtlich unzulässig).

6. Zwischenergebnis

Der Antrag nach § 123 VwGO ist zulässig.

II. Begründetheit des Antrags

Der Antrag ist begründet, wenn der Verein glaubhaft machen kann, dass ihm ein Anordnungsanspruch und ein Anordnungsgrund zustehen[72] und die Hauptsache nicht vorweg genommen wird (§ 123 III VwGO iVm §§ 916 ff., 920 II ZPO).

1. Anordnungsanspruch

Der Verein hat, wie die Zusatzfrage schon voraussetzt, ein subjektiv-öffentliches Recht auf Einschreiten der Ordnungsbehörde gegen die Platzbesetzer. Der Anordnungsanspruch besteht.

---

69 Vgl. zur Abgrenzung etwa *Kopp/Schenke* VwGO § 123 Rn. 6.

70 Auch hier findet die sog. Adressatenformel keine Anwendung, dh die Berufung auf Art. 2 I GG; vgl. hierzu *Gersdorf* VerwProzR Rn. 70 mwN; zur Adressatenformel vgl. im Übrigen die Nachw. in Fall 1 mit Fn. 5.

71 S. auch *Hufen* VerwProzR § 33 Rn. 4.

72 Maßstab ist eine summarische Prüfung der Voraussetzungen des § 123 I 1 bzw. S. 2, aufgrund derer von einer überw. Wahrscheinlichkeit für das Bestehen eines Anordnungsanspruches sowie eines Anordnungsgrundes auszugehen ist, *Kopp/Schenke* VwGO § 123 Rn. 23 ff mwN.

2. Anordnungsgrund

Dieser Anspruch bedarf der zügigen Durchsetzung, da nach den Gesamtumständen eine gewalttätige Eskalation nicht auszuschließen ist. Es drohen also erhebliche Nachteile, auch für das Interesse des Vereins an effektivem Rechtsschutz (Art. 19 IV GG). Wenn die Situation des besetzten Platzes sich verfestigt und ein Urteil in der Hauptsache erst nach vielen Monaten vollstreckt werden kann, drohen dem Verein schwere Nachteile für seinen zentralen, sportlichen Vereinszweck.

3. Glaubhaftmachung

Die Umstände des Sachverhalts, die Anordnungsanspruch und Anordnungsgrund rechtlich ausfüllen, sind unstreitig. Eine Glaubhaftmachung (§ 123 III VwGO iVm §§ 920 II, 294 ZPO) ist ohne Weiteres möglich.

4. Keine Vorwegnahme der Hauptsache

Würde die Ordnungsbehörde im Wege der einstweiligen Anordnung angewiesen, gegen die Platzbesetzer vorzugehen und den Platz zu räumen, wäre die Hauptsache vorweggenommen. Eine solche einstweilige Anordnung ist grundsätzlich ausgeschlossen.[73] Etwas anderes gilt aber dann, wenn die Entscheidung in der Hauptsache so spät käme, dass für den Antragsteller ein obsiegendes Urteil wertlos wäre. Insbesondere für Entscheidungen, die für den Lebensweg des Antragstellers von Bedeutung sind (unter anderem im Schul- und Ausbildungsrecht[74]), bei Bedrohung seiner wirtschaftlichen Existenz[75] und bei termingebundenen Ansprüchen (zB auf Nutzung einer öffentlichen Einrichtung für einen Parteitag[76]) wird angenommen, dass die Hauptsache nicht abgewartet werden kann. Ob hier ein solcher Fall vorliegt, erscheint fraglich. Der Platz wird schon seit einiger Zeit von Obdachlosen genutzt und bewohnt; dass sich der Gesamtzustand des Platzes noch weiter verschlechtern kann, ist nicht erkennbar. Auch geht es nicht um existenzielle Fragen, da der Verein nach einer gewissen Pause in seinen Aktivitäten (während des Hauptsacheverfahrens) seine Tätigkeit wieder aufnehmen könnte. Insgesamt dürften danach die besseren Argumente dafür sprechen, dass hier die Räumung nicht im Wege der einstweiligen Anordnung angeordnet werden darf.

5. Ergebnis

Der Antrag des Vereins ist unbegründet.

73 Zum Verbot der Vorwegnahme der Hauptsache (hM) und krit. zu seinen zahlr. Ausnahmen und deren Herleitung Schoch/Schneider/Bier/*Schoch* VwGO § 123 Rn. 141 ff. mwN. Beispiel bei *Hufen* VerwProzR § 33 Rn. 17 f.

74 Vgl. zu dieser Fallgruppe etwa BVerfG NVwZ 1997, 480; 2004, 1112; NdsOVG NZA-RR 2001, 241; OVG NRW NWVBl. 2014, 272; OVG NRW BeckRS 2018, 138.

75 HessVGH NVwZ-RR 1996, 325; in der Sache abl. SächsOVG BeckRS 2011, 51091.

76 VGH BW DVBl. 1995, 927; VGH BW VBlBW 1994, 146; StGH BW VBlBW 2015, 154.

Ergänzende Hinweise

1. Zur Klagebefugnis bei Ermessensentscheidungen insbesondere im Polizei- und Ordnungsrecht sei verwiesen auf die weiterführenden Hinweise bei *Hufen* VerwProzR, 9. Aufl. 2013, § 15 Rn. 26.

2. In den sog. **Hausbesetzer-Fällen** wird vielfach eine politisch motivierte Gruppe ein Haus besetzt halten und diese tatsächliche Handlung gleichzeitig als politisches Statement, gegebenenfalls unterstützt durch Schriftstücke, verstanden wissen wollen. Gleichwohl stehen die Hausbesetzer nicht unter dem Schutz der Grundrechte aus Art. 5 I, 8 I GG. Die Meinungsäußerung und die hierzu veranstalteten Demonstrationen dürfen nur mit friedlichen Mitteln verfolgt werden. Eine rechtswidrige Inanspruchnahme fremden Eigentums entspricht dem nicht. Vgl. hierzu OLG Schleswig NVwZ-RR 2011, 523 (624); Maunz/Dürig/*Depenheuer* GG Art. 8 Rn. 62 f. Zu grundrechtsdogmatischen Hintergründen *Stemmler*, Das »Neminem-laedere-Gebot«. Zur Frage des Begriffs und der Existenz schutzbereichsimmanenter Grenzen der Freiheitsrechte im Unterschied zu den sog. verfassungsimmanenten Schranken. Zugleich eine Abhandlung über die Weite des Grundrechtstatbestandes, 2005.

3. Eine **Ermessensreduzierung** sollte nicht vorschnell angenommen werden. Auch wenn eine Pflicht zu polizeilichem Einschreiten besteht, kann uU nur ein Bescheidungsurteil ergehen, wenn noch Modalitäten der Durchführung offen sind. Es sei auf die lehrreichen Ausführungen von *Schenke* POR Rn. 100 f., verwiesen.

4. Ein bedeutsames Kriterium in Fällen der Ermessensreduzierung ist die sog. **Selbstbindung der Verwaltung** (vgl. dazu BVerwGE 31, 212 [213 ff.] = NJW 1969, 811; BVerwGE 44, 72 [74 f.] = NJW 1974, 573; BVerwG NJW 1988, 2907; *Detterbeck* AllgVerwR Rn. 334; *R. Schmidt* AllgVerwR Rn. 332 ff.; Maurer/*Waldhoff* AllgVerwR § 24 Rn. 21 ff.). Relevant wird dieser Gesichtspunkt in Fallgestaltungen, in denen sich die Behörde in einem gleichgelagerten Fall für eine bestimmte Maßnahme entschieden hat, diese aber im zu begutachtenden Einzelfall ablehnt. Zu beachten ist in einem solchen Fall, dass die »Selbstbindung der Verwaltung« kein eigenständiges Rechtsinstitut ist, sondern ein Anwendungsfall des allgemeinen Gleichheitssatzes aus Art. 3 I GG. Dieser sollte in Klausuren stets den Aufhänger für eine Diskussion des Problems bilden. Zur Vertiefung Stelkens/Bonk/Sachs/*Sachs* VwVfG § 40 Rn. 103 ff.

5. Ein Eingriff in das Grundrecht der Platzbesetzer aus **Art. 13 I GG** liegt im vorliegenden Fall nicht vor. Zwar können Zelte grundsätzlich Wohnung iSd Norm sein (v. Mangoldt/Klein/Starck/*Gornig* GG Art. 13 Rn. 18). Jedoch wird vom persönlichen Schutzbereich des Art. 13 I GG nicht erfasst, wer unberechtigt in ein Gebäude oder auf ein Gelände eingedrungen ist (Maunz/Dürig/*Papier* GG Art. 13 Rn. 12).

6. Zur **Unterbringung von Flüchtlingen** bereits oben erg. Hinweis 9 zu Fall 11.

15. Fall: Schöner Wohnen

Sachverhalt

Grundfall

Der 22-jährige G unternimmt den lieben langen Tag rein gar nichts. Von seinen Eltern wird er schließlich als »gammeliger Nichtsnutz« tituliert und zu Beginn des Herbstes vor die Tür gesetzt. Während die Eltern die Gelegenheit nutzen, ihren Jugendträumen entsprechend nach Südafrika überzusiedeln, wendet sich der mittellose G an die Stadtverwaltung seiner nordrhein-westfälischen kreisfreien Heimatstadt K. Diese sucht daraufhin für ihn eine Unterkunft. Wegen einer Messe, die noch eine Woche andauern wird, sind aber derzeit sämtliche Hotelzimmer belegt. Eine Unterbringung im städtischen Obdachlosenheim scheidet aus, weil es voll belegt ist. Schließlich findet sich im Haus des W eine Wohnung, die schon seit längerem leer steht. Auf Nachfrage erklärt sich W aber nicht freiwillig bereit, den G darin unterzubringen. Daraufhin wird ihm durch den Oberbürgermeister der Stadt K – Ordnungsamt – mittels schriftlicher Verfügung aufgegeben, den G für die Dauer einer Woche, bis ein Hotelzimmer zur Verfügung stehe, in der Wohnung wohnen zu lassen. Die Verfügung wird mit gesonderter ordnungsgemäßer Begründung für sofort vollziehbar erklärt. W legt seinerseits ordnungsgemäß Klage hiergegen ein und beantragt bei Gericht, die aufschiebende Wirkung der Klage wiederherzustellen. Er meint, dass der G ohne Weiteres im Obdachlosenheim unterkommen könne. Auch stünden, was zutrifft, Büros der Stadtverwaltung leer, in denen der G gleichfalls untergebracht werden könne. Wird der Antrag des W Erfolg haben?

Fallvariante 1

Nehmen Sie an, die Einweisungsverfügung sei zunächst rechtmäßig für die Dauer eines Monats erlassen worden. Noch während das gerichtliche Antragsverfahren auf Gewährung vorläufigen Rechtsschutzes läuft, werden aber Hotelzimmer frei, die von dem Betreiber des Hotels auch dem G überlassen werden würden. Kann W nun von der Stadt K verlangen, dass sie, notfalls zwangsweise, für den Auszug des G sorgt?

Fallvariante 2

G war ursprünglich Mieter des W; dieser hatte ihm aber gekündigt und gegen ihn einen rechtskräftigen Räumungstitel erwirkt. Da dem G die Obdachlosigkeit droht, weist die Stadt K ihn vorübergehend, bis die Anmietung eines Hotelzimmers möglich wird, in die Wohnung des W ein. Ist das rechtmäßig?

Lösungsvorschlag Grundfall

Schwerpunkte:
- **Materiell:**
  - **Einweisung eines Obdachlosen in eine Wohnung**
  - **gesonderte Anhörung bei Anordnung der sofortigen Vollziehung**
  - **Sicherstellung**
  - **polizeilicher/ordnungsbehördlicher Notstand**
- **Prozessual: einstweiliger Rechtsschutz gem. § 80 V VwGO**

Der Antrag[1] des W wird Erfolg haben, wenn er zulässig und begründet ist.

A. Zulässigkeit

I. Verwaltungsrechtsweg

Mangels aufdrängender Spezialzuweisung ist der Verwaltungsrechtsweg gem. § 40 I 1 VwGO eröffnet. Streitentscheidend sind Normen des Ordnungsbehördenrechts, einer klassischen Materie des öffentlichen Rechts. Da die Beteiligten zumindest nicht vorrangig um Verfassungsrecht streiten und auch nicht unmittelbar am Verfassungsleben beteiligt sind, ist die Streitigkeit auch nichtverfassungsrechtlicher Art. Eine abdrängende Sonderzuweisung besteht nicht.

II. Statthaftigkeit des Antrags

Ein an § 80 V VwGO ausgerichteter Antrag des W, die aufschiebende Wirkung seiner Klage wiederherzustellen, ist statthaft, wenn W im Hauptsacheverfahren eine Anfechtungsklage erheben müsste, um sein Ziel zu erreichen. Jede andere Hauptsacheklage, also Verpflichtungs-, Leistungs- oder Feststellungsklage, wäre grundsätzlich[2] im vorläufigen Rechtsschutz nach § 123 VwGO zu verfolgen,[3] § 123 V VwGO. Da W in der Hauptsache die Aufhebung der Einweisungsverfügung (und damit unzweifelhaft eines Verwaltungsakts iSd § 35 S. 1 VwVfG) begehrt bzw. begehren würde und er dieses Rechtsschutzziel nur mit einer Anfechtungsklage nach § 42 I Alt. 1 VwGO erreichen kann, ist der Antrag nach § 80 V VwGO statthaft.

III. Antragsbefugnis

Da W Adressat eines belastenden Verwaltungsakts ist, besteht zumindest die Möglichkeit, dass er in seinem Recht aus Art. 2 I GG verletzt ist. Er ist daher analog § 42 II VwGO antragsbefugt.

1 Ist das Begehren des Rechtsschutzsuchenden nicht eindeutig, kann es sich empfehlen, eine Station »Klärung des Rechtsschutzzieles« voranzustellen. Vgl. Fall 9.
2 Zu Ausnahmen Fall 9 Fn. 5.
3 Vgl. *Kopp/Schenke* VwGO § 80 Rn. 12 mwN.

IV. Antragsgegner

Richtiger Antragsgegner ist analog § 78 I Nr. 1 VwGO die Körperschaft, deren Behörde den angefochtenen Verwaltungsakt erlassen hat. Dies ist hier die Stadt K.[4]

V. Beteiligtenfähigkeit

W ist gem. § 61 Nr. 1 Alt. 1 VwGO beteiligtenfähig. Für die Stadt K als Gebietskörperschaft ergibt sich die Beteiligtenfähigkeit aus § 61 Nr. 1 Alt. 2 VwGO.

VI. Rechtsschutzinteresse

Das Rechtsschutzinteresse für einen Antrag nach § 80 V VwGO besteht nur, wenn W einen der in § 80 I 1 VwGO genannten **Rechtsbehelfe** (Widerspruch, Anfechtungsklage) erheben kann,[5] dieser **nicht offensichtlich** (zB wegen eindeutiger Versäumung der einschlägigen Frist) **unzulässig** ist und ihm gem. § 80 II 1 VwGO **keine aufschiebende Wirkung** zukommt.[6] W hat Klage gegen die Einweisungsverfügung erhoben. Da diese nach § 80 II 1 Nr. 4 VwGO für sofort vollziehbar erklärt wurde, hat die Klage keine aufschiebende Wirkung. Dass diese Klage offensichtlich unzulässig wäre, ist nicht ersichtlich. Dem W fehlt somit nicht das Rechtsschutzinteresse für seinen Antrag.[7]

VII. Zwischenergebnis

Ein Antrag des W nach § 80 V VwGO ist zulässig.

B. Begründetheit

Der Antrag auf Wiederherstellung der aufschiebenden Wirkung nach § 80 V VwGO ist begründet, wenn die Anordnung der sofortigen Vollziehung nach § 80 II 1 Nr. 4 VwGO den formellen Anforderungen des § 80 III VwGO nicht genügt oder das private Interesse des Antragstellers an der aufschiebenden Wirkung das öffentliche Interesse bzw. das Interesse eines beteiligten Dritten an der sofortigen Vollziehung überwiegt.[8]

---

4 Anders in den Bundesländern, in denen das Behördenprinzip gilt, vgl. unter anderem § 8 II BbgVwGG; § 79 II NJG, der allerdings nur für (unmittelbare) Landesbehörden, also nicht im vorliegenden Fall, gilt.

5 Die Rechtsbehelfe müssen nicht bereits erhoben sein, vgl. iE Fall 9 unter B. VI.

6 Vgl. *Hufen* VerwProzR § 32 Rn. 35, der allerdings nicht auf die offensichtliche Unzulässigkeit des Rechtsbehelfs abstellt, sondern die Bestandskraft der Ausgangsentscheidung hervorhebt bzw. die Frage nach einem vorherigen Aussetzungsantrag bei der Behörde stellt, die Erforderlichkeit eines solchen Antrags aber verneint.

7 Zu beachten ist, dass zwar auch die Widerspruchsbehörde die sofortige Vollziehung aussetzen und der W dies auch beantragen kann (vgl. § 80 IV VwGO). Dies ist jedoch kein obligatorisches, dem Widerspruchsverfahren bei einer Klage vergleichbares Vorverfahren. Vgl. hierzu *Hufen* VerwProzR § 32 Rn. 35; in der Falllösung: oben Fall 9 unter B. VI.

8 VGH BW NVwZ 1996, 281 (282); *Würtenberger* VerwProzR Rn. 532.

I. Formelle Rechtmäßigkeit der Vollzugsanordnung

1. Begründung nach § 80 III VwGO

Nach § 80 III 1 VwGO muss die Behörde in den Fällen der Anordnung der sofortigen Vollziehung gem. § 80 II 1 Nr. 4 VwGO das besondere Interesse an der sofortigen Vollziehung des Verwaltungsakts schriftlich begründen. Dabei muss sie in nachvollziehbarer Weise die konkreten Erwägungen erkennen lassen, die sie dazu veranlasst haben, von der Anordnungsmöglichkeit des § 80 II 1 Nr. 4 VwGO Gebrauch zu machen. Die Begründung muss sich auf den Einzelfall beziehen und das besondere Interesse an der sofortigen Vollziehung deutlich machen.[9]

Die Anordnung der sofortigen Vollziehung der an W gerichteten Verfügung wurde ordnungsgemäß begründet.[10]

2. Anhörung

Teilweise wird angenommen, dass die Anordnung der sofortigen Vollziehung ein selbstständiger Verwaltungsakt sei und deswegen eine Anhörung gem. § 28 I VwVfG erforderlich sei.[11] Die hM[12] tritt dem mit der zutreffenden Begründung entgegen, dass die **Anordnung der sofortigen Vollziehung keinen eigenen sachlichen Regelungsgehalt** aufweist, dieser vielmehr vollständig im Verwaltungsakt enthalten ist.[13] Gegen die Annahme eines Verwaltungsakts spricht außerdem, dass einem Verwaltungsakt generell mit der Anfechtungsklage entgegenzutreten ist. Die Anordnung der sofortigen Vollziehung hingegen kann nicht mit der Anfechtungsklage angegriffen werden. Auch erwächst sie nicht in die für den Verwaltungsakt typische Bestandskraft.

---

9 VGH BW NVwZ 1996, 281 (282). Die Begründungspflicht soll die Behörde veranlassen, sich des Ausnahmecharakters der Anordnung bewusst zu werden und das öffentliche Interesse an der sofortigen Vollziehung aus den besonderen Umständen des Einzelfalls herzuleiten. Unzureichend ist es daher bspw., wenn die Behörde lediglich auf die offensichtliche Rechtmäßigkeit des Verwaltungsakts hinweist oder nur den Gesetzeswortlaut wiederholen würde, vgl. OVG NRW NJW 1986, 1449; Redeker/v. Oertzen/*Redeker* VwGO § 80 Rn. 26.

10 Steht die Vollzugsanordnung mit den formellen Anforderungen des § 80 III VwGO nicht im Einklang, so hat das VG nach hM nicht die aufschiebende Wirkung wiederherzustellen, sondern lediglich die Anordnung der sofortigen Vollziehung aufzuheben, damit es der Behörde möglich bleibt, den formellen Mangel durch den Erlass einer neuen Vollzugsanordnung zu beheben, OVG NRW NWVBl. 1994, 424 (425); ThürOVG DÖV 1994, 1014; BayVGH NVwZ 1985, 663; *Mann/Wahrendorf* VerwProzR § 24 Rn. 403, 421; *Pietzner/Ronellenfitsch* Assessorexamen ÖffR Rn. 1568 mwN; aA *Kopp/Schenke* VwGO § 80 Rn. 148 mwN, der auch für diesen Fall die Wiederherstellung der aufschiebenden Wirkung befürwortet. Hiergegen spricht, dass die Behörde dann auch in solchen Fällen auf einen Abänderungs- oder Aufhebungsantrag nach § 80 VII 2 VwGO verwiesen wäre, in denen lediglich ein Begründungsdefizit gegeben ist, im Übrigen aber ein überw. Vollziehungsinteresse und mithin dringender Handlungsbedarf besteht, VGH BW DÖV 1996, 839.

11 OVG Brem DVBl. 1980, 420 (422); *Ganter* DÖV 1984, 970; abgeschwächt Redeker/v. Oertzen/*Redeker* VwGO § 80 Rn. 27, der die Anhörung in entspr. Anwendung von § 28 VwVfG zumindest im Regelfall für erforderlich hält.

12 OVG RhPf NVwZ 1988, 478; VGH BW NVwZ 1995, 292 (293); Schoch/Schneider/Bier/*Schoch* VwGO § 80 Rn. 199, 258; jeweils mwN.

13 Ist eine Anhörung noch nicht erfolgt, so sollte man vor der Streitentscheidung noch prüfen, ob die Anhörung nicht gem. § 28 II VwVfG entbehrlich war.

3. Zwischenergebnis

Die Vollzugsanordnung ist in formeller Hinsicht rechtmäßig ergangen.

II. Interessenabwägung

Fraglich ist allerdings, ob das Interesse des W an der aufschiebenden Wirkung gegenüber dem öffentlichen Interesse oder den Interessen eines Dritten an der sofortigen Vollziehung vorrangig ist. Das Gericht trifft diesbezüglich unter Abwägung aller Umstände des Einzelfalles eine eigene Ermessensentscheidung.[14] Maßgeblich sind dabei die Erfolgsaussichten des Rechtsbehelfs in der Hauptsache, die ihrerseits entscheidend davon abhängen, ob der angegriffene Verwaltungsakt rechtmäßig oder rechtswidrig ist. Das Gericht wird daher dem Antrag auf Wiederherstellung der aufschiebenden Wirkung stattgeben, wenn die im Rahmen des vorläufigen Rechtsschutzes gebotene summarische Prüfung[15] ergibt, dass der angegriffene Verwaltungsakt offensichtlich rechtswidrig ist,[16] weil am Vollzug eines rechtswidrigen Verwaltungsaktes kein öffentliches Interesse bestehen kann. Ergibt die Prüfung, dass er offensichtlich rechtmäßig ist, wird das Gericht den Antrag jedenfalls dann ablehnen, wenn darüber hinaus ein überwiegendes öffentliches oder privates Interesse an der sofortigen Vollziehung besteht.[17] Nur dann, wenn sich die Rechtmäßigkeit des Verwaltungsakts aus tatsächlichen Gründen nicht eindeutig beurteilen lässt, kommt es für die Entscheidung auf eine Gegenüberstellung der Auswirkungen des Sofortvollzugs und der Folgen der aufschiebenden Wirkung an.[18]

1. Rechtmäßigkeit der Einweisungsverfügung

a) Ermächtigungsgrundlage

Die Einweisungsverfügung ist rechtmäßig, wenn hierfür eine Ermächtigungsgrundlage vorhanden ist und deren Tatbestandsvoraussetzungen erfüllt sind.

aa) Sicherstellung

Als Ermächtigungsgrundlage kommt § 43 Nr. 1 NRWPolG iVm § 24 Nr. 13 NRWOBG[19] – Sicherstellung – in Betracht. In § 43 Nr. 1 NRWPolG wird zunächst

14 Vgl. den Wortlaut des § 80 V VwGO: »Auf Antrag *kann* das Gericht der Hauptsache …«; ferner *Pietzner/Ronellenfitsch* Assessorexamen ÖffR Rn. 1551 ff. (1551).

15 Vgl. etwa *Würtenberger/Heckmann* VerwProzR Rn. 613. Summarische Prüfung bedeutet lediglich, dass der Sachverhalt nicht vollständig aufgeklärt sein muss. Die Entscheidung darf vielmehr in entspr. Anwendung des § 294 ZPO auch aufgrund eines nur glaubhaft gemachten Sachverhalts gefällt werden; *Ramsauer* Assessorprüfung Rn. 19, 48. Rechtsfragen sind demgegenüber auch im Rahmen einer summarischen Prüfung zu klären. Für Studierende, die ohnehin mit feststehenden Sachverhalten konfrontiert sind, ergibt sich daher aus den abgesenkten Anforderungen einer lediglich summarischen Prüfung keine Erleichterung.

16 *Schenke* VerwProzR Rn. 1001.

17 Ob es für die Ablehnung des Antrags eines besonderen Interesses an der sofortigen Vollziehung bedarf oder die offensichtliche Rechtmäßigkeit des angegriffenen Verwaltungsakts ausreichend ist, wird unterschiedlich beurteilt, vgl. dazu unten B. II. 2.

18 Vgl. *Schenke* VerwProzR Rn. 1002.

19 Hier und im Folgenden: § 33 I Nr. 1 BWPolG (in Baden-Württemberg ist begrifflich zwischen Sicherstellung und Beschlagnahme zu unterscheiden. Erfolgt die Maßnahme zur Gefahrenabwehr, so handelt es sich um eine Beschlagnahme gem. § 33 BWPolG); § 40 Nr. 1 HSOG; § 26 Nr. 1 NSOG.

keine Unterscheidung zwischen beweglichen und unbeweglichen Sachen getroffen, sodass auch Letztere, also Grundstücke oder Wohnungen, sichergestellt werden können. Eine in Rechtsprechung und Literatur vertretene Ansicht geht demgemäß bei der zwangsweise angeordneten Inanspruchnahme einer Unterkunft davon aus, dass dies eine Sicherstellung sei.[20] Für die hM setzt die Sicherstellung demgegenüber voraus, dass **der sicherzustellenden Sache selbst eine Gefahr droht oder eine solche von ihr ausgeht,**[21] was im Hinblick auf die Wohnung des W nicht angenommen werden kann. Selbst wenn man dies nicht fordert,[22] muss man sich doch den Zweck der Sicherstellung vergegenwärtigen. Er besteht, wie bereits der Wortlaut der an die Regelung des § 43 NRWPolG anknüpfenden Vorschrift des § 44 I 1 NRWPolG zeigt, in der zwangsläufigen und von der Behörde anzustrebenden Begründung eines Gewahrsamsverhältnisses.[23] Es muss darauf gerichtet sein, andere von der Einwirkungsmöglichkeit auf die Sache auszuschließen.[24] Da aber die Behörde dem G gerade die Benutzung ermöglichen will, geht es ihr nicht um die Begründung eines eigenen Gewahrsamsverhältnisses an der Wohnung. Die Vorschriften über die Sicherstellung scheiden daher als Ermächtigungsgrundlage aus.

bb) Generalklausel

Da andere spezialgesetzliche Vorschriften nicht ersichtlich sind, kann allein die ordnungsbehördliche Generalklausel des § 14 I NRWOBG[25] taugliche Ermächtigungsgrundlage sein. Fraglich könnte zwar sein, ob die gefahrenabwehrrechtliche Generalklausel bei der Inanspruchnahme privaten Wohnraums den Anforderungen des Vorbehalts des Gesetzes genügt. So werden (im Zusammenhang mit der Unterbringung ausländischer Flüchtlinge) Zweifel daran vorgetragen, dass die Generalklausel genüge.[26] Doch erstrecken sich solche Bedenken nicht auf kurzzeitige Eingriffe in das Privateigentum Dritter. Da es im Falle des G nur um die Unterbringung für die Dauer einer Woche geht, können die erwähnten Bedenken hier als gegenstandslos betrachtet werden. Die Generalklausel ist eine hinreichende Rechtsgrundlage für die Unterbringung des G in der Wohnung des W.

---

20 VGH BW VBlBW 1997, 187 (188); VG Bremen NVwZ 1991, 706; *Götz/Geis* POR § 10 Rn. 9 ff.; *Drews/Wacke/Vogel/Martens* Gefahrenabwehr 209, beide allerdings ohne Begründung; weiterhin *Kingreen/Poscher* POR § 18 Rn. 6; *Schenke* POR Rn. 162; *Rachor* in Lisken/Denninger PolR-HdB, 5. Aufl. 2012, F Rn. 817; *Hauk* JA 2017, 922 (927).

21 Vgl. HessVGH NVwZ 1988, 655 (656); *Tegtmeyer/Vahle* PolG NRW § 43 Rn. 2; *Wolffgang/Hendricks/Merz* POR NRW Rn. 181–190; vgl. *Graulich* in Lisken/Denninger PolR-HdB E Rn. 645 ff.; *Knemeyer* POR Rn. 250; *Janssen* JA 1996, 165 (167 f.); s. auch Fall 17 zu dem besonderen Problem der Abgrenzung von Sicherstellung und Ersatzvornahme. Zu einem modifizierten, aber str. Verständnis der Vorschriften über die Sicherstellung von Immobilien im Zusammenhang mit der Unterbringung von Flüchtlingen oben erg. Hinweis 9 zu Fall 11.

22 BayVGH DÖV 1990, 483 f.; *Erichsen/Biermann* JURA 1998, 371 (376 f.); *Schwabe* NJW 1983, 369 (372).

23 Vgl. *Tegtmeyer/Vahle* PolG NRW § 43 Rn. 2 (»öffentlich-rechtliches Verwahrungsverhältnis«); *Wolffgang/Hendricks/Merz* POR NRW Rn. 181–190; aA *Beaucamp* JA 2017, 728 (730).

24 HessVGH NVwZ 1987, 904 (909); OVG NRW DVBl. 1991, 1373; *Knemeyer* POR Rn. 251.

25 Art. 7 II BayLStVG; § 1 I 1 iVm § 3 BWPolG; § 11 HSOG; § 11 NSOG; § 13 LSASOG.

26 NdsOVG NVwZ 2016, 164 (165 f.); näher dazu bereits oben erg. Hinweis 9 zu Fall 11.

b) Formelle Rechtmäßigkeit

aa) Zuständigkeit

Die Stadt K ist gem. §§ 1 I, 3 I, 4 I, 5 I 1 NRWOBG sachlich, örtlich und instanziell zuständig für die Maßnahmen der Gefahrenabwehr. Für die Stadt handelt gem. § 63 I NRWGO der Oberbürgermeister.[27]

Fraglich ist jedoch, ob die Ordnungsbehörde allein zum Schutz der privaten Rechte des G handeln darf. Dem könnte der allgemeine Subsidiaritätsgrundsatz entgegenstehen,[28] der ihr den Schutz privater Rechte nur gestattet, wenn **gerichtlicher Schutz nicht rechtzeitig zu erlangen** ist oder die **Verwirklichung des Rechts** ohne behördliche Hilfe **vereitelt** oder wesentlich erschwert werden würde (vgl. für die Polizei § 1 II NRWPolG[29]). Als allgemeiner Grundsatz des Rechts der Gefahrenabwehr gilt das Subsidiaritätsprinzip auch für die allgemeinen Ordnungsbehörden selbst dann, wenn es – wie in Nordrhein-Westfalen – an einer ausdrücklichen landesrechtlichen Regelung in den Ordnungsbehördengesetzen fehlt.[30] Eine **Ausnahme** von diesem Grundsatz greift unbestritten dann, wenn dem betroffenen privaten **Recht in seiner Wertigkeit ein gesteigerter Rang zukommt** und schwere Schäden drohen.[31] Da G in seiner Gesundheit bedroht ist und Obdachlosigkeit insbesondere im Herbst, kurz vor Beginn der kalten Jahreszeit, bei fehlendem Schutz gegen Natureinflüsse schnell lebensbedrohlich werden kann, liegt ein solcher Ausnahmefall vor.[32]

bb) Verfahren

W ist vor Erlass der Einweisungsverfügung gem. § 28 I NRWVwVfG angehört worden.

cc) Form

Auch dem Schriftformerfordernis des § 20 I 1 NRWOBG ist Genüge getan.

dd) Zwischenergebnis

Die Einweisungsverfügung ist somit formell ordnungsgemäß ergangen.

---

27 Art. 6 BayLStVG; §§ 1 I, 60 I, 66 II, 62 IV, 68 BWPolG; §§ 1 I, 2 S. 2 und 3, 82 II 2, 101 HSOG; §§ 1 I, 97 I, 100 NSOG; in Verbindung mit den jeweiligen kommunalrechtlichen Vorschriften zur Vertretung der Gemeinde durch den Bürgermeister.

28 Anders *Erichsen/Biermann* JURA 1998, 371 (373 f.), wonach polizeiliches Handeln nur subsidiär sein soll, wenn die Polizei- oder Ordnungsbehörde einem Privaten ggü. einem anderen Privaten zu seinem Recht verhelfen soll. Bei drohender Obdachlosigkeit handelt die Behörde aber gerade deswegen, weil der von der Obdachlosigkeit Bedrohte keinen (miet)rechtlichen Anspruch auf Nutzung von Wohnraum hat.

29 Art. 2 II BayPAG; § 2 II BWPolG; § 1 III HSOG; § 1 III NSOG.

30 Vgl. *Schenke/Schenke* in Steiner/Brinktrine BesVerwR § 2 Rn. 50 mwN; *Schenke* POR Rn. 54; auch oben die Fälle 1, 9 u. 14.

31 *Drews/Wacke/Vogel/Martens* Gefahrenabwehr 229 f. mwN. Näher zu den Ausnahmen Fall 9.

32 Vgl. OVG NRW NVwZ 1993, 202, wonach bei Obdachlosigkeit nicht nur ein Recht zum Einschreiten besteht, sondern sich das Ermessen sogar auf Null zu einer Pflicht hin reduziert. Die Entscheidung ist weiterhin sehr lehrreich bezüglich der Anforderungen an eine angemessene Unterkunft.

c) Materielle Rechtmäßigkeit

aa) Voraussetzungen der Ermächtigungsgrundlage

§ 14 I NRWOBG setzt tatbestandlich eine Gefahr für die öffentliche Sicherheit voraus. Vom Begriff der öffentlichen Sicherheit sind unter anderem die subjektiven Rechtsgüter des Einzelnen, also Leben, Körper, Gesundheit, Freiheit und Eigentum, erfasst.[33] G ist obdachlos. Durch Obdachlosigkeit sind Gesundheitsbeeinträchtigungen, insbesondere in der kalten Jahreszeit, mit hoher Wahrscheinlichkeit zu erwarten. In solchen Fällen ist vor allem das Grundrecht des Obdachlosen auf Leben und körperliche Unversehrtheit (Art. 2 II 1 GG) betroffen,[34] sodass eine Gefahr für die öffentliche Sicherheit besteht.[35]

bb) Ordnungspflicht

(1) Störer

W hat weder durch sein Verhalten (§ 17 I NRWOBG[36]) noch durch den Zustand einer ihm gehörenden Sache (§ 18 I NRWOBG[37]) die Obdachlosigkeit des G und damit die Gefahr für die öffentliche Sicherheit verursacht. Er ist daher, wenn es um seine Inanspruchnahme geht, sog. Nichtstörer.[38]

(2) Ordnungsbehördlicher Notstand

Ein Nichtstörer kann nur unter den Voraussetzungen des § 19 NRWOBG,[39] also des sog. ordnungsbehördlichen Notstandes, zur Gefahrbeseitigung herangezogen werden. Dies setzt gem. § 19 I NRWOBG voraus, dass eine gegenwärtige erhebliche Gefahr abzuwehren ist, Maßnahmen gegen Verhaltens- oder Zustandsstörer nicht oder nicht rechtzeitig möglich sind oder keinen Erfolg versprechen, die Ordnungsbehörde die Gefahr nicht oder nicht rechtzeitig selbst oder durch Beauftragte abwehren kann und schließlich der Nichtstörer ohne erhebliche eigene Gefährdung und ohne Verletzung höherwertiger Pflichten in Anspruch genommen werden kann.

(a) Erhebliche Gefahr

Eine erhebliche Gefahr besteht, wenn einem hochwertigen Rechtsgut ein Schaden droht.[40] Ihre Annahme bereitet nach den obigen Ausführungen zum Subsidiaritätsprinzip keine Schwierigkeiten.

---

33 *Drews/Wacke/Vogel/Martens* Gefahrenabwehr 232 ff. mwN.

34 Vgl. NdsOVG NJW 2010, 1094.

35 Vgl. OVG Bln NJW 1980, 2484; *Schoch* JuS 1995, 30 (32); *Götz/Geis* POR § 4 Rn. 23; diff. zwischen freiwilliger und unfreiwilliger Obdachlosigkeit *Kingreen/Poscher* POR § 9 Rn. 85. Dafür, dass in der Obdachlosigkeit nach heutigem Verständnis keine Gefahr mehr für die öffentliche Ordnung (vgl. hierzu BVerwGE 17, 83 [86] = BeckRS 1963, 30423673) gesehen werden kann: *Drews/Wacke/Vogel/Martens* Gefahrenabwehr 245 (258).

36 Art. 9 I BayLStVG; § 6 I BWPolG; § 6 I HSOG; § 6 I NSOG.

37 Art. 9 II BayLStVG; § 7 BWPolG; § 7 I HSOG; § 7 I NSOG.

38 NdsOVG NJW 2010, 1094 (1095). Der Vermieter ist auch dann nicht im polizei- und ordnungsrechtlichen Sinne für die Obdachlosigkeit – und damit für die Gefahr – verantwortlich, wenn die Obdachlosigkeit durch eine von ihm ausgesprochene Kündigung verursacht wurde und die Räumung der Wohnung bevorsteht, vgl. Lösung der Fallvariante 2.

39 Art. 9 III BayLStVG; § 9 BWPolG; § 9 HSOG; § 8 NSOG.

40 *Götz/Geis* POR § 6 Rn. 28.

(b) Inanspruchnahme von Störern aussichtslos

Die Inanspruchnahme eines Störers ist aussichtslos.

(c) Keine anderweitige Gefahrenabwehr

Zweifelhaft ist allerdings, ob die Gefahr nicht auf andere Art und Weise abgewendet werden kann. Der hier anzulegende **Maßstab ist sehr hoch**. Die Ordnungsbehörde muss alles ihr Mögliche und Zumutbare getan haben, bevor sie auf den Nichtstörer zugreifen darf.[41] Zwar ist vorrangig die Unterbringung in einem Obdachlosenasyl[42] sowie die Anmietung von Wohnraum zu versuchen,[43] im Fall des G führt dies aber, zumindest derzeit, nicht zum Erfolg. Möglicherweise muss jedoch die Heranziehung der leer stehenden städtischen Büroräume der Inanspruchnahme des W vorgehen. Zu bedenken ist allerdings, dass derartige Räume nicht mit den für ein halbwegs menschenwürdiges Leben notwendigen Einrichtungen wie Wasch-, Koch- und Schlafgelegenheiten ausgerüstet sind. Eine entsprechende Umrüstung könnte zwar erfolgen wird aber im Fall des G, der sofort unterzubringen ist, nicht rechtzeitig gelingen. Eine anderweitige Gefahrenabwehr ist somit nicht möglich.

(d) Keine eigene Gefährdung, keine Verletzung höherwertiger Pflichten

Da die in Anspruch genommene Wohnung des W nicht, insbesondere nicht von ihm selbst,[44] genutzt wird, besteht keine erhebliche Gefährdung seiner Rechte. Ebenso wenig wird eine höherwertige Pflicht verletzt.

(e) Zwischenergebnis

Die Voraussetzungen des ordnungsbehördlichen Notstandes sind erfüllt.

cc) Ermessen

Ermessensfehler sind nicht ersichtlich.[45]

dd) Verhältnismäßigkeit

Hinsichtlich der Geeignetheit der Einweisungsverfügung zur Gefahrenabwehr bestehen keine Bedenken. Ein milderes Mittel ist gleichfalls nicht ersichtlich. Im Rahmen der Angemessenheit ist insbesondere § 19 II NRWOBG zu beachten, der als deren Konkretisierung bestimmt, dass Maßnahmen nach § 19 I NRWOBG nur aufrecht-

---

41 SchlHOVG NJW 1993, 413; OVG NRW NVwZ 1991, 692; BayVGH NVwZ-RR 1991, 196; *Götz/Geis* POR § 10 Rn. 6, 8.

42 Hierbei ist zu bedenken, dass eine solche Unterbringung im Einzelfall nicht geeignet sein kann, die Gefahr zu beseitigen, bzw. geeignet sein kann, eine andere Gefahr für den Obdachlosen heraufzubeschwören. Gerade bei obdachlosen Familien mit Kindern dürfte ein Obdachlosenasyl aufgrund der hier regelmäßig anzutreffenden Bedingungen nicht angemessen sein.

43 Vgl. *Osterloh* JuS 1991, 1066 ff.; *Götz/Geis* POR § 10 Rn. 9.

44 Hierzu SchlHOVG NJW 1993, 413 (414).

45 Eine andere Beurteilung würde sich ergeben, wenn es in K freie Hotel- und Pensionszimmer gäbe, sich die Betreiber aber lediglich geweigert hätten, sie dem G zu überlassen. Dann hätte es in der Verfügung an W Ausführungen bedurft, warum gerade er und nicht die Hotel- bzw. Pensionsbetreiber in Anspruch genommen werden. Erfolgt dies nicht, sind die Hotel- bzw. Pensionsbetreiber ersichtlich von der Ordnungsbehörde nicht in den Pflichtenkreis einbezogen worden, sodass ein Ermessensfehler in Form des sog. Ermessensnichtgebrauchs vorliegt, vgl. SchlHOVG NJW 1993, 413 (414); *Drews/Wacke/Vogel/Martens* Gefahrenabwehr 186.

erhalten werden dürfen, solange die Abwehr der Gefahr nicht auf andere Weise möglich ist. Die Befristung der Einweisung auf eine Woche genügt diesen Anforderungen.[46] Die Einweisungsverfügung ist folglich verhältnismäßig.

d) Zwischenergebnis

Die Einweisungsverfügung erfolgte offensichtlich rechtmäßig.

2. Besonderes Vollziehungsinteresse

Ob aber ein Antrag auf Wiederherstellung der aufschiebenden Wirkung nach § 80 V VwGO bereits deswegen abzulehnen ist, weil der angegriffene Verwaltungsakt offensichtlich rechtmäßig ist, sodass ein Rechtsmittel in der Hauptsache keine Aussichten auf Erfolg hat,[47] oder ob darüber hinaus ein besonderes Interesse an der sofortigen Vollziehung bestehen muss,[48] ist umstritten. Für das Erfordernis eines besonderen öffentlichen oder privaten Interesses lässt sich anführen, dass die Anordnung der sofortigen Vollziehung nach § 80 II 1 Nr. 4 VwGO das Vorliegen eines solchen Interesses voraussetzt.[49] Eine Entscheidung des Meinungsstreits kann jedoch dahinstehen, wenn an der sofortigen Vollziehung der Einweisungsverfügung ein besonderes öffentliches oder privates Interesse besteht.

Ohne eine sofortige Vollziehung der Einweisungsverfügung könnte G in der Wohnung des W erst untergebracht werden, wenn über die Klage des W entschieden worden ist. Da eine anderweitige Unterbringung des G derzeit nicht möglich ist, würde eine Verzögerung der Einweisung zur Obdachlosigkeit des G und damit zu der Gefahr gesundheitlicher Beeinträchtigungen führen. Mithin ist ein besonderes öffentliches Interesse an der sofortigen Vollziehung der Einweisungsverfügung gegeben. Einer Entscheidung des Meinungsstreits bedarf es nicht. Der Antrag des W ist auch dann unbegründet, wenn man über die offensichtliche Rechtmäßigkeit des angegriffenen Verwaltungsakts hinaus das Vorliegen eines besonderen Interesses an der sofortigen Vollziehung fordert.

III. Ergebnis

Der Antrag des W ist zwar zulässig, aber nicht begründet. Das VG wird den Antrag ablehnen.

---

46 Teilw. bestehen gesetzliche Regelungen, vgl. für die Beschlagnahme § 33 IV 2 BWPolG (sechs Monate). In der Rspr. ist man sich über die Dauer der zeitlichen Inanspruchnahme uneins, vgl. *Günther/Traumann* NVwZ 1993, 130 (134 f.). Teils werden höchstens zwei Monate (BayVGH BayVBl. 1991, 114), teils sechs Monate (BGH NJW 1954, 768; BGHZ 35, 27 = NJW 1961, 1358) für angemessen gehalten. Danach ist uU ein anderer Nichtstörer in Anspruch zu nehmen.

47 So etwa *Ramsauer* Assessorprüfung Rn. 19, 42; ähnlich OVG NRW NWVBl. 1990, 385 f., das annimmt, dass bei offensichtlicher Rechtmäßigkeit des angegriffenen Verwaltungsakts regelmäßig ein überw. öffentliches Interesse an seiner sofortigen Vollziehung besteht; vgl. auch *Schenke* VerwProzR Rn. 1001 mwN.

48 So etwa VGH BW VBlBW 1997, 390 (391); SchlHOVG NVwZ 1992, 687 f.; HessVGH NVwZ 1985, 918; *Kopp/Schenke* VwGO § 80 Rn. 159; *Mann/Wahrendorf* VerwProzR § 24 Rn 418; Redeker/v. Oertzen/*Redeker* VwGO § 80 Rn. 49; *Würtenberger/Heckmann* VerwProzR Rn. 597 ff., 613 ff.

49 Redeker/v. Oertzen/*Redeker* VwGO § 80 Rn. 49.

Lösungsvorschlag Fallvariante 1

Schwerpunkte:
- **Materiell:**
  - **Beseitigung von Vollzugsfolgen im einstweiligen Rechtsschutz**
  - **Drittbetroffenheit beim Folgenbeseitigungsanspruch**
- **Prozessual:**
  - **Annexantrag gem. § 80 V 3 VwGO**

W kann von der Stadt K verlangen, dass sie für die Räumung der Wohnung durch G sorgt, wenn ihm ein Anspruch hierauf zusteht.

A. Anspruchsgrundlage

I. § 80 V 3 VwGO

Eine Anspruchsgrundlage könnte in § 80 V 3 VwGO gesehen werden. Dem liegt folgende Überlegung zugrunde: Berücksichtigt man die Ausführungen zum Grundfall, lässt sich ohne Weiteres feststellen, dass, nachdem nunmehr die Möglichkeit zur Anmietung von Wohnraum besteht, die Einweisungsverfügung rechtswidrig geworden ist. Die Einweisungsverfügung ist ein sog. Verwaltungsakt mit Dauerwirkung,[50] dessen Rechtmäßigkeit sich ändern kann und der hierauf auch jederzeit zu überprüfen ist. Aus Gründen der Verhältnismäßigkeit, die in der Regelung des § 19 II NRWOBG[51] ihren Niederschlag gefunden haben, folgt, dass die Inanspruchnahme des Nichtstörers sofort enden muss, wenn die Gefahr auf andere Art und Weise beseitigt werden kann. Das ist hier der Fall. Aufgrund der somit eingetretenen Rechtswidrigkeit des angegriffenen Verwaltungsaktes überwiegt das öffentliche Interesse an der sofortigen Vollziehung das private Interesse an der aufschiebenden Wirkung eines Rechtsmittels nicht mehr. Die aufschiebende Wirkung wird durch das Gericht wiederhergestellt werden. In einem derartigen Fall kann als Annex zum Hauptantrag gem. § 80 V 3 VwGO beantragt werden, dass **eine bereits erfolgte Vollziehung aufgehoben**, dh rückgängig gemacht wird.[52] Fraglich ist jedoch, ob § 80 V 3 VwGO auch einen entsprechenden materiellen Anspruch begründet. Dies wird teilweise unter Hinweis auf den engen Zusammenhang zwischen § 80 V 3 und 1 VwGO befürwortet. § 80 V 1 VwGO ziele auf die Schaffung einer Interimslösung bis zur Entscheidung in der Hauptsache und überlagere daher das materielle Recht. Einer eigenen Anspruchsgrundlage für die Aufhebung der Vollziehung des angegriffenen Verwaltungsakts bedürfe es daher nicht mehr.[53] Dem ist jedoch entgegenzuhalten, dass es sich bei § 80 V 3 VwGO um eine Vorschrift des Prozessrechts handelt. Daher kommt ihr wie

---

50 *Götz/Geis* POR § 10 Rn. 17; krit. *Felix* NVwZ 2003, 385 (389).

51 Vgl. auch § 9 II BWPolG; § 9 II HSOG; § 8 II HSOG.

52 Zu beachten ist hier, dass ein solches Begehren eines zusätzlichen Antrags bedarf, was sich aus dem Umstand ergibt, dass für das Verwaltungsstreitverfahren im Allgemeinen das Antragsprinzip gilt (vgl. Bader/Funke-Kaiser/Stuhlfauth/Albedyll/*Funke-Kaiser* VwGO § 80 Rn. 119 f.). Umgekehrt ist jedoch in einem Antrag nach § 80 V 3 VwGO gleichzeitig ein Antrag nach § 80 V 1 VwGO zu sehen, da ein Antrag nach S. 3 nur als Annexantrag gestellt werden kann (vgl. *Kopp/Schenke* VwGO § 80 Rn. 180).

53 So vor allem Schoch/Schneider/Bier/*Schoch* VwGO § 80 Rn. 343, 397; ferner *Huba* JuS 1990, 805 (810).

dem für das Hauptsacheverfahren geltenden § 113 I 2 VwGO lediglich verfahrensrechtliche Bedeutung zu.[54] Ihr materiell-rechtlichen Gehalt zuzusprechen wäre systemfremd. § 80 V 3 VwGO scheidet daher als Anspruchsgrundlage für eine Aufhebung der Vollziehung aus.

II. Folgenbeseitigungsanspruch

Die hM greift für die Rückgängigmachung der Vollzugsfolgen auch im vorläufigen Rechtsschutzverfahren mit Recht auf den öffentlich-rechtlichen Folgenbeseitigungsanspruch[55] zurück. Obwohl seine Ableitung umstritten ist,[56] ist er nach verbreiteter Ansicht inzwischen **gewohnheitsrechtlich anerkannt**.

1. Voraussetzungen

Der Folgenbeseitigungsanspruch setzt voraus, dass durch **hoheitlichen Eingriff in ein subjektives Recht** ein **rechtswidriger Zustand**[57] geschaffen wurde, dieser Zustand **andauert**, die **Beseitigung zumutbar** sowie **tatsächlich** und **rechtlich möglich** ist.[58] Da die Einweisungsverfügung mittlerweile nicht mehr angemessen ist, weil die Gefahr auf andere Weise abgewendet werden kann, besteht ein rechtswidriger Zustand. Dieser muss auch als Eingriff in das subjektive Recht des W aus Art. 14 I GG angesehen werden. Hinsichtlich der tatsächlichen Möglichkeit sowie der Zumutbarkeit der Beseitigung bestehen keine Bedenken. Fraglich ist aber, ob die Beseitigung durch die Behörde rechtlich möglich ist. Sollte G sich nämlich weigern, die Wohnung des W zu verlassen, müsste gegen ihn eine Räumungsverfügung ergehen und notfalls ein Zwangsmittel eingesetzt werden. Hierfür bedarf es einer Ermächtigungsgrundlage.[59]

a) Grundlage für die Räumung

Die Räumung könnte auf § 14 I NRWOBG[60] gestützt werden. Unter formellen Gesichtspunkten bestehen keine Bedenken; insoweit kann auf die Ausführungen zum Grundfall unter B. II. 1. b) Bezug genommen werden. Materiell-rechtlich besteht eine Gefahr für die öffentliche Sicherheit, weil W in seinem subjektiven Recht aus Art. 14 I GG verletzt ist. G ist Verhaltensstörer iSd § 17 NRWOBG.[61] Unter

54 BVerwG DÖV 1971, 857 (859); *Kopp/Schenke* VwGO § 80 Rn. 176 mwN.

55 *Maurer/Waldhoff* AllgVerwR § 30 Rn. 1 ff.; *Schenke* JuS 1990, 370 (372).

56 Als dogmatische Grundlagen werden unter anderem angeboten: das Prinzip der Gesetzmäßigkeit der Verwaltung, dh Art. 1 III, 20 III GG (BVerwGE 69, 366 [370] = NJW 1985, 817), das Prinzip materieller Gerechtigkeit (*Erichsen* VerwArch 63 [1972], 217 [221]), die Garantie effektiven Rechtsschutzes aus Art. 19 IV GG (s. dazu Nachw. bei *Kopp/Schenke* VwGO § 113 Rn. 81), eine Analogie zu den §§ 12, 862, 1004 BGB (BayVGH NVwZ-RR 1991, 57 [58]), die subjektive Natur der Freiheitsgrundrechte (BVerwGE 61, 15 [17] = BeckRS 9998, 181429; BVerwG DÖV 1971, 858; *Kopp/Schenke* VwGO § 113 Rn. 81) und Gewohnheitsrecht (wie hier im Text). Vgl. zum Ganzen auch *Kopp/Schenke* VwGO § 113 Rn. 81 mit ausf. Darstellung aller Ansätze; *Maurer/Waldhoff* AllgVerwR § 30 Rn. 5.

57 Teilw. finden sich die Formulierungen »durch rechtswidriges Handeln« oder »rechtswidrig eingegriffen«. Dies ist aber, wie der vorliegende Fall anschaulich belegt, ungenau, wird doch der rechtswidrig gewordene Verwaltungsakt mit Dauerwirkung hierbei nicht angemessen berücksichtigt.

58 *Maurer/Waldhoff* AllgVerwR § 30 Rn. 7.

59 Dafür, dass der Folgenbeseitigungsanspruch von diesem Erfordernis nicht entbindet, vgl. VGH BW NVwZ 1987, 1101; OVG NRW NWVBl. 1991, 199.

60 Art. 7 II BayLStVG; § 1 I 1 iVm § 3 BWPolG; § 11 HSOG; § 11 NSOG.

61 Art. 9 I BayLStVG; § 6 I BWPolG; § 6 I HSOG; § 6 I NSOG.

Ermessens- und Verhältnismäßigkeitsgesichtspunkten bestehen keine Bedenken. § 14 I NRWOBG ist taugliche Ermächtigungsgrundlage für eine Räumungsverfügung gegenüber G.

b) Drittbetroffenheit

Soweit die Voraussetzungen des Folgenbeseitigungsanspruchs gegeben sind, hat die Behörde den rechtswidrigen Zustand grundsätzlich zu beseitigen. Problematisch sind allerdings die Fälle, in denen der rechtswidrige Zustand nur durch einen **Eingriff in Rechte Dritter**, hier in die des G aus Art. 2 I GG,[62] erfolgen kann. Wie die Rechte Dritter Berücksichtigung finden, ist umstritten. Teilweise wird angenommen, dass der Folgenbeseitigungsanspruch gänzlich als Anspruchsgrundlage ausscheiden müsse und stattdessen die ordnungsbehördliche Generalklausel heranzuziehen sei.[63] Dem ist jedoch entgegenzuhalten, dass hierdurch nicht hinreichend zwischen dem Folgenbeseitigungsanspruch des Wohnungseigentümers und der Erfüllung dieses Anspruchs, der Folgenbeseitigungspflicht der Behörde, die auch zu Anordnungen gegenüber Dritten zwingen kann, unterschieden wird.[64] Zu folgen ist daher der Gegenposition, die davon ausgeht, dass der Anspruchscharakter des Folgenbeseitigungsanspruchs zwar unberührt bleibt, die Rechte Dritter aber im Rahmen einer Verhältnismäßigkeitsprüfung zu berücksichtigen sind.[65] Das führt im Falle des W und des G dazu, dass das Interesse des W dasjenige des G überwiegt. G muss lediglich seinen Aufenthaltsort wechseln, wohingegen W sein Eigentum zur freien Verfügung zurückerhält. Ein Anspruch des W auf Räumung durch die Behörde besteht.

2. Zwischenergebnis

Aufgrund des Folgenbeseitigungsanspruchs kann W von der Stadt K die Räumung seiner Wohnung verlangen.

B. Ergebnis

W kann von der Stadt K verlangen, dass sie die Räumung seiner Wohnung veranlasst.

Lösungsvorschlag Fallvariante 2

Schwerpunkt:
- **Materiell: Verhaltensstörer**

Orientiert man sich an der Lösung des Grundfalles, so ist problematisch, ob W Verhaltensstörer gem. § 17 I NRWOBG[66] ist. Hierfür müsste er im Sinne der **Theorie**

62 Ein Eingriff in das Grundrecht aus Art. 2 II GG scheidet aus. Eine durch Obdachlosigkeit begründete Gefahr für das Leben und die körperliche Unversehrtheit besteht nicht mehr, da G in einem Hotelzimmer untergebracht werden kann.
63 So VGH BW NVwZ 1987, 1101. Zur Kritik die Anm. von *Götz* VBlBW 1987, 424 f., sowie *Knemeyer* JuS 1988, 696.
64 Vgl. *Maurer/Waldhoff* AllgVerwR § 30 Rn. 12 aE.
65 *Kopp/Schenke* VwGO § 113 Rn. 83 mwN; *Schenke* DVBl. 1990, 328 (334 f.), sowie OVG NRW NWVBl. 1999, 190 (191), zur Umbettung eines in einem falschen Grab beerdigten Toten.
66 Art. 9 I BayLStVG; § 6 I BWPolG; § 6 I HSOG; § 6 I NSOG.

der unmittelbaren Verursachung die letzte, die Gefahrgrenze überschreitende Ursache einer Ursachenkette gesetzt haben.[67] Dem steht jedoch entgegen, dass vor allem die Unfähigkeit des G, sich eine neue Unterkunft zu suchen, oder der generelle Mangel an Unterkünften zu einer Überschreitung der Gefahrgrenze führt.[68] Im Übrigen nimmt W nur die ihm aus dem Räumungstitel zustehenden Rechte wahr. Aufgrund dessen kann er nach der Theorie der unmittelbaren Verursachung nicht als ordnungspflichtig angesehen werden. Dieses Ergebnis lässt sich allerdings nur erzielen, wenn die ohnehin auf Wertungen beruhende Unmittelbarkeitstheorie durch eine rechtliche Wertung angereichert wird: Wenn ein Verhalten in Ausübung eines Rechtes erfolgt, wird es nicht als Verursachung iSd Vorschriften über die Verhaltensverantwortlichkeit (zB § 17 I NRWOBG[69]) angesehen.[70] Anderenfalls geriete die Rechtsordnung in einen inneren Wertungswiderspruch.

Wie im Ausgangsfall dargestellt, kann jedoch auch ein Nichtstörer gem. § 19 NRWOBG in Anspruch genommen werden. Hier gibt es keinen Grund, den Vermieter gegenüber einer völlig außenstehenden Person zu privilegieren. Insbesondere ist ein solcher hier auch nicht in dem seitens des W erwirkten Räumungstitel zu sehen.[71] Die Einweisung ist mithin rechtmäßig, wenn die Voraussetzungen des § 19 NRWOBG vorliegen. Insoweit kann auf die Ausführungen zum Ausgangsfall verwiesen werden. Die Einweisung ist damit rechtmäßig.

Ergänzende Hinweise

1. Umfangreiche Rechtsprechungs- und Literaturnachweise für die Obdachloseneinweisung bieten *Götz/Geis* POR § 10 Rn. 9 ff.; *Schenke* POR Rn. 322 f.

2. Eine andere examensrelevante Fallgestaltung für die Prüfung eines polizeilichen bzw. ordnungsbehördlichen Notstandes bietet der **Eingriff gegen eine Versammlung aufgrund gewalttätiger Gegendemonstrationen**, hierzu *Kniesel* DÖV 1992, 470; *Tölle* NVwZ 2001, 153 (155); *Beljin* DVBl. 2002, 15 ff.; gutachterlich aufbereitet von *Schmitz* JuS 2017, 753; zum Problemfeld auch *Röger,* Demonstrationsfreiheit für Neonazis?, 2004. Aus der Rechtsprechung BVerfG NVwZ 2004, 90; BVerfG NJW 2003, 3689; 2004, 2814 (2815).

3. Lehrreich zu den Grenzen der polizeirechtlichen Notstandsinanspruchnahme ist der Beschluss des LG Bückeburg NJW 2005, 3014. Darin befasst sich das Gericht mit den Auswirkungen eines **von der Polizei künstlich erzeugten Staus** auf einer Autobahn, durch den ein angetrunkener, flüchtiger Straftäter aufgehalten werden sollte. Als der Flüchtende auf das Stauende auffuhr, kam es zu erheblichen Sachschäden und

67 *Götz/Geis* POR § 9 Rn. 11 ff.

68 Vgl. zu einem solchen Fall *Götz/Geis* POR § 10 Rn. 12.

69 Art. 9 I BayLStVG; § 6 I BWPolG; § 6 I HSOG; § 6 I NSOG.

70 *Schenke* POR Rn. 243, 327; vgl. auch *Günther/Traumann* NVwZ 1993, 130 (132).

71 Vgl. etwa NdsOVG NJW 2010, 1094 (1095) unter Hinweis auf *Ewer/v. Detten* NJW 1995, 353 (357 ff.); krit. dazu *Kingreen/Poscher* POR § 9 Rn. 86, die auf den problematischen Umstand hinweisen, dass durch das Handeln der Polizei in diesen speziellen Fällen (Wiedereinweisung des obdachlos gewordenen Mieters in seine alte Wohnung) die Entscheidung des ordentlichen Gerichtes konterkariert werde, dies obwohl die für das Handeln der Polizei maßgeblichen Gesichtspunkte mit denen identisch seien, die auch die ordentlichen Gerichte jenseits des Mietrechts zu beachten haben; *Schlink* NJW 1988, 1689.

der Verletzung unbeteiligter Personen. Ermächtigungsgrundlage für die Herbeiführung eines künstlichen Staus ist die polizeirechtliche Generalklausel. Der künstliche Stau war darauf gerichtet, die Verkehrsteilnahme des betrunkenen Täters zu unterbinden, um daraus folgende erhebliche Gefahren für die Sicherheit des Straßenverkehrs abzuwehren. Wird ein künstlicher Stau auf der Autobahn herbeigeführt, um den Täter einer Straftat an der Weiterfahrt zu hindern, so werden die für die Gefahr nicht ursächlichen Kraftfahrer als Notstandspflichtige in Anspruch genommen. Die Heranziehung unbeteiligter Dritter zur Gefahrenabwehr ist allerdings nur unter den engen Voraussetzungen des § 6 I NRWPolG zulässig, dessen in den Nr. 1–4 festgelegte Voraussetzungen kumulativ erfüllt sein müssen, um die Polizeipflicht zu begründen. Insbesondere kommt eine Notstandsinanspruchnahme nach § 6 I Nr. 4 NRWPolG nur dann in Betracht, wenn die betroffenen Personen ohne erhebliche eigene Gefährdung und ohne Verletzung höherwertiger Pflichten in Anspruch genommen werden können. Gerade diese Voraussetzung war nach Ansicht des LG mit Blick auf den zu beurteilenden künstlichen Stau nicht erfüllt: Der Polizeieinsatz habe nämlich die Gefahr mit sich gebracht, dass der Flüchtende – im Gegensatz zu den anderen Verkehrsteilnehmern – am Ende des künstlich erzeugten Staus nicht seine Geschwindigkeit herabsetzen und sich der abfallenden Geschwindigkeit anpassen, sondern stattdessen in ein das Stauende bildende Fahrzeug hineinrasen würde (LG Bückeburg NJW 2005, 3014 [3015]). Das LG Bückeburg geht davon aus, dass ein sich auf der Autobahn bildender Stau gegenüber dem regulär fließenden Verkehr bereits an sich geeignet sei, ein erhöhtes Gefahrenpotenzial zu begründen. Sofern ein künstlicher Stau dazu diene, flüchtige Personen nach einer Verfolgungsfahrt zu stoppen, dürfte zudem regelmäßig hinzukommen, dass sich der Führer des Fluchtfahrzeuges in einer psychischen Ausnahmesituation befindet (LG Bückeburg NJW 2005, 3014 [3015]). Das LG stellt jedoch klar, dass die Herbeiführung eines künstlichen Staus als polizeirechtliche Maßnahme nicht generell unzulässig ist. Bei einem künstlichen Stau sei es nämlich möglich, die Verlangsamung und Verdichtung des Verkehrs kontrolliert und schrittweise unter Beachtung der gegebenen Verkehrsverhältnisse, Witterungsverhältnisse und ähnlicher Umstände herbeizuführen. Aus diesem Grund könne ein künstlicher Stau – bei strikter Beachtung des Verhältnismäßigkeitsgrundsatzes – durchaus im Einzelfall ein legitimes und erforderliches Mittel polizeilicher Tätigkeit darstellen (LG Bückeburg NJW 2005, 3014 [3015]). Im konkreten Fall war er dies aber nicht. Vgl. auch OLG Bamberg NZV 2007, 241; *Schäffer* NJOZ 2012, 1769; anschaulich die Fallbearbeitung von *Frenzel* JuS 2018, 773.

4. Die polizeiliche Notstandspflicht behandelt auch OVG RhPf NJW 2006, 1830. Dem Kläger gehörte eine Wohnung in einem Mehrfamilienhaus, in dem ein Oberstaatsanwalt mit seiner Ehefrau eine Wohnung angemietet hatte. Diesem Oberstaatsanwalt war aus dem Bereich der organisierten Kriminalität wiederholt mit dem Tode gedroht worden. Zum Schutze des Oberstaatsanwalts führte die Polizei täglich Überwachungsmaßnahmen (Personenkontrollen, Videoüberwachung, verstärkte Polizeipräsenz etc.) im Umfeld des Hauses durch. Der Kläger sah sich durch die über Jahre fortdauernden **Überwachungsmaßnahmen** in seinen Grundrechten verletzt und begehrte die Beendigung der Kontrollen.

Da die in Rede stehenden Personen- und Objektschutzmaßnahmen nicht auf die Setzung von Rechtsfolgen gerichtet waren, handelte es sich nicht um Verwaltungsakte (vgl. § 35 S. 1 VwVfG). Dementsprechend kam eine Anfechtungsklage gem. § 42 I VwGO nicht in Betracht. Statthaft war vielmehr die in der VwGO nicht ausdrücklich geregelte, aber zB in § 43 II VwGO vorausgesetzte allgemeine Leistungsklage in Form der sog. Unterlassungsklage. Ein Anspruch auf Beendigung der Überwachungsmaßnahmen konnte sich für den Kläger aus dem **öffentlich-rechtlichen Unterlassungsanspruch** ergeben. Dieser ist – ebenso wie der inhaltlich verwandte Folgenbeseitigungsanspruch – gewohnheitsrechtlich anerkannt, greift im Unterschied zum Folgenbeseitigungsanspruch aber dort ein, wo es um die Abwehr künftiger Belastungen geht, während der Folgenbeseitigungsanspruch auf die Beseitigung der Folgen eines bereits in der Vergangenheit liegenden Eingriffs gerichtet ist. Dem Kläger konnte der geltend gemachte öffentlich-rechtliche Unterlassungsanspruch aber nur insoweit zustehen, als mit den polizeilichen Personen- und Objektschutzmaßnahmen ein hoheitlicher Eingriff in eine durch eine Rechtsnorm geschützte Rechtsposition (subjektives Recht) drohte und der Kläger diesen Eingriff nicht dulden musste (rechtswidriger Zustand). Das OVG RhPf stellt zunächst fest, dass die mit den Überwachungsmaßnahmen verbundenen Einschränkungen der Privatsphäre zumindest einen Eingriff in die allgemeine Handlungsfreiheit aus Art. 2 I GG begründeten. In einer Klausur wäre es notwendig, nicht auf die durch Art. 2 I GG verbürgte allgemeine Handlungsfreiheit, sondern vorrangig auf das allgemeine Persönlichkeitsrecht (Art. 2 I GG iVm Art. 1 I GG) des Klägers oder auf die verfassungsrechtliche Garantie des Eigentums gem. Art. 14 I GG abzustellen. Sodann wendet sich das OVG RhPf der Frage zu, ob sich aus der in § 7 RhPfPOG enthaltenen Regelung zum polizeilichen Notstand eine gesetzliche Duldungspflicht des Klägers ergibt. In diesem Zusammenhang geht das Gericht insbesondere darauf ein, ob die Inanspruchnahme des Klägers, wie es von § 7 II RhPfPOG ausdrücklich gefordert wird, mit dem Verhältnismäßigkeitsprinzip vereinbar ist. Nach Ansicht des OVG RhPf war das von der Polizei entwickelte Schutzkonzept grundsätzlich geeignet, die für den bedrohten Oberstaatsanwalt bestehenden Gefahren abzuwehren. Auch die Erforderlichkeit der Überwachungsmaßnahmen bejahte das OVG RhPf. Zwar sei in Erwägung zu ziehen, dass als weniger belastende Alternativmaßnahme dem Oberstaatsanwalt aufgegeben werden könnte, seine Wohnung zu wechseln. Im Rahmen der Erforderlichkeitsprüfung gelangte das OVG RhPf aber zu dem Ergebnis, dass sich hierfür keine gesetzliche Ermächtigungsgrundlage im landesrechtlichen Beamtenrecht finden lasse. Im Übrigen wäre eine solche Weisung, die auf den Wechsel des Wohnorts gerichtet ist, wegen der mit ihr verbundenen tiefgreifenden Einschnitte in die Entfaltungsfreiheit im persönlichen und gesellschaftlichen Bereich, die Freizügigkeit sowie die eigentumsrechtlichen Positionen, auf die sich auch Mieter berufen können (Besitzrecht des Mieters an der Wohnung als Eigentum iSd Art. 14 I 1 GG: BVerfG NJW 1993, 2035), nicht verhältnismäßig.

Abschließend erörtert das OVG RhPf die Frage, ob nicht der Oberstaatsanwalt als Notstandspflichtiger nach § 7 RhPfPOG herangezogen und auf der Grundlage der polizei- und ordnungsrechtlichen Generalklausel zum Wohnortwechsel verpflichtet werden könnte. Wäre der Oberstaatsanwalt notstandspflichtig iSv § 7 RhPfPOG (mit der Konsequenz, dass er an der Abwehr einer ihm selbst drohenden Gefahr mitwirken müsste), so würde sich das Problem der richtigen Störerauswahl stellen. Das OVG RhPf verneint in Bezug auf den Oberstaatsanwalt aus Gründen der Verhältnismäßigkeit aber schon die Notstandspflicht gem. § 7 RhPfPOG. Dabei betont das Gericht, dass die sich für den Oberstaatsanwalt und seine Ehefrau ergebenden Einschränkungen weit über das hinausgingen, was der Kläger und die anderen Mitbewohner an Belastungen hinzunehmen hätten. Schließlich stellte sich die Belastung des

Klägers nach Ansicht des Gerichts auch nicht als unangemessen dar, sodass der Kläger im Ergebnis zur Duldung der Personenschutzmaßnahmen verpflichtet war.

5. Eine abgewandelte Konstellation des Ausgangsfalles liegt dem Beschluss des OVG MV v. 21.7.2009 (NJW 2010, 1096) zugrunde: Hier begehrte ein Antragsteller (Ast.) im Wege des vorläufigen Rechtsschutzes die Verlängerung seiner **Zuweisung in eine Notunterkunft** der Antragsgegnerin (Ag.), der Stadt A. Nach einer Kündigung und Zwangsräumung hatte die Ag. den Ast. zunächst in eine Notunterkunft eingewiesen und diese Einweisung in einem Zeitraum von über zwei Monaten mehrfach verlängert. Auch hatte die Ag. dem Ast. wiederholt Wohnungsangebote vermittelt. Schließlich teilte die Ag. dem Ast. mit, sie verlängere die Einweisung letztmalig für die Dauer von zwei Wochen. Sie unterbreitete ihm außerdem erneut drei Wohnungsangebote. Da der Ast. bislang keines ihrer Hilfsangebote angenommen habe, beschied sie zudem, eine weitere Einweisung in die Notunterkunft werde sie ihm nicht erteilen. Im Verfahren vor dem VG beantragte der Ast., der Ag. im Wege der einstweiligen Anordnung aufzugeben, ihm eine erneute Einweisung in die Notunterkunft über den bewilligten Zeitraum hinaus zu gewähren.

Anders als im Ausgangsfall konnte der Ast. sein Begehren in der Hauptsache nicht mit einer Anfechtungsklage verfolgen. Er begehrte eine (vorläufige) Zustandsverbesserung, sodass hier ein Antrag nach § 123 I 2 VwGO (Regelungsanordnung) statthaft war. Das VG lehnte diesen Antrag ab. Mit seinem Beschl. v. 21.7.2009 bestätigte das OVG diese Entscheidung.

Im Rahmen der Begründetheitsprüfung kam das Gericht zu dem Ergebnis, der Ast. habe einen Anordnungsanspruch nicht glaubhaft gemacht. Es handele sich bei der unfreiwilligen Obdachlosigkeit des Ast. zwar um eine Gefahr für die öffentliche Sicherheit. Ob eine solche vorliege, sei unabhängig von einem Verschulden des Ast. hinsichtlich seiner Obdachlosigkeit zu beurteilen. Der Ast. sei aber als unfreiwillig Obdachloser zugleich »Verhaltensstörer« und daher in erster Linie selbst verpflichtet, seine Obdachlosigkeit – und damit die Störung oder Gefahr für die öffentliche Sicherheit und Ordnung – zu beseitigen. Insofern bestehe eine Pflicht der Gefahrenabwehrbehörde zum Einschreiten nur in Fällen, in denen es dem Betroffenen unmöglich sei, die Störung selbst zu beheben. Der von der Behörde sodann geschaffene Zustand dürfe außerdem nicht als Dauerlösung betrachtet werden. Insofern hätte der Ast. bezüglich eines »Anordnungsanspruches« gem. § 123 I 2 VwGO glaubhaft machen müssen, dass für ihn keine Möglichkeit bestand, aus eigener Kraft anderweitig eine Wohnung zu finden, ohne die Hilfe der Ag. in Anspruch nehmen zu müssen. Das habe der Ast. jedoch nicht getan. Er habe vielmehr keines der ihm vermittelten Wohnungsangebote angenommen und nicht einmal Gründe hierfür dargetan. Auch die Voraussetzungen für eine Einweisung des Ast. in seine ursprüngliche Wohnung über die Inanspruchnahme des Vermieters als Nichtstörer waren nicht erfüllt, da sowohl der Ast. als auch die Ag. in der Lage wären, die von der Obdachlosigkeit des Ast. ausgehende Gefahr selbst zu beseitigen.

16. Fall: Parken ohne Gefahr?

Sachverhalt

Der Student S stellte seinen Wagen in einer sehr ruhigen Straße in einem Vorort der nordrhein-westfälischen Großstadt K auf der linken Straßenseite ab. Auf der rechten Seite war in unmittelbarer Nähe kein Platz mehr frei; das Auto zu wenden war S zu lästig. Als er zu seinem Wagen zurückkam, fand er eine gebührenpflichtige Verwarnung iHv 20 EUR vor. Nachdem S diese Verwarnung im Weiteren nicht beachtet hatte, wurde gegen ihn aufgrund eines Verstoßes gegen § 12 IV 1 StVO ein Bußgeld iHv 20 EUR verhängt. S ist zutreffend der Meinung, er habe niemanden gefährdet oder behindert. Er legt deshalb gegen den Bußgeldbescheid fristgerecht Einspruch ein.

Wie wird das Amtsgericht entscheiden?

Lösungsvorschlag

Schwerpunkte:
- **Materiell:**
  - **Abstrakte Gefahr**
  - **Verordnungen zur Gefahrenabwehr**
- **Prozessual: Einspruch im OWiG-Verfahren**

A. Zulässigkeit

Gegen die Zulässigkeit des Einspruchs (§ 67 OWiG) bestehen keine Bedenken. Das Amtsgericht (§ 68 OWiG) entscheidet nach den Vorschriften der §§ 71 ff. OWiG.[1]

B. Begründetheit

Der Einspruch ist begründet, wenn der Bußgeldbescheid rechtswidrig ergangen ist.[2] Demgegenüber wird das Amtsgericht den Bußgeldbescheid dem Grunde nach – gegen die Höhe des Bußgeldes bestehen keine Bedenken – bestätigen, wenn S sich einer Ordnungswidrigkeit schuldig gemacht hat.

I. Ordnungswidrigkeit

Gemäß § 49 I Nr. 12 StVO iVm § 24 StVG stellt ein Verstoß gegen § 12 IV 1 StVO, der das Parken auf der rechten Straßenseite vorschreibt, eine Ordnungswidrigkeit dar. S hat auf der linken Straßenseite geparkt und damit eine Ordnungswidrigkeit begangen. Rechtmäßig ist deren Ahndung jedoch nur dann, wenn die Vorschrift des § 12 IV 1 StVO rechtmäßig ist.

1. Rechtmäßigkeit des § 12 IV 1 StVO

Allgemein gilt als Voraussetzung für die Rechtmäßigkeit von Verordnungen, dass sie einer (ihrerseits rechtmäßigen, dh verfassungsgemäßen) Ermächtigungsgrundlage bedürfen, in formeller Hinsicht rechtmäßig zustande gekommen und materiellrechtlich mit der Ermächtigungsgrundlage vereinbar sein müssen.[3] Zu beachten ist, dass eine Verordnung nicht auf einer einzigen Ermächtigungsgrundlage beruhen muss, sondern einzelne Normen oder Normkomplexe ihre Grundlage in unterschiedlichen Ermächtigungen finden können. Dies gilt auch für die Straßenverkehrsordnung.

---

1 Dazu näher *Bohnert,* Ordnungswidrigkeitenrecht, 4. Aufl. 2010, Rn. 466 ff., insbesondere Rn. 500 ff.; *Mitsch,* Recht der Ordnungswidrigkeiten, 2. Aufl. 2005, § 29 ff.

2 Anders als für die Rechtsbehelfe in der Verwaltungsgerichtsordnung (zB §§ 68 I, 113) finden sich im Ordnungswidrigkeitengesetz (§§ 67 ff.) keine ausdrücklichen Regelungen über die Voraussetzungen der Begründetheit. Dass jedoch die Rechtswidrigkeit der angegangenen Maßnahme der entscheidende Maßstab sein muss, folgt schon aus dem Rechtsstaatsprinzip (Art. 20 III GG).

3 Näher *Degenhart* StaatsR I Rn. 346 ff.

a) Verfassungsgemäße Ermächtigungsgrundlage (StVO)

Die Vorschrift des § 12 IV 1 StVO hat, wie die Mehrzahl der Bestimmungen der Straßenverkehrsordnung, ihre nach Art. 80 I GG erforderliche gesetzliche Grundlage in § 6 I Nr. 3 StVG. Dessen Verfassungsmäßigkeit ist nicht zweifelhaft.

b) Formelle Rechtmäßigkeit

In formeller Hinsicht muss insbesondere der nach der Ermächtigungsgrundlage zuständige Verordnungsgeber unter Beachtung der erforderlichen Verfahrensanforderungen gehandelt haben. Die Verordnung muss weiterhin ordnungsgemäß bekanntgemacht worden sein und nach Art. 80 I 3 GG die Ermächtigungsgrundlage angeben.

Insofern bestehen bezüglich der Vorschrift des § 12 IV 1 StVO keine Bedenken.

c) Materiell-rechtliche Übereinstimmung mit der Ermächtigungsgrundlage

Das Bundesministerium für Verkehr wird durch § 6 I Nr. 3 StVG ermächtigt, die zur Erhaltung der Ordnung und Sicherheit auf den öffentlichen Straßen und Plätzen erforderlichen Rechtsverordnungen zu erlassen. Die Straßenverkehrsordnung soll also mit den hierauf beruhenden Vorschriften dazu führen, dass die öffentliche Sicherheit und Ordnung im Straßenverkehr (unter Einschluss der Leichtigkeit des Verkehrs)[4] gewahrt ist. Sie ist insoweit eine Verordnung zur Gefahrenabwehr[5] im materiellen Sinne, wenn auch aufgrund von Bundesrecht erlassen.[6] Daher sind ihre Bestimmungen – wie die jeder Verordnung zur Gefahrenabwehr – gemessen an den Vorgaben der Ermächtigungsgrundlage nur dann rechtmäßig, wenn sie darauf abzielen, einer Gefahr für die öffentliche Sicherheit oder Ordnung entgegenzuwirken.

§ 12 IV 1 StVO soll eine Gefährdung des Straßenverkehrs abwehren, die droht, wenn Fahrzeuge zum Zwecke des Parkens und insbesondere nach dem Parken zum Zwecke der Wiedereingliederung in den fließenden Verkehr den Gegenverkehr kreuzen müssen. Ein solches Kreuzen des Verkehrs wird mit Recht als gefährlich angesehen. Das Verbot, auf der linken Straßenseite zu parken, ist ein geeignetes und die Verkehrsteilnehmer nur wenig belastendes Mittel, der Gefahr zu begegnen. Freilich droht diese Gefahr zwar typischerweise, aber nicht in jedem Einzelfall. In stillen Nebenstraßen, vor allem zu verkehrsschwachen Zeiten, könnte häufig links geparkt werden, ohne dass Gefährdungen oder auch nur Beeinträchtigungen der Leichtigkeit des Verkehrs entstünden. Deshalb § 12 IV 1 StVO für ungültig zu halten würde jedoch den Zweck polizeilicher Verordnungen verkennen. **Verordnungen zur Gefahrenabwehr** setzen nämlich nur eine **abstrakte**, dh eine sich nach der Lebenserfahrung typischerweise

---

4 Vgl. dazu iErg BVerwG NJW 1981, 184 mwN.

5 Zur – nicht einheitlichen – Terminologie *Götz/Geis* POR § 22 Rn. 3; *Schenke/Schenke* in Steiner/Brinktrine BesVerwR § 2 Rn. 540. Die Bezeichnung »Verordnung zur Gefahrenabwehr« findet sich zwar nur in der Gesetzessprache weniger Bundesländer (Berlin §§ 55 ff. BlnASOG; Hamburg §§ 1 f. HmbSOG), sie ist aber als allgemeiner Begriff dem der »Polizeiverordnung« vorzuziehen, weil einige Bundesländer (zB Nordrhein-Westfalen) ein Verordnungsrecht der Polizei im formellen Sinne (zu den Polizeibegriffen Hinweis 1 zu Fall 2) nicht kennen.

6 Vgl. zum Straßenverkehrsrecht als materiellem Polizeirecht BVerwG NJW 1980, 1640.

aus bestimmten Handlungen oder Zuständen ergebende[7] und gerade **keine konkrete Gefahr**[8] in jedem denkbaren Einzelfall voraus.[9]

Sie sollen der Polizei (im materiellen Sinne, in NRW der Ordnungsbehörde) ein schnelles und gleichmäßiges Eingreifen ermöglichen ohne das Erfordernis, die konkrete Gefahr im Einzelfall nachweisen zu müssen. § 12 IV 1 StVO ist daher gültig, obwohl die Vorschrift das Parken auf der linken Seite nach seinem Wortlaut auch in Fällen verbietet, in denen es den Verkehr nicht beeinträchtigt.

d) Zwischenergebnis

Das Gebot des § 12 IV 1 StVO, gegen das S verstoßen hat, ist rechtmäßig.

2. Einschränkung des Verbotstatbestandes

Möglicherweise muss aber die zur Abwendung einer abstrakten Gefahr dienende Vorschrift des § 12 IV 1 StVO einschränkend angewandt werden, wenn im konkreten Fall – wie bei S – eine Gefahr nicht bestanden hat.

Im Normalfall tritt bei Verwirklichung des als abstrakt gefährlich erkannten Tatbestandes eine konkrete Gefahr ein, sodass die Anwendung der polizeilichen Verordnung keine Probleme aufwirft. Bei S liegt es jedoch ausnahmsweise anders. Für solche Fälle wurde vereinzelt vorgeschlagen, den **Gegenbeweis der Ungefährlichkeit im Einzelfall** zuzulassen, damit nicht der Mensch entgegen Art. 1 I GG dem staatlichen Geschehen als Objekt ausgeliefert werde.[10] Dem ist aber entgegenzuhalten, dass damit die **Verbindlichkeit des objektiven Rechts** für den Einzelfall **infrage gestellt** wird. Verordnungen zur Gefahrenabwehr sind als Rechtsnormen grundsätzlich für jedermann und in jedem Fall verbindlich. Wollte man davon abweichen und den Beweis der Ungefährlichkeit zulassen, so würde die abstrakte Regelung ihren Zweck verfehlen, im Interesse der Rechtssicherheit und Rechtsklarheit zu generalisieren. So würde etwa bei jeder, auch einer äußerst deutlichen Geschwindigkeitsübertretung (zB: Tempo 200 in verkehrsberuhigter Zone vor einer Schule) damit argumentiert werden können, dass es während der Schulferien zu keinem Unfall und damit zu keiner konkreten Gefährdung kommen könne und die Geschwindigkeitsüberschreitung daher nicht geahndet werden könne. Im Straßenverkehrsrecht, das besonders auf eindeutige und verlässliche Regeln angewiesen ist, würde so eine nicht unerhebliche Rechtsunsicherheit entstehen. Literatur und Rechtsprechung sind darum mit Recht ganz überwiegend der Ansicht, dass die **Gebote und Verbote von Verordnungen** selbst dann **Anwendung finden**, wenn im Einzelfall **keine konkrete Gefahr** für das geschützte Rechtsgut festgestellt werden kann.[11] Der Verstoß gegen die Verordnung erscheint damit in jedem Fall als Rechtsbruch und folglich als Störung der öffent-

7 *Dietlein* in Dietlein/Hellermann ÖffR NRW § 3 Rn. 233 f.; *Gusy* POR Rn. 406 f.; *Schoch* JuS 1995, 215 (220); *Schenke* POR Rn. 69 f. Vgl. auch die Legaldefinitionen in § 2 Nr. 2 NSOG; § 3 Nr. 3 lit. f LSASOG.

8 Vgl. bereits die Fälle 5 und 9.

9 Vgl. *Schoch* in Schoch BesVerwR Kap. 1 Rn. 486, 806 f.

10 Vgl. *Dürig* AöR 81 (1965), 117 (149 f.); ähnlich *v. Köhler* DVBl. 1957, 73.

11 Vgl. BVerwGE 35, 319 = BeckRS 1970, 30438393; OVG NRW OVGE 13, 280 – Tanzgaststätte im Keller; BayVGH NJW 1972, 2149 (2151); OVG RhPf DÖV 1984, 77; *Drews/Wacke/Vogel/Martens* Gefahrenabwehr 496.

lichen Sicherheit. Eine Einschränkung des Verbotstatbestandes in § 12 IV 1 StVO kommt nicht in Betracht.

II. Ergebnis

Der Einspruch des S gegen den Bußgeldbescheid wird keinen Erfolg haben.

Ergänzende Hinweise

1. Die Lehre von der unbedingten Geltung der Verordnung zur Gefahrenabwehr wird von der hM uneingeschränkt aufrechterhalten. Danach können sog. **unselbstständige Verfügungen** (dazu Schmidt-Aßmann/Schoch/*Schoch* BesVerwR, 14. Aufl. 2008, Kap. 2 Rn. 277) aufgrund von Verordnungen zur Gefahrenabwehr durchgesetzt werden, selbst wenn eine konkrete Gefahr im Einzelfall nicht bestand (vgl. dazu die Nachweise in Fn. 11). Die praktische Bedeutung dieses Grundsatzes hat sich jedoch verringert, weil vielfach Ausnahmevorschriften zugunsten des Bürgers vorgesehen sind. Solche Ausnahmemöglichkeiten vermindern die Belastung des Bürgers in atypischen Fällen und tragen Bedenken gegen die generelle Geltung von Verordnungen zur Gefahrenabwehr für solche Fälle Rechnung, in denen ihre Anwendung zur Erfüllung des Normzwecks nicht erforderlich ist. Im Straßenverkehrsrecht sind solche Ausnahmen regelmäßig nicht vorgesehen.

Bejaht man mit der Lehre von der unbedingten Geltung der Verordnung zur Gefahrenabwehr einen Verstoß gegen die Verordnung, ist stets auch eine (konkrete) Gefahr für die öffentliche Sicherheit (Schutz der objektiven Rechtsordnung) gegeben.

2. Verordnungen zur Gefahrenabwehr können Anordnungen im Einzelfall auch von dem Vorliegen einer konkreten Gefahr abhängig machen. Vgl. dazu BVerwG DVBl. 1973, 857, betreffend die Fahrkorbtür für Aufzüge nach der Aufzugsverordnung.

3. Wichtige (und examensrelevante) Anwendungsfälle der Verordnung zur Gefahrenabwehr bieten die im Zusammenhang mit **Verordnungen über das Halten gefährlicher Hunde** auftretenden Probleme. In einer solchen Verordnung werden vielfach Beschränkungen für das Halten besonders gefährlicher Hunde, etwa sog. Kampfhunde oder anderer Hunde, die bereits nachweisbar auffällig geworden sind, geregelt. Dies kann die Notwendigkeit einer Erlaubnis zur Hundehaltung, aber auch einen bloßen Leinen- oder Maulkorbzwang umfassen. Wichtig ist, dass die Verordnung nicht nur straßenverkehrsrechtliche Ziele verfolgen darf, da sie sonst gegen die höherrangige Vorschrift des § 28 I StVO verstößt (vgl. BGH NJW 1991, 1691; OLG Oldenburg NVwZ 1991, 712). Zu den Problemen derartiger Verordnungen statt vieler: *Kingreen/Poscher* POR § 23 Rn. 13 f. mwN; *Graulich* in Lisken/Denninger PolR-HdB E Rn. 56 ff. mit umfangreichen Nachweisen; zur Gefahr für die öffentliche Sicherheit und Ordnung durch Hundegebell bei Verstoß gegen eine Polizeiverordnung SächsOVG NJW 2018, 181.

4. Zum **Rechtsschutz gegen Verordnungen der Gefahrenabwehr** ist zu beachten:

Gemäß § 47 I Nr. 2 VwGO ist das Normenkontrollverfahren gegen untergesetzliche Landesnormen und damit Gefahrenabwehrverordnungen grundsätzlich zulässig. Das gilt allerdings nur in den Bundesländern, in denen der Landesgesetzgeber dies auch geregelt hat, was mittlerweile in allen Bundesländern mit Ausnahme von Berlin und

Hamburg geschehen ist. In den meisten Ländern besteht daher eine Rechtsschutzmöglichkeit auch gegen untergesetzliche Rechtsnormen wie Gefahrenabwehrverordnungen (*Gornig/Jahn* POR 259 ff.; *Schenke* POR Rn. 630 ff.). Fehlt es jedoch an einer solchen Regelung, so fragt sich, wie der Rechtsschutzgarantie aus Art. 19 IV GG hinreichend Geltung verschafft werden kann. Lange Zeit blieb in solchen Fällen nur die Möglichkeit einer Inzidentkontrolle im Rahmen des Rechtsschutzes gegen einen konkreten auf der Verordnung beruhenden Ausführungsakt. Da aber gerade in Gefahrenabwehrverordnungen häufig Ordnungswidrigkeitentatbestände und damit einhergehende Bußgeldvorschriften enthalten sind, ist es den Betroffenen häufig nicht zuzumuten, zunächst den Ordnungswidrigkeitstatbestand zu erfüllen, um dann gegen den Bußgeldbescheid vorzugehen und so die Rechtmäßigkeit der Verordnung inzident prüfen zu lassen. Hier bliebe nur die **Verfassungsbeschwerde** gem. Art. 93 I Nr. 4a GG, §§ 90 ff. BVerfGG, die gem. § 93a BVerfGG nur zulässig ist, wenn der Sache grundsätzliche verfassungsrechtliche Bedeutung zukommt (daher kritisch gegenüber den Rechtsschutzmöglichkeiten gegen Gefahrenabwehrverordnungen, *Hamann* NVwZ 1994, 669 [671]). Im Ergebnis wird die Verfassungsbeschwerde häufig wegen fehlender Subsidiarität unzulässig sein. (In den Bundesländern, die von der Ermächtigung in § 47 I Nr. 2 VwGO Gebrauch gemacht haben, scheitert die Zulässigkeit der Verfassungsbeschwerde bereits an der fehlenden Rechtswegerschöpfung.)

Das BVerfG sieht für den Fall, in dem eine Normenkontrolle nach § 47 VwGO oder eine Inzidentkontrolle nicht möglich ist (1. Fallgruppe) bzw. diese dem Klagebegehren nicht ausreichend gerecht wird (2. Fallgruppe), die Erhebung einer atypischen **Feststellungsklage** mit dem Ziel vor, feststellen zu lassen, dass der Normgeber verpflichtet ist, eine untergesetzliche Rechtsnorm zu erlassen, zu ändern oder aufzuheben (BVerfG NVwZ 2006, 922 [924], vorher schon BVerwGE 111, 276 [278 f.] = BeckRS 2000, 30119761; BVerwGE 119, 245 [249 f.] = BeckRS 2003, 30334222; BVerwGE 121, 152 [155 f.] = BeckRS 2004, 23962; ebenso BVerwG NVwZ 2002, 1505 [1506]; vgl. auch HessVGH NVwZ 2006, 1195; *Fellenberg/Karpenstein* NVwZ 2006, 1133). Die Notwendigkeit einer solchen Rechtsschutzmöglichkeit leitet es aus Art. 19 IV GG her. Das für die Feststellungsklage nach § 43 I VwGO erforderliche Rechtsverhältnis liegt nach Auffassung des Gerichts darin, dass ein Recht des Klägers den Erlass, die Änderung oder die Aufhebung einer Verordnung gebietet (BVerfG NVwZ 2006, 922 [924], vgl. auch BVerwG NVwZ 2002, 1505 [1506], anders *Boin* JA 1994, 306 [307] mwN auch zu den Gegenansichten, die allerdings allesamt vor der oben angegebenen Rechtsprechung des BVerfG geäußert wurden). Nach anderer Auffassung besteht zwischen Verordnungsgeber und Bürger mangels Konkretisierung kein feststellungsfähiges Rechtsverhältnis. Die fehlende Konkretisierung wird jedoch von den Befürwortern der Statthaftigkeit dieser Feststellungsklage erkannt und die Klage deshalb als **»atypische Feststellungsklage«** bezeichnet (vgl. *Fellenberg/Karpenstein* NVwZ 2006, 1133 [1134]; ausführlich *Engels* NVwZ 2018, 1001).

Nach der Rechtsprechung des BVerwG ist zumindest in besonderen Fällen eine Feststellungsklage nach § 43 VwGO möglich.[12] Wann solche Fälle vorliegen, ist fraglich und wiederum umstritten. In der Literatur wird zT eine restriktive Sicht vertreten,

12 BVerwGE 111, 276 = NJW 2000, 3584, bestätigt durch BVerwG DVBl. 2004, 382 und durch BVerwG ZUR 2005, 27 (28); BVerfG NVwZ 2006, 922. Im Ausgangsfall ging es um die Festlegung von An- und Abflugstrecken von Verkehrsflugzeugen durch Rechtsverordnungen.

weil § 47 VwGO die gesetzgeberische Wertung zum Ausdruck bringe, dass nur im Rahmen einer prinzipalen Normenkontrolle Rechtssätze auf ihre Gültigkeit überprüft werden sollten (abgesehen von der Möglichkeit der Inzidentkontrolle in einem konkreten Fall).[13] Auf dieser Linie scheint auch der 7. Senat des BVerwG zu liegen:[14] Die Feststellung der Nichtigkeit einer Rechtsnorm könne grundsätzlich nicht auf § 43 VwGO gestützt werden (damit § 47 VwGO nicht umgangen wird). Es könne »allenfalls die Feststellung begehrt werden, dass wegen Ungültigkeit oder Unanwendbarkeit einer Rechtsnorm kein Rechtsverhältnis (…) begründet ist«. Ein solches **Rechtsverhältnis** könne nur zwischen Norm*adressat* (oft ein Bürger) und dem Norm*anwender* (Behörde), nicht dem Norm*geber* bestehen. Die Feststellungsklage ist danach möglich im »Normvollzugsverhältnis«.[15] Diese Dreiecksbeziehung dürfte aber fragwürdig sein. Denn das Rechtsschutzproblem betrifft Fälle, in denen es einer Konkretisierung der schon aus einer VO folgenden Verpflichtung des Betroffenen gerade nicht bedarf (zB die Festlegung von Flugrouten). Bei solchen sog. »self-executing«-Normen, aus denen sich ohne verwaltungsmäßige Umsetzung bereits Rechte und Pflichten ergeben, ist gem. Art. 19 IV GG effektiver Rechtsschutz geboten. Dieser Aspekt sollte daher im Vordergrund stehen. Entscheidend für die Frage, ob ein hinreichend konkretisiertes Rechtsverhältnis iSv § 43 Abs. 1 VwGO besteht, dürften mit der Rechtsprechung des BVerwG von 2010 folgende Überlegungen sein:[16]

»Nach der ständigen Rechtsprechung des Bundesverwaltungsgerichts sind unter einem feststellungsfähigen Rechtsverhältnis die rechtlichen Beziehungen zu verstehen, die sich aus einem konkreten Sachverhalt aufgrund einer öffentlich-rechtlichen Norm für das Verhältnis von (natürlichen oder juristischen) Personen untereinander oder einer Person zu einer Sache ergeben (…). Gegenstand der Feststellungsklage muss ein streitiges konkretes Rechtsverhältnis sein, d.h. es muss ›in Anwendung einer Rechtsnorm auf einen bestimmten bereits überschaubaren Sachverhalt streitig‹ sein (…). Unabhängig von der Frage der Konkretisierung des Rechtsverhältnisses setzt ein feststellungsfähiges Rechtsverhältnis voraus, dass zwischen den Parteien dieses Rechtsverhältnisses ein Meinungsstreit besteht, aus dem heraus sich eine Seite berühmt, ein bestimmtes Tun oder Unterlassen der anderen Seite verlangen zu können. Es müssen sich also aus dieser Rechtsbeziehung heraus bestimmte Rechtsfolgen ergeben können, was wiederum die Anwendung von bestimmten Normen auf den konkreten Sachverhalt voraussetzt (…). Daran fehlt es, wenn nur abstrakte Rechtsfragen wie die Gültigkeit einer Norm zur Entscheidung gestellt werden. Auch bloße Vorfragen oder unselbstständige Elemente eines Rechtsverhältnisses können nicht Gegenstand einer Feststellungsklage sein. (…)

Der Antrag der Kl. (…) festzustellen, dass die Rechtsverordnung des Bundesministers für Arbeit und Soziales vom 28. Dezember 2007 über zwingende Arbeitsbedingungen für die Branche Briefdienstleistungen sie in ihren subjektiv-öffentlichen Rechten (Art. 9 III, Art. 12 I GG) verletzt, richtet sich nicht auf die Feststellung der Gültigkeit oder Ungültigkeit einer Norm, sodass § 47 VwGO gegenüber dem Rechtsschutzbegehren der Kl. keine Sperrwirkung entfaltet. Dem System des verwal-

13 So etwa *R. Schmidt* VerwProzR Rn. 477.
14 BVerwG NVwZ 2007, 1311.
15 BVerwG NVwZ 2007, 1311 (1312 f.).
16 BVerwG NVwZ 2010, 1300 (1301 f.) – 8. Senat.

tungsgerichtlichen Rechtsschutzes kann nicht entnommen werden, dass außerhalb des § 47 VwGO die Überprüfung von Rechtsetzungsakten ausgeschlossen sein soll. Es gehört zur richterlichen Prüfungskompetenz, auch die Gültigkeit einer Rechtsnorm, insbesondere ihre Vereinbarkeit mit höherrangigem Recht, zu überprüfen, sofern es für den Ausgang des Rechtsstreits hierauf ankommt (...). Von einer ›Umgehung‹ des § 47 VwGO kann nur dann die Rede sein, wenn mit einem auf eine andere Klageart gestützten Rechtsschutzbegehren lediglich die Klärung der Gültigkeit einer Rechtsnorm oder einer abstrakten Rechtsfrage aufgrund eines nur erdachten oder eines ungewissen künftigen Sachverhalts erreicht werden soll; in einem solchen Fall würde der Rechtsstreit nicht der Durchsetzung von konkreten Rechten der Beteiligten, sondern dazu dienen, Rechtsfragen gleichsam um ihrer selbst willen theoretisch zu lösen (...). Anders liegt es dagegen, wenn (...) die Anwendung einer Rechtsnorm auf einen bestimmten, in der Wirklichkeit gegebenen Sachverhalt streitig ist, so dass die Rechtmäßigkeit der Norm als – wenn auch streitentscheidende – Vorfrage aufgeworfen wird ([...] BVerwGE 111, 276 <278>; so auch BVerfGE 115, 81 <95 f.>). Mit dem Feststellungsbegehren werden subjektive Rechtspositionen der Kl. geltend gemacht, um Einschränkungen der tarifautonomen Ausgestaltung der Arbeitsbedingungen ihrer Beschäftigten auf der Grundlage des Arbeitnehmer-Entsendegesetzes abzuwehren.«

Es geht also um Fälle, in denen Rechte bzw. Pflichten für den Betroffenen sich unmittelbar aus der Rechtsverordnung (oder auch einer Satzung) ergeben, in denen eine Konkretisierung der rechtlichen Beziehung zwischen Normgeber und Adressat nicht erforderlich ist (BVerwG NVwZ 2010, 1300 [1303 Rn. 30]). Dann kann ein Rechtsverhältnis iSv § 43 Abs. 1 VwGO im Einzelfall angenommen werden.

Soweit die Feststellungsklage nicht statthaft ist und auch anderweitiger fachgerichtlicher Rechtsschutz im konkreten Fall ausscheidet, ist (subsidiär!) an eine **Verfassungsbeschwerde** bei dem BVerfG zu denken (Art. 93 Abs. 1 Nr. 4a GG).

5. Zur Vertiefung, insbesondere zu den formellen und materiellen Voraussetzungen für den Erlass von Verordnungen zur Gefahrenabwehr, vgl. *Dietlein* in Dietlein/Hellermann ÖffR NRW § 3 Rn. 230 ff., mit Prüfungsschema in Rn. 236; *Kingreen/Poscher* POR § 23; *Schenke/Schenke* in Steiner/Brinktrine BesVerwR § 2 Rn. 546 ff.; *Thiel* POR § 17; *Würtenberger* in Ehlers/Fehling/Pünder BesVerwR III § 69 Rn. 351 ff.

6. Grundsätzliche – vor allem rechtspolitisch motivierte – Kritik am Instrument der Verordnung zur Gefahrenabwehr übt *Hamann* NVwZ 1994, 669 (670 f.).

7. Zur ordnungsbehördlichen Verordnung allgemein *Schoch* JuS 1995, 215 (219 ff.) sowie *Schenke/Schenke* in Steiner/Brinktrine BesVerwR § 2 Rn. 540 ff.; *Schenke* POR Rn. 605 ff.

Prüfungsschema: Ordnungsbehördliche Verordnung

Die Prüfung einer Verordnung zur Gefahrenabwehr kann sich in ihrem Aufbau an folgendem Schema orientieren:

A. Verordnungsermächtigung
§§ 25 ff. NRWOBG, Art. 42 ff. BayLStVG, §§ 10 ff. BWPolG, §§ 71 ff. HSOG, §§ 54 ff. NSOG, §§ 55 ff. BlnASOG, §§ 48 ff. BremPolG, §§ 1 f. HmbSOG, § 9 SächsPolG, §§ 93 ff. LSASOG.

I. Formelle Verfassungsmäßigkeit der Ermächtigung
Vereinbarkeit der ordnungsbehördlichen Verordnungsermächtigungen mit Art. 70 NRWVerf (bzw. den entsprechenden Vorschriften in anderen Bundesländern).

II. Materielle Verfassungsmäßigkeit
Vereinbarkeit der ordnungsbehördlichen Verordnungsermächtigungen mit Art. 70 NRWVerf (bzw. den entsprechenden Vorschriften in anderen Bundesländern).

B. Verordnung wirksam erlassen?

I. Formelle Rechtmäßigkeit

1. *Zuständige Stelle:*
zB §§ 26 f. NRWOBG, Art. 42, 44 BayLStVG, § 13 BWPolG, §§ 72 ff. HSOG, § 55 I NSOG, § 49 BremPolG, § 1 HmbSOG, § 12 SächsPolG, § 94 LSASOG.
2. *Verfahren: Ausfertigung und Verkündung:*
zB § 33 NRWOBG, Art. 51 ff. BayLStVG, § 60 NSOG sowie gegebenenfalls weitere allgemeine Anforderungen nach besonderen Vorschriften (wie etwa § 26 III NRWOBG, § 15 BWPolG, § 50 BremPolG).
3. *Form:*
zB § 30 NRWOBG, Art. 45 II BayLStVG, § 12 BWPolG, § 78 HSOG, § 58 NSOG, § 53 BremPolG, § 11 SächsPolG, § 97 LSASOG (vgl. zu den sich aus dem Zitiergebot des Art. 80 I GG ergebenden Anforderungen BVerfGE 101, 1 = NJW 1999, 3253 – **Achtung! Art. 80 I GG gilt nur für den Bereich der Bundesgesetzgebung**, vgl. BVerfGE 12, 319 [325] = NJW 1961, 1155).

II. Materielle Rechtmäßigkeit

1. *Voraussetzung der Verordnungsermächtigung*: Gefahr für die öffentliche Sicherheit oder Ordnung (beachte: abstrakte Gefahr reicht aus!), zB § 27 I NRWOBG, § 10 BWPolG, §§ 71 ff. HSOG, § 55 I NSOG. Ggf besondere Verordnungsermächtigungen beachten, zB § 10a BWPolG, § 9a SächsPolG (Alkoholkonsumverbote); § 71a HSOG (Hunde).
2. *Verantwortlichkeit:* Auch Gefahrenabwehrverordnungen müssen für ihre Rechtmäßigkeit an den richtigen Adressaten gerichtet sein. Im Gegensatz zur Ordnungsverfügung ist hier jedoch nicht die Verursachung einer konkreten Gefahr erforderlich. Vielmehr kann der Adressat hier auch Verursacher einer abstrakten Gefahr sein (vgl. dazu *Kingreen/Poscher* POR § 23 Rn. 18); §§ 17 ff. NRWOBG, §§ 4 ff. NRWPolG, Art. 9 BayLStVG, Art. 7 ff. BayPAG, §§ 6 ff. BWPolG, §§ 6 ff. HSOG, §§ 6 ff. NSOG.
3. *Ermessen*: Der Erlass von Verordnungen steht im Ermessen der Ordnungsbehörde, zB § 27 I NRWOBG, § 10 I BWPolG.
4. *Allgemeine Anforderungen*:
   a) Verhältnismäßigkeit
   b) Bestimmtheit: Der Bürger muss der Verordnung eindeutig entnehmen können, was er zu tun oder zu unterlassen hat, zB § 29 NRWOBG, § 76 HSOG, § 57 I NSOG, § 56 II BlnASOG, § 52 II BremPolG, § 96 I LSASOG.
5. *Kein Widerspruch zu höherrangigen Normen:*
zB § 28 I NRWOBG, Art. 45 I BayLStVG, § 11 BWPolG, § 75 I HSOG, § 10 SächsPolG, § 95 I LSASOG.

17. Fall: Urlaub für das Auto

Sachverhalt

Der in der kreisfreien nordrhein-westfälischen Großstadt K beheimatete H möchte am 10.7. mit seiner Familie nach Spanien in den Urlaub fliegen. Das Familienauto wird daher am Abend vor dem Abflug ordnungsgemäß vor dem Haus am Straßenrand einer gut frequentierten Straße, abgestellt. Dort soll es für die nächsten drei Wochen, also während der Urlaubszeit, auch verbleiben.

Am 13.7. wird dem Bauherrn B im Wege straßenrechtlicher Sondernutzungserlaubnis gestattet, die halbe Straßenbreite gegenüber dem Bereich, wo H sein Fahrzeug abgestellt hat, vom 18.7. (Samstag) 10.00 Uhr bis zum 23.7. 14.00 Uhr für ein Bauvorhaben zu nutzen und einen großen Baukran aufstellen zu lassen. Da der Baukran die halbe Straßenbreite in Anspruch nimmt, der Verkehr also vollständig über die andere Straßenhälfte geführt werden muss, wird gleichzeitig für die Straßenseite, auf der H sein Auto geparkt hat, ein rechtmäßiges uneingeschränktes Haltverbot (Anlage 2 zur StVO Zeichen Nr. 283) angeordnet. Die Haltverbotsschilder werden am 15.7. mit Hinweis auf ihre oben genannte Geltungsdauer aufgestellt.

Am 18.7. beginnt der B gegen 10 Uhr mit dem Aufbau des Baukrans. Bereits nach kurzer Zeit nähert sich ein großer Lkw, der aufgrund seiner Breite die Stelle nicht passieren kann. Auch ist es dem Lkw-Fahrer aufgrund der örtlichen Gegebenheiten nicht möglich, die Stelle durch Rückwärtsfahren wieder zu verlassen. Da sich hinter dem Lkw sehr schnell eine längere Autoschlange bildet, ruft B die Polizei. Nachdem diese festgestellt hat, dass H nicht erreichbar ist, wird am 18.7. um 11:00 Uhr auf Anordnung der Polizisten das Fahrzeug des H von dem Abschleppunternehmer U vom Straßenrand entfernt und von ihm – wie üblich – auf sein Betriebsgelände verbracht.

Als H aus dem Urlaub zurückkehrt, den Sachverhalt erfährt und sein Auto bei U abholen will, verlangt dieser im Gegenzug die Abschleppkosten iHv 125 EUR. H zahlt unter Protest und will sich das Geld zurückholen. Gegen wen kann H mit Erfolg vor dem VG klagen? Im Fall der Unzulässigkeit einer Klage ist die materielle Rechtslage in einem Hilfsgutachten zu untersuchen.

Lösungsvorschlag

Schwerpunkte:
- **Materiell:**
  - **Übertragung von Hoheitsrechten auf Private (Beliehene)**
  - **öffentlich-rechtlicher Erstattungsanspruch**
  - **Ersatzvornahme und Sicherstellung**
  - **Verkehrszeichen als Verwaltungsakt**
  - **Verwaltungskostenerstattung**
  - **verkürztes Verfahren im Verwaltungszwang**
- **Prozessual: Allgemeine Leistungsklage**

A. Klage gegen U

Eine Klage gegen U vor dem VG hat Erfolg, wenn sie zulässig und begründet ist.

I. Zulässigkeit

1. Verwaltungsrechtsweg

Es müsste zunächst der Rechtsweg zum VG eröffnet sein. Mangels aufdrängender Spezialzuweisung richtet sich der Rechtsweg nach der Generalklausel des § 40 I 1 VwGO. Der Verwaltungsrechtsweg ist danach eröffnet, wenn es sich um eine öffentlich-rechtliche Streitigkeit nichtverfassungsrechtlicher Art handelt, die keinem anderen Gericht gesetzlich zugewiesen ist. Eine Streitigkeit ist öffentlich-rechtlicher Art, wenn die streitentscheidenden Normen dem öffentlichen Recht angehören.[1] Problematisch erscheint dies hier, wenn man bedenkt, dass U einerseits privater Unternehmer ist und in dieser Eigenschaft ausschließlich einem zivilrechtlichen Anspruch nach den §§ 812 ff. BGB ausgesetzt sein kann. Andererseits ist er zur Durchführung der Abschleppmaßnahme von einer Behörde beauftragt worden. Sollte hiermit die Übertragung von Hoheitsrechten einhergegangen und der U aufgrund dessen selbst hoheitlich tätig geworden sein, so hätte er seine Auslagen grundsätzlich nach den § 20 II 2 Nr. 1–8 NRWVO VwVG, § 77 I NRWVwVG durch Verwaltungsakt festsetzen können; eine Erstattung käme dann nach den Regeln des öffentlich-rechtlichen Erstattungsanspruches in Betracht.

Einziges originär mit hoheitlicher (Staats-)Gewalt versehenes Rechtssubjekt ist der Staat in Gestalt des Bundes und der Länder. Eine **Übertragung hoheitlicher Aufgaben bedarf** demgemäß stets eines **Gesetzes.** Entsprechende Gesetze bestehen für bestimmte Bereiche, in denen es für den Staat sinnvoll ist, sich der besonderen Fähigkeiten Privater zu bedienen.[2] Der Status als Privater verbleibt diesen sog. **Beliehenen** auch dann, wenn sie – funktionell – hoheitliche Aufgaben selbstständig im eigenen

1 Zu den Theorien, die sich mit der Qualifizierung von Normen als öffentlich-rechtlich befassen, und zu ihrer Tauglichkeit *Maurer/Waldhoff* AllgVerwR § 3 Rn. 10 ff.

2 Beispielhaft sei hier genannt der Prüfingenieur für Bauleistungen (dazu grdl. *F. Kluth,* Der Prüfingenieur für Bauleistungen, 2005).

Namen, also als Verwaltungsträger, wahrnehmen.[3] Abgegrenzt werden die Beliehenen üblicherweise vor allem von den sog. **Verwaltungshelfern** und denjenigen Privaten, die durch zivilrechtliche Verträge zur Erfüllung hoheitlicher Aufgaben herangezogen werden.[4] Der Verwaltungshelfer[5] handelt hoheitlich, aber nicht selbstständig, der vertraglich Verpflichtete handelt selbstständig, aber nicht hoheitlich. Entscheidend ist für die Rolle des Verwaltungshelfers in jedem Fall, dass Zuständigkeit und Verantwortung bei der Verwaltung verbleiben.[6] Da der Verwaltungshelfer lediglich in den Verwaltungsvollzug eingeschaltet ist, tritt er im Außenverhältnis in der Regel rechtlich nicht in Erscheinung.[7] Ein Gesetz, das die Ordnungsbehörde ermächtigen würde, den U zum Beliehenen zu machen, ist nicht ersichtlich. Vielmehr handelt er, weil er mit der Verwaltung einen zivilrechtlichen Vertrag geschlossen hat.[8] Eine Befugnis zur Festsetzung der Auslagen für die Abschleppmaßnahme durch Verwaltungsakt kommt ihm demnach nicht zu. Einer Klage gegen U liegt also ein zivilrechtlicher Rechtsstreit zugrunde.

2. Ergebnis

Der Verwaltungsrechtsweg ist für eine Klage gegen U nicht gegeben.[9]

II. Begründetheit (Hilfsgutachten)

Als Grundlage eines Anspruchs des H gegen U auf Rückerstattung der 125 EUR kommt nur § 812 I 1 Alt. 1 BGB – Leistungskondiktion – in Betracht. Fraglich ist jedoch bereits, ob U derjenige ist, an den die Leistung des H erfolgte. Die Frage der **Leistung** beurteilt sich nach hM aus der **Sicht des Empfängers.**[10] U war bewusst, dass er rechtliche Beziehungen nur mit der ihn beauftragenden Behörde unterhielt. Allein von dieser hätte er für seine Arbeit Entlohnung verlangen können. Bei lebensnaher Betrachtung musste er gleichzeitig davon ausgehen, dass H aufgrund einer

3 BayVGH BayVBl. 2002, 82; *Maurer/Waldhoff* AllgVerwR § 23 Rn. 63 ff. Bei einem Beliehenen handelt es sich um eine Behörde iSv § 35 S. 1 VwVfG (vgl. Stelkens/Bonk/Sachs/*Bonk/Schmitz* VwVfG § 1 Rn. 246 ff.). Der Beliehene selbst ist nach überw. Auffassung auch der im Verwaltungsprozess nach § 78 I Nr. 1 VwGO zu verklagende Rechtsträger (vgl. Schoch/Schneider/Bier/*Meissner* VwGO § 78 Rn. 32). Nach der Gegenauffassung ist bei Geltung des Rechtsträgerprinzips nicht der Beliehene selbst, sondern der beleihende Verwaltungsträger zu verklagen (*Stelkens* NVwZ 2004, 304 [307]).

4 Eine Übersicht über die von den Beliehenen abzugrenzenden Gruppen findet sich bei *Maurer* AllgVerwR, 18. Aufl. 2011, § 23 Rn. 56 ff.

5 ZB Schülerlotsen, vgl. OLG Köln NJW 1968, 655.

6 *Maurer/Waldhoff* AllgVerwR § 23 Rn. 66.

7 *Maurer/Waldhoff* AllgVerwR § 23 Rn. 66.

8 Vgl. zur Rechtsstellung des Abschleppunternehmers im Einzelnen BVerwG NVwZ 2006, 964.

9 Wird der falsche Rechtsweg beschritten, so ist die Klage gem. § 17a II 1 GVG nicht als unzulässig abzuweisen. Vielmehr spricht das Gericht die Unzulässigkeit des Rechtsweges nach Anhörung der Parteien vAw aus und verweist den Rechtsstreit zugleich an das zuständige Gericht des zulässigen Rechtsweges. Der Verweisungsbeschluss ist für das Gericht, an das der Rechtsstreit verwiesen worden ist, hinsichtlich des Rechtsweges bindend (§ 17a II 3 GVG). In der Lösung musste darauf allerdings nicht eingegangen werden, weil ausdrücklich nur nach den Erfolgsaussichten einer Klage vor dem VG gefragt war.

10 Palandt/*Sprau* BGB § 812 Rn. 14 mwN: Der »Empfängerhorizont« ist maßgeblich.

öffentlich-rechtlichen Verpflichtung an die Behörde zahlen wollte.[11] Demnach fungierte U lediglich als »Zahlstelle«[12] der Behörde, die als der eigentliche Leistungsempfänger anzusehen ist. Ein Anspruch gegen U scheidet demnach aus.

III. Ergebnis

Eine Klage gegen U hat keinen Erfolg.

B. Klage gegen das Land NRW

I. Zulässigkeit

1. Verwaltungsrechtsweg

Vor dem Hintergrund des oben unter A. I. 1. Gesagten ergibt sich, dass es sich um eine öffentlich-rechtliche Streitigkeit handelt. H begehrt die Erstattung der Abschleppkosten. Dem liegt eine von der Behörde dem H auferlegte öffentlich-rechtliche Zahlungspflicht zugrunde. Anspruchsgrundlage für die Rückforderung einer aufgrund öffentlichen Rechts geleisteten Zahlung ist ein öffentlich-rechtlicher Erstattungsanspruch. Er ist vor den VG geltend zu machen. Der Verwaltungsrechtsweg ist gem. § 40 I 1 VwGO eröffnet.

2. Statthafte Klageart

H begehrt die Auszahlung von 125 EUR. Diese mangels einer vorhergehenden Ablehnung[13] rein tatsächliche Handlung ist mit der allgemeinen Leistungsklage geltend zu machen.

---

11 Vgl. OVG NRW NJW 1980, 1974; LG Marburg NJW 2001, 2028 (2029): »Der unmittelbar ausführende Unternehmer, der allein für die Ordnungsbehörde tätig wird, macht (...) keine eigenen Ansprüche gegen den jeweiligen Fahrzeughalter oder -führer geltend. Denn er hat lediglich einen (zumeist zivilrechtlichen) Anspruch gegen die ihn beauftragende Behörde und nicht gegen den Fahrzeughalter bzw. -führer. Der von der Abschleppmaßnahme Betroffene leistet keine zivilrechtlich zu beurteilende Zahlung in einem Leistungsverhältnis zwischen ihm und dem Unternehmer, sondern er erbringt in einer öffentlich-rechtlichen Beziehung eine Leistung an die Behörde. Der Pflichtige leistet auch nicht auf die zumeist zivilrechtliche Forderung des Unternehmers gegen die Behörde, sondern zahlt unter stillschweigendem Vorbehalt auf eine von der Behörde geltend gemachte angebliche Forderung gegen ihn.«.

12 Ein Abschleppunternehmer darf die Verwaltungsgebühren einer Polizei- oder Ordnungsbehörde für das in deren Auftrag erfolgende Abschleppen verkehrswidrig im öffentlichen Verkehrsraum abgestellter Fahrzeuge ohne Verstoß gegen das Rechtsberatungsgesetz und das Gesetz gegen den unlauteren Wettbewerb einziehen. Die Herausgabe des Kfz kann dabei gem. § 77 V NRWVwVG von der Zahlung der durch das Abschleppen verursachten Kosten abhängig gemacht werden (vgl. auch § 77 V NRWVwVG iVm § 20 IV 2 NRWVO VwVG). Dass dem Abschleppunternehmer nach nordrhein-westfälischem Landesrecht ein Zurückbehaltungsrecht an dem abgeschleppten Pkw unabhängig davon zusteht, ob das Abschleppen als Sicherstellung oder Ersatzvornahme qualifiziert wird, hat das BVerwG mit Blick auf das nordrhein-westfälische Landesrecht ausdrücklich festgestellt (vgl. BVerwG NVwZ 2006, 964 [965]). Bei der Ausübung des Zurückbehaltungsrechts handelt es sich nicht um einen Verwaltungsakt. Vielmehr ist die Ausübung des Zurückbehaltungsrechts als eine öffentlich-rechtliche Willenserklärung zu qualifizieren (LG Marburg NJW 2001, 2028 [2029]).

13 Eine Ablehnung der tatsächlichen Auszahlung ist ein Verwaltungsakt.

3. Klagebefugnis

Um Popularklagen auszuschließen, setzt die Zulässigkeit einer allgemeinen Leistungsklage voraus, dass der Kläger analog § 42 II VwGO klagebefugt ist. Es erscheint möglich, dass H die 125 EUR zu Unrecht gezahlt hat und ihm demgemäß ein Erstattungsanspruch gem. § 52 I 2 NRWPolG iVm § 77 IV 1 NRWVwVG iVm § 21 I NRWGebG oder aufgrund des (ungeschriebenen) allgemeinen öffentlich-rechtlichen Erstattungsanspruchs[14] zusteht. H ist daher analog § 42 II VwGO klagebefugt.

4. Klagegegner

Die Klage richtet sich gegen den Rechtsträger, hier also gegen das Land NRW, das Träger der Polizei ist, vgl. § 1 NRWPOG.[15]

II. Begründetheit

Die Leistungsklage ist begründet, wenn dem H ein Anspruch auf die Auszahlung von 125 EUR zusteht.[16]

1. Anspruchsgrundlage

Als Anspruchsgrundlage kommt § 52 I 2 NRWPolG iVm § 77 IV 1 NRWVwVG iVm § 21 I NRWGebG[17] in Betracht. Danach werden zu Unrecht erhobene Kosten erstattet. Es ist allerdings problematisch, ob § 21 I NRWGebG auf den vorliegenden Fall überhaupt anwendbar ist, da es an einer verbindlichen Kostenentscheidung nach § 14 NRWGebG fehlt. Das Erfordernis einer solchen Kostenentscheidung könnte sich aus dem Wortlaut des § 21 I NRWGebG ergeben, der von zu Unrecht »erhobenen« Kosten spricht. In Fällen, in denen die Kosten für das Abschleppen nicht durch Kostenbescheid festgesetzt wurden, könnte daher weiterhin auf den ungeschriebenen allgemeinen **öffentlich-rechtlichen Erstattungsanspruch** abzustellen sein. Der allgemeine öffentlich-rechtliche Erstattungsanspruch ist ein gewohnheitsrechtlich anerkanntes, eigenständiges öffentlich-rechtliches Rechtsinstitut, das seine Grundlage in der unbedingten Forderung nach gesetzmäßigem Handeln findet.[18] Für die Anwendbarkeit des § 21 I NRWGebG auch bei Fehlen eines Kostenbescheides spricht allerdings, dass die Einführung des Abs. 4 in § 77 NRWVwVG mit dem Verweis auf § 21 I NRWGebG nach dem Willen des Gesetzgebers der Rechtsvereinheitlichung dienen sollte.[19] Nach Sinn und Zweck der Vorschrift ist ein Dualismus der Erstattungsansprüche, wie er sich aus einer Beschränkung des Anwendungsbereichs des § 77 IV NRWVwVG iVm § 21 I NRWGebG auf durch Verwaltungsakt festgesetzte Kosten ergeben würde, für den einheitlichen Sachbereich des Abschleppens abzulehnen.[20] § 21 I NRWGebG ist somit anwendbar.

---

14 Dazu *Maurer/Waldhoff* AllgVerwR § 29 Rn. 27 ff.

15 § 78 I Nr. 2 VwGO sowie die Vorschriften der Ausführungsgesetze zur Verwaltungsgerichtsordnung wie zB § 8 II 1 BbgVwGG oder § 79 II NJG, die die Behörde selbst zum Klagegegner bestimmen, finden keine Anwendung, da es sich nicht um eine Anfechtungs- oder Verpflichtungsklage handelt.

16 Zur Begründetheit der allgemeinen Leistungsklage vgl. *Hufen* VerwProzR § 28 Rn. 1 ff.

17 Hierbei handelt es sich um eine gesetzliche Bestimmung des öffentlich-rechtlichen Erstattungsanspruchs.

18 Vgl. BVerwGE 48, 279 (286) = BeckRS 9998, 161719; näher *Maurer/Waldhoff* AllgVerwR § 29 Rn. 27 ff.

19 Vgl. die Begründung zum Gesetzesentwurf der Landesregierung NRW, LT-Drs. 13/3192, 72.

20 *Drüen/Krumm* NWVBl. 2004, 359 (361).

2. Voraussetzungen der Anspruchsgrundlage

Es müssen die Voraussetzungen des Erstattungsanspruchs aus § 52 I 2 NRWPolG iVm § 77 IV NRWVwVG iVm § 21 I NRWGebG erfüllt sein.

a) Kosten

Nach § 21 I NRWGebG sind zu Unrecht erhobene Kosten unverzüglich zu erstatten. Der Begriff der Kosten erfasst nach § 77 I und IV NRWVwVG sowohl Gebühren als auch Auslagen. Gemäß § 20 II 2 Nr. 7 NRWVO VwVG handelt es sich bei Beträgen, die bei der Ersatzvornahme an Hilfspersonen gezahlt werden, um Auslagen und somit um Kosten iSd § 21 I NRWGebG iVm § 77 NRWVwVG.

b) Keine Hindernisse

Dem Anspruch des H steht auch keine unanfechtbare Kostenentscheidung entgegen.

c) Zu Unrecht erhoben

Problematisch ist jedoch, ob die Abschleppkosten von H zu Unrecht erhoben wurden. Das ist dann der Fall, wenn die Stadt K gegen H keinen Anspruch auf Zahlung der Abschleppkosten iHv 125 EUR hatte.

aa) Anspruchsgrundlage für die Zahlung der Abschleppkosten

Ein Anspruch der Stadt K gegen H auf Zahlung der Abschleppkosten könnte sich zunächst aus § 52 I 2 NRWPolG, § 77 NRWVwVG, § 20 II 2 Nr. 7 NRWVO VwVG iVm §§ 52 I 1, 50 I NRWPolG ergeben.

Dann muss es sich bei der Abschleppmaßnahme um eine Ersatzvornahme handeln.

Ob es sich beim Abschleppen um eine Ersatzvornahme oder eine Sicherstellung[21] handelt, ist **umstritten**. Die wohl hM befürwortet die Einordnung als **Sicherstellung** nach § 43 Nr. 1 NRWPolG allein dann, wenn hierdurch eine Gefahr abgewehrt werden soll, die der sicherzustellenden Sache selbst droht.[22] Wird aber ein Fahrzeug abgeschleppt, so handelt es sich regelmäßig um die Beseitigung einer Gefahr für die öffentliche Sicherheit, die durch einen Verstoß gegen die (geschriebenen) Parkvorschriften des Straßenverkehrsrechts[23] hervorgerufen wird. Das Abschleppen wäre danach als Ersatzvornahme zu qualifizieren. Eine andere Meinung lässt es genügen, wenn die Ingewahrsamnahme zum Schutz der Sache, die der Sicherstellung zwingend folgen muss (§ 44 NRWPolG), lediglich Nebenzweck ist, es der Behörde aber im Wesentlichen darauf ankommt, die von der Sache ausgehende Gefahr zu beseitigen.[24] Dieser Auffassung zufolge wäre das Abschleppen regelmäßig als Sicherstellung zu qualifizieren. Eine vermittelnde Auffassung will schließlich ein bloßes Wegrücken als Ersatzvornahme, die Mitnahme und Aufbewahrung aber als Sicherstellung ansehen.[25]

21 Die Kosten für die Sicherstellung sind erstattungsfähig nach § 20 II 2 Nr. 7 NRWVO VwVG, § 77 NRWVwVG iVm §§ 46 III, 43 NRWPolG iVm § 24 Nr. 13 NRWOBG.

22 OVG MV BeckRS 2008, 39145; BayVGH NJW 2001, 1960; OVG RhPf DÖV 1989, 173; HessVGH NVwZ 1988, 655 (656); *Knemeyer* POR Rn. 251 f.; *Janssen* JA 1996, 165 (167 f.).

23 Betroffenes Schutzgut ist die objektive Rechtsordnung.

24 BayVGH DÖV 1990, 483 f.; *Schwabe* NJW 1983, 369 (372).

25 *Götz/Geis* POR § 8 Rn. 63, § 14 Rn. 27 ff. insbesondere Rn. 38.

Die Rechtsprechung weicht einer Entscheidung des Meinungsstreites häufig aus.[26] So hat etwa das nordrhein-westfälische OVG die Frage regelmäßig dahinstehen lassen. Zur Begründung hat es angeführt, dass unabhängig von der rechtlichen Einordnung des Abschleppvorgangs die gleichen Voraussetzungen zu prüfen seien.[27] Dies ist jedoch nur bedingt richtig, bedarf die Ersatzvornahme als Zwangsmittel doch noch einer Androhung und gegebenenfalls Festsetzung[28] (§§ 63, 64 NRWVwVG, 56 NRWPolG[29]).

Die Lösung des Problems ergibt sich aus der Vorschrift des § 44 I 1 NRWPolG.[30] Danach sind sichergestellte Sachen in **Verwahrung** zu nehmen. Aus dieser Vorschrift wird ersichtlich, dass die Ingewahrsamnahme Teil jeder Sicherstellung sein soll. Der Zweck der Sicherstellung besteht demnach gerade in der Begründung eines sich anschließenden Gewahrsamsverhältnisses.[31] Im Falle des Abschleppens kommt es der Behörde aber hierauf meist nicht an, sondern steht die Entfernung des Fahrzeugs aus der Verbotszone im Vordergrund. Das Abschleppen ist demnach im Regelfall nicht Sicherstellung, sondern Vollzug eines Wegfahrgebotes im Wege der Ersatzvornahme. Da die Entfernung und die anschließende Verbringung an einen anderen Ort einen einheitlichen Lebensvorgang darstellen, ist auch nicht mit der vermittelnden Auffassung davon auszugehen, dass nach der Entfernung eine Motivationsänderung hin zur Ingewahrsamnahme eintritt.[32] Richtigerweise ist also der gesamte Abschleppvorgang als Ersatzvornahme anzusehen.

bb) Rechtmäßigkeit der Ersatzvornahme

Voraussetzung für die Kostenerstattung ist, dass die Ersatzvornahme rechtmäßig war.[33] Dies folgt aus der Verwendung des Begriffs »Pflichtiger« (als Kostenschuldner) in § 77 NRWVwVG und § 20 II 2 Nr. 7 NRWVO VwVG, auf die § 52 I 2 NRWPolG verweist. Pflichtig in diesem Sinne kann nur derjenige sein, gegen den rechtmäßig vorgegangen wird.

(1) Ermächtigungsgrundlage für die Ersatzvornahme

Als Ermächtigungsgrundlage für die Ersatzvornahme kommen §§ 50, 52 NRWPolG in Betracht. Es fragt sich allerdings, ob Abs. 1[34] oder Abs. 2[35] des § 50 NRWPolG

26 Vgl. aber HmbOVG NJW 2001, 168 (170), das eine Ersatzvornahme annimmt.

27 ZB OVG NRW NJW 1993, 2698; OVG NRW NWVBl. 2001, 142; anders dagegen OVG NRW NJW 2000, 602, wo es ausdrücklich von einer Ersatzvornahme spricht.

28 Anders nur dann, wenn ein sofortiger Vollzug eines in dem Parkverbotsschild enthaltenen Wegfahrgebots vorliegt. In diesem Fall sind Androhung und Festsetzung entbehrlich (vgl. §§ 63 I 5, 64 S. 2 NRWVwVG; § 56 I 3 NRWPolG).

29 Art. 36 BayVwZVG; §§ 20, 23 BWVwVG; §§ 48 II, 53, 58 HSOG; §§ 65 II, 70, 74 NSOG.

30 Art. 26 I 1 BayPAG; § 41 I 1 HSOG; § 27 I 1 NSOG.

31 *Janssen* JA 1996, 165 (167).

32 So auch *Janssen* JA 1996, 165 (167); *F. Becker* JA 2000, 677 (678 f.).

33 BeckOK PolR NRW/*Muckel* NRWPolG § 52 Rn. 15 mwN.

34 Der Verwaltungsakt, der auf die Vornahme einer Handlung oder auf Duldung oder Unterlassung gerichtet ist, kann mit Zwangsmitteln durchgesetzt werden, wenn er unanfechtbar ist oder wenn ein Rechtsmittel keine aufschiebende Wirkung hat (vgl. Art. 70 I BayPAG; § 49 I BWPolG iVm §§ 2, 18 ff. BWVwVG; § 47 I HSOG; § 64 I NSOG).

35 Der Verwaltungszwang kann ohne vorausgehenden Verwaltungsakt angewendet werden, wenn das zur Abwehr einer gegenwärtigen Gefahr notwendig ist, insbesondere weil Maßnahmen gegen Personen nach den §§ 4–6 NRWPolG nicht oder nicht rechtzeitig möglich sind oder keinen Erfolg versprechen und die Polizei hierbei innerhalb ihrer Befugnisse handelt (vgl. Art. 70 II BayPAG; § 47 II HSOG; § 64 II NSOG).

einschlägig ist. Eine Ermächtigung nach Abs. 1 kommt nur in Betracht, wenn ein vollstreckbarer Grundverwaltungsakt[36] ergangen ist.

Wie jedes andere Zwangsmittel (vgl. § 51 NRWPolG) bedarf die Ersatzvornahme nach § 50 I NRWPolG zunächst eines vollstreckbaren (Grund-)Verwaltungsaktes. Vollstreckbar ist der (Grund-)Verwaltungsakt nach § 50 I NRWPolG, wenn er entweder **unanfechtbar** ist oder aber **Rechtsmittel** gegen ihn **keine aufschiebende Wirkung** haben.

Ein (Grund-)Verwaltungsakt könnte in dem Verkehrsschild, das ein uneingeschränktes Haltverbot ausspricht, gesehen werden. Dem könnte allerdings § 35 S. 1 NRWVwVfG entgegenstehen, wonach ein Verwaltungsakt grundsätzlich eine Maßnahme zur Regelung eines Einzelfalls ist, während sich ein **Verkehrsschild** nicht an eine bestimmte Person, sondern an einen unbestimmten Personenkreis, nämlich an alle Verkehrsteilnehmer, richtet. Gleichwohl führt dieser Umstand nicht zur Ablehnung eines Verwaltungsaktes, sondern zur Annahme einer **Allgemeinverfügung** iSd § 35 S. 2 NRWVwVfG, die ebenfalls ein Verwaltungsakt ist. Das Haltverbotsschild ist demnach als Allgemeinverfügung anzusehen, die nach allgemeiner Meinung als Regelung nicht nur das Verbot beinhaltet, an einer bestimmten Stelle nicht zu parken, sondern darüber hinaus in Analogie zur Anordnung eines Polizeibeamten auch das **Gebot**, im Falle verbotswidrigen Parkens **wegzufahren.**[37] Mithin handelt es sich bei dem Verkehrsschild um einen Verwaltungsakt.[38]

Es stellt sich jedoch die Frage, ob und gegebenenfalls wann das Verkehrsschild als Verwaltungsakt wirksam geworden ist.[39] Ein Verwaltungsakt wird gem. § 43 I 1 NRWVwVfG in dem Zeitpunkt wirksam, in dem er demjenigen, für den er bestimmt ist oder der von ihm betroffen wird, bekanntgegeben wird. Die **Bekanntgabe** wiederum ist in § 41 I NRWVwVfG geregelt. Unter Bekanntgabe versteht man den Erlass eines Verwaltungsaktes mit Wissen und Wollen der Behörde in der jeweils zulässigen Form.[40] Aufgrund des Zusammenspiels der §§ 43 und 41 NRWVwVfG wird im Einzelnen

---

36 Dazu näher BeckOK PolR NRW/*Muckel* NRWPolG § 50 Rn. 5.

37 StRspr BVerwG NJW 1978, 656; DÖV 1988, 694; NJW 1997, 1021 (1022); NJW 2016, 2353 (2354); 2018, 2910 (2910 Rn. 14); *Götz/Geis* POR § 14 Rn. 30; BeckOK PolR NRW/*Muckel* NRWPolG § 50 Rn. 8. Sähe man in einem Parkverbot lediglich ein Verbot, könnte es schwerlich durch Ersatzvornahme vollstreckt werden, vgl. unten B. II. 2. c) bb) (3) (a).

38 Früher wurde vielfach die Auffassung vertreten, Verkehrsschilder seien Rechtsverordnungen (BayVGH NJW 1978, 1988; 1979, 670; vgl. auch *Renck* JuS 1967, 545; *Obermayer* NJW 1980, 2387; referierend *Kümper* JuS 2017, 731 [732]). Da Verkehrszeichen den Verkehr mittels »Geboten« und »Verboten« regeln (so ausdrücklich § 41 I StVO), ist diese Ansicht aus dogmatischer Sicht durchaus nachvollziehbar. Fest steht allerdings, dass damit das System des Straßenverkehrsrechts nicht mehr funktionieren würde. Verkehrsschilder werden nämlich nicht vom Bundesverkehrsminister, sondern von den nachrangigen (Landes-) Verkehrsbehörden aufgestellt. § 6 I StVG ermächtigt aber lediglich den Bundesverkehrsminister zum Erlass von Rechtsverordnungen. Eine sog. Subdelegationsbefugnis (vgl. Art. 80 I 4 GG) ist im StVG nicht vorgesehen. Außerdem ist nicht ersichtlich, wie bei Verkehrsschildern dem Zitiergebot des Art. 80 I 3 GG genügt werden könnte. Da für Rechtsverordnungen schließlich uneingeschränkt das sog. Nichtigkeitsdogma gilt, würde jeder (auch nur formelle) Rechtsverstoß zur Nichtigkeit der im Schild angeordneten Regelung führen. Die Verkehrsschilder könnten vor diesem Hintergrund ihrer Ordnungsfunktion nicht genügen. Daher ist der seit BVerwGE 27, 181 ff. = NJW 1967, 1627 ständigen, den Erfordernissen des Straßenverkehrs-, aber auch des Verfassungsrechts (Art. 80 I GG) Rechnung tragenden Rspr. des BVerwG zu folgen, die eine Allgemeinverfügung annimmt und der sich zwischenzeitlich auch der BayVGH angeschlossen hat (BayVGH NVwZ 1984, 383 [384]).

39 Beachte zu diesem Problemkreis auch den erg. Hinweis 8 zu Fall 17.

40 *Kopp/Ramsauer* VwVfG § 41 Rn. 6.

zwischen rechtlicher Existenz, äußerer und innerer Wirksamkeit von Verwaltungsakten unterschieden.[41] **Rechtliche Existenz** erlangt ein Verwaltungsakt durch Bekanntgabe an (mindestens) einen Betroffenen.[42] Dies ist im Anschluss an die Aufstellung des Verkehrszeichens geschehen, da nach allgemeiner Lebenserfahrung dann auch die ersten Verkehrsteilnehmer von dem Wegfahrgebot Kenntnis nehmen. Allerdings muss dieses Gebot auch äußerlich und innerlich wirksam geworden sein, wobei beide Kriterien im Regelfall zusammentreffen.[43] **Innere Wirksamkeit** meint, dass die durch den Verwaltungsakt ausgesprochene Regelung verbindlich wird.[44] Im vorliegenden Fall sind keine die innere Wirksamkeit hindernden Umstände ersichtlich. Fraglich ist hier allein, ob die äußere Wirksamkeit gegeben ist. **Äußere Wirksamkeit** bedeutet hierbei, dass der Verwaltungsakt gegenüber demjenigen Betroffenen maßgeblich wird, dem er ordnungsgemäß bekanntgegeben wurde.[45] Eine individuelle Bekanntgabe iSd § 41 I NRWVwVfG an H ist hier nicht erfolgt, da das Verkehrszeichen erst aufgestellt wurde, nachdem H sein Auto bereits abgestellt und sich in den Urlaub begeben hatte. Er hat sich auch später nicht in den Wirkungsbereich des Verkehrsschildes begeben, sodass das Haltverbot ihm gegenüber somit nur wirksam werden konnte, wenn es einer individuellen Bekanntgabe ausnahmsweise nicht bedurfte.

§ 41 III 2 NRWVwVfG eröffnet die Möglichkeit einer öffentlichen Bekanntgabe für Allgemeinverfügungen, wenn eine **individuelle Bekanntgabe untunlich** ist. Untunlich ist die individuelle Bekanntgabe, wenn sie **wegen der Natur** des in Rede stehenden Verwaltungsaktes **nicht möglich** oder jedenfalls **mit erheblichen Schwierigkeiten** verbunden wäre.[46] Dies ist bei Verkehrszeichen der Fall, da nicht alle potentiell Parkwilligen unterrichtet werden können. Da es sich bei dem durch ein Verkehrsschild ausgesprochenen Wegfahrgebot nicht um einen schriftlichen Verwaltungsakt handelt, richtet sich die Form der öffentlichen Bekanntgabe nicht nach § 41 IV NRWVwVfG[47], sondern orientiert sich an der Art des Verwaltungsaktes.[48] Durch Verkehrsschilder ausgesprochene Regelungen werden üblicherweise durch Aufstellung des betreffenden Schildes derart, dass der durchschnittliche Verkehrsteilnehmer das Zeichen unschwer zur Kenntnis nehmen kann (Sichtbarkeitsprinzip), bekanntgegeben.[49] Damit war eine öffentliche Bekanntmachung des mit dem Verkehrsschild ausgesprochenen Wegfahrgebots zulässig.

Fraglich ist jedoch, ob die öffentliche Bekanntmachung auch zur äußeren Wirksamkeit gegenüber H führt. Dem könnte entgegenstehen, dass H tatsächlich keine Kenntnis von dem Schild erlangen konnte. Sowohl das BVerwG als auch das OVG

---

41 Hierzu BVerwGE 13, 1 (7) = NJW 1962, 602; BVerwGE 55, 213 (215) = BeckRS 9998, 181212; *Kopp/Ramsauer* VwVfG § 43 Rn. 3 ff.; *Maurer/Waldhoff* AllgVerwR § 9 Rn. 72.

42 *Kopp/Ramsauer* VwVfG § 43 Rn. 4. Vorher handelt es sich lediglich um ein Verwaltungsinternum ohne Rechtsbindung.

43 Eine Ausnahme (Auseinanderfallen der Zeitpunkte) besteht etwa bei aufschiebend bedingten Verwaltungsakten.

44 *Maurer/Waldhoff* AllgVerwR § 9 Rn. 72.

45 *Kopp/Ramsauer* VwVfG § 43 Rn. 5; *Maurer/Waldhoff* AllgVerwR § 9 Rn. 72.

46 VGH BW NVwZ 1989, 979 (980); *Kopp/Ramsauer* VwVfG § 41 Rn. 46; für Verkehrszeichen bejahend *Milker* JURA 2017, 271 (274); *Kümper* JuS 2017, 731 (734).

47 So aber fälschlicherweise *Koch/Niebaum* JuS 1997, 312. IErg wie hier *Hansen/Meyer* NJW 1998, 284 (285), die betonen, dass ansonsten auch das im Verkehrsschild enthaltene Wegfahrgebot nicht mehr konstruiert werden könne.

48 *Kopp/Ramsauer* VwVfG § 41 Rn. 48.

49 BVerwG JZ 2011, 152 = JA 2011, 477; BVerwG NJW 2016, 2353 (2354); 2018, 2910 Rn. 15 f.

NRW[50] bejahen aber trotzdem die äußere Wirksamkeit der Allgemeinverfügung unter Hinweis auf die Vorschriften der §§ 39 I und 45 IV StVO. Die **Aufstellung** stelle eine **besondere Form der Bekanntgabe** dar. Wenn Verkehrszeichen so aufgestellt oder angebracht seien, dass sie ein durchschnittlicher Kraftfahrer bei Einhaltung der nach § 1 StVO erforderlichen Sorgfalt schon »mit einem raschen und beiläufigen Blick« erfassen könne, äußerten sie ihre Rechtswirkung gegenüber jedem von der Regelung betroffenen Verkehrsteilnehmer, unabhängig davon, ob dieser das Verkehrszeichen tatsächlich wahrgenommen habe oder nicht.[51]

Gegen diese Rechtsprechung ließe sich einwenden, dass bereits zweifelhaft ist, ob die Straßenverkehrsordnung als schlichte Rechtsverordnung den Bekanntgabebegriff der Verwaltungsverfahrensgesetze ändern kann. Soweit § 41 III 1 NRWVwVfG die öffentliche Bekanntgabe bei Untunlichkeit einer individuellen Bekanntgabe ermöglicht, wird nur die grundsätzliche Entscheidung über die öffentliche Bekanntgabe einer anderweitigen Regelung zugänglich gemacht. In welcher Weise aber die öffentliche Bekanntgabe vorgenommen werden soll, bleibt ebenso eine Regelungsmaterie der Verwaltungsverfahrensgesetze wie die durch Auslegung der betreffenden Vorschriften zu beantwortende Frage, ob die öffentliche Bekanntgabe die Wirksamkeit eines Verwaltungsakts herbeiführen kann oder nicht. Diese Argumentation kann aber nicht überzeugen, denn für den Fall der öffentlichen Bekanntgabe von Verkehrsschildern sehen die Verwaltungsverfahrensgesetze gerade keine Regelung vor. Die einzige Regelung der öffentlichen Bekanntgabe in § 41 III NRWVwVfG bezieht sich ausdrücklich nur auf schriftliche Verwaltungsakte, nicht hingegen auf nichtschriftliche Allgemeinverfügungen. Ein Rückgriff auf den Bekanntgabebegriff der StVO stellt mithin keine Änderung des Bekanntgabebegriffs der Verwaltungsverfahrensgesetze dar. Abgesehen davon käme diese Argumentation ohnehin nur dann in Betracht, wenn es sich um den seltenen Fall handelt, dass eine Bundesbehörde das Wegfahrgebot vollstreckt. In der Regel jedoch finden die Landesverwaltungsverfahrensgesetze Anwendung, die der Straßenverkehrsordnung als Bundesnorm in der Normenhierarchie nachgeordnet sind.

Die Wirksamkeit des mit dem Verkehrszeichen zum Ausdruck gebrachten Verwaltungsakts durch seine öffentliche Bekanntgabe führt zwar zu einer Verkürzung des Rechtsschutzes[52] für den Betroffenen, der wie H abwesend ist, weil er die Maßnahme

50 Vgl. auch zum Folgenden BVerwGE 102, 316 (318 f.) = NJW 1997, 1021, sowie OVG NRW NWVBl. 1995, 475; ferner HessVGH NJW 1999, 2057; SächsOVG NJW 2009, 2551; *Kümper* JuS 2017, 731 (735 f.).

51 BVerwGE 102, 316 (318) = NJW 1997, 1021; BVerwG NJW 2016, 2353 (2354); 2018, 2910 (2910 Rn. 15 f.); HessVGH NJW 1999, 2057. Hierzu *Bitter/Konow* NJW 2001, 1386 (1387 f.); *Kümper* JuS 2017, 731 (736). Als davon unabhängig erachtet das BVerwG die Frage, zu welchem Zeitpunkt die Anfechtungsfrist zu laufen beginnt. Dies sei erst dann der Fall, wenn sich der Verkehrsteilnehmer der Regelung des Verkehrszeichens erstmals gegenübersehe, vgl. BVerwG JZ 2011, 152 = JA 2011, 477.

52 Dies hält nun ausdrücklich im Anschluss an die Rspr. des BVerwG und des OVG NRW für zumutbar der HessVGH NJW 1999, 2057. Das VG Berlin DAR 2001, 234, geht davon aus, dass schon nach Ablauf von drei Tagen der Autofahrer nicht mehr darauf vertrauen könne, dass das zunächst ordnungsgemäße Parken immer noch erlaubt sei. Hiergegen *Bitter/Konow* NJW 2001, 1386 (1387 ff.). Dies ist auch das Problem von BVerfG NJW 2009, 3642; darin fordert das BVerfG eine grundsätzliche Klärung durch das BVerwG unter Berücksichtigung des Erfordernis effektiven Rechtsschutzes nach Art. 19 IV GG. Vgl. dazu *Muckel* JA 2010, 394. AA *Stelkens* NJW 2010, 1184 (1186), der einen ausreichenden Rechtsschutz über einen Anspruch auf Wiederaufgreifen des Verfahrens gewährleistet sieht. Das BVerwG NJW 2018, 2910 (2911 Rn. 23 ff.) hat für die Auferlegung einer Kostentragungspflicht eine Mindestvorlaufzeit von drei vollen Tagen bestätigt und ein kurzfristig angeordnetes Halteverbot insoweit für unzumutbar erklärt.

hinnehmen muss[53]. Dies ist aber aus Gründen der Rechtssicherheit erforderlich. Verkehrsschilder dienen dem reibungslosen Ablauf des Straßenverkehrs. Dieser würde in hohem Maße gefährdet, wenn Verkehrsschilder gegenüber verschiedenen Bürgern unterschiedliche Wirkung entfalten würden. Hätte beispielweise der Nachbar des H sein Fahrzeug zum gleichen Zeitpunkt dort abgestellt, dann aber trotz Kenntnisnahme vom Haltverbotsschild sein Fahrzeug nicht weggesetzt, so wäre ihm nur schwer zu vermitteln, warum sein Fahrzeug abgeschleppt werden darf, das des H aber nicht. Abgesehen davon ist es der Behörde kaum möglich, dem Nachbarn nachzuweisen, dass er Kenntnis vom Schild erlangen konnte, wenn er sein Fahrzeug im besagten Zeitraum ebenfalls nicht bewegt hat. Auch würden massive Beweisprobleme auftreten, denn es wird in der Regel kaum möglich sein, dem Einzelnen nachzuweisen, dass er bereits zu einem früheren Zeitpunkt die Möglichkeit zur Kenntnisnahme hatte. Schließlich ist jeder Bürger auch in anderen Lebensbereichen verpflichtet, während seiner Abwesenheit dafür zu sorgen, dass sich jemand seiner Angelegenheiten annimmt. Ergeht der Verwaltungsakt nicht in Form eines Verkehrsschildes, sondern in Form einer schriftlichen Ordnungsverfügung, so kann sich der Adressat seiner Pflicht auch nicht mit der Argumentation entziehen, er habe den Verwaltungsakt aufgrund seiner Abwesenheit nicht zur Kenntnis nehmen können. Das Interesse der Allgemeinheit an einer allgemeinen Wirksamkeit von Verkehrsschildern gegenüber jedermann überwiegt nach allem das Rechtsschutzinteresse des einzelnen.

Auch wenn eine solche Situation typisch für den Erlass von Gesetzen und nicht für den Erlass von Verwaltungsakten ist, rechtfertigt der besondere Charakter der Allgemeinverfügung als Mittel zwischen konkret-individuellem Verwaltungsakt und abstrakt-genereller Rechtsnorm die hier vertretene Ansicht. Die öffentliche Bekanntgabe muss daher auch für die Begründung der äußeren Wirksamkeit der Allgemeinverfügung als ausreichend angesehen werden. Zur Herbeiführung der sog. äußeren und inneren Wirksamkeit des Verwaltungsaktes muss keine individuelle Bekanntgabe erfolgen. Das Verkehrsschild war somit ein wirksamer Verwaltungsakt.

Festzuhalten ist, dass ein vollstreckbarer Grundverwaltungsakt vorliegt, sodass das sog. gestreckte Verfahren gem. § 50 I NRWPolG statthaft ist.

(2) Formelle Rechtmäßigkeit der Ersatzvornahme

Die Polizei müsste auch sachlich zuständig gewesen sein. Grundsätzlich ist in der Systematik des Verwaltungsvollstreckungsrechts gem. § 56 I NRWVwVG die Erlassbehörde für die Vollstreckung eines Verwaltungsaktes zuständig. Indem das Halteverbotsschild nicht von der Polizei aufgestellt wurde, war diese danach nicht für die Vollstreckung zuständig. Die sachliche Zuständigkeit der Polizei könnte sich aber aus § 11 I Nr. 3 NRWPOG ergeben.[54] Danach sind die Kreispolizeibehörden für die Überwachung des Straßenverkehrs zuständig. Allerdings ordnet § 48 II 1 NRWOBG – unbeschadet der Zuständigkeit der Polizeibehörden – eine kumulative Zuständig-

53 Nach dem Urteil des BVerwG JZ 2011, 152 = JA 2011, 477, hingegen soll die Anfechtungsfrist erst dadurch ausgelöst werden, dass es zu einem ersten Kontakt des Verkehrsteilnehmers mit dem konkreten Verkehrszeichen kommt. Ein anderes Verständnis gerate in Konflikt mit der Rechtsweggarantie des Art. 19 IV GG. S. hierzu auch BeckOK PolR NRW/*Muckel* NRWPolG § 50 Rn. 8 ff. (Rn. 10).

54 Vgl. BeckOK PolR NRW/*Muckel* NRWPolG § 50 Rn. 2.

keit der Ordnungsbehörden für die Überwachung des ruhenden Verkehrs an.[55] Es kann allerdings dahinstehen, ob die »Überwachung des Straßenverkehrs« oder die »Überwachung des ruhenden Straßenverkehrs« betroffen war, wenn die Polizei jedenfalls aufgrund der sog. Eilfallkompetenz zuständig war. Hier kam es durch den sich hinter dem Lkw bildenden Stau bereits zu einer massiven Beeinträchtigung des Straßenverkehrs. Außerdem ereignete sich die Verkehrsstörung an einem Samstag und somit außerhalb der regulären Dienstzeiten der Ordnungsbehörden.[56] Insofern muss nicht entschieden werden, ob sich eine sachliche Zuständigkeit der Polizei aus § 11 I Nr. 3 NRWPOG ergab. Die Polizei war jedenfalls gem. § 11 I Nr. 1 NRWPOG iVm § 1 I 3 NRWPolG zuständig.

(3) Materielle Rechtmäßigkeit der Ersatzvornahme

Materiell rechtmäßig war die Ersatzvornahme dann, wenn die Voraussetzungen der Ermächtigungsgrundlage erfüllt waren.

(a) Vollziehbarer Grundverwaltungsakt

Verwaltungszwang ist gem. § 50 I NRWPolG nur zulässig, wenn er zur Vollstreckung eines Verwaltungsakts dient, der auf eine Handlung, Duldung oder Unterlassung gerichtet ist.[57] Das Halteverbotsschild beinhaltet nicht nur das Verbot an der gekennzeichneten Stelle zu parken, sondern auch das Gebot ein dort geparktes Fahrzeug unverzüglich zu entfernen.[58] Es verpflichtet folglich zu einer Handlung.

Ein vollstreckbarer Grundverwaltungsakt nach § 50 I NRWPolG ist das Verkehrsschild aber nur dann, wenn es unanfechtbar ist oder aber Rechtsmittel keine aufschiebende Wirkung haben. Halteverbotsschilder sind analog § 80 II 1 Nr. 2 VwGO grundsätzlich sofort vollziehbar.[59]

(b) Androhung und Festsetzung

Grundsätzlich sind Vollstreckungsmaßnahmen anzudrohen.[60] Gemäß § 56 I 3 NRWPolG ist die Androhung jedoch entbehrlich, wenn die Durchführung des Zwangsmittels zur Abwehr einer gegenwärtigen Gefahr notwendig ist. Vorliegend bestanden bereits erhebliche Beeinträchtigungen für den Straßenverkehr, sodass eine Störung der öffentlichen Sicherheit eingetreten ist. Jede weitere Verzögerung hätte zu einer Verschlimmerung dieser Situation geführt. Die Abschleppmaßnahme war daher zur Abwendung einer bereits eingetretenen Störung notwendig. Eine Festsetzung sieht das NRWPolG nur im Falle der Verhängung eines Zwangsgeldes gem. § 53 III NRWPolG vor. Sie war folglich hier nicht erforderlich.

---

55 *Dietlein* in Dietlein/Hellermann ÖffR NRW § 3 Rn. 36.

56 Im Übrigen eröffnet § 1 I 3 NRWPolG einen Einschätzungsspielraum für die Polizeibehörde dahingehend, ob die andere Behörde rechtzeitig erreicht werden und ggf. auch noch die notwendigen Maßnahmen treffen kann, vgl. *Tegtmeyer/Vahle* PolG NRW § 1 Rn. 19.

57 Beispielhafte Aufzählung von möglichen Pflichten in diesem Zusammenhang von *Wolff/Bachof/Stober/Kluth* VerwR I § 64 Rn. 54 ff.

58 BVerwG NJW 1978, 656 (657); 1997, 1021 (1022); 2018, 2910 Rn. 14 – stRspr; vgl. BeckOK PolR NRW/*Muckel* NRWPolG § 50 Rn. 8.

59 BVerwG NJW 1978, 656; 2018, 2910 Rn. 14; vgl. *Kopp/Schenke* VwGO § 80 Rn. 64.

60 Vgl. *Wolff/Bachof/Stober/Kluth* VerwR I § 64 Rn. 94. Näher zur Funktion der Androhung BeckOK PolR NRW/*Muckel* NRWPolG § 51 Rn. 3.

(c) Richtiges Zwangsmittel

Die Ersatzvornahme richtet sich nach § 52 I NRWPolG[61] auf eine sog. vertretbare Handlung, eine Handlung also, deren Vornahme durch einen anderen möglich ist.[62] Das beabsichtigte Entfernen des Fahrzeugs aus der Haltverbotszone stellt eine solche Handlung dar.

(d) Rechtmäßigkeit des Grundverwaltungsakts

Zu den Voraussetzungen rechtmäßigen Vollzugs könnte sodann zählen, dass der Grundverwaltungsakt, dessen Vollstreckung durchgeführt wurde, rechtmäßig war. Grundverwaltungsakt war hier das Halteverbotsschild. Die heute hM prüft allerdings die Rechtmäßigkeit des Grundverwaltungsakts nicht und zwar sowohl im Fall seiner Unanfechtbarkeit (§ 50 I Alt. 1 NRWPolG bzw. § 55 I Alt. 1 NRWVwVG) als auch in dem Falle, dass ein Rechtsbehelf keine aufschiebende Wirkung hat (Alt. 2 von § 50 I NRWPolG bzw. § 55 I NRWVwVG).[63] Sie verweist im Wesentlichen auf den Wortlaut von § 50 NRWPolG bzw. § 55 NRWVwVG, der nur in Abs. 2 (»Handeln innerhalb ihrer Befugnisse«) die Prüfung eines – dort allerdings hypothetischen – Grundverwaltungsakts fordere, auf die Titelfunktion des Verwaltungsakts, die nur seine Wirksamkeit iSv § 43 NRWVwVfG voraussetze und darauf, dass der Betroffene es in der Hand habe, durch Anfechtungsklage und einen Antrag nach § 80 V VwGO die Rechtmäßigkeit des Grundverwaltungsakts prüfen zu lassen.[64] Danach dürfte das Verkehrszeichen, das vor dem Haus des H aufgestellt worden war, nicht auf seine Rechtmäßigkeit überprüft werden.[65]

Eine abweichende Auffassung verlangt demgegenüber mit dem Hinweis auf die Gesetzmäßigkeit der Verwaltung nach Art. 20 III GG, dass der Grundverwaltungsakt – jedenfalls solange er nicht unanfechtbar ist (also im Falle der Alt. 2 von § 50 I NRWPolG bzw. § 55 I NRWVwVG) – rechtmäßig ist.[66] Demzufolge müsste das Verkehrszeichen rechtlich überprüft werden. Da aber keine Anhaltspunkte dafür bestehen, dass es rechtswidrig ist, kann der Streit hier offen bleiben.

61 Art. 32 BayVwZVG; § 49 I BWPolG iVm § 25 BWVwVG; § 49 I HSOG; § 66 I 1 NSOG.

62 Beispiel für vertretbare und unvertretbare Handlungen bei *Frings/Spahlholz* Gefahrenabwehr NRW Rn. 108.

63 Vgl. OVG NRW NWVBl. 2007, 26 (27): »Tragender Grundsatz des Verwaltungsvollstreckungsrechts ist, dass die Wirksamkeit und nicht die Rechtmäßigkeit vorausgegangener Verwaltungsakte Bedingung für die **Rechtmäßigkeit** der folgenden Akte und letztlich die Anwendung des Zwangsmittels ist. Der Betroffene kann also über eine Anfechtung nur der Vollstreckungsmaßnahme nicht die diesbezügliche Grundverfügung beseitigen.« Ferner *R. Schmidt* POR Rn. 934; *Dietlein* in Dietlein/Hellermann ÖffR NRW § 3 Rn. 252 f.; BeckOK PolR NRW/*Muckel* NRWPolG § 50 Rn. 12 ff. (Rn. 13); *Kingreen/Poscher* POR § 24 Rn. 32 f.; *Wolffgang/Hendricks/Merz* POR NRW Rn. 531 f.; jeweils mwN. In der Tendenz auch BVerfG NVwZ 1999, 290 (292): »Denn auf die Frage der Rechtmäßigkeit der Grundverfügung kommt es bei der Beurteilung der Rechtmäßigkeit einer Vollstreckungsmaßnahme nicht an«.

64 *Kingreen/Poscher* POR § 24 Rn. 32; *R. Schmidt* POR Rn. 934; jeweils mwN. Unter Hinweis auf die hM mit eigenen Ausnahmegruppen *Wolff/Bachof/Stober/Kluth* VerwR I § 64 Rn. 83.

65 Die hM gelangt zu einer Prüfung der Rechtmäßigkeit des Grundverwaltungsakts nur über die Frage nach seiner Nichtigkeit (§ 44 VwVfG). Ein nichtiger VA ist unwirksam (§ 43 III VwVfG) und kann nicht vollzogen werden, vgl. nur BVerwG NJW 1984, 2591 (2592).

66 HessVGH NVwZ 1982, 514 (515); *Schoch* in Schoch BesVerwR Kap. 1 Rn. 916 f.; zuvor schon *Ehlers* JuS 1983, 872; *N. Kämper* VR 1988, 287 (288); *Möller/Wilhelm*, Allgemeines Polizei- und Ordnungsrecht, 5. Aufl. 2003, 126 f. mwN.

(e) Verhältnismäßigkeit[67]

Unter Verhältnismäßigkeitsgesichtspunkten ergibt sich, dass das Abschleppen geeignet war, die Gefahr zu beseitigen. Ein milderes Mittel bestand auch nicht, da H aufgrund seiner urlaubsbedingten Abwesenheit nicht erreicht werden konnte. Die Belastung für H steht zudem nicht außer Verhältnis zu dem Zweck der Maßnahme, das rechtmäßige Halteverbot am dritten Tag nach seiner Bekanntgabe durchzusetzen und so eine polizeirechtliche Gefahr abzuwehren. Zwar gehört der ruhende Verkehr einschließlich des Dauerparkens zu den grundsätzlich erlaubten Formen der Teilnahme am Straßenverkehr. Der Verkehrsteilnehmer muss jedoch mit Situationen rechnen, die kurzfristig eine Änderung bestehender Verkehrsregelungen erforderlich machen. Er kann deshalb nicht darauf vertrauen, dass ein zunächst erlaubtes Parken an einer bestimmten Stelle des öffentlichen Straßenraumes auch noch Tage später erlaubt ist. Bei einer solchen »Vorlaufzeit« ist es nicht unverhältnismäßig, das Abschlepp- und Kostenrisiko eines längerfristigen Parkens statt der Allgemeinheit demjenigen aufzuerlegen, der die Sachherrschaft über das betreffende Kraftfahrzeug hat und Vorsorge für den Fall der Änderung der Rechtslage im Straßenverkehr treffen kann.[68] Angesichts der Bedeutung eines funktionierenden Straßenverkehrs[69] ist die Belastung des H somit auch angemessen. Die Inanspruchnahme des H war auch in Bezug auf seine Auswahl als Störer verhältnismäßig. Grundsätzlich hätte die Behörde auch den B auffordern können, den Kran wieder zu beseitigen, denn auch dies hätte zur Beseitigung der Störung geführt. Allerdings wäre der Abbau des Krans deutlich zeitaufwändiger gewesen. Eine gegen den B gerichtete Maßnahme wäre daher unter dem Aspekt der Effektivität der Gefahrenabwehr weniger geeignet gewesen. Die Behörde hat ihr Auswahlermessen daher korrekt ausgeübt.

cc) Zwischenergebnis

Bei der Abschleppmaßnahme handelte es sich um eine rechtmäßige Ersatzvornahme. Dies führt dazu, dass die Voraussetzungen der Anspruchsgrundlage für die Zahlung der Abschleppkosten iHv 125 EUR erfüllt sind.

3. Rechtsfolge

§ 20 II NRWVO VwVG bestimmt, dass die entstandenen Auslagen der Vollzugsbehörde vom Pflichtigen zu erstatten sind. Der Wortlaut der Vorschrift spricht eindeutig für eine gebundene Entscheidung. In gleicher Hinsicht bestimmt auch § 77 I NRWVwVG (iVm § 52 I 2 NRWPolG) die Kostentragungspflicht. Raum für

---

67 Zum Grundsatz der Verhältnismäßigkeit und seiner Bedeutung im Verwaltungsvollstreckungsrecht *Wolff/Bachof/Kluth/Stober* VerwR I § 64 Rn. 64 ff.

68 Vgl. BVerwG NJW 2018, 2910 (2911 Rn. 23 ff.): Vorlaufzeit: drei Tage; großzügiger noch BVerwGE 102, 316 (320) = NJW 1997, 1021: Vorlaufzeit: vier Tage; VGH BW NJW 2007, 2058 (2059): Vorlaufzeit: vier Tage; HmbOVG HmbJVBl. 1995, 3: Vorlaufzeit: drei Tage; OVG NRW NVwZ-RR 1996, 59: Vorlaufzeit: zwei Tage; SächsOVG NJW 2009, 2551: Vorlaufzeit: drei Tage; VG Berlin DAR 2001, 234: Vorlaufzeit: drei Tage.

69 Zum Fall des verbotswidrigen Abstellens eines Kfz in einer Fußgängerzone und der damit einhergehenden Funktionsbeeinträchtigung der betroffenen Verkehrsfläche (dort des Fußgängerbereichs) OVG MV NJW 2015, 2519.

eine Ermessensentscheidung, bei der die besondere Situation des H berücksichtigt werden könnte, besteht nicht.[70]

Die Abwälzung der **Kostenlast** auf den Pflichtigen muss aber auch **verhältnismäßig** sein. Ordnungspflicht und Kostenlast sind zwar grundsätzlich kongruent. Wer für eine Gefahr verantwortlich ist, soll im Regelfall auch die Kosten ihrer Beseitigung tragen. Dieser Zusammenhang gilt indes nicht uneingeschränkt.[71] Aus der Störereigenschaft auf der (primären)[72] Eingriffsebene folgt nicht zwingend die Kostenlast auf der (sekundären) Abrechnungsebene.[73] Während es auf der Primärebene um die effektive Beseitigung der Gefahr geht, ist auf der Sekundärebene zu klären, wer letztlich für die Beseitigung aufkommen soll. Dies kann in besonders gelagerten Fallgestaltungen abweichende Bewertungen auf der Primär- und Sekundärebene zur Folge haben. So ist zweifelhaft, ob eine Kostenhaftung des Zustandsstörers angemessen ist, wenn die Gefahr nicht seiner Risikosphäre entstammt.[74] Das kann hier jedoch dahinstehen, da das Risiko, das sich in Konstellationen der vorliegenden Art verwirklicht, der Sphäre des H als Fahrzeugeigentümer zuzuordnen ist. Die Erwartung, im öffentlichen Verkehrsraum an einer bestimmten Stelle für einen längeren Zeitraum parken zu können, ist rechtlich nicht geschützt. Auch die Teilnehmer am ruhenden Verkehr müssen stets den Eintritt von Situationen – wie Lösch- und Rettungseinsätze oder plötzlich notwendig werdende Straßenbauarbeiten – in Rechnung stellen, die einer längerfristigen, ungehinderten Inanspruchnahme des öffentlichen Verkehrsraumes entgegenstehen.[75] Da H somit pflichtwidrig darauf vertraut hat, den in Anspruch genommenen Parkraum während seines Urlaubes ungehindert nutzen zu können,

70 AA mit guter Begründung etwa im Hinblick auf das auch bei gebundenen Entscheidungen stets zu beachtende Verhältnismäßigkeitsprinzip oder unter entspr. Heranziehung des § 14 II NRWKostO vertretbar, vgl. *Dietlein* in Dietlein/Hellermann ÖffR NRW § 3 Rn. 261, dessen Argumente aber im Übrigen nicht durchgängig überzeugen. Die bei *Dietlein* in Dietlein/Hellermann ÖffR NRW § 3 Rn. 261 genannten Vorschriften in § 77 NRWVwVG betreffen das Ermessen des Verordnungsgebers bei Erlass der NRWVO VwVG, nicht ein Ermessen der Behörde bei der Kostenentscheidung im Einzelfall. Auch der Hinweis auf die »voraussichtlichen Kosten« im Rahmen der Androhung nach § 63 IV NRWVwVG überzeugt nicht, weil die Kostenhöhe im Vorhinein immer nur geschätzt werden kann. Vor diesem Hintergrund überrascht es nicht, dass andere Autoren auf die Frage nach Ermessen der Behörde im Hinblick auf die Kostenentscheidung gar nicht eingehen (vgl. insbesondere die Publikationen, die das LandesR von NRW besonders im Blick haben, so *Kingreen/Poscher* POR § 25 Rn. 1 ff.; *Wolffgang/Hendricks/Merz* NRW POR Rn. 661 ff.; *Pieper*, NRW Polizei- und Ordnungsrecht, 5. Aufl. 2013, 190 ff.; im Übrigen *R. Schmidt* POR Rn. 992 ff., der aber bei Rn. 1010 mit Recht davon ausgeht, dass es bei mehreren Kostenpflichtigen ein Auswahlermessen geben kann). Ermessen nahm auch der VGH BW NJW 1991, 1698 f. an, was aber durch den Zusammenhang der §§ 8 II, 81 II BWPolG aF begünstigt wurde. Diese Vorschriften räumten der Polizei Ermessen bei der Kostenforderung ein (vgl. heute § 8 II 2 BWPolG). Die nachträgliche Aufstellung des Verkehrsschildes konnte somit im Rahmen der Verhältnismäßigkeit berücksichtigt werden, was letztlich zur Unangemessenheit führte. In Schleswig-Holstein lässt sich das gleiche Ergebnis auf der Grundlage der §§ 249 II, 238 I SchlHLVwG erreichen.

71 Näher zu Ausnahmen insbesondere bei Verdachts- und Anscheinsstörer: BeckOK PolR NRW/*Muckel* NRWPolG § 52 Rn. 18 ff.

72 Zur Unterscheidung von Primär- und Sekundärebene im Polizei- und Ordnungsrecht oben Fall 10, Lösung der Fallvariante 1, unter A. II. 1.

73 Hierzu *F. Becker* JA 2000, 677 (683).

74 Vgl. *Hohmann* DVBl. 1984, 997; *Pietzcker* DVBl. 1984, 457; dazu Hentschel/König/Dauer/*König*, Straßenverkehrsrecht, 43. Aufl. 2015, StVO § 12 Rn. 66; offen gelassen von OVG NRW NVwZ-RR 1996, 59 (60).

75 OVG NRW NVwZ-RR 1996, 59 (60).

scheidet auch eine Reduzierung der Kostentragungspflicht wegen fehlenden Verschuldens[76] aus. Eine Kostenbelastung des H als Zustandsstörer könnte jedoch unzulässig sein, wenn er nicht über ein Mindestmaß an Sachherrschaft verfügte oder der privatnützige Gebrauch seines Wagens ausgeschlossen wäre.[77] Auch diese Voraussetzungen sind nicht gegeben. Sofern der Fahrzeughalter – wie hier – das Fahrzeug selbst abgestellt hat und Vorsorge für die weitere Benutzung und Wartung treffen kann, ist seine Sachherrschaft nicht eingeschränkt. Auch berühren die Abschleppkosten iHv 125 EUR den privatnützigen Gebrauch des Wagens nicht. Sie bewegen sich in einer Größenordnung, die die üblichen Unterhaltungskosten eines Kraftfahrzeuges nicht übersteigt, sodass sie eine Ausnahme von dem Grundsatz der Kongruenz von Ordnungspflicht und Kostenlast nicht rechtfertigen können.[78]

Es erscheint somit unter keinem Gesichtspunkt unangemessen, H als Zustandsstörer mit den Abschleppkosten zu belasten. Die Kostenforderung ist insgesamt verhältnismäßig. Die Stadt K hatte gegen H einen Anspruch auf Zahlung der Abschleppkosten iHv 125 EUR.

III. Ergebnis

Damit war ein Rechtsgrund für die Leistung der 125 EUR durch H gegeben. Die Kosten der Ersatzvornahme sind damit nicht zu Unrecht erhoben worden. Ein öffentlich-rechtlicher Erstattungsanspruch gem. § 52 I 2 NRWPolG iVm § 77 IV 1 NRWVwVG iVm § 21 I NRWGebG besteht folglich nicht. Die Klage des H auf Erstattung der 125 EUR ist zwar zulässig, aber unbegründet.

Ergänzende Hinweise

1. In den Abschleppfällen, in denen ein Verkehrsschild bei Abstellen des Fahrzeugs bereits aufgestellt war, die Wirksamkeit des Wegfahrgebots also unproblematisch ist, ist regelmäßig zu klären, ob das Wegfahrgebot unanfechtbar ist bzw. einem Rechtsmittel keine aufschiebende Wirkung zukommt. Da die sog. innere Wirksamkeit und damit einhergehend der Lauf von Rechtsbehelfsfristen erst mit (erstmaligem) Parken eintreten, wird die Unanfechtbarkeit regelmäßig zu verneinen sein. Gleichwohl haben Rechtsmittel keine aufschiebende Wirkung, da **Verkehrszeichen** wie unaufschiebbare Anordnungen von Polizeibeamten iSd § 80 II 1 Nr. 2 VwGO behandelt werden, bei denen der **Suspensiveffekt** von Widerspruch und Anfechtungsklage entfällt.

Dagegen haben Widerspruch und **Klage gegen** den Bescheid, mit dem die **Kosten** für das Abschleppen erhoben werden, gem. § 80 I 1 VwGO **aufschiebende Wirkung.** Die aufschiebende Wirkung entfällt insbesondere nicht gem. § 80 II 1 Nr. 3 VwGO iVm § 112 S. 1 NRWJustG, da es sich bei dem Kostenbescheid nicht um eine Maßnahme in der Verwaltungsvollstreckung handelt. Das Vollstreckungsverfahren ist im Zeitpunkt des Erlasses des Kostenbescheids bereits abgeschlossen (vgl. VGH BW NVwZ-RR 1991, 512). Auch § 80 II 1 Nr. 1 VwGO (Anforderung von öffentlichen

76 Vgl. *F. Becker* JA 2000, 677 (683), der annimmt, dass die durch den Grundsatz der Verhältnismäßigkeit gezogene Grenze regelmäßig überschritten werde, wenn der schuldlose Störer mit den Kosten der Maßnahme zur Gefahrenabwehr belastet werde.

77 Zu diesen Fallgruppen BVerfG NJW 1992, 1908.

78 Vgl. OVG NRW NVwZ-RR 1996, 59 (60).

Abgaben und Kosten) ist nicht einschlägig (vgl. Redeker/v. Oertzen/*Kothe* VwGO § 80 Rn. 15 ff. [16a]; *Wolff/Bachof/Stober/Kluth* VerwR I § 64 Rn. 113). Denn aus Sinn und Zweck der Bestimmung ergibt sich eine Beschränkung des Begriffs der öffentlichen Kosten auf im Haushaltsplan vorgesehene und nach Abschluss eines förmlichen Verfahrens erhobene Kosten. Bei ihnen besteht in der Regel ein öffentliches Interesse an einer pünktlichen Zahlung sowie die Schwierigkeit für die Behörde, besondere Umstände darzutun, die eine Vollzugsanordnung nach § 80 II 1 Nr. 4 VwGO rechtfertigen können. Der Zweck des § 80 II 1 Nr. 1 VwGO liegt darin, eine geordnete Haushaltsführung des Staates zu garantieren. Vor diesem Hintergrund erfasst die Norm solche Geldbeträge, auf die die öffentliche Hand zur Aufgabenerfüllung angewiesen ist und auf deren Eingang sich der Staat verlassen kann. Mit anderen Worten: § 80 II 1 Nr. 1 VwGO soll verhindern, dass die Zahlungspflicht für tariflich festgelegte oder doch nach leicht erkennbaren Merkmalen erhobene Geldansprüche zur Deckung des Finanzbedarfs der öffentlichen Verwaltung durch Rechtsmittel hinausgeschoben werden kann. Darum geht es aber erkennbar nicht, wenn – wie bei den Kosten für eine Ersatzvornahme – Auslagenersatz gefordert wird, dessen Umfang sich nach den Gegebenheiten des Einzelfalles richtet. Hier mag zwar häufig auch ein öffentliches Interesse daran bestehen, dass die Zahlung durch den Bürger pünktlich erfolgt; bei derartigen Erstattungsanforderungen besteht aber in der Regel keine Schwierigkeit, unter Hinweis auf besondere Umständen eine Vollzugsanordnung gem. § 80 II 1 Nr. 4 VwGO zu erlassen.

2. Auch wenn mit einem Verkehrszeichen ein vollstreckbarer Verwaltungsakt bereits bei Abstellen des Fahrzeugs existiert, lässt sich die Vollstreckung des Wegfahrgebots meist nicht allein auf § 55 I NRWVwVG stützen, da es im sog. gestreckten Verfahren grundsätzlich der **Festsetzung** des jeweiligen Zwangsmittels nach § 64 S. 1 NRWVwVG bedarf. Die Ausnahme des § 64 S. 2 NRWVwVG gilt ausdrücklich nur beim sofortigen Vollzug nach § 55 II NRWVwVG, nicht aber im gestreckten Verfahren. A maiore ad minus kann die Behörde bei Vollstreckung eines tatsächlich erlassenen Verwaltungsaktes aber auf die Festsetzung verzichten, wenn gleichzeitig der sofortige Vollzug (eines hypothetischen Verwaltungsakts) nach § 55 II NRWVwVG zulässig wäre. Instruktiv dazu *Janssen* JA 1996, 165.

3. Wird das **Fahrzeug durch einen Mitarbeiter des Abschleppunternehmens beschädigt**, ist fraglich, ob der Eigentümer des Fahrzeugs vom Rechtsträger der Behörde Schadensersatz fordern kann.

a) Denkbar ist zunächst ein Schadensersatzanspruch wegen Verletzung einer Amtspflicht aus **§ 839 BGB iVm Art. 34 GG**. Dann müsste der Mitarbeiter in Ausübung eines ihm anvertrauten Amtes gehandelt haben. Dies ist zweifelhaft, da das Unternehmen nicht als Beliehener, sondern lediglich als Verwaltungshelfer in den Abschleppvorgang eingeschaltet worden war. Zu der Frage, ob bei pflichtwidrigem Handeln des Verwaltungshelfers dieser selbst oder an seiner Stelle der Staat haftet, vertritt der BGH inzwischen nicht mehr die frühere, sog. Werkzeugtheorie.[79]

Der BGH stellt nunmehr darauf ab, wie stark der hoheitliche Charakter der jeweiligen Aufgabe in den Vordergrund tritt, wie eng die Verbindung der dem privaten Verwaltungshelfer, also dem Abschleppunternehmer, übertragenen Tätigkeit mit der

79 BGHZ 121, 161 (165 f.) = BeckRS 9998, 165955. Zum Ganzen *Maurer/Waldhoff* AllgVerwR § 26 Rn. 14 mwN.

von der Behörde zu erfüllenden Aufgabe ist und wie begrenzt der Entscheidungsspielraum des Unternehmers ist. Je stärker diese Kriterien erfüllt seien, umso eher könne der Unternehmer Beamter im haftungsrechtlichen Sinne sein.[80] Das OLG Hamm differenziert in einer späteren Entscheidung maßgeblich danach, in welchem Zeitpunkt der Schaden entstanden ist.[81] Während des Aufladevorgangs werde der Mitarbeiter des Abschleppunternehmens iSd (früheren) Werkzeugtheorie als Werkzeug der Behörde tätig, nicht hingegen im nachfolgenden Zeitraum der Verwahrung. Denn die Behörde nehme regelmäßig keinen tatsächlichen Einfluss auf die Verwahrung des abgeschleppten Fahrzeuges und sei auch nicht verpflichtet, den Verwahrungsvorgang zu überwachen. Die Art und Weise der Verwahrung und ihre Durchführung lägen allein in den Händen des Abschleppunternehmers.[82]

b) In Betracht kommt ferner ein Anspruch des Fahrzeugeigentümers auf Ersatz des Schadens in analoger Anwendung der Regeln über **Schadensersatz** wegen **Pflichtverletzung im Hinblick auf ein öffentlich-rechtliches Verwahrungsverhältnis** (§ 280 I BGB). Das OLG Hamm hat das Vorliegen eines öffentlich-rechtlichen Verwahrungsverhältnisses allerdings abgelehnt. Das Institut des öffentlich-rechtlichen Verwahrungsverhältnisses habe seinen inneren Grund in der durch die Inbesitznahme von Gütern begründeten besonderen Fürsorge- und Obhutspflicht für diese Güter und damit für den Betroffenen selbst. An dieser besonderen Fürsorge- und Obhutspflicht fehle es zwischen dem Eigentümer des Fahrzeugs und der Behörde.[83]

4. Damit straßenverkehrsrechtliche Ge- und Verbote, also insbesondere Verkehrszeichen und Markierungen auf der Straße, fortdauernd die ihnen zugedachte rechtliche Wirkung entfalten können, ist die zuständige Behörde gehalten, die ausreichende **Erkennbarkeit der straßenverkehrsrechtlichen Regelung** zu wahren und zu erhalten. Kommt die Behörde dem nicht nach und werden Regelungen aufgrund von Abnutzung oder Witterungseinflüssen derart unkenntlich, dass die Erkennbarkeit nicht mehr gegeben ist, so verlieren sie ihre Wirksamkeit (OVG NRW NJW 2005, 1142 [1143] mwN, in einem Fall, in dem ein Fahrzeug auf einer nicht mehr hinreichend erkennbaren weißen Grenzmarkierung für Halt- und Parkverbote, § 41 Zeichen 299 StVO, vom Halter abgestellt und später auf behördliche Veranlassung abgeschleppt worden war; OLG Hamm NZV 2011, 94 (95) zur fehlenden Sichtbarkeit wegen Baum- und Buschbewuchses; vgl. auch *Kümper* JuS 2017, 731 [736]).

5. Die Möglichkeit, den Halter über das Kfz-Kennzeichen zu ermitteln, stellt infolge der ungewissen Erfolgsaussichten im Verhältnis zur Abschleppmaßnahme grundsätzlich kein milderes Mittel dar (HmbOVG NJW 2001, 3647). Problematisch ist allerdings, ob das Abschleppen eines verbotswidrig geparkten Fahrzeugs auch dann mit dem Verhältnismäßigkeitsprinzip vereinbar ist, wenn der Fahrzeugführer hinter der Windschutzscheibe einen deutlich sichtbaren Zettel mit seiner **Handynummer** und

80 BGHZ 121, 161 (165 f.) = BeckRS 9998, 165955; BGHZ 200, 188 (190 f.) = BeckRS 2014, 6127.

81 OLG Hamm NJW 2001, 375.

82 OLG Hamm NJW 2001, 375 f.; aA *Lampert* NJW 2001, 3526, der entscheidend darauf abstellt, dass der Abschleppunternehmer auch in Bezug auf die Verwahrung des Fahrzeugs keinen Entscheidungsspielraum hat, vielmehr jederzeit etwaigen Anweisungen der Behörde Folge leisten muss.

83 OLG Hamm NJW 2001, 375 (376). – Hiergegen *Lampert* NJW 2001, 3526 f.; aA auch BGHZ 200, 188 = BeckRS 2014, 6127, der durch das Abschleppen eines verbotswidrig geparkten Fahrzeugs im Wege der Ersatzvornahme ein öffentlich-rechtliches Verwahrungsverhältnis begründet sieht.

dem Hinweis »Bei Störung bitte anrufen, komme sofort« angebracht hat (vgl. zu den sich aus dem Verhältnismäßigkeitsprinzip ergebenden Einschränkungen bei Abschleppmaßnahmen *Fischer* JuS 2002, 446 [447 f.]). In einer viel beachteten Entscheidung ist das HmbOVG NJW 2001, 3647, davon ausgegangen, dass die Benachrichtigung des verantwortlichen Fahrers eines verbotswidrig geparkten Kraftfahrzeugs geboten sein kann, wenn er selbst durch Hinterlassen einer Nachricht den Ermittlungsaufwand reduziert und gleichzeitig die Erfolgsaussichten durch einen konkreten Hinweis auf seine Erreichbarkeit und seine Bereitschaft zum umgehenden Entfernen des Fahrzeugs vergrößert. Ein im Fahrzeug ausgelegter, vorgefertigter Zettel mit der Aufschrift »Bei Störung bitte anrufen, komme sofort« und der Angabe der Handynummer soll hierfür allerdings nicht ausreichen, weil sich aus ihm für die Polizei kein der Angabe des jeweiligen Aufenthaltsortes vergleichbares, überprüfbares und hinlänglich bestimmtes Kriterium dafür ergibt, wann der Fahrer auf Anruf bei dem Fahrzeug eintreffen wird, und sich der Nachricht zudem kein Bezug zu der konkreten Situation entnehmen lässt (HmbOVG NJW 2001, 3647 [3648]). Genügt der im Fahrzeug hinterlassene Hinweis dagegen diesen Anforderungen, so ist dem Beamten vor der Einleitung der Abschleppmaßnahme regelmäßig ein Anruf auch dann zuzumuten, wenn er kein Telefon bei sich führt, sondern erst Funkkontakt mit der Wache aufnehmen muss, die den Fahrer des Fahrzeugs dann anruft. Andererseits ist es unter dem Gesichtspunkt der Verhältnismäßigkeit nicht erforderlich, mehr als einen Anrufversuch zur Benachrichtigung des Verantwortlichen zu unternehmen. Das Risiko der Nichterreichbarkeit hat generell der Störer zu tragen.

Zu beachten ist, dass die vorgenannten Grundsätze nicht eingreifen, wenn in einer Vielzahl von verbotswidrig geparkten und gleichermaßen störenden Fahrzeugen jeweils Zettel mit den Telefonnummern der Fahrer ausgelegt sind und der Versuch, sämtliche Fahrer anzurufen, einen unzumutbaren Gesamtaufwand darstellen würde oder wenn Gefahr im Verzug im Einzelfall ein unverzügliches Einschreiten erfordert (HmbOVG NJW 2001, 3647 [3648]).

Die Kriterien, die für die Frage der Notwendigkeit einer Kontaktaufnahme mit dem von der Abschleppmaßnahme Betroffenen gelten, hat das HmbOVG in einer weiteren Entscheidung bestätigt und konkretisiert (NJW 2005, 2247). Danach kann ein im Fahrzeug hinterlassener Hinweiszettel dann eine Verpflichtung der Gefahrenabwehrbehörde begründen, den Fahrer vor der Einleitung der Abschleppmaßnahme zu benachrichtigen, wenn sich aus dem jeweiligen Hinweis ergibt, dass (1) der Fahrer sich nach dem Abstellen des Fahrzeugs an einen im unmittelbaren Nahbereich gelegenen Ort begeben hat, und dass (2) dieser Hinweis mit einem erkennbaren Bezug zu der von dem Polizeibediensteten vorgefundenen Situation eingesetzt worden ist. Die Fahrerin hatte in dem der Entscheidung zugrunde liegenden Fall einen Hinweiszettel folgenden Inhalts in ihrem Fahrzeug hinterlassen: »Achtung, diesen Pkw bitte nicht abschleppen! Vor der Ersatzvornahme (...) bitte die Fahrerin E. S. benachrichtigen, die den Pkw sofort wegfahren wird und jetzt zu erreichen ist bei: Frau E. S., G.straße 92 a, H«. Nach Ansicht des HmbOVG war die Gefahrenabwehrbehörde trotz dieses Hinweiszettels nicht dazu verpflichtet, zunächst einen Versuch zu unternehmen, die Fahrerin zu erreichen. Der Hinweiszettel wies nach Einschätzung des Gerichts nämlich nicht den erforderlichen Situationsbezug auf. Vielmehr habe es sich, da die Fahrerin ausweislich des Hinweiszettels in ihrer eigenen Wohnung erreichbar war, um einen in der näheren Umgebung des Wohnhauses der Fahrerin universell einsetzbaren Vordruck gehandelt, dessen Verwendung in dieser Form auf einen routinemäßigen

Gebrauch schließen lasse. Angaben, die den erforderlichen Situationsbezug hätten herstellen können, wie etwa Datum und Uhrzeit, seien auf dem Zettel nicht zu finden gewesen (HmbOVG NJW 2005, 2247 [2250]).

Einen restriktiveren Standpunkt als das HmbOVG vertritt das BVerwG (NJW 2002, 2122 [2123]). Das BVerwG hat ausdrücklich festgestellt, dass trotz der zwischenzeitlich erfolgten Verbreitung von Mobiltelefonen unverändert an der bisherigen Rechtsprechung festzuhalten sei, wonach einem durch die hinter der Windschutzscheibe des Kraftfahrzeugs angebrachte Adresse und Telefonnummer veranlassten Nachforschungsversuch regelmäßig schon die ungewissen Erfolgsaussichten und nicht abzusehenden weiteren Verzögerungen entgegenstehen. Dabei ließ das BVerwG ausdrücklich offen, ob der Rechtsprechung des HmbOVG, die diesen Grundsatz bei Angabe von Aufenthaltsort und Handynummer modifiziert, zu folgen sei.

An dieser grundsätzlichen Linie hält das BVerwG auch in aktueller Rechtsprechung (NJW 2014, 2888 [2889 f.]) fest. In dem der Entscheidung zugrundeliegenden Fall war das betreffende Fahrzeug, ein Reisebus, verbotswidrig an einem Taxi-Stand (absolutes Halteverbot, Zeichen 229 der Anlage 2 zur StVO) abgestellt worden. Nachdem der städtische Bedienstete vergeblich versucht hatte, den Fahrer unter der in dem Bus sichtbar angebrachten Handynummer zu erreichen, ordnete er das Abschleppen des Busses an. Die eingeleitete Abschleppmaßnahme wurde schließlich bei Rückkehr des Fahrers abgebrochen. Unter dem Gesichtspunkt der **Verhältnismäßigkeit** der Maßnahme geht das BVerwG in dieser Entscheidung dezidiert auf die Möglichkeit einer Berücksichtigung **besonderer örtlicher oder zeitlicher Umstände** im Einzelfall ein: Eine kurzfristig eingeleitete Abschleppmaßnahme verstoße nur ausnahmsweise dann uU gegen den Verhältnismäßigkeitsgrundsatz, wenn der Führer des Kfz ohne Schwierigkeiten und ohne Verzögerung festgestellt und zur unverzüglichen Entfernung des Kfz veranlasst werden könne. In dem zu entscheidenden Fall sah der Senat diese Voraussetzungen als nicht erfüllt an, wobei er sich maßgeblich darauf stützte, dass der Fahrzeugführer keine Angaben zu seinem **konkreten Aufenthaltsort** hinterlassen hatte. Darüber hinaus führte das BVerwG aus, dass zur Wahrung des Verhältnismäßigkeitsgrundsatzes auch **keine bestimmte Wartezeit** einzuhalten sei – zwischen dem Entdecken des verbotswidrig abgestellten Fahrzeuges und der Einleitung einer Abschleppmaßnahme. Eine solche schematische Herangehensweise trage insbesondere der vorzunehmenden Betrachtung und Abwägung im **Einzelfall** nicht hinreichend Rechnung. Gegegebenfalls könne es aber geboten sein, von Abschleppmaßnahmen abzusehen, wenn eine Verkehrsbeeinträchtigung ausscheide, bzw. mit der Einleitung solcher Maßnahmen zuzuwarten, wenn konkrete Anhaltspunkte für die kurzfristige Rückkehr des Halters und dessen eigenständige unverzügliche Entfernung des Kfz vorliegen. Näher zu etwaigen Nachforschungspflichten beim Abschleppen eines Fahrzeuges im Sofortvollzug: BayVGH BeckRS 2017, 133208; BeckOK PolR NRW/*Muckel* NRWPolG § 50 Rn. 20 f. Zur Kostentragungspflicht beim sog. abgebrochenem Abschleppversuch: BeckOK PolR NRW/*Muckel* NRWPolG § 52 Rn. 17 mwN.

6. Ebenso wie BVerwG NJW 2014, 2888 (dazu oben Hinweis 5), beschäftigt sich auch das OVG MV NJW 2015, 2519, eingehend mit der Vereinbarkeit einer Abschleppmaßnahme mit dem Grundsatz der Verhältnismäßigkeit. Im Vordergrund steht die Frage, ob es hierzu einer **konkreten Verkehrsbehinderung** bedarf, wenn mit dem verkehrswidrigen Parken bereits eine **Funktionsbeeinträchtigung** der Verkehrsfläche verbunden ist. So rechtfertigt ein bloßer Verkehrsverstoß ohne Hinzutreten weiterer Umstände nicht ohne Weiteres ein Vorgehen im Wege des Verwaltungszwanges (vgl. dazu BVerwG NJW 2002, 2122; 2014, 2888). In dem zu entscheidenden Fall war das Kfz verbotswidrig in einem Fußgängerbereich abgestellt worden, in welchem die Fahrzeugnutzung grundsätzlich untersagt ist. Das Gericht verwies in seiner Begründung auf den **Widmungszweck** eines Fußgängerbereiches, nach dem hier ein weitgehend ungestörter Fußgängerverkehr ermöglicht werden soll. In dieser Funktion sei der Fußgängerbereich bereits dann beeinträchtigt, wenn die Fläche für die Fußgängernutzung erheblich eingeschränkt werde. Dies nahm das OVG an, da der betroffene Weg zu ca. einem Drittel seiner Fläche durch den abgestellten Wagen blockiert wurde. Schließlich komme es auch nicht darauf an, ob die Fußgängerzone im fraglichen Zeitpunkt tatsächlich durch Fußgänger genutzt wurde. Mit sehr ähnlicher Argumentation VG Saarlouis BeckRS 2016, 54627 zu Abschleppkosten für ein auf einem Radweg abgestelltes Fahrzeug.

7. Werden dem Falschparker die Kosten für das Abschleppen von der Gefahrenabwehrbehörde durch Kostenbescheid auferlegt, stellt sich die Frage, woraus sich die hierfür erforderliche Befugnis zum Erlass von Verwaltungsakten ergibt. Die Befugnis der Gefahrenabwehrbehörden zum Erlass eines Kostenbescheids wurde vor Erlass des § 77 IV VwVG von der Rechtsprechung zum Teil mit Hinweis auf das Vorliegen eines Subordinationsverhältnisses bejaht. Das Schrifttum verwies dagegen darauf, dass zwar keine ausdrücklich normierte Befugnis zum Erlass von Verwaltungsakten gegeben sei, die einschlägigen Gesetze das Verwaltungshandeln durch Leistungsbescheid jedoch erlaubten, wie sich mittelbar zB den Regelungen zur Ersatzvornahme (Anforderung der Vorausleistung von Kosten, § 52 II 1 NRWPolG) oder dem Umstand entnehmen lasse, dass die Zwangsbeitreibung des Kostenbetrags (§ 52 II 2 NRWPolG) vorgesehen ist. Auch der Wortlaut des § 77 I VwVG (»erhoben«) wurde als Argument für die Befugnis zum Erlass von Verwaltungsakten der Behörde angeführt, weil darin die Ermächtigung zum Erlass einer einseitigen hoheitlichen Regelung zumindest anklinge. Mittlerweile wird die Befugnis zum Erlass eines Kostenbescheids für den examenswichtigen Fall des Abschleppens eines Kraftfahrzeuges durch die Ordnungsbehörde von der hM auch aus § 77 IV VwVG iVm § 14 I NRWGebG hergeleitet.

8. Mangels Rechtsmittelbelehrung ist bei einem Widerspruch oder einer **Klage gegen ein Verkehrszeichen** nur die Jahresfrist des § 58 II VwGO einzuhalten. Umstritten war allerdings längere Zeit, ab welchem Zeitpunkt diese **Frist** zu laufen beginnt. Zum Teil wurde in der Rechtsprechung davon ausgegangen, dass die Frist für die Anfechtung eines Verkehrszeichens für alle Verkehrsteilnehmer durch das Aufstellen des Verkehrszeichens in Lauf gesetzt werde, sodass es nicht (mehr) auf den Zeitpunkt ankomme, in dem der Verkehrsteilnehmer das Verkehrszeichen erstmals zur Kenntnis nehme oder in den Sichtbereich des Verkehrszeichens gelange, vgl. etwa HessVGH NJW 1999, 2057 und VGH BW JZ 2009, 738. Die zuletzt genannte Entscheidung des VGH BW v. 2.3.2009 ist nicht nur in der Literatur auf Ablehnung gestoßen (vgl. *Bitter/Goos* JZ 2009, 740; *Waldhoff* JuS 2010, 91), sondern auch vom BVerfG kritisiert worden (vgl. BVerfG NJW 2009, 3642, dazu *Muckel* JA 2010, 394). In seinem Beschluss im Jahr 2009 mahnte das BVerfG insofern eine Klärung durch das BVerwG an (vgl. BVerfG NJW 2009, 3642 [3644]). Im Jahr 2010 entschied sodann das BVerwG, die einjährige Anfechtungsfrist hinsichtlich eines durch ein Verkehrszeichen bekannt gegebenen Verkehrsverbots beginne für einen Verkehrsteilnehmer dann zu laufen, wenn er zum ersten Mal auf das Verkehrszeichen treffe. Die Frist werde für ihn allerdings nicht erneut ausgelöst, wenn er sich dem Verkehrszeichen später ein zweites Mal gegenüber sehe (vgl. BVerwG JZ 2011, 152 = JA 2011, 477). Entsprechend hatte schon zuvor das HmbOVG geurteilt (vgl. HmbOVG NZV 2003, 351 [352]).

9. Im Rahmen des allgemeinen, öffentlich-rechtlichen Erstattungsanspruchs ist umstritten, ob dem Anspruch in analoger Anwendung des § 818 III BGB der **Entreicherungseinwand** entgegen gehalten werden kann. Die überwiegende Ansicht differenziert: Der Staat oder ein sonstiger Verwaltungsträger kann sich nicht auf den Wegfall der Bereicherung berufen. Das Gleiche gilt für den Bürger, soweit er staatliche Leistungen zurückgewähren soll, die er aufgrund eines Verwaltungsaktes empfangen hat. In diesem Fall wird der Bürger nämlich durch die Vorschriften über die Rücknahme rechtswidriger Verwaltungsakte hinreichend geschützt (vgl. § 48 III VwVfG), sodass es einer entsprechenden Anwendung des § 818 III BGB nicht bedarf. Etwas anderes gilt jedoch, wenn der Leistung an den Bürger kein Verwaltungsakt zugrunde liegt. Denn in diesen Fällen gibt es keine Vorschriften, die das Vertrauen des Bürgers auf den Fortbestand der Zuwendung berücksichtigen würden. Das rechtfertigt es, dem Bürger die Einrede des § 818 III BGB zuzuerkennen. Vgl. zum Streitstand *Maurer/Waldhoff* AllgVerwR § 29 Rn. 30 ff., insbesondere Rn. 33.

10. Mit der Rechtsnatur von **Fahrwassertonnen** setzt sich BVerwG NVwZ 2007, 340, auseinander. Das BVerwG qualifiziert Fahrwassertonnen als Verwaltungsakte in Form von Allgemeinverfügungen (§ 35 S. 2 VwVfG). Dabei zieht es eine Parallele zu den Verkehrszeichen im Straßenverkehr, die nach ständiger Rechtsprechung ebenfalls als Allgemeinverfügungen angesehen werden. Diese Rechtsprechung sei nicht auf die Besonderheiten des Straßenverkehrs zugeschnitten und gelte deshalb gleichermaßen für Schifffahrtszeichen. Das BVerwG geht allerdings nicht näher auf die bei Verkehrszeichen vorwiegend problematisierte Frage des Einzelfalls (vgl. § 35 S. 1 VwVfG) ein, sondern widmet sich der den Fahrwassertonnen zukommenden Regelungswirkung. Ähnlich wie bei Verkehrsschildern, bei denen nur Ge- oder Verbotsschilder, nicht aber bloße Hinweisschilder (wie etwa § 39 StVO; streitig bei Zeichen für Bushaltestelle – dagegen BayVGH BayVBl. 1979, 341; dafür HessVGH NJW 1986, 2781 [2782]; VGH BW NZV 1995, 333) Regelungswirkung haben, sei auch bei Schifffahrtszeichen zu prüfen, ob diese bloße Hinweise in Form von Sichtzeichen seien oder aber von ihnen unmittelbare Rechtswirkungen ausgingen. Die Funktion der in Rede stehenden Fahrwassertonnen erschöpft sich nach Ansicht des BVerwG nicht in ihrer bloßen Warn- oder Hinweisfunktion, etwa in dem Sinne, dass sie einen empfohlenen Fahrweg markieren. Die Tonnen legten vielmehr den Rechtsstatus des gekennzeichneten Fahrwassers als Teil der Seeschifffahrtsstraße fest und setzten damit verbindliche Rechtsfolgen. Auch die Frage der wirksamen Bekanntmachung dieser Verwaltungsakte wird vom BVerwG in seiner Entscheidung angesprochen: Insoweit konnte das Gericht zwar eine ständige Übung des Wasser- und Schifffahrtsamtes Hamburg feststellen, die Verlegung von Fahrwassertonnen in den »Bekanntmachungen für Seefahrer« dieses Amtes publik zu machen (BVerwG NVwZ 2007, 340 [341]). Diese Bekanntmachungen stellen nach Ansicht des BVerwG aber keine selbstständigen, neben die Verlegung der Tonnen tretenden Verwaltungsakte dar, sondern beinhalten lediglich einen Hinweis auf die schon mit der Tonnenverlegung erlassenen Regelungen. Das BVerwG sieht somit bereits im Verlegen der Tonnen eine öffentliche Bekanntgabe iSv § 41 III 1 VwVfG.

18. Fall: Keine Bombe im Auto

Sachverhalt

Grundfall

Auf dem Polizeipräsidium Köln geht an einem Sonntag gegen 20.00 Uhr ein anonymer Anruf ein. Der nicht identifizierbare Anrufer teilt mit, dass spätestens um 22.00 Uhr vor einem (näher bezeichneten) Restaurant in der Kölner Innenstadt eine Bombe explodieren werde. Sie habe erhebliche Sprengkraft und befinde sich im Laderaum eines genau vor dem Eingang zu dem Restaurant geparkten weiß lackierten Lieferwagens. Er, der Anrufer, sei Mitglied einer Organisation zum Kampf gegen »die kapitalistische Globalisierung« und sei selbst an der Vorbereitung des Anschlags beteiligt gewesen. Er sei nun aber doch nicht bereit, sein Gewissen mit dem Tod unschuldiger Menschen zu belasten.

Da es in den vergangenen Jahren mehrfach in verschiedenen europäischen Großstädten – einmal auch in Köln – zu Sprengstoffanschlägen gekommen ist, geht die Polizei der Sache umgehend nach. Die Polizeibeamten finden den fraglichen Lieferwagen, dessen Laderaum keine Fenster hat, an der angegebenen Stelle. Sie ermitteln den Halter des Fahrzeugs, H, dessen Wohnung sich über dem Restaurant befindet. H ist nicht zu Hause und weder telefonisch noch in anderer Weise erreichbar. Daraufhin befiehlt der den Einsatz leitende Polizeibeamte P, dass Spezialkräfte der Polizei den Laderaum öffnen. Dabei wird das Fahrzeug beschädigt; die Höhe des Schadens kann später auf 2.500 EUR beziffert werden. Eine Bombe lässt sich weder im Laderaum noch an anderer Stelle in dem Wagen finden.

H wird über das Geschehen nachträglich informiert. Er war bei Freunden zum Abendessen. H ist in keiner Weise terroristischer oder sonst krimineller Aktivitäten oder auch nur Bestrebungen verdächtig. Er möchte gerichtlich klären lassen, dass das Vorgehen der Polizei rechtswidrig war. Hat eine Klage vor dem VG Aussicht auf Erfolg?

Zusatzfrage

Wegen der Beschädigung seines Autos möchte H Zahlung von 2.500 EUR und außerdem 1.000 EUR als Ausgleich dafür, dass er in seinem Wohnviertel öffentlich mit terroristischen Aktivitäten in Verbindung gebracht worden ist und deshalb eine Rufschädigung hat hinnehmen müssen. Nachdem er mit diesen Ansprüchen bei dem Polizeipräsidenten nicht durchdringen konnte, stellt sich auch insoweit die Frage, ob er sein Begehren mit Aussicht auf Erfolg gerichtlich geltend machen kann.

Lösungsvorschlag Grundfall

Schwerpunkte:
- **Materiell:**
  - **Vollstreckungsmaßnahmen als Realakte**
  - **Standardermächtigungen als Rechtsgrundlagen für Verwaltungszwang**
  - **Verwaltungsvollstreckung: sofortiger Vollzug, Gefahrenverdacht und Anscheinsgefahr, Abgrenzung des unmittelbaren Zwangs von der Ersatzvornahme**
- **Prozessual: Feststellungsklage nach beendeter Polizeimaßnahme**

A. Zulässigkeit

I. Verwaltungsrechtsweg

Der Rechtsweg zu den VG könnte nach § 40 I 1 VwGO eröffnet sein. Eine Sonderzuweisung kommt nicht in Betracht. Das betrifft insbesondere die Regelung in § 42 I 2 NRWPolG[1], die nur für die Durchsuchung von Wohnungen (nicht – wie hier – von Sachen iSv § 40 I NRWPolG[2]) gilt. Eine abdrängende Zuweisung zu den ordentlichen Gerichten gem. § 23 I EGGVG ist nicht gegeben: § 23 I EGGVG ist nicht einschlägig, da die Maßnahme nicht, wie für Rechtsschutz nach § 23 EGGVG erforderlich, repressiven, sondern präventiven Charakter hatte.

Nach § 40 I 1 VwGO müsste H eine öffentlich-rechtliche Streitigkeit nichtverfassungsrechtlicher Art anstrengen wollen. Hier ist – iSd sog. erneuerten Subjektstheorie – typisch-öffentliches Sonderrecht (§§ 40 I, 8 I, 50 ff. NRWPolG[3]) maßgeblich. Es prägt den Streit als öffentlich-rechtlichen. Der Streit ist auch nichtverfassungsrechtlicher Art. Weder streiten Verfassungsorgane miteinander noch machen die Beteiligten verfassungsrechtlich begründete Rechtspositionen geltend. Der Verwaltungsrechtsweg ist somit eröffnet.

II. Statthafte Klageart

1. Fortsetzungsfeststellungsklage analog § 113 I 4 VwGO

Als statthafte Klageart kommt die Fortsetzungsfeststellungsklage analog § 113 I 4 VwGO in Betracht.[4] Das setzt voraus, dass sich ein Verwaltungsakt erledigt hat. Schon daran, dass es sich bei der Durchsuchung um einen Verwaltungsakt handelt, können durchgreifende Zweifel bestehen, da die Maßnahme sich nicht an H richtete und H auch nicht zur Duldung aufgefordert wurde. Die in Rechtsprechung bzw. Literatur mitunter anzutreffenden Figuren des »adressatlosen« Verwaltungsakts[5] und des Verwaltungsakts »an den, den es angeht«[6] betreffen besondere Fallkonstellationen und sind hier nicht einschlägig. Auch eine Bewertung der Gesamtmaßnahme als

1 Art. 24 I 2 BayPAG; § 31 V 1 BWPolG; § 39 I 2 HSOG; § 25 I 2 NSOG.
2 Art. 22 I BayPAG; § 30 BWPolG; § 37 I, II HSOG; § 23 I NSOG.
3 Art. 22 I, 11 I, 70 ff. BayPAG; §§ 30, 3, 49 ff. BWPolG iVm §§ 18 ff. BWVwVG; §§ 37 I, II, 11, 47 ff. HSOG; §§ 23 I, 11, 64 ff. NSOG.
4 Zur Fortsetzungsfeststellungsklage – auch in ihrem Verhältnis zur allgemeinen Feststellungsklage nach § 43 VwGO – bereits oben Fall 13 mit erg. Hinweis.
5 Vgl. etwa *Papier* in Erichsen/Ehlers AllgVerwR § 40 Rn. 9.
6 Dazu *Battis*, Allgemeines Verwaltungsrecht, 3. Aufl. 2002, 120.

Anwendung von Verwaltungszwang führt gegebenenfalls zu keinem anderen Ergebnis, da die – früher allerdings vielfach vertretene – Ansicht, die Anwendung des Zwangs sei Verwaltungsakt, ohne nähere Begründung bzw. Prüfung der Voraussetzungen von § 35 S. 1 VwVfG nicht überzeugt. Insbesondere die Überlegung, in der Durchführung des Zwangs liege eine **konkludente Duldungsverfügung** gegenüber dem Betroffenen, kann hier nicht verfangen, weil H gar nicht anwesend war.

Insgesamt hat die Polizei keinen Verwaltungsakt gegenüber H erlassen. Es dürfte sich vielmehr um einen **Realakt** gehandelt haben, dem kein Erklärungswert zukam.[7]

Richtigerweise scheidet die Fortsetzungsfeststellungsklage also aus.

2. Feststellungsklage gem. § 43 VwGO

Da es sich bei der Durchsuchung des Pkw um einen bloßen Realakt handelte, der sich erledigt hat, kommt die allgemeine Feststellungsklage nach § 43 VwGO in Betracht.[8] Ihre Rechtsgrundlage findet sie nicht in einer analogen Anwendung von § 113 I 4 VwGO, da § 43 VwGO insoweit keine Regelungslücke offen lässt.[9]

Es müssten die Voraussetzungen von § 43 I VwGO erfüllt sein. H müsste einen Rechtsstreit um das Bestehen oder Nichtbestehen eines Rechtsverhältnisses führen. Darunter wird eine rechtliche Beziehung verstanden, die sich aus einem konkreten Sachverhalt aufgrund einer öffentlich-rechtlichen Norm, eines Verwaltungsaktes oder eines öffentlich-rechtlichen Vertrages für das Verhältnis mehrerer Personen zueinander oder einer Person zu einem Gegenstand ergibt.[10] Ein solches Rechtsverhältnis ist hier durch das Vorgehen der Polizei zwischen ihr und H begründet worden.

Auch das hier traditionell weit zu verstehende **Feststellungsinteresse** (jedes rechtliche, aber auch wirtschaftliche oder ideelle Interesse) besteht. Zwar ist zu bedenken, dass das **Rechtsverhältnis** zwischen H und der Polizei durch die Beendigung der Polizeimaßnahme seine **Erledigung** gefunden haben dürfte.[11] Es kann aber insoweit nichts anderes gelten als bei der restriktiver formulierten Vorschrift des § 113 I 4 VwGO.[12] So erfordert effektiver Rechtsschutz aus Art. 19 IV GG, dass Maßnahmen, die sich typischerweise schnell erledigen (wie hier die Durchsuchung des Fahrzeugs), gerichtlich überprüfbar sind – jedenfalls wenn es um tiefgreifende Grundrechtseingriffe geht.[13] Aber auch die Beeinträchtigung der Eigentumsgarantie aus Art. 14 I GG

7 Vgl. *Wolff/Decker* VwGO/VwVfG VwVfG § 35 Rn. 25, der mit einer solchen Erwägung das Merkmal der Verfügung, Entscheidung oder anderen hoheitlichen Maßnahme näher umschreibt. Vgl. ferner BeckOK PolR NRW/*Muckel* NRWPolG § 55 Rn. 5 f.

8 Vgl. dazu *Wolffgang/Hendricks/Merz* POR NRW Rn. 203–230.

9 Vgl. *Wolff/Decker* VwGO/VwVfG VwGO § 113 Rn. 107.

10 Vgl. *Würtenberger/Heckmann* VerwProzR Rn. 464 mwN.

11 AA mit Blick auf den entstandenen, noch nicht ersetzten Schaden des H wohl vertretbar.

12 Vgl. *Wolff/Decker* VwGO/VwVfG VwGO § 43 Rn. 38.

13 Vgl. dazu nur BVerwG NVwZ 1999, 991; *Wolff/Decker* VwGO/VwVfG VwGO § 113 Rn. 117. Hierzu BayVGH NJW 2017, 2779 (2780): Der VGH führt überzeugend aus, dass ein Feststellungsinteresse nur besteht, wenn es sich um eine Maßnahme handelt, die sich typischerweise kurzfristig erledigt *und* die einen schweren Grundrechtseingriff darstellt. Allein das Erfordernis einer typischerweise vor Erlangung von Rechtsschutz eintretenden Erledigung reicht dem VGH zufolge nicht, da angesichts eines umfassendes Grundrechtsschutzes – letztlich durch die allgemeine Handlungsfreiheit aus Art. 2 I GG – das Kriterium des berechtigten Interesses praktisch leerliefe. Daher ist ein besonderes Feststellungsinteresse nur gegeben, wenn der beanstandete Grundrechtseingriff von besonderem Gewicht ist.

kann das Feststellungsinteresse begründen.[14] Hier im Fall handelt es sich um einen intensiven Eingriff in die Eigentumsgarantie des H, da sein Fahrzeug beschädigt wurde. Zudem handelt es sich bei der Durchsuchung des Fahrzeugs und die gewaltsame Öffnung des Laderaums um eine Maßnahme, die sich unmittelbar nach ihrer Durchführung erledigt.

III. Klagebefugnis

Auch die nach der Rechtsprechung bei der allgemeinen Feststellungsklage analog § 42 II VwGO zu fordernde Klagebefugnis liegt vor. H kann, wie bereits dargelegt, geltend machen, in seinen Rechten aus Art. 19 IV, Art. 14 I GG verletzt zu sein. Es kann nicht von vornherein ausgeschlossen werden, dass diese Rechtspositionen des H in der Tat verletzt wurden.[15]

IV. Klagegegner und Beteiligtenfähigkeit

Klagegegner ist bei der allgemeinen Feststellungsklage das Land NRW als Träger der Polizei (§ 1 NRWPOG[16]). Es ist gem. § 61 Nr. 1 Alt. 2 VwGO beteiligtenfähig. Die Beteiligtenfähigkeit des H folgt aus § 61 Nr. 1 Alt. 1 VwGO.

V. Zwischenergebnis

Die Klage des H mit dem Antrag festzustellen, dass die Durchsuchung seines Fahrzeugs rechtswidrig war, ist zulässig.

B. Begründetheit

Die Klage des H ist begründet, wenn die Polizeimaßnahme rechtswidrig war.

I. Ermächtigungsgrundlage

Als Ermächtigungsgrundlage kommt für die Polizei zunächst § 40 I NRWPolG[17] (Durchsuchung von Sachen) in Betracht. Als problematisch erweist sich dies aber, weil H sich nicht nur gegen die Durchsuchung seines Fahrzeugs, sondern zumindest auch gegen das Aufbrechen des Laderaums wendet und weil das Aufbrechen als Form des Verwaltungszwangs möglicherweise über das von § 40 I NRWPolG[18] erfasste Durchsuchen hinausgeht. Damit stellt sich die für viele Standardmaßnahmen bedeutsame Frage, ob die **Standardermächtigung** selbst auch den **Verwaltungszwang** deckt oder ob insoweit auf §§ 50 ff. NRWPolG[19] zurückgegriffen werden

14 Zu der Vergangenheit angehörenden Rechtsverhältnissen vgl. auch *Würtenberger* VerwProzR Rn. 422.

15 Auch die Ansicht, dass die Klagebefugnis bei einer allgemeinen Feststellungsklage nach § 43 VwGO gar nicht zu prüfen sei, erscheint mit entspr. Begründung vertretbar. Vgl. zur Kritik der Rspr. etwa *Hufen* VerwProzR § 18 Rn. 17; *Wolff/Decker* VwGO/VwVfG VwGO § 43 Rn. 42.

16 Art. 1 II BayPOG; § 70 BWPolG; § 91 I HSOG.

17 Art. 22 I BayPAG; § 30 BWPolG; § 37 I, II HSOG; § 23 I NSOG.

18 Art. 22 I BayPAG; § 30 BWPolG; § 37 I, II HSOG; § 23 I NSOG.

19 Art. 70 ff. BayPAG; §§ 47 ff. HSOG; §§ 64 ff. NSOG. Beachte: In BW handelt es sich um einen Fall der unmittelbaren Ausführung, da der Störer hier nicht bzw. nicht rechtzeitig erreichbar ist. Als Ermächtigungsgrundlage ist § 8 I BWPolG iVm §§ 1, 3 BWPolG heranzuziehen. Zu prüfen sind im Folgenden dann die Rechtmäßigkeit einer hypothetischen Grundverfügung sowie die Voraussetzungen von § 8 I BWPolG.

muss. Die Antwort auf diese Frage ist seit langem umstritten. Die wohl hM hält die Standardermächtigungen in §§ 9 ff. NRWPolG[20] nicht für ausreichend, sofern bei der Vorbereitung oder Durchführung der Standardmaßnahmen weitere Maßnahmen erforderlich sind, die die Durchführung der Standardmaßnahmen erst ermöglichen sollen. Nur soweit in der betreffenden Standardmaßnahme begriffsnotwendig bereits Zwang liegt, kann die Standardermächtigung für die Durchführung der Zwangsmaßnahme ausreichen (zB das Festhalten einer Person zur Identitätsfeststellung, § 12 II 3 NRWPolG[21]).[22] Für diese Sicht spricht vor allem der Grundsatz von der Gesetzmäßigkeit der Verwaltung, der im Rechtsstaatsprinzip wurzelt. Das Verwaltungsvollstreckungsrecht sieht über die Standardermächtigungen hinausweisende verfahrens- und materiell-rechtliche Anforderungen an den Verwaltungszwang vor, die auf der Grundlage der Gegenmeinung, die auf die Anwendung der verwaltungsvollstreckungsrechtlichen Vorschriften in §§ 50 ff. NRWPolG[23] verzichtet,[24] umgangen werden könnten. Da es sich bei der hier in Rede stehenden Durchsuchung von Sachen nach § 40 I NRWPolG[25] nicht um eine Standardmaßnahme handelt, die aus sich heraus schon Zwang in sich birgt (insbesondere nicht das gewaltsame Aufbrechen der betreffenden Sache), reicht § 40 I NRWPolG[26] als Ermächtigungsgrundlage nicht aus.[27]

Die Ermächtigungsgrundlage muss also in den Regelungen über den Verwaltungszwang durch Polizeibeamte gesehen werden, §§ 50 ff. NRWPolG[28], insbesondere in der Vorschrift über den sofortigen Vollzug nach § 50 II NRWPolG[29], da der Polizeimaßnahme kein Verwaltungsakt gegenüber H vorausging.[30]

II. Formelle Rechtmäßigkeit

Die formelle Rechtmäßigkeit des polizeilichen Vorgehens erscheint unproblematisch. Insbesondere ist die Polizei für ein Vorgehen nach § 50 II NRWPolG[31] zuständig. Die Androhung des Zwangs war nach § 56 I 3 NRWPolG[32] entbehrlich. Eine an sich notwendige Anhörung konnte gem. § 28 II Nr. 5 VwVfG NRW unterbleiben.

---

20 Art. 12 ff. BayPAG; §§ 19 ff. BWPolG; §§ 12 ff. HSOG; §§ 12 ff. NSOG.

21 Art. 13 II 3 BayPAG; § 26 II 3 BWPolG; § 18 IV HSOG; § 13 II 2 NSOG.

22 Näher und mit Recht diff. *Wolffgang/Hendricks/Merz* POR NRW Rn. 191 ff. mwN auch zu abw. Ansichten. Zum Verhältnis von Standardmaßnahmen und den Vorschriften über den Verwaltungszwang auch *Wolff/Bachof/Stober/Kluth* VerwR I § 64 Rn. 104 f.; allg. zu Standardmaßnahmen *Hauk* JA 2017, 922.

23 Art. 70 ff. BayPAG; §§ 47 ff. HSOG; §§ 64 ff. NSOG.

24 Nachw. bei *Wolffgang/Hendricks/Merz* POR NRW Rn. 191 ff.

25 Art. 22 I BayPAG; § 30 BWPolG; § 37 I, II HSOG; § 23 I NSOG.

26 Art. 22 I BayPAG; § 30 BWPolG; § 37 I, II HSOG; § 23 I NSOG.

27 AA mit entspr. Begründung (die etwa daran anknüpfen könnte, dass Sachen, soweit sie verschlossen sind, immer geöffnet werden müssen, bevor sie nach § 40 NRWPolG durchsucht werden können) vertretbar.

28 Art. 70 ff. BayPAG; §§ 47 ff. HSOG; §§ 64 ff. NSOG.

29 Art. 70 II BayPAG; § 47 II HSOG; § 64 II NSOG.

30 Ob erg. schon hier weitere Vorschriften – zu denken war an § 55 I NRWPolG und § 40 I sowie § 8 I NRWPolG – zitiert werden, ist unerheblich, da § 50 II NRWPolG jedenfalls eine vollwertige Befugnisnorm ist.

31 Art. 70 II BayPAG; § 47 II HSOG; § 64 II NSOG.

32 Art. 76 I 3 BayPAG; § 53 I 4 HSOG; § 70 I 3 NSOG.

III. Materielle Rechtmäßigkeit

Für die materielle Rechtmäßigkeit des Zwangs kommt es zunächst darauf an, dass die tatbestandlichen Voraussetzungen der Ermächtigungsgrundlage (§ 50 II NRWPolG[33]) erfüllt waren, als die Polizei handelte.

1. Handeln der Polizei innerhalb ihrer Befugnisse

Die Polizei müsste innerhalb ihrer Befugnisse gehandelt haben.[34] Die Polizei handelt innerhalb ihrer Befugnisse, wenn sie zum Erlass der (nicht ergangenen) Grundverfügung befugt gewesen wäre. Zu prüfen ist also hier inzidenter die Rechtmäßigkeit einer **hypothetischen Grundverfügung**[35] mit dem Inhalt, H möge den Laderaum öffnen und das Betreten sowie Durchsuchen des Laderaums durch Polizeibeamte dulden.

a) Ermächtigungsgrundlage für eine hypothetische Grundverfügung

Die Rechtmäßigkeit einer hypothetischen Grundverfügung gegenüber H hängt zunächst davon ab, ob die Polizei sich auf eine Ermächtigungsgrundlage berufen kann. Sie könnte, da das Vorgehen insgesamt dem Durchsuchen des Laderaums diente, in § 40 I NRWPolG[36] allein gesehen werden. Vorzugswürdig erscheint aber, ergänzend zu § 40 I NRWPolG[37] auf die Generalklausel des § 8 I NRWPolG[38] abzustellen mit der Überlegung, dass § 40 I NRWPolG[39] die Polizei nur zu dem eigentlichen Durchsuchen des Fahrzeugs ermächtigt, zum Öffnen des Laderaums aber eine entsprechende Aufforderung auf der Grundlage von § 8 I NRWPolG erforderlich war und ein Betreten des Lieferwagens durch Polizeikräfte nicht von § 40 I NRWPolG[40] gedeckt ist, wie aus einem Vergleich mit § 41 NRWPolG[41] geschlossen werden kann.[42]

b) Formelle Rechtmäßigkeit der hypothetischen Grundverfügung

Die formelle Rechtmäßigkeit der hypothetischen Grundverfügung gegenüber H ist unproblematisch. Die Polizei war für die Durchsuchung des Wagens sachlich zuständig nach den §§ 10 S. 1, 11 I Nr. 1, 2 I Nr. 1 NRWPOG iVm den §§ 1 I 3, 40 NRWPolG und örtlich zuständig nach § 7 I 1 POG NRW. Insoweit kommt es auf die Eilfallkompetenz der Polizei an, weil auch die Ordnungsbehörde zu der Durchsuchung befugt war (vgl. § 24 NRWOBG: dort wird auf § 40 PolG verwiesen) und somit entsprechend § 1 I 3 NRWPolG »neben der Polizei andere Behörden für die

33 Art. 70 II BayPAG; § 47 II HSOG; § 64 II NSOG.

34 Es ist zweckmäßig, diese in § 50 II NRWPolG an letzter Stelle genannte Voraussetzung zuerst zu prüfen. Ein anderes Vorgehen, zB zunächst zu fragen, ob eine gegenwärtige Gefahr bestand, ist selbstverständlich ohne Weiteres vertretbar, führt aber mitunter zu unnötigen Wiederholungen.

35 Vgl. *Dietlein* in Dietlein/Hellermann ÖffR NRW § 3 Rn. 254; entgegen einer früher nur in Skripten mancher Repetitoren, leider jetzt vereinzelt auch in der Lehrbuchliteratur (etwa bei *Kingreen/Poscher* POR § 24 Rn. 39) anzutreffenden Formulierung handelt es sich nicht um einen fiktiven Verwaltungsakt.

36 Art. 22 I BayPAG; § 37 I, II HSOG; § 23 I NSOG.

37 Art. 22 I BayPAG; § 37 I, II HSOG; § 23 I NSOG.

38 Art. 11 I BayPAG; § 11 HSOG; § 11 NSOG.

39 Art. 22 I BayPAG; § 37 I, II HSOG; § 23 I NSOG.

40 Art. 22 I BayPAG; § 37 I, II HSOG; § 23 I NSOG.

41 Art. 23 BayPAG; § 38 HSOG; § 24 NSOG.

42 So *Dietlein* in Dietlein/Hellermann ÖffR NRW § 3 Rn. 188. AA (Anwendung nur von § 40 I NRWPolG) gut vertretbar. Es ergeben sich kaum Unterschiede.

Gefahrenabwehr zuständig« waren. Dies gilt auch soweit das Vorgehen der Polizei – im Hinblick auf das Öffnen und Betreten des Laderaums – auf die Generalklausel in § 8 I NRWPolG[43] gestützt werden konnte (dazu oben B. III. 1. a)). Vorliegend war ein Eilfall allerdings ohne Weiteres anzunehmen.

Besondere verfahrensrechtliche Anforderungen an eine Durchsuchung von Sachen ergeben sich aus § 40 II NRWPolG[44]. Danach soll bei Abwesenheit des Inhabers der tatsächlichen Gewalt ein Vertreter oder anderer Zeuge anwesend sein. Die erhebliche Gefahr, um deren Aufklärung und gegebenenfalls Bekämpfung es hier ging, rechtfertigt, von der Soll-Vorschrift des § 40 II 2 NRWPolG[45] abzuweichen.

c) Materielle Rechtmäßigkeit der hypothetischen Grundverfügung

Die materielle Rechtmäßigkeit der hypothetischen Grundverfügung hängt nach § 40 I Nr. 3 iVm § 43 Nr. 1 NRWPolG bzw § 8 I NRWPolG[46] davon ab, dass die Polizei handelte, um eine (gegenwärtige) Gefahr für die öffentliche Sicherheit abzuwehren.[47] Die öffentliche Sicherheit umfasst den Bestand des Staates und seiner Einrichtungen, Individualrechtsgüter und die Unverletzlichkeit der Rechtsordnung.[48] Eine Gefahr für eines dieser Schutzgüter besteht, wenn bei ungehindertem Ablauf des Geschehens ein Schaden eintreten wird. In Betracht kam hier eine Gefährdung des Lebens und der körperlichen Unversehrtheit von Passanten und Gästen des Restaurants. Zu beachten ist allerdings, dass objektiv und bei Betrachtung ex post keine Gefahr bestand. Darauf kommt es aber nicht an. Entscheidend ist, wie auch der Wortlaut insbesondere von § 8 I NRWPolG[49] (»um … Gefahr … abzuwehren«) nahelegt, die Sicht ex ante. Es genügt eine sog. **Anscheinsgefahr**.[50] Im Interesse effektiver Gefahrenabwehr wird auch ein **Gefahrenverdacht** als ausreichend angesehen.[51] Die Abgrenzung der beiden Figuren ist nicht ganz geklärt und wohl auch nicht für alle Fälle exakt möglich. Ging die Polizei (zu Unrecht) davon aus, dass wirklich eine Gefahr bestand, dürfte es sich um eine Anscheinsgefahr handeln, während der Gefahrenverdacht näher liegt, wenn die Polizei daran zweifelte, ob wirklich eine Gefahr bestand. So dürfte der Fall hier liegen. Die Durchsuchung diente der Klärung des Sachverhalts; die Richtigkeit des anonymen Hinweises konnte nicht als feststehend angenommen werden. Danach handelte es sich um einen Gefahrenverdacht, der (wenn auch mit Modifikationen) bei den weiteren Voraussetzungen für das Einschreiten als ausreichend angesehen wird, soweit das Gesetz auf eine Gefahr abstellt.[52]

---

43 Art. 11 I BayPAG; § 11 HSOG; § 11 NSOG.

44 Art. 22 II BayPAG; § 37 III HSOG; § 23 II NSOG.

45 Art. 22 II 2 BayPAG; § 37 III 2 HSOG; § 23 II 2 NSOG.

46 Art. 22 I Nr. 3 iVm Art. 25 I Nr. 1 lit. a iVm Art. 11 I BayPAG; § 37 I Nr. 3 iVm § 40 I Nr. 1 iVm § 11 HSOG; § 23 I Nr. 3 iVm § 26 Nr. 1 iVm § 11 NSOG.

47 Nicht ganz unvertretbar erscheint, soweit § 40 I NRWPolG einschlägig ist, auch ein Vorgehen nach § 40 I Nr. 5 iVm § 12 I Nr. 3 NRWPolG. Dann müsste das Restaurant als besonders gefährdetes Objekt im Sinne dieser Vorschriften angesehen werden.

48 Vgl. *Kingreen/Poscher* POR § 7 Rn. 2; *R. Schmidt* POR Rn. 628 mwN.

49 Art. 11 I BayPAG; § 11 HSOG; § 11 NSOG.

50 Dazu *Kingreen/Poscher* POR § 8 Rn. 49; *Meyer* JURA 2017, 1259 (1262); *Schenke* JuS 2018, 505 (507).

51 Vgl. *Kingreen/Poscher* POR § 8 Rn. 51 ff.; *Meyer* JURA 2017, 1259 (1265 ff.); *Schenke* JuS 2018, 505 (508 ff.).

52 AA (Anscheinsgefahr) schon wegen der angedeuteten Unsicherheiten vertretbar.

Die Voraussetzungen der Ermächtigungsgrundlage aus § 40 I Nr. 3 iVm § 43 Nr. 1 NRWPolG bzw § 8 I NRWPolG[53] – für den Erlass einer (hypothetischen) auf die Duldung der Durchsuchung des Fahrzeugs gerichteten Grundverfügung gegenüber H – waren somit erfüllt. Zugleich ist deutlich geworden, dass die Voraussetzungen der Generalklausel in § 8 I NRWPolG[54] erfüllt waren (was im Hinblick auf das Öffnen und Betreten des Laderaums von Bedeutung war, oben B. III. 1. a)).

H konnte als **Verdachtsstörer** nach § 4[55] bzw. § 5[56] NRWPolG angesehen werden. Entscheidend ist auch insoweit die Betrachtung ex ante. Sonst wäre eine effektive Gefahrenabwehr nicht möglich. Dem widerstreiten besondere, die Verantwortlichkeit einschränkende Anforderungen an die Zurechenbarkeit des Gefahrenverdachts. Es ist daher auf wertende, auf dem Gedanken einer näheren (subjektiven) Zurechenbarkeit beruhende Kriterien zu verzichten.[57]

Eine Grundverfügung gegen H mit dem Inhalt, den Laderaum zu öffnen und das Betreten sowie Durchsuchen des Laderaums durch Polizeibeamte zu dulden, wäre auch ermessensfehlerfrei und verhältnismäßig gewesen. Erforderlich im Sinne des Grundsatzes der Verhältnismäßigkeit (§ 2 I NRWPolG[58]) waren bei dem Gefahrenverdacht, dem die Polizei nachging, nur **Gefahrerforschungseingriffe**.[59] Darauf beschränkte sich das Vorgehen der Polizei. Es genügte den Anforderungen des Verhältnismäßigkeitsgrundsatzes.

Damit steht fest, dass die Polizei innerhalb ihrer Befugnisse handelte.

2. Gegenwärtige Gefahr

Auch die übrigen Voraussetzungen von § 50 II NRWPolG[60] sind erfüllt: Die Maßnahme war zur Abwehr einer gegenwärtigen Gefahr notwendig. Fraglich kann aber erscheinen, ob für ein Vorgehen der Behörde nach § 50 II NRWPolG[61] über den engeren Wortlaut der Vorschrift (»Gefahr«) hinaus auch ein Gefahrenverdacht genügt. Lässt man aber im Rahmen von § 40 I NRWPolG[62] sowie § 8 I NRWPolG[63] einen Gefahrenverdacht ausreichen, um polizeiliches Handeln zu begründen, muss dies auch im Hinblick auf § 50 II NRWPolG[64] gelten. Der sofortige Vollzug nach § 50 II NRWPolG[65] dient der Durchsetzung von Maßnahmen zur Gefahrenabwehr nach

53 Art. 22 I Nr. 3 iVm Art. 25 I Nr. 1 lit. a iVm Art. 11 I BayPAG; § 37 I Nr. 3 iVm § 40 I Nr. 1 iVm § 11 HSOG; § 23 I Nr. 3 iVm § 26 Nr. 1 iVm § 11 NSOG.

54 Art. 11 I BayPAG; § 11 HSOG; § 11 NSOG.

55 Art. 7 BayPAG; § 6 HSOG; § 6 NSOG.

56 Art. 8 BayPAG; § 7 HSOG; § 7 NSOG.

57 AA vertretbar, insbesondere mit dem Argument, dass ein Vorgehen gegen den Nichtstörer auch zu effektiver Gefahrenabwehr führt. Auch kann – in Abgrenzung zum Nichtstörer gem. § 6 NRWPolG – gefordert werden, dass der Verdachtsstörer den Gefahrenverdacht in zurechenbarer Weise begründet hat. In dieser Richtung *Dietlein* in Dietlein/Hellermann ÖffR NRW § 3 Rn. 107; vgl. auch *Wolffgang/Hendricks/Merz* POR NRW Rn. 367 mwN.

58 Art. 4 I BayPAG; § 4 I HSOG; § 4 I NSOG.

59 Zum Zusammenhang zwischen Gefahrerforschung und Verhältnismäßigkeitsgrundsatz etwa *Wolffgang/Hendricks/Merz* POR NRW Rn. 254.

60 Art. 70 II BayPAG; § 47 II HSOG; § 64 II NSOG.

61 Art. 70 II BayPAG; § 47 II HSOG; § 64 II NSOG.

62 Art. 22 I BayPAG; § 37 I, II HSOG; § 23 I NSOG.

63 Art. 11 I BayPAG; § 11 HSOG; § 11 NSOG.

64 Art. 70 II BayPAG; § 47 II HSOG; § 64 II NSOG.

65 Art. 70 II BayPAG; § 47 II HSOG; § 64 II NSOG.

§§ 8[66] und 9 ff.[67] NRWPolG. Auch § 50 II NRWPolG[68] ist also dem Ziel effektiver Gefahrenabwehr verpflichtet. Dieses Ziel ist der eigentliche Grund dafür, dass ein Gefahrenverdacht im Rahmen der polizeirechtlichen Befugnisnormen als Gefahr angesehen werden kann und ein Einschreiten (wenn auch nur Gefahrerforschungseingriffe) rechtfertigt. Es ist dann zu fragen, ob der Gefahrenverdacht die Möglichkeit in sich birgt, dass eine gegenwärtige Gefahr besteht, also eine Gefahr, bei der das schädigende Ereignis bereits begonnen hat oder in allernächster Zeit bevorsteht[69]. Eine solche Situation bestand hier, da die Polizeibeamten davon ausgingen, dass die Bombe in Kürze explodieren würde.

3. Richtiges Zwangsmittel

Richtiges Zwangsmittel konnte die **Ersatzvornahme** gem. § 52 NRWPolG[70] sein, soweit man auf das Öffnen des Laderaums abstellt. Dabei handelt es sich um eine vertretbare Handlung, die mit der Ersatzvornahme durchgesetzt werden kann. Zu bedenken ist aber, dass die Polizei dem H, wäre er anwesend gewesen, nicht aufgegeben hätte, sein eigenes Fahrzeug so aufzubrechen, dass es beschädigt wird. Die Vorgehensweise der Polizei legt die Möglichkeit nahe, dass hier durch **unmittelbaren Zwang** (§ 55 NRWPolG[71]) gehandelt worden ist.

Für die **Abgrenzung** von Ersatzvornahme und unmittelbarem Zwang kann von den gesetzlichen Merkmalen der Zwangsmittel ausgegangen werden. Unter den für die Ersatzvornahme in § 52 I 1 NRWPolG vorgesehenen Tatbestandsvoraussetzungen ist die Behörde berechtigt, die vom Pflichtigen geforderte Handlung selbst auszuführen. Soweit die Behörde zur Anwendung unmittelbaren Zwangs berechtigt ist, darf sie nach § 58 I NRWPolG[72] durch körperliche Gewalt auf Personen oder Sachen einwirken. Übt die Behörde körperlichen Zwang aus, um eine vertretbare Handlung durchzusetzen, so ist dies nicht zwangsläufig eine Ersatzvornahme. Das ist nur dann der Fall, wenn sie – iSv § 52 I 1 NRWPolG[73] – die vom Pflichtigen geforderte »Handlung selbst ausführt«. Daraus schließt die zZt wohl hM, eine Ersatzvornahme liege nur vor, wenn auch die Art und Weise der behördlichen Zwangsanwendung mit der dem Pflichtigen obliegenden Handlung identisch sei. Seien geforderte Handlung und behördliche Maßnahme nicht identisch, könne es sich nur um unmittelbaren Zwang handeln.[74] Diese Sichtweise überzeugt aber aus zwei Gründen nicht. Erstens wird in dem von der hM herangezogenen Wortlaut von § 52 I 1 NRWPolG[75] zwar auf die Handlung, nicht aber auf die Art und Weise abgestellt, in der sie vorgenommen wird.

66 Art. 11 BayPAG; § 11 HSOG; § 11 NSOG.
67 Art. 12 ff. BayPAG; §§ 12 ff. HSOG; §§ 12 ff. NSOG.
68 Art. 70 II BayPAG; § 47 II HSOG; § 64 II NSOG.
69 Vgl. die Definition der gegenwärtigen Gefahr bei *App/Wettlaufer* VerwVollstreckungsR § 30 Rn. 21 mwN.
70 Art. 72 BayPAG; § 49 HSOG; § 66 NSOG.
71 Art. 75 BayPAG; § 52 HSOG; § 69 NSOG.
72 Art. 78 I BayPAG; § 55 I HSOG; § 69 I NSOG.
73 Art. 72 I 1 BayPAG; § 49 I 1 HSOG; § 66 I 1 NSOG.
74 Vgl. etwa BayVGH JA 2009, 911 f. (besprochen von *Durner*); *Wolff/Bachof/Stober/Kluth* VerwR I § 64 Rn. 70; *Wolffgang/Hendricks/Merz* POR NRW Rn. 517; *Kingreen/Poscher* POR § 24 Rn. 14; *Graulich* in Lisken/Denninger PolR-HdB E 853 ff., insbesondere Rn. 858; *Dietlein* in Dietlein/Hellermann ÖffR NRW § 3 Rn. 243; jeweils mwN.
75 Art. 72 I 1 BayPAG; § 49 I 1 HSOG; § 66 I 1 NSOG.

Regelmäßig geht es bei den Verwaltungsakten im hier (bei §§ 50 ff. NRWPolG[76] und §§ 55 ff. NRWVwVG[77]) maßgeblichen Sinne um Verwaltungsakte, mit denen ein Handeln im Interesse eines bestimmten Erfolges (zB zur Gefahrenabwehr) durchgesetzt werden soll. Die Handlung als solche steht nicht im Mittelpunkt des Interesses. Zweitens hat der Adressat des Verwaltungsakts regelmäßig einen gewissen Spielraum. Die Behörde verlangt zB von ihm, ein defektes Fahrzeug aus dem Halteverbot zu entfernen. Ob er das Fahrzeug dann wegschiebt, abschleppen lässt oder an Ort und Stelle repariert (wenn das ohne Weiteres und schnell möglich ist), steht ihm frei. Vorzugswürdig erscheint deshalb, nicht auf die Art und Weise der Vornahme einer Handlung abzustellen, sondern allein auf den Erfolg. Die physische Einwirkung auf Sachen des Pflichtigen ist nur dann unmittelbarer Zwang, wenn dadurch nicht die dem Pflichtigen gebotene Handlung selbst ausgeführt wird (zB das verkehrsstörend geparkte Fahrzeug wird abgeschleppt, das baurechtswidrige Haus abgebrochen), sondern sie durch Druck auf den Pflichtigen durchgesetzt werden soll (zB der Schuss in den Autoreifen des fliehenden Bankräubers).[78]

Von H hätte gefordert werden können, dass er sein Fahrzeug öffnet und den Beamten Einblick gewährt. Ob er den Wagen dann mit seinem Schlüssel geöffnet hätte (was allerdings zu erwarten wäre) oder ob er selbst die Wagentür aufgebrochen oder etwa ein Fenster eingeschlagen und dann von innen geöffnet hätte, wäre ihm freigestellt gewesen. Den Beamten wäre es nur auf den Erfolg angekommen: das Fahrzeug ist geöffnet. Da dieser Erfolg aber genau derjenige ist, den die Polizei erzielen möchte und dem eine vertretbare Handlung (Öffnung des Fahrzeugs) vorausgeht, ist ihr Vorgehen als Ersatzvornahme anzusehen.[79]

4. Verhältnismäßigkeit und Ermessen

Es bestehen keine Bedenken an der Verhältnismäßigkeit der Maßnahme. Auch sind keine Ermessensfehler ersichtlich.

IV. Ergebnis

Das Vorgehen der Polizei war rechtmäßig. Eine Klage hat keine Erfolgsaussicht.

---

76 Art. 70 ff. BayPAG; §§ 47 ff. HSOG; §§ 64 ff. NSOG.

77 In den Bundesländern, die entweder das Einheitsprinzip umgesetzt haben (bspw. Baden-Württemberg) oder die für die Polizei- und Ordnungsbehörden nur ein einheitliches Gesetz erlassen haben (bspw. Hessen oder Niedersachsen), sind hier die gleichen Normen einschlägig (§§ 49 ff. BWPolG; §§ 47 ff. HSOG; §§ 64 ff. NSOG), die auch beim Handeln der Polizei einschlägig sind. Lediglich in solchen Ländern, die das Polizei- und Ordnungsrecht in jeweils unterschiedlichen Gesetzen geregelt haben, sind auch für die Vollstreckung unterschiedliche Gesetze anzuwenden (Art. 29 ff. BayVwZVG).

78 *App/Wettlaufer* VerwVollstreckungsR § 32 Rn. 6; BeckOK PolR NRW/*Muckel* NRWPolG § 52 Rn. 7 ff. (Rn. 9). S. auch *Muckel* JA 2012, 272 (278) mwN.

79 AA gut vertretbar, schon mit Blick auf die derzeit wohl hM; vgl. etwa BayVGH JA 2009, 911 f. (besprochen von *Durner*); *Wolff/Bachof/Stober/Kluth* VerwR I § 64 Rn. 70; *Wolffgang/Hendricks/Merz* POR NRW Rn. 517; *Kingreen/Poscher* POR § 24 Rn. 14; *Graulich* in Lisken/Denninger PolR-HdB E 853 ff., Rn. 858; *Dietlein* in Dietlein/Hellermann ÖffR NRW § 3 Rn. 243; jeweils mwN.

Zusatzfrage: Ansprüche des H auf Zahlung

Ersatzansprüche des Verdachtsverantwortlichen

A. Zulässigkeit einer Klage

Hier ist zu beachten, dass der Rechtsweg zu den Zivilgerichten eröffnet ist (vgl. nur § 67 NRWPolG iVm § 43 NRWOBG[80] bzw. Art. 34 S. 3 GG).

B. Begründetheit einer Klage

I. Anspruch des H aus § 839 BGB iVm Art. 34 GG

Ein Anspruch des H aus Amtshaftung gem. § 839 I BGB iVm Art. 34 GG wegen des Schadens an dem Fahrzeug scheidet aus, da eine Amtspflichtverletzung nach dem oben (zum Grundfall) Geprüften nicht in Betracht kommt. Es ist auch nicht ersichtlich, dass die Beamten die Durchsuchung besonders publikumswirksam durchgeführt hätten, sodass die Verletzung des Persönlichkeitsrechts als eigenständiger Anknüpfungspunkt für eine Amtspflichtverletzung dienen könnte und sich daraus ein Anspruch auf immerhin 1.000 EUR (der Höhe nach wohl nicht zu beanstanden) ergeben würde.

II. Anspruch des H aus § 67 NRWPolG iVm § 39 I lit. b NRWOBG

Auch ein Anspruch des H aus § 67 NRWPolG iVm § 39 I lit. b NRWOBG[81] kommt wegen der Rechtmäßigkeit des Vorgehens nicht in Betracht.[82]

III. Anspruch des H aus § 67 NRWPolG iVm § 39 I lit. a NRWOBG analog[83]

In Betracht kommt aber ein Anspruch des H gegen das Land NRW (es ist gem. § 1 NRWPOG[84] Träger der Polizei und somit nach § 67 NRWPolG iVm § 42 I NRWOBG[85] Anspruchsgegner) aus § 67 NRWPolG iVm § 39 I lit. a NRWOBG analog.[86]

---

80 Art. 90 I BayPAG; § 58 BWPolG; § 70 HSOG; § 86 NSOG.

81 § 64 I 2 HSOG; § 80 I 2 NSOG; in Bayern und Baden-Württemberg ist eine ausdrückliche Normierung von Ersatzansprüchen wegen rechtswidriger Maßnahmen nicht erfolgt. Die Entschädigung erfolgt hier aus dem Gesichtspunkt des enteignungsgleichen bzw. enteignenden Eingriffs bzw. in Bayern über den für rechtmäßige und rechtswidrige Maßnahmen geltenden Art. 87 BayPAG, der diesen Ansprüchen als lex specialis vorgeht (vgl. zur Vorgängernorm BHKM/*Heckmann* ÖffR Bayern 3. Teil Rn. 448 ff. (450, 452); *Würtenberger/Heckmann* PolizeiR BW, 6. Aufl. 2005, Rn. 535; *Schenke* POR Rn. 683).

82 Der Anspruch brauchte wohl gar nicht schriftlich geprüft zu werden.

83 Art. 87 I BayPAG; § 55 I 1 BWPolG; § 64 I 1 HSOG; § 80 I 1 NSOG.

84 Art. 1 II BayPOG; § 70 BWPolG; § 91 I HSOG.

85 Art. 87 VI BayPAG; § 56 2 BWPolG; § 68 I HSOG; § 84 I NSOG.

86 Vgl. dazu nur *Dietlein* in Dietlein/Hellermann ÖffR NRW § 3 Rn. 283 ff.; *Erbguth/Mann/Schubert* BesVerwR Rn. 563, 769 ff. Nur wer H oben als Nichtstörer qualifiziert hat, kann hier zu einer direkten Anwendung der Vorschriften kommen. Das macht die Ausführungen hier zwar leichter, erforderte aber oben beträchtlichen Begründungsaufwand.

Die Voraussetzungen einer Analogie sind erfüllt. Das Gesetz trifft (in NRW) keine Regelung; auch die Vergleichbarkeit mit dem Fall des Nichtstörers liegt nahe, soweit der Verdachtsstörer den Gefahrenverdacht nicht zurechenbar herbeigeführt hat. Wird der Verdachtsstörer in Anspruch genommen, wird ihm im Verhältnis zur Allgemeinheit ein Sonderopfer auferlegt. In einem solchen Fall wird auf der sog. Sekundärebene (also der Ebene der Kosten und der Ersatz- bzw. Entschädigungsansprüche) dem geschädigten Verdachtsstörer ein Entschädigungsanspruch wie dem Nichtstörer zugestanden.[87] H hat den Gefahrenverdacht nicht in zurechenbarer Weise begründet. Ihm steht daher der Anspruch analog § 67 NRWPolG iVm § 39 I lit. a NRWOBG[88] im Grundsatz zu.

Der Anspruch ist auch nicht nach § 39 II NRWOBG[89] oder § 40 IV NRWOBG[90] ausgeschlossen. Er hat aber nach § 40 I 1 NRWOBG[91] nur die Entschädigung für Vermögensschäden zum Gegenstand (hier also die Reparaturkosten iHv 2.500 EUR). Der Ersatz immaterieller Schäden, insbesondere ein Anspruch auf Schmerzensgeld, ist hiervon nicht umfasst.[92] Daher ergibt sich analog § 67 NRWPolG iVm §§ 39 I lit. a, 40 I 1 NRWOBG[93] für H kein Anspruch wegen einer denkbaren Verletzung seines Persönlichkeitsrechts.

Festzuhalten bleibt, dass H einen Anspruch auf Erstattung der Kosten für die Reparatur seines Lieferwagens (2.500 EUR) hat.

IV. Anspruch des H aus enteignendem Eingriff

Denkbar ist auch ein Anspruch aus enteignendem Eingriff, wie er von der Rechtsprechung richterrechtlich auf der Grundlage des allgemeinen Aufopferungsgedankens der §§ 74, 75 Einl. ALR entwickelt wurde.[94] Soweit analog § 67 NRWPolG, § 39 I lit. a NRWOBG[95] ein normativ begründeter Anspruch besteht, ist aber für den Anspruch aus enteignendem Eingriff kein Raum.[96]

Ergänzende Hinweise

1. Die oben (mit Fn. 74) referierte hM zur **Abgrenzung von Ersatzvornahme und unmittelbarem Zwang** führt – neben den aufgezeigten juristischen Bedenken – in Nordrhein-Westfalen zu kaum lösbaren praktischen Problemen. Wer mit ihr auf die Art und Weise der Vornahme abstellt, muss in vielen Fällen des Abschleppens von Kfz unmittelbaren Zwang annehmen (nicht Ersatzvornahme). Dann aber können,

87 Vgl. *Wolffgang/Hendricks/Merz* POR NRW Rn. 634 ff., 640 f. mwN.
88 Art. 87 I BayPAG; § 55 I 1 BWPolG; § 64 I 1 HSOG; § 80 I 1 NSOG.
89 Art. 87 I, IV BayPAG; § 55 I 2 BWPolG; § 65 IV, V 1 HSOG; § 81 IV, V 2 NSOG.
90 Art. 87 VII 3 BayPAG; § 55 I 3 BWPolG; § 65 V 2 HSOG; § 81 V 3 NSOG.
91 Art. 70 VII 1 BayPAG; § 65 I 1 HSOG; § 81 I 1 NSOG.
92 Vgl. *Wolffgang/Hendricks/Merz* POR NRW Rn. 585; *Dietlein* in Dietlein/Hellermann ÖffR NRW § 3 Rn. 280.
93 Art. 87 I, VII 1 BayPAG; § 55 I 1 BWPolG; § 64 I 1 iVm § 65 I 1 HSOG; § 80 I 1 iVm § 81 I 1 NSOG.
94 Dazu *Maurer/Waldhoff* AllgVerwR § 27 Rn. 107 ff., § 28 mwN.
95 Art. 87 I BayPAG; § 55 I 1 BWPolG; § 64 I 1 HSOG; § 80 I 1 NSOG.
96 Auf der Basis der zum Grundfall entwickelten Lösung lag demgegenüber ein Anspruch aus enteignungsgleichem Eingriff fern, weil die Maßnahme rechtmäßig war.

jedenfalls wenn die Polizei gehandelt hat, die **Kosten** der Maßnahme nicht vom Halter des Fahrzeugs eingefordert werden (§ 52 I 2 NRWPolG verweist nur für die Kosten der Ersatzvornahme auf § 77 NRWVwVG[97]; in der Vorschrift über den unmittelbaren Zwang in § 55 NRWPolG findet sich eine solche Verweisung nicht); vgl. auch BeckOK PolR NRW/*Muckel* NRWPolG § 52 Rn. 7 f., 16.

2. Das Abschleppen eines Autos kann auch eine Sicherstellung darstellen. Sie ist zum Schutze des Fahrzeugs möglich, wenn zB ein Fenster nicht verschlossen ist, sie muss aber verhältnismäßig sein, vgl. dazu SächsOVG NJW 2016, 181 f.; in Abgrenzung zur Sicherstellung von Fahrzeugen wegen des Verdachts kriminellen Sachgebrauchs HessVGH RÜ 2015, 807. Zur Abgrenzung der Sicherstellung von der Ersatzvornahme in Abschleppfällen vgl. auch BeckOK PolR NRW/*Muckel* NRWPolG § 52 Rn. 10 mwN.

97 Die Regelungen über eine Kostenübernahme weichen in den einzelnen Bundesländern in ihrer Systematik voneinander ab, sodass hier darauf verzichtet wird, Parallelnormen zu zitieren. Es empfiehlt sich dazu ein Lehrbuch zum Polizei- und Ordnungsrecht (Vollstreckungsrecht) des jeweiligen Bundeslandes zu konsultieren.

Fälle 19a–e Rechtsnachfolge[1]

Vorbemerkung

Problematisch sind Fragen der Rechtsnachfolge in öffentlich-rechtliche Pflichten insbesondere im Bereich des Gefahrenabwehrrechts deshalb, weil Maßnahmen nur gegen Störer (vgl. §§ 4, 5 NRWPolG, §§ 17, 18 NRWOBG[2]) gerichtet werden können. Die Inanspruchnahme von Nichtstörern erfolgt nach eigenen Regeln und ist nur ausnahmsweise zulässig.[3] Die Bedeutung der Rechtsnachfolge für die Praxis lässt sich anschaulich verdeutlichen, wenn man bedenkt, dass ohne Rechtsnachfolge eine neue Verfügung ergehen muss, die wiederum neue Rechtsbehelfsfristen in Gang setzt und gegebenenfalls erneut ein (uU langwieriges) gerichtliches Verfahren nach sich zieht.

Die Problematik der Rechtsnachfolge lässt sich, orientiert an den hierzu vertretenen Meinungen, systematisieren.[4] Gemeinsam ist allen Lösungsansätzen die Prüfungsreihenfolge, die sich am Vorliegen eines **Nachfolgetatbestandes** und der **Übergangsfähigkeit** der in Rede stehenden Pflicht orientiert. Im Vordergrund steht sodann die Situation desjenigen, der ursprünglich ordnungspflichtig war. Zu unterscheiden ist also einerseits zwischen Zustands- und Verhaltensverantwortlichkeit sowie andererseits danach, ob die Pflichtigkeit sich schon anhand einer tatsächlich erlassenen behördlichen Verfügung konkretisiert hat oder nicht. Zu beachten ist auch die Unterscheidung danach, ob sich die Rechtsnachfolge im Wege einer Gesamtrechtsnachfolge oder im Wege einer Einzelrechtsnachfolge vollzogen hat. An alledem orientiert sich die folgende fallbezogene Darstellung.

1 Eine gute Einführung in die Problematik der Rechtsnachfolge in öffentlich-rechtliche Pflichten findet sich bei *Kingreen/Poscher* POR § 9 Rn. 49 ff. (insbesondere Rn. 53); ausf. *Schorsch,* Die Einzel- und Gesamtrechtsnachfolge in die gefahrenabwehrrechtliche Zustands- und Verhaltensverantwortlichkeit, 2007.

2 Art. 7, 8 BayPAG, Art. 9 I, II BayLStVG; §§ 6, 7 BWPolG; §§ 6, 7 HSOG; §§ 6, 7 NSOG.

3 Hierzu Fall 15.

4 Sehr anschaulich *Wolffgang/Hendricks/Merz* POR NRW Rn. 400 ff.; vgl. auch *Götz/Geis* POR § 9 Rn. 84 ff.

Fall 19a

Sachverhalt

Grundfall

Ausgangspunkt soll noch einmal der Sachverhalt aus Fall 10 (Grundfall) sein: E ist Eigentümerin eines in der nordrhein-westfälischen Stadt K gelegenen Grundstücks. Dieses befindet sich im Winkel einer Kreuzung, sodass es auf einer Seite in der Breite und auf einer Seite in der Länge von jeweils einer Straße begrenzt wird. Auf der breiten Seite stehen in unmittelbarer Nähe zur Straße fünf große Bäume. E betreibt tagsüber auf dem Grundstück wegen der verkehrsgünstigen Lage einen Blumenhandel unter freiem Himmel. Eines Nachts befährt L mit seinem Lastwagen eine dieser Straßen und verliert die Kontrolle über sein Fahrzeug. Der LKW gelangt auf das Grundstück der E und rammt mit der vollen Länge die fünf Bäume. Infolge des Aufpralls ragen sie nunmehr über den Fußgängerweg und die Fahrbahn. Nachbar N befürchtet, dass die Bäume bald aus dem Erdreich brechen werden. Er informiert das örtliche Ordnungsamt. Gegen E ist eine Duldungsverfügung im Hinblick auf eine Begutachtung der Bäume noch nicht ergangen. Bevor dies geschehen kann, stirbt E. Alleinerbe ist ihr Sohn S. Erst gegen S ergeht eine Verfügung des genannten Inhalts. S will wissen, ob dies rechtmäßig ist.

Fallvariante

Kurze Zeit nach der Annahme der Erbschaft ergeben Untersuchungen der Ordnungsbehörde, dass die angefahrenen Bäume gefällt werden müssen. Sie möchte daher S zur Vornahme der erforderlichen Maßnahmen verpflichten. Ist hier von einer Rechtsnachfolge in die Polizeipflicht auszugehen?

Lösungsvorschlag Grundfall

Schwerpunkt:
- **Materiell: Gesamtrechtsnachfolge bei abstrakter Zustandsverantwortlichkeit**

Das Problem der Rechtsnachfolge tritt hier nur vordergründig auf. Prüft man schulmäßig (vgl. die Lösung zu Fall 10), so wird man zu dem Ergebnis kommen, dass S durch **Eigentumsübergang** selbst Eigentümer des Grundstücks und damit Zustandsstörer (geworden) ist. Aufgrund dieser originären Neubegründung der Zustandsverantwortlichkeit bedarf es einer Überleitung alter Verantwortlichkeit nicht.[1]

Lösungsvorschlag Fallvariante

S könnte nur dann zur Beseitigung der Bäume herangezogen werden, wenn er Störer iSd §§ 17, 18 NRWOBG wäre. Das wäre zu bejahen, wenn die abstrakte Zustandsverantwortlichkeit der E aus § 18 NRWOBG im Wege der Gesamtrechtsnachfolge gem. §§ 1922, 1967 BGB auf S übergegangen ist.

Man könnte daran denken, dass die ursprünglich bestehende **abstrakte** – dh nicht durch eine Ordnungsverfügung konkretisierte – **Zustandsverantwortlichkeit** der E mit deren Tod im Wege der Universalsukzession gem. §§ 1922, 1967 BGB auf ihren Erben übergegangen ist und er somit als Zustandsstörer in Anspruch genommen werden kann.[2]

Die Rechtsnachfolge kommt aber nur dann in Betracht, wenn die Pflicht auch **übergangsfähig** ist. Ob die abstrakte Zustandsverantwortlichkeit nachfolgefähig ist, wird in Rechtsprechung und Literatur nicht einhellig beurteilt. Das BVerwG hat hierzu in einem wegweisenden Urteil[3] festgestellt, dass auch die abstrakte Polizeipflicht eine Pflicht zur Mitwirkung bei der Gefahrenbeseitigung und zur Minimierung des Schadens ist. Sie ist eine Pflicht, die unmittelbar mit dem Eintritt der Gefahr entsteht und eine konkrete Pflichtigkeit darstellt, die gegebenenfalls noch der Umsetzung durch einen Verwaltungsakt bedarf. Es handelt sich hierbei um eine unfertige Verpflichtung, deren wesentliches Merkmal im Zeitpunkt der Gesamtrechtsfolge bereits angelegt und damit hinreichend bestimmt ist. Diese materielle Verpflichtung geht nach Meinung des Gerichts auf den Gesamtrechtsnachfolger über.[4]

Demgegenüber verstehen zahlreiche Stimmen der Literatur die abstrakte Polizeipflicht lediglich als eine abstrakte Position der Verpflichtbarkeit, ohne dass eine kon-

---

1 Vgl. *Götz/Geis* POR § 9 Rn. 87.
2 Vgl. zur Problematik unten Fall 19b A. I.
3 BVerwG JZ 2006, 1124 (1126).
4 BVerwG JZ 2006, 1124 (1126); zust. *Palme* NVwZ 2006, 1130 (1131); krit. hinsichtlich der dogmatischen Begründung aber iErg zust. *Ossenbühl* JZ 2006, 1128 (1129); bereits vor der Entscheidung des BVerwG wurde die Position des Gerichts vertreten von *Stadie* DVBl. 1990, 501 (505), und *Denninger* in Lisken/Denninger PolR-HdB, 5. Aufl. 2012, E Rn. 54. Weitere Rechtsprechungsnachweise finden sich bei *Palme* NVwZ 2006, 1130 (1131), Fn. 36.

krete, übergangsfähige Pflicht des Betroffenen besteht.[5] Danach ist die **Rechtsnachfolge in eine abstrakte Polizeipflicht abzulehnen**. Für diese Ansicht spricht die Systematik der Polizeigesetze. Polizei- und Ordnungsrecht ist vorwiegend Eingriffsrecht. Es normiert die Voraussetzungen, unter denen der Staat in die Rechte der Bürger eingreifen darf. Nicht jedoch statuiert es Verhaltenspflichten, namentlich Gefahrenabwehrpflichten für den Bürger.[6] Es erlaubt der Polizei, Maßnahmen zu ergreifen. Dabei muss die Polizei sowohl ihr Entschließungsermessen als auch ihr Auswahlermessen hinsichtlich Maßnahme und Adressat in korrekter Weise ausüben. Allein diese Anforderungen sprechen gegen die Annahme der materiellen Polizeipflicht, denn erst die konkretisierenden Maßnahmen der Behörde machen den Adressaten zum Pflichtigen.[7] Auch sind bei dem Erlass einer Verfügung zur Gefahrenabwehr jedenfalls im Rahmen der Verhältnismäßigkeit regelmäßig persönliche Belange des Pflichtigen zu berücksichtigen.[8] Dies spricht ebenfalls gegen die Annahme einer abstrakten, von diesen Erwägungen losgelösten Polizeipflicht. Bedenken ergeben sich außerdem daraus, dass eine schon vor Erlass der Polizei- oder Ordnungsverfügung bestehende Gefahrenbeseitigungspflicht die Notwendigkeit der Polizei- und Ordnungsgesetze partiell infrage stellt, weil der Erlass der entsprechenden Ordnungsverfügung dann eigentlich überflüssig wäre. Die in den Gesetzen vorgesehenen oder doch vorausgesetzten Verfügungen hätten nur rein deklaratorischen, allenfalls konkretisierenden Charakter. Auch stünde der Verwaltungsaktcharakter der meisten Ordnungsverfügungen infrage, da ihre Regelungswirkung zweifelhaft sein könnte. Schließlich spricht der Wortlaut des § 18 NRWOBG gegen die Übergangsfähigkeit der abstrakten Zustandsverantwortlichkeit. Danach trifft die Verantwortlichkeit nur den jeweiligen Eigentümer bzw. Sachherrn. Mit dem Verlust des Eigentums oder der Sachherrschaft endet die abstrakte Verantwortlichkeit des früheren Eigentümers und wird mit dem Erwerb beim neuen Eigentümer originär und kraft Gesetztes neu begründet.

Daher scheidet eine Rechtsnachfolge in die abstrakte Zustandsverantwortlichkeit der E aus.

Eine Inanspruchnahme des S als Zustandsstörer kommt gleichwohl in Betracht, weil er als derzeitiger Eigentümer der Bäume gem. § 18 I NRWOBG für die Beseitigung der von ihnen ausgehenden Gefahren verantwortlich ist.

---

5 *Schorsch*, Die Einzel- und Gesamtrechtsnachfolge in die gefahrenabwehrrechtliche Zustands- und Verhaltensverantwortlichkeit, 2007, 99; *Schenke* POR Rn. 292 ff. mwN in Fn. 220; *Dietlein* in Dietlein/Hellermann ÖffR NRW § 3 Rn. 110.

6 *Kingreen/Poscher* POR § 9 Rn. 4; *Schorsch*, Die Einzel- und Gesamtrechtsnachfolge in die gefahrenabwehrrechtliche Zustands- und Verhaltensverantwortlichkeit, 2007, 99.

7 *Kingreen/Poscher* POR § 9 Rn. 49.

8 *Schenke* POR Rn. 294.

Fall 19b

Sachverhalt

Die Begutachtung hat ergeben, dass die Bäume in absehbarer Zeit zu fallen drohen. Das Ordnungsamt entschließt sich – rechtmäßigerweise – dazu, den L als Verhaltensstörer in Anspruch zu nehmen. Hierzu will die Behörde dem L durch eine formell ordnungsgemäße Verfügung aufgeben, die fünf Bäume zu entfernen. Bevor jedoch eine Beseitigungsverfügung ergehen kann, verstirbt L. Kann gegen die F als Ehefrau und Alleinerbin des L eine derartige Verfügung ergehen?

Lösungsvorschlag

Schwerpunkt:
- **Materiell: Gesamtrechtsnachfolge bei abstrakter Verhaltensverantwortlichkeit**

A. Voraussetzungen der Rechtsnachfolge

Voraussetzung der Rechtsnachfolge ist stets, dass ein Nachfolgetatbestand existiert und die öffentlich-rechtliche Pflicht zur Gefahrbeseitigung übergangsfähig ist.

I. Nachfolgetatbestand

Eine öffentlich-rechtliche Normierung der Rechtsnachfolge existiert für den vorliegenden Fall nicht.[1] Es ließe sich aber daran denken, die **zivilrechtlichen Vorschriften der Gesamtrechtsnachfolge** (§§ 1922, 1967 BGB) **analog** anzuwenden. Eine vereinzelt vertretene Auffassung geht jedoch davon aus, dass das Gesetzmäßigkeitsprinzip präzise Vorgaben für eine Rechtsnachfolge fordere, die §§ 1922, 1967 BGB aber zu unbestimmt seien.[2] Die hM[3] begegnet diesen Bedenken pragmatisch, wenn sie fordert, dass die Verwaltung effektiv handeln können muss.[4] Dogmatisch absichern lässt sich dieses Ergebnis mit der Erwägung, dass es sich bei den genannten Normen zwar nur um zivilrechtliche Vorschriften handelt, denen jedoch ein **übergreifender Gedanke** zugrunde liegt, der auch **ins öffentliche Recht hineinwirkt.**[5] Aus Gründen einer effektiven Gefahrenbeseitigung und auch unter Berücksichtigung des Umstands, dass sich die §§ 1922, 1967 BGB im Hinblick auf ihre gute Handhabbarkeit im Zivilrecht bewährt haben, wird man der hM folgen müssen. Ein Nachfolgetatbestand besteht also.

II. Nachfolgefähigkeit

Nachfolgefähig ist eine öffentlich-rechtliche Pflicht nur, wenn sie übergehen kann.[6] In Rede steht der Übergang einer verhaltensbedingten Ordnungspflicht, die noch nicht durch einen Verwaltungsakt konkretisiert worden ist. Nach einer in der Literatur vertretenen Auffassung sind jedoch Verhaltensverantwortlichkeiten per se nicht übergangsfähig. Sie seien höchstpersönlicher Natur.[7] Soweit es um eine **abstrakte Verantwortlichkeit** der F geht, kann dies dahinstehen, da die Ordnungspflicht noch nicht durch Verwaltungsakt konkretisiert worden ist. Ohne einen solchen ist eine übergangsfähige öffentlich-rechtliche Verpflichtung ohnehin noch nicht entstanden

1 Verwaltungsrechtliche Normen, die den Übergang entspr. Rechte und Pflichten regeln, bestehen nur vereinzelt, so zB § 58 III, 74 V 1, 85 I 3 NRWBauO; Art. 54 II 3 BayBO; § 58 II BWLBO; § 70 VI NBauO; § 57 II SGB I; § 45 I 1 AO und § 4 III, VI BBodSchG.

2 *Peine* JuS 1997, 984 (986 f.); *Rumpf* VerwArch 78 (1987), 269 (273 ff., 276 ff.); *Remmert* in Erichsen/Ehlers AllgVerwR § 18 Rn. 18.

3 OVG NRW NJW 1989, 2834; sogar für eine direkte Anwendung *Stadie* DVBl. 1990, 501 ff. mwN.

4 Vgl. *Rumpf* VerwArch 78 (1987), 269 (273).

5 *Stadie* DVBl. 1990, 501 (502), spricht von »Gemeinrecht«.

6 *Wolffgang/Hendricks/Merz* POR NRW Rn. 409. Näher dazu Fall 19c unter A. II.

7 *Erbguth/Mann/Schubert* BesVerwR Rn. 516; vgl. auch *Wolffgang/Hendricks/Merz* POR NRW Rn. 417, 419 mwN. Vgl. hierzu auch Fall 19e unter A. II. Krit. aber *Kingreen/Poscher* POR § 9 Rn. 49 ff., insbesondere Rn. 56.

und **kann** somit auch **nicht auf einen anderen übergehen**.[8] Besteht eine Gefahrenlage, steht es im Ermessen der Ordnungsbehörde, ob sie einschreiten will. Erst durch die positive Ausübung dieses Ermessens wird eine Pflicht geschaffen, die dann uU übergangsfähig ist.[9]

B. Ergebnis

Da noch kein Verwaltungsakt und damit keine Konkretisierung gegeben ist, ist auch keine Nachfolgefähigkeit möglich. Gegen F kann die von der Behörde erwogene Verfügung nicht ergehen.

8 So iErg auch *Schorsch,* Die Einzel- und Gesamtrechtsnachfolge in die gefahrenabwehrrechtliche Zustands- und Verhaltensverantwortlichkeit, 2007, 102 ff.; *Dietlein* in Dietlein/Hellermann ÖffR NRW § 3 Rn. 110. AA BVerwG JZ 2006, 1124; vgl. dazu die Ausführungen zur abstrakten Zustandsverantwortlichkeit oben Fall 19a, Lösung der Fallvariante; außerdem *Nolte/Niestedt* JuS 2000, 1071 (1074 f.).

9 *Dietlein,* Nachfolge im Öffentlichen Recht, 1999, 91 ff.; *Papier* NVwZ 1986, 256 (262); *Wolffgang/Hendricks/Merz* POR NRW Rn. 419; aA *Würtenberger* in Achterberg/Püttner/Würtenberger BesVerwR II, 2. Aufl. 2000, 7 Rn. 216.

Fall 19c

Sachverhalt

Die Begutachtung hat (wie in der Sachverhaltskonstellation aus Fall 10 – Fallvariante 2) ergeben, dass die Bäume in absehbarer Zeit zu fallen drohen. L hat mittlerweile seine Arbeit verloren und ist mittellos. Das Ordnungsamt gibt der E durch eine formell ordnungsgemäße Verfügung auf, die fünf Bäume zu entfernen. Nach den Erkundigungen der E müsste dies mithilfe eines Krans und durch besondere Fachkräfte erfolgen, da ansonsten durch die Wurzelentfernung das Straßenpflaster aufgerissen würde. Für jeden Baum würde dies 10.000 EUR, insgesamt also 50.000 EUR kosten. Das Grundstück ist jedoch nur 45.000 EUR wert.

Nach einer Klage der E hat das Ordnungsamt die Beseitigungsverfügung auf vier Bäume beschränkt. E verstirbt. Ihr Sohn und Alleinerbe S will wissen, ob er der Beseitigungsverfügung nachkommen muss.

Lösungsvorschlag

Schwerpunkt:
- **Materiell: Gesamtrechtsnachfolge bei konkreter Zustandsverantwortlichkeit**

A. Voraussetzungen der Rechtsnachfolge

Voraussetzung der Rechtsnachfolge ist stets, dass ein Nachfolgetatbestand besteht und die öffentlich-rechtliche Pflicht zur Gefahrbeseitigung übergangsfähig ist.

I. Nachfolgetatbestand

Die §§ 1922, 1967 BGB sind nach obigen Ausführungen (Fall 19b A. I.) für den Fall der Gesamtrechtsnachfolge im öffentlichen Recht anwendbar. Ein Nachfolgetatbestand besteht.

II. Nachfolgefähigkeit

Um nachfolgefähig zu sein, muss eine Pflicht vertretbar sein. Dies ist sie dann, wenn am Maßstab des tatsächlichen Könnens und des dahinter stehenden rechtlichen Sinns die Pflicht auch durch andere Personen erfüllt werden kann.[1] Für eine **Ordnungsverfügung**, die maßgeblich **an das Eigentum** und die damit verbundene Sachherrschaft **anknüpft**,[2] wird dies – richtigerweise – von größeren Teilen der Literatur bejaht.[3] Der Ansicht, die auch in der konkretisierten Zustandsverantwortlichkeit eine höchstpersönliche Pflicht erblicken will, weil die Zustandsverantwortlichkeit immer originär bei dem Rechtsnachfolger entstehe,[4] ist entgegenzuhalten, dass es hier, anders als bei der lediglich abstrakten Zustandspflicht, nicht um eine Neuentstehung, sondern um die Übernahme bereits entstandener Pflichten geht. S ist somit fähig, die Pflicht der E in ihrer Nachfolge zu übernehmen.

B. Ergebnis

S muss der Beseitigungsverfügung nachkommen.

---

1 Vgl. *Wolffgang/Hendricks/Merz* POR NRW Rn. 409 f., für den Fall, dass die Übergangsfähigkeit der Zwangsmittelandrohung aufgrund des dahinter stehenden Beugezwecks abgelehnt wird.

2 Entspr. urteilte HessVGH NVwZ-RR 2015, 270, im Hinblick auf bauordnungsrechtliche Beseitigungs- oder Nutzungsuntersagungsverfügungen; diese seien auf die Liegenschaft bezogene dingliche Verwaltungsakte mit der Folge, dass sie sachbezogen mit der Liegenschaft verbunden seien und das auch dann blieben, wenn ein Eigentums- oder Besitzwechsel stattgefunden habe. Das stelle § 53 V HBO klar (jetzt: § 61 V HBO v. 28.5.2018, GVBl. 2018, 198).

3 *Götz/Geis* POR § 9 Rn. 84 f.; *Drews/Wacke/Vogel/Martens* Gefahrenabwehr 300; *Wolffgang/Hendricks/Merz* POR NRW Rn. 421 mwN; näher zum Begriff der »Dinglichkeit« *R. Schmidt* BesVerwR II Rn. 880 f.; aA *Dietlein,* Nachfolge im Öffentlichen Recht, 1999, 237 ff.; *Dietlein* in Dietlein/Hellermann ÖffR NRW § 3 Rn. 110 ff. (112).

4 *Schenke/Schenke* in Steiner/Brinktrine BesVerwR § 2 Rn. 331 f.

Fall 19d

Sachverhalt

E verstirbt nicht, sondern verkauft ihr Grundstück an K und überträgt ihm das Eigentum. Muss dieser die Beseitigungsverfügung gegen sich gelten lassen?

Lösungsvorschlag

Schwerpunkt:
- **Materiell: Einzelrechtsnachfolge bei konkreter Zustandsverantwortlichkeit**

A. Voraussetzungen der Rechtsnachfolge

Voraussetzung der Rechtsnachfolge ist wiederum, dass ein Nachfolgetatbestand besteht und die öffentlich-rechtliche Pflicht zur Gefahrbeseitigung übergangsfähig ist.

I. Nachfolgetatbestand

Anders als in den bisherigen Beispielen können erbrechtliche Vorschriften nicht herangezogen werden. Die §§ 925, 873 BGB, nach denen sich der Eigentumsübergang vollzieht, können gleichfalls nicht fruchtbar gemacht werden, da sie sich eindeutig nur auf die Eigentumsübertragung, nicht aber auf andere Rechte und vor allem Pflichten beziehen. Eine Ansicht in der Literatur hält es daher für notwendig, mangels eines Nachfolgetatbestandes gegen den Neueigentümer, hier K, eine eigenständige Beseitigungsverfügung zu erlassen.[1] Die (wohl herrschende) Gegenauffassung lehnt dies als nicht sachgerecht ab. Einerseits sei die Effektivität der Verwaltung durch die Möglichkeit sog. **Kettenveräußerungen** in Gefahr,[2] andererseits bestehe bei sach- und dabei vor allem grundstücksbezogenen Verfügungen eine gewisse Dinglichkeit,[3] die es rechtfertige, sie mit dem Eigentum übergehen zu lassen.[4] Gegen die im Ansatz nicht unbegründeten dogmatischen Bedenken der erstgenannten Ansicht[5] muss insbesondere die Gefahr der Kettenveräußerung angeführt werden, der unbedingt zu begegnen ist. Es kann nicht angehen, dass eine gefahrenabwehrende Verfügung auf Dauer durch fortgesetzte Eigentümerwechsel ins Leere läuft. Problemen, die sich aufgrund von Besonderheiten in der Person des Rechtsnachfolgers er-

1 *Dietlein,* Nachfolge im Öffentlichen Recht, 1999, 237 ff.; *Würtenberger* in Ehlers/Fehling/Pünder BesVerwR III § 69 Rn. 260; *Drews/Wacke/Vogel/Martens* Gefahrenabwehr 300; *Wolffgang/Hendricks/Merz* POR NRW Rn. 424; *Gusy* POR Rn. 358 ff.; diff. *Nolte/Niestedt* JuS 2000, 1172 (1173 ff.).

2 *Erbguth/Mann/Schubert* BesVerwR Rn. 517.

3 Diese Argumentation stammt vor allem aus dem Baurecht. Danach stellen bauordnungsrechtliche (insbesondere Abriss-)Verfügungen sach-, grundstücks- bzw. objektbezogene Regelungen dar, die ohne Ansehung der Person gleichsam als »Last« auf dem Grundstück ruhen und den Rechtsnachfolger in die Pflicht nehmen (vgl. hierzu *Denninger* in Lisken/Denninger PolR-HdB, 5. Aufl. 2012, D Rn. 124; BHKM/*Heckmann* ÖffR Bayern 3. Teil Rn. 191; krit. ggü. einem vorschnellen Rekurs auf den Aspekt der »Dinglichkeit« *de Wall,* Die Anwendbarkeit privatrechtlicher Vorschriften im öffentlichen Recht, 1999, 498 ff.). Bezogen auf § 53 V HBO aF (jetzt: § 61 V HBO v. 25.5.2018, GVBl. 2018, 198) vertritt HessVGH NVwZ-RR 2015, 270, der dortige Begriff des Rechtsnachfolgers sei im Zusammenhang mit den weiteren baurechtlichen Vorschriften dahingehend auszulegen, dass bei wechselnden Besitzverhältnissen neben den zivilrechtlichen Nachfolgetatbeständen Rechtsnachfolger auch sei, wer als Inhaber der tatsächlichen Gewalt in die bauordnungsrechtlich relevante Nutzung eintrete und diese Nutzung fortführe, die Gegenstand einer bauordnungsrechtlichen Verfügung gewesen sei.

4 BVerwG NJW 1971, 1624.

5 *Dietlein,* Nachfolge im Öffentlichen Recht, 1999, 237 ff.; *Würtenberger* in Ehlers/Fehling/Pünder BesVerwR III § 69 Rn. 260; *Drews/Wacke/Vogel/Martens* Gefahrenabwehr 300; *Wolffgang/Hendricks/Merz* POR NRW Rn. 424; *Gusy* POR Rn. 358 ff.; diff. *Nolte/Niestedt* JuS 2000, 1172 (1173 ff.).

geben, kann im Rahmen der Verwaltungsvollstreckung angemessen begegnet werden.[6] Denn Vollstreckungsmaßnahmen oder ihre Androhung sind als jeweils selbstständige und mithin selbstständig anfechtbare Verwaltungsakte anzusehen.[7] Ist dem zu vollstreckenden Verwaltungsakt die Grundlage entzogen, zB aufgrund von Erfüllung, Zweckerreichung, objektiver Unmöglichkeit, bereits durchgeführtem Vollzug oder Änderung der Rechtslage, so kann und muss dies zugunsten des Rechtsnachfolgers im Vollstreckungsverfahren, aber auch erst dann, berücksichtigt werden.[8] Aufgrund der **Grundstücksbezogenheit der** gegen E gerichteten **Verfügung** bedarf es also ausnahmsweise keines Nachfolgetatbestandes.

II. Nachfolgefähigkeit

Die Beseitigungsverfügung ist nachfolgefähig. Die mit der Beseitigungsverfügung angeordnete Handlung kann ohne Weiteres auch durch K ausgeführt werden.

B. Ergebnis

K muss die Beseitigungsverfügung gegen sich gelten lassen.

6 Krit. allerdings zur Rechtsnachfolge bei einer durch Verwaltungsakt konkretisierten Zustandsverantwortlichkeit: *Schenke* POR Rn. 292 ff. mwN.
7 OVG NRW OVGE 21, 193.
8 OVG NRW OVGE 21, 193 (194).

Fall 19e

Sachverhalt

Legen Sie Fall 19b zugrunde. Bevor der L verstirbt, ergeht an ihn eine Beseitigungsverfügung. Muss auch die F diese gegen sich gelten lassen?

Lösungsvorschlag

Schwerpunkt:
- **Materiell: Gesamtrechtsnachfolge bei konkretisierter Verhaltensverantwortlichkeit**

A. Voraussetzungen der Rechtsnachfolge

I. Nachfolgetatbestand

Einen Nachfolgetatbestand bilden die §§ 1922, 1967 BGB.[1]

II. Nachfolgefähigkeit

Die Nachfolgefähigkeit der öffentlich-rechtlichen Verpflichtung wäre von vornherein abzulehnen, wenn die Verhaltensverantwortlichkeit per se höchstpersönlicher Natur ist. Die hL nimmt dies an, da die Verhaltensverantwortlichkeit schon begrifflich an eine Person gebunden sei.[2] Dem ist entgegen zu halten, dass die **Nachfolgefähigkeit** sich nicht an der Verursachung orientiert, sondern an der **Erfüllbarkeit.**[3] Auch im Zivilrecht gehen Ansprüche, die aus einem persönlichen Verhalten resultieren, kraft Nachfolgetatbestandes auf den Rechtsnachfolger über.[4] Wird bereits der Nachfolgetatbestand dem Zivilrecht entlehnt, ist es nur konsequent, auch seine Übergangsfähigkeit wie im Zivilrecht zu beurteilen. Die Beseitigungsverfügung ist daher auch nachfolgefähig.

B. Ergebnis

Die F muss die Beseitigungsverfügung gegen sich gelten lassen.

Ergänzende Hinweise

1. Der Fall einer **Einzelrechtsnachfolge in eine abstrakte Verhaltensverantwortlichkeit** ist kaum denkbar. Anders als im Falle der Zustandsverantwortlichkeit existiert keine Rechtsposition, an der eine zusätzliche öffentlich-rechtliche Pflicht »haften« und mit der sie übergehen kann. Lediglich in Fällen der zivilrechtlichen Schuldübernahme nach §§ 414, 415 BGB[5] und der Zweckveranlassung ließe sich Derartiges zumindest erwägen. Legt man Fall 12 zugrunde, ergibt sich Folgendes: Verkauft der F, der durch die Aufstellung von Fernsehern Verkehrsgefährdungen auslöste, sein Geschäft, so könnte mit den mitverkauften Fernsehern aufgrund ihrer Sachbezogenheit auch die Unterlassungsverfügung mit übergehen (Nachfolgetatbestand). Der Ansatz der sog. Dinglichkeit dürfte hierbei aber selbst nach der hM (vgl. Fall 19d)

---

1 S. Fall 19b unter A. I.

2 *Erbguth/Mann/Schubert* BesVerwR Rn. 516; *Dietlein,* Nachfolge im Öffentlichen Recht, 1999, 233 (237), und wohl auch *Schenke/Schenke* in Steiner/Brinktrine BesVerwR § 2 Rn. 332 f.; diff. *Rhein* OBG NRW § 18 Rn. 34; krit. aber *Kingreen/Poscher* POR § 9 Rn. 49 ff.

3 So auch *Nolte/Niestedt* JuS 2000, 1071 (1074).

4 *Wolffgang/Hendricks/Merz* POR NRW Rn. 412.

5 Hierzu im Einzelnen *Nolte/Niestedt* JuS 2000, 1071 (1075).

überspannt sein, da die Gefahr nicht aus eben jener Dinglichkeit, sondern allein aus einem bestimmten Verhalten folgt (näher *Nolte/Niestedt* JuS 2000, 1071 [1075]).

2. Ebenso wenig denkbar – und demgemäß von geringer Prüfungsrelevanz – ist eine **Einzelrechtsnachfolge in eine konkretisierte Verhaltensverantwortlichkeit** (vgl. *Nolte/Niestedt* JuS 2000, 1172 [1176]).

3. Zu dem in Prüfungsarbeiten recht häufig anzutreffenden Komplex der Nachfolge in polizei- und ordnungsrechtliche Pflichten vgl. die instruktiven Beiträge von *Rau* JURA 2000, 37; *Nolte/Niestedt* JuS 2000, 1071 und 1172; *Stückemann* JA 2015, 569.

20. Fall: Werbung für den Bürgermeister

Sachverhalt

Im September soll in der kreisangehörigen nordrhein-westfälischen Stadt A die Wahl zum/zur hauptamtlichen Bürgermeister/in stattfinden. Für die B-Partei wird die C kandidieren. Schon im Februar lässt der Stadtverband der B-Partei durch einige – namentlich unbekannt gebliebene – Mitglieder im gesamten Stadtgebiet auf den Fußgängerwegen der Gemeindestraßen Plakate aufstellen, auf denen die C sowie die Aufschrift »Sympathisch ... für die Menschen hier! Frau C./B-Partei« abgebildet sind. Jeweils drei Plakate, die auf Ständern angebracht sind, befinden sich um eine Straßenlaterne herum. Eine Genehmigung hierfür wurde von der Stadt A nicht erteilt.

Nachdem die Stadt A von der Plakatierung Kenntnis erlangt hatte, wies sie den Stadtverband der B-Partei informell auf seine Beseitigungspflicht hin; man habe bisher niemandem die freie Plakatierung zur politischen Werbung erlaubt. Der Stadtverband lehnt eine Beseitigung jedoch ab. Da man sämtliche Plakate mittlerweile mit zusätzlichen Aufklebern versehen habe, die Hinweis auf eine Ortsbegehung der C geben, könne man sich auf § 4 I lit. a der Sondernutzungssatzung der Stadt A berufen. Hierin heißt es: »Plakatierungen durch politische Parteien anlässlich ihrer Veranstaltungen bedürfen statt einer Genehmigung lediglich der Anzeige.« Die Sondernutzungssatzung erging formell und materiell rechtmäßig auf der Grundlage von § 19 NRWStrWG.[1]

Kann die Stadt A vom Stadtverband der B-Partei die Beseitigung der Plakate verlangen?

Anmerkung

Aus Nr. 1.1 iVm Nr. 3 des Gemeinsamen Runderlasses des Ministeriums für Verkehr, Energie und Landesplanung – III B 2-22-33 – und des Innenministeriums – 11/20-10.10 – »Lautsprecher und Plakatwerbung aus Anlass von Wahlen, Volksbegehren und Volksentscheiden in Nordrhein-Westfalen« v. 8.8.2003 (MBl. NRW. 2003, 1010), zuletzt geändert durch Runderlass v. 4.3.2005 (MBl. NRW. 2005, 431), ergibt sich, dass Plakatwerbung aus Anlass von Wahlen in den letzten drei Monaten vor der Wahl straßenverkehrsrechtlich (vgl. §§ 33 I 1 Nr. 3, 46 II 1 StVO) erlaubt ist.

1 § 19 NRWStrWG lautet: »Die Gemeinde kann durch Satzung bestimmte Sondernutzungen in den Ortsdurchfahrten und in den Gemeindestraßen von der Erlaubnispflicht befreien und die Ausübung regeln. Die Satzung bedarf für die nicht in der Baulast der Gemeinde stehenden Ortsdurchfahrten der Zustimmung des Trägers der Straßenbaulast.«

Lösungsvorschlag

Schwerpunkte:

- **Materiell:**
  - **Straßen- und Wegerecht (Gemeingebrauch, Sondernutzung, kommunikativer Verkehr)**
  - **subsidiäre Anwendbarkeit des allgemeinen Ordnungsrechts**
  - **Verhältnismäßigkeit einer Untersagung bei erlaubnispflichtiger Tätigkeit**

Die Beseitigung der Plakate könnte durch eine Beseitigungsanordnung der Stadt A gegenüber dem Stadtverband der B-Partei erreicht werden. Fraglich ist, ob eine solche rechtmäßig ergehen kann.

A. Ermächtigungsgrundlage

Als Ermächtigungsgrundlage für eine Beseitigungsanordnung kommt § 22 S. 1 NRWStrWG[2] in Betracht. Danach kann die zuständige Behörde im Falle der unerlaubten Benutzung einer Straße die zur Beendigung der Benutzung erforderlichen Maßnahmen anordnen.

B. Formelle Rechtmäßigkeit

I. Zuständigkeit

Zuständig für den Erlass einer Anordnung nach § 22 S. 1 NRWStrWG ist die für die Erteilung einer straßenrechtlichen Sondernutzungserlaubnis zuständige Behörde. Dies ist, da es sich nicht um eine Ortsdurchfahrt, dh eine Bundes-, Landes- oder Kreisstraße innerhalb einer Ortschaft (vgl. § 5 NRWStrWG[3]) handelt, nach § 18 I 2 NRWStrWG[4] die Straßenbaubehörde. Straßenbaubehörde ist die Behörde derjenigen Körperschaft, die die Baulast für die betreffende Straße trägt (vgl. §§ 9, 9a, 47 I NRWStrWG[5]). Diese Aufgabe obliegt für Gemeindestraßen gem. § 56 II 1 Nr. 3 NRWStrWG[6] der jeweiligen Gemeinde, hier also der Stadt A.

II. Verfahren

Da eine Anordnung, die die Beendigung der Straßenbenutzung herbeiführen soll, einen belastenden Verwaltungsakt darstellt, muss der Adressat vor ihrem Erlass nach § 28 I NRWVwVfG angehört werden. Ein Anhörungsverfahren kann in der informellen Beseitigungsaufforderung und der folgenden Reaktion durch den Stadtverband der B-Partei gesehen werden.

2 Art. 18b I 1 BayStrWG; § 16 VIII 1 BWStrG; § 17a I 1 HStrG; § 22 S. 1 NStrG.
3 Art. 4 BayStrWG; § 8 BWStrG; § 7 HStrG; § 4 NStrG.
4 Art. 18b I BayStrWG; § 16 II 1 BWStrG; § 16 I 1 HStrG; § 18 I 2 NStrG.
5 Art. 9, 47 I BayStrWG; §§ 9, 44 BWStrG; §§ 9, 43 HStrG; §§ 9, 48 NStrG.
6 Art. 58 II Nr. 3 BayStrWG; § 50 III Nr. 3 BWStrG; § 46 III HStrG; § 48 NStrG.

III. Form

Die Beendigung einer unerlaubten Straßenbenutzung stellt eine Aufgabe der Gefahrenabwehr dar.[7] Die einzuhaltende Form richtet sich daher mangels spezieller Regelung im nordrhein-westfälischen Straßen- und Wegegesetz nach den allgemeinen Regeln des Ordnungsbehördenrechts und mithin nach § 20 I 1 NRWOBG.[8] Die Anordnung muss schriftlich ergehen.

C. Materielle Rechtmäßigkeit

I. Voraussetzungen der Ermächtigungsgrundlage

Der Erlass einer Anordnung nach § 22 S. 1 NRWStrWG[9] setzt voraus, dass eine Straße ohne die erforderliche Erlaubnis benutzt wird.[10]

1. Straßenbenutzung

Eine Straße umfasst sowohl die Fahrbahn als auch den Fußweg (§ 2 II Nr. 1 lit. b NRWStrWG).[11] Straßenbenutzung ist jede Betätigung im öffentlichen Straßenraum. Damit stellt auch das Aufstellen von Plakatständern eine Straßenbenutzung dar.

2. Erlaubnispflicht

a) Gemeingebrauch und Sondernutzung

Erlaubnispflichtig ist die Straßenbenutzung dann, wenn eine Straße über den Gemeingebrauch hinaus benutzt wird, § 18 I 1 und 2 NRWStrWG. Eine solche Nutzung wird als Sondernutzung bezeichnet.[12] Was vom Gemeingebrauch umfasst ist, richtet sich gem. § 14 I NRWStrWG nach der **Widmung** der Straße, dh ihrer Bestimmung für die Öffentlichkeit zu einer bestimmten Art und Weise des Gebrauchs,[13] sowie nach den **straßenverkehrsrechtlichen Vorschriften**. Unzweifelhaft ist insoweit, dass Straßenbenutzungen wie Gehen, Fahren, Stehenbleiben, Unterhalten uÄ sich im Rahmen der Widmung einer gewöhnlichen Gemeindestraße halten. Probleme treten dagegen regelmäßig dann auf, wenn die Straße zur gezielten, nicht lediglich privaten Informationsweitergabe (Werbung), sei sie politischer oder nicht politischer Natur, genutzt wird. Dies unterfällt dem Begriff des sog. **kommunikativen Ver-**

---

7 Vgl. *Fickert* StraßenR NRW § 22 Rn. 1 ff.; allg. zur Einordnung des Straßenrechts als Kategorie des Verwaltungsrechts und des Straßenverkehrsrechts als Sonderordnungsrecht der Gefahrenabwehr, *Axer* in Schoch BesVerwR Kap. 6 Rn. 16 f. mwN.

8 § 20 I 1 NRWOBG lautet: »Anordnungen der Ordnungsbehörde, durch die von bestimmten Personen oder einem bestimmten Personenkreis ein Handeln, Dulden oder Unterlassen verlangt oder die Versagung, Einschränkung oder Zurücknahme einer rechtlich vorgesehenen ordnungsbehördlichen Erlaubnis oder Bescheinigung ausgesprochen wird, werden durch schriftliche Ordnungsverfügungen erlassen.«

9 S. auch Fall 12 unter B. I. 1. (Ermächtigungsgrundlage für die Verbotsverfügung): Anders als dort liegt hier eine erlaubnispflichtige Straßennutzung (durch die B-Partei) vor, sodass § 22 S. 1 NRWStrWG – und nicht die Generalklausel – einschlägig ist.

10 Zum ungeschriebenen Tatbestandsmerkmal der Gefahreignung im Text unter C. I. 3.

11 Vgl. *Fickert* StraßenR NRW § 18 Rn. 3.

12 Vgl. *Axer* in Schoch BesVerwR Kap. 6 Rn. 102 f. mwN.

13 *Herber* in Kodal/Krämer StraßenR Kap. 8 Rn. 1 ff.

kehrs, der aufgrund des Einflusses von Art. 5 I 1 GG[14] – für Parteien tritt Art. 21 GG hinzu – noch als von der Widmung gedeckt angesehen werden muss.[15] Jedwede Werbung in obigem Sinne, auch die politische, **überschreitet** aber dann die Grenzen der Widmung und somit die des Gemeingebrauchs hin zur Sondernutzung, wenn sie **unter Zuhilfenahme von Vorrichtungen** und/oder Hilfsmitteln wie zB Plakaten erfolgt.[16] Begründen lässt sich dies damit, dass bewegliche oder unbewegliche Werbeträger jedenfalls abstrakt zumindest zeitweise geeignet sind, die Sicherheit und Leichtigkeit des Verkehrs zu beeinträchtigen.[17]

Damit steht fest, dass die Plakatierung des Stadtverbandes der B-Partei Sondernutzung iSd § 18 NRWStrWG und mithin grundsätzlich erlaubnispflichtig ist.

b) Ausnahme aufgrund der Sondernutzungssatzung

Fraglich ist, ob sich durch den zusätzlich angebrachten Hinweis auf eine Ortsbegehung der C an der Erlaubnispflicht etwas ändert. Eine **Ausnahme von der Erlaubnispflicht** besteht nämlich nach § 4 I lit. a der Sondernutzungssatzung des Rates der Stadt A für **Plakatierungen durch politische Parteien anlässlich ihrer Veranstaltungen**. In diesen Fällen ist lediglich eine Anzeige erforderlich.

Ob die Plakatierungen, auch nach Anbringung des zusätzlichen Hinweises auf die Ortsbegehung, als Hinweis auf eine Veranstaltung der B-Partei iSd Satzung angesehen werden können, erscheint allerdings zweifelhaft. Zu berücksichtigen ist nämlich, dass die Bürgermeisterwahl in nicht allzu ferner Zukunft stattfindet und C Kandidatin ist. Die Plakatierungen dienen daher erkennbar vornehmlich dazu, die Person der C bekanntzumachen. Sie sind Werbung für eine Person, nicht für eine Veranstaltung. Der Hinweis auf eine Veranstaltung wurde erst nachträglich angebracht und hat lediglich temporäre Gültigkeit. Sobald der Veranstaltungszeitpunkt abgelaufen ist, steht erneut allein die Person der C im Vordergrund. Abgesehen davon hätte der Veranstaltungshinweis von den Plakatierungen getrennt erfolgen können und, soweit von dem Stadtverband der B-Partei lediglich eine Anzeigepflicht angestrebt war, auch müssen.

Die Plakatierung fällt nicht unter den Ausnahmetatbestand des § 4 I lit. a der Sondernutzungssatzung der Stadt A. Sie ist somit auf jeden Fall, mit oder ohne Hinweis auf eine Ortsbegehung, als erlaubnispflichtige Sondernutzung anzusehen.

c) Ausnahme aufgrund Wahlwerbung

Fraglich ist, ob die Tatsache, dass es sich bei der Plakatierung um Wahlwerbung handelt, eine Ausnahme von der Erlaubnispflicht ermöglicht. Dies könnte sich aus der Privilegierung der politischen Parteien durch Art. 21 GG ergeben. Aufgrund des bereits geschilderten abstrakten Gefahrenpotentials, das Werbeträgern für den

---

14 Zur Anwendbarkeit des Art. 5 I 1 und II GG auf politische Parteien Sachs/*Ipsen* GG Art. 21 Rn. 45.

15 Hierzu näher *Fickert* StraßenR NRW § 14 Rn. 34 ff.

16 *Fickert* StraßenR NRW § 14 Rn. 38; *Grote* in Kodal/Krämer StraßenR Kap. 25 Rn. 104 ff.; vgl. *Axer* in Schoch BesVerwR Kap. 6 Rn. 93 f.

17 BVerwG NJW 1975, 1289; OVG NRW NJW 1975, 989; vgl. auch SchlHOVG BeckRS 2017, 124360; SaarlOVG KommJur 2017, 177; so unter anderem für das Aufstellen von Informationsständen iErg auch *v. Danwitz* in Schoch BesVerwR, 15. Aufl. 2013, Kap. 7 Rn. 62.

Straßenverkehr zukommt, ist dies jedoch abzulehnen. Es bleibt daher dabei, dass die Plakatierung als erlaubnispflichtige Sondernutzung anzusehen ist.[18]

3. Gefahreignung

Neben der bloßen Überschreitung des Gemeingebrauchs ist allgemein anerkannt, dass für die Erlaubnispflicht einer Sondernutzung diese zumindest auch geeignet sein muss, den Gemeingebrauch überhaupt zu beeinträchtigen.[19] Dies kann bei Plakatierungen regelmäßig deshalb angenommen werden, weil Verkehrsteilnehmer ihre Aufmerksamkeit darauf richten werden. Eine Beeinträchtigung der Sicherheit und Leichtigkeit des Straßen- und Gehwegverkehrs ist die Folge.[20]

4. Zwischenergebnis

Die Voraussetzungen des § 22 S. 1 NRWStrWG sind erfüllt.

II. Verantwortlichkeit des Stadtverbandes der B-Partei

Eine Beseitigungsanordnung darf an den Stadtverband der B-Partei, vertreten durch seinen Vorstand, nur dann gerichtet werden, wenn dieser für die unerlaubte Straßenbenutzung verantwortlich ist. Mangels spezialgesetzlicher Regelungen der Verantwortlichkeit finden die §§ 17, 18 NRWOBG[21] Anwendung. In Betracht kommt eine Inanspruchnahme des Stadtverbandes der B-Partei nach § 17 III NRWOBG. Verursacht eine Person, die zu einer Verrichtung bestellt ist, in Ausführung dieser Verrichtung eine Gefahr, können danach Maßnahmen auch gegen diejenige Person gerichtet werden, die die andere zu der Verrichtung bestellt hat. Die Mitglieder des Stadtverbandes der B-Partei, die die Plakatierungen und damit die unerlaubte Straßenbenutzung vorgenommen haben, handelten im Auftrag des Stadtverbands, sodass der Stadtverband als Verhaltensstörer iSd § 17 III NRWOBG für die unerlaubte Straßenbenutzung verantwortlich ist.

III. Fehlerfreie Ermessensbetätigung

Die Anordnung der zur Beseitigung einer unerlaubten Straßenbenutzung erforderlichen Maßnahmen nach § 22 S. 1 NRWStrWG steht im Ermessen der Behörde. Die Behörde hat daher grundsätzlich Ermessen sowohl hinsichtlich der Fragen, ob (Entschließungsermessen) und wie (Auswahlermessen bezüglich verschiedener Maßnahmen) sie tätig wird, als auch hinsichtlich der Frage, gegen wen sie etwaige Maßnahmen richtet (Auswahlermessen bezüglich verschiedener Verantwortlicher). Die Ermessensausübung muss nach § 40 NRWVwVfG dem Zweck der Ermächtigung entsprechen und die gesetzlichen Grenzen des Ermessens einhalten.

Sind die Voraussetzungen der Ermächtigungsgrundlage erfüllt, ist es nur in Ausnahmefällen ermessensfehlerhaft, überhaupt tätig zu werden. Ein solcher Ausnahmefall liegt nicht vor. Ein Einschreiten der Stadt A war daher eine fehlerfreie Betätigung des Entschließungsermessens. Die Anordnung zur Beseitigung der Plakate beendet die uner-

18 Vgl. *Fickert* StraßenR NRW § 14 Rn. 39; umfassend *Friehe* NVwZ 2016, 887.
19 *Fickert* StraßenR NRW § 18 Rn. 12; Schmidt-Aßmann/*Salzwedel*, Besonderes Verwaltungsrecht, 10. Aufl. 1995, 8. Abschn. Rn. 33, unter Hinweis auf den früheren § 23 I NRWStrWG.
20 Hierzu BVerwG NJW 1975, 1289; OVG NRW NJW 1975, 989.
21 Art. 9 I und II BayLStVG; §§ 6, 7 BWPolG; §§ 6, 7 HSOG; §§ 6, 7 NSOG.

laubte Straßenbenutzung und entspricht damit dem Zweck des § 22 S. 1 NRWStrWG. In der Beseitigungsanordnung liegt daher eine fehlerfreie Ausübung des Auswahlermessens hinsichtlich des zu ergreifenden Mittels. Auch die Entscheidung, die Beseitigungsanordnung an den Stadtverband der B-Partei, vertreten durch den Vorstand, zu richten, ist ermessensfehlerfrei. Zwar kamen als Adressaten daneben diejenigen Mitglieder des Stadtverbandes in Betracht, die die Plakatierung vorgenommen haben, doch sind diese namentlich unbekannt geblieben. Der Erlass einer an sie gerichteten Beseitigungsanordnung scheidet daher aus.

Der Erlass einer Beseitigungsanordnung an den Stadtverband der B-Partei, vertreten durch den Vorstand, ist daher ermessensfehlerfrei.

IV. Allgemeine Anforderungen

1. Verhältnismäßigkeit

Die Beseitigungsanordnung ist geeignet, die Sondernutzung zu unterbinden. Ein milderes, ebenso geeignetes Mittel ist nicht ersichtlich, sodass die Beseitigungsanordnung auch erforderlich ist. Im Rahmen der Angemessenheit ist jedoch zu berücksichtigen, dass es eine unzumutbare Belastung des Adressaten darstellt, eine Beseitigung ohne Fristsetzung zur Antragstellung zu verlangen, wenn eine Sondernutzungserlaubnis im anschließenden Verfahren noch nachträglich erteilt werden kann.[22] Fraglich ist daher, ob dem Stadtverband der B-Partei nachträglich die erforderliche Sondernutzungserlaubnis erteilt werden könnte.

Die Erteilung einer Sondernutzungserlaubnis steht im Ermessen der zuständigen Behörde.[23] Bei der Ermessensausübung könnte entscheidend ins Gewicht fallen, dass die Plakatierung mit dem Bild der C Wahlwerbung darstellt. Innerhalb der üblichen Wahlkampfzeiten kommt den Parteien nämlich aufgrund der Art. 21, 38 I GG, §§ 1 ff. PartG eine Sonderstellung zu.[24] Diese bewirkt, dass sich das Ermessen im Regelfall auf Null reduziert und die Parteien innerhalb der üblichen Wahlkampfzeiten einen Rechtsanspruch auf Erlaubniserteilung haben.[25]

Fraglich ist allerdings, ob die Plakatierung des Stadtverbandes der B-Partei innerhalb der üblichen Wahlkampfzeiten erfolgte. Orientiert man sich zur Ermittlung dessen, was für Plakatierungen[26] als übliche Wahlkampfzeiten anzusehen ist, an Nr. 3.1 des Gemeinsamen Runderlasses des (nordrhein-westfälischen) Ministeriums für Verkehr, Energie und Landesplanung und des Innenministeriums[27], so gilt eine Zeitspanne von drei Monaten vor der eigentlichen Wahl. Diese Zeitspanne ist mit höherrangigem Recht, insbesondere dem Grundgesetz, vereinbar. Unter Abwägung der politischen Chancengleichheit und der Beeinträchtigungen der Allgemeinheit hat in der Recht-

22 Vgl. *Fickert* StraßenR NRW § 22 Rn. 2.

23 *Fickert* StraßenR NRW § 18 Rn. 17 ff.

24 *Fickert* StraßenR NRW § 14 Rn. 39.

25 *Fickert* StraßenR NRW § 14 Rn. 39; vgl. zur Ermessensreduzierung in anderen Fällen *Axer* in Schoch BesVerwR Kap. 6 Rn. 113 ff. mwN.

26 Für den Betrieb von Lautsprechern werden bspw. vier Wochen als üblich angesehen, vgl. den oben in der Anm. erwähnten Gemeinsamen Runderlass, dort Nr. 2.1.

27 Dazu oben: Anm. zum Grundfall.

sprechung auch schon eine Zeitspanne von (nur) sechs Wochen Billigung gefunden.[28] Damit fand die Plakatierung der B-Partei außerhalb der als üblich anzusehenden Wahlkampfzeiten statt. Dem Umstand, dass es sich bei der Plakatierung um Wahlwerbung handelt, kann daher im Rahmen der Ermessensentscheidung kein besonderes Gewicht beigemessen werden. Stattdessen sind vernünftige, am öffentlichen Interesse orientierte Gründe für eine Ablehnung mit solchen für eine Erteilung der Sondernutzungserlaubnis abzuwägen. Etwaige Ablehnungsgründe müssen dabei allerdings auf wegehoheitliche Aufgaben bezogen sein, dh der Wahrung der Straßensubstanz und des störungsfreien Gemeingebrauchs dienen.[29]

Für die Erteilung der Sondernutzungserlaubnis spricht das Recht der C bzw. der B-Partei auf freie Meinungsäußerung (Art. 5 I 1, Art. 21 GG) in Form von Werbung. Dagegen spricht aber, dass, wie bereits oben erörtert, in Plakatierungen regelmäßig Beeinträchtigungen der Sicherheit und Leichtigkeit des Straßenverkehrs zu sehen sind. Zum einen werden Verkehrsteilnehmer über das durch bereits vorhandene Informationsquellen verursachte Maß hinaus abgelenkt. Zum anderen stellen Plakatständer selbst potentielle Hindernisse und damit Unfallquellen dar. Darüber hinaus, dies kann für einzelne Plakate je nach den Umständen jedoch anders sein, ist mit Beeinträchtigungen der Straßensubstanz schon durch die Plakatierung selbst zu rechnen. Anbringungsvorrichtungen können Schäden hervorrufen. Soweit dies alles für politische Werbung in der Wahlkampfzeit hingenommen wird, ist in der übrigen Zeit eine Ablehnung ermessensfehlerfrei möglich. Da anderen Parteien bzw. politisch engagierten Personen eine Plakatierung in der Stadt A bisher ebenfalls nicht erlaubt worden ist und dies auch für die Zukunft nicht beabsichtigt ist, zwingt selbst Art. 3 I GG über die Grundsätze der Selbstbindung der Verwaltung[30] nicht zur Erlaubniserteilung. Vielmehr sprechen die überwiegenden Gründe gegen die Erteilung einer Sondernutzungserlaubnis. Sie könnte daher auch nachträglich nicht erteilt werden, sodass eine Beseitigungsanordnung angemessen und damit verhältnismäßig ist.

2. Zwischenergebnis

Weitere Bedenken hinsichtlich der Rechtmäßigkeit einer Beseitigungsanordnung bestehen nicht. Sie entspricht damit auch den allgemeinen Anforderungen.

V. Gesamtergebnis

Eine Beseitigungsanordnung der Plakate nach § 22 S. 1 NRWStrWG ist formell und materiell rechtmäßig. Die Stadt A kann daher die Beseitigung der Plakate durch den Stadtverband der B-Partei, vertreten durch den Vorstand, anordnen.

28 OVG RhPf DÖV 1969, 573; VG Augsburg BeckRS 2001, 29636 nimmt an, dass »etwa elf Monate vor den nächsten Kommunalwahlen, der Zeitpunkt noch nicht erreicht ist, an dem sich die Grundrechtspositionen der Antragstellerin […] bereits gleichsam soweit verdichtet hätten, dass von einer Ermessensreduzierung auf Null ausgegangen werden könnte«.

29 Dazu *Axer* in Schoch BesVerwR Kap. 6 Rn. 113 ff. (auch zu verschiedenen Ermessensfehlern).

30 Hierzu BVerwGE 31, 212 (213 ff.) = NJW 1969, 811; BVerwGE 44, 72 (74 f.) = NJW 1974, 573; BVerwG NJW 1988, 2907; vgl. dazu oben den erg. Hinweis 4 zu Fall 14; zur Vertiefung Stelkens/Bonk/Sachs/*Sachs* VwVfG § 40 Rn. 103 ff.

Ergänzende Hinweise

1. Zur **Abgrenzung von Straßenrecht und Straßenverkehrsrecht** vgl. den grundlegenden und sehr instruktiven Aufsatz von *Rebler* BayVBl. 2005, 394; vgl. auch *Steiner* in Steiner/Brinktrine BesVerwR § 4 Rn. 20 ff.; *Axer* in Schoch BesVerwR Kap. 6 Rn. 11 ff.

2. Manche Städte versuchen, **Obdachlose aus den Innenstädten** zu verweisen, indem sie deren Verhaltensweisen durch Satzung als Sondernutzung definieren. Zu den damit verbundenen Problemen vgl. *Höfling* Die Verwaltung 2000, 207 ff. mwN; *Bindzus/Lange* JuS 1998, 696 mwN; ferner VGH BW NVwZ 1999, 560 (Betteln als Sondernutzung). Zum sog. Verbringungsgewahrsam bereits Fall 5 (dort die Fallvariante).

3. Zum öffentlichen Sachenrecht vgl. etwa: *Stelkens* Die Verwaltung 2013, 493 ff.: Das Recht der öffentlichen Sachen – Allgemeines Verwaltungsrecht, Besonderes Verwaltungsrecht, Trümmerhaufen – oder was?; *R. Schmidt* BesVerwR I, 12. Aufl. 2008, 4. Kapitel; *Peine* AllgVerwR, 11. Aufl. 2015, § 20 ff. mit Beispielsfällen; *Axer* in Schoch BesVerwR Kap. 6 Rn. 22 ff. – zum Straßenrecht als Teil des öffentlichen Sachenrechts.

21. Fall: Eingekesselt[1]

Sachverhalt

Grundfall

Der V ist führendes Mitglied der bundesweit seit Jahren tätigen »Arbeitsgemeinschaft gegen Rechtsradikalismus« (AG), die über einen Vorstand und auch sonst über vereinsähnliche Strukturen verfügt. Am 1.3. meldet er bei dem Polizeipräsidium der nordrhein-westfälischen kreisfreien Stadt K eine Demonstration gegen die Vermietung der örtlichen Stadthalle für den letzten Samstag im Monat an eine rechtsgerichtete Organisation an. Die Demonstration soll am 15.3. neben der Stadthalle auf einer großen Wiese beginnen und nach einer Ansprache mit einem gemeinsamen Marsch durch die Stadt enden; es werden rund 500 Teilnehmer erwartet.

Nachdem die Polizei Erkundigungen über die AG eingeholt und herausgefunden hat, dass zu ihren Demonstrationen auch schon vereinzelt gewaltbereite Mitglieder linksextremer Kreise angereist sind, stellt sie für den 15.3. unter Anforderung zusätzlicher Beamter aus anderen Bundesländern ein großes Aufgebot an Einsatzkräften, insgesamt 600 Polizisten, zusammen.

Am 15.3. sammeln sich die Demonstranten zunächst unbehelligt auf der Wiese neben der Stadthalle. Zu den Demonstranten gehört auch eine Gruppe von etwa 30 Personen, die der Polizei aufgrund ihrer Nachforschungen als gewaltbereit bekannt sind, mit der AG aber in keiner Weise verbunden sind. Noch bevor V zu den Menschen sprechen kann, beginnt die besagte dreißigköpfige Gruppe vom Rand der Menge Flaschen und Steine auf die Polizei, die neben der Stadthalle Stellung bezogen hat, zu werfen. Der Einsatzleiter der Polizei beschließt, die Versammlung sofort zu beenden. Gegenüber seinen Beamten ordnet er die Einkesselung aller Demonstranten an, was anschließend geschieht. Die Demonstranten werden durch einen engen Ring von Polizeibeamten umschlossen, sodass ihnen ein Entfernen von der Wiese und damit auch der Marsch durch die Stadt unmöglich gemacht wird. Nachdem gut drei Stunden vergangen und die meisten Demonstranten müde geworden sind, werden sie einzeln aus dem Kessel herausgelassen.

Die AG will gegen die Einkesselung gerichtlich vorgehen, damit so etwas in Zukunft nicht mehr geschieht. Wird sie Erfolg haben?

Fallvariante

Gehen Sie davon aus, dass das VG ein klageabweisendes Urteil erlässt. V und mehrere weitere Anhänger der AG, die alle bei der Urteilsverkündung im Gerichtssaal anwesend waren, sind empört. Man beschließt, gegen das Urteil sofort vor dem Gerichtsgebäude zu demonstrieren. Polizist P will die Versammlung mit der Begründung, sie sei nicht angezeigt worden, auflösen. Zu Recht?

---

1 Der Fall ist an die Entscheidung VG Hamburg NVwZ 1987, 829 angelehnt.

Lösungsvorschlag Grundfall

Schwerpunkte:
- **Materiell: Versammlungsrecht (Möglichkeiten zur Unterbindung einer Versammlung)**
- **Prozessual:**
  - **Fortsetzungsfeststellungsklage**
  - **Klagebefugnis (sowie Grundrechtsfähigkeit) einer Vereinigung**

Eine Klage der AG hat Erfolg, wenn sie zulässig und begründet ist.

A. Zulässigkeit

I. Verwaltungsrechtsweg

Mangels einer aufdrängenden Spezialzuweisung ist der Verwaltungsrechtsweg gem. § 40 I 1 VwGO eröffnet. Streitentscheidend sind Normen des Versammlungs- oder Polizeirechts, klassische Materien des öffentlichen Rechts. Obwohl möglicherweise die Anwendung von Verfassungsrecht in Gestalt des Art. 8 I GG entscheidungserheblich ist, ist die Streitigkeit nichtverfassungsrechtlicher Art. Die Beteiligten sind keine Verfassungsorgane und damit nicht unmittelbar am Verfassungsleben beteiligt. Der Streitigkeit fehlt es am sog. doppelten Verfassungsbezug.[2] Eine abdrängende Sonderzuweisung besteht nicht. Der Verwaltungsrechtsweg ist eröffnet.

II. Statthafte Klageart

Die AG will gegen die Einkesselung vorgehen, um eine Wiederholung für die Zukunft auszuschließen. Sie begehrt also die gerichtliche Klärung eines abgeschlossenen Sachverhaltes, vgl. § 88 VwGO. Es ließe sich zunächst an eine (allgemeine[3]) Feststellungsklage denken. Sie ist statthaft, wenn das **Bestehen oder Nichtbestehen eines Rechtsverhältnisses** oder die **Nichtigkeit eines Verwaltungsakts** festgestellt werden soll, § 43 I VwGO. Unter einem Rechtsverhältnis versteht man die aus einem konkreten Sachverhalt aufgrund einer öffentlich-rechtlichen Rechtsnorm sich ergebenden rechtlichen Beziehungen einer Person zu einer anderen Person oder zu einer Sache.[4] Ein Rechtsverhältnis[5] könnte dadurch entstanden sein, dass durch die Einkesselung, die den geplanten Marsch durch die Stadt verhindert hat, möglicherweise in das Grundrecht der AG aus Art. 8 I GG[6] eingegriffen wurde.

Gegen die Statthaftigkeit der Feststellungsklage könnte gleichwohl sprechen, dass die Einkesselung eine mit Außenwirkung versehene Einzelfallmaßnahme einer Behörde auf dem Gebiet des öffentlichen Rechts ist und mithin einen Verwaltungsakt iSd

2 Näher dazu *Kopp/Schenke* VwGO § 40 Rn. 32 ff.; krit. *Bethge* JuS 2001, 1100.

3 Eine Übersicht über die Feststellungsklagen bietet *Hufen* VerwProzR § 18 Rn. 1. Beachte aber: Die sog. Fortsetzungsfeststellungsklage (§ 113 I 4 VwGO) wird von der hM als Unterart der Anfechtungsklage betrachtet, hierzu bereits oben Fall 13 mit Fn. 4 und dem erg. Hinweis zu Fall 13.

4 BVerwGE 40, 323 (325) = BeckRS 1972, 30443217; *Hufen* VerwProzR § 18 Rn. 4.

5 Näher Fall 13.

6 Die Berufung auf Art. 2 II 2 GG – Freiheit der Person – ist der AG als Vereinigung verwehrt, schützt dieses Grundrecht doch allein die Freiheit der körperlichen Bewegung, v. Münch/Kunig/*Kunig* GG Art. 2 Rn. 73. Art. 2 II 2 GG wäre aber einschlägig, wenn sich ein einzelner Versammlungsteilnehmer darauf berufen würde, vgl. VG Hamburg NVwZ 1987, 829.

§ 35 S. 1 VwVfG darstellt, der sich, da die sachliche und rechtliche Beschwer entfallen ist,[7] erledigt hat. Gerade in derartigen Fällen ist zu bedenken, dass die (allgemeine) Feststellungsklage in Konkurrenz zur sog. Fortsetzungsfeststellungsklage nach § 113 I 4 VwGO tritt. Die Fortsetzungsfeststellungsklage ist gem. § 113 I 4 VwGO die statthafte Klageart, wenn sich der angegriffene Verwaltungsakt vor der Entscheidung des Gerichts durch Zurücknahme oder anders erledigt hat. § 113 I 4 VwGO steht durch die Bezugnahme im Wortlaut (»vorher«) in engem Zusammenhang mit § 113 I 1 VwGO. Diese Vorschrift regelt den Urteilsausspruch für die Anfechtungsklage. Daraus ergibt sich, dass die Fortsetzungsfeststellungsklage grundsätzlich nur die Fortsetzung eines bereits rechtshängigen[8] Prozesses nach Erledigung des angegriffenen Verwaltungsaktes ermöglichen soll.[9] Da sich aber die Einkesselung – unterstellt sie wäre ein Verwaltungsakt – vor Rechtshängigkeit erledigt hat, scheidet die direkte Anwendung des § 113 I 4 VwGO aus.

§ 113 I 4 VwGO könnte analog anwendbar sein. Für ein entsprechendes Bedürfnis spricht, dass es in einer Vielzahl von Fällen zu einer Erledigung von Verwaltungsakten vor Klageerhebung kommt. Es bestünde eine mit Art. 19 IV GG unvereinbare Rechtsschutzlücke, wenn trotz Vorliegens eines berechtigten Interesses keine gerichtliche Überprüfung des betreffenden Verwaltungsaktes mehr möglich wäre.[10] Nach hM ist § 113 I 4 VwGO daher in diesen Fällen analog anzuwenden.[11]

Die Fortsetzungsfeststellungsklage ist aber nur dann die statthafte Klageart,[12] wenn es sich bei der Einkesselung tatsächlich um einen Verwaltungsakt iSd § 35 S. 1 VwVfG handelt. Fraglich ist also, ob die Einkesselung ein Verwaltungsakt ist. Zweifel bestehen insbesondere am Merkmal der Regelungswirkung. Danach müsste die Maßnahme darauf gerichtet gewesen sein, Rechte oder Pflichten unmittelbar zu begründen, zu ändern, aufzuheben oder mit bindender Wirkung festzustellen bzw. zu verneinen. Mit der Umschließung der Versammlungsteilnehmer wurde ihnen zunächst einmal nur faktisch die Möglichkeit genommen, einen bestimmten räumlichen Bereich zu verlassen, sodass darin ein bloßer Realakt gesehen werden könnte. Eine ausdrückliche Anordnung der Polizei, den Aufenthaltsort nicht zu verlassen, gab es jedenfalls nicht. Andererseits könnte die Einkesselung die konkludente Verpflichtung der Teilnehmer zur Duldung der polizeilichen Handlung beinhalten. Ferner könnte die Einkesselung eine Auflösung der Versammlung sein. Eine Versammlungsauflösung ist stets ein gestaltender Verwaltungsakt, der den im Versammlungsrecht konkretisierten Schutz entfallen lässt. Dafür spricht, dass der Einsatzleiter der Polizei für sich beschlossen hatte, die Versammlung sofort zu beenden. Die Einkesselung aller Demonstranten hatte zum Ziel, die gewaltbereite Gruppe von 30 Personen unter Kontrolle zu bringen, ein »Übergreifen« der Unfriedlichkeit der Minderheit auf die Mehrheit sowie einen geplanten, nunmehr feindseligen Marsch durch die Stadt zu verhindern. Der dicht geschlossene Ring von Polizeibeamten sollte den teils strafrechtlich in Erscheinung

7 Anders *Kopp/Schenke* VwGO § 113 Rn. 102; zum Begriff der Erledigung näher *Ogorek* JA 2002, 222 (224) mwN.

8 Rechtshängigkeit tritt im verwaltungsgerichtlichen Verfahren bereits durch Einreichen der Klage bei Gericht ein, §§ 90 I, 81 I VwGO; dazu bereits oben Fall 13 mit Fn. 13.

9 VG Hamburg NVwZ 1987, 829 (830); *Hufen* VerwProzR § 18 Rn. 42.

10 *Hufen* VerwProzR § 18 Rn. 42.

11 Vgl. nur BVerwGE 12, 87 (90) = BeckRS 1961, 103512; BVerwGE 26, 161 (165) = BeckRS 1967, 103941; BVerwGE 49, 36 (39) = BeckRS 9998, 106903; BVerwG NJW 1991, 581.

12 Vgl. dazu Hinweis 8.

getretenen Personen deutlich machen, dass Gewalt und ihre aggressive Form der Versammlung nicht geduldet werden.

Jedoch spricht die folgende Überlegung entscheidend gegen die Annahme eines Verwaltungsaktes: Eine Auflösungsverfügung muss im Versammlungsrecht wegen ihrer einschneidenden Rechtsfolgen ausdrücklich und eindeutig kundgetan werden. Zudem verpflichtet eine Auflösungs-/Ausschlussverfügung nach § 18 I iVm § 13 II VersG dazu, den Versammlungsort umgehend zu verlassen. Die Demonstranten hätten dieser Aufforderung nicht Folge leisten können, da sie von den Beamten eingeschlossen waren. Im Übrigen haben die Polizeibeamten kein Verhalten gezeigt, aus dem geschlossen werden konnte, dass sie die Versammlung auflösen wollten. Der auf die Teilnehmer ausgeübte bloße Zwang, sich nicht von dem Platz zu entfernen, dürfte eine derartige Deutung nicht zulassen.

Die Fortsetzungsfeststellungsklage ist daher nicht statthaft.[13] Richtige Klageart ist die allgemeine Feststellungsklage gem. § 43 VwGO.

III. Keine Subsidiarität, § 43 II 1 VwGO

Es dürften keine Bedenken hinsichtlich der Subsidiarität einer Feststellungsklage nach § 43 II 1 VwGO bestehen. Danach kann die Feststellung nicht begehrt werden, soweit der Kläger seine Rechte durch Gestaltungs- oder Leistungsklage verfolgen kann oder hätte verfolgen können. Die Subsidiaritätsanordnung beruht auf zwei Erwägungen: Erstens sollen die besonderen Sachentscheidungsvoraussetzungen der Anfechtungs- und Verpflichtungsklage nicht umgangen werden. Zweitens sind Leistungs- und Gestaltungsklagen wegen ihrer Vollstreckbarkeit rechtsschutzintensiver, sodass gegebenenfalls kein Rechtsschutzbedürfnis für eine allgemeine Feststellungsklage besteht.[14] Die Feststellungsklage ist demgemäß nicht subsidiär, wenn sie rechtsschutzintensiver ist. Das ist anzunehmen, wenn durch eine einzige Feststellungsklage eine Vielzahl weiterer Klagen entbehrlich wird.[15] Die Feststellungsklage ist also im vorliegenden Fall subsidiär, wenn gegen die Einkesselung ursprünglich eine Gestaltungsklage, eine Anfechtungsklage iSd § 42 I Alt. 1 VwGO, möglich gewesen wäre. Dazu müsste es sich bei der Einkesselung um einen Verwaltungsakt gehandelt haben. Ein solcher ist aber, wie gezeigt (A. II.), gerade nicht ergangen. Vielmehr stellt die polizeiliche Umschließung der Versammlungsteilnehmer einen Realakt dar, gegen den die Anfechtungsklage nicht möglich ist. Da die AG zudem keinen Verwaltungsakt begehrt, sondern die Rechtswidrigkeit eines in der Vergangenheit liegenden Polizeihandelns festgestellt wissen möchte, scheidet auch die Verpflichtungsklage iSd § 42 I Alt. 2 VwGO aus.

---

13 Vgl. zur Problematik auch Fall 13.

14 *R. Schmidt* VerwProzR Rn. 486.

15 *Detterbeck* AllgVerwR Rn. 1400; *R. Schmidt* VerwProzR Rn. 491.

IV. Klagebefugnis, § 42 II VwGO analog

Nach der Rspr. und einem erheblichen Teil der Lehre ist § 42 Abs. 2 VwGO auch bei einer Feststellungsklage analog anzuwenden, um Popularklagen sowie reine Interessenklagen zu vermeiden.[16]

Die AG müsste geltend machen können, durch die Einkesselung in ihren Rechten verletzt zu sein. In Betracht kommt eine Verletzung des Grundrechts der Versammlungsfreiheit aus Art. 8 I GG. Voraussetzung dafür ist zunächst, dass die AG überhaupt Träger des Grundrechts aus Art. 8 I GG sein kann. Für die Beantwortung dieser Frage ist **Art. 19 III GG** entscheidend. Nach Art. 19 III GG gelten die **Grundrechte** für inländische juristische Personen, soweit sie **ihrem Wesen nach** auf diese **anwendbar** sind. Der Wortlaut der Vorschrift spricht dafür, einer Vereinigung wie der AG, die keine juristische Person ist, die Grundrechtsfähigkeit schon aus diesem Grund abzusprechen. Einem derart engen Verständnis des Art. 19 III GG ist jedoch entgegenzuhalten, dass die Eigenschaft einer juristischen Person nur solchen Vereinigungen zukommt, die die jeweils dafür vorgesehenen gesetzlichen Voraussetzungen, zB die der §§ 21 ff. BGB, erfüllen. Damit läge die Frage der Grundrechtsträgerschaft in der Hand des einfachen Gesetzgebers.[17]

Voraussetzung des Art. 19 III GG ist daher lediglich die Vergleichbarkeit einer Vereinigung mit den Grundstrukturen einer juristischen Person. Dabei ist insbesondere die Fähigkeit zur eigenständigen Willensbildung und zu eigenem Handeln von Bedeutung.[18] Beides wird man für die – vereinsähnlich organisierte – AG annehmen können, sodass sich nur noch die Frage stellt, ob auch Art. 8 I GG dem Wesen nach auf sie anwendbar ist. Auf die Versammlungsfreiheit können sich Vereinigungen berufen, wenn sie ihrer Struktur nach festgefügt und auf eine gewisse Dauer angelegt sind.[19] Da dies für die AG, die bereits seit Jahren bundesweit tätig ist, gilt, kann sie sich auf das Grundrecht aus Art. 8 I GG berufen.

Für die Zulässigkeit einer verwaltungsgerichtlichen Klage muss die Rechtsverletzung nicht erwiesen sein. Es reicht vielmehr aus, dass die Möglichkeit hierfür besteht.[20] Die AG ist durch die Einkesselung daran gehindert worden, ihren Protestmarsch durch die Stadt durchzuführen, und wurde dadurch möglicherweise in ihrem Grundrecht aus Art. 8 I GG verletzt.

Die AG ist klagebefugt.

V. Richtiger Klagegegner; Beteiligtenfähigkeit; Prozessfähigkeit

Der richtige Klagegegner ist der Rechtsträger, also das Land NRW als Träger der Polizei, § 1 NRWPOG. Dieses ist nach § 61 Nr. 1 VwGO[21] als Gebietskörperschaft

16 BVerwGE 74, 1 (4) = BeckRS 1986, 30431498; BVerwGE 99, 64 (66) = BeckRS 9998, 166877; *Brüning* JuS 2004, 882; *Kopp/Schenke* VwGO § 42 Rn. 59; Redeker/v. Oertzen/*v. Nicolai* VwGO § 42 Rn. 44.

17 *Jarass/Pieroth* GG Art. 19 Rn. 16 und 20 mwN.

18 Vgl. *Jarass/Pieroth* GG Art. 19 Rn. 16, 20.

19 *Jarass/Pieroth* GG Art. 8 Rn. 11.

20 StRspr, vgl. nur BVerwGE 28, 131 (132) = BeckRS 9998, 160099; BVerwGE 36, 192 (199) = BeckRS 1970, 30423607; *Kopp/Schenke* VwGO § 42 Rn. 66; *Hufen* VerwProzR § 14 Rn. 108 ff.

21 In Niedersachsen und Brandenburg ergibt sich die Beteiligtenfähigkeit der Behörde aus § 61 Nr. 3 VwGO iVm § 79 I NJG bzw. § 8 I BbgVwGG.

auch beteiligtenfähig. Für die AG ergibt sich gleiches aus § 61 Nr. 2 VwGO unter Bezugnahme auf Art. 8 I GG. Auch für sie muss im Prozess nach § 62 III VwGO ein besonders Beauftragter, etwa der V, handeln.

VI. Besonderes Feststellungsinteresse

Die AG müsste ein berechtigtes Interesse an der begehrten Feststellung haben. In Konstellationen, in denen sich die streitgegenständliche Maßnahme in tatsächlicher Hinsicht erledigt hat, weil keine sachliche Beschwer mehr von ihr ausgeht,[22] muss der Kläger ein besonderes Feststellungsinteresse geltend machen, das demjenigen der Fortsetzungsfeststellungsklage entspricht.[23] Danach ist das besondere Feststellungsinteresse gegeben, wenn a) **Wiederholungsgefahr**[24] im Hinblick auf die angegriffene Maßnahme besteht, b) eine fortbestehende Diskriminierung beseitigt werden soll[25] (sog. **Rehabilitationsinteresse**), c) eine **wesentliche Grundrechtsposition**[26] beeinträchtigt wurde,[27] d) sich der in Rede stehende Verwaltungsakt **typischerweise kurzfristig erledigt** und ohne die Eröffnung der Fortsetzungsfeststellungsklage kein effektiver Rechtsschutz iSv Art. 19 IV GG zur Verfügung stünde[28] oder e) die Rechtswidrigkeit einer Maßnahme im Hinblick auf einen bereits anhängigen[29] **Amtshaftungs- oder Entschädigungsprozess**[30] festgestellt werden soll.[31] Für die AG lässt sich ein besonderes Feststellungsinteresse gleich in mehrfacher Hinsicht begründen. Einerseits besteht für zukünftige ähnliche Veranstaltungen eine Wiederholungsgefahr. Es ist nicht auszuschließen, dass bei einer zukünftigen Demonstration die Polizei wiederum eine Einkesselung vornimmt. Auch wurde mit Art. 8 I GG möglicherweise eine wesentliche Grundrechtsposition in nicht hinnehmbarer Weise beeinträchtigt. Das besondere Feststellungsinteresse besteht also.[32]

VII. Zwischenergebnis

Die Klage der AG ist zulässig.

---

22 Vgl. Eyermann/*Schübel-Pfister* VwGO § 113 Rn. 108.

23 Vgl. BVerwG NVwZ 2018, 739 (740 Rn. 13).

24 BVerwGE 42, 318 (326) = BeckRS 9998, 107216; BVerwGE 80, 355 (365) = BeckRS 9998, 164845.

25 BVerwGE 26, 163 (168) = BeckRS 1967, 103941 (Störer während einer Demonstration); BVerwG NJW, 1991, 581 (Überwachung des Post- und Fernmeldeverkehrs wegen Verdachts einer Straftat); weitere Beispiele bei *Hufen* VerwProzR § 18 Rn. 50.

26 BVerwGE 61, 164 = BeckRS 1980, 30424776 (Elternrecht); BayVGH NJW 2017, 2779 (Nächtliche Sichtung eines Kofferraums); VGH BW NJW 1984, 1832 (Teilnahmepflicht an Tierversuchen); krit. zu dieser Fallgruppe *Hufen* VerwProzR § 18 Rn. 52; *Ogorek* JA 2002, 222 (227); vgl. im Übrigen die Lösung zu Fall 13, Frage 1, unter A. IV.

27 Vgl. zu den Problemen dieser Fallgruppe insbesondere auch bei sich schnell erledigenden Maßnahmen Fall 13.

28 *Kopp/Schenke* VwGO § 113 Rn. 145 mwN; vgl. auch BVerfG NJW 2017, 1939 – erledigter Justizverwaltungsakt.

29 HM, vgl. BayVGH BayVBl. 1983, 473; BVerwG NJW 1989, 2486; *Ogorek* JA 2002, 222 (226 f.) mwN.

30 BVerwG NVwZ 1987, 229 (Schadensersatz wegen Nichternennung bei verspäteter Einweisung in eine begehrte Planstelle); aA VGH BW NVwZ-RR 1991, 518.

31 Anschaulich BVerwG NdsVBl 2014, 124; *Hufen* VerwProzR § 18 Rn. 51; *Ogorek* JA 2002, 222 (226 ff.) mwN.

32 Im Ausgangsfall VG Hamburg NVwZ 1987, 829 (830), nahm das Gericht ferner ein Rehabilitationsinteresse an, wobei dieses aber mit dem Eingriff in Grundrechtspositionen vermengt wurde. Zu dem für ein Rehabilitationsinteresse erforderlichen Kriterium der weiterbestehenden Diskriminierung nahm das VG überhaupt nicht Stellung.

B. Begründetheit

Die Feststellungsklage ist begründet, wenn ein Rechtsverhältnis in dem Sinne besteht, dass die Einkesselung rechtswidrig war und die AG dadurch in ihren Rechten verletzt ist, die Polizei also zur Einkesselung der Demonstranten nicht befugt war.

I. Versammlungsrecht

Eine Ermächtigungsgrundlage für die Einkesselung könnte zunächst im Versammlungsgesetz zu finden sein. In Betracht kommen § 15 I und III VersG[33]. Diese Vorschriften setzen jeweils voraus, dass eine **Versammlung** vorlag.[34]

1. Versammlung

Versammlungen iSd Art. 8 I GG, § 1 I VersG sind örtliche Zusammenkünfte mehrerer Personen zwecks gemeinschaftlicher Erörterung und Kundgebung politischer oder sonstiger öffentlicher Angelegenheiten mit dem Ziel der Teilhabe an der öffentlichen Meinungsbildung.[35] Im Vordergrund steht also die **Verbindung der Teilnehmer der Versammlung durch einen gemeinsamen Zweck.**[36] Meist besteht dieser in der Entfaltung gemeinschaftlicher Kommunikation.[37] Abzugrenzen ist die Versammlung von der sog. **Ansammlung**[38], die durch ein lediglich zufälliges Beisammensein von Personen aus einem rein äußeren Anlass gekennzeichnet ist.[39] Der in § 1 I VersG zusätzlich genannte »Aufzug« ist eine sich fortbewegende Versammlung.[40] Da die Voraussetzungen der Versammlung damit auch für den Aufzug konstitutiv sind, kommt ihm keine eigenständige Bedeutung zu.[41] Ohne Belang ist, ob die Versammlung noch im Entstehen begriffen ist oder sich schon zusammengefügt hat. Der grundrechtliche Schutz aus Art. 8 I GG muss auch die Tätigkeit des Sich-Versammelns umfassen, soll er wirksam sein und nicht leerlaufen.[42]

Die am 15.3. zusammengekommenen Personen wollten gemeinsam gegen die Vermietung der Stadthalle an eine rechtsgerichtete Organisation protestieren. Sie beabsichtigten, ihren Unmut gemeinschaftlich kundzutun, um auf die öffentliche Meinungsbildung Einfluss zu nehmen. Ob die Kundgabe erst mit der Ansprache des V beginnen sollte und die Versammlung sich also noch in der Sammlungsphase befand, ist ohne Belang.

---

33 Vgl. zur ausgelaufenen Gesetzgebungskompetenz des Bundes Hinweis 1 zu diesem Fall. Der folgenden Darstellung sind die Regelungen des VersG des Bundes zugrunde gelegt; NRW hat bislang kein eigenes Versammlungsgesetz erlassen.

34 Wegen der größeren Übersichtlichkeit rechtfertigt sich ein Vorziehen der Frage, ob eine Versammlung vorliegt oder nicht.

35 Zum – umstr. – Versammlungsbegriff BVerfGE 104, 92 (104) = BeckRS 2012, 55832; BVerfG NVwZ 2005, 80, NJW 2001, 2459 (2460); *Tillmanns* JA 2002, 277 (278 f.); *Kingreen/Poscher* POR § 19 Rn. 7 ff.; *Dietlein* in Dietlein/Hellermann ÖffR NRW § 3 Rn. 296 f.

36 Dazu v. Münch/Kunig/*Kunig* GG Art. 8 Rn. 14 mwN; instruktiv *Gröpl/Leinenbach* JA 2018, 8.

37 BVerfGE 69, 315 (342 f.) = BeckRS 1985, 108894.

38 ZB: Fußballspiele, Theateraufführungen, Universitätsvorlesungen, Stammtische.

39 VG Hamburg NVwZ 1987, 829 (830).

40 *Ott/Wächtler/Heinhold*, Gesetz über Versammlungen und Aufzüge, 7. Aufl. 2010, § 1 Rn. 49, sowie *Krüger* VersammlungsR 158 f. zu den wenigen Besonderheiten des Aufzuges.

41 VG Hamburg NVwZ 1987, 829 (830).

42 Hierzu BVerfG NJW 1985, 2395; Sachs/*Höfling* GG Art. 8 Rn. 25; *R. Schmidt* GR Rn. 618; sowie *Behmenburg* LKV 2003, 500.

Möglicherweise steht jedoch dem Vorliegen einer Versammlung die **Gewaltbereitschaft** bzw. -ausübung durch einige der Demonstranten entgegen. In § 2 III, § 5 Nr. 2 und 3, § 13 I Nr. 2 und 3 sowie § 15 I und II VersG wird der Begriff der Versammlung auch im Zusammenhang mit Waffen, Gewalt und unfriedlichem Verhalten verwendet. Hieraus ergibt sich, dass die **Versammlung nicht über das Merkmal der Friedfertigkeit definiert** wird, ein solches Verhalten daher nicht Voraussetzung für das Vorliegen einer Versammlung im Sinne des Versammlungsgesetzes ist.[43]

Folglich war eine Versammlung iSd Versammlungsgesetzes gegeben.

2. Richtige Ermächtigungsgrundlage

Fraglich ist, welche Ermächtigungsgrundlage für die Einkesselung herangezogen werden kann. Da es sich bei der Demonstration der AG um eine Versammlung unter freiem Himmel handelte, die nicht durch seitliche Umgrenzungen geschlossen war, könnte § 15 VersG in der Tat einschlägig ein.

a) Verbot der Versammlung gem. § 15 I Alt. 1 VersG

Die Einkesselung könnte als Versammlungsverbot nach § 15 I Alt. 1 VersG anzusehen sein. Danach kann die zuständige Behörde die Versammlung oder den Aufzug verbieten, wenn nach den zur Zeit des Erlasses der Verfügung erkennbaren Umständen die öffentliche Sicherheit oder Ordnung bei Durchführung der Versammlung oder des Aufzuges unmittelbar gefährdet ist. Bei der von Polizeibeamten durchgeführten Umschließung der Versammlungsteilnehmer kann es sich jedoch nicht um ein Verbot iSd § 15 I Alt. 1 VersG handeln, da Verbote im Vorfeld und nicht im Verlauf einer Versammlung ergehen. Dies zeigt ein Vergleich mit § 15 III VersG, wonach Versammlungen oder Aufzüge aufgelöst werden können, wenn sie gewisse Voraussetzungen nicht erfüllen. Zwischen Verbots- und Auflösungsverfügungen muss also ein Unterschied bestehen, anderenfalls wäre die Regelung des § 15 III VersG überflüssig. Ein solcher Unterschied ist in dem jeweils anderen zeitlichen Anknüpfungspunkt der Maßnahme zu erblicken. Die Einkesselung erfolgte (wie auch nicht anders denkbar) erst, als die Demonstration schon begonnen hatte. Wie bereits gezeigt, kommt es nicht darauf an, ob sich schon alle erwarteten Teilnehmer versammelt hatten. Daher hat es keinen Einfluss auf die rechtliche Bewertung der polizeilichen Maßnahme, dass die Kundgabe erst mit Ansprache des V beginnen sollte.

b) Erteilung einer Auflage gem. § 15 I Alt. 2 VersG

Die Einkesselung der Versammlungsteilnehmer als eine Auflage nach § 15 I Alt. 2 VersG zu verstehen überzeugt ebenfalls nicht. Gegen eine Auflage sprechen die gleichen Gründe wie gegen ein Verbot der Versammlung nach § 15 I Alt. 1 VersG. Auflagen sollen im Vorfeld der Versammlung den prognostizierten Gefahren für die öffentliche Sicherheit und Ordnung entgegenwirken. Wird gegen Auflagen verstoßen, kann die Versammlung nach § 15 III VersG aufgelöst werden. Mithin müssen Auflagen vor Beginn der Versammlung erteilt werden.

---

43 VG Hamburg NVwZ 1987, 829 (831); iErg ebenso *Dietel/Gintzel/Kniesel* VersammlG Teil 1 Rn. 204 f.

c) Auflösung der Versammlung gem. § 15 III VersG[44]

Möglicherweise war die Einkesselung jedoch als Auflösung der Versammlung nach § 15 III VersG rechtmäßig. Unter der Auflösung einer Versammlung versteht man die Beendigung einer bereits vorhandenen Versammlung mit dem Ziel, die Personenansammlung zu zerstreuen.[45] Zwar hat der Einsatzleiter gegenüber den Versammlungsteilnehmern die Auflösung der Versammlung nicht ausdrücklich verfügt, eine Auflösung könnte jedoch konkludent durch die Einkesselung vorgenommen worden sein. Grundsätzlich können Verwaltungsakte auch konkludent erlassen werden, § 37 II NRWVwVfG. Ob dies auch für eine Versammlungsauflösung gilt, erscheint zweifelhaft.

Dagegen sprechen die einschneidenden Rechtsfolgen, die durch eine Auflösungsverfügung ausgelöst werden.[46] Die Auflösung einer Versammlung ist ein gestaltender Verwaltungsakt, der der Versammlung den im Versammlungsrecht konkretisierten Schutz nimmt, indem er die allgemeinen polizeirechtlichen Ermächtigungen zur Anwendung kommen lässt. Die Versammlungsteilnehmer sind infolge der Auflösungsverfügung nach §§ 18 I, 15 III iVm § 13 II VersG verpflichtet, sich sofort zu entfernen. Angesichts dieser Folgen **muss** eine **Auflösungsverfügung ausdrücklich und eindeutig kundgetan werden.**

Hinzu kommt, dass die Polizei auch gar kein Verhalten an den Tag gelegt hat, aus dem geschlossen werden konnte, sie habe die Versammlung auflösen wollen. Der auf die Teilnehmer ausgeübte Zwang, sich von dem Platz, auf den sie von den Polizeikräften gedrängt worden waren, nicht zu entfernen, lässt eine Deutung des Inhalts, die Polizei habe die Versammlung auflösen wollen, nicht zu.[47] Die Einkesselung verhinderte gerade, dass die Versammlungsteilnehmer sich vom Ort der Versammlung fortbewegen konnten. Die Einkesselung kann daher auch nicht als Versammlungsauflösung angesehen und folglich nicht auf § 15 III VersG gestützt werden.

d) Minusmaßnahme

Die Umschließung ist auch keine sog. **Minusmaßnahme**, weil sie die Schwelle einer Auflösungsverfügung nach § 15 III VersG nicht unterschreitet. Sog. Minusmaßnahmen, also minderintensive Eingriffe in die Versammlungsfreiheit als die in §§ 5 ff., 15 VersG vorgesehenen, namentlich die in § 15 VersG genannten Maßnahmen: Verbot, Auflagen, Auflösung, sollen nach wohl hM in analoger Anwendung der Vorschriften des Versammlungsgesetzes möglich sein[48] und können sich auch aus

44 *Kingreen/Poscher* POR § 22 Rn. 1 ff.; *Dietlein* in Dietlein/Hellermann ÖffR NRW § 3 Rn. 303.

45 BVerfG NVwZ 2005, 80 (81); *Dietel/Gintzel/Kniesel* VersammlG § 15 Rn. 207.

46 Vgl. hierzu und zum Folgenden VG Hamburg NVwZ 1987, 829 (831); ähnlich OVG NRW NVwZ 2001, 1315 (1315).

47 VG Hamburg NVwZ 1987, 829 (831); vgl. auch OVG NRW NVwZ 2001, 1315, wonach die Versammlung *vor* einer Einkesselung aufgelöst werden muss.

48 Vgl. dazu *Kingreen/Poscher* POR § 19 Rn. 14 f.; *Schenke* POR Rn. 377 f.; jeweils mwN. Beispiel: Die an einzelne Versammlungsteilnehmer gerichtete Untersagung, Waffenattrappen zu tragen (HessVGH NVwZ-RR 2011, 519). Näher zu Minusmaßnahmen *Kniesel/Poscher* in Lisken/Denninger PolR-HdB K Rn. 31 ff.; BeckOK PolR NRW/*Ogorek* NRWPolG § 34 Rn. 52; jeweils mwN.

§ 15 III VersG selbst ergeben, da andernfalls eine Versammlung immer aufgelöst werden müsste, obwohl die Gefahr durch weniger weitreichende Beeinträchtigungen der Versammlungsfreiheit beseitigt werden könnte. Dann muss eine Minusmaßnahme erst recht auf § 15 III VersG gestützt werden können.[49] Die Einkesselung von Versammlungsteilnehmern müsste folglich eine solche Minusmaßnahme sein. Doch wird sie bei lebensnaher Betrachtung nicht als eine Maßnahme unterhalb der Schwelle der Versammlungsauflösung angesehen werden können, sondern gerade als eine **Versammlungsunterbindung**.

Die Einkesselung ist keine die Versammlungsfreiheit *nicht* einschränkende Maßnahme, für die – auch vor Auflösung der Versammlung – das allgemeine Polizeirecht einschlägig wäre. Sie beschränkt die Versammlungsfreiheit und ist auch darauf gerichtet, eine bis dahin nicht aufgelöste Versammlung zu beeinträchtigen. Ferner ist die Umschließung eine Freiheitsentziehung, da sie die Bewegungsfreiheit für einen erheblichen Zeitraum, im konkreten Fall von über drei Stunden, aufhebt. Nach Art. 104 II 1 GG hat über die Zulässigkeit und Fortdauer einer Freiheitsentziehung der Richter zu entscheiden, doch § 15 III VersG wurde vom Gesetzgeber nicht mit einem Richtervorbehalt versehen.[50] Daher ist § 15 III VersG für die Einkesselung von Versammlungsteilnehmern keine taugliche Ermächtigungsgrundlage.[51]

II. Ermächtigungsgrundlage aus § 35 NRWPolG?

Eine Ermächtigungsgrundlage für die Einkesselung lässt sich möglicherweise im nordrhein-westfälischen Polizeigesetz finden. Dann müsste das allgemeine Polizeirecht überhaupt anwendbar sein.[52] Dies wird einhellig für den Fall abgelehnt, dass es um die Unterbindung einer verfassungsrechtlich geschützten Versammlung geht. Dies muss sich nach § 15 III und IV VersG richten. Bis zu einer wirksamen Verbots- oder Auflösungsverfügung[53] genießt die Versammlung den Schutz des Art. 8 GG mit der Folge, dass das Versammlungsgesetz speziell ist im Verhältnis zum allgemeinen Polizeirecht. Das Versammlungsrecht ist das vom Gesetzgeber der Versammlung speziell zugeordnete Gefahrenabwehrrecht.[54] Es ist allerdings nicht abschließend. So erfasst das Versammlungsgesetz nicht das Vorfeld der Versammlung, also weder deren Planung noch Vorbereitung, die Werbung für sie und auch nicht die Anreise. Die nichtöffentliche Versammlung ist insgesamt kein Gegenstand des Versammlungsgesetzes. Das ist umso bemerkenswerter, als das Grundrecht der Versammlungsfreiheit aus Art. 8 GG all das schützt.[55] Einschränkungen der Versammlungsfreiheit aus Art. 8 GG sind aber wegen des begrenzten sachlichen Anwendungsbereichs des Ver-

49 Vgl. *Gröpl/Leinenbach* JA 2018, 8 (12 f.).

50 *Trurnit* NVwZ 2016, 873 (879).

51 AA VG Frankfurt a. M. BeckRS 2014, 49942; vgl. auch *Trurnit* NVwZ 2016, 873 (879), der § 15 III VersG allenfalls für kurzfristige Umschließungen anwenden will.

52 Vgl. dazu *Dietlein* in Dietlein/Hellermann ÖffR NRW § 3 Rn. 306 ff., sowie die instruktiven Beiträge von *Frenz* JA 2007, 334 und *Meßmann* JuS 2007, 524.

53 Vgl. den erg. Hinweis 6.

54 Vgl. BVerfG NVwZ 2005, 80 (81); BVerwGE 82, 34 (38) = BeckRS 9998, 37902; ferner OVG NRW NVwZ 2001, 1315 (1316): »Sperrwirkung des Versammlungsgesetzes«, sowie *Dietlein* in Dietlein/Hellermann ÖffR NRW § 3 Rn. 295.

55 Vgl. *Kingreen/Poscher* POR § 19 Rn. 13 f.

sammlungsgesetzes auch auf der Grundlage des allgemeinen Polizeirechts denkbar.[56] Die sog. **Polizeifestigkeit des Versammlungsrechts**[57] verweist nur mit einem plakativen Begriff auf die Spezialität des Versammlungsgesetzes, soweit sie denn reicht.[58] Die durch seine Spezialität bedingte Sperrwirkung des Versammlungsgesetzes erfasst daher nicht solche Maßnahmen, die nicht auf eine Einschränkung der Versammlungsfreiheit gerichtet sind, aber auch im Versammlungsgesetz gar nicht geregelt sind. Nach allgemeinem Polizeirecht möglich sind also zB Standardmaßnahmen wie die polizeiliche Durchsuchung von Teilnehmern, die Sicherstellung von Sachen, die Teilnehmer mit sich führen und eine Razzia bei einer Versammlung rechtsextremistischer Kreise.[59]

Das kann aber nur gelten für polizeiliche Maßnahmen, die kein Minus im Verhältnis zu den im Versammlungsgesetz geregelten Maßnahmen darstellen, sondern eben nicht auf Einschränkungen der Versammlungsfreiheit gerichtet sind. Wie oben gezeigt, stellt die Einkesselung von Versammlungsteilnehmern aber gerade eine die Versammlungsfreiheit beeinträchtigende Maßnahme dar. § 35 NRWPolG iVm § 15 III VersG als Ermächtigungsgrundlage anzunehmen, erscheint auch deshalb bedenklich, weil so der Grundsatz der »Polizeifestigkeit« unterlaufen wird. Danach ist das Polizeirecht dann wieder anwendbar, wenn bzw. soweit die Versammlung aufgelöst wurde, das heißt, dass die Auflösung der Versammlung nach dem Versammlungsrecht den Maßnahmen nach dem Polizeirecht zeitlich vorgeht. Im Falle der Einkesselung wären die Auflösung der Versammlung und die Ingewahrsamnahme[60] aber ein und dieselbe Handlung. Sobald die Teilnehmer von den Polizeibeamten umstellt wären, wäre die Versammlung aufgelöst und zugleich die Bewegungsfreiheit der Teilnehmer iSd § 35 NRWPolG eingeschränkt oder gar entzogen. Ein objektiver Beobachter könnte zwischen Auflösung und Ingewahrsamnahme nicht unterscheiden. Das Argument einer dazwischen liegenden sog. juristischen Sekunde wirkt in diesem Fall

56 Vgl. *Kingreen/Poscher* POR § 19 Rn. 15 f. mwN. Problematisch ist allerdings dann, dass die Polizeigesetze den Anforderungen des – auf Art. 8 II GG nach ganz hM anzuwendenden – Zitiergebotes aus Art. 19 I 2 GG nicht genügen, vgl. etwa § 7 NRWPolG, § 10 HSOG. In der Lit. werden deshalb überzeugende Bedenken insbesondere gegen sog. Vorfeldmaßnahmen auf der Grundlage des allgemeinen Polizeirechts vorgetragen, *R. Schmidt*, Grundrechte, 17. Aufl. 2015, Rn. 646 aE; *Kingreen/Poscher* POR § 19 Rn. 19; aA *Steinforth*, Die Gefährderansprache im Kontext versammlungsspezifischer Vorfeldmaßnahmen, 2015, 114 f., 192 f., mit dem Argument, das Zitiergebot sei im gesamten Bereich des Art. 8 GG nicht anzuwenden, weil es anderenfalls paradox sei, dass das Zitiergebot bei Versammlungen in geschlossenen Räumen nicht zur Anwendung komme (weil der Gesetzesvorbehalt des Art. 8 II GG sie nicht erfasst), wohl aber bei Versammlungen unter freiem Himmel, also im Anwendungsbereich von Art. 8 Abs. 2 GG.

57 Der Begriff der »Polizeifestigkeit« des Versammlungsrechts geht, soweit ersichtlich, zurück auf *Gerhard Anschütz*, Die Verfassung des Deutschen Reiches vom 11. August 1919, 14. Aufl. 1933, vor Art. 109 Anm. 7 (S. 519). Der Begriff ist sehr gängig, aber inhaltlich heute zu verstehen im Sinne von »Polizei*rechts*festigkeit«, so mit Recht *Bünnigmann* JuS 2016, 695 (Hervorhebung im Original).

58 Vgl. dazu *Kingreen/Poscher* POR § 19 Rn. 14 f. mwN.

59 Vgl. *Schenke* POR Rn. 378, der allerdings zu Recht darauf hinweist, dass der Fragenkreis sehr umstritten ist; instruktiv *Gröpl/Leinenbach* JA 2018, 8 (12 f.); einen Überblick über Standardmaßnahmen bietet *Hauk* JA 2017, 922.

60 Das BVerfG ordnete die Einkesselung von gewaltbereiten und gewalttätigen Demonstranten als repressive Maßnahme zur Verfolgung von Straftaten ohne nähere Begründung als Freiheitsentziehung ein, vgl. BVerfG NVwZ 2017, 555 (556 Rn. 17). Die Ingewahrsamnahme iSd § 35 NRWPolG stellt gerade eine Freiheitsbeeinträchtigung oder gar -entziehung dar, vgl. *R. Schmidt* POR Rn. 450.

stark konstruiert. Das nordrhein-westfälische Polizeigesetz ist daher unanwendbar und kann nicht als Ermächtigungsgrundlage dienen.[61]

III. Zwischenergebnis

Die Einkesselung findet keine gesetzliche Ermächtigungsgrundlage[62] und ist schon deshalb rechtswidrig.

IV. Zweifel an der Rechtmäßigkeit im Übrigen

Weiterhin[63] erscheint fraglich, ob die Umschließung formell und materiell rechtmäßig gewesen wäre. Dabei soll unterstellt werden, dass die »Einkesselung« auf der Vorschrift über das Versammlungsverbot beruht (§ 15 I VersG).

1. Formelle Rechtmäßigkeit

Zuständig für den Erlass eines Versammlungsverbotes ist gem. § 15 I VersG die Versammlungsbehörde. Die entsprechende Regelung obliegt dem Landesgesetzgeber. § 1 der nordrhein-westfälischen Verordnung über Zuständigkeiten nach dem Versammlungsgesetz (GVBl. NRW 1987, 62)[64] regelt, dass Versammlungsbehörde die Kreispolizeibehörde ist. In der Stadt K ist dies nach § 2 I Nr. 1 NRWPOG das örtliche Polizeipräsidium. Von einer Anhörung der Demonstranten konnte gem. § 28 II Nr. 1 NRWVwVfG abgesehen werden. Weitere Bedenken bezüglich der formellen Rechtmäßigkeit bestehen nicht.

2. Materielle Rechtmäßigkeit

Unter dem Verbot einer Versammlung gem. § 15 I VersG versteht man die Untersagung einer konkret geplanten Versammlung mit dem Ziel, ihre Durchführung zu verhindern.[65] Dieses Ziel wurde erreicht, konnte die Demonstration doch nicht wie geplant durchgeführt werden. Das Versammlungsverbot ist bis zum Beginn der Versammlung, also auch noch in der Sammelphase, zulässig.[66] Ob sich die Versammlung der AG noch in der Sammel- oder bereits in der Versammlungsphase befand, ist zweifelhaft. Eine genaue Klärung könnte aber unterbleiben, wenn die Voraussetzungen für den Erlass eines Versammlungsverbotes ohnehin nicht gegeben waren.

---

61 Wer allerdings die Einkesselung als konkludente Auflösung nach § 15 III VersG qualifiziert, kann § 35 NRWPolG als Ermächtigungsgrundlage heranziehen, da das allgemeine Polizeirecht im Verhältnis zum Versammlungsrecht wieder auflebt, soweit die Versammlung aufgelöst wurde.

62 Vgl. *Dietel/Gintzel/Kniesel* VersammlG § 15 Rn. 236, demzufolge eine »Einkesselung« nur nach einer Auflösung erfolgen kann.

63 Obwohl die Rechtswidrigkeit eines Versammlungsverbotes bereits festgestellt wurde, sollte auf die weiteren Voraussetzungen einer polizeilichen Verfügung eingegangen werden; in den Bearbeitervermerken von Klausuraufgaben im Examen wird das ohnehin regelmäßig ausdrücklich verlangt. Gerade die nachfolgenden Ausführungen bildeten in der Ausgangsentscheidung des VG Hamburg die entscheidende Begründung.

64 Art. 24 BayVersG; §§ 85 I Nr. 3 und 4, 113 II HSOG; § 24 NVersG; §§ 1, 2 BWVersGZuV. Eine Übersicht über alle Zuständigkeitsregelungen bieten *Dietel/Gintzel/Kniesel* VersammlG Teil B.

65 *Dietel/Gintzel/Kniesel* VersammlG § 15 Rn. 1. S. zum Versammlungsverbot auch *Dietlein* in Dietlein/Hellermann ÖffR NRW § 3 Rn. 300 ff.

66 *Dietel/Gintzel/Kniesel* VersammlG § 15 Rn. 1.

Zunächst setzt ein Versammlungsverbot eine **unmittelbare Gefährdung der öffentlichen Sicherheit oder Ordnung** voraus. Dem Schutz der öffentlichen Sicherheit unterfallen die objektive Rechtsordnung, die subjektiven Rechte und Rechtsgüter des Einzelnen sowie der Bestand der Einrichtungen und Veranstaltungen des Staates und der sonstigen Träger von Hoheitsgewalt.[67] Für diese Schutzgüter besteht eine unmittelbare Gefahr, wenn der Schadenseintritt so nahe ist, dass er jederzeit, uU sofort, erfolgen kann.[68] Die Gefahr muss durch die Versammlung verursacht sein.[69] Am 15.3. warfen Versammlungsteilnehmer grundlos Steine auf die Polizei. Sie zeigten damit frühzeitig ein aggressives Verhalten, das befürchten ließ, dass es auf dem Marsch durch die Stadt zu weiteren Gewaltakten gegen Personen und fremde Sachen kommen würde. Eine durch die Versammlung verursachte Gefahr für die öffentliche Sicherheit war mithin gegeben.[70]

Adressat[71] **eines (vollständigen) Versammlungsverbotes** kann **nur** der **Veranstalter der Versammlung** sein,[72] also derjenige, der Urheber des Zustandekommens und der Durchführung einer Demonstration bzw. Versammlung ist.[73] Dies gilt allerdings nur dann, wenn ihm die Gefährdung der öffentlichen Sicherheit in zumutbarer Weise, dh nach den Grundsätzen der im Bereich der Gefahrverursachung allgemein geltenden Theorie der unmittelbaren Verursachung,[74] zugerechnet werden kann, sei es, dass er oder sein Anhang die gefährdenden Handlungen selbst vornehmen, sei es, dass sie beabsichtigt oder wenigstens gebilligt werden.[75] Die Regeln des allgemeinen Polizeirechts über die unmittelbare Gefahrverursachung des Verhaltensstörers[76] gelten sinngemäß.[77] Die Flaschen- und Steinewerfer sind mit der AG in keiner Weise verbunden. Es kann nicht davon ausgegangen werden, dass die AG ihr Verhalten billigt. Eine Zurechnung der Gefahrverursachung ist daher nicht möglich. Eine andere Beurteilung rechtfertigen auch nicht die Grundsätze über den Zweckveranlasser.[78] Da gewaltbereite Kreise zu den Veranstaltungen der AG bisher nur vereinzelt angereist sind, kann nicht davon gesprochen werden, dass deren Teilnahme und Gewaltausübung objektiv den Veranstaltungen der AG innewohnt. Denkbar wäre eine Inanspruchnahme der AG somit allein unter den Voraussetzungen des polizeilichen Not-

67 *Drews/Wacke/Vogel/Martens* Gefahrenabwehr 232 ff. mwN; Legaldefinitionen in § 2 Nr. 2 BremPolG und § 3 Nr. 1 LSASOG; *Kingreen/Poscher* POR § 19 Rn. 4, § 7 Rn. 2 ff.

68 OVG NRW NVwZ 1989, 886; *Dietel/Gintzel/Kniesel* VersammlG § 15 Rn. 27 f.; *Tölle* NVwZ 2001, 153 (155) mwN in Fn. 22.

69 OVG Brem DÖV 1972, 101 (102); VG Würzburg NJW 1980, 2541 (2542).

70 Wer die Ermächtigungsgrundlage in § 35 NRWPolG gesehen hat, muss zusätzlich die Voraussetzungen des § 35 I Nr. 2 NRWPolG prüfen, die erfüllt sein dürften. Die Herbeiführung einer richterlichen Entscheidung bedurfte es nach § 36 I 2 NRWPolG wohl nicht, da die Anordnung des Richters nach Wegfall des Grundes für die Maßnahme ergangen wäre, vgl. auch BVerfG NVwZ 2017, 555 (556 Rn. 21 f.).

71 Die Bestimmung des Adressaten erfolgt genau wie im allgemeinen Polizei- und Ordnungsrecht, vgl. dazu *Kingreen/Poscher* POR § 19 Rn. 5.

72 *Dietel/Gintzel/Kniesel* VersammlG Teil I Rn. 434, § 15 Rn. 121; *Krüger* VersammlungsR 42.

73 *Dietel/Gintzel/Kniesel* VersammlG § 1 Rn. 121; *Ketteler* in Grünning/Ketteler/Kortmann BesOrdnungsR 197.

74 Hierzu näher Fall 12.

75 *Dietel/Gintzel/Kniesel* VersammlG § 15 Rn. 121.

76 Art. 7 BayPAG; § 6 BWPolG; § 6 HSOG; § 6 NSOG; § 4 NRWPolG.

77 VG Köln NJW 1971, 210 ff.; VG Gelsenkirchen NJW 1971, 213; *Drews/Wacke/Vogel/Martens* Gefahrenabwehr 179.

78 Zur Rechtsfigur des Zweckveranlassers im Versammlungsrecht BVerfG NVwZ 2000, 1406 (1407). Vgl. im Übrigen Fall 12.

standes.[79] Eine Notstandsinanspruchnahme scheidet nach allgemeinen Grundsätzen jedoch aus, wenn Maßnahmen gegen Verhaltens- oder Zustandsstörer rechtzeitig möglich und erfolgversprechend sind (vgl. zB § 6 I Nr. 2 NRWPolG).[80]

Zu prüfen ist daher, ob Maßnahmen auch gegen die Flaschen- und Steinewerfer hätten gerichtet werden können. Da auch sie trotz ihrer Gewaltbereitschaft zur Versammlung gehörten (vgl. die Ausführungen unter B. I. 1.), ist an Maßnahmen aufgrund des Versammlungsgesetzes zu denken. In Betracht käme ein Teilnehmerausschluss nach § 18 III VersG.[81] Hinsichtlich der formellen Rechtmäßigkeit einer entsprechenden Verfügung kann nach oben auf B. IV. 1. verwiesen werden. Tatbestandlich setzt ein Teilnehmerausschluss nach § 18 III VersG die gröbliche Störung der Ordnung voraus. Der Begriff der **Ordnung** iSd § 18 III VersG[82] ist nicht deckungsgleich mit dem der **öffentlichen Ordnung** iSd allgemeinen Ordnungsrechts.[83] Man versteht darunter vielmehr die »Spielregeln«, die bei Versammlungen Übung und Brauch sind, wobei auf den jeweiligen Charakter der Versammlung[84] und die besonderen Umstände Rücksicht zu nehmen ist.[85] Unproblematisch gehört zur Ordnung jeder Versammlung die Vermeidung von Gefahren für die öffentliche Sicherheit.[86] Solche Gefahren bestanden am 15.3. Das Flaschen- und Steinewerfen kann auch ohne Weiteres als **gröbliche** Störung gewertet werden, lag hierin doch ein besonders schwerwiegendes, außerordentlich gefährliches Verhalten.[87] Der Tatbestand des § 18 III VersG war mithin erfüllt. Die Polizei musste über einen Ausschluss der Flaschen- und Steinewerfer nach Ermessensgesichtspunkten entscheiden. Hierbei war die bereits erwähnte besondere verfassungsrechtliche Bedeutung der Versammlungsfreiheit der übrigen, friedlichen Teilnehmer der Demonstration zu berücksichtigen. Ihrem Recht auf kollektive Meinungskundgabe kommt in einer freiheitlichen Demokratie derart überragende Bedeutung zu,[88] dass die staatlichen Ordnungskräfte dieses Recht unbedingt gegen äußere Beeinträchtigung bzw. Handlungen von Versammlungsteilnehmern, die ein kollektives Versammlungsverbot nahelegen, schützen müssen. Gerade auch deswegen, weil bei gefährlichen Handlungen von einigen (wenigen) Versammlungsteilnehmern eine Minderheit über die Grundrechtsausübung der Mehrheit entscheiden würde, darf die Polizei bei Störungen nicht untätig bleiben, das Ausschlussrecht reduziert sich auf eine Ausschlusspflicht.

---

79 Art. 10 BayPAG; § 9 BWPolG; § 9 HSOG; § 8 NSOG; § 6 NRWPolG.

80 Vgl. *Trurnit* NVwZ 2016, 873 (875 f.).

81 Dazu ausf. *Kingreen/Poscher* POR § 21 Rn. 7 ff.

82 Der Begriff taucht unter anderem auch in den §§ 8 S. 2, 11 I VersG auf. Zu beachten ist, dass dieser vom Begriff der *öffentlichen* Ordnung wie er bspw. in § 15 I VersG, § 8 NRWPolG oder § 14 NRWOBG verwendet wird, zu unterscheiden ist.

83 Die Begriffe der öffentlichen Ordnung iSd allgemeinen Ordnungsrechts und iSd Versammlungsrechts (etwa in §§ 12a I 1, 15 I, 17a III 2 VersG) sind hingegen deckungsgleich. Zum Begriff der öffentlichen Ordnung iSd allgemeinen Polizei- u. OrdnungsR oben Fall 7 (Laserdrome) und Fall 8 (Reichskriegsflagge).

84 Eine Diskussionsveranstaltung unterliegt zB im Hinblick auf die Art und Weise der Meinungsäußerung anderen Regeln als eine reine Demonstration, bei der unter den Teilnehmern selbst kein direkter Meinungsaustausch stattfindet.

85 *Dietel/Gintzel/Kniesel* VersammlG § 8 Rn. 16; RBRS/*Breitbach* § 8 Rn. 26.

86 *Dietel/Gintzel/Kniesel* VersammlG § 8 Rn. 18.

87 Vgl. RBRS/*Breitbach* § 18 Rn. 21.

88 Vgl. BVerfGE 69, 315 (360 f.) = BeckRS 1985, 108894.

Ein Teilnehmerausschluss müsste ferner **verhältnismäßig** gewesen sein. Ein Ausschluss wäre geeignet und erforderlich gewesen. Lediglich die Angemessenheit lässt sich in Zweifel ziehen. Da die Flaschen- und Steinewerfer eine Gruppe am Rande der Versammlung darstellten und die Polizei ihr zahlenmäßig weit überlegen war, war Widerstand, wenn überhaupt, nur kurzzeitig und mit nur geringen Erfolgsaussichten zu erwarten. Die Flaschen- und Steinewerfer hätten folglich nach § 18 III VersG von der Versammlung ausgeschlossen werden müssen. Sie waren vorrangig vor der AG als Veranstalterin zur Gefahrenabwehr in Anspruch zu nehmen. Die AG konnte damit nicht Adressat einer gefahrenabwehrenden (Verbots-)Verfügung sein.

Materiell-rechtlich wäre eine entsprechende Verbotsverfügung weiterhin deshalb rechtswidrig gewesen, da sie **inhaltlich nicht hinreichend bestimmt** gewesen wäre und somit die Vorschrift des § 37 I NRWVwVfG verletzt hätte. Hinreichend bestimmt ist ein Verwaltungsakt im Allgemeinen, wenn der ihm innewohnende objektive Erklärungswert vollständig und unzweideutig ergibt, zwischen wem eine Rechtsbeziehung geregelt werden soll, welche Rechtsbeziehung geregelt wird und wie die Regelung aussehen soll.[89] Prinzipiell ist es zulässig, dass ein Verwaltungsakt konkludent ergeht, solange sein Inhalt unzweifelhaft durch Auslegung zu ermitteln ist.[90] Nach allgemeiner Ansicht gilt aber für alle gefahrenabwehrenden Handlungsinstrumente im besonderen **Bereich des Versammlungsrechts** aufgrund der an sie geknüpften Rechtswirkungen, somit auch für das Versammlungsverbot, ein **strengerer Maßstab.**[91] Das Versammlungsverbot ist unzweideutig und verständlich zu erklären, ein Versammlungsverbot durch schlüssiges Verhalten ist nicht zulässig.[92] Allein die Tatsache, dass das Versammlungsverbot nicht ausdrücklich erklärt worden ist, macht die Einkesselung mangels hinreichender Bestimmtheit rechtswidrig.

V. Zwischenergebnis

Die Einkesselung der Versammlung war rechtswidrig und hat die AG in ihren Rechten aus Art. 8 I GG, § 1 I VersG verletzt.

C. Ergebnis

Die Feststellungsklage der AG ist zulässig und begründet. Sie hat demgemäß Erfolg.

89 Stelkens/Bonk/Sachs/*Stelkens* VwVfG § 37 Rn. 1 ff.; vgl. dazu *Kopp/Ramsauer* VwVfG § 37 Rn. 5 ff.
90 Stelkens/Bonk/Sachs/*Stelkens* VwVfG § 37 Rn. 7.
91 VG Hamburg NVwZ 1987, 829 (831); BayObLG DÖV 1969, 73 (74); OLG Karlsruhe NJW 1974, 2142 (2143).
92 RBRS/*Breitbach/Deiseroth/Rühl* § 15 Rn. 294.

Lösungsvorschlag Fallvariante

Schwerpunkte:
- **Materiell: Spontanversammlung**

Die Auflösung der Demonstration ergeht zu Recht, wenn hierfür eine Ermächtigungsgrundlage besteht, deren Voraussetzungen erfüllt sind, und die sonstigen Anforderungen eingehalten sind.

A. Ermächtigungsgrundlage

Ermächtigungsgrundlage für eine Versammlungsauflösung könnte § 15 III VersG sein.

Voraussetzung ist, dass die Demonstration gegen das abweisende Urteil des VG eine Versammlung iSd Art. 8 I GG, § 1 I VersG darstellt (hierzu oben unter B. I. 1.). Die Demonstration ist eine Reaktion auf ein Gerichtsurteil. Die Demonstranten wollen gemeinsam ihren dagegen gerichteten Unmut äußern. Da also die kollektive Meinungskundgabe im Vordergrund steht, handelt es sich um eine Versammlung iSd Versammlungsgesetzes. Dem steht auch nicht entgegen, dass es sich um eine sog. **Spontanversammlung**[93] aus aktuellem, augenblicklichem Anlass ohne Einladung und Vorbereitung handelt. **Planung und Vorbereitung** dürfen für den verfassungsrechtlichen Schutz des Versammlungsrechts, will dieses dem Bürger effektiv einen Freiraum schaffen, **nicht konstitutiv** sein.[94]

B. Formelle Rechtmäßigkeit

Für die Zuständigkeit des P kann auf die Lösung des Grundfalles unter B. IV. 1. verwiesen werden. Im Übrigen bestehen hinsichtlich der formellen Rechtmäßigkeit der Auflösungsverfügung keine Bedenken.

C. Materielle Rechtmäßigkeit

Materiell-rechtlich kann die Auflösungsverfügung nach dem Wortlaut des § 15 III VersG unter anderem dann ergehen, wenn die Versammlung nicht angemeldet wurde. Ganz allgemeine Meinung ist es jedoch, dass diese Voraussetzung im Lichte des weiten Verständnisses von Art. 8 I GG gesehen werden muss. Allein die fehlende Anmeldung vermag eine Auflösung grundsätzlich nicht zu rechtfertigen.[95] § 14 VersG ist auf sog. Spontanversammlungen nicht anwendbar.[96] Um die Anmeldung bewirken zu können, müsste nämlich die Durchführung der spontanen Versammlung aufgeschoben werden, was jedoch ihrem Sinn widerspräche.[97] Sog. **Spontanversammlungen** sind daher zu dulden, solange von ihnen keine Gefahr für die öffentliche Sicherheit

---

93 Zur davon abzugrenzenden sog. Eilversammlung vgl. Hinweis 2.
94 *Jarass/Pieroth* GG Art. 8 Rn. 4; v. Münch/Kunig/*Kunig* GG Art. 8 Rn. 15.
95 *Dietel/Gintzel/Kniesel* VersammlG § 15 Rn. 223 f.
96 *Kniesel/Poscher* in Lisken/Denninger PolR-HdB K Rn. 237 ff., insbesondere Rn. 241.
97 Vgl. *Dietel/Gintzel/Kniesel* VersammlG § 15 Rn. 224.

oder Ordnung ausgeht. Da bei der Demonstration vor dem Gerichtsgebäude eine Gefahr für die öffentliche Sicherheit oder Ordnung nicht besteht, liegen die Voraussetzungen einer Auflösungsverfügung nicht vor.

D. Ergebnis

P kann die Versammlung nicht rechtmäßig auflösen.

Ergänzende Hinweise

1. Bis zur Föderalismusreform im Sommer 2006 hatte der Bund gem. Art. 74 I Nr. 3 GG aF die konkurrierende **Gesetzgebungskompetenz auf dem Gebiet des Versammlungsrechts.** Das Versammlungsrecht wurde im Zuge der Reform aus Art. 74 I Nr. 3 GG aF gestrichen, sodass die Gesetzgebungskompetenz seither gem. Art. 70 I GG bei den Ländern liegt. Sofern die Länder, wie beispielsweise NRW, von dieser Kompetenz keinen Gebrauch machen, gilt das »alte« Versammlungsgesetz des Bundes gem. Art. 125a I GG weiter. Als erstes Bundesland hat Bayern mit dem am 1.10.2008 in Kraft getretenen **Bayerischen Versammlungsgesetz** von dieser Kompetenz Gebrauch gemacht. Nachdem das BVerfG einige Vorschriften dieses Gesetzes im Wege einer einstweiligen Anordnung **vorläufig außer Kraft** gesetzt hatte, BVerfG NVwZ 2009, 441 = JA 2009, 746, weil deren vorläufige Anwendung Nachteile von besonderem Gewicht begründete, erfolgte zwischenzeitlich eine Anpassung durch den Landesgesetzgeber unter Berücksichtigung der Rechtsprechung des BVerfG (Gesetz zur Änderung des Bayerischen Versammlungsgesetzes v. 22.4.2010, Bay. GVBl. 190). Vgl. zum Beschluss des BVerfG v. 17.2.2009 auch: *Scheidler* NVwZ 2009, 429; *Hong* NJW 2009, 1458 sowie zum Vorbildcharakter des BayVersG für etwaige Versammlungsgesetze anderer Bundesländer *Kutscha* NVwZ 2008, 1210. Außer Bayern haben zudem die Länder Berlin, Brandenburg, Niedersachsen, Sachsen und Sachsen-Anhalt von der Kompetenz Gebrauch gemacht. Nachdem auch das zum 20.1.2012 in Kraft getretene SächsVersG vom SächsVerfGH (aus formalen Gründen) für verfassungswidrig und nichtig erklärt worden war, trat am 2.2.2012 das neue SächsVersG in Kraft. Die zugleich vorgebrachten materiell-rechtlichen Bedenken wurden in der Neufassung allerdings nicht berücksichtigt (vgl. hierzu SächsVerfGH NVwZ 2011, 936; *Scheidler* NVwZ 2011, 924). Angemerkt sei, dass es sich insbesondere bei den in Berlin und Brandenburg geschaffenen Gesetzen allerdings nicht um umfassende Neuregelungen des Versammlungsrechts handelt.

2. Von der Spontanversammlung ist die sog. **Eilversammlung**, teilweise auch als Spontanversammlung im weiteren Sinne bezeichnet, abzugrenzen. Diese findet zwar auch aus einem aktuellen Anlass statt, was die Einhaltung der vorgesehenen Meldefrist aus § 14 I VersG (48 Stunden) unmöglich macht. Gleichwohl wäre, ohne die Versammlung sinnlos werden zu lassen, eine Anmeldung bei der zuständigen Behörde möglich (Beispiel: Die Einreise des Staatsoberhauptes eines totalitären Staates wird erst 24 Stunden vorher bekannt gegeben. Eine Menschenrechtsorganisation will gegen die Menschenrechtsverhältnisse in seinem Herkunftsstaat demonstrieren). Die Anmeldepflicht bzw. -frist wird hierbei nicht gänzlich aufgehoben (so aber *Kniesel/Poscher* in Lisken/Denninger PolR-HdB K Rn. 242 mwN), sondern modifiziert. Es gilt eine verkürzte, den Gegebenheiten des Einzelfalles angepasste Frist (BVerfGE 85, 69 [75] = BeckRS 9998, 165911).

3. Neben der Unterbindung einer Versammlung durch Verbot oder Auflösung kommt als weniger einschneidende Maßnahme stets die **Erteilung von Auflagen** gem. § 15 I VersG in Betracht (dazu *Kingreen/Poscher* POR § 21 Rn. 15 ff.). Sie zielt darauf ab, solche Versammlungen noch zu ermöglichen, die aus Rechtsgründen nicht mehr zugelassen werden könnten, wenn sie nach den ursprünglichen Vorstellungen des Veranstalters durchgeführt würden. Die Erteilung von Auflagen soll der zuständigen Behörde ermöglichen, arglose Fehleinschätzungen des Veranstalters flexibel zu korrigieren. Die Auflagen ermöglichen somit die behördliche Anordnung von Bannkreisen oder Umleitungen aufgrund hohen Verkehrsaufkommens, Parallelveranstaltungen, hemmenden Straßenbaustellen usw.

4. Der Veranstalter einer Versammlung ist rechtlich verpflichtet, mit der Behörde zu kooperieren. Eine **Kooperation** des Veranstalters mit der Versammlungsbehörde kann dazu führen, dass die Schwelle für behördliches Eingreifen wegen einer Gefährdung der öffentlichen Sicherheit höher rückt (BVerfG NJW 2001, 2078 [2079]; vgl. auch BVerfGE 69, 315 [357]).

5. Das Verbot einer von einer **politischen Partei** beabsichtigten Versammlung kann nicht allein auf die Annahme gestützt werden, dass die von dieser Partei typischerweise vertretenen Inhalte der freiheitlichen demokratischen Grundordnung widersprechen (*Dietlein* in Dietlein/Hellermann ÖffR NRW § 3 Rn. 301). Dies folgt aus Art. 21 II 2 GG. Nach dieser Bestimmung entscheidet über die Verfassungswidrigkeit einer Partei allein das BVerfG. Das Entscheidungsmonopol des BVerfG schließt ein administratives Einschreiten gegen den Bestand einer politischen Partei schlechthin aus, mag sie sich gegenüber der freiheitlichen demokratischen Grundordnung noch so feindlich verhalten (vgl. BVerfGE 40, 287 [291] = NJW 1976, 38; BVerfGE 47, 198 [228] = BeckRS 1978, 00663). Die Partei kann zwar politisch bekämpft werden. Sie soll aber in ihrer politischen Aktivität von jeder rechtlichen Behinderung frei sein, soweit sie mit allgemein erlaubten Mitteln arbeitet (vgl. BVerfGE 12, 296 [305 ff.] = NJW 1961, 723; BVerfGE 39, 334 [357] = BeckRS 9998, 106785; BVerfGE 40, 287 [291] = NJW 1976, 38; BVerfGE 47, 130 [139] = NJW 1978, 1047; BVerfGE 47, 198 [228] = BeckRS 1978, 00663; BVerfGE 107, 339 [362] = NJW 2003, 1577; BVerfGE 144, 20 [201] = NJW 2017, 611, stRspr). Das Grundgesetz nimmt die Gefahr, die in der Tätigkeit einer Partei bis zur Festsetzung ihrer Verfassungswidrigkeit liegt, um der politischen Freiheit willen in Kauf (vgl. BVerfGE 12, 296 [304 f.] = NJW 1961, 723; BVerfGE 39, 334 [357] = BeckRS 9998, 106785; BVerfGE 40, 287 [291] = NJW 1976, 38; BVerfGE 107, 339 [362] = NJW 2003, 1577; BVerfGE 144, 20 [201] = NJW 2017, 611). Folglich ist es ausgeschlossen, die Grundrechtsausübung einer Partei allein mit der Rücksicht darauf zu unterbinden, dass die von ihr vertretenen Inhalte vom Bundestag, vom Bundesrat, von der Bundesregierung, von einer Verwaltungsbehörde oder von einem Gericht als verfassungswidrig eingeschätzt werden oder dass ein Verbotsverfahren vor dem BVerfG anhängig ist (BVerfG NJW 2001, 2076 [2077] – NPD; BVerfG NJW 2017, 611 = BVerfGE 144, 20 – Kein Verbot der NPD trotz Verfassungsfeindlichkeit). Zu dem Problemfeld sei auch auf *Röger,* Demonstrationsfreiheit für Neonazis?, 2004, sowie *Bertrams* FS Arndt, 2002, 19 ff.; *Hoffmann-Riem* NJW 2004, 2777 ff.; *Kniesel/Poscher* NJW 2004, 422 ff.; *Kutscha* Die Polizei 2002, 250 ff., sowie die Nachweise in Fall 7, Hinweis 5 verwiesen. Zur Verweigerung der

Stadthallennutzung gegenüber der NPD: BVerfG NVwZ 2018, 819; *Hecker* NVwZ 2018, 787. Zum Ausschluss der staatlichen Teilfinanzierung für verfassungsfeindliche Parteien vgl. *Kloepfer* NVwZ 2017, 913; *Gusy* NJW 2017, 601; *Schwarz* NVwZ-Beilage 2017, 39; krit. *Janson* NVwZ 2018, 288.

6. Eine wirksame **Verbots- oder Auflösungsverfügung** gem. § 15 VersG nimmt der Versammlung den versammlungsrechtlichen Schutz mit der Folge, dass die Sperrwirkung des Versammlungsgesetzes entfällt. Maßnahmen zur zwangsweisen Durchsetzung dieser Verfügung können dann auf das allgemeine Polizeirecht gestützt werden (*Dietel/Gintzel/Kniesel* VersammlG § 15 Rn. 233 ff., insbesondere Rn. 235). Diese Konstellation lag der Entscheidung KG Berlin NVwZ 2000, 468 ff., zugrunde. Demgegenüber war die Versammlung in Fall 21 weder wirksam verboten noch wirksam aufgelöst worden, sodass das VersG einem Rückgriff auf das allgemeine Polizeirecht entgegensteht (vgl. Lösung, B. II.; anschaulich auch VG Stuttgart BeckRS 2015, 56039).

7. Einen weiteren instruktiven Fall zu Fragen des Versammlungsrechts bietet *Degenhart,* Klausurenkurs im Staatsrecht II, Rn. 937 ff.; auch *Kahl* JuS 2004, 894 ff.; *Janz/Rademacher* haben mit »Fälle und Lösungen zum Versammlungsrecht«, 2004, inzwischen ein eigenes Fallbuch nur zu diesem Themenkomplex veröffentlicht.

8. Zur **Fortsetzungsfeststellungsklage analog § 113 I 4 VwGO** gegen Verwaltungsakte, die sich bei Klageerhebung schon erledigt haben, vgl. oben den ergänzenden Hinweis zu Fall 13.

9. Zur immer wieder aktuellen Problematik, ob die **Kundgabe nationalsozialistischen Gedankenguts** eine Gefahr für die öffentliche Ordnung darstellt, vgl. *Dietlein* in Dietlein/Hellermann ÖffR NRW § 3 Rn. 301. Die Entfernung aus dem Beamtenverhältnis wegen einer Tätowierung mit verfassungsfeindlichem Inhalt beurteilt BVerwG NJW 2018, 1185.

10. Zu den sog. **Vorfeldmaßnahmen**, die uU bereits vor Beginn einer Versammlung veranlasst werden können, wie Bild- und Tonaufnahmen, Gefährderansprachen, Meldeauflagen, Kontrollen und Rückführungsgewahrsam etwa *Kingreen/Poscher* POR § 20 Rn. 46 ff. Nähere Ausführungen zum Verhältnis von allgemeinem Polizeirecht und VersG in diesem Zusammenhang finden sich dort auch unter § 5 Rn. 16 ff; ferner *Gröpl/Leinenbach* JA 2018, 8. Zu der (großen) praktischen Relevanz dieses Problemkreises vgl. *Schwabe* DÖV 2010, 720, der zwei Entscheidungen des BVerfG aus den Jahren 2004 und 2007 zum Platzverweis und der Ingewahrsamnahme auf Versammlungen kommentiert und deren Praxistauglichkeit überprüft.

11. Nach einem Urteil des VG Berlin, DVBl. 2010, 1245, dürfen friedliche Demonstrationen nicht von der Polizei gefilmt werden. Die Entscheidung erging im Anschluss an eine **Großdemonstration** in Berlin, bei der die Polizei Videobilder fertigte und diese direkt in die Leitstelle übertrug (Kamera-Monitor-Verfahren): Bereits das bloße Anfertigen und Beobachten von Übersichtsaufnahmen in Echtzeit, das der Polizei das Heranzoomen einzelner Teilnehmer der Versammlung ermöglicht, stelle einen **Eingriff** in den Schutzbereich des Art. 8 I GG dar. Nach der Einschätzung des Gerichts könne der einzelne Versammlungsteilnehmer bereits durch das **Gefühl des Beobachtetseins eingeschüchtert** und in letzter Konsequenz auch dazu bestimmt werden, einer **Versammlung fernzubleiben**. Durch ein solches Vorgehen der Polizei werde zugleich in das Recht auf informationelle Selbstbestimmung (Art. 2 I iVm

Art. 1 I GG) des Versammlungsteilnehmers eingegriffen, sofern dieser nicht einwillige. Dies gelte unabhängig von einer etwaigen Speicherung der Daten durch die Polizei. Für die Anfertigung derartiger Übersichtsaufnahmen sei eine Ermächtigungsgrundlage erforderlich. Sofern keine erhebliche Gefahr für die öffentliche Sicherheit oder Ordnung bestehe, könne die Anfertigung derartiger Übersichtsaufnahmen zur Lenkung und Leitung während einer Versammlung nicht auf die §§ 12a oder 19a VersG gestützt werden. Ein Rückgriff auf das allgemeine Polizeirecht sei wiederum wegen der sog. »Polizeifestigkeit öffentlicher Versammlungen« ausgeschlossen. Die grundsätzlich starke Eingriffsintensität von polizeilichen Videobeobachtungen bei Versammlungen betonen auch VerfGH Bln NVwZ-RR 2014, 577 (580); OVG RhPf NVwZ-RR 2015, 570 (573 Rn. 38); OVG NRW NWVBl. 2011, 151, verneint den Einschüchterungseffekt bei »bloßen Übersichtsaufnahmen, die erkennbar der Lenkung eines Polizeieinsatzes namentlich von Großdemonstrationen dienen und hierfür erforderlich sind«, bejaht aber den Eingriffscharakter bei einer die Versammlung begleitenden Beobachtung unabhängig von einer Speicherung der Bilder, »weil [sie] eine Individualisierung von Versammlungsteilnehmern ermöglichte, von großer Streubreite war und der Beklagte mit ihr zudem eine gewisse Beeinflussung der inneren Versammlungsfreiheit beabsichtigt hatte.«

Nach VG Hannover, BeckRS 2014, 54301 = JA 2015, 78 ff., führt schon das teilweise Ausfahren einer Mastkamera auf dem Dach eines Einsatzfahrzeugs der Polizei zu einer – im konkreten Fall nicht gerechtfertigten – Einschränkung der Versammlungsfreiheit. Dass die Polizei den Einsatzwagen in die Nähe der Versammlung fährt, hält das VG mit Blick auf gewaltbereite Teilnehmer noch für gerechtfertigt. Die Kamera habe aber nicht, auch nicht teilweise, ausgefahren werden dürfen. Denn es war für die Versammlungsteilnehmer nicht erkennbar, ob die Kamera für Aufzeichnungen verwendet wurde. Sie war geeignet, Teilnehmer der Versammlung von der Ausübung der Versammlungsfreiheit abzuschrecken. Die zulässige Berufung der Beklagten hatte keinen Erfolg. Das NdsOVG bestätigte die Auffassung des VG, vgl. NdsOVG NVwZ-RR 2016, 98.

Das VG Gelsenkirchen (Urt. v. 23.10.2018 – 14 K 3543/18 = BeckRS 2018, 27618) hält das Fotografieren von Versammlungsteilnehmern im Rahmen der Social-Media-Arbeit der Polizei für rechtswidrig, selbst wenn einzelne Personen nur undeutlich in einer größeren Gruppe sichtbar sind. Das von den Demonstranten wahrnehmbare Fotografieren durch Polizeibeamte könnte die Teilnehmer von der Ausübung ihres Rechts auf Versammlungsfreiheit abhalten. Von den Polizisten gehe eine einschüchternde Wirkung aus, weil nicht erkennbar sei, ob Nahaufnahmen gemacht würden. Auch gelbe Warnwesten mit der Aufschrift »Social Media Team« änderten daran nichts. Das Urteil ist noch nicht rechtskräftig.

Der Eingriffsbegriff wird im Rahmen dieser Rechtsprechungsreihe in der Literatur als stark versubjektiviert gesehen, was nicht unproblematisch erscheine. So kritisiert etwa *Söllner* DVBl. 2010, 1248 (1250), der Gedanke der Abschreckungswirkung durch Kameras könne auf die Anwesenheit von Polizeibeamten bei einer Demonstration übertragen werden. Diese als Grundrechtsbeeinträchtigung einzuordnen liefe aber darauf hinaus »den Schutz der rechtsstaatlichen Ordnung aufzugeben«. Zum polizeilichen Einsatz von Videokameras auch *Trurnit* NVwZ 2016, 873 (877 f.); *Gröpl/Leinenbach* JA 2018, 8 (17).

Doch urteilte der BayVGH am 15.7.2008 für den Fall einer öffentlichen Versammlung in einem geschlossenen Raum (10 BV 07.2143, BayVBl. 2009, 16 = BeckRS 2008, 38957) gerade mit Blick auf die Anwesenheit von Polizeibeamten: Nach dem modernen Eingriffsbegriff handele es sich auch bei der bloßen Anwesenheit eines Polizeibeamten bei einer öffentlichen Versammlung in einem geschlossenen Raum um eine »faktische Behinderung« und damit um einen Eingriff in Art. 8 GG. Durch die Polizeipräsenz könnten sich Versammlungsteilnehmer veranlasst sehen, ihre Meinungsfreiheit im Rahmen der Versammlung jedenfalls nicht umfassend auszuüben. Auch die Anwesenheit der Polizei bedürfe daher entsprechend Art. 20 III GG einer Ermächtigungsgrundlage. Diese grundrechtsfreundliche Rechtsprechungslinie überzeugt.

Das BVerwG musste sich auch mit einer besonderen Form der Filmaufnahmen während einer Versammlung auseinandersetzen: Am 5.6.2007 überflog ein Kampfflugzeug der Bundeswehr vom Typ Tornado gegen 10:30 Uhr ein Camp von Gegnern des in Heiligendamm stattfindenden G 8-Gipfeltreffens in einer Höhe von ca. 114 m. Während des Überflugs wurden Aufnahmen mit Kameras angefertigt, die an dem Kampfflugzeug befestigt waren. 19 Luftbilder wurden anschließend durch Bundeswehrmitarbeiter als für polizeiliche Zwecke relevant ausgewählt und an die Polizeidirektion Rostock zur Auswertung übermittelt. Bei einem Teil dieser Aufnahmen handelte es sich um Übersichtsaufnahmen und Ausschnittvergrößerungen, auf denen das Camp Reddelich sowie Personengruppen abgebildet waren, die sich dort aufhielten. Das BVerwG urteilte: Zwar sei das Camp selbst nicht als grundrechtlich geschützte Versammlung anzusehen. Der bloße Aufenthalt von Personen zum Zwecke der Unterkunft, um später an einer Versammlung teilzunehmen, sei noch keine gemeinsame Meinungsbildung und -äußerung mit dem Ziel der Einwirkung auf die öffentliche Meinungsbildung. Das Camp als solches unterfalle daher nicht dem (engen) Versammlungsbegriff des BVerfG. Auch hätten zum für das BVerwG maßgeblichen Zeitpunkt (als nämlich ein Tornado-Kampflugzeug der Bundeswehr über das Camp flog, um im Wege der Amtshilfe für die örtliche Polizei Bilder zur Aufklärung zu machen) innerhalb des Camps keine durch die Versammlungsfreiheit geschützte Veranstaltungen stattgefunden. Der Schutzbereich des Grundrechts sei aber unter dem Gesichtspunkt der **Vorwirkungen der Versammlungsfreiheit** berührt: »Das Grundrecht der Versammlungsfreiheit ist nach der Rechtsprechung des BVerfG nicht auf den Zeitraum der Durchführung einer Versammlung begrenzt, sondern entfaltet seine Wirkung bereits in deren Vorfeld; denn andernfalls liefe die Versammlungsfreiheit Gefahr, durch staatliche Maßnahmen im Vorfeld der Grundrechtsausübung ausgehöhlt zu werden [...]. Art. 8 I GG schützt deshalb den gesamten Vorgang des Sichversammelns, wozu auch der Zugang und die Anreise zu einer bevorstehenden bzw. sich bildenden Versammlung gehören [...]. Hiervon ausgehend hat das OVG zu Recht angenommen, dass sich der Vorfeldschutz des Art. 8 I GG auf den Aufenthalt der Kl. in dem Camp zum Zeitpunkt des Überflugs des Kampfflugzeugs erstreckt hat. Dieser Aufenthalt stand in unmittelbarem zeitlichen und räumlichen Zusammenhang mit den Demonstrationen, die vor und während des G 8-Gipfels als einem Ereignis mit deutlich überörtlichem Bezug stattfanden. Es handelte sich um den Tag vor dem Beginn des mehrtägigen Gipfeltreffens. Eine Teilnahme an den geplanten Demonstrationen war für die ganz überwiegende Zahl der Teilnahmewilligen nur im Fall einer frühzeitigen Anreise und ortsnahen Unterkunft während der gesamten Dauer der Veranstaltung möglich. Alternative Unterkunftsmöglichkeiten standen angesichts der absehbar großen Zahl der potentiellen Versammlungsteilnehmer in der ländlich geprägten Region um den Austragungsort des Gipfels nicht ausreichend zur Verfügung. Unter derartigen Umständen ist der Aufenthalt in einem der Unterkunft für die potentiellen Demonstrationsteilnehmer dienenden Camp vergleichbar der Anreise zu einer bevorstehenden Versammlung dem durch Art. 8 I GG geschützten Vorgang des Sichversammelns zuzurechnen« (BVerwG NJW 2018, 716 [719 Rn. 28 f.]); Überlegungen zum Problemfeld bereits bei *Hartmann* NVwZ 2018, 200 ff.).

Der Überflug des Camps mit einem Tornado-Kampfflugzeug stellte danach einen faktischen Eingriff in die Versammlungsfreiheit dar. »Ob eine staatliche Maßnahme einschüchternde oder abschreckende Wirkung auf diejenigen Personen hat, die an Versammlungen teilnehmen wollen, kann nur aufgrund einer Würdigung der Umstände des jeweiligen Einzelfalls festgestellt werden. Dabei ist nicht die subjektive Bewertung einzelner konkret betroffener Personen maßgeblich. Vielmehr ist schon aus Gründen der Rechtssicherheit und Rechtsanwendungsgleichheit ein objektiver Beurteilungsmaßstab anzulegen. Im Ansatz zutreffend hat das BerGer. daher auf die Sichtweise eines so genannten verständigen Dritten abgestellt. Entscheidend ist, ob ein vernünftiger Mensch in der Situation des oder der Betroffenen ernsthaft in Betracht ziehen würde, aufgrund der staatlichen Maßnahme von der Teilnahme an der (bevorstehenden) Versammlung in der geplanten Form Abstand zu nehmen« (BVerwG NJW 2018, 716 [720 Rn. 33]). Der Überflug des Kampfflugzeuges über das Camp in einer Höhe von nur 114 m habe aus der Sicht eines durchschnittlichen Betroffenen im Hinblick auf die extreme Lärmentfaltung, den angsteinflößenden Anblick und die Überraschungswirkung im Kontext der bevorstehenden Demonstrationen gegen den G 8-Gipfel einschüchternde Wirkung gehabt, das **Anfertigen von Lichtbildern** während des Überflugs aber habe **nicht** das Gefühl des Überwachtwerdens erzeugen und damit die Versammlungsteilnehmer nicht **abschrecken** können (BVerwG NJW 2018, 716 [720 f. Rn. 36 ff.]).

2. Teil. Kommunalrecht

22. Fall: Eingemeindung[1]

Sachverhalt

Durch Landesgesetz vom 1.3.2014 wurde die nordrhein-westfälische Gemeinde G gegen ihren heftigen Protest nach einem ordnungsgemäßen Anhörungsverfahren an die benachbarte Stadt S angegliedert. Vor der Eingemeindung hatte G 5.000 Einwohner, S 30.000. Die Bevölkerungszahl beider Orte stagniert. Die Ansiedlung neuer Gewerbebetriebe steht weder in S noch in G bevor. S begrüßt die Eingemeindung.

Der Gesetzgeber beabsichtigte nach der im Landtag vorgetragenen und von diesem nach Äußerungen der Abgeordneten im zuständigen Ausschuss und im Plenum mehrheitlich akzeptierten Begründung, eine einheitliche Planung im Umland von S zu ermöglichen und G, das ohnehin zum Mittelzentrum S ausgerichtet sei, in seinen Verwaltungsstrukturen S anzugliedern.

Zwischen S und G liegt ein bisher unbebautes Gelände von etwa 5 km Breite. S ist eine Industriestadt mit vielen Einpendlern. Auch G verfügt über einige industrielle Betriebe, ist aber überwiegend landwirtschaftlich geprägt (vor allem Ackerbau und Viehhaltung). Von 2.500 Erwerbspersonen in G fahren 250 zur Arbeit nach S. Die Orte sind durch eine Linie der Deutsche Bahn AG verbunden. Der Verkehr zwischen G und S ist jedoch gering, zumal G recht gut ausgestattet ist, wie zB mit einem Gymnasium, welches auch das Hinterland versorgt. Für Großeinkäufe kommt auch die 30 km entfernte größere Stadt M infrage.

Das Gesetz ist inzwischen vollzogen worden. Der bisherige Bürgermeister von G hat als letzte Amtshandlung im Namen der Gemeinde beim VerfGH NRW gegen das Gesetz vom 1.3. Verfassungsbeschwerde eingelegt. Im laufenden Verfahren tritt für die Gemeinde ein vom Rat bestellter Rechtsanwalt auf, der bei einem deutschen Gericht zugelassen ist. Wie wird der VerfGH entscheiden?

1 Der Fall ist den Entscheidungen des VerfGH RhPf AS 11, 206 = DVBl. 1970, 780 (Eingemeindung von Irsch nach Saarburg) und des VerfGH NRW OVGE 31, 297 = DVBl. 1976, 393 (Eingemeindung von Wesseling nach Köln) nachgebildet.

Lösungsvorschlag

Schwerpunkte:
- **Materiell:**
  - **Garantie der kommunalen Selbstverwaltung**
  - **Eingemeindung**
- **Prozessual:**
  - **Kommunale Verfassungsbeschwerde**
  - **Parteifähigkeit einer aufgelösten Gebietskörperschaft**
  - **Prozessfähigkeit im Fall einer Interessenkollision des gesetzlichen Vertreters**

Der VerfGH wird der Verfassungsbeschwerde stattgeben, wenn der Antrag der Gemeinde zulässig und begründet ist.

A. Zulässigkeit

I. Zuständigkeit

Die Zuständigkeit des VerfGH für kommunale Verfassungsbeschwerden gegen Landesrecht ergibt sich aus Art. 75 Nr. 5 der Verfassung des Landes Nordrhein-Westfalen (NRWVerf) iVm § 12 Nr. 8 des Gesetzes über den Verfassungsgerichtshof für das Land Nordrhein-Westfalen (NRWVGHG).

II. Parteifähigkeit

Die Gemeinde G müsste parteifähig sein. Im Verfahren der kommunalen Verfassungsbeschwerde sind nach § 12 Nr. 8, § 52 I NRWVGHG[2] Gemeinden und Gemeindeverbände parteifähig.

Gegen die Parteifähigkeit der **Gemeinde G** könnte sprechen, dass sie durch das Landesgesetz vom 1.3. **aufgelöst** wurde und damit zum Zeitpunkt seines Inkrafttretens untergegangen ist. Sie hat damit aufgehört, als Gebietskörperschaft zu bestehen, sodass ihr die Parteifähigkeit für kommunale Verfassungsbeschwerden grundsätzlich fehlt. Dem ist für das vorliegende Verfahren jedoch entgegenzuhalten, dass ihr auf diese Weise jedwede Rechtsschutzmöglichkeit gegen ihre Auflösung genommen würde, was dem Sinn des § 52 NRWVGHG widerspräche. Daher ist nach allgemeinen Verfahrensgrundsätzen anerkannt, dass die Gemeinde ausnahmsweise in solchen Rechtsbehelfsverfahren als parteifähig anzusehen ist, in denen Rechte geltend gemacht werden, die mit ihrer Auflösung in unmittelbarem Zusammenhang stehen. Dies gilt insbesondere für die kommunale Verfassungsbeschwerde, welche sich gegen den die Auflösung bewirkenden Rechtsakt selbst richtet.[3]

Die Gemeinde G ist daher als parteifähig anzusehen.

2 § 52 I NRWVGHG lautet: »Gemeinden und Gemeindeverbände können die Verfassungsbeschwerde mit der Behauptung erheben, dass Landesrecht die Vorschriften der Landesverfassung über das Recht der Selbstverwaltung verletze«.

3 Vgl. VerfGH NRW OVGE 14, 372 (372 f.); 26, 306 (310); 26, 316 (317); VerfGH Saarl NVwZ 1994, 481; vgl. auch BVerfGE 3, 267 (279 f.) = BeckRS 9998, 123055 sowie Hinweis 2 zu diesem Fall. Zur Beteiligtenfähigkeit einer untergegangenen Gemeinde im Hinblick auf die Geltendmachung von Rechten aus einem Eingliederungsvertrag VGH BW KommJur 2016, 293 ff.

III. Prozessfähigkeit

Weiterhin müsste die Gemeinde G prozessfähig sein. Prozessfähigkeit ist die Fähigkeit, einen Prozess selbst oder durch einen selbst bestellten Prozessbevollmächtigten zu führen sowie Prozesshandlungen selbst oder durch einen bestellten Prozessbevollmächtigten vorzunehmen.[4]

Die Voraussetzungen der Prozessfähigkeit in Verfahren vor dem VerfGH sind im nordrhein-westfälischen Verfassungsgerichtshofgesetz nicht geregelt. Nach allgemeinen Grundsätzen ist die Gemeinde im Verfassungsbeschwerdeverfahren dann prozessfähig, wenn sie durch das zuständige Organ vertreten wird.

Gesetzlicher Vertreter der Gemeinde in Rechts- und Verwaltungsgeschäften und damit auch in gerichtlichen Verfahren ist grundsätzlich gem. § 63 I 1 NRWGO der Bürgermeister. Da jedoch die Gemeinde G mit Inkrafttreten des Gesetzes vom 1.3.2014 in der Stadt S aufgegangen ist, ist das Dienstverhältnis des Bürgermeisters zur Gemeinde G erloschen. Nach § 16 I BeamtStG ist der Bürgermeister zu diesem Zeitpunkt kraft Gesetzes in den Dienst der Stadt S übergetreten[5] und kann daher die Gemeinde grundsätzlich nicht mehr wirksam vertreten.

Man könnte jedoch daran denken, die gesetzliche Vertretung durch den Bürgermeister für das Verfassungsbeschwerdeverfahren gegen die Auflösung der Gemeinde als fortbestehend anzusehen. Wenn nämlich die Gemeinde in dem Verfahren gegen ihre Auflösung zur Geltendmachung ihrer Verfahrensrechte als fortbestehend gilt, muss sie auch in der Lage sein, die zur Einleitung und Durchführung des Verfahrens notwendigen Erklärungen abzugeben. Einer Vertretung durch den Bürgermeister im Prozess steht jedoch entgegen, dass er in einen Interessenkonflikt geraten könnte, da er nach § 16 I BeamtStG in den Dienst der Stadt S übergetreten ist. Die Stadt S begrüßt die Eingemeindung der Gemeinde G, sodass sich der Bürgermeister von G in einen Gegensatz zu seinem neuen Dienstherrn bringen würde, wenn er die Interessen der G im Rahmen der Verfassungsbeschwerde verträte. Die zu befürchtende Folge dieses Interessenkonflikts, dass die Gemeinde G in dem Verfassungsbeschwerdeverfahren nicht in der erforderlichen Weise vertreten wird, lässt sich nur umgehen, wenn man **ausnahmsweise** den **Rat der Gemeinde** als ihren gesetzlichen Vertreter ansieht, da er bei Wegfall des Hauptverwaltungsbeamten das verbleibende zur Vertretung der Bürgerschaft berufene Organ ist.[6]

Demgemäß wird die Gemeinde G im Rahmen des Verfassungsbeschwerdeverfahrens durch ihren Rat vertreten und ist damit auch prozessfähig.

IV. Postulationsfähigkeit

Die Gemeinde müsste weiterhin postulationsfähig, dh in der Lage sein, vor Gericht prozessrechtlich erhebliche Erklärungen abzugeben und zu verhandeln. Die Postulationsfähigkeit ist in § 17 NRWVGHG geregelt. Nach § 17 I 1 Hs. 2 NRWVGHG

---

4 Redeker/v. Oertzen/*Redeker* VwGO § 62 Rn. 1; *Schenke* VerwProzR Rn. 477 ff.

5 Die gem. § 63 III BeamtStG bis zum 1.4.2009 geltenden Regelungen der §§ 128 ff. BRRG beziehen alle Beamtengruppen und damit auch kommunale Wahlbeamte wie den Bürgermeister ein, vgl. OVG NRW OVGE 30, 222 (234 ff.). § 128 I BRRG aF ist inhaltsgleich mit § 16 I BeamtStG, sodass die vorgenannten Grundsätze insoweit übertragbar sind.

6 Vgl. VerfGH NRW OVGE 26, 306 (310); 26, 316 (318); Starck/Stern/*Hoppe*, Landesverfassungsgerichtsbarkeit II, 1983, 304.

müssen sich die Beteiligten in der mündlichen Verhandlung durch einen bei einem deutschen Gericht zugelassenen Rechtsanwalt oder durch einen Rechtslehrer an einer deutschen Hochschule vertreten lassen. Gemeinden können sich darüber hinaus gem. § 17 II 2 NRWVGHG auch durch ihre Beamten vertreten lassen, sofern diese die Befähigung zum Richteramt oder für die Laufbahn des höheren allgemeinen Verwaltungsdienstes haben.

Die Gemeinde G ist durch einen Rechtsanwalt vertreten, der bei einem deutschen Gericht zugelassen ist, und damit postulationsfähig. Der Wirksamkeit seiner Bevollmächtigung steht nicht entgegen, dass der Rechtsanwalt vom Rat bestellt wurde, da im vorliegenden Verfahren ausnahmsweise der Rat das für die Vornahme von Prozesshandlungen zuständige Organ der Gemeinde ist.[7]

V. Beschwerdegegenstand

Die kommunale Verfassungsbeschwerde ist gem. § 52 I NRWVGHG nur zulässig, wenn es sich bei dem angegriffenen Rechtsakt um nordrhein-westfälisches Landesrecht handelt. Dies ist bei dem Gesetz vom 1.3.2014 der Fall.

VI. Beschwerdebefugnis

Die Gemeinde G müsste weiterhin beschwerdebefugt sein. Nach § 52 I NRWVGHG ist dafür erforderlich, dass die Gemeinde behauptet, Landesrecht verletze die Vorschriften der Landesverfassung über das **Recht zur Selbstverwaltung**. Darzulegen hat die Gemeinde, durch das angegriffene Gesetz selbst, gegenwärtig und unmittelbar betroffen zu sein.[8] Diese Voraussetzungen sind erfüllt, sodass die Gemeinde G auch beschwerdebefugt ist.

VII. Form- und fristgerechter Antrag

Der Bürgermeister der Gemeinde G hat als letzte Amtshandlung im Namen der Gemeinde Verfassungsbeschwerde eingelegt. Mangels entgegenstehender Angaben kann davon ausgegangen werden, dass dies form- und fristgerecht erfolgte. Der entsprechende Antrag ist gem. § 18 I 1 NRWVGHG schriftlich beim VerfGH einzureichen. Nach § 18 I 2 NRWVGHG ist er zu begründen und mit der Angabe der erforderlichen Beweismittel zu versehen. Die Frist zur Einlegung der Verfassungsbeschwerde beträgt nach § 52 II NRWVGHG ein Jahr.

Auch ist die Erhebung der Verfassungsbeschwerde nicht etwa deswegen unwirksam, weil die Gemeinde in dem Verfahren vor dem VerfGH durch den Rat vertreten wird,[9] da dessen Vertretungsbefugnis erst nach dem Erlöschen des Dienstverhältnisses des Bürgermeisters entstanden ist. Zum Zeitpunkt der Erhebung der Verfassungsbeschwerde war der Bürgermeister noch im Amt.

VIII. Zwischenergebnis

Die Verfassungsbeschwerde ist zulässig.

7 Vgl. die Ausführungen zur Prozessfähigkeit.
8 Vgl. *Erichsen* KommunalR NRW § 17 C 5.
9 Vgl. die Ausführungen zur Prozessfähigkeit.

B. Begründetheit

Die kommunale Verfassungsbeschwerde der Gemeinde G ist begründet, wenn das Gesetz vom 1.3.2014 tatsächlich die Vorschriften der Landesverfassung über das **Recht der Selbstverwaltung** verletzt.

Die nordrhein-westfälische Verfassung schützt das Recht der Selbstverwaltung in Art. 78 I NRWVerf[10] – und zwar ebenso wie Art. 28 II GG – als institutionelle Garantie. Gewährleistet ist dadurch die gemeindliche Selbstverwaltung als Einrichtung, **nicht** aber der **Bestand der einzelnen Gemeinde.**[11] Dem Staat ist es verwehrt, die gemeindliche Verwaltungsebene als solche abzuschaffen, einzelne Gemeinden kann er jedoch auflösen und mit anderen zusammenführen.[12] Gebietsreformen sind somit grundsätzlich zulässig und bei wesentlicher Veränderung der Verhältnisse oft gerade im Interesse einer effektiven kommunalen Selbstverwaltung erforderlich.

Gleichwohl ergeben sich aus der Selbstverwaltungsgarantie des Art. 78 I NRWVerf – wie aus der des Art. 28 II GG – **auch subjektiv-rechtliche Gewährleistungen für die einzelne Gemeinde**, die der Staat bei der Änderung von Gemeindegebieten zu beachten hat. So dürfen Gebietsänderungen, insbesondere Eingemeindungen, gegen den Willen der betroffenen Gemeinden nur vorgenommen werden, wenn sie zuvor ordnungsgemäß angehört wurden und Gründe des öffentlichen Wohls den Eingriff in die Gemeindestruktur zu rechtfertigen vermögen.[13]

Die erforderliche Anhörung[14] hat stattgefunden. Fraglich ist daher lediglich, ob hinreichende **Gründe des öffentlichen Wohls für die Eingemeindung**[15] der Gemeinde G in die Stadt S gegeben sind.[16] Hierbei ist zu beachten, dass der Gesetzgeber einen weiten politischen Gestaltungsspielraum hat. Seine Entscheidung kann gerichtlich nur daraufhin überprüft[17] werden, ob er bei der ihr zugrundeliegenden Bewertung

---

10 Art. 78 I NRWVerf: »Die Gemeinden und Gemeindeverbände sind Gebietskörperschaften mit dem Recht der Selbstverwaltung durch ihre gewählten Organe.«.

11 Vgl. dazu Held/Winkel/*Wansleben* GO NRW § 17 Erl. mwN.

12 *Röhl* in Schoch BesVerwR Kap. 2 Rn. 28; es handelt sich hierbei um die sog. Rechtssubjektsgarantie als ein Gewährleistungselement der kommunalen Selbstverwaltungsgarantie (vgl. hinsichtlich der weiteren Gewährleistungselemente Hinweise 3 und 4 zu diesem Fall).

13 BVerfGE 50, 50 (50 f.) = BeckRS 9998, 105006; BVerfGE 50, 195 (202 ff.) = BeckRS 1979, 811; BVerfGE 86, 90 (107 ff.) = BeckRS 1992, 08123; NdsStGH DVBl. 1974, 520; *Burgi* KommunalR § 5 Rn. 15; *Geis* KommunalR § 9 Rn. 2 ff. Vgl. auch Hinweis 1 zu diesem Fall.

14 Zum verfassungsmäßigen Recht auf Anhörung (im Zusammenhang mit der umfassenden kommunalen Gebietsreform in Rheinland-Pfalz) ausf. *Perne* LKRZ 2014, 276. Vgl. auch ThürVerfGH NJOZ 2017, 1115 ff., der ein Gesetz, das Leitbilder für eine kommunale Gebietsreform festlegte, für formell verfassungswidrig erklärte, da eine den Anforderungen entsprechende Anhörung nicht stattgefunden hatte.

15 Vgl. zu den anerkannten Zielsetzungen als Gründen des öffentlichen Wohls *Wolff/Bachof/Stober/Kluth* VerwR II § 96 Rn. 115 ff.

16 Zahlr. Beispiele für einen Verstoß gegen das öffentliche Wohl bei Held/Winkel/*Wansleben* GO NRW § 17 Erl.

17 Zum Maßstab der gerichtlichen Kontrolle – in der Rspr. des VerfGH NRW – Held/Winkel/*Wansleben* GO NRW § 17 Erl.

und Abwägung eindeutig fehlerhaft gehandelt hat.[18] Der Gesetzgeber ist davon ausgegangen, dass G auf S ausgerichtet, gewissermaßen ein Vorort von S sei, der zweckmäßigerweise in die Planung von S einbezogen und von S aus verwaltet werden sollte. Wäre das richtig, gäbe es hinreichende Gründe des öffentlichen Wohls, G einzugemeinden.

Tatsächlich führte G jedoch bisher ein Eigenleben und war mit der Stadt S nur wenig verbunden. Die Entfernung zwischen den Orten war verhältnismäßig groß, die Zahl der Pendler und überhaupt der Verkehr zwischen beiden Orten gering. Ein Stadt-Umland-Verhältnis, das eine Eingemeindung hätte rechtfertigen können, lag entgegen den Ausführungen der Gesetzesbegründung nicht vor. Eine Verflechtung zwischen G und S war in Wirklichkeit nicht vorhanden. Eine großzügigere Planung, die G und S über die allgemeinen Möglichkeiten der Landesplanung hinaus zusammenfasst, ist angesichts der stagnierenden Bevölkerung und Wirtschaftsentwicklung in beiden Kommunen nicht erforderlich.

Der Gesetzgeber hat danach seine Entscheidung entweder auf falscher tatsächlicher Grundlage gefällt, worauf die Äußerungen im Gesetzgebungsverfahren hindeuten, oder er hat die ihm bekannten Fakten falsch bewertet. Zwischen G und S bestand keine Stadt-Umland-Beziehung, sondern nur ein Nachbarschaftsverhältnis.

Trotzdem kann die einheitliche Planung und Entwicklung beider Orte wie jede großräumige Planung gewisse Vorteile mit sich bringen und so zur Förderung des Gemeinwohls beitragen. Diesem Vorzug, den jede Eingemeindung mit sich bringt, sind jedoch die Nachteile einer solchen Maßnahme gegenüberzustellen. Der Verlust der Selbstständigkeit von G beseitigt die Selbstverwaltung der Bürger in ihrem engeren Bereich und bedeutet einen schweren Eingriff in die gewachsenen Strukturen örtlicher Verbundenheit. Angesichts der kaum vorhandenen Verflechtung zwischen G und S fallen die Vorteile der einheitlichen Planung wenig ins Gewicht. Dagegen wiegt es sehr schwer, dass eine funktionierende kommunale Selbstverwaltung beseitigt wird, die als solche einen demokratischen Eigenwert[19] besitzt. Den Einwohnern von G wird ohne schwerwiegenden Grund die Möglichkeit genommen, ihre Angelegenheiten selbst zu entscheiden. Darüber hinaus bewirkt der Verlust der Selbstständigkeit ihres Ortes für die Bürger von G eine erhebliche Erschwerung des Zugangs zu den zuständigen Verwaltungsstellen.

Insgesamt rechtfertigen die geringen Vorteile der Eingemeindung die erheblichen Nachteile nicht. Der Gesetzgeber hat die Grenzen seiner Freiheit, das Gemeinwohl zu konkretisieren, verkannt und offensichtlich fehlerhaft entschieden. Das Gesetz

18 Vgl. VerfGH NRW OVGE 14, 372 (375 f.); 22, 316 (317). Im Falle des Entzuges einer Aufgabe der örtlichen Gemeinschaft wandelt sich die Ausgestaltungsbefugnis des Gesetzgebers gem. BVerfG NVwZ 1989, 347; 2015, 728; 2018, 140 de facto zu einem Gesetzesvorbehalt. Die betreffenden gesetzlichen Regelungen sind dann auf ihre Vereinbarkeit mit dem generellen Zuständigkeitsvorrang zugunsten der Kommunen zu überprüfen, wenn sie Bezüge zu den Angelegenheiten der örtlichen Gemeinschaft aufweisen. Dabei ist die Einschätzungsprärogative des Gesetzgebers umso enger und die verfassungsgerichtliche Kontrolle umso intensiver, je mehr die Selbstverwaltungsgarantie der Gemeinde als Folge der jeweiligen Regelung an Substanz verliert (BVerfG NVwZ 1989, 347; 2015, 728 [730]; 2018, 140 [146]).

19 Zur der den Gemeinden zukommenden besonderen Bedeutung für den demokratischen Staatsaufbau und deren Folgen: BVerfG NVwZ 2015, 728 (730); 2018, 140 (146); ferner die erg. Hinweise 3 und 4.

über die Angliederung der Gemeinde G an die Stadt S ist daher verfassungswidrig. Die kommunale Verfassungsbeschwerde der Gemeinde G ist begründet.

C. Ergebnis

Die kommunale Verfassungsbeschwerde der Gemeinde G wird Erfolg haben. Der VerfGH wird gem. §§ 52 III, 49 S. 1 NRWVGHG die Nichtigkeit des Gesetzes vom 1.3.2014 feststellen.

Ergänzende Hinweise

1. Die **kommunale Neugliederung** hat zu zahlreichen verfassungsgerichtlichen Entscheidungen, zumeist der LVerfG und der StGH, geführt (vgl. aber auch BVerfGE 107, 1 = BeckRS 2003, 21326; BVerfGE 50, 50 = NJW 1979, 413), in denen die Anträge der Kommunen überwiegend abgewiesen wurden. Nur sehr wenige Verfahren endeten – wie im Übrigen etwa die in Fn. 1 genannten – mit einem Erfolg der betroffenen Kommunen. Umso größere Beachtung hat daher MVVerfG DVBl. 2007, 1102 ff. = LKV 2007, 457 ff., gefunden, als mit diesem Urteil das die Neugliederung des Landes in (nur noch) fünf »Großkreise« regelnde Funktional- und Kreisstrukturreformgesetz für teilweise verfassungswidrig erklärt worden ist. Siehe dazu auch *Meyer* NVwZ 2013, 1177 (1179 ff.). Die verwaltungswissenschaftlichen und praktischen Probleme der Neugliederung sind von *Wagener* DÖV 1983, 745 ff., anschaulich dargestellt. Einen Überblick über die Entwicklung und Hintergründe von Gebietsreformen auf kommunaler Ebene bietet *Mehde* DVBl. 2010, 465 (469 f.). Kommunen können im Übrigen auch freiwillig untereinander Eingemeindungsverträge schließen, vgl. dazu *Braun* KommJur 2011, 8 ff. Insgesamt zu den Gebietsreformen auf kommunaler Ebene *Meyer* NVwZ 2013, 1177 ff. sowie *Meyer* ZG 2017, 247 ff. zu aktuellen Entwicklungen.

Die **Anträge der Gemeinden** (bzw. ehemaligen Gemeinden) auf verfassungsgerichtliche Kontrolle ihrer Auflösung werden weit überwiegend für **zulässig** gehalten; vgl. dagegen jedoch *Burmeister*, Verfassungstheoretische Neukonzeption der kommunalen Selbstverwaltungsgarantie, 1977, 188 f. Zur Zulässigkeit von Verfassungsbeschwerden organisatorisch nicht mehr bestehender Gemeinden vgl. im Übrigen VerfGH NRW OVGE 14, 372 (372 f.); 26, 270 (271); vgl. auch BVerfGE 22, 221 (230 f.).

Die **materielle Rechtslage** bezüglich der Zulässigkeit von Neugliederungen ist angesichts der weitgehend übereinstimmenden Selbstverwaltungsgarantien in den Landesverfassungen und in Art. 28 II GG überall gleich. Die Verfassungsgerichte verlangen eine **ordnungsgemäße Anhörung der Gemeinden** (vgl. zur Bedeutung der Anhörung BVerfGE 107, 1 = BeckRS 2003, 21326; zu landesverfassungsgerichtlichen Maßstäben VerfGH Saarl DVBl. 1984, 263; NdsStGH DVBl. 1974, 520 sowie in jüngerer Zeit ThürVerfGH NJOZ 2017, 1115) und **hinreichende Gründe des öffentlichen Wohls**, die den Eingriff in die Struktur der Gemeinden rechtfertigen (vgl. dazu ausführlich MVVerfG DVBl. 2007, 1102 = LKV 2007, 457 [459 f.]; StGH BW DÖV 1975, 385). Angesichts der Unbestimmtheit des Begriffs des öffentlichen Wohls muss dem Gesetzgeber ein weiter Gestaltungsspielraum zuerkannt werden, sodass Neugliederungsgesetze nur selten verfassungswidrig sind.

2. Das **gerichtliche Verfahren**, das die Gemeinden zur Geltendmachung einer **Verletzung der Selbstverwaltungsgarantie** einschlagen müssen, ist dagegen verschieden. Eine Verfassungsbeschwerde von Gemeinden an das BVerfG kommt nur in Betracht, wenn das Landesrecht den Gemeinden verfassungsgerichtlichen Rechtsschutz nicht gewährt (Art. 93 I Nr. 4b GG, § 91 BVerfGG). Vgl. zum Verhältnis des BVerfG zu den Verfassungsgerichten der Länder bei Kommunalverfassungsbeschwerden auch BVerfG NVwZ 2004, 980; 1994, 58. Dabei wird die Verfassungsbeschwerde zum BVerfG nicht nur durch die Verfassungsbeschwerde zum LVerfG ausgeschlossen, sondern auch durch die – etwa in Rheinland-Pfalz bestehende – Möglichkeit, ein Normenkontrollverfahren einzuleiten, vgl. MSKB/*Bethge* BVerfGG § 91 Rn. 71 f. Gleichwohl soll, wie das BVerfG in jüngerer Zeit entschieden hat, der Grundsatz der Subsidiarität der Kommunalverfassungsbeschwerde vor dem BVerfG nicht greifen, wenn die »landesverfassungsrechtliche Garantie der kommunalen Selbstverwaltung hinter dem Gewährleistungsniveau des Art. 28 II GG zurückbleibt«, BVerfG NVwZ 2018, 140. Bei einer Beeinträchtigung des Selbstverwaltungsrechts durch den Bundesgesetzgeber kommt stets nur die Verfassungsbeschwerde zum BVerfG in Betracht. Zum Ganzen *Dietlein* in Dietlein/Hellermann ÖffR NRW § 1 Rn. 242 ff.; *Burgi* KommunalR § 6 Rn. 46, § 9 Rn. 2 ff., näher zu den Rechtsschutzmöglichkeiten § 9 Rn. 5 f.; *Hellermann* in Dietlein/Hellermann ÖffR NRW § 2 Rn. 88 ff.

3. Die Garantie der kommunalen Selbstverwaltung aus Art. 28 II GG und Art. 78 I NRWVerf (entsprechende Regelungen finden sich beispielsweise in Art. 71 I BWVerf sowie in Art. 137 III HessVerf) umfasst einen dreifachen Gewährleistungsbereich: Zum einen die institutionelle **Rechtssubjektsgarantie**, die Existenz, Namen und Gebiet der Gemeinden schützt, zum anderen die objektive **Rechtsinstitutionsgarantie**, die eine Aufgabenzuweisungs- sowie eine Eigenverantwortlichkeitsgarantie beinhaltet und die subjektive **Rechtsstellungsgarantie**, die den Gemeinden die Möglichkeit verschafft, ungerechtfertigte Eingriffe in das Selbstverwaltungsrecht notfalls gerichtlich abzuwenden (zum Ganzen *Dietlein* in Dietlein/Hellermann ÖffR NRW § 1 Rn. 174 ff.; *Vogelgesang/Lübking/Ulbrich* Kommunale Selbstverwaltung, 2005, 36 ff.; *Wolff/Bachof/Stober/Kluth* VerwR II § 96 Rn. 78 ff.; *Magen* JuS 2006, 404 [405]). Die **Aufgabenzuweisungsgarantie** gibt Gemeinden (und Gemeindeverbänden) das Recht, überhaupt Angelegenheiten der örtlichen Gemeinschaft zu regeln und betrifft die Entscheidung über das »Ob« der Aufgabenwahrnehmung. Daraus folgt der **Grundsatz der Allzuständigkeit** der Gemeinde für alle Angelegenheiten der örtlichen Gemeinschaft. Die nach aktuellem Stand maßgeblichen Entscheidungen des BVerfG zur **Aufgabenverteilung** zwischen Staat und Kommunen und der Verteilung auf kommunaler Ebene bilden die sog. Rastede-Entscheidung aus dem Jahr 1988, BVerfGE 79, 127 ff. = NVwZ 1989, 347 ff., sowie der Beschl. v. 19.11.2014, NVwZ 2015, 728 ff. (zu dieser Entscheidung auch noch im Folgenden).

Einen hinreichenden örtlichen Bezug weisen dabei solche Angelegenheiten auf, die »in der örtlichen Gemeinschaft wurzeln oder auf sie einen spezifischen Bezug haben, also den Gemeindeeinwohnern gerade als solchen gemeinsam sind, indem sie das Zusammenleben und -wohnen der Menschen in der Gemeinde betreffen« (BVerfG NVwZ 1989, 347, sog. **örtliche Radizierung**). In aktueller Rechtsprechung hat das BVerfG NVwZ 2015, 728 (729), dazu dezidiert ausgeführt, eine »**inhaltlich umrissene Aufgabengarantie**« enthalte Art. 28 II 1 GG aber nicht. Letztlich komme es darauf an, ob – ua unter Berücksichtigung der geschichtlichen Entwicklung – »eine Aufgabe für das Bild der typischen Gemeinde charakteristisch« sei. Auch sei ein einmal erreichter **status quo** nicht durch Art. 28 II 1 GG garantiert. Einer Einordnung als Angelegenheit der örtlichen Gemeinschaft stehe wiederum nicht entgegen, dass sich eine Aufgabe nur als »**teilweise örtlich**« (und teilweise überörtlich) darstelle (BVerfG NVwZ 2015, 728 [729]).

Nach BVerfG NVwZ 2015, 728 (730); 2018, 140 (145), soll es bei der Bestimmung der von Art. 28 II 1 GG umfassten Aufgaben ferner ausdrücklich **nicht** auf die **Verwaltungs**- oder **Finanzkraft** der jeweiligen Gemeinde ankommen. Durch die Aufgabenzuweisungsgarantie werden die Gemeinden sowohl im Falle eines Aufgaben**entzuges** als auch im Falle einer Aufgaben**überbürdung** geschützt. Soweit hierbei eine Aufgabe nachträglich auf höherstufige Verwaltungsträger (Gemeindeverbände, Länder oder Bund) verlagert wird, spricht man von »Hochzonung« (BVerfGE 79, 127 [148] = NVwZ 1989, 347 [349]; vgl. auch *Burgi* KommunalR § 6 Rn. 28 ff. mwN). Auf **Übertragung überörtlicher Aufgaben** begründet Art. 28 II GG für die Gemeinden/Gemeindeverbände **keinen Anspruch** (wohl aber eine **Chance**), ebenso wenig auf eine bestimmte Ausgestaltung der Zulassungschancen (vgl. BVerfG NVwZ 2015, 136 [141] – zur Anerkennung als sog. Optionskommune iSd Art. 91e II GG).

Zu den maßgeblichen Aspekten der **Eigenverantwortlichkeitsgarantie**, die der Gemeinde die Eigenverantwortlichkeit ihrer Aufgabenwahrnehmung sichert und somit das »Wie« der Aufgabenwahrnehmung betrifft, gehört ein »**Bündel von Gemeindehoheiten**« (vgl. *Erbguth/Mann/Schubert* BesVerwR Rn. 55; ferner *Koch/Rubel/Heselhaus* AllgVerwR § 2 Rn. 76 ff.; *Haack* in Steiner/Brinktrine BesVerwR § 1 Rn. 39 ff.; *Burgi* KommunalR § 6 Rn. 25, 31 ff.; jeweils mwN), nämlich

- die Gebietshoheit,
- die Organisationshoheit,
- die Personalhoheit,
- die Finanzhoheit,
- die Planungshoheit und
- die Rechtssetzungshoheit.

Der Schutz der Eigenverantwortlichkeit gilt dann wiederum nicht nur für die gemeindliche Verwaltung, sondern auch für die Fälle, in denen die Gemeinde ihr übertragene staatliche Aufgaben wahrnimmt (vgl. BVerfG NVwZ 2015, 136 [143]; 2015, 728 [729 f.]).

Zur Einschränkung der gemeindlichen Planungshoheit durch überörtliche Planung (in concreto: Festsetzung von Lärmschutzbereichen zum Schutz gegen Fluglärm), vgl. BVerfGE 56, 298 = BeckRS 1980, 3386.

In die Organisationshoheit wurde etwa durch die den Gemeinden landesgesetzlich auferlegte Verpflichtung eingegriffen, das Amt einer **Gleichstellungsbeauftragten** einzurichten, BVerfGE 91, 228 (236 ff.) = BeckRS 9998, 170570, sowie *Böhm* NVwZ 1999, 721. Die Organisationshoheit schließt auch die sog. **Kooperationshoheit** ein, dh die Befugnis einer Gemeinde, eine eigene/übertragene Aufgabe gemeinsam mit anderen Gemeinden wahrzunehmen (s. dazu zuletzt BVerfG NVwZ 2015, 728 [730]; 2018, 140 [145]).

Auf der anderen Seite ergibt sich aus dem gemeindlichen Selbstverwaltungsrecht nach Ansicht des BVerwG ein an die Gemeinde gerichtetes Verbot, sich ihrer Aufgabenverantwortung zu entziehen. Um die Angelegenheiten der örtlichen Gemeinschaft effektiv erfüllen zu können, müsse die Gemeinde für die Sicherung und Wahrung ihres Aufgabenbereichs sorgen und dürfe sich nicht ihrer gemeinwohlorientierten Handlungsspielräume begeben. Sollen Aufgaben des örtlichen Wirkungskreises auf Dritte übertragen werden, zB im Wege der Privatisierung eines gemeindlichen Weihnachtsmarktes, müsse sich die Gemeinde zumindest Einwirkungs- und Steuerungsmöglichkeiten vorbehalten (vgl. BVerwG JZ 2009, 1167 ff. mAnm *Winkler*; vgl. zu diesem Problem auch *Katz* NVwZ 2010, 405 ff.). Zu jüngeren Entwicklungen des Rechts der kommunalen Selbstverwaltung aus verfassungsrechtlicher Perspektive *Ritgen* NVwZ 2018, 114 ff.

4. Das gemeindliche Selbstverwaltungsrecht besteht nicht schrankenlos, sondern nur »im Rahmen der Gesetze«. Der Vorbehalt des Art. 28 II GG stellt einen Regelungsvorbehalt dar, der den Gesetzgeber sowohl zu Eingriffen in die Selbstverwaltung als auch zu deren abstrakt-genereller Ausgestaltung ermächtigt (*Magen* JuS 2006, 404 [407]). Durch Art. 28 II GG sind dem Gesetzgeber indes Schranken gezogen, die nach der jeweiligen Eingriffsrichtung bestimmt werden (vgl. BVerfGE 107, 1 [12] = BeckRS 2003, 21326; *Hellermann* in Dietlein/Hellermann ÖffR NRW § 2 Rn. 23).

Art. 28 II GG ist in der Klausur weitgehend wie ein Grundrecht zu prüfen. Achtung: Bei dem Selbstverwaltungsrecht aus Art. 28 II GG handelt es sich nicht um ein Grundrecht, sondern um eine **subjektive Rechtsstellungsgarantie** (vgl. *Burgi/Ruhland* Regionale Selbstverwaltung 100 ff.; *Erichsen* KommunalR § 16 C, 377; *v. Unruh/Greve/Schliesky* GK ÖffR Rn. 510 ff. mwN; *Wolff/Bachof/Stober/Kluth* VerwR II § 96 Rn. 57)! Diese besteht gleichsam als Klammer zur Rechtssubjekts- sowie -institutionsgarantie und ermöglicht es den Gemeinden, die verfassungsrechtlichen Gewährleistungen gerichtlich durchzusetzen (vgl. *Hellermann* in Dietlein/Hellermann ÖffR NRW § 2 Rn. 24). Dennoch ist das gemeindliche Selbstverwaltungsrecht in seiner Struktur einem Grundrecht sehr ähnlich, was sich insbesondere an der Möglichkeit einer kommunalen Verfassungsbeschwerde gem. Art. 93 I Nr. 4b GG zeigt.

Bei der Prüfung muss zunächst danach gefragt werden, ob durch die betreffende staatliche Maßnahme (etwa ein Gesetz) in den »Schutzbereich« des Selbstverwaltungsrechts aus Art. 28 II GG eingegriffen wurde. Ist dies der Fall, so ist zu prüfen, ob dieser Eingriff von der in Art. 28 II GG enthaltenen Schrankenregelung gedeckt ist. Zu beachten ist, dass Eingriffe in den **Kernbereich** der Selbstverwaltungsgarantie immer unzulässig sind. Zum Kernbereich kommunaler Selbstverwaltung zählt das BVerfG alles, »was herkömmlich das Bild der gemeindlichen Selbstverwaltung in ihren verschiedenen historischen und regionalen Erscheinungsformen durchlaufend und entscheidend prägt« (BVerfGE 83, 363 [381] = BeckRS 9998, 48343). Bezugsrahmen ist hierbei das Erscheinungsbild einer typischen deutschen Gemeinde (vgl. *Erbguth/Mann/Schubert* BesVerwR Rn. 63). Ein insoweit verbotener Eingriff in die Rechtssubjektsgarantie (dazu bereits oben Hinweis 3) läge dann vor, wenn die Institution »Gemeinde« als solche beseitigt würde (*Magen* JuS 2006, 404 [405] mit Verweis auf BVerfGE 86, 90 [107] = BeckRS 1992, 08123). Zum Kernbereich der Aufgabenzuweisungsgarantie (vgl. oben Hinweis 3) gehört nach Ansicht des BVerfG zwar »kein gegenständlich bestimmter oder nach feststehenden Merkmalen bestimmbarer Aufgabenkatalog, wohl aber die Befugnis (der Gemeinde), sich aller Angelegenheiten, die nicht durch Gesetz bereits anderen Trägern öffentlicher Verwaltung übertragen sind, ohne besonderen Kompetenztitel anzunehmen« (BVerfGE 79, 127 [146] = NVwZ 1989, 347; BVerfGE 107, 1 [12] = BeckRS 2003, 21326; BVerfG NVwZ 2018, 140 [147]).

Im Hinblick auf die Eigenverantwortlichkeitsgarantie (oben Hinweis 3) verbietet der verfassungsrechtliche Schutz des Kernbereiches solche Regelungen, »die eine eigenständige organisatorische Gestaltungsfähigkeit der Kommunen im Ergebnis ersticken würden« (BVerfGE 91, 228 [238 f.] = BeckRS 9998, 170570); aus der jüngeren Rechtsprechung sei verwiesen auf BVerfG NVwZ 2018, 140 (144 Rn. 59, 88) – Verlagerung der Verpflichtung zur Erfüllung des Anspruchs auf Kinderbetreuung von den Gemeinden auf die Landkreise und kreisfreien Städte; BVerfG NVwZ 2015, 728 (731) – Mitentscheidungsrecht kreisangehöriger Gemeinden bei Standortplanung für Grund- und Hauptschulen; sowie BVerfGE 107, 1 (13) = BeckRS 2003, 21326 – Zuordnung von Gemeinden zu Verwaltungsgemeinschaften in Sachsen-Anhalt. Zum Kernbereichsschutz vgl. *Burgi* KommunalR § 6 Rn. 36 ff.

Bei **Eingriffen in den Randbereich** der Rechtssubjektsgarantie – wie beispielsweise durch die Auflösung oder Eingemeindung einer Gemeinde oder durch die Änderung ihres Gebietsbestands oder ihres Namens – müssen die bereits in der Lösung des Falles und in dem ergänzenden Hinweis 1 genannten Voraussetzungen erfüllt sein.

Liegt ein Eingriff in den Randbereich der Aufgabenzuweisungsgarantie vor, so hat der Gesetzgeber das verfassungsrechtliche Aufgabenverteilungsprinzip zugunsten der Gemeinden zu berücksichtigen (BVerfGE 79, 127 [152 ff.] = NVwZ 1989, 347; BVerfGE 83, 363 [382] = BeckRS 9998, 48343; BVerfGE 107, 1 [13] = BeckRS 2003, 21326; BVerfG NVwZ 2015, 728; 2018, 140 [146 f.]). Hierbei verbürgt der Vorrang einer dezentralen Aufgabenverteilung den Gemeinden einen Aufgabenbereich, der grundsätzlich alle Angelegenheiten der örtlichen Gemeinschaft umfasst (BVerfGE 26, 228 [237 f.] = NJW 1969, 1842; BVerfGE 56, 298 [312] = BeckRS 1980, 3386; BVerfGE 59, 216 [226] = BeckRS 9998, 90254; BVerfGE 79, 127 [150] = NVwZ 1989, 347; BVerfGE 107, 1 [13] = BeckRS 2003, 21326). Dieser **grundsätzliche Vorrang der Gemeindeebene** ist nach dem BVerfG auch bei der Auslegung kommunalrechtlicher Zuständigkeits- und Verfahrensregelungen zu beachten (vgl. nur BVerfGE 79, 127 [150 ff.] = NVwZ 1989, 347; BVerfG NVwZ 2015, 728 [729]). Zur Begründung dieses Vorrangverhältnisses verweist das BVerfG unmittelbar auf die »Stellung« und Bedeutung der Gemeinden »im demokratischen Staatsaufbau«. Nach der Rspr. des BVerfG erfüllen die Gemeinden eine »spezifisch demokratische Funktion« (BVerfG NVwZ 2015, 728 [730]; 2018, 140 [146]). Lediglich aus Gründen des Gemeininteresses, vor allem also, »wenn die ordnungsgemäße Aufgabenerfüllung auf andere Weise nicht sicherzustellen wäre«, darf der Gesetzgeber den Gemeinden eine Aufgabe mit relevantem örtlichen Charakter entziehen (BVerfGE 79, 127 [153] = NVwZ 1989, 347). Hierbei ist einschränkend zu berücksichtigen, dass eine Übertragung kommunaler Aufgaben auf andere Träger öffentlicher Verwaltung (zB die Kreise), soweit sie lediglich der Verwaltungsvereinfachung oder der Kostenersparnis dient, grundsätzlich nicht zu rechtfertigen ist (BVerfGE 79, 127 [153] = NVwZ 1989, 347; BVerfG NVwZ 2015, 728 [731]; 2018, 140 [147]). Das folgt daraus, dass sich das Grundgesetz trotz der mit der Selbstverwaltung verbundenen Kosten für die kommunale Selbstverwaltung entschieden hat, um die Bürger zur Wahrnehmung der ihre Gemeinde betreffenden Belange anzuhalten. Gründe der Wirtschaftlichkeit und Kostenersparnis können erst dann rechtfertigend herangezogen werden, wenn eine Aufgabenerfüllung durch die Gemeinde mit unverhältnismäßigen Kosten verbunden wäre (BVerfGE 79, 127 [153] = NVwZ 1989, 347; BVerfG NVwZ 2015, 728 [731]; 2018, 140 [147]). Im Rahmen der Eigenverantwortlichkeitsgarantie muss den Gemeinden bei Eingriffen in den Randbereich stets »ein hinreichender organisatorischer Spielraum bei der Wahrnehmung der je einzelnen Aufgabenbereiche offengehalten werden« (BVerfGE 91, 228 [241] = BeckRS 9998, 170570). Auch hier muss der Gesetzgeber also den prinzipiellen Vorrang einer dezentralen vor einer zentralen und damit staatlich determinierten Aufgabenwahrnehmung berücksichtigen (BVerfGE 79, 127 [382] = NVwZ 1989, 347; BVerfGE 107, 1 [13 f.] = BeckRS 2003, 21326). Für den Fall, dass die Gemeinde nicht über eine ausreichende Leistungsfähigkeit und Verwaltungskraft verfügt, um die betreffende Aufgabe wahrzunehmen, erwächst ihr aus Art. 28 II 1 GG das Recht, sie in kommunaler Zusammenarbeit zu erfüllen, bevor der Staat die Aufgabe an sich ziehen darf (BVerfG NVwZ 2015, 728 [733]; 2018, 140 [147]).

Der Gesetzgeber verfügt allerdings auch bei Eingriffen in den Randbereich der Rechtsinstitutionsgarantie über einen weiten Einschätzungs- sowie Beurteilungsspielraum und darf typisierende Regelungen treffen (BVerfGE 79, 127 [152 ff.] = NVwZ 1989, 347; BVerfGE 83, 363 [382 f.] = BeckRS 9998, 48343; BVerfGE 107, 1 [14] = BeckRS 2003, 21326). Zum Randbereichsschutz, insbesondere zu spezifischen Anforderungen bei Beeinträchtigungen der Organisations- und Planungshoheit, vgl. *Burgi* KommunalR § 6 Rn. 39 ff. Während bei Eingriffen in die Subjektsgarantie das Verhältnismäßigkeitsprinzip unproblematisch anwendbar ist (*Magen* JuS 2006, 404 [406]), ist umstritten, in welchem Umfang das BVerfG die gesetzgeberische Entscheidung bei Eingriffen in den Randbereich der Institutionsgarantie überprüft. In jüngerer Zeit (vgl. etwa BVerfG NVwZ 2015, 728 [730]; 2018, 140 [146]) rekurrierte das BVerfG wieder explizit auf den Verhältnismäßigkeitsgrundsatz. Zwar wird zum Teil – unter (zutreffendem) Hinweis auf die Rastede-Entscheidung – vertreten, das BVerfG vermeide – im Gegensatz zum VerfGH NRW – den Begriff der Verhältnismäßigkeit und nehme stattdessen lediglich eine Vertretbarkeitsprüfung vor (vgl. *Magen* JuS 2006, 404 [408]). Nach anderer Ansicht kann dagegen von einer Unanwendbarkeit des Verhältnismäßigkeitsgrundsatzes im Rahmen der kommunalen Selbstverwaltungsgarantie keine Rede sein (*Dietlein* in Dietlein/Hellermann ÖffR NRW § 1 Rn. 187 mit Verweis auf BVerfGE 95, 1 [17] = NJW 1997, 383). Ob das BVerfG den Verhältnismäßigkeitsgrundsatz unmittelbar anwendet, kann jedoch letztlich dahinstehen. Denn im Ergebnis entspricht der von ihm angelegte Prüfungsmaßstab jedenfalls dem einer Verhältnismäßigkeitsprüfung (vgl. *Magen* JuS 2006, 404 [408]; auch *Burgi* KommunalR § 6 Rn. 39, der allerdings betont, bei der Prüfung habe man sich zu vergegenwärtigen, dass »die Rolle des Staates eine andere ist als bei den Grundrechten und dass folglich auch die gerichtliche Kontrolle zurückgedrängt ist«). Der VerfGH NRW verlangt demgegenüber neben der Berücksichtigung des verfassungsrechtlichen Aufgabenverteilungsprinzips hinsichtlich der Angelegenheiten der örtlichen Gemeinschaft auch bei Eingriffen außerhalb des Kernbereichs der Selbstverwaltungsgarantie ausdrücklich die Wahrung des Verhältnismäßigkeitsprinzips und die Achtung des Willkürverbots.[20] In Fällen der »Hochzonung« einer Aufgabe kann nach BVerfG NVwZ 2015, 728 (731, 734) ein verhältnismäßiger Interessenausgleich auch durch ein wirkungsvolles Mitentscheidungsrecht der betroffenen Gemeinde hergestellt werden; verfassungsrechtliche Grundlage dessen ist der Gedanke des Rechtsgüterschutzes durch Verfahren.

5. Zu den **kommunalen Aufgaben** vgl. *Hellermann* in Dietlein/Hellermann ÖffR NRW § 2 Rn. 57 ff. mwN. Nach dem sog. **Konnexitätsprinzip** können den Gemein-

20 Vgl. etwa VerfGH NRW NVwZ 2009, 1287.

den neue Aufgaben nur übertragen werden, wenn Bestimmungen über die Deckung der Kosten getroffen werden (vgl. zB Art. 78 III NRWVerf; Art. 57 II SchlHVerf); zu den damit verbundenen Problemen vgl. *Erichsen* KommunalR NRW § 9 B 1b ee, 172 f.; *Schliesky* NordÖR 2002, 465 ff. mwN.

6. Zum Einfluss des Europarechts auf die kommunale Selbstverwaltung *Hellermann* in Dietlein/Hellermann ÖffR NRW § 2 Rn. 33 ff. mwN; vgl. auch *Henneke* DVBl. 2012, 257 ff.

23. Fall: Vermietung der Stadthalle

Sachverhalt

Im Jahr 2018 plant der Studentenverband V e.V. (im Folgenden V) mit Sitz in der kreisfreien nordrhein-westfälischen Stadt S seinen Bundeskongress. Der V beabsichtigt diesen im Jahr 2019 in S abzuhalten und dafür die Stadthalle zu mieten. Die Stadthalle, die die Stadt vor einigen Jahren errichtet hat, wird gelegentlich für deren eigene Zwecke genutzt, im Übrigen für Veranstaltungen aller Art nach Richtlinien zur Verfügung gestellt, die der Oberbürgermeister ausgearbeitet und der Rat gebilligt hat. Mit den Nutzern werden dabei jeweils privatrechtliche Mietverträge abgeschlossen. Die Richtlinien stehen der Vergabe an V nicht entgegen. Auch ist die Stadthalle zu dem in Aussicht genommenen Zeitpunkt noch nicht vergeben.

Der Oberbürgermeister lehnt den Antrag des V auf Zulassung trotzdem ab, da der V, was unstreitig ist, der P-Partei nahe steht und deren Ziele vertritt. Die P-Partei ist nicht als Partei verboten, doch wird ihre Verfassungsfeindlichkeit allgemein angenommen.

Was kann V unternehmen und wie gestalten sich seine Erfolgsaussichten?

Lösungsvorschlag

Schwerpunkte:
- **Materiell:**
  - **Gemeindliche öffentliche Einrichtungen**
  - **Benutzungsanspruch**
  - **Vereinsprivileg**
- **Prozessual:**
  - **Verpflichtungsklage**
  - **Rechtswegeröffnung nach der sog. Zwei-Stufen-Theorie**

V könnte gegen die ablehnende Entscheidung des Oberbürgermeisters vor dem zuständigen VG Klage erheben. In Betracht kommt hierbei eine Verpflichtungsklage. Die Zulässigkeit einer Verpflichtungsklage ist in Nordrhein-Westfalen gem. § 68 I 2 Var. 1, II VwGO iVm § 110 I 2, 1 NRWJustG von der erfolglosen Durchführung eines Widerspruchsverfahrens unabhängig. Dass V keinen Widerspruch gegen die ablehnende Entscheidung des Bürgermeisters eingelegt hat, ist damit unerheblich.

Eine Verpflichtungsklage des V gegen die Ablehnung des Antrags auf Zulassung zu der Stadthalle der Stadt S durch den Oberbürgermeister der Stadt S hätte Erfolg, wenn sie zulässig und begründet wäre.

A. Zulässigkeit

I. Verwaltungsrechtsweg

Der Verwaltungsrechtsweg ist für die Klage mangels aufdrängender Sonderzuweisung nach § 40 I 1 VwGO eröffnet, wenn eine öffentlich-rechtliche Streitigkeit nichtverfassungsrechtlicher Art gegeben ist, die keinem anderen Gericht ausdrücklich zugewiesen ist.

1. Öffentlich-rechtliche Streitigkeit

Öffentlich-rechtlich ist eine Streitigkeit dann, wenn ihr Gegenstand sich als unmittelbare Folge öffentlichen Rechts darstellt, wobei dem öffentlichen Recht solche Rechtssätze zuzuordnen sind, deren berechtigtes und verpflichtetes Zuordnungssubjekt ausschließlich ein Träger öffentlicher Gewalt ist.

Rechtsschutzziel des V ist es, die Stadthalle der Stadt S benutzen zu dürfen. Für dieses Rechtsschutzziel wäre der Verwaltungsrechtsweg nach § 40 I 1 VwGO jedenfalls dann eröffnet, wenn es sich bei der Stadthalle um eine öffentliche Einrichtung iSd § 8 I NRWGO[1] handelte und im Kern der Auseinandersetzung die Frage stünde, ob V zu ihrer Benutzung zuzulassen ist.

1 § 8 I NRWGO lautet: »Die Gemeinden schaffen innerhalb der Grenzen ihrer Leistungsfähigkeit die für die wirtschaftliche, soziale und kulturelle Betreuung ihrer Einwohner erforderlichen öffentlichen Einrichtungen«.

a) Die Stadthalle als öffentliche Einrichtung

Eine **öffentliche Einrichtung iSd § 8 NRWGO** ist eine dauerhafte organisatorische Einheit, welche die Gemeinde zur Erfüllung eines öffentlichen Zwecks der Benutzung durch Gemeindeangehörige und ortsansässige Vereinigungen gewidmet hat.[2] Abzugrenzen sind öffentliche Einrichtungen einerseits von den Sachen im Gemeingebrauch, die im Rahmen ihrer **Widmung** von jedermann ohne besondere Zulassung genutzt werden dürfen, wie zB öffentliche Straßen, Wege und Plätze.[3] Andererseits zählen die privaten Einrichtungen, welche lediglich fiskalischen Zwecken der Gemeinde dienen und ausschließlich nach zivilrechtlichen Vorschriften zur Inanspruchnahme bereitgestellt werden, wie etwa Mietwohnungen der Gemeinde oder landwirtschaftliche Betriebe, nicht zu den öffentlichen Einrichtungen.[4]

Bei der Stadthalle handelt es sich um eine organisatorische Einheit, deren Benutzung durch die Öffentlichkeit von einem Zulassungsakt abhängig ist. Darüber hinaus müsste die Halle von der Stadt der Benutzung durch die Einwohner zur Erfüllung eines öffentlichen Zwecks gewidmet sein. Dies ist fraglich, weil ein formeller Widmungsakt, aus dem die öffentlich-rechtliche Zweckbestimmung der Halle gefolgert werden könnte, nicht ersichtlich ist. Eine förmliche Widmung ist indessen auch nicht erforderlich. Die Widmung öffentlicher Einrichtungen ist nicht formgebunden, sie kann auch formlos und sogar durch konkludentes Handeln erfolgen.[5] Ist eine Widmung nicht eindeutig nachweisbar, kann das Vorliegen einer öffentlichen Einrichtung auch aus Indizien[6], wie etwa der bisherigen Zulassungspraxis,[7] der faktischen Indienststellung[8] oder der Erhebung einer Gebühr,[9] gefolgert werden.[10] Entscheidend ist, ob der Wille erkennbar ist, dass die Einrichtung einem öffentlichen Zweck dienen soll.[11]

Die Stadthalle wird durch die Stadt S mit Billigung des Rates der Öffentlichkeit zu bestimmten Bedingungen zur Verfügung gestellt. Genutzt wird sie für Veranstaltungen aller Art. Sie dient der Versorgung der Bevölkerung von S auf kulturellem Gebiet und damit der Erfüllung der städtischen Aufgaben im Bereich der Daseinsvorsorge. Durch die wiederholte Überlassung der Halle zu diesem Zweck ist eine Widmung zur Erfüllung öffentlicher Aufgaben konkludent erfolgt.[12] Die Stadthalle ist mithin eine öffentliche Einrichtung iSd § 8 NRWGO.

---

2 Vgl. OVG NRW NWVBl. 1991, 238 (239); *Geis* KommunalR § 10 Rn. 12; ähnlich *Hellermann* in Dietlein/Hellermann ÖffR NRW § 2 Rn. 249 f.; näher zu dem Begriff *Burgi* KommunalR § 16 Rn. 5; *Schoch* NVwZ 2016, 257 (259 mwN).

3 *Hellermann* in Dietlein/Hellermann ÖffR NRW § 2 Rn. 252; Rehn/Cronauge/v. Lennep/Knirsch/*Wellmann* § 8 Erl. I. 3. Näher *Schoch* NVwZ 2016, 257 (258 f. mwN).

4 Vgl. OVG NRW OVGE 24, 175 (179); *Wansleben* in Held/Winkel/Wansleben KommunalVerfR GO NRW § 8 Erl. 2.2. S. näher zum Begriff der öffentlichen Einrichtung: *Burgi* KommunalR § 16 Rn. 8.

5 Vgl. *Röhl* in Schoch BesVerwR Kap. 2 Rn. 168; *Geis* KommunalR § 10 Rn. 15 f.

6 Weitere Indizien bei Held/Winkel/*Wansleben* GO NRW § 8 Erl.

7 Vgl. BayVGH NJW 1989, 2491; *Burgi* KommunalR § 16 Rn. 6.

8 Vgl. OVG NRW NWVBl. 1991, 238 (239).

9 Vgl. OVG NRW OVGE 24, 175 (179).

10 Vgl. *Burgi* KommunalR § 16 Rn. 6; *Gern/Brüning* KommunalR Rn. 921; *Erichsen* KommunalR NRW § 10 D 1.

11 *Stober* KommunalR § 16 I 1.

12 Vgl. *Burgi* KommunalR § 16 Rn. 6, der das wichtigste Indiz für das Vorliegen einer Widmung in der Vergabepraxis erachtet.

b) Zwei-Stufen-Theorie

Wird über die Benutzung einer gemeindlichen öffentlichen Einrichtung gestritten, so ist für die Entscheidung über die Zulässigkeit des Rechtswegs zwischen der Zulassung des Bürgers zu der Einrichtung (der Frage des **Ob**) und den Modalitäten der anschließenden Benutzung (der Frage des **Wie**) zu unterscheiden (sog. Zwei-Stufen-Theorie).[13] Der Anspruch auf Zugang zu der Einrichtung ergibt sich aus kommunalrechtlichen Vorschriften, vgl. § 8 II–IV NRWGO[14], und ist demgemäß als öffentlich-rechtlich zu qualifizieren. Von der Frage der Zulassung zu trennen ist die Ausgestaltung des Benutzungsverhältnisses. Die Modalitäten der Nutzung können sowohl öffentlich-rechtlich, etwa durch Verwaltungsakt oder öffentlich-rechtlichen Vertrag, als auch privatrechtlich, etwa durch Mietvertrag, geregelt werden. Die Gemeinde hat diesbezüglich ein Wahlrecht, von dessen Ausübung die Zulässigkeit des Rechtswegs abhängig ist.[15] Entscheidet sie sich für eine privatrechtliche Ausgestaltung des Benutzungsverhältnisses, sind für den Streit über Ansprüche aus diesem Verhältnis nach § 13 GVG die Zivilgerichte zuständig.[16]

Demgemäß wäre eine zivilrechtliche Streitigkeit gegeben, wenn V und die Stadt S bereits einen Mietvertrag geschlossen hätten und V nun aus diesem Vertrag auf Erfüllung (Gebrauchsüberlassung) klagen würde.[17] Dies ist indessen nicht der Fall. Zwischen V und der Stadt ist noch kein Vertrag zustande gekommen. V begehrt vielmehr die einem Vertragsschluss vorgelagerte Entscheidung darüber, ob ihm die Halle überhaupt zur Nutzung überlassen werden soll. Das Bestehen eines entsprechenden Zulassungsanspruchs richtet sich nach § 8 II, IV NRWGO, wonach alle Einwohner einer Gemeinde – und in entsprechender Anwendung der Vorschrift auch die dort ansässigen juristischen Personen bzw. Personenvereinigungen – im Rahmen des geltenden Rechts berechtigt sind, die öffentlichen Einrichtungen der Gemeinde zu benutzen. Eine öffentlich-rechtliche Streitigkeit ist daher gegeben.

13 Vgl. *Hellermann* in Dietlein/Hellermann ÖffR NRW § 2 Rn. 257 f. mwN; *Hufen* VerwProzR § 11 Rn. 32 ff.; *Stober* KommunalR § 16 III 4 und IV 1; krit. zur Zwei-Stufen-Theorie *Erichsen* KommunalR NRW § 10 H 3; wohl auch *Schoch* NVwZ 2016, 257 (265).

14 § 8 II NRWGO lautet: »Alle Einwohner einer Gemeinde sind im Rahmen des geltenden Rechts berechtigt, die öffentlichen Einrichtungen der Gemeinde zu benutzen und verpflichtet, die Lasten zu tragen, die sich aus ihrer Zugehörigkeit zu der Gemeinde ergeben«.

15 Im Zweifelsfall ist die Zuordnung des Benutzungsverhältnisses zum öffentlichen oder zum bürgerlichen Recht anhand von Indizien (AGB oder Benutzungssatzung, Preise oder Gebühren) vorzunehmen. Sind solche nicht vorhanden, besteht eine Vermutung für die Zuordnung des Verhältnisses zum öffentlichen Recht, vgl. *Röhl* in Schoch BesVerwR Kap. 2 Rn. 172; *Kerkmann* DVR 2004, 73 (75).

16 Vgl. BVerwG NVwZ 1991, 59; DÖV 1990, 977 (978); BayVGH NVwZ 1995, 812; OVG NRW OVGE 24, 175 (177 f.); NdsOVG BeckRS 2018, 13271; hierzu *Erbguth/Mann/Schubert* BesVerwR Rn. 250 ff. (264). IErg ebenso *Erichsen* KommunalR NRW § 10 H 3, der zwar die Zwei-Stufen-Theorie an sich ablehnt, über die Differenzierung zwischen öffentlich-rechtlichem Kontrahierungsanspruch einerseits und privatrechtlichen Ansprüchen aus dem Nutzungsverhältnis andererseits aber zu denselben Ergebnissen wie die hA kommt.

17 Eine öffentlich-rechtliche Streitigkeit wäre demgegenüber dann gegeben, wenn über den Zugang des V zu der Stadthalle bereits positiv entschieden wäre, die Stadt sich aber weigern würde, diese Entscheidung durch Abschluss eines Mietvertrages umzusetzen. V müsste in diesem Fall vor dem VG Leistungsklage auf den begehrten Vertragsschluss erheben, vgl. BayVGH NVwZ 1995, 812.

2. Streitigkeit nichtverfassungsrechtlicher Art, Fehlen einer abdrängenden Sonderzuweisung und Zwischenergebnis

Da die Streitigkeit auch nichtverfassungsrechtlicher Art und keinem anderen Gericht gesetzlich ausdrücklich zugewiesen ist, sind die Voraussetzungen des § 40 I VwGO erfüllt. Der Verwaltungsrechtsweg ist eröffnet.

II. Statthafte Klageart

Die statthafte Klageart richtet sich nach dem tatsächlichen Begehren des Klägers. Die Verpflichtungsklage gem. § 42 I Alt. 2 VwGO wäre statthaft, wenn das Klagebegehren des V in dem Erlass eines Verwaltungsakts bestünde.[18] V verfolgt letztlich das Ziel, dass die Stadt S ihm für den Bundeskongress ihre Stadthalle überlässt. Bei der Gebrauchsüberlassung selbst handelt es sich lediglich um ein schlichtes Verwaltungshandeln (sog. Realakt), das mit einer Leistungsklage zu erzwingen wäre. Der Überlassung vorgelagert ist jedoch eine entsprechende Entscheidung des Oberbürgermeisters der Stadt S über die Zulassung des V. Die Gebrauchsüberlassung ist also von einem Zulassungsakt abhängig. Dieser erfüllt sämtliche Voraussetzungen des § 35 S. 1 NRWVwVfG und stellt demnach einen Verwaltungsakt dar.[19] Das Rechtsschutzziel des V ist demgemäß auf den Erlass eines Verwaltungsakts gerichtet.

Es wäre daher eine Verpflichtungsklage des V nach § 42 I Alt. 2 VwGO in Gestalt der Versagungsgegenklage[20] statthaft.

III. Klagebefugnis

V müsste weiterhin klagebefugt sein. Die Klagebefugnis ist im Fall der Verpflichtungsklage in Form der Versagungsgegenklage gem. § 42 II VwGO gegeben, wenn der Kläger geltend machen kann, durch die Ablehnung des begehrten Verwaltungsakts in seinen Rechten verletzt zu sein. Das ist dann der Fall, wenn er sich auf eine Vorschrift beruft, aus der sich ein Anspruch auf die erstrebte Leistung oder zumindest – im Falle einer Anspruchsgrundlage, die der Behörde Ermessen einräumt – ein Anspruch auf fehlerfreie Ermessensausübung ergeben könnte. Das Bestehen dieses Anspruchs darf nach dem substantiierten Klägervortrag nicht von vornherein und eindeutig nach jeder möglichen Betrachtungsweise ausgeschlossen sein.[21]

Ein Anspruch auf Zulassung zu der Stadthalle könnte sich aus § 8 II und IV NRWGO ergeben. § 8 II NRWGO, wonach alle Einwohner der Gemeinde im Rahmen des geltenden Rechts berechtigt sind, die öffentlichen Einrichtungen der Gemeinde zu nutzen, findet gem. § 8 IV NRWGO auf juristische Personen und Personenvereinigungen mit Sitz in der Gemeinde entsprechende Anwendung.[22] Demnach ist ein Zulassungsanspruch des V nicht von vornherein ausgeschlossen und die erforderliche Klagebefugnis gegeben.

---

18 Vgl. *Hufen* VerwProzR § 15 Rn. 2; *Kopp/Schenke* VwGO § 42 Rn. 6.

19 Vgl. *Burgi* KommunalR § 16 Rn. 35; *Stober* KommunalR § 16 IV 2.

20 Von einer Versagungsgegenklage spricht man, wenn der Erlass eines bereits abgelehnten beantragten Verwaltungsakts begehrt wird, vgl. *Kopp/Schenke* VwGO § 42 Rn. 6.

21 BVerwG NVwZ 1993, 884 f.; DVBl. 1994, 1194; *Kopp/Schenke* VwGO § 42 Rn. 66.

22 Zu möglichen Problemen im Zusammenhang mit dem Begriff »Sitz im Gemeindegebiet« vgl. *Hellermann* in Dietlein/Hellermann ÖffR NRW § 2 Rn. 271 mwN.

IV. Vorverfahren

Gemäß § 68 I 2 Var. 1, II VwGO iVm § 110 I 2 NRWJustG ist die Durchführung eines Vorverfahrens in Nordrhein-Westfalen entbehrlich.

V. Klagefrist

Entschlösse sich V, Klage zu erheben, müsste dies unter Beachtung der einzuhaltenden Frist geschehen. Da nach § 68 I 2 Var. 1, II VwGO iVm § 110 I 2 NRWJustG ein Widerspruchsbescheid nicht ergeht, wäre die Verpflichtungsklage gem. § 74 I 2, II VwGO innerhalb eines Monats nach Bekanntgabe des Verwaltungsakts zu erheben.

VI. Richtiger Klagegegner

V müsste die Klage zudem gegen den richtigen Klagegegner erheben. Gemäß § 78 I Nr. 1 VwGO ist die Verpflichtungsklage gegen den Rechtsträger der ablehnenden Behörde zu richten. Die Ablehnung des Antrags des V auf Zulassung zu der Stadthalle erfolgte durch den Oberbürgermeister. Zugehöriger Rechtsträger ist die Gemeinde. Folglich wäre richtiger Klagegegner iSd § 78 I Nr. 1 VwGO die Stadt S.

VII. Beteiligten- und Prozessfähigkeit

V sowie die Stadt S müssten im Klageverfahren beteiligten- und prozessfähig sein. Die Beteiligtenfähigkeit des V ergibt sich aus § 61 Nr. 1 Alt. 2 VwGO. Prozessfähig ist V gem. § 62 III Alt. 1 VwGO iVm § 26 I 2 BGB. V selbst ist als juristische Person des Privatrechts nicht fähig, Prozesshandlungen vorzunehmen, vielmehr führt er diese durch seinen Vorstand aus. Die kreisfreie Stadt S ist gem. § 61 Nr. 1 Alt. 2 VwGO beteiligtenfähig. Ihre Prozessfähigkeit richtet sich nach § 62 III Alt. 1 VwGO. Sie muss sich gem. § 63 I 1 iVm § 40 II 3 NRWGO aE durch den Oberbürgermeister vertreten lassen. Sowohl V als auch die Stadt S wären damit in einem Klageverfahren beteiligten- und prozessfähig.

VIII. Zwischenergebnis

Es wären sämtliche Sachurteilsvoraussetzungen der Klage des V erfüllt. Die Klage wäre daher zulässig.

B. Begründetheit

Die Klage wäre begründet, wenn die Versagung der Zulassung des V zu der Stadthalle rechtswidrig war, der V dadurch in seinen Rechten verletzt und die Sache spruchreif ist, § 113 V 1 VwGO. Das ist dann der Fall, wenn V einen Anspruch auf Zulassung zu der Stadthalle hatte.

Ein solcher Zulassungsanspruch könnte sich aus § 8 II, IV NRWGO ergeben. Diese Vorschriften regeln die Voraussetzungen des auf Zulassung zu öffentlichen Einrichtungen der Gemeinde gerichteten Anspruchs. Zu prüfen ist daher, ob V zu dem Kreis der Anspruchsberechtigten gehört und einer Zulassung keine Ausschließungsgründe entgegenstehen.

I. Zugehörigkeit zum Kreis der Anspruchsberechtigten

Ein Anspruch auf Zulassung zu öffentlichen Einrichtungen besteht gem. § 8 II NRWGO zugunsten sämtlicher Einwohner der Gemeinde. Nach § 8 IV NRWGO gilt dies entsprechend für juristische Personen und Personenvereinigungen, die ihren Sitz in der Gemeinde haben.[23] V ist als eingetragener Verein eine juristische Person des Privatrechts. Der Sitz des Vereins befindet sich in der Stadt S, sodass V zu dem Kreis der nach § 8 II NRWGO Anspruchsberechtigten gehört.

II. Fehlen von Ausschließungsgründen

Der Zulassungsanspruch aus § 8 II NRWGO besteht nicht schrankenlos, sondern »im Rahmen des geltenden Rechts«, insbesondere nach Maßgabe einer etwa vorhandenen Satzung oder Benutzungsordnung.[24] Ausgeschlossen wäre ein Zulassungsanspruch des V daher etwa dann, wenn die beabsichtigte Nutzung den vom Oberbürgermeister ausgearbeiteten **Vergaberichtlinien** widerspräche. Das ist indessen nicht der Fall.

Eine weitere Zulassungsschranke kann sich aus der fehlenden **Verfügbarkeit der Einrichtung** ergeben. Dies ergibt sich aus dem allgemeinen Rechtsgrundsatz, dass die Gemeinde nicht zu einer ihr unmöglichen Leistung verpflichtet werden darf.[25] Ein Zulassungsanspruch wäre daher ausgeschlossen, wenn die Stadthalle an dem in Aussicht genommenen Termin bereits vergeben wäre. Auch das ist jedoch nicht der Fall.

Einzige Grundlage der Versagung einer Zulassung[26] könnte somit der Umstand sein, dass V die allgemein als verfassungsfeindlich angesehene P-Partei unterstützt. Die Ablehnung des Zulassungsbegehrens könnte vor diesem Hintergrund dadurch gerechtfertigt sein, dass sie dem Schutz der verfassungsrechtlichen Ordnung diente. Dem ist jedoch die Regelung des § 3 I VereinsG entgegenzuhalten.[27] Danach darf ein Verein erst dann als verboten behandelt werden, wenn die Verbotsbehörde eine entsprechende Verfügung erlassen hat. Vor Erlass eines förmlichen Vereinsverbots verbietet sich daher jede allein an die verfassungsfeindliche Haltung des Vereins anknüpfende Form der Ungleichbehandlung. Der Verein genießt kraft der bundesgesetzlichen Vorschrift des § 3 I VereinsG eine ähnliche Stellung wie politische Parteien aufgrund des Art. 21 II, IV GG vor ihrem etwaigen Verbot durch das BVerfG.[28] V hat demgemäß einen Anspruch auf Zulassung zu der Stadthalle.

---

23 Ebenso sind nach § 8 III NRWGO bzw. den entspr. Vorschriften anderer Bundesländer Grundbesitzer und Gewerbetreibende, die nicht in der Gemeinde wohnen (sog. Forensen), anspruchsberechtigt, vgl. *Burgi* KommunalR § 16 Rn. 20.

24 OVG NRW OVGE 24, 175 (181); zu den Einschränkungen des Zulassungsanspruchs insgesamt *Geis* KommunalR § 10 Rn. 37 ff.; *Schoch* NVwZ 2016, 257 (263 f.).

25 Zur Kapazität als Anspruchsgrenze: *Schoch* NVwZ 2016, 257 (264 mwN). Vgl. auch *Hellermann* in Dietlein/Hellermann ÖffR NRW § 2 Rn. 273 mwN und näher zu anerkannten Verteilungskriterien (Priorität, Losverfahren sowie dem Kriterium »bekannt und bewährt«).

26 S. erg. auch den Überblick über die maßgeblichen Leitlinien obergerichtlicher Entscheidungen zur Vergabepraxis bei der Überlassung städtischer Säle an politische Parteien bei Held/Winkel/*Wansleben* GO NRW § 8 Erl.

27 Vgl. BayVGH NJW 1989, 2491 (2492).

28 Vgl. BVerwG NJW 1980, 1863 (1864). Vgl. hierzu Hinweis 5 zu Fall 21. An diesem grundsätzlichen Diskriminierungsverbot hat sich auch durch die Entscheidung des BVerfG zum NPD-Verbotsantrag, BVerfGE 144, 20 = BeckRS 2017, 100243, nichts geändert, vgl. HessVGH NVwZ 2017, 886 (887 f.); VG Gießen BeckRS 2017, 144110; *Hecker* NVwZ 2018, 787 (788 f.). Lediglich im Hinblick auf die Parteienfinanzierung darf auf der Grundlage des neuen Art. 21 III GG differenziert werden. Zu beachten ist aber auch hier, dass die Entscheidung durch das BVerfG, nicht von der Verwaltung zu treffen ist, Art. 21 IV GG.

III. Spruchreife

Das Recht des V auf Zulassung zu der Stadthalle wurde durch die rechtswidrige Ablehnung durch den Oberbürgermeister der Stadt S verletzt. Der Oberbürgermeister hatte bei seiner Entscheidung weder einen Ermessens- noch einen Beurteilungsspielraum. Die Sache ist auch spruchreif.

C. Ergebnis

Die Klage des V wäre daher auch begründet und hätte Erfolg.

Ergänzende Hinweise

1. Wie die nordrhein-westfälische Gemeindeordnung gewähren auch die **Gemeindeordnungen der anderen Bundesländer** den Gemeindeeinwohnern hinsichtlich der gemeindlichen öffentlichen Einrichtungen einen Benutzungsanspruch, Art. 21 I BayGO; § 10 II BWGemO; § 20 I HGO; § 30 I NKomVG. Die betreffenden Vorschriften sind auf juristische Personen entsprechend anwendbar, vgl. insoweit nur Art. 21 IV BayGO; § 10 IV BWGemO; § 20 III HGO und § 30 III NKomVG.

Kommunale öffentliche Einrichtungen lassen sich nicht abschließend umschreiben. Eine nahezu unübersehbare Vielfalt von Einrichtungen kann erfasst sein, neben Stadthallen und anderen Veranstaltungsräumen zB (Fest-)Plätze, sonstige öffentliche Flächen, Sportanlagen, Kindergärten, Anschlagtafeln, aber auch ein gemeindliches Internetportal.[29]

2. Die Falllösung ging vom Vorliegen einer konkludenten **Widmung** aus. Ist selbst eine konkludente Widmung nicht nachweisbar oder aus Indizien abzuleiten, so spricht eine – widerlegbare – Vermutung dafür, dass es sich bei Einrichtungen, die von Gemeinden in ihrem Aufgabenbereich geschaffen worden sind und die durch die Allgemeinheit benutzt werden, um öffentliche Einrichtungen iSd Kommunalrechts handelt.[30]

3. In der Falllösung wurden die Erfolgsaussichten einer Verpflichtungsklage geprüft. In der Praxis wird es stattdessen regelmäßig zu Anträgen auf eine **einstweilige Anordnung nach § 123 VwGO** kommen, wenn die Vergabe von städtischen Räumlichkeiten streitig ist, da das Ergebnis eines Hauptsacheverfahrens nicht abgewartet werden kann.[31]

4. Wegen der nordrhein-westfälischen Regelung des § 110 I NRWJustG konnte in der Falllösung direkt mit der Erhebung der Verpflichtungsklage begonnen werden. Die Durchführung eines Vorverfahrens iSd §§ 68 ff. VwGO war gem. § 68 I 2 Var. 1, II VwGO iVm § 110 I 2 NRWJustG entbehrlich. Wäre ein Widerspruchsverfahren jedoch erforderlich, würde sich die Frage stellen, ob es dem V anzuraten wäre, zunächst einen **Widerspruch** einzulegen oder direkt Klage zu erheben. Denkbar wäre

29 *Schoch* NVwZ 2016, 257 (261 mwN).

30 Vgl. BayVGH BayVBl. 1989, 148 (149); OVG NRW NJW 1976, 820 (821); OVGE 24, 175 (179); *Pappermann* VR 1981, 84; *Ossenbühl* DVBl. 1973, 289 (290).

31 Näher *Schoch* NVwZ 2016, 257 (265 mwN); insbesondere zum Verbot der Vorwegnahme der Hauptsache *Hellermann* in Dietlein/Hellermann ÖffR NRW § 2 Rn. 281.

ein direktes Vorgehen im Klagewege, weil die Zulässigkeitsvoraussetzungen einer Klage erst zum Zeitpunkt der letzten mündlichen Verhandlung erfüllt sein müssen. Das Vorverfahren könnte auch nach Klageerhebung noch durchgeführt werden. Diese Vorgehensweise birgt aber die Gefahr, dass zwischenzeitlich die Widerspruchsfrist (§ 70 VwGO) abläuft[32] und dass die Klage, wenn der Widerspruch Erfolg hat, gegenstandlos würde und sich, prozesstechnisch gesprochen, erledigt hätte.[33] Zweckmäßiger erscheint es daher, zunächst das Ergebnis des Widerspruchsverfahrens abzuwarten und erst im Falle der Zurückweisung des Widerspruchs Klage zu erheben.[34] Wäre – anders als im Fall oben, für den § 110 I 2 NRWJustG zu beachten war – ein Widerspruchsverfahren nach § 68 VwGO vor Erhebung der Verpflichtungsklage erforderlich, wäre dem V damit anzuraten, dieses auch tatsächlich vor einer möglichen Klageerhebung durchzuführen.

5. Im behandelten Fall befand sich die Stadthalle in der Trägerschaft der Gemeinde. Diese Konstruktion des Betriebes einer öffentlichen Einrichtung ist möglich, aber nicht zwingend. Die Gemeinde kann **öffentliche Einrichtungen** auch **in die Trägerschaft anderer Rechtssubjekte** geben. Dabei kommen gleichermaßen Organisationsformen des öffentlichen Rechts, zB Anstalten oder Stiftungen, wie des Privatrechts, zB die GmbH oder AG, in Betracht. Die Gemeinde hat insofern grundsätzlich Wahlfreiheit.[35] In jedem Fall besteht aber unter den Voraussetzungen des § 8 II NRWGO ein Anspruch auf Zulassung. Adressat des kommunalrechtlichen Zulassungsanspruchs bleibt ausschließlich die Gemeinde. Dies gilt selbst dann, wenn Träger der Einrichtung beispielsweise eine GmbH ist.[36] Da über die Zulassung zu der Einrichtung in diesen Fällen aber nicht die Gemeinde selbst, sondern der jeweilige Träger entscheidet, ist der Zulassungsanspruch nicht mehr auf den Erlass eines entsprechenden Verwaltungsakts gerichtet, sondern auf eine die Zulassung herbeiführende Einwirkung auf den Träger **(sog. Verschaffungsanspruch)**.[37] Die Gemeinde ist verpflichtet, sich gegenüber dem Träger die erforderlichen Einflussmöglichkeiten – etwa durch entsprechende Vereinbarungen oder Kapitalbeteiligungen ausreichenden Um-

32 Vgl. *Hufen* VerwProzR § 14 Rn. 113; *Kopp/Schenke* VwGO § 68 Rn. 3; Eyermann/*Rennert* VwGO § 68 Rn. 22.

33 Vgl. §§ 72, 79 I VwGO; *Hufen* VerwProzR § 14 Rn. 113; *Kopp/Schenke* VwGO § 79 Rn. 1; auch § 75 S. 4 VwGO.

34 Bei Erfolglosigkeit hält das Widerspruchsverfahren den Widerspruchsführer häufig von der Erhebung einer Klage ab und schützt diesen so vor einer übereilten und aussichtslosen Klageerhebung, vgl. *Schenke* VerwProzR Rn. 646, der in diesem Zusammenhang auf die wichtige Funktion der Begründung des Widerspruchsbescheids als Basis für die Entscheidung des Widerspruchsführers hinweist.

35 Vgl. BVerwG NJW 1990, 134.

36 So die überw. Auffassung, vgl. Rehn/Cronauge/v. Lennep/Knirsch/*Wellmann* § 8 Erl. II. 1; Held/Winkel/*Wansleben* GO NRW § 8 Erl.; *Hellermann* in Dietlein/Hellermann ÖffR NRW § 2 Rn. 276; *Röhl* in Schoch BesVerwR Kap. 2 Rn. 176; *Wolff/Bachof/Stober/Kluth* VerwR II § 98 Rn. 200; *Erichsen* KommunalR NRW § 10 G 2; *Pappermann/Löhr/Andriske,* Recht der öffentlichen Sachen, 1987, § 13 III 1; *Kerkmann* VR 2004, 73 (78); *Waldhoff* JuS 2006, 274 (275); *März* BayVBl. 1992, 97 (98); *Herdegen* DÖV 1986, 906 (908 f.); *Pappermann* VR 1981, 84 (86); aA HessVGH NJW 1986, 2660 (2661); OVG RhPf DÖV 1986, 153; *Ossenbühl* DVBl. 1973, 289 (293 f.); *Axer* NVwZ 1996, 114 (117): die Widmung der Einrichtung begründe einen öffentlichrechtlichen Zulassungsanspruch auch ggü. dem privaten Träger; den Anspruch auf von Kommunen beherrschte Unternehmen ausweitend: *Ehlers* JURA 2012, 849 (853).

37 Zu Problemen, die sich in diesem Zusammenhang stellen können, *Schoch* NVwZ 2016, 257 (259 f., 263 mwN).

fangs – vorzubehalten.[38] Anderenfalls könnte sie sich durch die Wahl insbesondere privatrechtlicher Organisationsformen den kommunalrechtlichen Zulassungsansprüchen ihrer Einwohner entziehen. Deren Erfüllung hat sie sicherzustellen, solange es sich bei der betreffenden Einrichtung kraft Widmung um eine öffentliche Einrichtung handelt. Der Verschaffungsanspruch ist öffentlich-rechtlicher Natur und im Streitfall durch eine allgemeine Leistungsklage vor den VG geltend zu machen.[39] Wird die Einrichtung von einer juristischen Person des Privatrechts betrieben, kann das Benutzungsverhältnis nur zivilrechtlich, zB durch Mietvertrag, ausgestaltet werden.[40]

6. Der Anspruch auf Zulassung zu öffentlichen Einrichtungen besteht nach den einschlägigen gemeinderechtlichen Vorschriften lediglich im Rahmen des geltenden Rechts, vgl. § 8 II NRWGO. Hierzu zählen auch die Vorschriften des Polizei- und Ordnungsrechts. Dies führt insbesondere bei der **Überlassung von öffentlichen Einrichtungen an politische Parteien** häufig zu der Frage, inwieweit der kommunalrechtliche Zulassungsanspruch im Hinblick auf drohende Gegendemonstrationen und Ausschreitungen beschränkt werden darf. Anspruchsgrundlage für die Zulassung zu öffentlichen Einrichtungen ist auch bei politischen Parteien die entsprechende Vorschrift der Gemeindeordnung, dh in Nordrhein-Westfalen § 8 II NRWGO. § 5 I PartG begründet daneben keinen selbstständigen bundesrechtlichen Anspruch auf Zugang, sondern ergänzt lediglich die kommunalrechtliche Anspruchsgrundlage. Nach § 5 I PartG ist der Gleichheitssatz bei der Vergabe öffentlicher Einrichtungen an Parteien so anzuwenden, dass zwar grundsätzlich alle Parteien gleichbehandelt werden, der Umfang der Gewährung aber nach der Bedeutung der Parteien bis zu dem für die Erreichung des Zwecks erforderlichen Mindestmaß abgestuft werden kann.[41] Dies führt allerdings unter anderem dazu, dass auch denjenigen Parteien der Zugang zu öffentlichen Einrichtungen nicht verwehrt werden kann, die in der betreffenden Gemeinde nicht in einem Ortsverband organisiert sind[42] und daher an sich nicht zu dem Kreis der nach den kommunalrechtlichen Vorschriften ursprünglich anspruchsberechtigten Personen zählen, vgl. § 8 II–IV NRWGO.

Ist nach alledem grundsätzlich ein Zulassungsanspruch gegeben, stellt sich die **Frage nach polizei- und ordnungsrechtlichen Anspruchsgrenzen**. Hierbei ist folgendermaßen zu differenzieren: Der Zulassungsanspruch kann bei Vorliegen einer Gefahr für die öffentliche Sicherheit ausgeschlossen sein. Voraussetzung ist jedoch, dass die jeweilige Partei nach polizei- und ordnungsrechtlichen Grundsätzen in Anspruch genommen werden darf. Dies ist nur dann der Fall, wenn die Gefahr entweder von ihr selbst bzw. ihren Gästen verursacht wird oder die Voraussetzungen einer Notstandspflicht vorliegen. Dementsprechend kann die Benutzung der Einrichtung im Falle zu befürchtender Ausschreitungen **Dritter** (Fälle der externen Störung) nur dann verweigert werden, wenn eine ernste Gefahr droht und Schäden auf andere Weise nicht – auch nicht durch entsprechenden Polizeieinsatz – abgewehrt werden

---

38 Vgl. BVerwG JZ 2009, 1167 hinsichtlich der Veranstaltung eines Weihnachtsmarktes. S. dazu auch den erg. Hinweis 3 zu Fall 22 (dort aE).

39 Vgl. *Burgi* KommunalR § 16 Rn. 39; *Papier,* Recht der öffentlichen Sachen, 3. Aufl. 1998, 30 f.

40 Vgl. *Haack* in Steiner/Brinktrine BesVerwR § 1 Rn. 258.

41 Zu der § 5 I 2 PartG zugrunde liegenden Regelungsabsicht – Ermöglichung einer gerechten und sachgemäßen Verteilung in Fällen knapper Ressourcen – BVerwG NVwZ 1992, 263 (264).

42 Vgl. etwa OVG LSA NVwZ-RR 2011, 150; dazu auch *Schoch* NVwZ 2016, 257 (258, 262).

können.[43] Diese Fälle werden höchst selten sein, da es grundsätzlich Aufgabe der Polizei- und Ordnungsbehörden ist, durch geeignete Maßnahmen sicherzustellen, dass es infolge von Parteiveranstaltungen nicht zu Übergriffen Dritter kommt.[44] Wegen einzelner, mit einer gewissen Wahrscheinlichkeit abwehrbarer, sonst aber schnell behebbarer Schäden kann der Benutzungsanspruch nicht insgesamt ausgeschlossen werden.[45] Allerdings kann die Zulassung zu einer öffentlichen Einrichtung durch die Benutzungsordnung auch davon abhängig gemacht werden, dass der Veranstalter sich verpflichtet, die Haftung für Schäden zu übernehmen, die während der geplanten Veranstaltung, insbesondere im Zusammenhang mit etwaigen Protestaktionen, in oder an der Einrichtung entstehen.[46] Unzulässig wäre demgegenüber eine darüber hinausgehende Abwälzung des Schadensrisikos, etwa für außerhalb der Einrichtung entstandene Schäden. Insoweit fehlt es an dem erforderlichen sachlichen Zusammenhang mit dem kommunalrechtlichen Zulassungsanspruch.[47]

Geht die **Gefahr** für die öffentliche Sicherheit **von der geplanten Veranstaltung selbst** aus, sind die Anforderungen an die Versagung des Zugangs geringer. Ein Zulassungsanspruch scheidet dann etwa aus, wenn konkrete Anhaltspunkte dafür gegeben sind, dass die Veranstalter bzw. ihre Gäste etwa zu Straftaten aufrufen oder die Einrichtung beschädigen werden, und dies nicht durch weniger einschneidende Maßnahmen als die Zugangsverweigerung verhindert werden kann.[48]

7. Zum **Hausrecht in Verwaltungsgebäuden** vgl. *Maurer/Waldhoff* AllgVerwR § 3 Rn. 35, *Würtenberger/Heckmann* VerwProzR Rn. 194 ff. mwN.

8. Einen Überblick zu Entwicklungen in der jüngeren Rechtsprechung zum Zugang zu öffentlichen Einrichtungen bietet *Schoch* NVwZ 2016, 257. Darüber hinaus findet sich eine weitere Falllösung zu dem Problemkreis bei *Muckel/Hauk* JA 2017, 198 ff.

9. Hinsichtlich der Regelung des Zugangs zu kommunalen Einrichtungen haben die Gemeinden die grundgesetzliche Kompetenzordnung zu wahren. So kann einem Wildtierzirkus die Nutzung der Gemeindewiese nicht aus Gründen des Tierschutzes versagt werden, wenn die Vorschriften des TierSchG, mit deren Erlass der Bundesgesetzgeber von seiner konkurrierenden Gesetzgebungskompetenz nach Art. 74 I Nr. 20 GG abschließend Gebrauch gemacht hat, eingehalten wurden, vgl. nur NdsOVG NVwZ 2017, 728 (729). Zu diesem Ergebnis gelangt auch *Helbich* JuS 2017, 507 ff., der über die kompetenzrechtlichen Aspekte hinaus einen Überblick über die Rechtsfragen bietet, die sich im Zusammenhang mit der Widmung kommunaler Einrichtungen stellen können.

10. Zur Ungleichbehandlung von EU-Ausländern durch die Preisgestaltung einer kommunalen Einrichtung (hier: Schwimmbad): BVerfG NVwZ 2016, 1553.

43 Vgl. BVerwGE 32, 333 (337) = BeckRS 1969, 30439797; OVG NRW BeckRS 2018, 15395; *Burgi* KommunalR § 16 Rn. 32.

44 Vgl. VGH BW NVwZ 1994, 587; HessVGH NJW 1986, 2660 (2661); 1993, 2331 (2332); BayVGH NJW 1989, 2491 (2492).

45 NdsOVG NJW 1985, 2347 (2348).

46 Vgl. VGH BW NJW 1987, 2697 (2698); BayVGH NJW 1989, 2491 (2492).

47 Vgl. VGH BW NJW 1987, 2697 (2698).

48 Vgl. HessVGH NJW 1993, 2331 (2332); BayVGH NJW 1989, 2491 (2492); VG Gießen BeckRS 2017, 144110; *Hellermann* in Dietlein/Hellermann ÖffR NRW § 2 Rn. 275.

24. Fall: Bürgerbegehren

Sachverhalt

In der nordrhein-westfälischen Stadt S, einer mittleren kreisangehörigen Stadt mit 49.000 Einwohnern und einem eigenen Bauamt, hat der Hotelkonzern H die Baugenehmigung für ein 150-Betten-Hotel am Rande des historischen Stadtkerns beantragt, das insbesondere für Geschäftsreisende und Tagungen dienen soll. Die Maße des Baus übersteigen die Vorgaben des gültigen Bebauungsplans, demzufolge das in Rede stehende Grundstück in einem allgemeinen Wohngebiet liegt, sodass er nur aufgrund einer Befreiung gem. § 31 II BauGB errichtet werden dürfte. Eine Befreiung wäre materiell-rechtlich zulässig, aber, da es an der erforderlichen sog. Ermessensreduzierung auf Null fehlt, nicht geboten.

In der Bevölkerung, der die Pläne durch Presseveröffentlichungen bekannt geworden sind, regt sich Widerstand. Es organisiert sich eine Gruppe von Bürgern, die formgerecht nach § 26 NRWGO beantragen, Baugenehmigung und Dispens für den H-Konzern abzulehnen und darüber die Bürger entscheiden zu lassen. Als Vertreter sind A, B und C benannt. Der Antrag ist von 4.413 zu den Gemeindewahlen wahlberechtigten Einwohnern der Stadt S unterzeichnet.

1. Der Rat sieht in dem Bürgerbegehren einen Eingriff in die gemeindliche Planungshoheit und lehnt es durch Beschluss als unzulässig ab. Der Bürgermeister schreibt an A, B und C, dass das Bürgerbegehren vom Rat für unzulässig erklärt worden sei.

Über die Ablehnung erbost, erheben A, B und C am Tag nach der Zustellung des Schreibens gemeinsam im eigenen Namen beim zuständigen VG Klage gegen den Rat der Stadt S mit dem Ziel, die Durchführung des Bürgerbegehrens durchzusetzen.

Noch am selben Abend kommen A Zweifel hinsichtlich der Zulässigkeit und Begründetheit der Klage und er denkt darüber nach, sie gem. § 92 I VwGO zurückzunehmen. Er wendet sich daraufhin an Sie mit der Bitte, die Erfolgsaussichten der Klage zu begutachten.

2. Angenommen der Rat der Stadt S hat sich, nachdem er das Bürgerbegehren für unzulässig erklärt hat, für das Bauvorhaben des H-Konzerns entschieden. Nunmehr erteilt der Bürgermeister die Baugenehmigung samt Befreiung nach § 31 II BauGB.

A, B und C erheben Anfechtungsklage gegen die Baugenehmigung und die Befreiung. Zur Begründung führen sie aus, dass Baugenehmigung und Befreiung wegen des anhängigen Rechtsstreits über die Zulässigkeit des Bürgerbegehrens nicht hätten erteilt werden dürfen. Wie wird das VG entscheiden?

Lösungsvorschlag

Schwerpunkte:
- **Materiell: Bürgerbegehren – Rechtsschutz gegen die ablehnende Zulassungsentscheidung, Frage der vollzugshemmenden Wirkung eines Bürgerbegehrens**
- **Prozessual: Verpflichtungs- und Anfechtungsklage**

Frage 1

Das VG wird der Klage stattgeben, soweit sie zulässig und begründet ist.

A. Zulässigkeit

I. Verwaltungsrechtsweg

Für die Klage ist der Verwaltungsrechtsweg nach § 40 I 1 VwGO eröffnet, wenn eine öffentlich-rechtliche Streitigkeit nichtverfassungsrechtlicher Art vorliegt, die keinem anderen Gericht gesetzlich zugewiesen ist. Öffentlich-rechtlich ist eine Streitigkeit dann, wenn die Beteiligten um Rechtsfolgen der Anwendung von Normen des öffentlichen Rechts streiten. Dabei sind dem öffentlichen Recht diejenigen Rechtssätze zuzuordnen, deren berechtigtes und verpflichtetes Zuordnungsobjekt ausschließlich ein Träger hoheitlicher Gewalt ist.

Die Gruppe von Bürgern, die durch A, B und C vertreten wird, wendet sich gegen die Ablehnung des Bürgerbegehrens als unzulässig. Die Rechtmäßigkeit dieser Ablehnung beurteilt sich nach den Vorschriften der nordrhein-westfälischen Gemeindeordnung, insbesondere nach § 26 NRWGO. Hierbei handelt es sich um Vorschriften des öffentlichen Rechts, sodass eine öffentlich-rechtliche Streitigkeit iSd § 40 I VwGO gegeben ist. Da diese Streitigkeit auch nichtverfassungsrechtlicher Art und keinem anderen Gericht gesetzlich zugewiesen ist, ist der Verwaltungsrechtsweg nach § 40 I VwGO eröffnet.

II. Statthafte Klageart

Die statthafte Klageart richtet sich nach dem tatsächlichen Begehren des Klägers. Die Gruppe von Bürgern um A, B und C wendet sich zunächst gegen die Ablehnung des Bürgerbegehrens. Wäre ihr Klagebegehren darauf beschränkt, käme als statthafte Klageart eine auf Aufhebung der Ablehnung gerichtete Anfechtungsklage nach § 42 I Alt. 1 VwGO in Betracht. Über die Aufhebung der Ablehnung hinaus ist das Rechtsschutzziel der Gruppe von Bürgern allerdings darauf gerichtet, eine positive Entscheidung über die Zulässigkeit des Bürgerbegehrens zu erzwingen. Dieses Klagebegehren kann mit einer Anfechtungsklage nicht verwirklicht werden. In Betracht kommt daher vielmehr eine Verpflichtungsklage in Form der Versagungsgegenklage nach § 42 I Alt. 2 VwGO.[1]

1 Vgl. HessVGH BeckRS 2016, 43186; *Burgi* KommunalR § 11 Rn. 46. Eine isolierte Anfechtungsklage gegen die Ablehnung eines begünstigenden Verwaltungsakts kommt allenfalls bei Vorliegen außergewöhnlicher Umstände in Betracht, vgl. *Kopp/Schenke* VwGO § 42 Rn. 30. Daran fehlt es im Falle der auf Zulassung eines Bürgerbegehrens gerichteten Klage. Eine isolierte Anfechtung scheidet daher aus.

Eine Verpflichtungsklage wäre allerdings nur dann statthaft, wenn es sich bei der begehrten Entscheidung über die Zulässigkeit des Bürgerbegehrens um einen Verwaltungsakt handelte.[2] Verwaltungsakt ist nach § 35 S. 1 VwVfG jede hoheitliche Maßnahme einer Behörde zur Regelung eines Einzelfalls auf dem Gebiet des öffentlichen Rechts, die auf unmittelbare Außenwirkung gerichtet ist. Die begehrte Entscheidung beinhaltet die verbindliche Feststellung der Zulässigkeit des Bürgerbegehrens mit der Rechtsfolge, dass unter den Voraussetzungen des § 26 VI 3 NRWGO ein Bürgerentscheid stattzufinden hat, und mithin eine Regelung.[3]

Zweifelhaft erscheint lediglich, ob die Entscheidung über die Zulässigkeit des Bürgerbegehrens auf unmittelbare Außenwirkung gerichtet ist. Außenwirkung kommt einer Maßnahme zu, wenn sie darauf abzielt, Rechtswirkungen im Verhältnis zwischen Verwaltung und Bürger, also gegenüber solchen Personen zu erzeugen, die außerhalb des Staates oder sonstiger Träger hoheitlicher Gewalt stehen.[4] Gegen die Außenwirkung der Entscheidung über die Zulässigkeit des Bürgerbegehrens wird teilweise eingewendet, dass sie im Rahmen einer Auseinandersetzung um Entscheidungsbefugnisse im gemeindeinternen Willensbildungsprozess ergehe. Ziel des Bürgerbegehrens sei es, der Bürgerschaft die Möglichkeit zu eröffnen, nach § 26 I NRWGO über eine Angelegenheit verbindlich anstelle des Rates zu entscheiden. Aufgrund der mit dem angestrebten Bürgerentscheid verbundenen Entscheidungsbefugnis werde die Bürgerschaft zwar nicht zu einem Gemeindeorgan ieS, zumindest aber zu einem Entscheidungsträger eigener Art.[5] Dementsprechend müsse eine Auseinandersetzung über diese Entscheidungsbefugnisse als sog. Kommunalverfassungsstreitigkeit behandelt werden[6] und statthafte Klageart die allgemeine Leistungsklage[7] oder die allgemeine Feststellungsklage[8] sein.

Überwiegend wird demgegenüber zu Recht angenommen, dass es sich bei der **Entscheidung über die Zulassung des Bürgerbegehrens** um einen **Verwaltungsakt**

2 Unproblematisch ist dies in Schleswig-Holstein der Fall, vgl. *Schliesky,* Bürgerentscheid und Bürgerbegehren in Schleswig-Holstein. Kommentar, 1998, § 16g Rn. 147. Nach § 16g V SchlHGO entscheidet nicht die Vertretungskörperschaft selbst, sondern die Kommunalaufsichtsbehörde über die Zulässigkeit des Bürgerbegehrens. Damit scheidet die Annahme einer Kommunalverfassungsstreitigkeit, vgl. dazu im Folgenden, von vornherein aus. Für Baden-Württemberg ist in § 41 II BWKomWG ausdrücklich geregelt, dass jeder Unterzeichner eines Bürgerbegehrens berechtigt ist, gegen den Zurückweisungsbeschluss der Vertretungskörperschaft Widerspruch bei der Rechtsaufsichtsbehörde einzulegen. Bleibt der Widerspruch erfolglos, kann Verpflichtungsklage gegen die Gemeinde erhoben werden. Lässt die Rechtsaufsichtsbehörde das Bürgerbegehren zu, kann dagegen die Gemeinde mit einer Anfechtungsklage vorgehen.

3 Vgl. OVG MV DVBl. 1997, 1282; *Schliesky* DVBl. 1998, 169 (173).

4 Vgl. etwa *Maurer/Waldhoff* AllgVerwR § 9 Rn. 24 ff.

5 *Fischer* DÖV 1996, 181 (183); *Fischer* NWVBl. 1995, 366 (369); vgl. auch SächsOVG NVwZ-RR 1998, 253 f. Ähnlich entschied das OVG RhPf, das jedoch dem »Bürgerbegehren« selbst, nicht der dahinterstehenden Bürgerschaft die Stellung eines »Quasi-Organs« zuweist, vgl. OVG RhPf NVwZ-RR 1997, 241; ebenso *Jaroschek* BayVBl. 1997, 39 (40).

6 Vgl. SächsOVG NVwZ-RR 1998, 253 f.; *Waechter* KommunalR Rn. 278c; *Jaroschek* BayVBl. 1997, 39 (40 f.); *Fischer* DÖV 1996, 181 (183); *Fischer* NWVBl. 1995, 366 (369). IErg ebenso OVG RhPf NVwZ-RR 1997, 241; *Seckler* BayVBl. 1997, 232 (234).

7 Vgl. *Seckler* BayVBl. 1997, 232 (234); ebenso noch *Fischer* NWVBl. 1995, 366 (369).

8 Vgl. OVG RhPf NVwZ-RR 1997, 241; *Fischer* DÖV 1996, 181 (183); zu der hinsichtlich des Rechtsschutzes vergleichbaren Rechtslage im Falle des Einwohnerantrags nach rheinland-pfälzischem Kommunalrecht OVG RhPf NVwZ-RR 1995, 411 (412).

handelt.[9] Weder den Initiatoren des Bürgerbegehrens noch den unterzeichnenden Bürgern oder der Bürgerschaft als solcher wird durch die Vorschrift des § 26 I NRWGO die Stellung eines Gemeindeorgans oder eines Entscheidungsträgers eigener Art zugewiesen. Ein Übertritt in das gemeindliche Kompetenzgefüge findet nicht statt.[10] Vielmehr trifft sie die Feststellung über die Zulässigkeit als Außenstehende, sodass ihr die erforderliche Außenwirkung zukommt.[11] Dem kann auch § 26 VIII 1 NRWGO, wonach der Bürgerentscheid die Wirkung eines Ratsbeschlusses hat, nicht entgegengehalten werden, weil diese Regelung lediglich den auf das Begehren folgenden Entscheid und nicht bereits das Bürgerbegehren selbst betrifft.[12] Auch das Bürgerbegehren als solches verfügt nicht über organschaftliche Befugnisse, sondern stellt lediglich den formalisierten Antrag einer Bürgergruppe auf Durchführung eines Bürgerentscheids dar.[13]

Folglich handelt es sich bei der begehrten Entscheidung über die Zulässigkeit des Bürgerbegehrens nach § 26 VI 1 NRWGO um einen Verwaltungsakt. Statthafte Klageart ist die Verpflichtungsklage gem. § 42 I Alt. 2 VwGO.

III. Klagebefugnis

Nach § 42 II VwGO ist Zulässigkeitsvoraussetzung einer Verpflichtungsklage, dass der Kläger geltend machen kann, durch die Ablehnung oder Unterlassung des begehrten Verwaltungsakts in seinen Rechten verletzt zu sein. Hieran fehlt es, wenn die vom Kläger behaupteten Rechte offensichtlich und eindeutig nach keiner möglichen Betrachtungsweise bestehen oder ihm zustehen können.[14]

Die Möglichkeit einer Rechtsverletzung folgt aus § 26 I iVm VI 1 NRWGO. Aus diesen Vorschriften ergibt sich bei Vorliegen sämtlicher Zulässigkeitsvoraussetzungen ein Anspruch auf Zulassung des Bürgerbegehrens. Fraglich könnte allerdings sein, ob A, B und C sich hierauf im eigenen Namen berufen können. Das wäre möglicherweise dann nicht der Fall, wenn das Recht auf Zulassung des Bürgerbegehrens nicht dem einzelnen Unterzeichner, sondern nur den Unterzeichnern in ihrer Gesamtheit zustünde. Ob die Unterzeichner jeweils einzeln[15] oder nur in ihrer Gesamtheit[16] Inha-

9 HessVGH BeckRS 2016, 43186; Held/Winkel/*Wansleben* GO NRW § 26 Erl. 5.3; Rehn/Cronauge/v. Lennep/Knirsch/*Paal* § 26 Erl. VII. 1; *Hellermann* in Dietlein/Hellermann ÖffR NRW § 2 Rn. 134; *Erichsen* KommunalR NRW § 6 C 81 f.; *Hofmann* in Hofmann/Theisen/Bätge KommunalR NRW 170 ff. (172); *Gern/Brüning* KommunalR Rn. 773; *Meyer* NVwZ 2003, 183; *Schliesky* DVBl. 1998, 169 (173); *v. Danwitz* DVBl. 1996, 134 (140); *Wehr* BayVBl. 1996, 549 (553); *v. Lennep/Paal,* Die Reform der Gemeindeordnung, Städte- und Gemeinderat 1994, 295 (300); *Hager* VerwArch 84 (1993), 97 (115). Ebenso zu der vergleichbaren Entscheidung über die Zulässigkeit eines Einwohnerantrags nach § 25 VII NRWGO *Oebbecke* DÖV 1995, 701 (705). Wie hier jetzt auch *Zacharias* KommunalR 105 f.

10 Vgl. VG Dessau LKV 1996, 75; *Schliesky* DVBl. 1998, 169 (173).

11 Vgl. OVG MV DVBl. 1997, 1282; *Burgi* KommunalR § 11 Rn. 46; Rehn/Cronauge/v. Lennep/Knirsch/*Paal* § 26 Erl. VII. 1, § 25 Erl. VII. 1; *Hofmann* in Hofmann/Theisen/Bätge KommunalR NRW 172 f.; *Hofmann* VR 1997, 156 (161); *Wehr* BayVBl. 1996, 549 (553); vgl. auch HessVGH NVwZ-RR 1989, 574 f.

12 Vgl. *Hofmann* in Hofmann/Theisen/Bätge KommunalR NRW 173; *Hofmann* VR 1997, 156 (161 f.).

13 Vgl. OVG NRW DVBl. 1998, 775; *Hofmann* in Hofmann/Theisen/Bätge KommunalR NRW 172 f.

14 BVerwGE 44, 1 (2 f.) = NJW 1974, 203; BVerwG DVBl. 1994, 1194.

15 So offenbar *Schneider*, Bürgerbegehren und Bürgerentscheid, Städte- und Gemeinderat 1994, 399 (401).

16 So etwa *Fischer* DÖV 1996, 181 (184), der aber gleichwohl jeden einzelnen Unterzeichner für prozessführungsbefugt hält, vgl. *Fischer* DÖV 1996, 181 (185); abl. *Wehr* BayVBl. 1996, 549 (552).

ber des Anspruchs aus § 26 VI 1 NRWGO sind, ist umstritten. Welche Position den Vorzug verdient, kann indessen dahinstehen, da § 26 VI 2 NRWGO klarstellt, dass der Rechtsbehelf gegen die ablehnende Zulassungsentscheidung ausschließlich von den Vertretern des Bürgerbegehrens eingelegt werden kann. Infolge dieser Beschränkung der Rechtsbehelfsmöglichkeiten auf die Vertreter des Bürgerbegehrens unter Ausschluss der Unterzeichner sind diese in jedem Fall berechtigt, den Zulassungsanspruch im eigenen Namen geltend zu machen.[17] A, B und C sind mithin klagebefugt iSd § 42 II VwGO.

IV. Vorverfahren

Gemäß § 68 I 2 Var. 1, II VwGO iVm § 110 I 2, 1 NRWJustG ist vor der Erhebung einer Verpflichtungsklage die ordnungsgemäße Durchführung eines Vorverfahrens nach den §§ 68 ff. VwGO in Nordrhein-Westfalen nicht erforderlich. An der Entbehrlichkeit des Vorverfahrens könnte sich etwas ändern, wenn § 26 VI 2 NRWGO[18] als eine landesgesetzliche Bestimmung verstanden wird, welche die Durchführung eines Vorverfahrens ausdrücklich anordnet. Nach § 110 IV NRWJustG hat die Regelung des § 110 I NRWJustG gegenüber solchen landesrechtlichen Vorschriften keinen Vorrang.[19] Eine dahingehende Auslegung des § 26 VI 2 NRWGO ist im Ergebnis allerdings abzulehnen. Dass A, B und C keinen Widerspruch gegen die ablehnende Entscheidung über die Zulässigkeit ihres Bürgerbegehrens eingelegt haben, ist damit unschädlich.

V. Klagefrist

Da ein Widerspruchsbescheid nicht ergeht, muss die Verpflichtungsklage gem. § 74 I 2, II VwGO innerhalb eines Monats nach Bekanntgabe des Verwaltungsakts erhoben werden. A, B und C haben bereits einen Tag nach Zustellung des ablehnenden Bescheids über die Zulässigkeit ihres Bürgerbegehrens Klage erhoben. Ihre Klage erfolgte damit fristgerecht.

VI. Richtiger Klagegegner

Die Klage müsste weiterhin gegen den richtigen Klagegegner gerichtet sein. Gemäß § 78 I Nr. 1 VwGO ist die Verpflichtungsklage gegen den Rechtsträger der Behörde zu richten, die den beantragten Verwaltungsakt unterlassen hat, also die Stadt S.

---

17 Vgl. OVG NRW DVBl. 1998, 775; *Burgi* KommunalR § 11 Rn. 47. § 26 VI 2 NRWGO regelt damit einen Fall gesetzlicher Prozessstandschaft; aA im Hinblick auf die insoweit vergleichbare Regelung des Art. 18a IX 2 BayGO aF *Wehr* BayVBl. 1996, 549 (551).

18 § 26 VI 2 NRWGO lautet: »Gegen die ablehnende Entscheidung des Rates können nur die Vertreter des Bürgerbegehrens nach Absatz 2 Satz 2 einen Rechtsbehelf einlegen«.

19 § 110 IV NRWJustG lautet in der seit dem 1.1.2015 geltenden Fassung: »Soweit landesgesetzliche Bestimmungen die Durchführung eines Vorverfahrens in sonstigen Bereichen vorsehen, bleiben diese Bestimmungen unberührt«. Beachte: § 110 NRWJustG wurde zwischenzeitlich mehrfach geändert, unter anderem durch das »Gesetz zur Änderung des LBG und des JustG NRW und zur Anpassung weiterer Rechtsvorschriften« v. 9.12.2014 (GV. NRW. 874). Die damit verbundene teilw. Wiedereinführung des Widerspruchsverfahrens begründet die nordrhein-westfälische Landesregierung damit, dass in den betreffenden Bereichen nur auf diese Weise eine ausreichende Rechtsschutzmöglichkeit für den Bürger zu gewährleisten sei (s. dazu auch Gesetzentwurf der Landesregierung NRW v. 20.6.2014, LT-Drs. 16/6089).

VII. Beteiligten- und Prozessfähigkeit

A, B und C sowie die Stadt S müssten weiterhin beteiligten- und prozessfähig sein. Die Stadt S ist nach § 61 Nr. 1 Alt. 2 VwGO beteiligtenfähig. Im verwaltungsgerichtlichen Verfahren wird sie nach § 62 III VwGO iVm § 63 I 1 NRWGO durch den Bürgermeister vertreten. Die Beteiligtenfähigkeit von A, B und C ergibt sich demgegenüber aus § 61 Nr. 1 Alt. 1 VwGO,[20] ihre Prozessfähigkeit aus § 62 I Nr. 1 VwGO.

VIII. Prozessführungsbefugnis

A, B und C müssten auch prozessführungsbefugt sein. Sie müssten demnach die Befugnis haben, über das streitige Recht in eigenem Namen prozessieren zu dürfen.[21] Für Rechtsbehelfe gegen die Ablehnung eines Bürgerbegehrens regelt § 26 VI 2 NRWGO, dass nur die Vertreter des Bürgerbegehrens, die nach § 26 II 2 NRWGO zu benennen sind, hierzu befugt sind. Daraus und aus der Tatsache, dass nach § 26 II 2 NRWGO drei Vertreter des Bürgerbegehrens zu benennen sind, folgt, dass die Vertreter notwendige Streitgenossen iSv §§ 64 VwGO, 62 I Alt. 2 ZPO sind.[22] Sie können daher nur gemeinschaftlich Klage erheben und sind nur gemeinsam prozessführungsbefugt.[23] A, B und C haben die Klage gemeinsam eingereicht. Somit sind sie prozessführungsbefugt.

IX. Zwischenergebnis

Weitere Bedenken gegen die Zulässigkeit der Klage bestehen nicht. Sie wurde insbesondere vor dem zuständigen VG erhoben. Auch sind keine Anhaltspunkte für ein Fehlen des allgemeinen Rechtsschutzbedürfnisses ersichtlich. Da mithin sämtliche Sachurteilsvoraussetzungen erfüllt sind, ist die Klage zulässig.

B. Begründetheit

Die Klage ist nach § 113 V 1 VwGO begründet, wenn die ablehnende Zulassungsentscheidung rechtswidrig ist, die Kläger hierdurch in ihren Rechten verletzt werden und die Sache spruchreif ist. Zu prüfen ist danach, ob den Klägern der Anspruch auf Zulassung des Bürgerbegehrens nach § 26 VI NRWGO tatsächlich zusteht.

I. Anspruch auf Zulassung des Bürgerbegehrens

Die Kläger haben den geltend gemachten Anspruch auf die Zulassungsentscheidung des Rates, wenn das Bürgerbegehren die durch § 26 NRWGO normierten Zulässigkeitsvoraussetzungen erfüllt.

---

20 Vgl. zur Beteiligtenfähigkeit der Vertreter des Bürgerbegehrens OVG NRW OVGE 46, 230 und *Meyer* NVwZ 2003, 183 (184). S. auch *Burgi* KommunalR § 11 Rn. 47 zu der – in anderen Bundesländern ggf. vorzugswürdigen – Möglichkeit, in den Vertretern des Bürgerbegehrens die »Repräsentanten der Gesamtheit aller Unterzeichner« zu sehen, welche wiederum eine Vereinigung iSd § 61 Nr. 2 VwGO bilden.

21 Schoch/Schneider/Bier/*Wahl/Schütz* VwGO § 42 Abs. 2 Rn. 15.

22 OVG NRW NVwZ-RR 2017, 1027 (1028).

23 OVG NRW NVwZ-RR 2017, 1027 (1028). Vgl. auch BayVGH BeckRS 2016, 55689. Das OVG stellte darüber hinaus klar, dass es nicht fehlerhaft sei, wenn die Rechtsbehelfsbelehrung keinen Hinweis auf die Notwendigkeit der gemeinsamen Prozessführung enthalte, OVG NRW NVwZ-RR 2017, 1027 (1029 f.).

1. Gegenstand des Bürgerbegehrens

Das Bürgerbegehren müsste zunächst einen **zulässigen Gegenstand** haben. Gegenstand eines Bürgerbegehrens kann nach § 26 I NRWGO nur eine Angelegenheit der Gemeinde sein.[24] Der Gegenstand des Begehrens muss also ihrer Verbandskompetenz unterliegen.[25] Die Verbandskompetenz einer Gemeinde umfasst alle Angelegenheiten der örtlichen Gemeinschaft, dh »diejenigen Bedürfnisse und Interessen, die in der örtlichen Gemeinschaft wurzeln oder auf sie einen spezifischen Bezug haben, die also den Gemeindeeinwohnern gerade als solchen gemeinsam sind, indem sie das Zusammenleben und -wohnen der Menschen in der (politischen) Gemeinde betreffen«[26]. Als mittlere kreisangehörige Stadt ist die Stadt S gem. §§ 57 I 2 iVm I 1 Nr. 3 lit. a NRWBauO für die Erteilung der streitigen Baugenehmigung und der Befreiung nach § 31 II BauGB zuständig. Die gefahrenabwehrrechtliche (§ 58 I 1 NRWBauO) stellt eine Pflichtaufgabe zur Erfüllung nach Weisung iSd § 3 II NRWGO dar. Fraglich ist insoweit, ob darin auch eine Angelegenheit der Gemeinde zu sehen ist. Die Rechtsnatur der Pflichtaufgaben zur Erfüllung nach Weisung ist umstritten.[27] Teilweise werden sie in der Literatur als Landesauftragsangelegenheiten betrachtet,[28] was gegen ihre Einordnung als Angelegenheit der Gemeinde sprechen würde. Nach einer anderen Ansicht sind die Pflichtaufgaben zur Erfüllung nach Weisung in einem Zwischenbereich anzusiedeln.[29] Vertreter dieser Ansicht sprechen deshalb von »unechten, nur formellen Selbstverwaltungsangelegenheiten«[30]. Mehr und mehr setzt sich sowohl in der Literatur und auch in der Rechtsprechung allerdings die Auffassung durch, dass es sich auch bei den Pflichtaufgaben zur Erfüllung nach Weisung um Selbstverwaltungsangelegenheiten handele.[31] Folgt man letztgenannter Ansicht, ist von einer Angelegenheit der Gemeinde auch bei Wahrnehmung bauaufsichtlicher Aufgaben auszugehen. Losgelöst von der schwer zu beantwortenden Frage der Rechtsnatur von Pflichtaufgaben kann für das Vorliegen einer Angelegenheit der Gemeinde angeführt werden, dass die öffentliche Verwaltung (und damit die Wahrnehmung von Gemeindeaufgaben) gem. Art. 78 II NRWLVerf dem eigenen Wirkungskreis der Gemeinde zugeordnet werden. Art. 78 IV NRWLVerf gewährt dem Land bei Pflichtaufgaben nur insoweit ein Weisungs- und Aufsichtsrecht, als es sich dies »nach näherer gesetzlicher Vorschrift vorbehält«. Die Zuweisung einer Pflichtaufgabe erweitert insoweit den gegenständlichen Bereich des eigenverantwortlichen Tätigwerdens der Gemeinde. Weisungen sind nur unter bestimmten Voraussetzungen möglich. Sie bilden die rechtfertigungsbedürftige Durchbrechung der Zuordnung zu einem einheitlichen kommunalen Aufgabenbereich.[32] Danach ist das Vorgehen der

---

24 Im Zeitraum vom 1.3.2005 bis zum 5.8.2005 forderte § 21 I BWGemO eine »wichtige« Gemeindeangelegenheit. Nach derzeitiger Rechtslage ist in Baden-Württemberg gem. § 21 I BWGemO eine Angelegenheit des Wirkungskreises der Gemeinde, für die der Gemeinderat zuständig ist, ausreichend.

25 Vgl. *Fischer* NWVBl. 1995, 366 (367).

26 BVerfGE 83, 37 (50 f.) = NJW 1991, 162; BVerfGE 79, 127 (151 f.) = NVwZ 1989, 347.

27 Vgl. hierzu auch Hinweis 6 zu Fall 27.

28 Vgl. die Nachw. bei *Hellermann* in Dietlein/Hellermann ÖffR NRW § 2 Rn. 66; vgl. auch die Nachw. in Hinweis 6 zu Fall 27.

29 Vgl. wiederum die Nachw. bei *Hellermann* in Dietlein/Hellermann ÖffR NRW § 2 Rn. 66 sowie die Nachw. in Hinweis 6 zu Fall 27.

30 *Maurer/Waldhoff* AllgVerwR § 23 Rn. 21.

31 Vgl. die Nachw. bei *Hellermann* in Dietlein/Hellermann ÖffR NRW § 2 Rn. 66 sowie die Nachw. in Hinweis 6 zu Fall 27.

32 Vgl. *Burgi* KommunalR § 8 Rn. 24.

Stadt S nach § 57 I 1 Nr. 3 lit. a, 2 NRWBauO als eine Angelegenheit der Gemeinde zu qualifizieren.[33]

Das Begehren wäre nach § 26 V NRWGO gleichwohl unzulässig, wenn es sich bei seinem Gegenstand um eine der in dem **Negativkatalog** des § 26 V NRWGO aufgeführten Angelegenheiten handelte. Das Bürgerbegehren könnte gem. § 26 V 1 Nr. 5 NRWGO unzulässig sein. Danach scheiden die Aufstellung, Änderung, Ergänzung und Aufhebung von Bauleitplänen als Gegenstände eines Bürgerbegehrens aus. Zwar zielt das Bürgerbegehren nicht auf eine Änderung oder Aufhebung des gültigen Bebauungsplans, immerhin wendet es sich aber gegen eine Befreiung nach § 31 II BauGB, die den Bebauungsplan für das Bauvorhaben des H durchbrechen und insoweit außer Kraft setzen soll. Fraglich ist daher, ob die Regelung des § 26 V 1 Nr. 5 NRWGO auch die Erteilung von Befreiungen nach dem Baugesetzbuch erfasst. Dabei ist zu berücksichtigen, dass die Sondertatbestände des § 26 V 1 NRWGO als Ausnahmevorschriften eng auszulegen sind.[34] Regelungszweck des § 26 V 1 Nr. 5 NRWGO ist es nicht, die Bürgerschaft von der Entscheidung über bauplanungsrechtliche Fragen generell auszuschließen, sondern lediglich Doppelbeteiligungen nach den Vorschriften des Baugesetzbuchs einerseits und über Bürgerbegehren nach der Gemeindeordnung andererseits und die damit verbundene Möglichkeit gegenläufiger Entscheidungen zu verhindern.[35] Dies ergibt sich insbesondere aus dem Vergleich mit der Regelung des § 26 V 1 Nr. 4 NRWGO, wonach Angelegenheiten, über die bereits in einem Verfahren mit Öffentlichkeitsbeteiligung entschieden wurde, als Gegenstände eines Bürgerbegehrens unzulässig sind[36]. Da die Entscheidung über die Erteilung von Befreiungen nach § 31 II BauGB ohne Öffentlichkeitsbeteiligung ergeht, besteht die Gefahr einer Doppelbeteiligung nicht. Mithin ist die Befreiungserteilung von der Vorschrift des § 26 V 1 Nr. 5 NRWGO nicht erfasst. Das Bürgerbegehren ist daher nicht nach § 26 V 1 Nr. 5 NRWGO unzulässig.[37]

Ein Bürgerbegehren ist auch dann unzulässig, wenn es Angelegenheiten betrifft, für welche die Organkompetenz nicht beim Rat liegt.[38] Nach § 41 I 1 NRWGO ist der Rat für sämtliche Angelegenheiten der Gemeinde zuständig, soweit nicht die Gemeindeordnung etwas anderes bestimmt. Eine solche anderweitige Bestimmung könnte die Vorschrift des § 41 III NRWGO darstellen, wonach Geschäfte der laufenden Verwaltung als im Namen des Rates auf den Bürgermeister übertragen gelten. Danach wäre der Bürgermeister für die Entscheidung über die streitige Baugenehmigung und die Befreiung von den Festsetzungen des Bebauungsplans zuständig, wenn

33 Vgl. zum Ganzen auch *Geis* KommunalR § 10 Rn. 59 mwN, der die Möglichkeit der Thematisierung von übertragenen Angelegenheiten in einem Bürgerbegehren bei zumindest mittelbarer Berührung von Selbstverwaltungsangelegenheiten anspricht.

34 *Hofmann* VR 1997, 156 (159); *Wansleben* in Held/Winkel/Wansleben KommunalVerfR GO NRW § 26 Erl. 3.1.

35 Str.; enger wohl Held/Winkel/*Wansleben* GO NRW § 26 Erl. 3.1.5.; Rehn/Cronauge/v. Lennep/Knirsch/*Paal* § 26 Erl. VI. 5.

36 Vgl. dazu *Wansleben* in Held/Winkel/Wansleben KommunalVerfR GO NRW § 26 Erl. 3.1.4.

37 Zum Verhältnis von Bürgerbegehren und Bauleitplanung aus jüngerer Zeit *Brüning* NVwZ 2018, 299 ff.

38 Dies wurde durch § 26 V Nr. 8 NRWGO aF ausdrücklich festgelegt. Die Norm wurde wegen ihres deklaratorischen Charakters im Jahr 2011 (LT-Drs. 15/2151) gestrichen. Dass ein Bürgerbegehren nur Angelegenheiten betreffen darf, für die der Rat die Organkompetenz aufweist, folgt schon aus § 26 I 1 NRWGO, wonach das Bürgerbegehren darauf gerichtet ist, eine Entscheidung der Bürgerschaft anstelle des Rates zu ermöglichen.

es sich dabei um Geschäfte der laufenden Verwaltung handelte. Dies erscheint indessen bereits angesichts der Größe des geplanten Bauvorhabens sowie der politischen Diskussion, die es in der Stadt S ausgelöst hat, als zweifelhaft. Letztlich kann jedoch dahinstehen, ob ein Geschäft der laufenden Verwaltung vorliegt. Da die Geschäfte der laufenden Verwaltung gem. § 41 III NRWGO als »im Namen des Rates … auf den Bürgermeister übertragen« gelten, hat der Rat ein sog. Rückholrecht,[39] sodass er auch in diesen Fällen selbst entscheiden kann. Daher handelt es sich um einen Fall, in dem die Bürger iSv § 26 I 1 NRWGO anstelle des Rates entscheiden.

Laut Sachverhalt ist die Erteilung der Befreiung zwar materiell-rechtlich zulässig, aber nicht geboten. Da die Gemeinde somit nicht zu einer Erteilung der Befreiung verpflichtet ist, sondern ihr ein Ermessensspielraum verbleibt, verfolgt das Bürgerbegehren auch kein gesetzwidriges Ziel.[40]

Das Bürgerbegehren hat demgemäß einen zulässigen Gegenstand.

2. Erreichen des erforderlichen Quorums

Das Bürgerbegehren müsste weiterhin das nach § 26 IV 1 NRWGO erforderliche **Quorum** erreicht haben.[41] Nach § 26 IV 1 NRWGO muss ein Bürgerbegehren in Gemeinden mit bis zu 50.000 Einwohnern von 7% der Bürger, dh der zu den Gemeindewahlen wahlberechtigten Einwohner, vgl. § 21 II NRWGO, unterzeichnet sein. Da das Bürgerbegehren von 4.413 Bürgern der Stadt S unterzeichnet wurde, hat es das erforderliche Quorum erreicht. Die Voraussetzung des § 26 IV 1 NRWGO ist erfüllt.

3. Form, Frist und Zwischenergebnis

Da der Antrag unter Beachtung der vorgeschriebenen Form eingereicht worden ist[42] und mangels Ratsbeschlusses über den Gegenstand des Begehrens eine Frist nach

39 Krit. dazu Rehn/Cronauge/v. Lennep/Knirsch/*Paal* § 41 Erl. IV. 1.

40 Dass ein Bürgerbegehren kein gesetzeswidriges Ziel verfolgen darf, wurde durch § 26 V Nr. 9 NRWGO aF ausdrücklich festgelegt. Wie § 26 V Nr. 8 NRWGO aF wurde die Norm wegen ihres deklaratorischen Charakters im Jahr 2011 (LT-Drs. 15/2151) gestrichen, vgl. Fn. 38. Für gesetzeswidrige Ratsbeschlüsse vgl. § 54 II 1 NRWGO, der den Bürgermeister zur Beanstandung verpflichtet.

41 Vgl. *Burgi* KommunalR § 11 Rn. 41.

42 Nach § 26 II 1 NRWGO muss das Bürgerbegehren schriftlich eingereicht werden. Es muss eine Frage enthalten, der entweder die Vertretungskörperschaft zustimmt oder die anderenfalls zur Bürgerentscheidung gebracht wird und daher mit »Ja« oder »Nein« zu beantworten sein muss, § 26 VII 1 NRWGO, dazu auch OVG NRW DÖV 2014, 761. Darüber hinaus muss das Bürgerbegehren so bestimmt formuliert sein, dass eine abschließende Sachentscheidung getroffen werden kann, vgl. OVG NRW NVwZ-RR 2017, 1027 (1030 f.). Die Bürger müssen die konkreten Folgen ihrer Entscheidung absehen können, BayVGH KommJur 2017, 260 (260 f.); SächsOVG KommJur 2016, 379 (380). Für ein Bürgerbegehren, das die Abänderung eines Ratsbeschlusses zum Gegenstand hat, bedeutet das auch, dass konkrete Alternativvorstellungen benannt werden, OVG RhPf BeckRS 2017, 103781. Ein Bürgerbegehren ist auch dann unzulässig, wenn ihm eine irreführende oder unzutreffende Begründung beigefügt ist, BayVGH BeckRS 2016, 50127. Nach § 26 II 1 NRWGO aF musste die Begründung einen Finanzierungsvorschlag enthalten, der sich im Rahmen des kommunalen Haushaltsrechts hielt. § 26 II 5 NRWGO legt nun fest, dass die Verwaltung den Vertretungsberechtigten eine schriftliche Einschätzung der Kostendeckung mitzuteilen hat. Hintergrund dieser Neuregelung ist, dass vorher zahlreiche Bürgerbegehren aufgrund der nicht ausreichenden Finanzierungsvorschläge unzulässig waren. Um die bürgerschaftliche Mitwirkung zu stärken, nimmt die Kommunalverwaltung seit 2011 eine Schätzung vor (vgl. »Gesetz zur Stärkung der Bürgerbeteiligung«, LT-Drs. 15/2151; zu den Anforderungen an die

§ 26 III NRWGO nicht einzuhalten war,[43] bestehen keine weiteren Bedenken gegen die Zulässigkeit des Bürgerbegehrens.

Das Begehren war mithin nach § 26 NRWGO zulässig. Bei seiner Entscheidung nach § 26 VI 1 NRWGO verfügt der Rat über keinen Beurteilungs- oder Ermessensspielraum. Er ist auf eine schlichte Kontrolle der gesetzlichen Zulässigkeitsvoraussetzungen beschränkt und demgemäß im Falle der Zulässigkeit des Begehrens verpflichtet, eine positive Entscheidung zu fällen.[44] Der ablehnende Ratsbeschluss war daher rechtswidrig. Da die Zulässigkeitsvoraussetzungen für ein Bürgerbegehren erfüllt sind, haben die Antragsteller ein Recht auf Zulassung des Begehrens.

II. Spruchreife

Das Recht der Kläger auf Zulassung des Bürgerbegehrens wurde durch die rechtswidrige Ablehnung verletzt. Da der Rat hinsichtlich der Zulassungsentscheidung keinen Ermessens- oder Beurteilungsspielraum hat, ist die Sache auch spruchreif.

C. Ergebnis

Die Klage wird Erfolg haben.

Kostenschätzung OVG NRW BeckRS 2016, 47471. Schließlich sind gem. § 26 II 2 NRWGO bis zu drei Bürger als Vertretungsberechtigte der Unterzeichner zu benennen. Aus der Verweisung in § 26 IV 3 NRWGO auf § 25 IV NRWGO ergibt sich hinsichtlich der Unterschriftenlisten, dass jede Unterzeichnung Nachnamen, Vornamen, Geburtstag und die Anschrift des Unterzeichnenden zweifelsfrei erkennen lassen muss. Nach OVG NRW DÖV 2013, 909, hängt die erforderliche zweifelsfreie Erkennbarkeit einer Person allerdings nicht zwingend von der Vollständigkeit der vorgenannten Angaben ab – uU soll auch die Angabe nur des Namens ausreichen. Außerdem muss jede Liste den vollen Wortlaut des Antrags enthalten. Nach § 26 II 4 NRWGO ist die Gemeindeverwaltung ihren Bürgern bei der Einleitung des Bürgerbegehrens in den Grenzen ihrer Verwaltungskraft behilflich. Vgl. zum Ganzen *Hofmann* in Hofmann/Theisen/Bätge KommunalR NRW 147 ff.; *v. Danwitz* DVBl. 1996, 134 (137 ff.).

43 Zu einem derartigen Fall und den dabei auftauchenden Problemen OVG NRW NWVBl. 2003, 312 ff. Ein die Frist auslösendes kassatorisches Bürgerbegehren liegt nach Ansicht des OVG NRW bereits dann vor, wenn »das Bürgerbegehren bei verständiger Würdigung ein vom Rat beschlossenes Regelungsprogramm aufheben oder ändern will«, OVG NRW BeckRS 2018, 5280. VGH BW BeckRS 2016, 110692 stellt darauf ab, ob das Bürgerbegehren eine »wesentlich andere als die vom Gemeinderat beschlossene Lösung« anstrebt.

44 VG Düsseldorf NWVBl. 1999, 195; *Hofmann* in Hofmann/Theisen/Bätge KommunalR NRW 170 f.

Frage 2

Vorüberlegung:
Die drei Vertreter des Bürgerbegehrens können sofort den Klageweg bestreiten. Die vorherige Durchführung eines Vorverfahrens ist gem. § 68 I 2 Var. 1 VwGO iVm § 110 I und III 2 Nr. 7 NRWJustG in Nordrhein-Westfalen nicht erforderlich.
Die Klage von A, B und C ist gegen die Baugenehmigung und die Befreiung nach § 31 II BauGB gerichtet. Man könnte die Auffassung vertreten – auch wenn beide Entscheidungen in einem Bescheid ergangen sein mögen –, dass es sich hierbei um zwei selbstständige Verwaltungsakte mit unterschiedlichen Rechtsgrundlagen, nämlich § 74 NRWBauO und § 31 II BauGB, handelt. Dagegen lässt sich jedoch anführen, dass die erteilte Befreiung die Frage betrifft, wie die Baugenehmigung erlassen wurde. Dadurch dass die Baugenehmigung nur aufgrund einer Befreiung gem. § 31 II BauGB erteilt werden durfte, ist für den Erlass der Baugenehmigung eine zusätzliche Entscheidung – nämlich die Erteilung der Befreiung – erforderlich. Sie führt erst dazu, dass die Baugenehmigung erlassen werden kann, und ist deshalb nicht als ein selbstständiger Verwaltungsakt zu qualifizieren, es handelt sich vielmehr um einen Verwaltungsakt mit zwei Teilen.
Geht man demgegenüber davon aus, dass sich die Klage der drei Vertreter des Bürgerbegehrens gegen zwei selbstständige Verwaltungsakte richtet, wäre – da beide Verwaltungsakte aufgehoben werden sollen – ein Fall objektiver Klagehäufung gegeben, dh es würden mehrere Klagebegehren, die auch Gegenstand selbstständiger Klagen sein könnten, nebeneinander in einer Klage geltend gemacht. In einem solchen Fall sind Zulässigkeit und Begründetheit – zumindest gedanklich – für jedes Klagebegehren getrennt zu prüfen. Darüber hinaus müssten die Voraussetzungen des § 44 VwGO geprüft werden. Der Prüfungsaufbau sollte sich am Gebot größtmöglicher Verständlichkeit orientieren. Die Begründetheitsprüfung ist immer nach Klagebegehren getrennt vorzunehmen. Die Zulässigkeit sollte jedenfalls dann für jedes Klagebegehren getrennt geprüft werden, wenn sich insofern Unterschiede ergeben. Ergeben sich – wie es hier der Fall sein würde, wenn man von zwei selbstständigen Verwaltungsakten ausginge – im Rahmen der Zulässigkeitsprüfung hinsichtlich sämtlicher Klagebegehren dieselben Probleme, kann es zur Vermeidung von Wiederholungen oder Verweisungen durchaus sinnvoll sein, die Zulässigkeit für beide Klagebegehren gemeinsam zu prüfen.

Lösungsvorschlag

Das VG wird gem. § 113 I 1 VwGO die Baugenehmigung und die Befreiung aufheben, soweit die Anfechtungsklage zulässig und begründet ist.

A. Zulässigkeit der Anfechtungsklage

I. Verwaltungsrechtsweg

A, B und C begehren die Aufhebung der Baugenehmigung und der Befreiung. Hierbei handelt es sich um eine öffentlich-rechtliche Streitigkeit nichtverfassungsrechtlicher Art, für die keine gesetzliche Zuweisung an ein anderes Gericht vorliegt, sodass der Verwaltungsrechtsweg nach § 40 I 1 VwGO eröffnet ist.

II. Statthafte Klageart

Die Kläger begehren die Aufhebung eines Verwaltungsakts,[45] sodass statthafte Klageart die Anfechtungsklage nach § 42 I Alt. 1 VwGO ist.

45 Vgl. die Vorüberlegung zu Frage 2.

III. Klagebefugnis

Nach § 42 II Alt. 1 VwGO müssten die Kläger geltend machen können, durch die Baugenehmigung und die Befreiung in eigenen Rechten verletzt zu sein. Das wäre dann nicht der Fall, wenn die von ihnen behaupteten Rechte offensichtlich und eindeutig nach keiner möglichen Betrachtungsweise bestehen oder ihnen zustehen können.[46]

Der Erlass der Baugenehmigung und der Befreiung könnte in das Recht der Kläger auf Durchführung des beantragten Bürgerentscheids eingreifen. Die Möglichkeit einer Verletzung dieses Rechts bestünde dann, wenn einem laufenden Bürgerbegehren, welches sich gegen einen bereits gefassten oder unmittelbar bevorstehenden Beschluss der Vertretungskörperschaft richtet, hinsichtlich der Durchführung dieses Beschlusses aufschiebende Wirkung zukommt oder es zumindest seine Vollziehung verbietet. Die Unterzeichner des Bürgerbegehrens hätten dann einen entsprechenden Unterlassungsanspruch.

Seit der Reform der Gemeindeordnung durch das Gesetz zur Stärkung der kommunalen Selbstverwaltung vom 9.10.2007[47] trifft die nordrhein-westfälische Gemeindeordnung diesbezüglich in § 26 VI 6 NRWGO[48] eine ausdrückliche Regelung.[49] Nach dieser Vorschrift entfaltet ein Bürgerbegehren eine **Sperrwirkung** gegenüber entgegenstehenden Entscheidungen und Vollzugsmaßnahmen der Gemeindeorgane[50], wenn seine Zulässigkeit festgestellt worden ist. Es besteht damit ein Anspruch der Bürgervertreter auf Unterlassung solcher Maßnahmen, die einem **als zulässig festgestellten Bürgerbegehren** die sachliche Grundlage entziehen. Die Gemeindeorgane sind dazu verpflichtet, von der Vollziehung eines diesem Begehren entgegenstehenden Beschlusses der Vertretungskörperschaft insoweit abzusehen, als hierdurch irreversible Verhältnisse geschaffen würden. Diese Sperrwirkung entfällt gem. § 26 VI 6 NRWGO nur dann, wenn die Gemeinde im Zeitpunkt ihres Handelns rechtlich dazu verpflichtet ist, dem Bürgerbegehren entgegenstehende Entscheidungen oder Vollzugsmaßnahmen anzuordnen. A, B und C wenden sich gegen die dem H-Konzern erteilte Baugenehmigung samt Befreiung, da sie der Auffassung sind, dass diese angesichts des anhängigen Rechtsstreits über die Zulässigkeit des Bürgerbegehrens nicht

46 Vgl. BVerwGE 44, 1 (2 f.) = NJW 1974, 203; BVerwG DVBl. 1994, 1194.

47 GV. NRW. 2007, 380.

48 § 26 VI 6 NRWGO lautet: »Ist die Zulässigkeit des Bürgerbegehrens festgestellt, darf bis zur Feststellung des Ergebnisses des Bürgerentscheids eine dem Begehren entgegenstehende Entscheidung der Gemeindeorgane nicht mehr getroffen oder mit dem Vollzug einer derartigen Entscheidung nicht mehr begonnen werden, es sei denn, zu diesem Zeitpunkt haben rechtliche Verpflichtungen der Gemeinde hierzu bestanden (Sperrwirkung des zulässigen Bürgerbegehrens).« Zuvor war die Problematik in Nordrhein-Westfalen nicht geregelt.

49 Ähnlich wie jetzt auch in der NRWGO ist die Problematik in Sachsen gelöst; nach der Feststellung der Zulässigkeit des Bürgerbegehrens darf eine diesem widersprechende Entscheidung des Gemeinderats nicht mehr getroffen werden, § 25 IV 5 SächsGemO. Vgl. auch Art. 18a IX BayGO. Der niedersächsische Gesetzgeber hatte sich ursprünglich ausdrücklich gegen eine vollzugshemmende Wirkung des Bürgerbegehrens entschieden, § 32 VI 2 NKomVG aF; zum gleichlautenden § 22b IX 2 NGO aF VG Hannover NVwZ-RR 1998, 260. Mit Gesetz vom 26.10.2016 (Nds. GVBl. 2016, 226) wurde jedoch § 32 VII NKomVG nF eingefügt, der nunmehr die Sperrwirkung des für zulässig erklärten Bürgerbegehrens vorsieht.

50 S. OVG NRW NVwZ-RR 2013, 814, zu der Frage, ob auch ein Informationsschreiben (dort der Bürgermeisterin) eine »Entscheidung« iSd § 26 VI 6 NRWGO darstellt (verneint). Zur Sperrwirkung konkurrierender Bürger- bzw. Ratsbegehren BayVGH NVwZ-RR 2018, 537 (hier verneint).

hätte erteilt werden dürfen. Zwar ist davon auszugehen, dass der H-Konzern unmittelbar nach Erhalt der Baugenehmigung mit der Einleitung der Baumaßnahmen beginnen wird und vollendete Tatsachen geschaffen werden. Auch sind keine rechtlichen Verpflichtungen der Stadt S zur Erteilung der Baugenehmigung samt Befreiung ersichtlich. § 26 VI 6 NRWGO verlangt jedoch ausdrücklich, dass die Zulässigkeit des Bürgerbegehrens bereits festgestellt worden ist. Gerade sie steht hier im Streit. Zuvor hatte der Rat das Bürgerbegehren für unzulässig erklärt. Nach dem Wortlaut des § 26 VI 6 NRWGO entfaltet das durch A, B und C eingereichte Bürgerbegehren in dieser Konstellation keine Sperrwirkung gegenüber der erteilten Baugenehmigung. Ein Unterlassungsanspruch der drei Vertreter des Bürgerbegehrens bestünde demgemäß nicht und ihre Klagebefugnis wäre abzulehnen.

Fraglich ist jedoch, ob in Fallgestaltungen, in denen über die Zulässigkeit des Bürgerbegehrens ein Rechtsstreit anhängig ist, eine Ausweitung des Anwendungsbereichs der Regelung in § 26 VI 6 NRWGO geboten ist. Möglicherweise erfordern Billigkeitsgründe hier eine vollzugshemmende Wirkung des Bürgerbegehrens. Anderenfalls läge es in der Hand der Gemeindeorgane zu bestimmen, welchen Anwendungsbereich und Wirkungsumfang die Sperrwirkung aus § 26 VI 6 NRWGO besäße. Die Gemeindeorgane könnten die Rechtsfolge des § 26 VI 6 NRWGO dadurch vollständig vereiteln, dass sie kein Bürgerbegehren für zulässig erklärten und einen Rechtsstreit provozierten. Stellt sich nach diesem heraus, dass das Bürgerbegehren tatsächlich zulässig war, bleibt ein fader Beigeschmack. Das OVG MV geht idS unter Hinweis auf das Gebot des effektiven Rechtsschutzes aus Art. 19 IV GG davon aus, dass während des Rechtsstreits über die Zulassung eines Bürgerbegehrens ein Vollziehungsverbot für entgegenstehende Gemeindevertreterbeschlüsse bestehe, wenn ihre Umsetzung vollendete Tatsachen schaffe.[51] Dieser Auffassung entsprechend wäre eine Sperrwirkung des Bürgerbegehrens von A, B und C gegeben. Sie besäßen einen Unterlassungsanspruch gegen die erteilte Baugenehmigung samt Befreiung und wären im Klageverfahren nach § 42 II VwGO klagebefugt.

Gegen die vorgenannte Rechtsansicht einer Sperrwirkung des Bürgerbegehrens während des anhängigen Rechtsstreits über dessen Zulässigkeit spricht jedoch der eindeutige Wortlaut des § 26 VI 6 NRWGO. Getreu dem Vorbild entsprechender Bestimmungen in anderen Bundesländern, wird ausdrücklich verlangt, dass die Zulässigkeit des laufenden Bürgerbegehrens bereits festgestellt worden ist.[52] Im Schrifttum stößt eine solche Regelung zudem auf Zustimmung.[53] In der Tat bietet die Anerkennung einer Sperrwirkung des Bürgerbegehrens ab der Feststellung seiner Zulässigkeit einen sinnvollen Kompromiss.[54] Die Regelung berücksichtigt, dass sowohl Beschlüsse der Gemeindevertretungen als auch Bürgerentscheide demokratische Legitimation haben.[55] Darauf gestützte Maßnahmen haben gleichermaßen ein Recht auf Durchführung. Entfaltete jedes eingeleitete Bürgerbegehren von Beginn an eine vollzugshemmende Wirkung, wäre es einer Minderheit von 3–10% der Bürger, vgl. § 26 IV

51 Vgl. OVG MV DVBl. 1997, 1282 (1264 f.); unter Berufung auf *Hager* VerwArch 84 (1993), 97 (116 f.); zust. *Waechter* KommunalR Rn. 278e; *Schliesky* DVBl. 1998, 169 (175); *Fischer* NWVBl. 1995, 366 (370).

52 Vgl. § 18a IX BayGO; § 25 IV 5 SächsGemO; § 16g V 2 SchlHGO; § 15 I 1 ThürEBBG.

53 Vgl. *Burgi* KommunalR § 11 Rn. 51, der die Bestimmung für »rechtspolitisch sinnvoll« erachtet.

54 So auch *Dünchheim* KommunalR NRW 48.

55 Krit. gleichwohl *Hofmann* in Hofmann/Theisen/Bätge KommunalR NRW 190, unter anderem mit Blick auf den späten Zeitpunkt, zu dem die Sperrwirkung eintritt.

NRWGO, möglich, wichtige Vorhaben zeitweilig zu blockieren und uU sogar endgültig zu verhindern. Vollziehen die Gemeindeorgane einen Beschluss ohne Rücksicht auf ein gegenläufiges Bürgerbegehren, besteht andererseits die Gefahr, dass die Möglichkeit einer Durchführung des vermeintlich erfolgreichen Bürgerentscheides von vorneherein endgültig vereitelt wird. Ab der Feststellung der Zulässigkeit des Bürgerbegehrens besteht eine reale Chance auf einen erfolgreichen Bürgerentscheid. Der Anspruch auf Durchführung des Bürgerentscheids ist ab diesem Zeitpunkt gefestigt. Zudem stellt die Zulässigkeitsfeststellung eine feste Größe dar, die den Anforderungen von Rechtsklarheit und Rechtssicherheit gerecht wird. Besteht ein Rechtsstreit über die Zulässigkeit des Bürgerbegehrens, wird die politische Vernunft den Rat davon abhalten, gegen aussichtsreiche Bürgerbegehren vollendete Tatsachen zu schaffen. Vollzieht die Gemeinde nämlich den betreffenden Beschluss, so trifft sie das Risiko, dass ihren Maßnahmen durch einen erfolgreichen Bürgerentscheid nachträglich die Grundlage entzogen wird und ihr daraus finanzielle Nachteile entstehen.[56]

Eine Sperrwirkung des Bürgerbegehrens ist mithin ausweislich des Wortlauts von § 26 VI 6 NRWGO nur dann anzunehmen, wenn dessen Zulässigkeit festgestellt worden ist.[57] Diese Regelung schafft einen sinnvollen Interessenausgleich. Eine Ausdehnung des Anwendungsbereichs der Vorschrift bei einem anhängigen Rechtsstreit über die Zulässigkeit des Bürgerbegehrens mit der Folge einer vollzugshemmenden Wirkung ist nicht geboten. In diesem Fall besteht nach § 26 VI 6 NRWGO keine Sperrwirkung.

Demgemäß ist ein Unterlassungsanspruch der drei Vertreter des Bürgerbegehrens abzulehnen. Damit fehlt es den Klägern an der erforderlichen Klagebefugnis.

IV. Zwischenergebnis

Die Klage ist folglich unzulässig.

B. Ergebnis

Das VG wird die Klage abweisen.

Ergänzende Hinweise

1. Zur Rechtslage in den **anderen Bundesländern** vgl. zunächst die Hinweise in den Fußnoten; im Übrigen zu Einwohner-/Bürgerantrag und Bürgerentscheid/-begehren §§ 20b, 21 BWGemO; Art. 18a, 18b BayGO; §§ 14, 15 BbgKVerf; § 8b HGO; §§ 31, 32, 33 NKomVG; §§ 21, 21a KSVG; §§ 23, 24, 25 SächsGemO; §§ 25, 26, 27 LSAKVG; §§ 16f, 16g SchlHGO.

56 Vgl. VGH BW NVwZ 1994, 397.

57 Vgl. LT-Drs. 14/3979, 127. Zu einem Anspruch auf Feststellung der Zulässigkeit des Bürgerbegehrens (mit der Folge der Sperrwirkung) im Verfahren nach § 123 VwGO: OVG NRW BeckRS 2017, 108848 (hier abgelehnt). Die Sperrwirkung endet mit erfolgloser Durchführung des Bürgerentscheids. Dies gilt auch, wenn die ordnungsgemäße Durchführung bestritten wird, vgl. OVG NRW BeckRS 2016, 53658.

2. In der Falllösung zu Frage 1 war die Durchführung eines **Vorverfahrens** wegen der nordrhein-westfälischen Regelung in § 110 I NRWJustG **entbehrlich**. Sollte die ordnungsgemäße Durchführung eines Vorverfahrens jedoch gem. § 68 VwGO erforderlich sein, stünde der Zulässigkeit der Klage nicht entgegen, dass A, B und C ein solches Verfahren bislang nicht eingeleitet haben. Die Zulässigkeitsvoraussetzungen einer Klage müssen erst bei Schluss der letzten mündlichen Verhandlung vorliegen. Bis zu diesem Zeitpunkt kann die Durchführung des Vorverfahrens grundsätzlich nachgeholt werden, wenn nicht die Frist des § 70 VwGO bereits abgelaufen ist.[58] Das VG würde die Klage der drei Vertreter des Bürgerbegehrens daher trotz des Fehlens eines ordnungsgemäßen Vorverfahrens zum gegenwärtigen Zeitpunkt nicht mangels Zulässigkeit durch Prozessurteil abweisen, sondern das Verfahren aussetzen oder vertagen, um den Klägern Gelegenheit zu geben, das Vorverfahren nachzuholen.[59]

3. Im Zuge des Bürokratieabbaugesetzes II[60] wurde das **Widerspruchsverfahren in Nordrhein-Westfalen** nahezu flächendeckend **abgeschafft**. Für Konstellationen, in denen sich unbeteiligte Dritte gegen einen einen anderen begünstigenden Verwaltungsakt wenden, gilt dies jedoch gem. § 110 III NRWJustG grundsätzlich nicht. Sowohl vor der Erhebung einer Anfechtungs- als auch Verpflichtungsklage bleibt in dieser Konstellation die ordnungsgemäße Durchführung eines Vorverfahrens auch in Nordrhein-Westfalen im Regelfall erforderlich. A, B und C können in der Lösung zu Frage 2 jedoch sofort Anfechtungsklage gegen die dem H-Konzern erteilte Baugenehmigung samt Befreiung erheben.[61] Dies erklärt sich daraus, dass eine Unterausnahme einschlägig ist.[62] § 110 III 2 Nr. 7 NRWJustG ordnet an, dass eine Nachprüfung in einem Vorverfahren selbst bei einem Drittwiderspruch in Nordrhein-Westfalen nicht notwendig ist, sofern der unbeteiligte Dritte gegen Entscheidungen der Bauaufsichtsbehörden oder Baugenehmigungsbehörden vorgeht. Die drei Vertreter des Bürgerbegehrens wenden sich gegen die durch den Bürgermeister von S erteilte Baugenehmigung samt Befreiung. Der Bürgermeister hat diese gem. § 57 I 1 Nr. 3 lit. a NRWBauO iVm §§ 63 I 1, 4 NRWGO als untere Bauaufsichtsbehörde erlassen. Damit gehen A, B und C gegen Entscheidungen der Bauaufsichtsbehörde iSd § 110 III 2 Nr. 7 NRWJustG vor. Sie können mithin gem. § 68 I 2 Var. 1 VwGO iVm § 110 III 2 Nr. 7 NRWJustG direkt den Klageweg bestreiten.

4. In der Lösung zu Frage 2 wurde für A, B und C die **Klagebefugnis** abgelehnt. Vor Einführung der Vorschrift des § 26 VI 6 NRWGO war die Problematik der vollzugshemmenden Wirkung eines Bürgerbegehrens durch den nordrhein-westfälischen Gesetzgeber nicht geregelt. Es bestand in Rechtsprechung und Literatur hinsichtlich der Frage, ob während eines laufenden Bürgerbegehrens diesem widersprechende Ratsbeschlüsse vollzogen werden dürfen, eine große Meinungsvielfalt. Nach der früheren Rechtslage wäre es daher auf der Grundlage der sog. Möglichkeitstheorie auch vertretbar gewesen, die Klage mit dem Argument als zulässig anzusehen, dass ein Unter-

58 Dies gilt trotz der Formulierung in § 68 I 1 VwGO: »Vor Erhebung der Anfechtungsklage …«; vgl. *Kopp/Schenke* VwGO § 68 Rn. 3 und allg. zu den Zulässigkeitsvoraussetzungen Vorb § 40 VwGO Rn. 11; vgl. ferner Fall 23, erg. Hinweis 4.

59 Vgl. *Kopp/Schenke* VwGO § 68 Rn. 3 f. Da die Erfolgsaussichten der Klage von A, B und C zu beurteilen sind, wäre die Prüfung hiermit nicht beendet, sondern fortzusetzen.

60 GV. NRW. 2007, 393.

61 Vgl. die Aufgabenstellung zu Frage 2 sowie die Vorüberlegung zu deren Lösung.

62 Zu allen Ausnahmen, in denen auch bei einem Drittwiderspruch die Durchführung eines Vorverfahrens keine Zulässigkeitsvoraussetzung mehr ist, vgl. § 110 III 2 Nr. 1–8 NRWJustG.

lassungsanspruch der Kläger jedenfalls nicht nach jeder möglichen Betrachtungsweise ausgeschlossen ist. Die Auseinandersetzung um das Bestehen eines Vollzugsverbots hätte dann im Rahmen der Begründetheitsprüfung erfolgen müssen. Nach Einführung des § 26 VI 6 NRWGO ist von einer solchen Vorgehensweise für den vorliegenden Fall abzuraten. Wie die Falllösung zu Frage 2 zeigt, bestehen zwar noch Unklarheiten bei der Anwendung der Vorschrift. § 26 VI 6 NRWGO ordnet jedoch ausdrücklich eine Sperrwirkung des als zulässig festgestellten Bürgerbegehrens an. Diese ist nur dann ausgeschlossen, wenn die Stadt zu der Durchführung von Maßnahmen, die dem Bürgerbegehren entgegenstehen, rechtlich verpflichtet ist. § 26 VI 6 NRWGO schafft damit eine klar und eindeutig ausgestaltete Regelung. In der Falllösung zu Frage 2 wurde eine mögliche Ausweitung des Anwendungsbereichs der Vorschrift bei einem anhängigen Rechtsstreit über die Zulässigkeit des Bürgerbegehrens der Vollständigkeit halber diskutiert. Dies soll Studierenden Lösungswege in weiteren Bundesländern aufzeigen und sie für die Problematik sensibilisieren. Nach der Etablierung des § 26 VI 6 NRWGO besteht in Nordrhein-Westfalen zur Frage der vollzugshemmenden Wirkung eines Bürgerbegehrens jedoch eine eindeutige Rechtslage. Ein Unterlassungsanspruch von A, B und C ist auszuschließen und ihre Klagebefugnis nach jeder Betrachtungsweise abzulehnen. Die Klage ist bereits unzulässig. Für diesen Lösungsweg spricht auch, ungeachtet der Rechtslage in Nordrhein-Westfalen, die Überlegung, dass es sich bei der Frage der vollzugshemmenden Wirkung laufender Bürgerbegehren und entsprechender Ansprüche der Unterzeichner um eine abstrakte Rechtsfrage handelt, die unabhängig von den Umständen des Einzelfalls beantwortet werden kann. Ist bereits zweifelhaft, ob überhaupt ein subjektiv-öffentliches Recht gegeben ist, dessen Verletzung der Kläger behaupten könnte, liegt es nahe, diese Frage bereits im Rahmen der Zulässigkeitsprüfung zu klären. Der Begründetheitsprüfung bleibt die Frage vorbehalten, ob das betreffende Recht im konkreten Fall tatsächlich verletzt ist.

5. Nach der Gesetzesbegründung zum nordrhein-westfälischen Reformgesetz der Gemeindeordnung sollte durch die Einführung des § 26 VI 6 NRWGO die demokratische Beteiligung der Bürger gestärkt werden.[63] Demgemäß hat der nordrhein-westfälische Gesetzgeber nun endlich eine **Sperrwirkung des Bürgerbegehrens** normiert. Die Lösung zu Frage 2 verdeutlicht jedoch die Schwäche der neu etablierten Bestimmung des § 26 VI 6 NRWGO. Zwar ist die Frage der vollzugshemmenden Wirkung des Bürgerbegehrens in Nordrhein-Westfalen nun ausdrücklich geregelt. Entsprechend der Rechtslage in Bayern (Art. 18a IX BayGO) und Sachsen (§ 25 IV 5 SächsGemO) greift eine Sperrwirkung jedoch gem. § 26 VI 6 NRWGO nur dann, wenn das Bürgerbegehren vom Rat bereits für zulässig erklärt wurde.[64] Die Lösung zu Frage 2 zeigt, dass die Vertreter eines Bürgerbegehrens nach dem eindeutigen Wortlaut des § 26 VI 6 NRWGO indes schutzlos gestellt sind, sofern über die Zulässigkeit ihres Bürgerbegehrens ein Rechtsstreit anhängig ist. Von der übereilten Annahme einer Sperrwirkung des Bürgerbegehrens in den Fällen, in denen der Landesgesetzgeber eine solche ausdrücklich an die Feststellung der Zulässigkeit des Bürgerbegehrens geknüpft hat, ist abzuraten.

6. Die der Lösung zu Frage 2 zugrundeliegende Konstellation ist in der Rechtsprechung bisher lediglich in Verfahren einstweiligen Rechtsschutzes nach § 123 VwGO

63 LT-Drs. 14/3979, 127.
64 Vgl. LT-Drs. 14/3979, 127.

aufgetaucht und wird in der Literatur primär im Hinblick auf solche Verfahren diskutiert. Das liegt daran, dass die Unterstützer von Bürgerbegehren in den bisher entschiedenen Fällen die Umsetzung des angegriffenen Ratsbeschlusses bereits im Vorfeld zu verhindern suchten. Ein entsprechendes Vorgehen war in der nach dem Sachverhalt gegebenen Situation zur Sicherung der Rechte der Kläger nicht erfragt. Widerspruch und Anfechtungsklage gegen die Baugenehmigung und die Befreiung nach § 31 II BauGB haben im Übrigen gem. § 80 II 1 Nr. 3 VwGO iVm § 212a I BauGB keine aufschiebende Wirkung (dazu, dass auch die Befreiung von § 212a I BauGB erfasst ist, Battis/Krautzberger/Löhr/*Battis*, BauGB, 13. Aufl. 2016, § 212a Rn. 1 mwN). Die Kläger hätten in Frage 2 vorläufigen Rechtsschutz demgemäß nicht nach § 123 VwGO, sondern nach §§ 80 V, 80a III, 80a I Nr. 2 VwGO begehren müssen.

7. Zum **Bürgerentscheid:** Nachdem der Rat die Zulässigkeit des Bürgerbegehrens festgestellt hat, bestehen zwei Möglichkeiten. Der Rat kann dem Bürgerbegehren entsprechen. Damit entfällt der Grund für die Durchführung des Bürgerentscheids.[65] Lehnt er dies ab oder fällt er gar keine Entscheidung, ist gem. § 26 VI 3 NRWGO innerhalb von drei Monaten nach der Zulässigkeitsfeststellung ein Bürgerentscheid durchzuführen. Dessen Vorbereitung und Organisation obliegt der Gemeinde. Der Tag der Abstimmung durch die Bürgerschaft ist öffentlich bekanntzugeben, wobei der Gegenstand des Begehrens und die Abstimmungsfrage zu benennen sind. Eine Parteinahme oder Kommentierung hat zu unterbleiben.[66]

Bei der Abstimmung im Bürgerentscheid muss das Begehren nach § 26 VII 2 NRWGO zwei Hürden nehmen: Erstens muss die Mehrheit der gültigen Stimmen iSd Begehrens abstimmen und zweitens diese Mehrheit – in Abhängigkeit von der Einwohnerzahl – zwischen mindestens 10% bis mindestens 20% der Gemeindebürger betragen. Hat der Bürgerentscheid die erforderliche Stimmenmehrheit erhalten, kommt ihm nach § 26 VIII 1 NRWGO die Wirkung eines Ratsbeschlusses zu. Dies hat insbesondere zur Folge, dass die Verwaltung nach § 62 II 2 NRWGO in gleicher Weise wie im Falle eines Ratsbeschlusses zu seinem Vollzug verpflichtet ist.[67] Darüber hinaus darf er nach § 26 VIII 2 NRWGO vor Ablauf von zwei Jahren nur auf Initiative des Rates und nur durch einen neuen Bürgerentscheid abgeändert werden.

Bei der Durchführung des Bürgerentscheids ist die Gemeinde an die Vorgaben der Verordnung zur Durchführung eines Bürgerentscheids (BürgerentscheidDVO v. 10.7.2004, GV. NRW. 383) gebunden. § 1 NRWBürgerentscheidDVO gibt der Gemeinde auf, zeitnah nach dem Inkrafttreten der Verordnung am 1.10.2004 eine Satzung zu erlassen, die Vorbereitung, Durchführung und Auswertung von Bürgerentscheiden regelt. In anderen Bundesländern finden sich ähnliche Verordnungen, vgl. etwa KV-DVO v. 9.5.2012, GVOBl. MV 133 (Mecklenburg-Vorpommern) und GKAVO v. 5.11.2008, GVOBl. 588 (Schleswig-Holstein).

8. Umstritten ist, ob ein erfolgreicher Bürgerentscheid wie ein Ratsbeschluss nach § 54 II NRWGO **durch den Bürgermeister** als rechtswidrig **beanstandet** werden kann. Während dies teilweise unter Hinweis auf § 26 VIII 1 NRWGO, wonach dem

65 Vgl. *Hofmann* in Hofmann/Theisen/Bätge KommunalR NRW 174.
66 Vgl. *Hofmann* in Hofmann/Theisen/Bätge KommunalR NRW 180.
67 Vgl. *Hofmann* in Hofmann/Theisen/Bätge KommunalR NRW 185.

Entscheid die Wirkung eines Ratsbeschlusses zukommt, bejaht wird,[68] nimmt die überwiegende Meinung an, dass eine Beanstandung ausgeschlossen sei.[69] Zur Begründung wird angeführt, dass die Beanstandung eines Bürgerentscheids in der Gemeindeordnung nicht vorgesehen ist. Zur Verhinderung rechtswidriger Bürgerentscheide räume das Gesetz dem Bürgermeister stattdessen die Möglichkeit ein, gegebenenfalls bereits die Zulassungsentscheidung des Rates nach § 26 VI 1 NRWGO zu beanstanden, da Anträge, die ein gesetzwidriges Ziel verfolgen, unzulässig sind.[70] Zur Zulässigkeit von Maßnahmen der Aufsichtsbehörde gegen einen rechtswidrigen Bürgerentscheid, vgl. einerseits Held/Winkel/*Wansleben* GO NRW § 26 Erl. 7.3; *Fischer* NWVBl. 1995, 366 (372), andererseits *Hofmann* in Hofmann/Theisen/Bätge KommunalR NRW 186 f.

Zu der unterschiedlichen Beurteilung der **Rechtsstellung der zu benennenden Vertreter des Bürgerbegehrens** *Hofmann* in Hofmann/Theisen/Bätge KommunalR NRW 159 f.; *Schliesky* DVBl. 1998, 171 ff. sowie VG Darmstadt NVwZ-RR 1995, 156.

10. Nach der Rechtsprechung des BVerfG ist es von Verfassungs wegen, namentlich durch Art. 28 I 3 GG, nicht ausgeschlossen, dass auch **Unionsbürger** an kommunalen Abstimmungen, beispielsweise im Rahmen eines Bürgerentscheides, teilnehmen. Der Wortlaut des Art. 28 I 3 GG sehe eine Beteiligung von Unionsbürgern ausdrücklich zwar nur bei Wahlen vor. Könne eine Person aber durch Inanspruchnahme ihres passiven Wahlrechts in den Gemeinderat gewählt werden und dort an Sachentscheidungen mitwirken, sei es nicht willkürlich, anzunehmen, dass Unionsbürgern auch ein Abstimmungsrecht zustehe, vgl. insgesamt BVerfG NVwZ-RR 2016, 521 (524 f.).

11. Zu den Problemen, die sich ergeben, wenn die Gemeinde mittels Bürgerentscheid verpflichtet wird (werden soll), ein bereits initiiertes Vorhaben zu verhindern: BVerwGE 155, 230 ff. = BeckRS 2016, 50923 (Ausstieg der Stadt Stuttgart aus dem Projekt »Stuttgart 21«; das hierauf gerichtete Bürgerbegehren wurde als unzulässig angesehen) sowie allgemein *Dziallas/Jäger* KommJur 2016, 6.

12. Einen Überblick über neuere Entwicklungen von Bürgerbegehren und Bürgerentscheiden in Gesetzgebung und Rechtsprechung bietet *C. Schmidt* KommJur 2018, 165. Neuere Rechtsprechung zum Kommunalrecht insgesamt werten *Heusch/Dickten* NVwZ 2018, 1353 aus.

---

68 Vgl. *v. Lennep/Paal,* Die Reform der Gemeindeordnung, Städte- und Gemeinderat 1994, 295, 300.

69 Vgl. Held/Winkel/*Wansleben* GO NRW § 26 Erl. 7.1.; *Hofmann* in Hofmann/Theisen/Bätge KommunalR NRW 186; *Fischer* NWVBl. 1995, 336 (371 f.); *Schneider,* Bürgerbegehren und Bürgerentscheid, Städte- und Gemeinderat 1994, 399, 401.

70 Vgl. § 26 V Nr. 9 NRWGO aF bzw. heute Sinn und Zweck des § 26 I 1 NRWGO. Zu § 26 V Nr. 9 NRWGO aF: *Fischer* NWVBl. 1995, 336 (371 f.); *Schneider,* Bürgerbegehren und Bürgerentscheid, Städte- und Gemeinderat 1994, 399, 401 f.

25. Fall: Abstimmung des befangenen Ratsmitglieds

Sachverhalt

Der Rat der nordrhein-westfälischen Stadt S hat einen Bebauungsplan für das obere T-Tal (bisher land- und forstwirtschaftlich genutzter Außenbereich) beschlossen. Die Öffentlichkeit ist zuvor gem. § 3 BauGB in formell nicht zu beanstandender Weise beteiligt worden. Das T-Tal ist ein zwei Kilometer langes schmales Tal, das von einer Hauptstraße aus nur durch eine Stichstraße erschlossen ist. Bisher ist es auf einer Strecke von etwa einem Kilometer bebaut, am unteren Ende im Bereich der Einmündung in die Hauptstraße dicht, unter anderem mit einigen Terrassenhäusern und Wohnblocks, im anschließenden mittleren Teil des Tales stehen vorwiegend Einfamilienhäuser.

Der neue Bebauungsplan sieht für den nunmehr zu bebauenden oberen Teil des Tales eine dichte Bebauung vor. Es sollen insbesondere drei Terrassenhäuser, einige Wohnblocks, im Übrigen Ein- und Zweifamilienhäuser entstehen. Der Bebauungsplan war bis zuletzt im Rat der Stadt hart umkämpft und wurde schließlich in geheimer Abstimmung mit 26:25 Stimmen beschlossen. An der Beratung und Abstimmung hat auch A mitgewirkt, der leitender Angestellter bei der in der Gemeinde ansässigen kleinen Baufirma B ist. B hat verbindliche Zusagen zweier Unternehmer, dass ihr der Auftrag für den Bau der Terrassenhäuser erteilt wird (Volumen ca. 4 Millionen EUR). Dieser Umstand war A bei der Abstimmung bekannt, den anderen Ratsmitgliedern nicht.

W, Eigentümer und Bewohner eines Einfamilienhauses im mittleren Teil des T-Tals, ärgert sich über die geplante dichte Bebauung im oberen Teil. Sein Grundstück liegt am bisherigen Ende der in das Tal geführten Stichstraße. Er befürchtet zu Recht, dass die Umsetzung des Bebauungsplans zu einem erheblichen Anwachsen des Anliegerverkehrs und der damit verbundenen Lärmbelästigung führen werde. Auf welchem Weg und mit welchen Erfolgsaussichten kann er gegen den Bebauungsplan vorgehen?

Lösungsvorschlag

Schwerpunkte:
- **Materiell:**
  - **Befangenheit von Ratsmitgliedern**
  - **Folgen der Mitwirkung trotz Befangenheit**
- **Prozessual: Normenkontrolle nach § 47 VwGO**

In Betracht kommt ein Normenkontrollverfahren nach § 47 I Nr. 1 VwGO. Ein entsprechender Antrag hätte Erfolg, wenn er zulässig und begründet wäre.

A. Zulässigkeit

I. Verwaltungsrechtsweg

Auch für das Normenkontrollverfahren muss der Verwaltungsrechtsweg eröffnet sein. Dies ergibt sich aus § 47 I VwGO, wonach das OVG über Normenkontrollanträge im Rahmen seiner Gerichtsbarkeit entscheidet. Fraglich ist daher, ob iSd § 40 I 1 VwGO[1] eine öffentlich-rechtliche Streitigkeit nichtverfassungsrechtlicher Art vorliegt, die keinem anderen Gericht gesetzlich zugewiesen ist. Das Begehren des W ist darauf gerichtet, die Wirksamkeit des Bebauungsplans überprüfen zu lassen. Das beurteilt sich insbesondere nach den Bestimmungen des Baugesetzbuchs und der Gemeindeordnung. Hierbei handelt es sich um Vorschriften des öffentlichen Rechts, sodass eine öffentlich-rechtliche Streitigkeit gegeben ist. Da sie auch nichtverfassungsrechtlicher Art ist und keine Zuweisung an ein anderes Gericht greift, ist der Verwaltungsrechtsweg eröffnet.

II. Statthaftigkeit des Antrags

Die Statthaftigkeit des Normenkontrollantrags gegen den Bebauungsplan ergibt sich aus § 47 I Nr. 1 VwGO. Danach können unter anderem Satzungen, die nach den Vorschriften des Baugesetzbuchs erlassen worden sind, Gegenstand des Normenkontrollantrags sein. Der Bebauungsplan wird nach § 10 I BauGB als Satzung erlassen.

III. Antragsbefugnis

Antragsbefugt sind natürliche Personen nach § 47 II VwGO nur, wenn sie geltend machen, durch die Rechtsvorschrift oder deren Anwendung in ihren Rechten verletzt zu sein oder in absehbarer Zeit verletzt zu werden. Richtet sich der Antrag gegen einen Bebauungsplan, kann eine Rechtsverletzung iSd § 47 II 1 VwGO gegeben sein, wenn der Bebauungsplan Festsetzungen trifft, die sich auf subjektive Rechte des Antragstellers auswirken können.[2] Ausreichend ist, wenn der Antragsteller Tatsachen

1 § 47 I VwGO verweist auf die Generalklausel des § 40 I VwGO, vgl. *Muckel/Stemmler* ÖffBauR, II. Teil Rn. 70 mwN.

2 OVG NRW NVwZ 1997, 664 (665); 1997, 1002 (1003). Die Antragsbefugnis gem. § 47 II VwGO entspricht der Klagebefugnis nach § 42 II VwGO, vgl. *Muckel/Stemmler* ÖffBauR II. Teil Rn. 74; ferner – mit Blick auf die Entstehungsgeschichte des 1996 neugefassten § 47 II VwGO – *Ipsen* AllgVerwR Rn. 1151 ff.; vgl. Spannowsky/Uechtritz/*Oehmen*, BauGB, 2. Aufl. 2014, § 10 Rn. 11 f.; *Kopp/Schenke* VwGO § 47 Rn. 43 ff. (46).

vorträgt, die es zumindest als möglich erscheinen lassen, dass er durch die Festsetzungen des Bebauungsplans in eigenen rechtlich geschützten Positionen verletzt wird.[3]

Demnach wäre W jedenfalls dann antragsbefugt, wenn er Eigentümer eines Grundstücks wäre, das im Plangebiet gelegen und von den Festsetzungen des Bebauungsplans betroffen wäre. Der Plan enthielte dann inhaltliche Bestimmungen seines durch Art. 14 I 2 GG geschützten Grundeigentums.[4] Dies ist indessen nicht der Fall. W ist lediglich Plannachbar und somit von den Festsetzungen des Bebauungsplans allenfalls mittelbar betroffen. Jedoch reicht es für die **Antragsbefugnis von Plannachbarn** aus, wenn der Antragsteller geltend macht, in einem für die bei der Planaufstellung vorzunehmende Abwägung erheblichen Belang[5] nachteilig betroffen zu sein. § 1 VII BauGB enthält ein subjektives Recht des Bürgers darauf, dass seine Belange fehlerfrei gegen die öffentlichen Belange abgewogen werden.[6] Der drittschützende Charakter der Norm ergibt sich daraus, dass sie die privaten Belange ausdrücklich erwähnt.[7]

W ist durch die Festsetzungen des Bebauungsplans insofern beeinträchtigt, als deren Umsetzung zu einem erheblichen Anwachsen des auf seinem Grundstück wahrnehmbaren Verkehrslärms führen würde. Das Interesse, von zusätzlichem nicht unerheblichen Verkehrslärm verschont zu bleiben, stellt einen abwägungserheblichen privaten Belang dar.[8] W kann geltend machen, dieser sei nicht fehlerfrei gegen die öffentlichen Belange abgewogen worden, die für die vorgenommene Planung sprechen, und ist damit antragsbefugt. Schutz vor einem erheblichen Anwachsen des Verkehrslärms bieten zusätzlich aber auch Art. 14 I GG und Art. 2 II GG. Zwar kommen im Falle des W nur mittelbare Beeinträchtigungen dieser Grundrechte in Betracht, doch können auch solche bei hinreichender Intensität zu einer Grundrechtsverletzung führen.[9] Diese Möglichkeit ist angesichts der Tatsache, dass der an dem Grundstück des W vorbeigeführte Verkehr erheblich anwachsen wird, nicht von vornherein auszuschließen. Demnach kann W seine Antragsbefugnis auch auf die Möglichkeit einer Grundrechtsverletzung stützen. W ist antragsbefugt.

IV. Antrag

W müsste nach § 47 I VwGO einen Antrag stellen, der auf die Feststellung der Ungültigkeit des Bebauungsplans gerichtet ist.

---

3 BVerwG NVwZ 1998, 732 (732 f.); OVG NRW NWVBl. 1997, 346 (347); *Muckel/Stemmler* ÖffBauR II. Teil Rn. 74 f.

4 Vgl. BVerwG NVwZ 1998, 732; NVwZ-RR 1998, 416 (417); *Muckel/Stemmler* ÖffBauR II. Teil Rn. 74.

5 Nicht abwägungserheblich sind private Belange, die keinen städtebaulichen Bezug haben, etwa weil sie nur unterhalb der Bagatellgrenze betroffen, nicht schutzwürdig, für die Gemeinde nicht erkennbar oder sonst makelbehaftet sind, BVerwG ZfBR 2015, 380; NVwZ 2012, 185 (187) stRspr. Kein abwägungserheblicher Belang ist grds. auch der Erhalt eines »unverbauten Blicks« in Ortsrandlage, SächsOVG BeckRS 2018, 18467 (bespr. in JA 2019, 79).

6 So BVerwG NVwZ 2017, 563 (564); 2012, 185 (187) stRspr. Vgl. auch OVG NRW BeckRS 2018, 7984; 2016, 48357.

7 Vgl. BVerwG NVwZ 2000, 1413; DÖV 1999, 208 (209); VGH BW DVBl. 1998, 236 (237); Eyermann/*Hoppe* VwGO § 47 Rn. 49.

8 BVerwG BeckRS 2017, 126213; SchlHOVG NordÖR 2018, 318 (319); vgl. auch Battis/Krautzberger/Löhr/*Battis*, BauGB, 13. Aufl. 2016, § 1 Rn. 102 ff. (106); auch Spannowsky/Uechtritz/*Dirnberger*, BauGB, 3. Aufl. 2018, § 1 Rn. 160.9 mwN.

9 Vgl. *Schenke* VerwProzR Rn. 893.

V. Zuständiges Gericht

Der Antrag wäre bei dem nordrhein-westfälischen OVG in Münster einzulegen, § 47 I VwGO.

VI. Frist

Der Antrag müsste nach § 47 II 1 VwGO innerhalb eines Jahres nach der Bekanntmachung des Bebauungsplans gestellt werden.

VII. Richtiger Antragsgegner

Nach § 47 II 2 VwGO wäre der Antrag gegen die Stadt S als diejenige Körperschaft zu richten, die den angegriffenen Bebauungsplan erlassen hat.

VIII. Allgemeines Rechtsschutzbedürfnis

Im Rahmen der Normenkontrolle nach § 47 VwGO bedarf es schließlich eines allgemeinen Rechtsschutzbedürfnisses des Antragstellers. Ein solches ist dann gegeben, wenn eine Rechtsverletzung des Klägers durch die Feststellung der Nichtigkeit der angegriffenen Rechtsvorschrift noch verhindert, beseitigt oder wenigstens gemildert werden kann.[10] Die Feststellung der Nichtigkeit des Bebauungsplans hätte zur Folge, dass dieser nicht umgesetzt werden dürfte. Hierdurch würde die mögliche Verletzung der Rechte des W verhindert, sodass auch das allgemeine Rechtsschutzbedürfnis gegeben ist.

IX. Zwischenergebnis

Im Übrigen bestehen keine Bedenken gegen die Zulässigkeit eines Normenkontrollantrags des W. Ein entsprechender Antrag wäre zulässig.

B. Begründetheit

Ein Normenkontrollverfahren wäre begründet, wenn der Bebauungsplan rechtsfehlerhaft ist und der Fehler sich auf seine Wirksamkeit auswirkt.[11]

Die Nichtigkeit des Bebauungsplans könnte sich grundsätzlich vor allem aus einem Verstoß gegen Vorschriften des Baugesetzbuchs über den Erlass von Bebauungsplänen ergeben. Für einen solchen Verstoß ist indessen nichts ersichtlich. Der Sachverhalt bietet insbesondere keine Anhaltspunkte für eine Verletzung des Abwägungsgebots in § 1 VII BauGB oder eine Verletzung der Eigentumsgarantie aus Art. 14 I GG. Zweifel an der Wirksamkeit des Bebauungsplans bestehen vielmehr lediglich im Hinblick auf den Umstand, dass A an der Abstimmung teilgenommen hat, obwohl

---

10 *Kopp/Schenke* VwGO § 47 Rn. 89.

11 Vgl. *Brohm* ÖffBauR § 16 Rn. 13; *Koch/Hendler*, Baurecht, Raumordnungs- und LandesplanungsR, 5. Aufl. 2009, § 21 Rn. 22. Es ist notwendig, darauf abzustellen, dass der Rechtsfehler sich auf die Wirksamkeit des Bebauungsplans ausgewirkt hat, weil eine Vielzahl von Fehlern letztlich unbeachtlich ist, §§ 214 ff. BauGB; dazu auch unten B. II. Beim Normenkontrollverfahren handelt es sich sowohl um ein subjektives Rechtsschutzverfahren als auch um ein objektives Beanstandungsverfahren (BVerwG NVwZ 1992, 567 [568], vgl. auch *Will* ÖffBauR Rn. 209; *Muckel/Ogorek* ÖffBauR § 5 Rn. 161). Das bedeutet, dass das OVG eine umfassende Überprüfung der Rechtsfehler vornimmt und nicht darauf beschränkt ist, zu prüfen, ob der Antragsteller in seinen subjektiven Rechten verletzt ist.

sein Arbeitgeber, die Firma B, ein Interesse am Abstimmungsergebnis hatte. A könnte hierdurch gegen das Mitwirkungsverbot des § 50 VI NRWGO verstoßen haben.[12] Diese Vorschrift ist auch bei dem Erlass eines Bebauungsplans zu beachten, da Bebauungspläne nach § 10 I BauGB von den Gemeinden als Satzungen beschlossen werden. Aufgrund von § 10 I BauGB finden auf den Erlass eines Bebauungsplans sämtliche Vorschriften über den Satzungserlass und damit insbesondere über die Beschlussfassung des Rates Anwendung.[13]

Fraglich ist daher zunächst, ob der Bebauungsplan wegen Verstoßes gegen § 50 VI NRWGO rechtswidrig ist. Gegebenenfalls ist weiter zu fragen, ob der Verstoß die Nichtigkeit des Plans zur Folge hat.

I. Rechtswidrigkeit der Mitwirkung des A nach § 50 VI NRWGO

Die Mitwirkung des A an der Abstimmung über den Bebauungsplan war rechtswidrig, wenn er an dieser nicht teilnehmen durfte. Gemäß § 50 VI NRWGO ist Mitgliedern des Rats die Teilnahme an der Beratung und Abstimmung untersagt, sofern in ihrer Person ein Ausschließungsgrund nach § 31 NRWGO besteht. Von dem Begriff des Mitglieds iSd § 50 VI NRWGO werden Ratsmitglieder, sachkundige Bürger, sachkundige Einwohner[14] und der Bürgermeister erfasst.[15] Damit ist die Vorschrift auf A als Ratsmitglied anwendbar.[16] In seiner Person könnte ein Ausschließungsgrund des § 31 NRWGO[17] bestehen.

1. Ausschließungsgrund nach § 31 NRWGO

Ein solcher könnte sich aus der Vorschrift des § 31 II Nr. 1 NRWGO ergeben. Nach § 50 VI iVm § 31 II Nr. 1 NRWGO dürfen Ratsmitglieder an der Beratung und Abstimmung einer Angelegenheit nicht mitwirken, wenn sie bei einer natürlichen oder juristischen Person gegen Entgelt beschäftigt sind, der die Entscheidung einen **unmittelbaren Vor- oder Nachteil** bringen kann, und nach den tatsächlichen Umständen, insbesondere nach der Art der Beschäftigung ein Interessenwiderstreit anzunehmen ist. Die Entscheidung über den Bebauungsplan war für die Baufirma B, bei

---

12 § 50 VI NRWGO wurde im Zuge der Reform der nordrhein-westfälischen Gemeindeordnung v. 9.10.2007 eingeführt. Die Vorschrift lautet: »Ein Mitglied, in dessen Person ein Ausschließungsgrund nach § 31 besteht, kann an der Beratung und Abstimmung nicht teilnehmen.«. Im Gegensatz zu der gewählten Zitierweise erscheint es ebenfalls möglich, die Vorschrift des § 50 VI NRWGO unter Hinzuziehung des § 31 NRWGO zu zitieren.

13 Vgl. zu möglichen kommunalrechtlichen Fehlern und Fehlerfolgen im Zusammenhang mit der Bauleitplanung *Hellermann* in Dietlein/Hellermann ÖffR NRW § 4 Rn. 104 ff.

14 Für den sachkundigen Einwohner ist der Regelungsgehalt des § 50 VI NRWGO auf dessen Teilnahme an der Beratung beschränkt, LT-Drs. 14/3979, 138.

15 LT-Drs. 14/3979, 138 f.

16 Für Ratsmitglieder verweist auch § 43 II NRWGO auf die Ausschließungsgründe des § 31 NRWGO. Im Rahmen des § 43 II NRWGO steht jedoch die Aufzählung bestimmter, bei der Anwendung des § 31 NRWGO zu beachtender Maßgaben im Vordergrund der Regelung, LT-Drs. 14/3979, 138. § 50 VI NRWGO enthält hingegen eine ausdrückliche Befangenheitsregelung für die Kommunalvertretung bei der Teilnahme an Beratungen und Abstimmungen. Sofern es darum geht, dass ein Ratsmitglied an einer Abstimmung und Beratung teilgenommen hat, ist § 50 VI NRWGO als spezieller ausgestaltete Norm die einschlägige Rechtsgrundlage.

17 Für Ratsmitglieder gelten bei der Anwendung des § 31 NRWGO gem. § 43 II NRWGO bestimmte Maßgaben. Diese gelten auch dann, wenn § 31 NRWGO über § 50 VI NRWGO zur Anwendung gelangt. Denkbar und möglich wäre daher auch, § 43 II NRWGO in der Normkette mit zu zitieren.

der A beschäftigt ist, von großer wirtschaftlicher Bedeutung. Der Erlass des Bebauungsplans brachte für B mit hinreichender Wahrscheinlichkeit einen Vorteil. Dies allein reicht für das Entstehen eines Mitwirkungsverbots allerdings nicht aus. Erforderlich ist vielmehr, dass die Entscheidung des Rates die Möglichkeit eines Vor- oder Nachteils unmittelbar mit sich bringt. Das ist nach § 31 I 2 NRWGO dann der Fall, wenn die Entscheidung den Betreffenden »direkt berührt«. Vor der Ergänzung der Vorschrift um diese Legaldefinition ging die überwiegende Auffassung dahin, die Unmittelbarkeit des Vor- oder Nachteils bereits dann zu bejahen, wenn bei dem betreffenden Ratsmitglied aufgrund besonderer persönlicher Beziehungen zu dem Gegenstand der Beschlussfassung ein individuelles Sonderinteresse feststellbar war, das aus der Sicht des Bürgers den bösen Schein der Korruption begründen und damit das Vertrauen in die Unvoreingenommenheit und Sauberkeit der Kommunalverwaltung untergraben könnte.[18] Dieses Verständnis des Unmittelbarkeitsmerkmals führte zu einer weitreichenden Anwendung der Befangenheitsvorschriften. Dem beabsichtigte der nordrhein-westfälische Gesetzgeber durch Einführung der Regelung im heutigen § 31 I 2 NRWGO entgegenzutreten.[19] Wann vor diesem Hintergrund die Unmittelbarkeit eines Vor- oder Nachteils anzunehmen ist, ist umstritten.

Zum Teil wird ausgehend vom Regelungszweck der Vorschrift angenommen, dass ein unmittelbarer Vorteil nach wie vor bereits dann anzunehmen sei, wenn aufgrund äußerlich erkennbarer Umstände die jeweilige Entscheidung die hinreichende Wahrscheinlichkeit eines individuellen Sondervorteils begründet, sodass für den Bürger eine objektive und neutrale Entscheidungsfindung nicht mehr gewährleistet erscheint.[20] Diese Auffassung muss sich allerdings entgegenhalten lassen, dass sie die Absicht des Gesetzgebers unberücksichtigt lässt, dem weiten Verständnis des Unmittelbarkeitsmerkmals entgegenzuwirken. Der Gesetzesänderung kann lediglich dadurch Rechnung getragen werden, dass Unmittelbarkeit nur im Falle einer »direkten« Kausalbeziehung zwischen der zu treffenden Entscheidung und dem daraus resultierenden Vor- oder Nachteil angenommen wird.[21] An der Unmittelbarkeit fehlt es demgemäß, wenn zwischen die Entscheidung und den Eintritt des Vor- oder Nachteils **selbstständige Ereignisse oder Handlungen** treten, die ihrerseits ablaufprägend und einflussnehmend sind.[22] Keine Unmittelbarkeit ist insbesondere dann gegeben, wenn der Eintritt des Vor- oder Nachteils von einer weiteren selbstständigen Entscheidung abhängig ist.[23]

Danach könnte es an der Unmittelbarkeit des Vorteils fehlen, weil B nicht unmittelbar aus der Abstimmung des Rates Rechte oder Pflichten erlangte. Ihr wirtschaftlicher Vorteil beruht lediglich auf den Vereinbarungen mit den Unternehmern. Zu berücksichtigen ist jedoch, dass diese Vereinbarungen verbindlich sind. Unabhängig

18 Vgl. OVG NRW NVwZ 1984, 667 (669).
19 Vgl. LT-Drs. 10/4890, 5.
20 *Suerbaum* NWVBl. 1992, 189 (192); ähnlich auch Held/Winkel/*Wansleben* GO NRW § 31 Erl. 3., wonach es genügt, dass die bloße Möglichkeit besteht, dass einer der genannten Personen ein Vorteil/Nachteil entsteht. Es sei bereits der »böse Schein einer Interessenverflechtung« zu vermeiden, sodass es ausreicht, wenn der Eintritt eines Vor- oder Nachteils konkret möglich und hinreichend wahrscheinlich ist, vgl. OVG NRW BeckRS 2017, 127741.
21 *Hellermann* in Dietlein/Hellermann ÖffR NRW § 2 Rn. 171; Dieckmann/Heinrichs/*Dieckmann* § 31 Erl. 4.
22 Rehn/Cronauge/v. Lennep/Knirsch/*Paal* § 31 Erl. II. 2.
23 Vgl. *Burgi* KommunalR § 12 Rn. 50, § 11 Rn. 12; wie hier auch *Zacharias* KommunalR 128.

von der konkreten Ausgestaltung der Zusagen steht für B mit dem Beschluss des Bebauungsplans fest, dass sie mit dem Bau der Terrassenhäuser beauftragt wird. Die Regelung des § 31 NRWGO dient dem Zweck, solche Personen von der Mitwirkung auszuschließen, bei denen die Gefahr besteht, dass sie sich durch sachfremde Erwägungen in ihrer Entscheidung beeinflussen lassen, um so eine sachlich unvoreingenommene Aufgabenerfüllung zu gewährleisten. Wollte man die verbindlichen Zusagen für die Annahme eines unmittelbaren Vorteils nicht ausreichen lassen, würde dieser Regelungszweck verfehlt. Die erforderliche Unmittelbarkeit des Vorteils ist daher gegeben.

Weiterhin müsste nach den tatsächlichen Umständen, insbesondere der Art der Beschäftigung des A, ein **Interessenwiderstreit** anzunehmen sein. Daran würde es insbesondere fehlen, wenn es sich bei B um einen in unterschiedlichen Branchen engagierten Konzern handelte und A in einem Unternehmenszweig tätig wäre, der durch den Bebauungsplan gar nicht betroffen wäre. Da es sich bei B aber um eine kleine Baufirma handelt und A eine leitende Position wahrnimmt, sind die Voraussetzungen für die Annahme einer Interessenkollision gegeben.

Die Voraussetzungen des Ausschließungsgrundes nach § 31 II Nr. 1 NRWGO sind mithin erfüllt. Eine Ausnahme nach § 31 III NRWGO ist nicht gegeben. Der Vorteil der B beruht insbesondere nicht lediglich darauf, dass sie einer Berufs- oder Bevölkerungsgruppe angehört, deren gemeinsame Interessen durch die Angelegenheit berührt werden, § 31 III Nr. 1 NRWGO. B ist vielmehr darüber hinaus durch die verbindlichen Vereinbarungen mit den Unternehmern in der Weise begünstigt, dass ihr der Auftrag für den Bau der Terrassenhäuser erteilt wird. In der Person des A ist der Ausschließungsgrund des § 31 II Nr. 1 NRWGO erfüllt. Damit liegt zunächst ein Ausschließungsgrund nach § 31 NRWGO iSd § 50 VI NRWGO vor und A hätte gem. § 50 VI NRWGO wegen Befangenheit nicht an der Beratung und Entscheidung des Bebauungsplans teilnehmen dürfen.

2. Anwendbarkeit der Beachtlichkeitsregelung aus § 31 VI NRWGO

Möglicherweise ist jedoch ein Ausschließungsgrund iSd § 50 VI NRWGO erst dann gegeben, wenn sämtliche Voraussetzungen des § 31 NRWGO erfüllt sind. Gemäß § 31 VI NRWGO könnte der Verstoß gegen § 31 II Nr. 1 NRWGO unbeachtlich sein. Danach kann die Mitwirkung eines wegen **Befangenheit** Betroffenen nach Beendigung der Abstimmung nur geltend gemacht werden, wenn sie **für das Abstimmungsergebnis entscheidend** war.[24] Die Bestimmung des § 50 VI NRWGO sieht eine solche Regelung zwar nicht vor, sondern verbietet die Teilnahme an Beratungen und Abstimmungen sobald ein Ausschließungsgrund nach § 31 NRWGO besteht. Fraglich ist jedoch, ob § 50 VI NRWGO auf § 31 VI NRWGO verweist. Ein Ausschließungsgrund nach § 31 NRWGO, der die Teilnahme an Abstimmungen und Beratungen gem. § 50 VI NRWGO verbietet, würde dann erst relevant, wenn die Beachtlichkeitsregelung des § 31 VI NRWGO erfüllt wäre.

Nach seinem Wortlaut ordnet § 50 VI NRWGO an, dass Mitglieder, in deren Person ein Ausschließungsgrund nach § 31 NRWGO vorliegt, an der Beratung und Abstimmung nicht teilnehmen können. § 50 VI NRWGO statuiert eine eigenständige

24 Dieses Problem stellt sich nicht in denjenigen Bundesländern, die von einer vergleichbaren Vorschrift abgesehen haben.

Rechtsfolge, die in dem Ausschluss der Teilnahme besteht. Einzige Voraussetzung scheint das Vorliegen eines Ausschließungsgrundes nach § 31 NRWGO zu sein. § 31 VI NRWGO regelt keinen Ausschließungsgrund im technischen Sinne, sondern schränkt die Geltendmachung eines bereits als bestehend festgestellten Ausschließungsgrundes ein.[25] Er beinhaltet eine Regelung zur Fehlerfolge. Der Wortlaut des § 50 VI NRWGO im Zusammenhang mit der Gesetzessystematik des § 31 NRWGO könnte daher für einen Verweis auf die »reinen Ausschließungsgründe« des § 31 NRWGO streiten. § 31 VI NRWGO wäre nicht anwendbar. Nach dieser Auffassung käme es auf eine Auswirkung des Abstimmungsergebnisses nicht an. Ein Ausschließungsgrund nach § 31 NRWGO iSd § 50 VI NRWGO wäre gegeben und damit ein Verstoß gegen das Mitwirkungsverbot aus § 50 VI NRWGO einschlägig. Der Bebauungsplan wäre rechtswidrig zustande gekommen.

Möglich ist aber auch, den Verweis in § 50 VI NRWGO auf § 31 NRWGO als so umfassend zu erachten, dass dieser die in § 31 VI NRWGO aufgeführte Unbeachtlichkeitsregelung mitumfasst. Für eine solche Sichtweise können ebenfalls der Wortlaut sowie die Gesetzessystematik unterstützend herangezogen werden. § 50 VI NRWGO verlangt nach seinem Normtext einen Ausschließungsgrund nach § 31 NRWGO. Mit diesem Begriff ist die gesamte Vorschrift des § 31 NRWGO überschrieben. Es besteht keine eindeutige Trennung zwischen Ausschließungsgründen und deren Einschränkungen bzw. Rechts- und Fehlerfolgen. Für eine Anwendung des § 31 VI NRWGO spricht überdies, dass § 50 VI NRWGO auf die Bestimmung des § 31 NRWGO in ihrer Gesamtheit verweist. Der Gesetzgeber hätte die Regelung in § 31 VI NRWGO aus der Verweisung herausnehmen können. Darüber hinaus finden sich in der Gesetzesbegründung zur Reform der Gemeindeordnung keine Hinweise darauf, dass eine Änderung der Befangenheitsregelung von Ratsmitgliedern etabliert werden sollte.[26] Für Ratsmitglieder wurde vor Einführung des § 50 VI NRWGO eine Anwendbarkeit des § 31 NRWGO, und damit ein Teilnahmeverbot an Beratungen und Abstimmungen bei Befangenheit, durch die Verweisung in § 43 II NRWGO erzielt. Hier wurde die Regelung des § 31 VI NRWGO unstreitig angewandt. Die Intention des Gesetzgebers iVm der Rechtslage vor der Einführung des § 50 VI NRWGO sowie der Wortlaut des § 50 VI NRWGO und die Gesetzessystematik des § 31 NRWGO liefern damit gute Gründe für eine Verweisung auch auf § 31 VI NRWGO. Nach diesem Verständnis wäre ein Ausschließungsgrund nach § 31 NRWGO, der gem. § 50 VI NRWGO die Teilnahme an Beratungen und Abstimmungen untersagt, erst dann gegeben, wenn die Teilnahme des A für das Abstimmungsergebnis entscheidend war.

Der Bebauungsplan ist mit 26:25 Stimmen beschlossen worden. Nach § 50 I 2 NRWGO gilt ein Antrag bei Stimmengleichheit als abgelehnt, sodass die Stimme des A jedenfalls dann für das Abstimmungsergebnis entscheidend war, wenn er für den Bebauungsplan gestimmt hat. Ob dies der Fall war, lässt sich indessen nicht mehr nachvollziehen, da geheim abgestimmt wurde. In einem solchen Fall muss § 31 VI NRWGO über seinen Wortlaut hinaus auch dann zur Anwendung kommen, wenn lediglich die Möglichkeit besteht, dass die Stimme des wegen Befangenheit Betroffenen für das Abstimmungsergebnis erheblich war. Anderenfalls bestünde die Gefahr, dass die Regelung des § 31 NRWGO durch den Beschluss, geheim abzustimmen,

25 Vgl. *Hellermann* in Dietlein/Hellermann ÖffR NRW § 2 Rn. 173.
26 Vgl. LT-Drs. 14/3979, 138.

umgangen werden könnte.[27] Die Voraussetzungen einer Geltendmachung der Mitwirkung des A iSd § 31 VI NRWGO wären demgemäß erfüllt. § 31 VI NRWGO stünde der Geltendmachung des einschlägigen Ausschließungsgrundes aus § 31 II Nr. 1 NRWGO nicht entgegen. Ein Ausschließungsgrund nach § 31 NRWGO, der gem. § 50 VI NRWGO die Teilnahme an Beratungen und Abstimmungen verbietet, läge endgültig vor.

Beide Auffassungen zur Reichweite der Verweisung auf § 31 NRWGO in § 50 VI NRWGO kommen damit – angesichts des hier gegebenen Abstimmungsergebnisses – zu dem gleichen Ergebnis. Eine Entscheidung zwischen ihnen ist entbehrlich. Damit hätte der A gem. § 50 VI NRWGO in der Tat nicht an der Abstimmung teilnehmen dürfen. Der Ratsbeschluss über den Bebauungsplan war mithin rechtswidrig.

II. Wirksamkeit des Bebauungsplans

Grundsätzlich sind rechtswidrige Ratsbeschlüsse nichtig. Das gilt auch, wenn sich ihre Rechtswidrigkeit aus dem Verstoß gegen eine Verfahrensvorschrift ergibt. Für Bebauungspläne ergeben sich aus den Regelungen der §§ 214, 215 BauGB spezialgesetzliche Unbeachtlichkeits- und Präklusionsvorschriften.[28] Daneben ergeben sich unter Umständen durch § 54 IV NRWGO[29] und – maßgeblich bei Satzungen – aus § 7 VI NRWGO Abweichungen vom Grundsatz der Nichtigkeit.[30] Die §§ 214, 215 BauGB betreffen jedoch nur die Beachtlichkeit von Verstößen gegen Vorschriften des Baugesetzbuchs, wofür keine Anhaltspunkte ersichtlich sind. Auch führen weder § 54 IV NRWGO, wonach die Verletzung eines Mitwirkungsverbots nur innerhalb eines Jahres seit der Beschlussfassung oder der öffentlichen Bekanntmachung geltend gemacht werden kann, noch – aus entsprechenden Gründen – § 7 VI NRWGO,[31] zur Unbeachtlichkeit des Fehlers, da jeweils die Jahresfrist noch nicht abgelaufen ist. Der Bebauungsplan ist folglich nichtig.

C. Ergebnis

Ein Normenkontrollantrag hätte Erfolg.

---

27 Anders für Fragen der Haftung von Ratsmitgliedern wegen pflichtwidriger Stimmabgabe *Rombach* VR 1989, 398 (403 f.); *Kortmann/Andrae* NVwZ 1986, 451 f., die für problematische Fälle namentliche Abstimmung empfehlen; *Michaelis* DVBl. 1978, 125 (130); *Schröer* NVwZ 1986, 449 (451); *Wallerath* DVBl. 1971, 198 (201); unklar *Teschner*, Die Amtshaftung der Gemeinden nach rechtswidrigen Beschlüssen ihrer Kollegialorgane, 1990, 267.

28 Vgl. *Hellermann* in Dietlein/Hellermann ÖffR NRW § 2 Rn. 173.

29 § 54 IV NRWGO, der von der Verletzung eines Mitwirkungsverbots nach § 43 II 1 iVm § 31 NRWGO spricht, ist auch dann anwendbar, wenn § 50 VI iVm § 31 NRWGO als Rechtsgrundlage herangezogen wird, da § 50 VI NRWGO auf § 31 NRWGO verweist. Im Vordergrund steht hier ein Mitwirkungsverbot iSd § 31 NRWGO. Über welche Norm § 31 NRWGO anwendbar ist, kann nicht entscheidend sein.

30 Vgl. *Hellermann* in Dietlein/Hellermann ÖffR NRW § 2 Rn. 173.

31 Es kann daher hier dahinstehen, in welchem Verhältnis die § 54 IV und § 7 VI NRWGO zueinanderstehen. S. zum Fehlerfolgenrecht auch *Burgi* KommunalR § 12 Rn. 51, § 15 Rn. 28 ff.

Ergänzende Hinweise

1. In der Falllösung konnte die Frage, ob § 50 VI NRWGO auch auf § 31 VI NRWGO verweist, offen gelassen werden. Beide Lösungsansätze führten zu dem gleichen Ergebnis. Sollte die Frage jedoch entscheidungserheblich sein, ist die Ansicht vorzugswürdig, die eine Verweisung auf die Norm des § 31 NRWGO in ihrer Gesamtheit annimmt. § 50 VI NRWGO verweist auf die Vorschrift des § 31 NRWGO ohne einzelne Absätze hervorzuheben oder herauszunehmen. Sie verlangt einen Ausschließungsgrund nach § 31 NRWGO. Da die gesamte Bestimmung des § 31 NRWGO mit dem Begriff »Ausschließungsgründe« überschrieben ist, sprechen gute Gründe dafür, einen Ausschließungsgrund iSd § 50 VI NRWGO erst dann anzunehmen, wenn ein solcher nach sämtlichen Absätzen der Vorschrift des § 31 NRWGO einschlägig und beachtlich ist. Nach der Gesetzesbegründung wird zudem »in Kauf genommen, dass § 50 VI NRWGO zu § 43 II 1 NRWGO für Ratsmitglieder eine Doppelregelung enthält«.[32] Über § 43 II 1 NRWGO ist § 31 VI NRWGO unstreitig anwendbar. Wenn der Gesetzgeber ausführt, dass er eine Doppelregelung in Kauf nehme, kann nicht davon ausgegangen werden, dass die Rechtsfolgen neu geregelt werden. Die Intention des Gesetzgebers bei der Einführung des § 50 VI NRWGO bestand darin, für den Bürgermeister einen eigenen Ausschließungstatbestand zu schaffen.[33] Es gibt keine Anhaltspunkte für eine beabsichtigte Änderung der Befangenheitsregelungen für Ratsmitglieder. Es sprechen damit die besseren Argumente für eine Anwendung der Regelung aus § 31 VI NRWGO auch über die Vorschrift des § 50 VI NRWGO. Ein Ausschließungsgrund nach § 31 NRWGO iSd § 50 VI NRWGO ist mithin erst dann gegeben, wenn ein solcher nach Anwendung der gesamten Bestimmung des § 31 NRWGO vorliegt und beachtlich ist.

2. Auch die Gemeindeordnungen anderer Bundesländer regeln Mitwirkungsverbote für befangene Ratsmitglieder, vgl. etwa in Art. 49 BayGO; § 18 BWGemO; §§ 54 III iVm 41 NKomVG; § 27 KSVG und § 22 SchlHGO. Die meisten Gemeindeordnungen enthalten auch Vorschriften über die Heilung von Beschlüssen, die wegen Verstoßes gegen diese Vorschriften rechtswidrig sind. Dabei wird eine Heilung teilweise nur für den Zeitablauf von einem Jahr normiert, vgl. etwa § 18 VI 2 BWGemO; § 27 VI 2 KSVG, teilweise wird – wie in Nordrhein-Westfalen nach § 31 VI NRWGO – darüber hinaus darauf abgestellt, ob die Mitwirkung des betreffenden Ratsmitglieds für das Abstimmungsergebnis entscheidend war, vgl. Art. 49 IV BayGO; § 41 VI 1 iVm § 54 III NKomVG; § 22 V Nr. 1 SchlHGO. Vgl. zur Befangenheit von Ratsmitgliedern auch *Haack* in Steiner/Brinktrine BesVerwR § 1 Rn. 148 ff. mwN; *Geis* KommunalR § 11 Rn. 159 ff.

Eine weitere Falllösung zu dem Problemkreis der Befangenheit von Ratsmitgliedern findet sich bei *Wilrich* JuS 2003, 587 ff. sowie bei *Towfigh/Schönfeldt* JA 2018, 521 ff.

32 Vgl. LT-Drs. 14/3979, 138.
33 Vgl. LT-Drs. 14/3979, 139; auch *Dünchheim* KommunalR NRW 23 f.

26. Fall: Probleme mit dem neuen Einkaufszentrum

Sachverhalt

Die wirtschaftlich aufstrebende kreisangehörige Stadt X in NRW plant den Bau eines neuen Einkaufszentrums am Rande des Stadtgebietes. Alle interessierten Investoren und möglichen Geschäftsansiedler kommen aus dem europäischen Ausland. Die Inhaber der Geschäfte im Ortskern sind damit überhaupt nicht einverstanden, weil sie dadurch finanzielle Einbußen befürchten. Außerdem haben viele Angst vor einer Verdrängung deutscher Unternehmen durch die ausländischen Investoren und Firmen. Die Bürgervereinigung »Unsere schöne deutsche Stadt X«, die bei der letzten Kommunalwahl mit Fraktionsstärke in den Rat der Stadt X gewählt wurde und derzeit sechs Mitglieder aufweist, hat ein offenes Ohr für die Sorgen der Geschäftsleute und kämpft daher gegen den Bau des Einkaufszentrums.

Die Fraktion »Unsere schöne deutsche Stadt X« ist mit dem Bau des für die europäischen Investoren attraktiven Einkaufszentrums nicht einverstanden und beantragt fristgerecht bei der nächsten Ratssitzung einen Tagesordnungspunkt aufzunehmen, nach dem der Rat einen Beschluss fassen soll, nationale Investoren und Geschäftsansiedler gegenüber Investoren aus dem europäischen Ausland in X konsequent zu bevorzugen. Dadurch soll gewährleistet werden, dass sich künftig nur noch deutsche Unternehmen in X ansiedeln können. Der Bürgermeister B lehnt die Aufnahme dieses Tagesordnungspunktes ab. Er ist der Meinung, dem Rat stehe keine Beschlusskompetenz hinsichtlich dieser Materie zu, sodass das Thema auf der Tagesordnung nichts zu suchen habe.

Die Mitglieder der »Unsere schöne deutsche Stadt X«-Fraktion sind über die Ablehnung ihres Tagesordnungspunkts empört. Diese Empörung tritt in der nächsten Ratssitzung zu Tage. B erteilt dem zur Fraktion »Unsere schöne deutsche Stadt X« gehörenden S das Wort. Dieser nutzt die Gelegenheit, um gegen den Bau des Einkaufszentrums Stellung zu nehmen, wobei es zu deutlichen verbalen Entgleisungen kommt. Diese führen zu erheblichen Unruhen im Sitzungssaal, da einige andere Ratsmitglieder sich lautstark über die Äußerungen des S aufregen. Schließlich ruft S die Bürger dazu auf, die in wenigen Wochen stattfindende Kommunalwahl zu boykottieren, um »den Offiziellen eine Lektion zu erteilen«. Diese Äußerung ruft bei einigen anderen Ratsmitgliedern heftige Proteste hervor, sodass die Ratssitzung zu platzen droht. Nachdem B den S während seiner Rede dreimal vergeblich zur Ordnung gerufen hat, ist er der Meinung, S sei nun endgültig zu weit gegangen. Er entzieht ihm das Wort, verweist ihn des Sitzungssaales und schließt ihn damit von der Sitzung aus. Die Ratssitzung verläuft im Weiteren ruhig. Der Sitzungsausschluss wird in der folgenden Ratssitzung vom Rat mehrheitlich bestätigt.

Die »Unsere schöne deutsche Stadt X«-Fraktion ist empört. Sie fühlt sich vom Bürgermeister B und den übrigen Ratsmitgliedern nicht ernst genommen und möchte daher gerichtlich klären lassen, ob sie sich so behandeln lassen muss.

1. Die Fraktion erhebt Klage vor dem VG mit dem Antrag, B zu verurteilen, den gewünschten Tagesordnungspunkt aufzunehmen.
2. S möchte wissen, ob B ihn von der Ratssitzung ausschließen durfte, und erhebt ebenfalls Klage vor dem VG.

Beurteilen Sie bitte jeweils die Erfolgsaussichten einer Klage!

In der vom Rat in rechtmäßiger Weise verabschiedeten Geschäftsordnung findet sich in § 16 folgende Bestimmung:

§ 16

Der Vorsitzende des Rats kann ein Ratsmitglied, das in derselben Sitzung berechtigter Weise dreimal zur Ordnung gerufen worden ist oder das anderweitig die Ordnung grob verletzt hat, von der weiteren Sitzung ausschließen. Der Ausgeschlossene hat den Sitzungssaal sofort zu verlassen.[1]

1 Mustertext teilw. übernommen von *Tettinger/Ennuschat* NWVBl. 2002, 244.

Lösungsvorschlag

Schwerpunkte:
- **Materiell:**
  - **Prüfungskompetenz des Bürgermeisters hinsichtlich der Tagesordnung**
  - **Ausschluss eines Ratsmitglieds von der Sitzung**
- **Prozessual: Kommunalverfassungsstreitverfahren**

Frage 1

Das VG wird der Klage der »Unsere schöne deutsche Stadt X«-Fraktion stattgeben, wenn sie zulässig und begründet ist.

A. Zulässigkeit

I. Verwaltungsrechtsweg

Die Eröffnung des Verwaltungsrechtswegs richtet sich nach § 40 I 1 VwGO. Danach müsste eine öffentlich-rechtliche Streitigkeit nichtverfassungsrechtlicher Art vorliegen, die keinem anderen Gericht zugeordnet ist. Öffentlich-rechtlicher Natur ist eine Streitigkeit, wenn die streitentscheidenden Normen solche des öffentlichen Rechts sind. Das ist nach der herrschenden modifizierten Subjektstheorie der Fall, wenn sie ausschließlich einen Träger hoheitlicher Gewalt berechtigen oder verpflichten.[2] Ob der Bürgermeister B den gewünschten Punkt auf die Tagesordnung setzen muss, beurteilt sich nach den Vorschriften der nordrhein-westfälischen Gemeindeordnung. Sie berechtigen und verpflichten allein die Gemeinde und ihre Organe bzw. Organteile. Es handelt sich daher um öffentlich-rechtliche Normen.

Gegen das Vorliegen einer öffentlich-rechtlichen Streitigkeit iSd § 40 I 1 VwGO könnte allerdings sprechen, dass es sich um einen Innenrechtsstreit in Form einer **Kommunalverfassungsstreitigkeit** handelt, bei dem Organe bzw. Organteile desselben Trägers hoheitlicher Gewalt über ausschließlich innerorganisatorische Rechtsbeziehungen streiten. So wurde früher vertreten, dass es zwischen Organen desselben Verwaltungsträgers keine Rechtsbeziehungen geben könne und es deshalb zwischen ihnen an einem für die VG justiziablen Rechtsverhältnis fehle.[3] Diese Vorstellung findet eine Grundlage in der sog. Impermeabilitätstheorie, wonach der Staat ein einheitliches und für das Recht undurchdringliches Gebilde sei, was zur Folge habe, dass seine Organe nicht Adressaten von Rechtssätzen sein können.[4] Mittlerweile ist jedoch anerkannt, dass auch die den Binnenbereich des Staates und der Verwaltung regelnden Vorschriften normativ verbindliches Recht enthalten und Auseinandersetzungen zwischen Organen bzw. Organteilen über die Auslegung und Anwendung dieser Vorschriften für die VG als sog. Organstreitigkeiten justitiabel sind.[5] Zwar folgt aus der Anerkennung von Innenrechts-

2 Vgl. *Maurer/Waldhoff* AllgVerwR § 3 Rn. 13, zu den anderen Theorien § 3 Rn. 10 ff.
3 Vgl. NdsOVG OVGE 5, 418 (420 f.), noch im Hinblick auf § 23 I MRVO Nr. 165.
4 Vgl. etwa *Laband* StaatsR II 181; *Jellinek* Öffentliche Rechte 223 ff. (233); dazu *Böckenförde* Gesetz und gesetzgebende Gewalt 243 ff. (246 ff.).
5 Vgl. *Stober* KommunalR § 35 X 2; *Ogorek* JuS 2009, 511 (512); *Franz* JURA 2005, 156; *Rennert* JuS 2008, 119 (123); *Meickmann* JuS 2017, 663 (664).

normen als Rechtssätze nicht zwingend, dass staatlichen oder kommunalen Organen eigenen Rechten vergleichbare klagefähige Rechtspositionen zustehen, doch kommt es für das Vorliegen einer öffentlich-rechtlichen Streitigkeit iSd § 40 I VwGO hierauf auch nicht an. Ob der Kläger eine klagefähige Rechtsposition geltend machen kann, ist keine Frage der Rechtswegeröffnung, sondern anderer Sachurteilsvoraussetzungen.[6] Eine öffentlich-rechtliche Streitigkeit iSd § 40 I 1 VwGO ist somit gegeben.

Trotz der Bezeichnung als Kommunal**verfassungs**streit handelt es sich nicht um eine verfassungsrechtliche Streitigkeit. Dies wäre nur dann der Fall, wenn es sich bei den Beteiligten um unmittelbar am Verfassungsleben beteiligte Rechtsträger handeln würde. Das trifft auf Gemeindeorgane bzw. -organteile jedoch nicht zu.

Da es schließlich an einer gesetzlichen Zuweisung an ein anderes Gericht fehlt, ist für die Klage der Fraktion der Verwaltungsrechtsweg nach § 40 I VwGO eröffnet.

II. Statthafte Klageart

Die Statthaftigkeit der Klageart richtet sich nach dem tatsächlichen Begehren des Klägers, § 88 VwGO. Ziel der »Unsere schöne deutsche Stadt X«-Fraktion ist es, dass B das gewünschte Thema auf die Tagesordnung setzt. Die Klage richtet sich mithin auf die Verurteilung des B zur Vornahme einer bestimmten Handlung. In Betracht kommt daher eine allgemeine Leistungsklage. Diese ist in der VwGO zwar nicht ausdrücklich geregelt, sie wird jedoch an verschiedenen Stellen vorausgesetzt[7]. Die allgemeine Leistungsklage ist statthaft, wenn das Klagebegehren auf Verurteilung des Beklagten zu einem Tun, Dulden oder Unterlassen gerichtet ist, das nicht in einem Verwaltungsakt besteht. Daher wäre die allgemeine Leistungsklage statthaft, wenn es sich bei dem Kommunalverfassungsstreit nicht um eine Klageart sui generis handelt und die begehrte Ergänzung der Tagesordnung keinen Verwaltungsakt darstellt.

1. Klageart sui generis

Die Fraktion beruft sich mit ihrer Klage auf ihre Rechte als Ratsorgan und begehrt die Verurteilung des Bürgermeisters zu einer Handlung, die dieser gem. § 48 NRWGO nur in seiner Funktion als Ratsvorsitzender vornehmen kann. Dass für einen derartigen Innenrechtsstreit eine der gesetzlich geregelten Klagearten statthaft ist, erscheint als nicht selbstverständlich, denn die Verwaltungsgerichtsordnung ist prinzipiell auf den Rechtsschutz im sog. Außenrechtsverhältnis angelegt.[8] Die durch sie bereitgestellten Klagearten wurden mit Blick auf den Schutz der Individualrechte des Bürgers gegenüber der Verwaltung geschaffen, nicht zur Durchsetzung lediglich organschaftlicher Befugnisse. Vor diesem Hintergrund ließe sich vertreten, dass die herkömmlichen Klagearten der Verwaltungsgerichtsordnung keine hinreichende Möglichkeit zur Lösung der mit einem Innenrechtsstreit einhergehenden Probleme bieten und der Kommunalverfassungsstreit daher als Klageart sui generis behandelt werden muss.[9]

6 Vgl. *Schoch* JuS 1987, 783 (785).

7 S. etwa §§ 43 II, 111, 113 IV VwGO.

8 Vgl. *Erichsen* KommunalR NRW § 7 C 151; *Schoch* JuS 1987, 783 (784).

9 So im Anschluss an die frühere Rspr. des OVG NRW, vgl. OVGE 17, 261 (263 und 265); 18, 104 (105 f.); 27, 258 (260); Held/Winkel/*Wansleben* GO NRW § 56 Erl. 2.; *Wansleben* in Held/Winkel/Wansleben KommunalVerfR GO NRW § 56 Erl. 2.; Rauball/Pappermann/Roters/*W. Rauball* NRWGO § 112 Rn. 6; ebenso OVG Saarl AS 10, 82 (84); aA etwa OVG RhPf AS 9, 335 (338); 10, 55 (57).

Dem ist jedoch entgegenzuhalten, dass ein Bedürfnis für die Anerkennung gesetzlich nicht geregelter Klageverfahren allenfalls dann bestehen kann, wenn die in der Verwaltungsgerichtsordnung normierten Klagearten dem jeweils verfolgten Rechtsschutzziel tatsächlich weder in direkter noch in analoger Anwendung genügen.[10] Vorrangig ist daher zu prüfen, ob für das Begehren der Fraktion eine der durch die Verwaltungsgerichtsordnung bereitgestellten Rechtsschutzformen statthaft ist. In Betracht kommen die Verpflichtungsklage nach § 42 I Alt. 2 VwGO sowie die allgemeine Leistungsklage.[11]

2. Verpflichtungsklage

Eine Verpflichtungsklage wäre nach § 42 I Alt. 2 VwGO statthaft, wenn es sich bei der begehrten Aufnahme des Themas in die Tagesordnung um einen Verwaltungsakt handelt. Verwaltungsakt ist nach § 35 S. 1 VwVfG[12] jede hoheitliche Maßnahme einer Behörde zur Regelung eines Einzelfalls auf dem Gebiet des öffentlichen Rechts, die auf Außenwirkung gerichtet ist.

Die begehrte Aufnahme des Themas in die Tagesordnung müsste B in seiner Funktion als Sitzungsleiter vornehmen. Der Rat müsste sich dann mit diesem Thema befassen. Urheber und Adressat der Maßnahme wären Organe bzw. Organteile derselben Körperschaft. Ob derartige Maßnahmen den Anforderungen des § 35 S. 1 VwVfG entsprechen, ist umstritten.

Teilweise wird der Verwaltungsaktcharakter derartiger Maßnahmen bereits mit der Begründung abgelehnt, kommunale Organe würden, wenn sie gegenüber anderen Organen bzw. Organteilen derselben Körperschaft tätig werden, nicht als Behörden iSd § 35 VwVfG handeln.[13] Zwischen den Beteiligten fehle es an dem für den Erlass eines Verwaltungsaktes charakteristischen Über-/Unterordnungsverhältnis.[14] Dem ist jedoch entgegenzuhalten, dass nach § 1 II NRWVwVfG Behörde iSd Verwaltungsverfahrensgesetzes jede Stelle ist, die Aufgaben der öffentlichen Verwaltung wahrnimmt.[15] Dies trifft auf den Bürgermeister auch dann zu, wenn er gem. § 48 I NRWGO die Tagesordnung festlegt. Auch ist es für die Annahme eines Über-/Unterordnungsverhältnisses ausreichend, dass das betreffende Organ einseitig und mit unmittelbarer Wirkung gegenüber dem Adressaten eine Regelung treffen kann,[16] was auf den

10 Vgl. OVG NRW OVGE 32, 192 (194); OVG NRW NJW 1979, 1726; *Ogorek* JuS 2009, 511; *Würtenberger/Heckmann* VerwProzR Rn. 759; *Meickmann* JuS 2017, 663 (665).

11 Der Begriff der Kommunalverfassungsstreitigkeit bezeichnet mithin lediglich eine bestimmte Gruppe von Streitigkeiten, nämlich solche zwischen Organen bzw. Organteilen kommunaler Gebietskörperschaften über Berechtigungen und Befugnisse, die ihnen durch die Gemeinde- und Kreisordnungen sowie sonstiges kommunales Organisationsrecht zugewiesen sind; vgl. *Erichsen/Biermann* JURA 1997, 157 (158). Über die jeweils statthafte Klageart gibt die Begrifflichkeit keinen Aufschluss.

12 Zum Begriff des Verwaltungsakts iSd VwGO bereits oben Fall 1 Fn. 4.

13 Vgl. *Ule* VerwProzR Anhang zu § 32 II; *Gern* VBlBW 1989, 449 (450); *Schoch* JuS 1987, 783 (788); ebenso noch zur Rechtslage vor Inkrafttreten des Verwaltungsverfahrensgesetzes NdsOVG OVGE 2, 225 (227).

14 So OVG NRW OVGE 17, 261 (262); *Arndt* DÖV 1963, 571; ähnlich auch Rehn/Cronauge/v. Lennep/Knirsch/*Paal* § 40 Erl. II. 3; allein auf das Fehlen eines Über-/Unterordnungsverhältnisses abstellend OVG RhPf AS 9, 335 (338); Redeker/v. Oertzen/*v. Nicolai* VwGO § 43 Rn. 12.

15 Vgl. *Kopp/Schenke* VwGO Anh § 42 Rn. 86.

16 Vgl. *Kopp/Schenke* VwGO Anh § 42 Rn. 86; auch *Kopp/Ramsauer* VwVfG § 35 Rn. 56.

Bürgermeister, wenn er die Aufnahme eines Themas auf die Tagesordnung verweigert, ebenfalls zutrifft.

Problematisch ist, ob eine Maßnahme, die lediglich Organe bzw. Organteile derselben Körperschaft betrifft, in der für die Annahme eines Verwaltungsakts erforderlichen Weise auf Außenwirkung gerichtet ist. Dies wird teilweise unter Hinweis darauf bejaht, dass die Justitiabilität von Kommunalverfassungsstreitigkeiten heute allgemein anerkannt ist.[17] Es sei inkonsequent, einerseits eine ausschließlich auf organschaftliche Befugnisse gestützte Klage zuzulassen, andererseits aber Maßnahmen, die auf einen Eingriff in diese organschaftlichen Befugnisse abzielten, die Außenwirkung abzusprechen. Das Erfordernis der Außenwirkung diene dazu, solche Rechtsbeziehungen dem Anwendungsbereich des Verwaltungsakts zu entziehen, hinsichtlich derer keine subjektiven Rechte bestehen. Die Klagefähigkeit von Innenrechtspositionen anzuerkennen bedeute aber, ihnen subjektivrechtlichen Charakter beizumessen, sodass kein Grund dafür ersichtlich sei, bei Eingriffen in solche Rechtspositionen ein Fehlen der Außenwirkung anzunehmen.[18]

Überwiegend wird demgegenüber davon ausgegangen, dass Maßnahmen, die auf einen Eingriff in organschaftliche Befugnisse von kommunalen Organen und Organteilen abzielen und nur im Innenbereich der Gemeinde Rechtswirkungen entfalten, nicht auf Außenwirkung iSd § 35 VwVfG gerichtet sind.[19] Nur wenn eine Maßnahme darauf gerichtet sei, nicht in die organschaftlichen Mitwirkungsrechte des jeweiligen Organwalters, sondern in seine Rechte als natürliche Person einzugreifen, könne auch von Außenwirkung gesprochen werden.[20]

Für diese Position spricht, dass der Verwaltungsakt das klassische Instrument des Verwaltungshandelns gegenüber dem außerhalb der Verwaltung stehenden Einzelnen ist. Seiner Konzeption nach, die in den Vorschriften der Verwaltungsverfahrensgesetze ihren Niederschlag gefunden hat, ist der Verwaltungsakt das Mittel zur einseitigen[21] Gestaltung der Rechtsbeziehungen zwischen Verwaltung und Bürger. Er ist zur Regelung von Außenrechtsbeziehungen bestimmt. Auf verwaltungsinterne Rechtsverhältnisse lässt er sich nicht ohne konstruktive Brüche anwenden. Demgemäß wird auch an keiner Stelle vertreten, dass die den Erlass von Verwaltungsakten regelnden Vorschriften der Verwaltungsverfahrensgesetze auf Maßnahmen im gemeindeinternen Bereich subsidiär anzuwenden seien. Vor diesem Hintergrund ist daran festzuhalten, dass Maßnahmen, die nicht darauf gerichtet sind, Rechtswirkungen über den gemeindeinternen Bereich hinaus zu entfalten, keine Außenwirkung zukommt.[22]

Die von der »Unsere schöne deutsche Stadt X«-Fraktion begehrten Maßnahmen stellen somit keinen Verwaltungsakt iSd § 35 VwVfG dar. Die Verpflichtungsklage ist folglich unstatthaft.

---

17 Dazu bereits oben A. I.

18 Vgl. HessVGH NVwZ-RR 1996, 409; *Kopp/Schenke* VwGO Anhang § 42 Rn. 87; *Hufen* VerwProzR § 21 Rn. 10; *Schenke* VerwProzR Rn. 228; *Schenke* JZ 1996, 998 (1008 f.); *Gramlich* BayVBl. 1989, 9 (10).

19 Vgl. OVG NRW DVBl. 1991, 495 (496); BayVGH BayVBl. 1988, 16; *Hellermann* in Dietlein/Hellermann ÖffR NRW § 2 Rn. 210, 205 ff.; Rauball/Pappermann/Roters/*W. Rauball* NRWGO § 112 Rn. 6; *Würtenberger/Heckmann* VerwProzR Rn. 756, 764; *Ogorek* JuS 2009, 511 (512 f.) mwN; *Erichsen* KommunalR NRW § 7 C 155.

20 Vgl. OVG BW NVwZ-RR 2018, 358 (359 f.); *Bätge* JuS 2018, 562 (564).

21 In Abgrenzung zum öffentlich-rechtlichen Vertrag, vgl. § 9 NRWVwVfG.

22 Wie hier auch *Zacharias* KommunalR 203 f.

3. Zwischenergebnis

Da das Kommunalverfassungsstreitverfahren keine eigene Klageart darstellt und die Verpflichtungsklage unstatthaft ist, ist die allgemeine Leistungsklage statthaft.

III. Klagebefugnis

Fraglich ist, ob die Fraktion für die Zulässigkeit einer Klage analog § 42 II VwGO klagebefugt sein muss und gegebenenfalls klagebefugt ist.

1. Erforderlichkeit der Klagebefugnis

Ob der Kläger für die Zulässigkeit der allgemeinen Leistungsklage analog § 42 II VwGO geltend machen muss, in eigenen Rechten betroffen zu sein, ist umstritten. Nach zutreffender Auffassung ist § 42 II VwGO auf allgemeine Leistungsklagen entsprechend anzuwenden. Nur wenn der Kläger auch im Rahmen allgemeiner Leistungsklagen geltend machen muss, in eigenen Rechten verletzt zu sein, werden Popular- und reine Interessenklagen wirksam ausgeschlossen.[23] Daher wäre die von der Fraktion erhobene Klage unzulässig, wenn die von ihr behaupteten Rechte offensichtlich und eindeutig nach keiner Betrachtungsweise bestehen oder ihr zustehen können.[24]

2. Klagebefugnis der »Unsere schöne deutsche Stadt X«- Fraktion

Die Fraktion macht geltend, von B die Aufnahme des von ihr gewünschten Themas in die Tagesordnung verlangen zu können. Im Rahmen kommunalverfassungsrechtlicher Streitigkeiten können nur Rechtspositionen geltend gemacht werden, die dem Kläger in seiner Funktion als Organ bzw. Organteil zugewiesen sind.[25] Die Fraktion müsste daher geltend machen, in solchen Rechten verletzt worden zu sein. Gemäß § 48 I 2 NRWGO hat der Bürgermeister Vorschläge in die Tagesordnung aufzunehmen, wenn sie fristgemäß von einer Fraktion vorgelegt werden. Die »Unsere schöne deutsche Stadt X«-Fraktion hat einen entsprechenden Vorschlag fristgemäß eingereicht. Durch die Entscheidung des B, diesen Tagesordnungspunkt nicht aufzunehmen, besteht zumindest die Möglichkeit einer Rechtsverletzung aufseiten der Fraktion.

Fraglich ist allerdings, ob dies für die Begründung der Klagebefugnis ausreicht. Der Anspruch auf Aufnahme von Vorschlägen in die Tagesordnung steht der Fraktion lediglich in ihrer Eigenschaft als Organteil zu. Nach allgemeiner Auffassung eröffnet nicht jede möglicherweise beeinträchtigte Befugnis eines Organs eine Klagemöglichkeit. Im Klageweg kann vielmehr nur die Beeinträchtigung einer sog. wehrfähigen Innenrechtsposition geltend gemacht werden.[26] Wie derartige Innenrechtspositionen herzuleiten sind, ist umstritten.

---

23 Vgl. BVerwG NVwZ 1991, 574 (575); *Kopp/Schenke* VwGO § 42 Rn. 62; *Schenke* VerwProzR Rn. 492; *Meickmann* JuS 2017, 663 (666).

24 Überw. Ansicht, vgl. nur BVerwGE 18, 154 (157) = BeckRS 9998, 181462; BVerwGE 36, 192 (199 f.) = BeckRS 1970, 30423607; BVerwGE 81, 329 (330) = BeckRS 9998, 169815; BVerwGE 92, 313 (315 f.) = BeckRS 9998, 49428; NdsOVG BeckRS 2017, 132598; *Kopp/Schenke* VwGO § 42 Rn. 65 f. Zur Gegenposition vgl. *Erichsen* JURA 1992, 384 (386); *Achterberg* DVBl. 1981, 278 (279).

25 Vgl. NdsOVG BeckRS 2017, 132598; *Erichsen/Biermann* JURA 1997, 157 (160); *Bauer/Krause* JuS 1996, 512 (513); vgl. auch *Waechter* KommunalR Rn. 347.

26 Vgl. OVG NRW BeckRS 2017, 104985; NVwZ-RR 2018, 318; *Burgi* KommunalR § 12 Rn. 33, § 14 Rn. 13 f.; *Ogorek* JuS 2009, 511 (514); *Meickmann* JuS 2017, 663 (666); *Hellermann* in Dietlein/Hellermann ÖffR NRW § 2 Rn. 211 f.

Teilweise wird angenommen, eine **wehrfähige Innenrechtsposition** bestehe dann, wenn das betreffende Organ in ein Spannungsverhältnis zu anderen Organen bzw. Organteilen gestellt werde, das Interessenkonflikte als akzeptierte Möglichkeit einschließe.[27] Entscheidend sei, dass die zugewiesene Rechtsstellung der inneradministrativen Gewaltenteilung diene.[28] Dies sei der Fall, wenn Organe unterschiedliche Gruppen oder Gruppeninteressen repräsentieren und ihnen so in einem Verhältnis zueinander die Rolle von Kontrastorganen zugewiesen sei.[29] Der Rat ist als kollegiales und pluralistisch besetztes Organ strukturiert. Interessenkonflikte sind danach nicht nur möglich, sondern durch die Gemeindeordnung angelegt. Dabei repräsentiert die Fraktion vor allem die Interessen derjenigen Gemeindebürger, die die in der Fraktion durch gleiche oder ähnliche politische Ziele verbundenen Ratsmitglieder gewählt haben. Das Organrecht der Fraktion auf Aufnahme von Vorschlägen zur Tagesordnung gibt der Fraktion das Recht, die von ihr gewünschten Sachmaterien im Rat erörtern zu lassen. Damit kommt dem Recht auf Aufnahme eines Vorschlags zur Tagesordnung insbesondere das Ziel zu, durch gegenseitige Kontrolle der Gemeindeorgane innergemeindliche Machtbalance herzustellen und dem jeweiligen Organ die Einbringung eigener Zielvorstellungen zu ermöglichen. Der Fraktion wird die Möglichkeit gegeben, ihre Funktion als Kontrastorgan auszufüllen. Somit wäre das Recht der Fraktion auf Aufnahme von Vorschlägen zur Tagesordnung als wehrfähige Innenrechtsposition anzusehen.

Nach anderer Ansicht lassen sich Organen und Organteilen im Innenbereich der Verwaltung keine eigenen Interessen zuordnen. Es gebe lediglich ein Gesamtinteresse der organisierten Einheit an der Zusammenordnung der organschaftlichen Handlungen zu einem einheitlichen Wirkungszusammenhang. Im Falle innerorganisatorischer Auseinandersetzungen könnten Ansprüche aber von dem Organ, dessen Funktionsbereich durch das Verhalten eines anderen Organs oder Organteils gestört werde, aufgrund organisationsrechtlicher Wahrnehmungszuständigkeit prozessstandschaftlich geltend gemacht werden.[30] Dieser Auffassung zufolge wäre die Fraktion nicht Inhaber einer eigenen wehrfähigen Innenrechtsposition. Das klagefähige Recht, vom Bürgermeister gem. § 48 I 2 NRWGO die gewünschte Thematik in die Tagesordnung aufzunehmen, stünde ausschließlich der Gemeinde selbst zu. Die Fraktion wäre aber aufgrund ihrer organisationsrechtlichen Wahrnehmungszuständigkeit berechtigt, das Recht auf Aufnahme des Vorschlags zur Tagesordnung prozessstandschaftlich geltend zu machen.[31]

Beide Ansätze führen mithin dazu, dass es sich bei dem Recht auf Aufnahme eines Vorschlags zur Tagesordnung gem. § 48 I 2 NRWGO um eine wehrfähige Innenrechtsposition handelt, die von der Fraktion zumindest gerichtlich geltend gemacht

---

27 Vgl. *Kisker* JuS 1975, 704 (708).

28 Vgl. *Röhl* in Schoch BesVerwR Kap. 2 Rn. 124; *Erichsen/Biermann* JURA 1997, 157 (159); *Schoch* JuS 1987, 783 (786).

29 Vgl. *Waechter* KommunalR Rn. 410; *Stober* KommunalR § 15 X 2; *Kingreen* DVBl. 1995, 1337 (1339); *Bethge* in Mann/Püttner HKWP II 179.

30 Vgl. *Hoppe* NJW 1980, 1017 (1019); *Hoppe* DVBl. 1970, 845 (847 f.).

31 Etwa das OVG NRW NVwZ-RR 2007, 627, lehnt eine prozessstandschaftliche Wahrnehmung der Rechte von Gemeindeorganen durch Organteile allerdings ab, diese sehe weder die VwGO noch die NRWGO vor.

werden kann. Die Voraussetzungen der Klagebefugnis nach § 42 II VwGO sind folglich erfüllt.[32]

3. Zwischenergebnis

Die Fraktion ist klage- bzw. prozessführungsbefugt.

IV. Zuständiges Gericht

Das örtlich zuständige VG ist nach § 45 VwGO auch sachlich zuständig.

V. Richtiger Klagegegner

Die Fraktion müsste ihre Klage weiterhin gegen den richtigen Beklagten gerichtet haben.[33] § 78 VwGO findet auf die allgemeine Leistungsklage keine Anwendung. Die Vorschrift steht im 8. Abschnitt der VwGO, der unmittelbar nur für Anfechtungs- und Verpflichtungsklagen besondere Regelungen trifft. Im vorliegenden Fall ist daher auf die allgemeinen Grundsätze zur Prozessführungsbefugnis zurückzugreifen.[34] Passiv prozessführungsbefugt – dh befugt, den Prozess für denjenigen, dessen Verpflichtung vom Kläger behauptet wird, im eigenen Namen als Beklagter zu führen – ist im Rahmen einer allgemeinen Leistungsklage grundsätzlich diejenige Person, gegenüber der der Kläger das von ihm geltend gemachte Recht behauptet.[35] Richtiger Beklagter ist demgemäß regelmäßig der Verwaltungsträger selbst, nicht seine Organe oder Behörden.[36] Nach teilweise vertretener Ansicht soll dies auch im Rahmen von Kommunalverfassungsstreitigkeiten gelten,[37] sodass die Fraktion ihre Klage nicht gegen den Bürgermeister, sondern gegen die Gemeinde richten müsste.

Überwiegend wird demgegenüber davon ausgegangen, dass richtiger Beklagter bei Kommunalverfassungsstreitigkeiten ausnahmsweise nicht die Gebietskörperschaft als Rechtsträger ist, sondern das Organ, dem gegenüber die behauptete Innenrechtsposition bestehen soll.[38] Für diese Auffassung spricht entscheidend, dass sie den Besonderheiten verwaltungsgerichtlich ausgetragener Organstreitigkeiten Rechnung trägt, deren Gegenstand gerade nicht die Rechtsbeziehungen zwischen Verwaltungsträger und Bürger, sondern Rechtsverhältnisse zwischen Organen bzw. Organteilen desselben Verwaltungsträgers sind. Pflichtsubjekt der im Rahmen einer Leistungsklage geltend gemachten Innenrechtsposition ist nicht die Gemeinde als solche, sondern das jeweilige Organ. Demgemäß ist Bürgermeister B der richtige Beklagte.

---

32 Zum dogmatischen Verhältnis von Klagebefugnis und Prozessführungsbefugnis *Hufen* VerwProzR § 12 Rn. 28; *Schenke* VerwProzR Rn. 540 f. mwN.

33 Teilw. wird die Frage des richtigen Beklagten nicht als passive Prozessführungsbefugnis im Rahmen der Zulässigkeit geprüft, sondern unter dem Gesichtspunkt der Passivlegitimation im Rahmen der Begründetheit, vgl. nur VGH BW NVwZ-RR 1990, 369 (370); *Lissack* BayKommunalR, 1997, § 4 Rn. 170; *Würtenberger/Heckmann* VerwProzR Rn. 771, 774. Passivlegitimiert ist derjenige, der durch das vom Kläger behauptete Recht materiell-rechtlich verpflichtet ist.

34 Vgl. *Kopp/Schenke* VwGO § 78 Rn. 2.

35 Vgl. *Schenke* VerwProzR Rn. 539 ff., 554.

36 Vgl. *Ehlers* FS Menger, 1985, 79 (392 f.).

37 Vgl. BayVGH NVwZ-RR 1990, 99.

38 Vgl. OVG NRW BeckRS 2017, 104985; VGH BW NVwZ-RR 2018, 358 (359); *Burgi* KommunalR § 14 Rn. 12; *Schenke* VerwProzR Rn. 555a; *Würtenberger/Heckmann* VerwProzR Rn. 771; *Meickmann* JuS 2017, 663 (666).

VI. Beteiligtenfähigkeit

Die »Unsere schöne deutsche Stadt X«-Fraktion und B müssten gem. § 61 VwGO beteiligtenfähig sein.

1. Beteiligtenfähigkeit des B

Die Beteiligtenfähigkeit ist die Fähigkeit, als Subjekt eines Prozessrechtsverhältnisses, insbesondere als Kläger oder Beklagter, an einem Verwaltungsstreitverfahren teilzunehmen.[39] Teilweise wird die Beteiligtenfähigkeit einzelner Organwalter unter Hinweis auf den Wortlaut der Vorschrift unmittelbar aus § 61 Nr. 1 VwGO abgeleitet,[40] der die Beteiligtenfähigkeit von natürlichen und juristischen Personen regelt. Dem hält die weit überwiegende Meinung entgegen, dass im Mittelpunkt von Kommunalverfassungsstreitigkeiten nicht Individualrechte natürlicher Personen stehen, sondern organschaftliche Befugnisse, auf die § 61 Nr. 1 VwGO nicht anwendbar sei. Die Regelung des § 61 VwGO ist auf den Außenrechtskreis zugeschnitten und daher für organinterne Streitigkeiten unmittelbar nicht anwendbar. Stattdessen beurteile sich die Beteiligtenfähigkeit von Organen und Organteilen in Kommunalverfassungsstreitverfahren analog § 61 Nr. 2 VwGO.[41] Dementsprechend wären Organe und Organteile nur beteiligtenfähig, »soweit ihnen ein Recht zustehen kann«. Dabei ist allerdings innerhalb der hM umstritten, ob das betreffende Organ bzw. der Organteil in Anlehnung an die zivilprozessuale Parteifähigkeit lediglich abstrakt, also losgelöst vom konkreten Streitgegenstand, Zuordnungssubjekt eines beliebigen Rechtssatzes sein muss,[42] oder ob es angesichts des Gesetzeswortlauts (»soweit«) die Verletzung subjektiv-öffentlicher Rechte gerade in Bezug auf den Streitgegenstand rügen können muss.[43] Streitgegenstand der Leistungsklage ist der behauptete Anspruch gegen den Bürgermeister auf Aufnahme des gewünschten Themenpunkts in die Tagesordnung. Im Hinblick auf diesen Streitgegenstand steht der Fraktion eine wehrfähige Innenrechtsposition zu,[44] sodass eine Entscheidung des Meinungsstreits dahinstehen kann.

B ist entweder unmittelbar nach § 61 Nr. 1 VwGO oder analog § 61 Nr. 2 VwGO beteiligtenfähig.

2. Beteiligtenfähigkeit der Fraktion

Die Beteiligtenfähigkeit der Fraktion ergibt sich unmittelbar aus § 61 Nr. 2 VwGO, da sie eine Vereinigung darstellt (§ 56 I NRWGO), die mit eigenen Rechten – hier nach § 48 I 2 NRWGO – ausgestattet ist.[45] Begreift man die Fraktion hingegen nur als Teil einer Vereinigung (des Rats), ergibt sich ihre Beteiligtenfähigkeit nach dem zuvor zum Bürgermeister Gesagten jedenfalls aus einer Analogie zu § 61 Nr. 2 VwGO.

39 Vgl. *Kopp/Schenke* VwGO § 61 Rn. 4.

40 Vgl. OVG RhPf AS 9, 335 (343); *Rausch* JZ 1994, 696 (699).

41 Vgl. SächsOVG NVwZ-RR 1997, 665; OVG NRW DVBl. 1983, 53 (54); VGH BW DÖV 1982, 84 (85); *Meickmann* JuS 2017, 663 (666); *Hellermann* in Dietlein/Hellermann ÖffR NRW § 2 Rn. 213; *Röhl* in Schoch BesVerwR Kap. 2 Rn. 125; *Brüning* in Ehlers/Fehling/Pünder BesVerwR III § 64 Rn. 146.

42 So etwa *Bethge* in Mann/Püttner HKWP II 190; *Hoffmann-Becking* DVBl. 1972, 299 (301).

43 So etwa SächsOVG NVwZ-RR 1997, 665; *Würtenberger/Heckmann* VerwProzR Rn. 755; *Bleutge*, Der Kommunalverfassungsstreit, 135; vgl. auch Redeker/v. Oertzen/*Redeker* VwGO § 61 Rn. 4.

44 Vgl. insoweit die Ausführungen zur Klagebefugnis.

45 Zur Beteiligtenfähigkeit von Ratsfraktionen nach § 61 Nr. 2 VwGO vgl. *Ogorek* JuS 2009, 511 (516); ferner Held/Winkel/*Wansleben* GO NRW § 56 Erl. 1. zur Rechtsstellung der Fraktion.

VII. Prozessfähigkeit

Die Fraktion und der Bürgermeister B müssen weiterhin prozessfähig gem. § 62 VwGO sein. Prozessfähigkeit ist die Fähigkeit, selbst oder durch einen selbst bestellten Prozessbevollmächtigten einen Prozess zu führen bzw. Prozesshandlungen vornehmen zu lassen. B ist – je nachdem, welcher Rechtsauffassung zu der Parteifähigkeit des Bürgermeisters man folgt – entweder nach § 62 I Nr. 1 VwGO oder gem. § 62 III VwGO[46] prozessfähig. Die Fraktion muss sich gem. § 62 III VwGO vertreten lassen.[47]

VIII. Allgemeines Rechtsschutzbedürfnis

Schließlich müsste die Fraktion hinsichtlich der erhobenen Klage das allgemeine Rechtsschutzbedürfnis haben. Hieran fehlt es insbesondere dann, wenn der Kläger den angestrebten Erfolg auf anderem Wege einfacher als durch seine Klage herbeiführen kann.[48] Einfacher als die Einleitung eines gerichtlichen Verfahrens könnte es sein, ein Einschreiten der Kommunalaufsicht herbeizuführen. Zu bedenken ist jedoch, dass die Aufsichtsbehörde den Sachverhalt anders beurteilen könnte als die Fraktion und außerdem im Rahmen der Kommunalaufsicht das sog. Opportunitätsprinzip gilt.[49] Ein Einschreiten der Aufsichtsbehörde könnte nicht erzwungen werden, sodass ein entsprechender Antrag der Fraktion keinen ausreichenden Schutz ihrer Mitgliedsrechte böte. Dementsprechend lässt die Möglichkeit der Aufsichtsbeschwerde das allgemeine Rechtsschutzbedürfnis nicht entfallen.[50] Das Rechtsschutzbedürfnis ist mithin gegeben.

IX. Zwischenergebnis

Da ein Vorverfahren nicht erforderlich und eine Klagefrist nicht zu beachten ist, bestehen keine weiteren Anhaltspunkte für Zweifel an der Zulässigkeit der Klage der Fraktion. Die Klage ist zulässig.

B. Begründetheit

Die Klage ist begründet, wenn die Fraktion einen Anspruch auf Aufnahme des gewünschten Themas in die Tagesordnung hat und B daher verpflichtet ist, dem Antrag stattzugeben. Ein solcher Anspruch könnte sich aus § 48 I NRWGO ergeben.

I. Formelle Voraussetzungen

1. Richtiger Anspruchsteller

Vor Aufnahme eines Beratungsgegenstands in die Tagesordnung kann und muss der Bürgermeister die formellen Voraussetzungen prüfen. § 48 I NRWGO billigt das Recht, die Aufnahme eines Themas in die Tagesordnung zu verlangen, nur einer Frak-

46 So die hM, vgl. nur *Hellermann* in Dietlein/Hellermann ÖffR NRW § 2 Rn. 214.
47 *Hellermann* in Dietlein/Hellermann ÖffR NRW § 2 Rn. 214.
48 Vgl. *Kopp/Schenke* VwGO Vorb § 40 Rn. 37 ff. (48, 50).
49 Vgl. zB § 123 I NRWGO: »… *kann* die Aufsichtsbehörde …«.
50 Vgl. OVG RhPf AS 9, 335 (340); OVG NRW OVGE 18, 104 (106); wie hier jetzt auch *Ogorek* JuS 2009, 511 (516); *Meickmann* JuS 2017, 663 (666); ferner *Würtenberger/Heckmann* VerwProzR Rn. 770.

tion zu. Bei der »Unsere schöne deutsche Stadt X«-Fraktion müsste es sich daher nicht nur dem Namen nach, sondern auch tatsächlich um eine Fraktion iSd Gesetzes handeln.

Die Fraktion ist in § 56 NRWGO geregelt. Danach handelt es sich bei der Fraktion um eine Vereinigung, die sich auf der Grundlage politischer Übereinstimmung zu möglichst gleichgerichtetem Wirken zusammengeschlossen hat und in einer kreisangehörigen Gemeinde aus mindestens zwei Mitgliedern besteht. Die »Unsere schöne deutsche Stadt X«-Fraktion hat sechs Mitglieder. Sie erreicht somit die für eine Fraktion erforderliche Mitgliederzahl. Die Mitglieder der Fraktion haben es sich zur Aufgabe gemacht, die Geschäftsleute der Gemeinde X davor zu schützen, dass sie durch das geplante Einkaufszentrum Umsatzeinbußen erleiden, und verfolgen damit das Ziel, die Errichtung des Zentrums zu verhindern. Weiterhin streben sie an, die Ansiedlung ausländischer Firmen und Läden zu verhindern, um so den einheimischen Geschäftsleuten einen Absatzmarkt zu sichern. Die Mitglieder verfolgen somit dasselbe Ziel und befürworten dafür dieselbe Maßnahme (Verhinderung der Errichtung des Einkaufszentrums).

Die Mitglieder der »Unsere schöne deutsche Stadt X«-Fraktion haben sich folglich auf der Grundlage politischer Übereinstimmung zu gleichgerichtetem Wirken zusammengeschlossen und bilden daher auch eine Fraktion iSd Gesetzes.

2. Antrag

Die formellen Voraussetzungen für einen Anspruch auf Aufnahme eines Beratungsgegenstands in die Tagesordnung sehen außerdem einen ordnungsgemäßen und vor allem fristgerechten Antrag vor, der hier gestellt worden ist.

3. Zwischenergebnis

Die formellen Voraussetzungen für einen Anspruch auf Aufnahme des gewünschten Themas in die Tagesordnung sind erfüllt.

II. Materielle Voraussetzungen

Der Wortlaut des § 48 I NRWGO verpflichtet den Bürgermeister bei Vorliegen der genannten Voraussetzungen zur Aufnahme des gewünschten Beratungsgegenstands in die Tagesordnung. Aus der Vorschrift ergibt sich also ein entsprechender Anspruch auf Aufnahme eines Vorschlags in die Tagesordnung.

Fraglich ist jedoch, ob dieser Anspruch durch ein **Prüfungsrecht des Bürgermeisters** beschränkt ist, dieser mithin die Kompetenz hat, stets oder unter bestimmten Voraussetzungen Vorschläge abzulehnen. Dem B könnte eine Prüfungskompetenz dahingehend zukommen, ob das gewünschte Thema in den Aufgabenbereich des Rats bzw. der Gemeinde fällt. Ob dem Bürgermeister ein solches Prüfungsrecht zusteht, ist umstritten.

Nach einer Ansicht hat der Bürgermeister das Recht, einen aus der Ratsmitte gestellten Antrag zur Tagesordnung inhaltlich zu prüfen und dann abzulehnen, wenn die Kompetenz der Gemeinde überschritten wird.[51] Die Zuständigkeit der Gemeindevertretung könne nicht über die Zuständigkeit der Gemeinde insgesamt hinausgehen.

51 VGH BW DVBl. 1984, 729 ff.; *Gern* VBlBW 1984, 64 ff.

Aus der in Art. 20 III und Art. 28 II 1 GG grundgelegten Bindung des Bürgermeisters an das geltende Recht ergebe sich seine Pflicht, auch die Normen zu beachten, die die Verbandskompetenz der Gemeinde festlegen. Dem folgend wäre ein Anspruch auf Aufnahme eines Beratungsgegenstandes in die Tagesordnung nach § 48 I NRWGO möglicherweise dahingehend zu kürzen, dass er nur bestehen kann, wenn das entsprechende Sachthema in den Kompetenzbereich der Gemeinde fällt.

Die hM lehnt ein materielles Prüfungsrecht des Bürgermeisters ab.[52] Die Beachtung gemeindlicher Kompetenzen dürfe nur demjenigen Organ obliegen, das nach landesrechtlichem Gemeindeverfassungsrecht für die Willensbildung im konkreten Fall zuständig sei. Auch aus Art. 28 II GG könne sich nichts anderes ergeben.[53] Art. 28 II GG garantiere den Gemeinden die Selbstverwaltung in Angelegenheiten der örtlichen Gemeinschaft und beschränke damit die Zuständigkeit der Gemeinde auf diese Angelegenheiten. Angelegenheiten der örtlichen Gemeinschaft sind solche Aufgaben, die in der örtlichen Gemeinschaft wurzeln oder auf die örtliche Gemeinschaft einen spezifischen Bezug haben und von dieser örtlichen Gemeinschaft eigenverantwortlich und selbstständig bewältigt werden können.[54] Daraus folge zwar, dass sich die Gemeinde grundsätzlich nicht mit Angelegenheiten befassen dürfe, die nicht in ihren Kompetenzbereich fallen. Um den Erlass von kompetenzwidrigen Ratsbeschlüssen zu verhindern, müsse der Gemeinde die Möglichkeit zugestanden werden zu prüfen, ob sie sich mit einer Materie befassen darf. Hierin liege noch keine Überschreitung ihrer Kompetenzen.[55] Wer diese Prüfung vornehmen dürfe, lasse sich allerdings der Regelung aus Art. 28 II GG nicht entnehmen. Art. 28 II GG beschränke den Wirkungskreis der Gemeinde nur hinsichtlich der nach außen wirkenden Selbstverwaltung. Adressat der Verpflichtung aus Art. 28 II GG sei somit nur das Gemeindeorgan, welches nach außen hin den Willen der Gemeinde bilde. Folglich ermächtige Art. 28 II GG nicht den Bürgermeister, einen Tagesordnungspunkt auf seine Vereinbarkeit mit diesen Vorschriften zu prüfen.[56]

Die Ansicht zum Bestehen eines materiellen Prüfungsrechts des Bürgermeisters vermag nicht zu überzeugen.[57] Dagegen spricht zunächst der Wortlaut der Vorschrift.[58] In § 48 I 2 NRWGO heißt es, der Bürgermeister »hat Vorschläge aufzunehmen«. Danach steht dem Bürgermeister kein Entscheidungsspielraum zu. Der Wortlaut lässt für eine andere Entscheidung als die Aufnahme des Beratungsgegenstandes in die Tagesordnung keinen Raum.[59]

52 OVG NRW DVBl. 1984, 155 ff.; BayVGH BayVBl. 1987, 239 ff.; VG Düsseldorf BeckRS 2016, 43846; *Schoch* DÖV 1986, 132 ff.; Held/Winkel/*Faber* GO NRW § 48 Erl. 2. 2.

53 Vgl. aber *Kruse* StuGemB 1983, 293 (294); *Schoch* KommunalR, 1987, § 5 III 1b.

54 BVerfGE 8, 122 (123 und 134) = BeckRS 9998, 118582; BVerfGE 52, 95 (120) = BeckRS 1979, 810.

55 Vgl. hierzu die Ausführungen von *Schoch* DÖV 1986, 132 (137) mwN auch zur Gegenansicht.

56 AA *Theis* JuS 1984, 422 (429).

57 Vgl. *Hellermann* in Dietlein/Hellermann ÖffR NRW § 2 Rn. 159; *Huber* NVwZ 1982, 662 (663), der dieses Ergebnis sogar zu der entspr. Vorschrift der hessischen Gemeindeordnung (§§ 58 V 2, 56 I 2 HGO) vertritt, die im Gegensatz zur nordrhein-westfälischen Norm den Zusatz »die Verhandlungsgegenstände zur Zuständigkeit der Gemeindevertretung gehören« aufweist, vgl. zu den Einzelheiten der Begründung *Huber* NVwZ 1982, 662 (663) und *Schoch* DÖV 1986, 132 (135); aA zur hessischen Regelung *Theis* JuS 1984, 422 (429).

58 Dies räumt auch *Kruse* StuGemB 1983, 292 (293) ein, obwohl er iErg ein Prüfungsrecht bejaht.

59 Vgl. OVG NRW NVwZ 1984, 325 (326); *Schoch* DÖV 1986, 132 (135); *Ehlers* in Mann/Püttner HKWP I § 21 Rn. 77.

Eine Prüfungskompetenz des Bürgermeisters ließe sich außerdem nur schwer mit dem Sinn der Vorschrift vereinbaren.[60] § 48 I NRWGO dient vorwiegend dem Minderheitenschutz.[61] Die Norm soll sicherstellen, dass auch solche Anträge, die nur von einer Minderheit unterstützt werden, in die Tagesordnung aufgenommen werden.[62] Billigte man dem Bürgermeister eine materielle Prüfungskompetenz hinsichtlich des Inhalts des Beratungsgegenstandes zu, eröffnete man dadurch die Möglichkeit, die Unzuständigkeit als Vorwand für die Nichtaufnahme eines Beratungsgegenstands anzugeben und auf diese Weise insbesondere Minderheitenanträge von vornherein zu unterbinden. Die betroffenen Ratsmitglieder könnten ihre Rechte dann häufig erst mithilfe der Gerichte geltend machen. Dies widerspräche aber dem gesetzlichen Ziel des Minderheitenschutzes.[63]

Gegen eine Prüfungskompetenz des Bürgermeisters spricht weiterhin die Systematik des Gesetzes. Dieses sieht für rechtswidrige Ratsbeschlüsse nur nachträgliche Maßnahmen gem. § 54 NRWGO bzw. ebenfalls nachträgliche Aufsichtsmaßnahmen gem. §§ 119 ff. NRWGO vor.[64] Grundsätzlich ist es Aufgabe des Rats, darüber zu beraten und zu befinden, ob ein vom ihm beabsichtigter Beschluss rechtmäßig oder möglicherweise mangels Zuständigkeit unzulässig ist. Stünde dem Bürgermeister das Recht zu, vorab die Tagesordnungspunkte zu zensieren, würde daher die Systematik der NRWGO unterlaufen.[65]

Ferner bedeutet die Aufnahme eines Beratungsgegenstands keine Beeinträchtigung der Funktionsfähigkeit der Gemeinde oder des Rats. Die Aufnahme des Beratungsgegenstandes in die Tagesordnung verpflichtet den Rat allenfalls dazu, der Fraktion die Möglichkeit zu eröffnen, ihren Antrag in der Sitzung zu erläutern. Er ist jedoch keinesfalls gezwungen, über den Antrag weiter zu beraten oder gar einen Beschluss zu fassen. Vielmehr kann er die Angelegenheit durch eine Entscheidung auf Nichtbefassung oder einen Geschäftsordnungsbeschluss ablehnen und zügig beenden bzw. zum nächsten Tagesordnungspunkt übergehen.[66] Bei fehlender Verbandskompetenz muss er dies sogar tun.[67] Der Bürgermeister kann außerdem einen Beschlussvorschlag mit entsprechender Begründung der Verwaltung vorlegen, in dem es bspw. heißt: »Die Verwaltung schlägt vor, den Tagesordnungspunkt wegen Überschreitung der kommunalen Verbandskompetenz abzusetzen.« Diese Maßnahme stellt ein präventi-

60 So auch OVG NRW NVwZ 1984, 325 (326).

61 S. dazu LT-Drs. 8/3152, zu § 33, 12, 62. Der dort verwendete Wortlaut wurde durch das Zweite Gesetz zur Änderung der Gemeindeordnung, der Kreisordnung und anderer kommunalverfassungsrechtlicher Vorschriften v. 15.5.1979 (GV. NRW. 408 und 594) in den heute noch gem. § 48 NRWGO gültigen Wortlaut geändert. Auch wenn man dem Wortlaut nach auf eine Abschwächung des Minderheitenschutzes schließen könnte, haben die Ausführungen des OVG NRW NVwZ 1984, 325 (326), die sich auf den Wortlaut der alten Fassung beziehen, weiterhin Gültigkeit. Ausweislich der Gesetzesbegründung, LT-Drs. 8/4352, § 33, 75, wollte der Gesetzgeber durch die Änderung des Wortlauts den Minderheitenschutz nicht abschwächen, sondern stärken.

62 Dagegen *Schoch* KommunalR, 1987, § 5 III 1b.

63 Vgl. Rehn/Cronauge/v. Lennep/Knirsch/*Paal* NRWGO § 48 Erl. I. 1.; *Schoch* DÖV 1986, 132 (136); aA *Kruse* StuGemB 1983, 292 (295 f.).

64 So iErg auch *Huber* NVwZ 1982, 662 (663); *Schoch* DÖV 1986, 132 (135 f.).

65 Daraus folgern *Uechtritz/Schlarmann* DVBl. 1984, 939, dass dem Bürgermeister generell keine Prüfungskompetenz zusteht. So auch OVG NRW NVwZ 1984, 325 (326); aA allerdings zur Regelung in Baden-Württemberg, VGH BW DVBl. 1984, 729 (731).

66 *Huber* NVwZ 1982, 662 (663); *Hofmann* DVBl. 1984, 116 (119); dazu auch Rehn/Cronauge/v. Lennep/Knirsch/*Paal* NRWGO § 48 Erl. I. 1.

67 Rehn/Cronauge/v. Lennep/Knirsch/*Paal* NRWGO § 48 Erl. I. 1.

ves und gegenüber einer späteren Beanstandung milderes Mittel dar, weil es weniger intensiv in die Rechte der Ratsmitglieder eingreift.[68]

Wem die Prüfungskompetenz hinsichtlich der Frage zusteht, ob sich die Gemeinde mit dem entsprechenden Thema befassen darf, lässt sich ausschließlich der Gemeindeordnung entnehmen. Diese sieht ein Prüfungsrecht des Bürgermeisters gerade nicht vor. Vielmehr ist allein der Rat als nach außen handelndes Willensorgan befugt zu prüfen, ob er sich mit einer bestimmten Materie befassen darf. Der Bürgermeister ist in seiner Funktion als Ratsvorsitzender kein nach außen tätiges Willensbildungsorgan, sondern lediglich ein Unterorgan des Rats, welches sich mit ratsinternen Vorbereitungsmaßnahmen befasst.[69] Dies ergibt sich vor allem aus der systematischen Stellung des § 48 NRWGO. Die Norm befindet sich im 5. Teil der NRWGO, der sich mit den Aufgaben und Funktionen des Rats beschäftigt. Daraus wird deutlich, dass der Bürgermeister hier nicht in seiner Funktion als »Verwaltungschef«, sondern als Teil des Rates tätig wird.

Damit ist ein Prüfungsrecht des Bürgermeisters hinsichtlich eines Tagesordnungspunktes im Ergebnis zu verneinen.[70]

Eine Beschränkung des Anspruchs aus § 48 I NRWGO auf Beratungsgegenstände, die in den Kompetenzbereich der Gemeinde fallen, ist nicht vorzunehmen. Da die Voraussetzungen der Norm erfüllt sind, ist der Anspruch der »Unsere schöne deutsche Stadt X«-Fraktion gegeben und die Klage folglich begründet.[71]

C. Ergebnis

Das VG wird der Klage der »Unsere schöne deutsche Stadt X«-Fraktion stattgeben, da sie zulässig und begründet ist.

Frage 2: Ausschluss des S von der Ratssitzung

Die Klage des S hat Erfolg, wenn sie zulässig und begründet ist.

A. Zulässigkeit

I. Verwaltungsrechtsweg

Hier ergeben sich keine Änderungen zur Bearbeitung in Frage 1.

68 *Ehlers* in Mann/Püttner HKWP I § 21 Rn. 77.

69 So auch *Schoch* DÖV 1986, 132 (134).

70 Eine aA ist an dieser Stelle mit guter Begründung gut vertretbar. Wer hier jedoch zu dem Ergebnis gelangt, dass ein solches Prüfungsrecht grds. besteht, muss im Anschluss prüfen, ob dieses auch im vorliegenden Fall besteht.

71 Zu einem solchen Ergebnis kommen auch OVG NRW NVwZ 1984, 325; VG Düsseldorf BeckRS 2016, 43846; *Huber* NVwZ 1982, 662; *Schoch* DÖV 1986, 132; *Ehlers* in Mann/Püttner HKWP I § 21 Rn. 77; *Hofmann* DVBl. 1984, 116; *Uechtritz/Schlarmann* DVBl. 1984, 939; *Plückhahn/Faber* in Held/Winkel/Wansleben KommunalVerfR GO NRW § 48 Erl. 2.2.; Held/Winkel/*Faber* GO NRW § 48 Erl. 2.2.; Rehn/Cronauge/v. Lennep/Knirsch/*Paal* NRWGO § 48 Erl. I.1.; *Rothe* NVwZ 1992, 529 (531); aA VGH BW DVBl. 1984, 729; *Schoch* KommunalR, 1987, § 5 III b 1; *Theis* JuS 1984, 422; *Kruse* StuGemB 1983, 292.

II. Statthafte Klageart

1. Fortsetzungsfeststellungsklage

Bei dem Ausschluss des S aus der Ratssitzung handelt es sich um eine Maßnahme, die inzwischen erledigt ist. Grundsätzlich kommt bei erledigten Maßnahmen eine Fortsetzungsfeststellungsklage gem. § 113 I 4 VwGO in Betracht. Das setzt voraus, dass ohne die Erledigung eine Anfechtungsklage statthaft gewesen wäre. Wie oben dargelegt betreffen Maßnahmen innerhalb des Rats Organe bzw. Organteile derselben Körperschaft und sind daher nicht auf Außenwirkung gerichtet. Sie erfüllen folglich nicht die Anforderungen an einen Verwaltungsakt, sodass eine Anfechtungsklage und damit auch eine Fortsetzungsfeststellungsklage nicht statthaft sind.

2. Feststellungsklage

Statthafte Klageart ist aber möglicherweise eine allgemeine Feststellungsklage gem. § 43 I VwGO. Das setzt voraus, dass der Kläger eine Feststellung über das Bestehen oder Nichtbestehen eines Rechtsverhältnisses begehrt. Fraglich ist, ob die Berechtigung des Bürgermeisters, S von der Ratssitzung auszuschließen, ein feststellungsfähiges Rechtsverhältnis darstellt. Ein solches liegt vor, wenn sich aus einem konkreten Sachverhalt aufgrund einer Rechtsnorm des öffentlichen Rechts rechtliche Beziehungen einer Person zu einer anderen Person oder zu einer Sache ergeben.[72] Als Rechtsverhältnis sind dabei auch die einer selbstständigen Feststellung fähigen Teile von Rechtsverhältnissen anzusehen, insbesondere auch einzelne, sich aus einem Rechtsverhältnis ergebende Berechtigungen. Zwischen dem Bürgermeister und dem Rat bzw. den einzelnen Ratsmitgliedern bestehen entsprechend den Regelungen der Gemeindeordnung Rechtsbeziehungen. Hieraus ergeben sich für beide Teile Rechte und Pflichten dem anderen Teil gegenüber. Die Frage, ob dem Bürgermeister die Berechtigung zusteht, ein Ratsmitglied aus der Sitzung auszuschließen, stellt folglich ein feststellungsfähiges Rechtsverhältnis dar. Dabei ist es unerheblich, dass sich der Ratsausschluss bereits erledigt hat, da auch bereits erledigte Rechtsverhältnisse grundsätzlich feststellungsfähig sind.[73] Ob an erledigten Rechtsverhältnissen noch ein Feststellungsinteresse besteht, ist keine Frage der Statthaftigkeit, sondern der besonderen Sachurteilsvoraussetzungen der Klage.

Die allgemeine Feststellungsklage ist die statthafte Klageart.

III. Feststellungsinteresse

Gemäß § 43 I Hs. 2 VwGO muss S ein berechtigtes Interesse an der Feststellung des begehrten Rechtsverhältnisses haben. Das berechtigte Interesse schließt dabei grundsätzlich jedes als schutzwürdig anzuerkennende Interesse rechtlicher, wirtschaftlicher oder ideeller Art ein.[74]

Hier ist zu berücksichtigen, dass die Maßnahme selbst bereits erledigt ist und daher für S grundsätzlich keine belastende Wirkung mehr von ihr ausgeht. Das Feststellungsinteresse ist aber auch für erledigte Maßnahmen anerkannt, wenn das Rechtsverhältnis Wirkungen in die Gegenwart ausstrahlt und insbesondere, wenn Wieder-

72 *Kopp/Schenke* VwGO § 43 Rn. 11.
73 *Kopp/Schenke* VwGO § 43 Rn. 18.
74 *Kopp/Schenke* VwGO § 43 Rn. 23.

holungsgefahr besteht.[75] Auf ein privates Rehabilitationsinteresse des S darf hingegen nicht abgestellt werden, weil der rein amtsbezogene Sitzungsausschluss nicht die private Ehre des S berühren kann.[76] Jedoch ist S nach wie vor Ratsmitglied und wird daher auch an künftigen Sitzungen teilnehmen. Es ist davon auszugehen, dass der Sitzungsausschluss prägend für das künftige Verhalten des S im Rat ist, sodass eine fortwirkende Beeinträchtigung des Amtes als Ratsmitglied besteht. S hat daher ein schutzwürdiges Interesse an der Klärung der Frage, ob der Sitzungsausschluss rechtmäßig war.

IV. Klagebefugnis

Streitig ist, ob neben dem Feststellungsinteresse analog § 42 II VwGO auch die Klagebefugnis, also die Möglichkeit einer Verletzung eigener Rechte des Klägers, zu fordern ist.[77] Da S hier in seiner Eigenschaft als Ratsmitglied klagt, kommen nur solche Rechte in Betracht, die ihm auch in seiner Funktion als Ratsmitglied zustehen. Es muss daher die Möglichkeit einer Rechtsverletzung in eigenen organschaftlichen Mitgliedschaftsrechten des S bestehen. Der Bürgermeister hat S von der Ratssitzung ausgeschlossen. Es besteht daher zumindest die Möglichkeit, dass S in seinem Recht auf Teilnahme an der Ratssitzung verletzt ist. Das Teilnahmerecht an den Ratssitzungen ergibt sich aus § 43 I NRWGO. Aus dieser Vorschrift werden verschiedene organschaftliche Informations- und Mitwirkungsrechte von Ratsmitgliedern abgeleitet.[78] Das Teilnahmerecht stellt auch eine wehrfähige Innenrechtsposition dar.[79]

S ist folglich analog § 42 II VwGO klagebefugt, sodass der Streit um die Frage, ob dies überhaupt erforderlich ist, offen bleiben kann.

V. Subsidiarität der Feststellungsklage[80]

Ob das Subsidiaritätserfordernis gem. § 43 II 1 VwGO bei der Feststellungsklage gilt, wird unterschiedlich beurteilt.[81] Eine Entscheidung dieses Streits kann aber hier dahinstehen, wenn die Feststellungsklage hier ohnehin nicht subsidiär ist.

---

75 *Kopp/Schenke* VwGO § 43 Rn. 25.

76 *Menzel/Schumacher* JURA 1998, 156 (158). Anders das BVerwG für den Fall des grundsätzlichen **Gemeinderats**ausschlusses eines Ratsmitgliedes im Nachgang zu dessen rechtskräftiger strafrechtlicher Verurteilung auf Grundlage des § 31 I 1 RhPfGemO, vgl. BVerwG NVwZ 2015, 1613 (1614). Gemäß § 31 I 1 RhPfGemO kann ein Ratsmitglied nach rechtskräftiger Verurteilung zu einer Freiheitsstrafe von mehr als drei Monaten aus dem Gemeinderat ausgeschlossen werden, »wenn es durch die Straftat die für die Ratsmitgliedschaft erforderliche Unbescholtenheit verwirkt hat«. In der Sicht des BVerwG liegt in dem Ausschluss ein eigenständiges Unwerturteil. Damit habe der Rat eine »zusätzliche Rechtsfolge gesetzt, die eine über das Strafurteil hinausgehende Herabwürdigung des Betroffenen darstellt«.

77 Abl.: *Hufen* VerwProzR § 18 Rn. 17; *Schoch* JuS 1987, 783 (790); *Erichsen* JURA 1994, 385 (386); bejahend: BVerwG in stRspr, etwa NVwZ 1991, 470; NJW 1996, 139; *Schlette* JURA 2004, 90.

78 Vgl. OVG NRW NVwZ 2003, 225 (225 f.) mwN.

79 Weitere anerkannte »wehrhafte Innenrechtspositionen« sind unter anderem: das Rede-, Frage- und Antragsrecht, das Recht auf Information über den Beschlussgegenstand, das Recht auf ordnungsgemäße Einberufung der Ratssitzungen, das Recht auf Einhaltung des Öffentlichkeitsgrundsatzes, das Abstimmungs- und Wahlrecht sowie das Widerspruchsrecht gegen offene Wahlen; vgl. die Beispiele bei *Hellermann* in Dietlein/Hellermann ÖffR NRW § 2 Rn. 212.

80 Vgl. dazu *Kopp/Schenke* VwGO § 43 Rn. 26 ff.

81 Zur Frage der Subsidiarität der Feststellungsklage ggü. einer allgemeinen Leistungsklage die Darstellung von Schoch/Schneider/Bier/*Pietzcker* VwGO § 43 Rn. 42.

Der Sitzungsausschluss des S galt nur für eine bestimmte Ratssitzung, die bereits beendet wurde. Die Zulassung des S zu dieser Sitzung ist daher tatsächlich nicht mehr möglich, sodass eine Leistungsklage auf Zulassung keine Aussicht auf Erfolg hätte. S kann sein Begehren folglich nicht mit einer Leistungsklage geltend machen. Damit ist die Feststellungsklage hier nicht subsidiär iSd § 43 II 1 VwGO. Auf eine Entscheidung des Streits kommt es mithin nicht an.[82]

VI. Richtiger Klagegegner

Der Bürgermeister hat den Ratsausschluss erlassen und ist somit richtiger Klagegegner.

VII. Beteiligtenfähigkeit

Die Beteiligtenfähigkeit beider Parteien ergibt sich aus § 61 Nr. 2 VwGO.[83]

VIII. Prozessfähigkeit

Die Prozessfähigkeit von S und B folgt nach der hier vertretenen Auffassung[84] aus § 62 III VwGO.

IX. Zwischenergebnis

Die Klage des S ist zulässig.

B. Begründetheit

Die Klage ist begründet, wenn der Bürgermeister keine Berechtigung hatte, den S von der Ratssitzung auszuschließen.

I. Ermächtigungsgrundlage

Als Ermächtigungsgrundlage für den Sitzungsausschluss kommt § 51 III 1 NRWGO iVm § 16 der Geschäftsordnung des Rates in Betracht. Fraglich ist, ob darin eine taugliche Ermächtigungsgrundlage zu sehen ist. Es könnte der Vorbehalt des Gesetzes nicht hinreichend gewahrt sein.[85] Die Anwendbarkeit vom Prinzip des Vorbehaltes des Gesetzes ist nicht auf das Verhältnis Staat-Bürger beschränkt.[86] Dieses Prinzip könnte hier verletzt sein, weil die gesetzliche Ermächtigungsgrundlage auf die Geschäftsordnung verweist.

Allerdings enthält § 51 II NRWGO bereits die wesentlichen Voraussetzungen für den Ratsausschluss selbst. Für die Gemeinde ergibt sich daher nur noch die Möglichkeit, in der Geschäftsordnung zu entscheiden, ob sie generell die Vornahme eines Ausschlusses ermöglichen will. Ein Verstoß gegen das Prinzip vom Vorbehalt des Gesetzes scheidet daher aus. § 51 III 1 NRWGO iVm § 16 der Geschäftsordnung des Rates stellt eine ausreichende Ermächtigungsgrundlage dar.

82 Vgl. zu den Einzelheiten *Halle* JURA 2005, 156 (158).
83 Vgl. zu den Einzelheiten oben A. VI. 1.
84 Vgl. unter A. VII.
85 Vgl. *Tettinger/Ennuschat* NWVBl. 2002, 244 (246); *Schmitz* VR 2007, 372.
86 Vgl. dazu die Entscheidung des VerfGH NRW zur Zusammenlegung von Innen- und Justizministerium, NJW 1999, 1243 (1244).

II. Formelle Rechtmäßigkeit

Gemäß § 16 der Geschäftsordnung des Rates ist der Vorsitzende des Rates zuständig für die Durchführung eines Sitzungsausschlusses. Gemäß § 40 II 4 NRWGO ist Ratsvorsitzender der Bürgermeister. Dieser war folglich für den Sitzungsausschluss zuständig.

Gemäß § 51 III 2 NRWGO muss der Rat über die Berechtigung zum Sitzungsausschluss durch den Bürgermeister in der nächsten Ratssitzung befinden. Dies ist hier erfolgt.

Der Sitzungsausschluss war formell rechtmäßig.

III. Materielle Rechtmäßigkeit

Er müsste auch materiell rechtmäßig gewesen sein.

1. Regelung in der Geschäftsordnung

Das setzt gem. § 51 III 1 NRWGO zunächst voraus, dass eine entsprechende Regelung in der Geschäftsordnung vorhanden ist. Eine solche Regelung findet sich in § 16 der Geschäftsordnung des Rates.

2. Voraussetzungen der Geschäftsordnung

Sodann müssen die Anforderungen des § 16 der Geschäftsordnung erfüllt sein. Voraussetzung ist, dass S dreimal innerhalb derselben Sitzung berechtigt zur Ordnung gerufen worden ist oder dass er anderweitig die Ordnung grob verletzt hat.

Unter Ordnung ist hier die äußere Ordnung zu verstehen. Dazu zählen die den Verfahrensablauf regelnden normativen Bestimmungen der Gemeindeordnung, der kommunalen Satzungen und der kommunalen Geschäftsordnungen sowie der Gesamtbestand der (ungeschriebenen) innerorganisatorischen Verhaltensregeln, die für einen reibungslosen Geschäftsablauf erforderlich sind.[87] Hierzu gehören alle – auch ungeschriebene – Verhaltensregeln, die für einen angemessenen Beratungs- und Entscheidungsprozess notwendig sind, wie eine adäquate Atmosphäre von Ruhe, Sachlichkeit, Toleranz und Akzeptanz anderer Meinungen.[88]

Die Äußerungen des S erfolgten zu einem Thema, das nicht auf der Tagesordnung stand. Es hätte – unabhängig davon, ob die Nichtaufnahme zur Tagesordnung gerechtfertigt war oder nicht – daher nicht im Rat erörtert werden dürfen. S hat das Thema auch nicht schlicht zur Diskussion gestellt, sondern provozierende Äußerungen getätigt.[89] Dadurch hat S – was voraussehbar war – Gegenreaktionen anderer Ratsmitglieder hervorgerufen. Dies wiederum hatte zur Folge, dass die Sitzung zu platzen drohte. Dafür trägt S auch die Verantwortung. In polizeirechtlicher Terminologie formuliert wäre S als Verhaltensstörer zu qualifizieren.[90]

---

87 *Hellermann* in Dietlein/Hellermann ÖffR NRW § 2 Rn. 167.

88 OVG NRW NVwZ 1983, 485 (486); OVG RhPf DÖV 1985, 632 (633); *Schmitz* VR 2007, 372 (373).

89 Zur Reichweite des Rederechts auch OVG NRW NVwZ-RR 2018, 318 (319 ff.); HmbVerfG NordÖR 2018, 198 (203 ff.).

90 *Tettinger/Ennuschat* NWVBl. 2002, 244 (246).

S hat durch sein Verhalten die Ordnung der Sitzung in erheblichem Maße gestört. Bürgermeister B hat ihn deshalb dreimal berechtigterweise zur Ordnung aufgerufen. Im Interesse eines ordnungsgemäßen Sitzungsablaufs war er hierzu sogar verpflichtet. Demnach sind beide Varianten des § 16 der Geschäftsordnung des Rats erfüllt.

3. Rechtsfolge

§ 51 III 1 NRWGO iVm § 16 der Geschäftsordnung eröffnet dem Bürgermeister Ermessen hinsichtlich des Sitzungsausschlusses. Dieses Ermessen müsste fehlerfrei ausgeübt worden sein. Als mögliche Ermessensfehler kommen der Ermessensnichtgebrauch, ein Ermessensfehlgebrauch sowie eine Ermessensüberschreitung in Betracht.[91] Fraglich ist, ob der Bürgermeister einen solchen Ermessensfehler begangen hat.

Da B den Sitzungsausschluss verhängt hat, um die Fortsetzung der Sitzung zu ermöglichen, liegt jedenfalls kein Ermessensfehlgebrauch vor. B hat sein Handeln nach dem gesetzlichen Zweck der Ermessensvorschrift, nämlich der Sicherung und Aufrechterhaltung der Ordnung in der Ratssitzung, ausgerichtet.

Anhaltspunkte für einen Ermessensnichtgebrauch liegen ebenfalls nicht vor. B hat das ihm eingeräumte Ermessen weder überhaupt nicht noch nicht in vollem Umfang ausgeübt. Bevor B den S von der Sitzung ausgeschlossen hat, hat er ihn dreimal verwarnt und entsprechend zur Ordnung ermahnt.

Es könnte jedoch eine Ermessensüberschreitung gegeben sein. Der Ausschluss des S von der weiteren Teilnahme an der Ratssitzung war möglicherweise unverhältnismäßig. Mit dem Verweis des Sitzungssaals wollte B die Ordnung in der Ratssitzung wiederherstellen. Die Störungen der Ratssitzung gingen von S aus. Dieser hatte durch seine provokativen Äußerungen entsprechende Gegenreaktionen hervorgerufen. Nach dem Rauswurf des S verlief die Sitzung ruhig und ordnungsgemäß. Damit war der Ausschluss des S von der Sitzung dazu geeignet, die Ruhe im Saal wiederherzustellen. Ein milderes Mittel, welches in gleicher Weise den Fortgang der Sitzung ermöglicht hätte, ist nicht ersichtlich. Insbesondere waren die vorherigen Ordnungsaufrufe gegenüber S erfolglos. Der Sitzungsausschluss war daher auch erforderlich.

Fraglich ist aber, ob der Sitzungsausschluss auch angemessen war. In die gebotene Abwägung sind einerseits das Recht des S auf sowie sein Interesse an der Sitzungsteilnahme und andererseits die Interessen an einem ordnungsgemäßen Verlauf der Sitzung einzustellen. Der Nachteil für S besteht darin, dass er sein Recht auf Sitzungsteilnahme nicht ausüben kann. Dieses Mitwirkungsrecht gehört zum Kernbereich der Mandatsausübung und hat daher erhebliche Bedeutung. Eine Rechtfertigung dieses Kernrecht zu entziehen, kann nur dann in angemessener Weise erfolgen, wenn dies einem noch höherwertigen Ziel dient. Die ordnungsgemäße Funktionsfähigkeit des Rates dient jedem Ratsmitglied zur Sicherung eben dieses Kernbereichs. Die Funktionsfähigkeit des Rates ist daher ein mindestens ebenso hohes Ziel. Dafür spricht auch, dass die Rechte des S als Ratsmitglied ihm auch nur in seiner Eigenschaft als Ratsmitglied zustehen. Ein Kollegialorgan wie der Gemeinderat kann aber nur funktionieren, wenn gewährleistet ist, dass seine Arbeit und Funktion nicht beeinträchtigt wird. Für die Angemessenheit der Maßnahme spricht außerdem, dass die

91 Vgl. *Maurer/Waldhoff* AllgVerwR § 7 Rn. 19 ff.

Thematik nicht auf der Tagesordnung stand. Der Rat hätte sich daher mit dem Thema gar nicht befassen dürfen. Insoweit steht dem S bereits keine schützenswerte Rechtsposition zu. Auch ist zu seinen Lasten zu berücksichtigen, dass er die Tumulte provoziert und dabei mehrere Ordnungsrufe des Bürgermeisters ignoriert hat.

Möglicherweise hat der Bürgermeister aber sein Ermessen dadurch fehlerhaft ausgeübt, dass er die Grundrechte des S nicht hinreichend berücksichtigt hat. In Betracht kommt hier eine unzureichende Berücksichtigung der Meinungsfreiheit aus Art. 5 I GG. Voraussetzung dafür ist allerdings zunächst, dass dieses Grundrecht überhaupt angewandt werden kann. Dagegen könnte sprechen, dass die Grundrechte grundsätzlich Abwehrrechte des Bürgers gegen den Staat darstellen. S klagt aber nicht in seiner Eigenschaft als Bürger, sondern in seiner Eigenschaft als Ratsmitglied. Auch bei der Wahrnehmung organschaftlicher Kompetenzen sind Organwalter aber aus heutiger Sicht als grundrechtsfähig anzusehen.[92] Im Kommunalverfassungsstreit spielen Grundrechte allerdings regelmäßig keine Rolle, da die Wahrnehmung von Organkompetenzen nicht in den Schutzbereich eines Grundrechts fällt. Das Rederecht eines Ratsmitglieds etwa folgt nicht aus Art. 5 I GG, sondern findet seine Grundlage in der mit dem kommunalen Mandat verbundenen organschaftlichen Stellung.[93] Der Bürgermeister brauchte insofern Art. 5 I GG nicht zu berücksichtigen, als er gegen S vorging. Der Sitzungsausschluss war demnach angemessen. Eine Ermessensüberschreitung ist nicht gegeben. Ermessensfehler liegen nicht vor.

4. Zwischenergebnis

Damit war der Sitzungsausschluss auch materiell rechtmäßig.

C. Ergebnis

Der Sitzungsausschluss war sowohl formell als auch materiell rechtmäßig. Die zulässige Klage des S ist daher unbegründet. Das Gericht wird die Klage des S abweisen.

Ergänzende Hinweise

1. Die in der Falllösung und den nachfolgenden Hinweisen dargestellten Grundsätze zum sog. Kommunalverfassungsstreitverfahren lassen sich auf sämtliche Formen verwaltungsgerichtlicher Organstreitigkeiten übertragen. Weitere Beispiele derartiger Auseinandersetzungen sind etwa hochschul- oder rundfunkverfassungsrechtliche Streitigkeiten.[94]

2. Unterschieden werden der sog. **Intraorganstreit** als Auseinandersetzung zwischen einem Organteil und demjenigen Organ, dem er angehört, bzw. zwischen zwei Organteilen desselben Organs, und der sog. **Interorganstreit** als Auseinandersetzung zweier Organe derselben Körperschaft.

92 *Ogorek* JuS 2009, 511 (515) mwN.
93 OVG NRW NVwZ-RR 2018, 318 (318 f.); *Ogorek* JuS 2009, 511 (515). Vgl. auch HmbVerfG NordÖR 2018, 198 (204).
94 Vgl. *Erichsen/Biermann* JURA 1997, 157 (158).

3. Da sich das Klagebegehren der Fraktion bei Frage 1 darauf richtete, Bürgermeister B zur Vornahme einer Handlung zu verpflichten, war dort statthafte Klageart die allgemeine Leistungsklage. Die allgemeine Leistungsklage ist im Rahmen kommunalverfassungsrechtlicher Streitigkeiten auch dann statthaft, wenn das Rechtsschutzziel dahin geht, ein Organ oder Organteil zu einem Dulden oder Unterlassen zu verpflichten. Soll demgegenüber – wie bei Frage 2 – die Rechtmäßigkeit oder Rechtswidrigkeit einer bestimmten Organhandlung, insbesondere eines Beschlusses, festgestellt werden, kommt als richtige Klageart die Feststellungsklage nach § 43 I VwGO in Betracht.[95]

Zum Teil wird darüber hinaus im Rahmen kommunalverfassungsrechtlicher Streitigkeiten auch eine rechtsgestaltende Aufhebungsklage, gerichtet auf die Aufhebung rechtswidriger Beschlüsse körperschaftlicher Organe ohne Verwaltungsaktcharakter, für statthaft gehalten.[96] Dabei wird die Klage teils als Unterfall der allgemeinen Leistungsklage angesehen,[97] teils als selbstständige (allgemeine) Gestaltungsklage.[98] Zur Begründung wird angeführt, dass Beschlüssen von Gemeindeorganen die Vermutung der Rechtmäßigkeit zukomme und sie deshalb über eine erhöhte Wirkungskraft verfügten.[99] In diesen Fällen gebiete es das durch Art. 19 IV GG gewährleistete Recht auf effektiven Rechtsschutz, einen kassatorischen Urteilsspruch zuzulassen.[100] Die überwiegende Auffassung hält dem entgegen, dass rechtswidrige oder rechtswidrig zustande gekommene hoheitliche Rechtsakte nichtig sind, wenn nicht gesetzlich ausdrücklich etwas anderes bestimmt ist.[101] Dieser Grundsatz gelte auch für Beschlüsse kommunaler Vertretungsorgane, soweit ihnen nicht ausnahmsweise Verwaltungsaktcharakter zukommt, da es an einer der Vorschrift des § 43 NRWVwVfG entsprechenden Regelung fehle. Einer Aufhebung durch Gestaltungsurteil bedürfe es daher nicht.[102] Zur Beseitigung des Rechtsscheins unwirksamen Organhandelns sei ein Feststellungsurteil ausreichend.[103] Art. 19 IV GG könne schließlich schon deswegen nicht zur Begründung der Notwendigkeit einer allgemeinen Gestaltungsklage herangezogen werden, weil im Rahmen kommunalverfassungsrechtlicher Streitigkeiten keine Grundrechte geltend gemacht werden könnten und organschaftliche Rechtspositionen vom Schutzbereich der Grundgesetznorm nicht umfasst seien.[104]

4. Verlangt ein Ratsmitglied vom Bürgermeister, dass er gegen Störungen von Seiten anderer Ratsmitglieder (zB durch Rauchen[105] oder die Benutzung eines Mobiltele-

---

95 *Meickmann* JuS 2017, 663 (665).

96 Vgl. BayVGH BayVBl. 1976, 753 (754), mit zust. Anm. *Lange*; NdsOVG DÖV 1979, 170; *Knemeyer* BayKommunalR Rn. 285; *Kuhlmann* JA 1989, 108 (110); *Graf* BayVBl. 1982, 332 f.

97 So BayVGH BayVBl. 1976, 753 (754).

98 So NdsOVG DÖV 1979, 170; vgl. auch OVGE 2, 225 (232 f.); *Knemeyer* BayKommunalR Rn. 285.

99 Vgl. *Knemeyer* Bay KommunalR Rn. 284, unter Hinweis auf Art. 112 BayGO; ebenso *Graf* BayVBl. 1982, 332 (333).

100 Vgl. BayVGH BayVBl. 1976, 753 (754); *Graf* BayVBl. 1982, 332 (333); vgl. auch *Kuhlmann* JA 1989, 108 (110).

101 Vgl. *Würtenberger/Heckmann* VerwProzR Rn. 762 f.; *Bauer/Krause* JuS 1996, 411 (413).

102 Vgl. *Würtenberger/Heckmann* VerwProzR Rn. 763; *Erichsen/Biermann* JURA 1997, 157 (162); *Bauer/Krause* JuS 1996, 411 (413 f.); *Schoch* JuS 1987, 783 (789); *Renck-Laufke* BayVBl. 1982, 75 (76); *Papier* DÖV 1980, 292 (299).

103 Vgl. *Schoch* JuS 1987, 783 (789).

104 *Ehlers* NVwZ 1990, 105 (106); *Schoch* JuS 1987, 783 (788 f.).

105 So Fall 26 in der 3. Auflage dieses Klausurenkurses.

fons[106]) vorgeht, kann der Gestörte sich auf den sog. **innerorganisatorischen Störungsbeseitigungsanspruch** berufen. Die Vorschrift des § 51 I NRWGO verpflichtet den Bürgermeister, der nach § 40 II 4 NRWGO im Rat den Vorsitz führt, während der Ratssitzungen die Ordnung zu handhaben und so einen störungsfreien Sitzungsablauf zu gewährleisten.[107] Gestützt auf diese Grundlage hat er gegenüber den Ratsmitgliedern[108] die erforderlichen sitzungsleitenden Maßnahmen zu ergreifen. Mit dieser Verpflichtung des Bürgermeisters korrespondiert das Recht der Ratsmitglieder, bei Störungen des ordnungsgemäßen Organisationsablaufs, die ihnen die Ausübung ihrer Rechte als Mandatsträger nicht unerheblich erschweren, ein Einschreiten des Bürgermeisters zu verlangen (sog. innerorganisatorischer Störungsbeseitigungsanspruch)[109]. Dieses Recht kann durch die Weigerung des Bürgermeisters, das von dem gestörten Ratsmitglied begehrte Rauch- oder Telefonierverbot zu erlassen, verletzt sein.

5. Eine kommunalrechtliche Besonderheit stellt **§ 31 I 1 RhPfGemO** dar. Gegebenenfalls in Gestalt einer fiktiven Kommunalrechtsnorm könnte sie allerdings auch für Studenten in anderen Bundesländern Klausurrelevanz entfalten (vgl. *Hebeler* JA 2015, 558). Nach § 31 I 1 RhPfGemO kann ein »Ratsmitglied, das nach seiner Wahl durch Urteil eines deutschen Strafgerichts rechtskräftig zu einer Freiheitsstrafe von mindestens drei Monaten verurteilt wird, [...] durch Beschluss des Gemeinderats aus dem Gemeinderat ausgeschlossen werden, wenn es durch die Straftat die für ein Ratsmitglied erforderliche Unbescholtenheit verwirkt hat.« In jüngerer Zeit hatte das BVerwG NVwZ 2015, 1613, über den Fall zu entscheiden, in dem ein Ratsmitglied auf der Grundlage dieser Norm aus dem rheinland-pfälzischen Gemeinderat ausgeschlossen worden war. Dem war dessen Verurteilung wegen einer von ihm im Kommunalwahlkampf zulasten mehrerer politischer Gegner mittäterschaftlich begangenen gefährlichen Körperverletzung vorangegangen. Schwerpunkt der Entscheidung des BVerwG ist die verfassungskonforme Auslegung des § 31 I 1 RhPfGemO anhand der **Wahlrechtsgrundsätze in Art. 28 I 2 GG**. Das BVerwG sieht den Grundsatz der Gleichheit der Wahl durch den Ausschluss berührt, da dieser nicht nur hinsichtlich der Erlangung eines Mandats Geltung beanspruche, sondern auch den »Fortbestand des Mandats« und die »Zusammensetzung des Organs während der gesamten Wahlperiode« betreffe. Insofern wird ein ausgeschlossenes Ratsmitglied ungleich behan-

106 Dazu die Falllösung von *Dietlein* in Dietlein/Hellermann Klausurenbuch ÖffR NRW 78 ff. (86 ff.).

107 Vgl. OVG RhPf NVwZ-RR 1990, 98; Articus/Schneider/*Geiger* GO NRW § 51 Erl. 2; *Rothe* NVwZ 1992, 529 (533). Das VG Gießen BeckRS 2017, 101063 erkennt auch einen Störungsbeseitigungsanspruch auf Wahrung der Nichtöffentlichkeit der Sitzungen des Gemeindevorstands an. HessVGH BeckRS 2017, 115622, bestätigte das subjektiv-öffentliche Recht auf Wahrung der Nichtöffentlichkeit, ohne jedoch den Terminus des »innerorganisatorischen Störungsbeseitigungsanspruchs« zu verwenden.

108 Ob sich die Handhabung der Ordnung auch auf das Verhalten der Zuhörer bezieht, ist umstr.; bejahend OVG NRW NVwZ-RR 1991, 260 (262); DVBl. 1983, 53 (55); Articus/Schneider/*Geiger* GO NRW § 51 Erl. 2; aA *Plückhahn/Faber* in Held/Winkel/Wansleben KommunalVerfR GO NRW § 51 Erl. 3.1., nach denen Maßnahmen ggü. »Externen« auf das Hausrecht zu stützen sind; demgegenüber Held/Winkel/*Faber* GO NRW § 51 Erl. 2.3., demzufolge Adressat der Ordnungsregeln sowohl die Ratsmitglieder als auch die Zuhörer sind.

109 Vgl. OVG NRW NVwZ-RR 1991, 260 f.; DVBl. 1983, 53 (54), unter Hinweis auf *Hoppe*, Organstreitigkeiten vor den Verwaltungs- und Sozialgerichten, 1970, 191 f.; ferner OVG RhPf NVwZ-RR 1990, 98; NdsOVG DVBl. 1989, 935; VG Stade NJW 1988, 790; *Waechter* KommunalR Rn. 347; *Specht* VR 1990, 312 (313 f.).

delt, da es sein Mandat nicht mehr ausüben darf. Diese Ungleichbehandlung iSd Art. 28 I 2 GG kann nur durch zwingende Gründe des gemeinen Wohls von verfassungsrechtlichem Rang gerechtfertigt sein. Ein Gut von solchem Gewicht und Rang ist die »**Wahrung und Wiederherstellung der Funktionsfähigkeit des Rates**«. Das BVerwG legt die Norm daher verfassungsgemäß – eng – dahingehend aus, dass § 31 I 1 RhPfGemO einen Ausschluss nur dann zu rechtfertigen vermag, wenn die Verurteilung wegen einer Straftat erfolgt, die ihrerseits in sachlichem Zusammenhang mit der Ratsarbeit steht, also politisch konnotiert ist, und zudem die Straftat »die Sorge begründen muss, von dem Ratsmitglied gehe auch künftig eine Gefährdung der Arbeitsfähigkeit des Rates aus« (BVerwG NVwZ 2015, 1613 [1617] Rn. 40). Vgl. dazu auch die Entscheidungsbesprechung von *Hebeler* JA 2015, 558 (560), der die Maßstäbe des BVerwG gleichfalls für sehr streng und angesichts Art. 28 I 2 GG für nicht zwingend erachtet.

6. Weitere Falllösungen zu dem Thema des Kommunalverfassungsstreits finden sich bei *Meickmann* JuS 2017, 663 ff.; *J. Wolf*, Fälle und Lösungen zum Öffentlichen Recht. Methodische Fallbearbeitung, 2018, 165 ff.

27. Fall: Ferienreisen mit städtischen Omnibussen

Sachverhalt

Die kreisfreie nordrhein-westfälische Stadt S betreibt ihre Verkehrsbetriebe in der Rechtsform einer Verkehrs-AG. Die Aktien dieser AG hält zu 100% die Verkehrs- und Versorgungs-GmbH, deren Anteile wiederum zu 100% bei der Stadt liegen.

Die Verkehrs-AG hat kürzlich zehn moderne Reisebusse angeschafft, die ausschließlich im lukrativen Ferienreiseverkehr eingesetzt werden. Bisher lag der Ferienreiseverkehr ganz in der Hand mehrerer privater Omnibusunternehmen, die in der Lage sind, diese Aufgabe ebenso gut und wirtschaftlich zu bewältigen wie die Verkehrs-AG. Das Angebot im Ferienreiseverkehr richtet sich an die Einwohner der Stadt S. Die von der Verkehrs-AG angesteuerten Reiseziele liegen jeweils innerhalb des entlegeneren Landesgebietes. Die angrenzenden Gemeinden hingegen gehören nicht zu den Zielorten.

Nach einigen vergeblichen formlosen Abmahnungen gibt die Bezirksregierung in je einer Verfügung sowohl der Stadt als auch der AG auf, den Ferienreiseverkehr einzustellen. Was können Stadt und AG dagegen unternehmen und wie sind ihre Erfolgsaussichten?

Lösungsvorschlag

Schwerpunkte:
- **Materiell:**
  - **Kommunalaufsicht (Anordnung der Aufsichtsbehörde)**
  - **Grenzen gemeindlicher wirtschaftlicher Betätigung**
  - **Eigengesellschaften**
  - **Grundrechtsfähigkeit von Gemeinden**
- **Prozessual: Anfechtungsklage**

Vorüberlegung:

Die Bezirksregierung war sich offenbar nicht sicher, gegen wen sie ihre Verfügung zu richten hatte, und hat sich daher sowohl an die Stadt als auch an die AG gewendet. Der Bearbeiter muss beide Verfügungen je getrennt untersuchen, er darf nicht etwa alternativ prüfen, welche Verfügung die richtige war.

A. Vorgehen der Stadt

In Betracht kommt eine Klage vor dem zuständigen VG. Die Klage hat Erfolg, wenn sie zulässig und begründet ist.

I. Zulässigkeit

1. Verwaltungsrechtsweg

Für eine Klage der Stadt S kommt im Rahmen des Verwaltungsrechtsweges zunächst § 126 NRWGO als aufdrängende Spezialzuweisung in Betracht. Diese Vorschrift besagt, dass Maßnahmen der Aufsichtsbehörde unmittelbar mit der Klage im Verwaltungsstreitverfahren angefochten werden können. Allerdings soll hierdurch nur ausgedrückt werden, dass ein sonst notwendiges Vorverfahren nach §§ 68 ff. VwGO entbehrlich ist.[1]

Folglich ist der Verwaltungsrechtsweg gem. § 40 I 1 VwGO dann eröffnet, wenn eine öffentlich-rechtliche Streitigkeit nichtverfassungsrechtlicher Art vorliegt, die keinem anderen Gericht gesetzlich zugewiesen ist. Öffentlich-rechtlich ist eine Streitigkeit, wenn die Beteiligten um Rechtsfolgen aus der Anwendung öffentlich-rechtlicher Normen streiten, wobei dem öffentlichen Recht solche Rechtssätze zuzuordnen sind, deren berechtigtes und verpflichtetes Zuordnungsobjekt ausschließlich ein Träger öffentlicher Gewalt ist.

Die Stadt S wendet sich gegen die Anordnung der Bezirksregierung, den Ferienreiseverkehr einzustellen. Bei einer solchen Anordnung handelt es sich idR um eine Maßnahme der allgemeinen Aufsicht nach §§ 119 ff. NRWGO. Die §§ 119 ff. NRWGO sind Vorschriften des öffentlichen Rechts, sodass eine öffentlich-rechtliche Streitig-

1 Dieckmann/Heinrichs/*Witte* § 123 vor Erl. 1; *Erbguth/Mann/Schubert* BesVerwR Rn. 362; nach § 110 I NRWJustG bedarf es in NRW vor der Erhebung einer Anfechtungsklage grds. keines Vorverfahrens. § 126 NRWGO stellt, anders als man dem Wortlaut nach vermuten könnte, keine aufdrängende Sonderzuweisung dar, vgl. dazu den erg. Hinweis 2.

keit gegeben ist. Da diese Streitigkeit auch nichtverfassungsrechtlicher Art und keinem anderen Gericht gesetzlich zugewiesen ist, ist der Verwaltungsrechtsweg für die Klage der Stadt S nach § 40 I 1 VwGO eröffnet.

2. Statthafte Klageart

Die statthafte Klageart richtet sich nach dem tatsächlichen Begehren des Klägers. Die Stadt S wendet sich gegen die Anordnung der Bezirksregierung. Statthaft könnte hierfür eine Anfechtungsklage sein. Dann müsste es sich bei der angegriffenen Maßnahme um einen Verwaltungsakt handeln.

Die Anordnung erfüllt sämtliche Voraussetzungen des § 35 S. 1 VwVfG. Sie ist insbesondere auf Außenwirkung gerichtet. Maßnahmen der allgemeinen Aufsicht nach §§ 119 ff. NRWGO beziehen sich auf den Bereich der Selbstverwaltungsangelegenheiten, in dem die Gemeinde dem Staat als Träger eigener, aus Art. 28 II GG und Art. 78 I und II NRWVerf abzuleitender Rechte gegenübersteht.[2]

Statthafte Klageart ist daher die Anfechtungsklage nach § 42 I Alt. 1 VwGO.

3. Klagebefugnis

Für eine Anfechtungsklage müsste die Stadt S nach § 42 II Alt. 1 VwGO geltend machen, durch die angegriffene Anordnung in ihren Rechten verletzt zu sein. Dabei ist es für ihre Klagebefugnis ausreichend, wenn nach ihrem Sachvortrag eine Verletzung eigener Rechte als zumindest möglich erscheint.[3]

Die Möglichkeit einer Verletzung eigener Rechte der Stadt ergibt sich daraus, dass die Anordnung der Bezirksregierung als Maßnahme der allgemeinen Aufsicht in ihr durch Art. 28 II GG und Art. 78 NRWVerf gewährleistetes Selbstverwaltungsrecht eingreift.[4] Bei Rechtswidrigkeit der Anordnung wäre das Selbstverwaltungsrecht verletzt.

Die Stadt S ist mithin nach § 42 II VwGO klagebefugt.

4. Vorverfahren

Die Durchführung eines Vorverfahrens als Zulässigkeitsvoraussetzung einer Anfechtungsklage ist nach § 68 I Var. 1 VwGO iVm § 110 I 1 NRWJustG bzw. § 126 NRWGO entbehrlich.[5] Maßnahmen der Aufsichtsbehörde können also unmittelbar im Verwaltungsstreitverfahren angefochten werden.

5. Klagefrist

Die Stadt S müsste im Falle der Klageerhebung die Frist des § 74 I VwGO beachten. Da ein Vorverfahren entbehrlich ist, ist die Klage gem. § 74 I 2 VwGO innerhalb eines Monats nach Bekanntgabe der Anordnung an die Stadt S zu erheben.

---

2 Vgl. *Becker/Winkel* in Held/Winkel/Wansleben KommunalVerfR GO NRW § 126 Erl. 2.

3 StRspr, vgl. nur BVerwGE 28, 131 (132) = BeckRS 9998, 160099 sowie BVerwGE 36, 192 (199) = BeckRS 1970, 30423607; *Kopp/Schenke* VwGO § 42 Rn. 65 f.; *Hufen* VerwProzR § 14 Rn. 108 ff.

4 Vgl. *Theisen* in Hofmann/Theisen/Bätge KommunalR NRW 533.

5 Vgl. Rehn/Cronauge/v. Lennep/Knirsch/*Knirsch* § 126 Erl. I. 1.

6. Klagegegner

Da es sich bei der Anordnung um einen Verwaltungsakt handelt, ist die Klage nach § 78 I Nr. 1 VwGO gegen das Land NRW als Rechtsträger der erlassenden Behörde zu richten.

7. Beteiligten- und Prozessfähigkeit

Die Beteiligtenfähigkeit der Stadt S ergibt sich aus § 61 Nr. 1 Alt. 2 VwGO, da es sich bei ihr als Gebietskörperschaft um eine juristische Person des öffentlichen Rechts handelt.[6] Das Land NRW ist ebenfalls nach § 61 Nr. 1 Alt. 2 VwGO beteiligtenfähig.

Für die Stadt S als juristische Person des öffentlichen Rechts handelt nach § 62 III VwGO im Prozess ihr gesetzlicher Vertreter. Das ist gem. § 63 I NRWGO[7] der Oberbürgermeister.[8] Wer gesetzlicher Vertreter des Landes NRW iSd § 62 III VwGO ist, richtet sich nach materiellem Recht. Die Länder werden in der Regel durch den zuständigen Landesminister vertreten.[9]

8. Zwischenergebnis

Da im Übrigen keine weiteren Anhaltspunkte für Bedenken ersichtlich sind, ist eine Klage der Stadt gegen die Anordnung der Bezirksregierung zulässig.

II. Begründetheit

Die Klage ist nach § 113 I 1 VwGO begründet, soweit der angegriffene Verwaltungsakt rechtswidrig und die Gemeinde in ihren Rechten verletzt ist.

1. Ermächtigungsgrundlage

Ermächtigungsgrundlage für eine Anordnung im Rahmen der allgemeinen Aufsicht ist § 123 I NRWGO.[10]

2. Formelle Rechtmäßigkeit

Die Bezirksregierung, deren örtliche Zuständigkeit zu unterstellen ist, war für die Anordnung gem. § 120 II NRWGO[11] sachlich wie instanziell zuständig. Bedenken gegen das angewendete Verfahren bestehen nicht. Mangels entgegenstehender Angaben kann schließlich davon ausgegangen werden, dass die Anordnungsverfügung auch hinsichtlich ihrer Form fehlerfrei ist.[12]

Die Anordnung erfolgte somit formell rechtmäßig.

---

6 Vgl. § 1 II NRWGO: »Die Gemeinden sind Gebietskörperschaften«.

7 Vgl. § 63 I 1 NRWGO: »Unbeschadet der dem Rat und seinen Ausschüssen zustehenden Entscheidungsbefugnisse ist der Bürgermeister der gesetzliche Vertreter der Gemeinde in Rechts- und Verwaltungsgeschäften«.

8 Diese Bezeichnung führt der Bürgermeister in kreisfreien Städten, § 40 II 3 NRWGO.

9 Vgl. *Kopp/Schenke* VwGO § 62 Rn. 14 a.

10 Eing. zu den verschiedenen Arten staatlicher Aufsicht, deren Aufgaben und den Befugnissen der Aufsichtsbehörden *Theisen* in Hofmann/Theisen/Bätge KommunalR NRW 498 ff.

11 § 120 II NRWGO lautet: »Die allgemeine Aufsicht über kreisfreie Städte führt die Bezirksregierung«. S. erg. Held/Winkel/*Winkel* GO NRW § 120 Erl.

12 Da die Anordnung ein Verwaltungsakt ist, hat sie in formeller Hinsicht den allg. formellen Anforderungen des nordrhein-westfälischen Verwaltungsverfahrensgesetzes zu genügen, vgl. *Becker/Winkel* in Held/Winkel/Wansleben KommunalVerfR GO NRW § 123 Erl. 2.

3. Materielle Rechtmäßigkeit

Die Anordnung wäre auch materiell rechtmäßig, wenn die Voraussetzungen für ein Einschreiten der Aufsichtsbehörde nach § 123 I NRWGO erfüllt wären und die Anordnung sich inhaltlich im Rahmen der Ermächtigungsgrundlage hielte.

a) § 123 I NRWGO als Ermächtigungsgrundlage

Voraussetzung eines Vorgehens nach § 123 I NRWGO ist, dass die Gemeinde eine ihr kraft Gesetzes obliegende Pflicht oder Aufgabe nicht erfüllt. Anknüpfungspunkt für das Anordnungsrecht der Aufsichtsbehörde ist mithin ein pflichtwidriges Untätigbleiben der Gemeinde. Die entsprechende Rechtspflicht zum Handeln kann sich aus sämtlichen Normen des öffentlichen Rechts ergeben. Nicht zu den Pflichten und Aufgaben iSd § 123 I NRWGO zählen demgegenüber zivilrechtliche Verpflichtungen der Gemeinde. Die Kommunalaufsicht darf nur im Interesse des öffentlichen Wohls eingreifen. Hinsichtlich der Durchsetzung bürgerlich-rechtlicher Verpflichtungen der Gemeinde ist der Einzelne auf den ordentlichen Rechtsweg verwiesen.[13]

b) Voraussetzungen von § 108 I 1 Nr. 1 NRWGO

Eine öffentlich-rechtliche Verpflichtung der Gemeinde, den Ferienreiseverkehr einzustellen, könnte sich aus § 108 I 1 Nr. 1 NRWGO ergeben. Danach darf die Gemeinde Unternehmen in einer Rechtsform des privaten Rechts nur gründen oder sich daran beteiligen, wenn hierfür die Zulässigkeitsvoraussetzungen wirtschaftlicher Betätigung des § 107 I 1 NRWGO gegeben sind.[14] Diese Voraussetzungen gelten – anders als der Wortlaut der Vorschrift nahelegt – **nicht nur im Moment der Gründung eines Unternehmens oder des Erwerbs einer Beteiligung**, sondern während der gesamten Folgezeit bis zu seiner Auflösung oder dem Ausscheiden der Gemeinde.[15] Weiterhin bezieht sich die Vorschrift des § 108 I 1 Nr. 1 NRWGO unmittelbar zwar nur auf die direkte Beteiligung der Gemeinde an Unternehmen privatrechtlicher Rechtsform[16], doch ergibt sich aus § 108 VI 1 NRWGO, dass die Beteiligungsvoraussetzungen auch in solchen Fällen zu beachten sind, in denen wie im Falle der Verkehrs-AG lediglich eine **mittelbare Beteiligung** gegeben ist.[17] Zu prüfen ist daher, ob

---

13 Vgl. OVG NRW OVGE 18, 227 (228); *Becker/Winkel* in Held/Winkel/Wansleben KommunalVerfR GO NRW § 123 Erl. 1.; Rehn/Cronauge/v. Lennep/Knirsch/*Knirsch* §§ 119 Erl. III. 1, 123 Erl. II. 2.; Dieckmann/Heinrichs/*Witte* § 120 Erl. 1; Held/Winkel/*Winkel* GO NRW § 123 Erl. 1.; aA: *Hassel* DVBl. 1985, 697 ff.: Einschreiten auch zur Durchsetzung sämtlicher privatrechtlicher Verpflichtungen; offengelassen durch OVG NRW NVwZ 1989, 987; diff. *Zacharias* VR 2000, 271 (273).

14 Näher zum Rechtsrahmen kommunaler Wirtschaftstätigkeit durch das Verfassungsrecht bzw. Europarecht *Burgi* KommunalR § 17 Rn. 22 ff.

15 Vgl. Rehn/Cronauge/v. Lennep/Knirsch/*Wellmann* § 108 Erl. II. 2.

16 Vgl. Rehn/Cronauge/v. Lennep/Knirsch/*Wellmann* § 108 Erl. II. 1.

17 Nach § 108 VI 1 lit. a NRWGO dürfen Vertreter der Gemeinde in einer Gesellschaft, an der die Gemeinde mit mehr als 25 Prozent beteiligt ist, einer Beteiligung dieser Gesellschaft an einer anderen Vereinigung privaten Rechts nur dann zustimmen, wenn unter anderem für die Gemeinde selbst die Gründungs- bzw. Beteiligungsvoraussetzungen des § 108 I NRWGO vorliegen. Näher zu den (kommunalrechtlichen) Anforderungen allg. iR dieser sog. Organisationsprivatisierung *Burgi* KommunalR § 17 Rn. 79 ff. (82 ff.); *Hellermann* in Dietlein/Hellermann ÖffR NRW § 2 Rn. 325 ff.

es sich bei der Verkehrs-AG um ein Unternehmen iSd § 108 I NRWGO handelt, bei dem die Voraussetzungen des § 107 I 1 NRWGO[18] erfüllt sind.

aa) Unternehmen iSd 108 I NRWGO

Unternehmen iSd § 108 I NRWGO ist jede Organisationsform privaten Rechts, die auf wirtschaftliche Betätigung gerichtet ist. Dabei ist als wirtschaftliche Betätigung nach der Legaldefinition des § 107 I 3 NRWGO der Betrieb von Unternehmen anzusehen, die als Hersteller, Anbieter oder Verteiler von Gütern oder Dienstleistungen am Markt tätig werden, sofern die Leistung ihrer Art nach auch von einem Privaten mit der Absicht der Gewinnerzielung erbracht werden könnte. Keine wirtschaftliche Betätigung stellt unabhängig vom Vorliegen dieser Voraussetzungen der Betrieb solcher Einrichtungen dar, die in dem Katalog des § 107 II NRWGO aufgeführt sind. Hierbei handelt es sich im Wesentlichen um solche Einrichtungen, bei denen der Gesetzgeber davon ausgeht, dass sie ohnehin nicht in Konkurrenz zur privaten Wirtschaft treten[19] (sog. nichtwirtschaftliche Betätigung, vgl. etwa § 107 II Nr. 2 NRWGO: öffentliche Einrichtungen, die für die soziale und kulturelle Betreuung der Einwohner erforderlich sind).

Die Aktiengesellschaft ist eine Rechtsform privaten Rechts. Leistungen von Verkehrsbetrieben können auch von Privaten mit der Absicht der Gewinnerzielung erbracht werden, sodass die Verkehrs-AG die Voraussetzungen der Legaldefinition des § 107 I 3 NRWGO erfüllt. Fraglich ist aber, ob die Verkehrs-AG zu den Einrichtungen zählt, die von der Bindung an die Voraussetzungen des § 107 I 1 NRWGO ausgenommen sind. Das wäre der Fall, wenn ihr Betrieb als Einrichtung der Fremdenverkehrsförderung iSd § 107 II 1 Nr. 3 NRWGO und damit für sich genommen als nichtwirtschaftliche Betätigung anzusehen wäre. Dem steht jedoch entgegen, dass der Einsatz von Bussen im Ferienreiseverkehr anders als etwa die Gründung eines Fremdenverkehrsvereins oder die Einrichtung einer Touristikzentrale dem Fremdenverkehr in der Stadt S allenfalls mittelbar dient, sodass bereits keine Einrichtung iSd § 107 II 1 Nr. 3 NRWGO gegeben ist.[20] Da die Verkehrs-AG mithin nicht zu den Einrichtungen zählt, deren Betrieb nach § 107 II NRWGO nicht als wirtschaftliche Betätigung gilt, handelt es sich bei ihr um ein Unternehmen iSd § 108 I NRWGO.[21]

bb) Zulässigkeit der wirtschaftlichen Betätigung gem. § 107 I 1 NRWGO

Die Beteiligung an Unternehmen in Rechtsformen privaten Rechts ist nach § 108 I 1 Nr. 1 NRWGO nur dann zulässig, wenn für die Tätigkeit des Unternehmens die Vor-

18 Mit dem »Gesetz zur Revitalisierung des Gemeindewirtschaftsrechts« v. 21.12.2010 (GV. NRW. 688), wurde für den Bereich der energiewirtschaftlichen Betätigung ein neuer Gesetzestatbestand mit spezifischen Rechtsfolgen in die NRWGO aufgenommen, vgl. *Hellermann* in Dietlein/Hellermann ÖffR NRW § 2 Rn. 320.

19 Vgl. *Zacharias* VR 2000, 271 (274 f.).

20 Denkbar wäre es auch, den Einsatz der Reisebusse bereits deswegen als wirtschaftliche Betätigung anzusehen, weil er von der Verkehrs-AG als Nebenbetätigung zu ihrer Haupttätigkeit im Personennahverkehr betrieben wird, sodass man vertreten könnte, dass er deren rechtlichen Charakter als wirtschaftliche Betätigung iSd § 107 I NRWGO teilt. IdS entschied das OVG NRW, dass eine Sauna den nichtwirtschaftlichen Charakter des Kurbades teilt, in dessen Rahmen sie betrieben wird, OVG NRW NVwZ 1986, 1045.

21 Würde die Verkehrs-AG vom Katalog des § 107 II NRWGO erfasst, unterlägen Gründung und Beteiligung den Voraussetzungen des § 108 I 1 Nr. 2 NRWGO.

aussetzungen des § 107 I 1 NRWGO erfüllt sind. Nach dieser Vorschrift darf sich die Gemeinde zur Erfüllung ihrer Aufgaben wirtschaftlich betätigen, wenn ein öffentlicher Zweck die Betätigung erfordert und die Betätigung nach Art und Umfang in einem angemessenen Verhältnis zu der Leistungsfähigkeit der Gemeinde steht. Handelt es sich um eine wirtschaftliche Betätigung außerhalb der Bereiche der Wasserversorgung, des öffentlichen Verkehrs sowie des Betriebes von Telekommunikationsleitungsnetzen einschließlich der Telekommunikationsdienstleistungen, ist nach § 107 I 1 Nr. 3 NRWGO außerdem erforderlich, dass der öffentliche Zweck nicht besser und wirtschaftlicher durch andere Unternehmen erfüllt werden kann (sog. »einfache« Subsidiaritätsklausel[22]). Dass die Voraussetzungen dieser Regelung erfüllt sind, erscheint bei der Verkehrs-AG lediglich im Hinblick auf den Einsatz der neu angeschafften Reisebusse im Ferienreiseverkehr fraglich. Auch in Bezug auf einen solchen Ausschnitt aus der Gesamttätigkeit eines Unternehmens sind grundsätzlich die Anforderungen des § 107 I 1 NRWGO zu beachten.

Etwas anderes hätte allenfalls dann zu gelten, wenn es sich bei dem Einsatz der Busse lediglich um eine unbedeutende Annextätigkeit der Verkehrs-AG handelte.[23] Sog. Annextätigkeiten (man spricht auch von »Nebengeschäften« oder »Randnutzungen«) sind von »Hilfsgeschäften«[24] zu unterscheiden und finden ihre Rechtfertigung in dem Umstand, dass für eine gewisse öffentliche Aufgabe Ressourcen geschaffen wurden, die zur Aufgabenerfüllung entweder nicht umfänglich genutzt oder jedenfalls – ohne Beeinträchtigung der Aufgabenerfüllung – für weitere Zwecke gewinnbringend eingesetzt werden können.[25] Vor diesem Hintergrund könnte es beispielsweise einem gemeindlichen Verkehrsunternehmen erlaubt sein, durch den Personennahverkehr vorübergehend nicht gebundene Kapazitäten gewinnbringend einzusetzen und etwa in verkehrsschwachen Zeiten Ferienfahrten zu veranstalten, zumal die Gemeinde nach § 109 I NRWGO verpflichtet ist, ihre Unternehmen grundsätzlich so zu führen, dass sie einen Gewinn für den Gemeindehaushalt abwerfen. Hier wurden die Busse allerdings neu angeschafft und nicht etwaige »brachliegende« Ressourcen verwendet. Der ausschließliche Einsatz dieser Reisebusse im Ferienreiseverkehr geht indessen auch über den Rahmen einer solchen untergeordneten Nebenbetätigung weit hinaus. Ein Einstieg dieses Umfangs in das Ferienreiseverkehrsgeschäft ist vielmehr als

22 Vgl. Rehn/Cronauge/v. Lennep/Knirsch/*Wellmann* § 107 Erl. I. 8.

23 Vgl. *Held/Kotzea* in Held/Winkel/Wansleben KommunalVerfR GO NRW § 107 Erl. 3.5. mit krit. Anm. zu einem Beschluss des OVG NRW (NWVBl. 2003, 462 [464]), in dem dieses die Auffassung vertritt, dass Annex- bzw. Hilfstätigkeiten nicht erst deshalb unzulässig seien, weil sie von untergeordneter Bedeutung und nur Annex zur Haupttätigkeit seien, sondern es sich schon nicht um eine »wirtschaftliche Betätigung« iSd § 107 I NRWGO handele, wenn sich das Unternehmen mit der in Rede stehenden Tätigkeit noch im Rahmen des Unternehmensgegenstandes bewege. Der Begriff der wirtschaftlichen Betätigung iSd § 107 I NRWGO sei betriebs- und nicht handlungsbezogen, sodass es insoweit nicht auf den Charakter jeder einzelnen wirtschaftlichen Handlung ankomme. Mit dieser Begründung ordnete auch VG Münster NVwZ 2015, 1399 (1400) die kostenlose Herstellung von Passbildern durch die Gemeinde zum Zwecke der Ausweiserstellung nicht als wirtschaftliche Betätigung ein.

24 Dazu insgesamt *Jarass* DVBl. 2006, 1 (6 f.); zu rechtlichen Grenzen der Randnutzung *Krämer* LKV 2016, 348 ff.

25 Vgl. *Jarass* DVBl. 2006, 1 (7); *Krämer* LKV 2016, 348 (349); unter Verweis auf BVerwGE 82, 29 (34) = NJW 1989, 2409, in deren Rahmen das BVerwG die Zulässigkeit einer solchen sog. Randnutzung anerkannt hat.

wesentliche Erweiterung der bisherigen wirtschaftlichen Betätigung der Verkehrs-AG anzusehen.[26]

(1) Erfüllung gemeindlicher Aufgaben

Nach § 107 I 1 NRWGO müsste der Einsatz der Reisebusse der Erfüllung gemeindlicher Aufgaben dienen. Durch die Selbstverwaltungsgarantie gem. Art. 28 II GG, Art. 78 I, II NRWVerf steht den Gemeinden nach allgemeiner Ansicht auch das Recht zu, sich wirtschaftlich zu betätigen.[27] Der Zulässigkeit wirtschaftlicher Betätigung sind in der Folge durch die Verbandskompetenz Grenzen gesetzt.[28] Für den gemeindlichen Wirkungskreis gilt im Übrigen der Grundsatz der Allzuständigkeit.[29] Eine wirtschaftliche Betätigung ist daher nur dann zulässig, wenn sie der Bewältigung einer Aufgabe dient, die in der örtlichen Gemeinschaft wurzelt oder einen spezifischen Bezug zu ihr hat und keinem anderen Hoheitsträger gesetzlich zugewiesen ist.[30] Nicht erforderlich ist, dass sich die wirtschaftliche Betätigung auf das Gemeindegebiet beschränkt.[31] Ausschlaggebend ist vielmehr eine funktionsbezogene Betrachtungsweise, sodass es ausreicht, dass die Betätigung einen Bezug zur Gemeindebevölkerung oder zum Gemeindegebiet aufweist.[32] Ein solcher ist hier gegeben, da das Unternehmen in der Gemeinde selbst betrieben wird und sich hieraus unmittelbare Vorteile für die Einwohner ergeben.[33] Der Einsatz der Reisebusse dient mithin der Erfüllung einer gemeindlichen Aufgabe.

(2) Öffentlicher Zweck

Nach § 107 I 1 Nr. 1 NRWGO müsste die wirtschaftliche Betätigung der Gemeinde ferner durch einen öffentlichen Zweck erfordert werden.[34] Nach der Rechtsprechung des OVG NRW ist hinsichtlich der gerichtlichen Überprüfbarkeit der unbestimmten

---

26 Ein anderes Ergebnis dürfte sich auch dann nicht ergeben, wenn man der Auffassung des OVG NRW (NWVBl. 2003, 462 [464]) folgt, da ein so weitreichender Einstieg in das Ferienreiseverkehrsgeschäft wie hier nicht mehr im Rahmen des Unternehmensgegenstandes »Personennahverkehr« liegt.

27 BVerfGE 79, 127 (151) = NVwZ 1989, 347. S. statt vieler *Theisen* in Hofmann/Theisen/Bätge KommunalR NRW 652 mwN.

28 Dazu näher *Theisen* in Hofmann/Theisen/Bätge KommunalR NRW 654 sowie zur problematischen Herleitung der Kompetenz für grenzüberschreitende Betätigung.

29 Vgl. hierzu insgesamt Rehn/Cronauge/v. Lennep/Knirsch/*Wellmann* § 107 Erl. II. 4.

30 Vgl. *Theisen* in Hofmann/Theisen/Bätge KommunalR NRW 654; *Schliesky* JA 1999, 515 (518).

31 Die Zulässigkeit wirtschaftlicher Betätigung außerhalb des Gemeindegebiets ergibt sich nunmehr eindeutig aus § 107 III und IV NRWGO. Krit. hierzu *Ehlers* NWVBl. 2000, 1 (5 ff.); *Lux* NWVBl. 2000, 7 (9 f.). Es ist streitig, ob sich ggf. ein »Prinzip der Örtlichkeit« aus Art. 28 GG herleiten lässt, zum Streitstand *Theisen* in Hofmann/Theisen/Bätge KommunalR NRW 654 mit Fn. 1. Insgesamt zur Betätigung kommunaler Unternehmen außerhalb der Gemeindegrenzen *Jarass* DVBl. 2006, 1 ff.

32 Vgl. BVerwG NVwZ 2005, 958 (959) unter Bezugnahme auf BVerfGE 79, 127 (151 f.) = NVwZ 1989, 347 (»Rastede«); Rehn/Cronauge/v. Lennep/Knirsch/*Wellmann* § 107 Erl. VIII. 3.

33 Vgl. *Jarass* DVBl. 2006, 1 (5), der darauf abstellt, ob die Produkte/Dienstleistungen überw. von den Gemeindeeinwohnern abgenommen werden bzw. im Gebiet der Gemeinde abgesetzt/erbracht werden.

34 Mit dem »Gesetz zur Revitalisierung des Gemeindewirtschaftsrechts« v. 21.12.2010 (GV. NRW. 688) wurde das Erfordernis eines »dringenden« öffentlichen Zwecks gestrichen (so noch § 107 I 1 Nr. 1 NRWGO aF). Nunmehr genügt ein »öffentlicher Zweck«.

Rechtsbegriffe des »öffentlichen Zwecks« und des »Erforderns« zu unterscheiden.[35] Für das Merkmal des »Erforderns« genügt es, dass die betreffende Betätigung für den öffentlichen Zweck »objektiv erforderlich im Sinne von vernünftiger Weise geboten« ist. Da diese Entscheidung wertende und prognostische Elemente beinhaltet, kommt der Gemeinde insofern eine gerichtlich nur eingeschränkt überprüfbare Einschätzungsprärogative zu.[36] Die gemeindliche Einschätzung ist daher nur auf grobe Fehleinschätzungen hin zu überprüfen.[37] Dass eine solche grobe Fehleinschätzung hier gegeben wäre, ist aber nicht ersichtlich. Darüber hinaus müsste die Betätigung auch einem öffentlichen Zweck dienen.

Ein öffentlicher Zweck ist dann gegeben, wenn sich die wirtschaftliche Betätigung der Gemeinde im Rahmen ihrer Aufgaben bewegt und auf eine dem Gemeinwohl dienende Versorgung der Einwohner gerichtet ist.[38] Hierfür ist es hingegen nicht ausreichend, wenn die Tätigkeit ausschließlich auf Gewinnerzielung gerichtet ist.[39] Das Verbot der alleinigen Gewinnerzielungsabsicht schließt allerdings nicht aus, dass die Gemeinde als – der öffentlichen Aufgabe – untergeordnetes Ziel auch die Erzielung eines Gewinns anstrebt.[40] Hinsichtlich des Tatbestandsmerkmals des öffentlichen Zwecks besteht wiederum eine umfassende gerichtliche Kontrollmöglichkeit.[41] Die Verkehrs-AG setzt die Reisebusse ausschließlich im lukrativen Ferienreiseverkehr ein. Dass dieser Einsatz letztlich Gewinne abwerfen soll, kann unterstellt werden. Weiterhin steigert diese Betätigung jedoch die Mobilität der Einwohner der Stadt S und fördert auf diese Weise das Gemeinwohl. Der Einsatz der Reisebusse dient mithin einem öffentlichen Zweck.

(3) Angemessenes Verhältnis zur Leistungsfähigkeit der Gemeinde

Die wirtschaftliche Betätigung muss gem. § 107 I 1 Nr. 2 NRWGO nach Art und Umfang in einem angemessenen Verhältnis zur Leistungsfähigkeit der Gemeinde ste-

35 Vgl. – allerdings noch in Bezug auf die aF von § 107 I Nr. 1 NRWGO, die einen »dringenden« öffentlichen Zweck verlangte, OVG NRW NVwZ 2008, 1031 (Ls. 6); *Waldhoff* JuS 2008, 1020 (1021). Krit. zu diesem weiten Verständnis des seinem Wortlaut nach eher restriktiven Erfordernisses *Theisen* in Hofmann/Theisen/Bätge KommunalR NRW 657 f.

36 OVG NRW NVwZ 2008, 1031 (Ls. 5, 6, 1035); vgl. auch SchlHOVG NordÖR 2013, 528 (532 f.). Nach umstr. Ansicht könnte man auch vertreten, dass die Betätigung der Gemeinde bereits nicht erfordert wird, da eine ausreichende Zahl privater Anbieter vorhanden ist (vgl. so etwa OLG Düsseldorf NJW-RR 1997, 1470 [1471 f.]). Dagegen spricht aber, dass das Merkmal dann iErg einer weiteren Subsidiaritätsklausel entsprechen würde und § 107 I 1 Nr. 3 NRWGO de facto obsolet wäre. Dieses würde der Schrankentrias zuwiderlaufen, vgl. *Jarass* DVBl. 2006, 1 (9); Rehn/Cronauge/v. Lennep/Knirsch/*Wellmann* § 107 Erl. III. 5.

37 Vgl. das OVG NRW NVwZ 2008, 1031 (1035), erblickt diese Grenze erst »in groben und einigermaßen offensichtlichen Missgriffen«; auf diese Entscheidung verweist auch SchlHOVG NordÖR 2013, 528 (532).

38 Vgl. OVG NRW NVwZ 2008, 1031 (Ls. 4, 1035); SchlHOVG NordÖR 2013, 528 (532); Rehn/Cronauge/v. Lennep/Knirsch/*Wellmann* § 107 Erl. III. 3.

39 OVG NRW 2008, 1031 (Ls. 4, 1035); SchlHOVG NordÖR 2013, 528 (532); *Hellermann* in Dietlein/Hellermann ÖffR NRW § 2 Rn. 315; Rehn/Cronauge/v. Lennep/Knirsch/*Wellmann* § 107 Erl. III. 3. Hierzu freilich setzt sich die Begründung des Gesetzentwurfs der Fraktion der SPD und der Fraktion Bündis 90/Die Grünen, LT-Drs. 15/27, 11, in Widerspruch. Dort wird – allerdings in Bezug auf § 107a NRWGO – ausdrücklich betont: »Ein öffentlicher Zweck ist nämlich auch die Gewinnerzielung zur Deckung von Ausgabebedarfen in anderen öffentlichen Bereichen«.

40 Vgl. *Theisen* in Hofmann/Theisen/Bätge KommunalR NRW 657; Rehn/Cronauge/v. Lennep/Knirsch/*Wellmann* § 107 Erl. III. 3.

41 OVG NRW NVwZ 2008, 1031 (Ls. 6, 1035); SchlHOVG NordÖR 2013, 528 (532 f.).

hen. Durch diese Voraussetzung sollen die Kommunen vor Aktivitäten bewahrt werden, die ihre Verwaltungs- oder Finanzkraft übersteigen. Die wirtschaftliche Betätigung der Gemeinde soll sich in den Grenzen halten, die ihrer Leistungsfähigkeit entspricht.[42] Anhaltspunkte dafür, dass der Einsatz der Reisebusse im Ferienreiseverkehr durch die Verkehrs-AG die Verwaltungs- oder Finanzkraft der Stadt S überfordern würde, sind nicht ersichtlich. Das Erfordernis der Angemessenheit bedarf letztlich wiederum einer wertenden Betrachtung, sodass der Gemeinde auch hier ein Beurteilungsspielraum zugestanden werden müsste.[43] Die Voraussetzung des § 107 I 1 Nr. 2 NRWGO ist mithin erfüllt.

(4) Subsidiaritätsklausel

Möglicherweise verstößt der Einsatz der Reisebusse aber, wie bereits angedeutet, gegen die Subsidiaritätsklausel des § 107 I 1 Nr. 3 NRWGO. Fraglich ist zunächst jedoch, ob diese sog. Subsidiaritätsklausel auf die Verkehrs-AG überhaupt Anwendung findet. Denn § 107 I 1 Nr. 3 NRWGO nimmt unter anderem den Bereich des »öffentlichen Verkehrs« von seinem Anwendungsbereich aus. Demgemäß wäre die Subsidiaritätsklausel gar nicht anwendbar, wenn die wirtschaftliche Betätigung der Verkehrs-AG als Tätigkeit im Bereich des öffentlichen Verkehrs anzusehen wäre.

Dies trifft zumindest insoweit zu, als die Verkehrs-AG im öffentlichen Personennahverkehr tätig ist. Problematisch ist jedoch, ob auch der Einsatz der Reisebusse im Ferienreiseverkehr als Betätigung im öffentlichen Verkehr anzusehen ist. Davon wäre jedenfalls dann auszugehen, wenn es sich hierbei lediglich um eine unbedeutende Annextätigkeit der Verkehrs-AG handelte. Dies ist indessen nicht der Fall.[44] Entscheidend ist daher, ob der Einsatz von Reisebussen im Ferienreiseverkehr vom Begriff des öffentlichen Verkehrs iSd § 107 I 1 Nr. 3 NRWGO erfasst ist. Dies erscheint allerdings zweifelhaft. Bereits der Zweck der Ausnahmeregelungen in § 107 I 1 Nr. 3 NRWGO aF bestand darin, den Gemeinden auf ihren angestammten Geschäftsfeldern Chancengleichheit im Wettbewerb mit privaten Unternehmen zu sichern, während zugleich die betroffenen Märkte liberalisiert und privatisiert wurden.[45] Auch auf der Grundlage der aktuellen Fassung der Subsidiaritätsklausel herrscht auf diesem Wirtschaftssektor echter Wettbewerb zwischen privaten und kommunalen Anbietern.[46] Unabhängig von der wechselnden Zielrichtung des § 107 I 1 Nr. 3 NRWGO bestanden die betreffenden Ausnahmetatbestände jeweils im Hinblick auf die traditionellen Tätigkeitsfelder der Gemeinden, in denen zuvor geschlossene Märkte bestanden hatten und die den Bereich der kommunalen Versorgungswirtschaft betrafen,

---

42 Vgl. Rehn/Cronauge/v. Lennep/Knirsch/*Wellmann* § 107 Erl. IV. 1; *Schliesky* ÖffWettbewerbsR 441. Zum Kriterium der Leistungsfähigkeit bei Beteiligungen der Gemeinde *Brüning* NWVBl. 2015, 245 (246 f.).

43 *Theisen* in Hofmann/Theisen/Bätge KommunalR NRW 658 f.

44 Vgl. dazu bereits oben A. II. 3. b) bb).

45 Vgl. *Held/Kotzea* in Held/Winkel/Wansleben KommunalVerfR GO NRW Vor §§ 107 Erl. 4.3. Ganz grds. ist in diesem Zusammenhang zu beachten, dass die Ausgestaltung des § 107 NRWGO mit den Legislaturperioden einem ständigen Wechsel unterliegt. Besonders tiefgreifend wurde die Gesetzeslage einerseits mit dem GO-ReformG aus dem Jahr 2007 (GV. NRW. 380; vgl. auch Gesetzentwurf LT-Drs. 14/3979) bzw.– nach dem Regierungswechsel 2009 – mit dem Gesetz zur Revitalisierung des Gemeindewirtschaftsrechts (GV. NRW. 2010, 688, s. auch LT-Drs. 15/27) verändert. In Bezug auf die Zulässigkeitsvoraussetzungen der wirtschaftlichen/nicht wirtschaftlichen Betätigung nahm das Gesetz aus 2010 die vorangegangene Reform sehr weitgehend zurück.

46 Rehn/Cronauge/v. Lennep/Knirsch/*Wellmann* § 107 Erl. VI. 1.

zu denen typischerweise der öffentliche Personennahverkehr zu zählen ist.[47] Die Erschließung neuer Geschäftsfelder dürfte daher nur insoweit eine Erstreckung der Ausnahmeregelung rechtfertigen wie diese Betätigung einen unmittelbaren Bezug zum Kerngeschäft des öffentlichen Verkehrs aufweist.[48] Der Ferienreiseverkehr zählt nicht zu den angestammten Geschäftsfeldern der Gemeinden und steht auch nicht in unmittelbarem Bezug zum öffentlichen Personennahverkehr, sodass er diesen lediglich abrunden würde. Ihn von der Subsidiaritätsklausel des § 107 I 1 Nr. 3 NRWGO auszunehmen, würde bedeuten, den Kommunen eine zusätzliche Erwerbsmöglichkeit zu eröffnen, und dürfte damit über den Regelungszweck der Vorschrift hinausgehen. Damit ist die Subsidiaritätsklausel auf das Engagement der Verkehrs-AG im Ferienreiseverkehr anwendbar.

Mit dem Inkrafttreten des Gesetzes zur Revitalisierung des Gemeindewirtschaftsrechts zum 29.10.2010 wurde die zuvor durch die GO-Reform 2007 verschärfte Subsidiaritätsklausel in § 107 I 1 Nr. 3 NRWGO wieder durch eine »einfache« Subsidiaritätsklausel ersetzt.[49] Nunmehr wird eine bessere **Eignung und Wirtschaftlichkeit** der Privatwirtschaft im Verhältnis zur Kommunalwirtschaft gefordert.[50] Diese vorherige »echte« Subsidiaritätsklausel markierte die Abkehr von der Leistungsparität und folgte dem Primat »Privat vor Staat«.[51] Nunmehr ist die Gemeinde also auch dann noch zur wirtschaftlichen Betätigung berechtigt, wenn sie den öffentlichen Zweck (lediglich) genauso gut und wirtschaftlich erfüllen kann wie der private Unternehmer.

Die in der Stadt S bereits im Tourismusbereich tätigen privaten Omnibusbetriebe sind zwar in der Lage, den Ferienreiseverkehr ebenso gut und wirtschaftlich zu erfüllen wie die Stadt S. Eine bessere Eignung und Wirtschaftlichkeit zeichnet ihre Betätigung aber nicht aus. Damit ist der Einsatz der Reisebusse nicht aufgrund eines Verstoßes gegen die Subsidiaritätsklausel unzulässig.

(5) Zwischenergebnis

Der Einsatz der Reisebusse stellt damit eine nach § 107 I NRWGO zulässige wirtschaftliche Betätigung der Stadt S dar.

c) Wirtschaftliche Betätigung außerhalb des Gemeindegebiets

Fraglich ist, ob der Betrieb der Reisebusse im Rahmen des Ferienreiseverkehrs hier zu einer wirtschaftlichen Betätigung der Gemeinde außerhalb des Gemeindegebietes führt. Dann müssten zusätzlich die Voraussetzungen des § 107 III 1 NRWGO erfüllt

47 Vgl. dazu *Held/Kotzea* in Held/Winkel/Wansleben KommunalVerfR GO NRW Vor §§107 ff. Erl. 4.3.; GO NRW § 107 Erl. 5.2 und 5.3.2.

48 Str., zu den Debatten in den Gesetzgebungsverfahren seit 1999 die Darstellung von Rehn/Cronauge/v. Lennep/Knirsch/*Wellmann* § 107 Erl. VI. 2., 3.

49 S. zur wechselvollen Geschichte der Subsidiaritätsklausel ausf. Rehn/Cronauge/v. Lennep/Knirsch/*Wellmann* § 107 Erl. I. und V.

50 Nach überwM kommt den Kommunen auch im Hinblick auf die Beachtung der Subsidiaritätsklausel eine Einschätzungsprärogative zu, die im Wege der aufsichtsbehördlichen und gerichtlichen Kontrolle auf die Überprüfung begrenzt ist, ob kein völlig unvertretbares Verwaltungshandeln vorliegt, vgl. *Schmidt-Jortzig* in Mann/Püttner HKWP V 61 f.; Rehn/Cronauge/v. Lennep/Knirsch/*Wellmann* § 107 Erl. V. 3; *Meyer* WiVerw 2003, 57 (70 f.); *Schink* NVwZ 2002, 129 (137); *Ruffert* VerwArch 92 (2001), 27 (45 ff.).

51 Vgl. *Dünchheim* KommunalR NRW 57; Rehn/Cronauge/v. Lennep/Knirsch/*Wellmann* § 107 Erl. I. 7.

sein. Danach ist die wirtschaftliche Betätigung außerhalb des Gemeindegebiets nur zulässig, wenn nicht nur die Voraussetzungen des § 107 I NRWGO erfüllt sind, sondern zudem die berechtigten Interessen der betroffenen kommunalen Gebietskörperschaften gewahrt werden. Eine solche überörtliche Betätigung ist insbesondere dann anzunehmen, wenn sie keinen Bezug mehr zur Gemeindebevölkerung hat oder der Schwerpunkt der Wertschöpfung außerhalb des Gemeindegebietes liegt.[52] Hier werden die Grenzen des Gemeindegebietes bei Ferienfahrten verlassen. Allerdings richtet sich das Angebot vorrangig an die Einwohner von S. Die Betätigung der Stadt S erhöht mithin in erster Linie die Mobilität ihrer Einwohnerschaft. Auch die erforderlichen Organisationsleistungen für diese Fahrten dürften in S stattfinden. Mithin erscheint schon zweifelhaft, ob eine grenzüberschreitende Betätigung iSv § 107 III NRWGO gegeben ist.[53] Grundsätzlich ist bei der Auslegung dieser Bestimmung zudem zu beachten, dass der Gesetzgeber bei erstmaliger Aufnahme dieser Regelung im Jahr 1999 mit § 107 III NRWGO die Handlungsmöglichkeiten der Gemeinden in räumlicher Hinsicht eher erweitern wollte.[54] Schließlich bestehen aber auch keinerlei Anhaltspunkte dafür, dass es durch die Betätigung der Stadt S zu einer »Fremdversorgung« anderer Gemeinden kommt und dass Interessen anderer Gemeinden verletzt werden. Mithin ist die Betätigung auch im Hinblick auf § 107 III 1 NRWGO zulässig.

d) Zwischenergebnis

Die Gemeinde musste mithin gegen den Einsatz der Reisebusse durch die Verkehrs-AG nicht einschreiten, ihre Pflichten aus § 108 I 1 Nr. 1 NRWGO hat sie daher nicht verletzt. Die Voraussetzungen für ein Einschreiten der Bezirksregierung nach § 123 I NRWGO waren mithin nicht erfüllt.

4. Zwischenergebnis

Die Anordnungsverfügung der Bezirksregierung gegenüber der Stadt S ist rechtswidrig und verletzt die Stadt S dadurch in ihrem Recht auf kommunale Selbstverwaltung. Eine gegen sie gerichtete Klage wäre begründet.

III. Ergebnis

Eine Klage der Stadt gegen die Anordnungsverfügung hätte somit Erfolg.

B. Exkurs

Wären die Voraussetzungen für ein Einschreiten nach § 123 I NRWGO erfüllt, könnte die Aufsichtsbehörde anordnen, dass die Gemeinde innerhalb einer bestimmten Frist das Erforderliche veranlasst. Dabei müssen die von der Gemeinde zu ergreifenden Maßnahmen hinreichend bestimmt und vollständig bezeichnet sein.[55]

---

52 Vgl. *Burgi* KommunalR § 17 Rn. 47; aA *Hellermann* in Dietlein/Hellermann ÖffR NRW § 2 Rn. 319 unter Hinweis auf OVG NRW NVwZ 2008, 1031 (1034).

53 Entspr. für den Fall der von einem städtischen Verkehrsbetrieb organisierten Ausflugsfahrt, die über die Gemeindegrenzen hinausführt *Kühling* NJW 2001, 177 (178). S. auch weitere Beispiele bei *Jarass* DVBl. 2006, 1 (6).

54 Vgl. LT-Drs. 12/3730, 106. In diese Richtung *Jarass* DVBl. 2006, 1 (8 f.), der allerdings darauf verweist, dass die Rechtslage insofern ungewiss sei. Krit. zu dieser Bestimmung: *Ehlers* NWVBl. 2000, 1 (5 ff.).

55 Vgl. *Lübking/Vogelgesang* Kommunalaufsicht Rn. 221.

Mit der Anordnungsverfügung hat die Bezirksregierung der Stadt hier aufgegeben, den mit den Reisebussen betriebenen Ferienreiseverkehr einzustellen. Rechtlich bedenklich erscheint diese Anordnung deswegen, weil der Ferienreiseverkehr nicht unmittelbar von der Stadt S betrieben wird, sondern von der Verkehrs-AG, an der die Stadt lediglich mittelbar beteiligt ist. Ebenso wenig wie das mit der Anordnung von der Gemeinde verlangte Verhalten den Rahmen des rechtlich Zulässigen überschreiten darf[56], darf es in rechtlicher oder tatsächlicher Hinsicht unmöglich sein. Dies ist bei der Stadt S jedoch der Fall. Die Verkehrs-AG ist als sog. Eigengesellschaft gegenüber der Stadt verselbstständigt. Sie hat eine eigene Rechtspersönlichkeit und verfügt über eigene Organe, die selbstständig Entscheidungen fällen.[57] Die Stadt kann nur mittelbar über diese Organe der AG sowie über die Verkehrs- und Versorgungs-GmbH, die ihrerseits eigene Organe hat, Einfluss nehmen. Obwohl die Stadt nach den Vorschriften des § 113 NRWGO Vertreter in die Aufsichtsräte von Kapitalgesellschaften entsendet, die nach § 113 I 2 NRWGO an die Beschlüsse des Rates gebunden sind, kann sie nicht unmittelbar für Handlungen der AG verantwortlich gemacht werden. Sie ist daher **rechtlich nicht in der Lage, die Anordnung der Bezirksregierung zu befolgen.** Weder kann sie den Ferienreiseverkehr selbst einstellen noch kann sie seine Einstellung der AG verbindlich aufgeben.

Die Verfügung der Bezirksregierung ist daher auch insofern rechtswidrig.

C. Vorgehen der Verkehrs-AG

Auch für die Verkehrs-AG kommt eine Klage vor dem zuständigen VG in Betracht. Eine solche hat Erfolg, wenn sie zulässig und begründet ist.

I. Zulässigkeit

1. Verwaltungsrechtsweg und statthafte Klageart

Die Zulässigkeit des Verwaltungsrechtsweges für die Klage gegen eine im Rahmen der allgemeinen Aufsicht nach §§ 119 ff. NRWGO ergangene Anordnung ergibt sich aus § 40 I 1 VwGO. Da es sich bei der Anordnung um einen Verwaltungsakt handelt, ist statthafte Klageart die Anfechtungsklage nach § 42 I VwGO.[58]

2. Klagebefugnis

Die Verkehrs-AG müsste nach § 42 II Alt. 1 VwGO geltend machen, durch den Verwaltungsakt in ihren Rechten verletzt zu sein.

Die Klagebefugnis der AG könnte sich bereits daraus ergeben, dass sie Adressat eines belastenden Verwaltungsakts ist. Der Adressat eines ihn belastenden Verwaltungsakts kann in aller Regel geltend machen, zumindest in seinem Grundrecht aus Art. 2 I GG verletzt zu sein (sog. Adressatenformel[59]). Ob dies auch für die Verkehrs-AG gilt,

56 Vgl. OVG NRW DVBl. 1959, 860 (861), wonach eine Anordnung der Kommunalaufsicht, die Gemeinde habe über einen Antrag abzustimmen, der auf einen rechtswidrigen Beschluss abzielt, rechtswidrig ist.
57 Vgl. insbesondere § 76 I AktG.
58 Vgl. iErg die Ausführungen zur Zulässigkeit einer Klage der Stadt gegen die Anordnung unter A. I. 1. u. 2.
59 Vgl. dazu bereits die Nachw. oben Fall 1 mit Fn. 5.

erscheint indessen zweifelhaft, da es sich bei ihr um eine sog. Eigengesellschaft[60] handelt. Ihre Anteile werden zumindest mittelbar vollständig durch die Stadt S gehalten, die ihrerseits ein Träger hoheitlicher Gewalt ist. Dies könnte zur Folge haben, dass es der Verkehrs-AG an der Fähigkeit fehlt, überhaupt Trägerin von Grundrechten zu sein.

Die **Grundrechtsberechtigung juristischer Personen** richtet sich nach Art. 19 III GG. Danach können sich inländische juristische Personen auf Grundrechte nur insoweit berufen, als sie ihrem Wesen nach auf sie anwendbar sind. Ob und gegebenenfalls inwieweit dies auch für juristische Personen des Privatrechts gilt, die von der öffentlichen Hand beherrscht werden, ist umstritten.

Die überwiegende Auffassung lehnt zumindest die Grundrechtsfähigkeit von Eigengesellschaften grundsätzlich ab. Eigengesellschaften an der Abwehrdimension der Grundrechte teilhaben zu lassen sei mit dem Wesen der Grundrechte nicht vereinbar. Die Begründung stützt sich vor allem darauf, dass die öffentliche Hand ihrerseits grundsätzlich nicht grundrechtsberechtigt ist.[61] Dies ergibt sich in erster Linie aus der Funktion der Grundrechte, die primär darin besteht, die Freiheitssphäre des Einzelnen zu schützen und ihm zugleich die Voraussetzungen für eine freie und aktive Mitwirkung und Mitgestaltung im Gemeinwesen zu sichern. Vor diesem Hintergrund ist die Einbeziehung juristischer Personen in den Schutzbereich der Grundrechte nach Art. 19 III GG nur dann gerechtfertigt, wenn Bildung und Betätigung der juristischen Person Ausdruck der freien Entfaltung der natürlichen Personen sind und daher der »Durchgriff« auf die hinter ihr stehenden natürlichen Personen die Grundrechtsberechtigung der juristischen Person als sinnvoll oder erforderlich erscheinen lässt. Diese Voraussetzung ist bei juristischen Personen des öffentlichen Rechts grundsätzlich nicht erfüllt. Hinter ihnen stehen keine natürlichen Personen, sondern letztlich die Staatsgewalt in ihrer jeweiligen Erscheinungsform. Diese zum Teilhaber und Nutznießer der Grundrechte zu machen, widerspräche deren Funktion. Träger hoheitlicher Gewalt könnten nicht zugleich Grundrechtsadressaten und Grundrechtsberechtigte sein (sog. Konfusionsargument).[62]

Ausnahmen von diesem Grundsatz sind lediglich für solche juristischen Personen des öffentlichen Rechts oder ihre Teilgliederungen anerkannt, die nach den ihnen durch die Rechtsordnung übertragenen Aufgaben unmittelbar einem durch bestimmte Grundrechte geschützten Lebensbereich zugeordnet sind oder ihm – wie zB die Kirchen als Körperschaften des öffentlichen Rechts gem. Art. 140 GG iVm Art. 137 V WRV –

60 Vgl. dazu Hinweis 3 zu diesem Fall.

61 Vgl. BVerfGE 21, 362 (369 ff.) = BeckRS 9998, 111199; BVerfGE 68, 193 (205) = BeckRS 1984, 5449.

62 Vgl. BVerfGE 21, 362 (369) = BeckRS 9998, 111199; BVerfGE 61, 82 (101) = BeckRS 9998, 102970; BVerfGE 68, 193 (205 ff.) = BeckRS 1984, 5449; BVerfGE 75, 192 (200) = BeckRS 9998, 169691; vgl. auch BVerfGE 143, 246 (314) = BeckRS 2016, 55371; v. Mangoldt/Klein/Starck/*Huber* GG Art. 19 Rn. 245, 250 f.; HdBSt V/*Krebs* § 108 Rn. 77 mit Verweis auf HdBSt V/*Rüfner*, 2. Aufl. 2000, § 116 Rn. 64 ff.; Maunz/Dürig/*Remmert* GG Art. 19 Abs. 3 Rn. 45, 57 f.; aA: *Bettermann* NJW 1969, 1321 (1327). Soweit allerdings von der überw. Auffassung die Begründung fehlender Grundrechtsfähigkeit juristischer Personen des öffentlichen Rechts auch auf das Konfusionsargument gestützt wird, hat sich dieses Argument nach Ansicht der mittlerweile wohl überw. Lit. als »haltlos« erwiesen, da es in seiner Verallgemeinerung verkenne, dass – wie die Ausnahmetrias zeige – ein und dieselbe juristische Person in einer Beziehung Grundrechtsadressat, in einer anderen Grundrechtsträger sein könne, *Dreier* GG Art. 19 III Rn. 59; vgl. auch *Kingreen/Poscher* Grundrechte Rn. 217, 223 ff.; *Schoch* JURA 2001, 201 (204).

kraft ihrer Eigenart von vornherein angehören.[63] So können sich etwa die Universitäten und Fakultäten auf das Grundrecht der Freiheit von Wissenschaft, Forschung und Lehre aus Art. 5 III 1 GG,[64] die Rundfunkanstalten auf das Grundrecht der Rundfunkfreiheit aus Art. 5 I 2 GG[65] und die Kirchen unter anderem auf Art. 4 I und II GG[66] berufen. Diese Ausnahmefälle zeichnen sich dadurch aus, dass die betreffenden juristischen Personen des öffentlichen Rechts den Bürgern zur Verwirklichung ihrer individuellen Grundrechte dienen und dem Staat als eigenständige, von ihm unabhängige oder jedenfalls distanzierte Einrichtungen gegenüberstehen.[67] Im Falle der Gemeinden liegt eine derartige Ausnahmesituation nicht vor. Weder sind sie einem durch ein Grundrecht speziell geschützten Lebensbereich zugeordnet noch von der Staatsgewalt hinreichend distanziert. Ihnen ist die Berufung auf Grundrechte versagt.[68]

Ist aber – so wird von der herrschenden Auffassung weiter argumentiert – eine juristische Person des öffentlichen Rechts nicht grundrechtsberechtigt, könne für die von ihr beherrschte Gesellschaft nichts anderes gelten. Der Mangel der Grundrechtsberechtigung müsse unabhängig davon gelten, ob der jeweilige Träger hoheitlicher Gewalt sich zur Erfüllung seiner Aufgaben öffentlich-rechtlicher oder privatrechtlicher Organisationsformen bediente. Anderenfalls hätte der Staat die Möglichkeit, sich durch die Wahl privatrechtlicher Handlungsformen seiner Grundrechtsbindungen zu entledigen, weil Grundrechtsbindung und mangelnde Grundrechtsberechtigung zwei Seiten derselben Medaille seien.[69]

Die Gegenposition, die juristische Personen des Privatrechts auch dann als grundrechtsberechtigt ansieht, wenn sie von der öffentlichen Hand beherrscht werden, verweist zur Begründung insbesondere auf das Vorliegen der eigenen Rechtspersönlichkeit. Eine Gesellschaft führe als juristische Person ein eigenes Dasein und sei vom Wechsel ihrer Gesellschafter unabhängig. Ihr rechtlicher Status werde durch die besonderen rechtlichen Verhältnisse ihrer Gesellschafter grundsätzlich nicht beeinflusst. Daher widerspreche es dem Wesen der Gesellschaft, ihre Grundrechtsberechtigung von dem Grundrechtsschutz der hinter der juristischen Person stehenden natürlichen

63 Vgl. BVerfGE 61, 82 (102) = BeckRS 9998, 102970. Eine weitere Ausnahme gilt für die grundrechtsähnlichen Rechte aus Art. 101 I 2 und 103 I GG (sog. Prozessgrundrechte), auf die sich auch juristische Personen des öffentlichen Rechts uneingeschränkt berufen können müssen, da sie objektive Verfahrensgrundsätze enthalten, die für jedes gerichtliche Verfahren gelten und daher auch jedem zugutekommen müssen, der nach der jeweiligen Verfahrensordnung parteifähig oder unmittelbar von dem Verfahren betroffen ist, BVerfGE 61, 82 (193) = BeckRS 9998, 102970.

64 Vgl. BVerfGE 15, 256 (262) = BeckRS 9998, 159350.

65 Vgl. BVerfGE 31, 314 (322) = NJW 1971, 1739.

66 BVerfGE 42, 312 (321 f.) = BeckRS 9998, 106421; BVerfGE 53, 366 (387) = BeckRS 9998, 104358; BVerfGE 70, 138 (160 f.) = AP GG Art. 140 Nr. 24.

67 Vgl. BVerfGE 61, 82 (103) = BeckRS 9998, 102970; HdBSt V/*Rüfner*, 2. Aufl. 2000, § 116 Rn. 73 ff.

68 Vgl. BVerfGE 61, 82 (103) = BeckRS 9998, 102970; BVerwG NuR 1990, 109 (110); v. Münch/Kunig/*Krebs* GG Art. 19 Rn. 47; HdBSt V/*Rüfner*, 2. Aufl. 2000, § 116 Rn. 67 f., 72; *Stern* StR III/1, 1166; Maunz/Dürig/*Remmert* GG Art. 19 Abs. 3 Rn. 46; *Röhl* in Schoch BesVerwR Kap. 2 Rn. 62 ff.; vgl. jedoch auch Hinweis 5 zu diesem Fall.

69 Vgl. BVerfGE 45, 63 (80) = BeckRS 1977, 00802; BVerfG NJW 1980, 1093; v. Mangoldt/Klein/Starck/*Huber* GG Art. 19 Rn. 281 f.; *Dreier* GG Art. 19 III Rn. 70 f.; HdBSt V/*Rüfner*, 2. Aufl. 2000, § 116 Rn. 80; *Stober* NJW 1984, 449 (453). Differenzierend für juristische Personen des Privatrechts, welche von einem ausländischen Staat beherrscht werden, BVerfGE 143, 246 (315 ff.) = BeckRS 2016, 55371.

Personen abhängig zu machen.[70] Abzustellen sei vielmehr darauf, ob eine grundrechtstypische Gefährdungslage vorliege, ob sich also die Gesellschaft in einer ähnlichen Situation wie eine natürliche Person befinde, die gegen den freiheitsgefährdenden Staat den Schutz der Grundrechte genieße.[71] Das sei der Fall; durch die Wahl einer privatrechtlichen Organisationsform werde ein Außenrechtsverhältnis geschaffen, sodass die juristische Person des Privatrechts des Schutzes der Grundrechte bedürfe.[72] Grundrechtswidrige Nachteile für den Bürger seien deswegen nicht zu befürchten, weil die die Gesellschaft beherrschende juristische Person des öffentlichen Rechts durch die Wahl einer Organisationsform privaten Rechts von ihrer Grundrechtsbindung gerade nicht frei werde und daher verpflichtet sei, ihren Einfluss in entsprechender Weise geltend zu machen.[73]

Diese Position muss sich jedoch ihren ausschließlich formalen Ansatz entgegenhalten lassen. Hinter einer Eigengesellschaft steht eine juristische Person des öffentlichen Rechts. Diese käme, würde man der Eigengesellschaft die Grundrechtsfähigkeit zuerkennen, mittelbar in den Genuss der Grundrechte, der ihr, sofern sie sich zur Erfüllung ihrer Aufgaben einer öffentlich-rechtlichen Organisationsform bedient, versagt ist. Dass es damit im Ergebnis allein von der Wahl der Rechtsform abhängig sein soll, ob die Grundrechte jedenfalls mittelbar auch die öffentliche Hand schützen, vermag nicht zu überzeugen. Die Grundrechtsfähigkeit von Eigengesellschaften ist daher abzulehnen.[74]

Demnach kann die Verkehrs-AG sich nicht auf Art. 2 I GG berufen. Andere Rechte, die verletzt sein könnten, sind nicht ersichtlich. Sie ist nicht klagebefugt.

II. Ergebnis

Eine Klage der Verkehrs-AG gegen die Anordnung der Bezirksregierung ist mangels Klagebefugnis unzulässig.

III. Hilfsgutachten zur Begründetheit

Um auf die noch offene Rechtsfrage der Rechtmäßigkeit der gegenüber der Verkehrs-AG ergangenen Anordnung eingehen zu können, soll im Folgenden die Zulässigkeit der Klage unterstellt werden und hilfsgutachtlich die Frage der Begründetheit geprüft werden.

---

70 Vgl. *Püttner,* Die öffentlichen Unternehmen, 2. Aufl. 1985, 119 ff.

71 Vgl. *Pieroth* NWVBl. 1992, 85 (86); *Ludwigs/Friedmann* NVwZ 2018, 22 (27).

72 Vgl. *Pieroth* NWVBl. 1992, 85 (87 f.); *Ludwigs/Friedmann* NVwZ 2018, 22 (27).

73 Vgl. *Püttner,* Die öffentlichen Unternehmen, 2. Aufl. 1985, 121.

74 Vgl. auch BVerfG NVwZ-RR 2016, 242 (242 f.). Ob und in welchem Umfang dies auch für sog. gemischt-wirtschaftliche Unternehmen gilt, dh für Unternehmen, die sowohl öffentliche als auch private Anteilseigner aufweisen, kann hier dahinstehen, da die Anteile der Verkehrs-AG ausnahmslos in städtischer Hand liegen. Das hat das BVerfG für eine Aktiengesellschaft angenommen, die der Wahrnehmung öffentlicher Aufgaben diente und sich zu 72 % in öffentlicher Hand befand, vgl. BVerfG NJW 1990, 1783 (betr. Hamburger Elektrizitätswerk). AA etwa *Koppensteiner* NJW 1990, 3105 ff.; HdBSt V/*Rüfner,* 2. Aufl. 2000, § 116 Rn. 81; *Pieroth* NWVBl. 1992, 85 (87 f.). In einer Entscheidung aus Februar 2011 ist das BVerfG jedenfalls von der unmittelbaren Grundrechtsbindung gemischt-wirtschaftlicher Unternehmen in Privatrechtsform, die von der öffentlichen Hand beherrscht werden, ausgegangen (BVerfGE 128, 226 = BeckRS 2011, 47764 – Fraport). Vgl. für juristische Personen des Privatrechts, welche von einem ausländischen Staat beherrscht werden, BVerfGE 143, 246 (315 ff.) = BeckRS 2016, 55371.

Eine Klage der Verkehrs-AG wäre nach § 113 I 1 VwGO begründet, wenn der angegriffene Verwaltungsakt rechtswidrig und die Verkehrs-AG in ihren Rechten verletzt ist.

1. Rechtmäßigkeit der Anordnung

a) Ermächtigungsgrundlage

Als Ermächtigungsgrundlage für die Anordnung der Bezirksregierung gegenüber der Verkehrs-AG kommt lediglich § 123 I NRWGO in Betracht. Fraglich erscheint jedoch, ob die Verkehrs-AG überhaupt der **allgemeinen Aufsicht** nach §§ 119 ff. NRWGO unterliegt. Nach § 119 I NRWGO erstreckt sich die allgemeine Aufsicht darauf, dass die Gemeinden im Einklang mit den Gesetzen verwaltet werden. Der Wortlaut der Vorschrift deutet darauf hin, dass **nur die Gemeinden selbst**, nicht aber Unternehmen oder Einrichtungen, die von den Gemeinden mit eigener Rechtspersönlichkeit betrieben werden, der allgemeinen Aufsicht unterliegen. Für dieses Ergebnis spricht weiterhin, dass die Vorschriften der Gemeindeordnung unmittelbar nur die Gemeinde selbst, nicht aber die von ihr betriebenen Unternehmen oder Einrichtungen verpflichten. Diese sind lediglich aus den mit der Gemeinde getroffenen Vereinbarungen verpflichtet. Das ergibt sich insbesondere aus der Vorschrift des § 108 I 1 Nr. 7 NRWGO, wonach die Beteiligung der Gemeinde an einem privatrechtlichen Unternehmen nur dann zulässig ist, wenn das Unternehmen durch Gesellschaftsvertrag oÄ auf den öffentlichen Zweck der wirtschaftlichen Betätigung ausgerichtet ist. Wären die Unternehmen unmittelbar an die Voraussetzungen des § 107 I 1 NRWGO gebunden, bedürfte es einer solchen Regelung nicht.

Gründet die Gemeinde Unternehmen in einer Rechtsform des privaten Rechts oder beteiligt sie sich an ihnen, erstreckt sich die Kommunalaufsicht daher lediglich darauf, dass die Voraussetzungen des § 108 I 1 Nr. 1 NRWGO seitens der Gemeinde beachtet werden. Ist das nicht der Fall, kann die Aufsichtsbehörde die Gemeinde anhalten, das Erforderliche zu tun, dh insbesondere von ihren Einflussmöglichkeiten gegenüber dem betreffenden Unternehmen Gebrauch zu machen. Eine darüber hinausgehende Möglichkeit, auch von dem jeweiligen Unternehmen selbst die Einhaltung etwa der Grenzen der nach § 107 I 1 NRWGO zulässigen wirtschaftlichen Betätigung zu fordern, besteht nicht.[75]

Demgemäß unterlag die Verkehrs-AG nicht der allgemeinen Aufsicht nach §§ 119 ff. NRWGO, sodass § 123 I NRWGO keine hinreichende Rechtsgrundlage für den Erlass einer an sie gerichteten Anordnung bietet.

b) Zwischenergebnis

Die Anordnung der Bezirksregierung war mithin rechtswidrig.

2. Rechtsverletzung bei Verkehrs-AG

Für die Begründetheit einer Anfechtungsklage ist nach § 113 I 1 VwGO über die Rechtswidrigkeit des angegriffenen Verwaltungsakts hinaus allerdings erforderlich, dass der Kläger durch den Verwaltungsakt in seinen Rechten verletzt wird. Dazu

75 Vgl. Rehn/Cronauge/v. Lennep/Knirsch/*Knirsch* § 123 Erl. II. 2.

müsste die Anordnung in Rechte der Verkehrs-AG eingegriffen haben. In Betracht käme eine Verletzung des Grundrechts aus Art. 2 I GG. Auf dieses Recht kann sich die Verkehrs-AG jedoch nicht berufen.[76] Andere Rechte, die verletzt sein könnten, sind nicht ersichtlich. Die erforderliche Rechtsverletzung ist demnach nicht gegeben.

3. Ergebnis

Eine Klage der Verkehrs-AG wäre mangels Rechtsverletzung auch nicht begründet.

Ergänzende Hinweise

1. Vgl. zu den Grenzen gemeindlicher wirtschaftlicher Betätigung nach den Gemeindeordnungen der **anderen Bundesländer** Art. 86 ff. BayGO; §§ 102 ff. BWGemO; §§ 91 ff. BbgKVerf; §§ 121 ff. HGO; §§ 68 ff. MVKV; §§ 136 ff. NKomVG; §§ 85 ff. RhPfGemO; §§ 108 ff. KSVG; §§ 101 ff. SchlHGO; §§ 94 a ff. SächsGemO; §§ 128 ff. LSAKVG; §§ 71 ff. ThürKO. S. auch die Zusammenschau der in anderen Bundesländern geltenden Subsidiaritätsklauseln bei Rehn/Cronauge/v. Lennep/Knirsch/*Wellmann* § 107 Erl. V. 2. S. ergänzend *Brüning* NVwZ 2015, 689 ff. – zu den landesrechtlichen Unterschieden und »Risse[n] im Rechtsrahmen kommunaler wirtschaftlicher Betätigung«.

2. Die Eröffnung des **Verwaltungsrechtswegs** für eine Klage gegen Maßnahmen der Kommunalaufsicht ergibt sich nicht bereits aus der Regelung des § 126 NRWGO. Anders als man seinem Wortlaut[77] nach vermuten könnte, beinhaltet § 126 NRWGO keine sog. aufdrängende Sonderzuweisung von Klagen gegen Maßnahmen der Kommunalaufsicht an die VG. Einer Auslegung der Vorschrift als Rechtswegzuweisung steht entgegen, dass der Bundesgesetzgeber mit Erlass des § 40 VwGO für den Bereich der Rechtswegbestimmung von seiner Gesetzgebungskompetenz abschließend Gebrauch gemacht hat (aA Schoch/Schneider/Bier/*Ehlers/Schneider* VwGO § 40 Rn. 29, 35, 37, die den abschließenden Charakter der Generalklausel bestätigen, gleichzeitig aber die Zulässigkeit normkonkretisierender Landeszuweisungen in Erwägung ziehen).

3. Kommunale Wirtschaftsunternehmen werden häufig in der Rechtsform des Eigenbetriebs, des Regiebetriebs oder der privatrechtlichen Gesellschaft geführt (vgl. *Erbguth/Mann/Schubert* BesVerwR Rn. 303).

Regiebetriebe weisen dabei keinerlei Verselbstständigung gegenüber anderen Verwaltungsdienststellen der Gemeinde auf. Sie dienen vorwiegend dem Zweck, den Eigenbedarf der Verwaltung zu decken. Beispiele für Regiebetriebe sind etwa eine städtische Gärtnerei bzw. Baumschule, eine Druckerei für den städtischen Formularbedarf sowie Sargtischlereien für die Bestattung der Leichen von Hilfsbedürftigen (*Fetzer* in Steiner/Brinktrine BesVerwR § 6 Rn. 117).

Ebenso wie Regiebetriebe sind die **Eigenbetriebe** (§ 114 NRWGO iVm §§ 1 ff. NRWEigenbetriebsVO; Art. 88 BayGO) rechtlich unselbstständig, dafür aber orga-

76 Vgl. die Ausführungen zum Fehlen der Klagebefugnis der Verkehrs-AG, oben unter C. I. 2.
77 § 126 NRWGO lautet: »Maßnahmen der Aufsichtsbehörde können unmittelbar mit der Klage im Verwaltungsstreitverfahren angefochten werden«.

nisatorisch und finanzwirtschaftlich weitgehend selbstständig ausgestaltet (*Erbguth/Mann/Schubert* BesVerwR Rn. 306). Da das Betriebsvermögen zum Sondervermögen der Kommune gehört, ist auch der Haushaltsplan des Eigenbetriebs von der gemeindlichen Haushaltsführung getrennt (*Fetzer* in Steiner/Brinktrine BesVerwR § 6 Rn. 117).

Bei den **Gesellschaften** handelt es sich idR um rechtlich selbstständige juristische Personen des Privatrechts (meist AG oder GmbH). Sind an ihnen nicht nur Träger öffentlicher Verwaltung, sondern auch Private beteiligt, so werden sie als »gemischt wirtschaftliche Unternehmen« bezeichnet. Hiervon zu unterscheiden sind die gemischt-öffentlichen Unternehmen, an denen mehrere Körperschaften des öffentlichen Rechts beteiligt sind. Sie bieten eine günstige Rechtsform für die Zusammenarbeit insbesondere verschiedener Gemeinden oder Gemeindeverbände. Zur Zulässigkeit der Gründung und Beteiligung vgl. § 108 NRWGO (dazu *Geis* KommunalR § 12 Rn. 71 f.); zur Vertretung der Gemeinde in den Organen der Gesellschaft vgl. § 113 NRWGO.

In Nordrhein Westfalen wurde durch das am 14.7.1999 in Kraft getretene Erste Modernisierungsgesetz NRW (1. ModernG, GV. NRW. 386 ff.) die **rechtsfähige Anstalt des öffentlichen Rechts** als neue Form kommunaler wirtschaftlicher Betätigung eingeführt. In zahlreichen Bundesländern gibt es entsprechende Regelungen, vgl. nur Art. 89 BayGO; § 94 BbgKVerf; § 126a HGO; § 70 MVKV; § 141 NKomVG; § 86a RhPfGemO; § 106a SchlHGO; § 76a ThürKO. Im Gegensatz zu den Gesellschaften des privaten Rechts, denen die Gemeinde die Durchführung bestimmter Aufgaben übertragen kann, ist hier gem. § 114a III NRWGO sogar eine Übertragung der Aufgabe selbst möglich.

4. Schwierigkeiten bereiten die **Klagen privater Konkurrenten** von gemeindlich betriebenen Unternehmen (zum Rechtsschutz privater Konkurrenz gegen die wirtschaftliche Betätigung der Gemeinde *Jungkamp* NVwZ 2010, 546 ff.). Im Rahmen der Zulässigkeit stellt sich zunächst die Frage, auf welche – streitentscheidende – Norm abzustellen ist. In Betracht kommt neben §§ 107 ff. NRWGO, deren Einschlägigkeit zu einer Eröffnung des Verwaltungsrechtsweges führen würde, § 3 UWG (früher: § 1 UWG). Wäre § 3 UWG einschlägig, wäre der Rechtsstreit möglicherweise an die Zivilgerichte (§ 13 GVG) zu verweisen (§ 17a II 1 GVG; beachte aber § 17 II 1 GVG). Nach § 3 UWG sind geschäftliche Handlungen unzulässig, wenn sie geeignet sind, die Interessen von Mitbewerbern, Verbrauchern oder sonstigen Marktteilnehmern spürbar zu beeinträchtigen. Zu klären ist daher, ob eine von einem Kläger angegriffene Betätigung einer Gemeinde zugleich »unlauter« iSd § 3 UWG ist, wenn die Voraussetzungen des § 107 NRWGO nicht erfüllt sind. Diese Frage war früher umstritten und wurde von den Oberlandesgerichten Düsseldorf und Hamm bejaht (vgl. OLG Düsseldorf NVwZ 2002, 248 [249]; NWVBl. 1997, 353 mablAnm *Moraing*; OLG Hamm JZ 1998, 576 ff.) Seit der grundlegenden Entscheidung des BGH NVwZ 2002, 1141 (1142 f.)[78], zu Art. 87 BayGO aber ist geklärt, dass ein Verstoß gegen Normen, die der erwerbswirtschaftlichen Betätigung von Gemeinden Grenzen setzen, nicht zugleich sittenwidrig iSd § 1 UWG aF ist. Der BGH verneint eine »sekundäre wettbewerbsbezogene, dh – entsprechend dem Normzweck des § 1 UWG (aF) – eine auf die Lauterkeit des Wettbewerbs bezogene Schutzfunktion« der

78 S. dazu die instruktive Besprechung von *Warneke* JuS 2003, 958 ff.

kommunalen Wirtschaftsvorschriften. Vgl. zu § 107 NRWGO: BGH NVwZ 2003, 246 (247) mAnm *Hesshaus* NWVBl. 2003, 173.

Außerdem ist bei Klagen privater Konkurrenten fraglich, ob ihnen die erforderliche **Klagebefugnis** zukommt. Sie könnte sich in Nordrhein-Westfalen aus der möglichen Verletzung von § 107 NRWGO ergeben. Voraussetzung hierfür ist, dass es sich bei § 107 NRWGO um eine **drittschützende Norm** handelt. Nach der sog. Schutznormtheorie ist eine Vorschrift drittschützend, wenn sie zumindest auch dem Schutz desjenigen zu dienen bestimmt ist, der aus ihrer Verletzung Rechte ableiten will (vgl. *Hufen* VerwProzR § 14 Rn. 72). Der drittschützende Charakter wurde vor der Änderung des § 107 NRWGO durch das 1. ModernG von der hM mit der Begründung verneint, die Norm bezwecke nicht den Schutz privater Konkurrenten, sondern ausschließlich den der Gemeinde vor mit einer wirtschaftlichen Betätigung verbundenen finanziellen Risiken (vgl. *Hübschle* GewArch 2000, 186 [187]; *Otting* DÖV 1999, 549 [551]). Inzwischen hat sich hier eine deutliche Änderung der Rechtsprechung ergeben.[79] So hat zunächst das OVG NRW (DVBl. 2004, 133 ff. mAnm *Schliesky*; dieser Entscheidung folgend OVG NRW NVwZ 2008, 1031 ff.) unter überzeugender Auslegung der Norm entschieden, dass »jedenfalls die Betätigungsschranke des § 107 I 1 Nr. 1 NRWGO« subjektive Rechte begründet (OVG NRW DVBl. 2004, 133 ff. [134]; iErg ebenso *Jungkamp* NVwZ 2010, 546 [548], der anders als das OVG NRW den Drittschutz aus der Subsidiaritätsklausel und nicht schon aus der Zweckbindungsklausel herleitet). Von einer drittschützenden Wirkung der den Marktzutritt regelnden Vorschrift des Kommunalwirtschaftsrechts geht auch der VGH BW aus (NVwZ-RR 2006, 715 [715]). Vgl. ferner auch VerfGH RhPf, der der in § 85 I Nr. 3 RhPfGemO normierten sog. »echten« Subsidiaritätsklausel aufgrund ihres Wortlautes und Gesetzeszweckes einen drittschützenden Charakter zuerkannt hat (VerfGH RhPf NVwZ 2000, 801 [803 f.]). Hier ist allerdings für NRW zu beachten, dass infolge des Gesetzes zur »Revitalisierung des Gemeindewirtschaftsrechts« die Regelung des § 107 I 1 Nr. 3 NRWGO keine »echte« Subsidiaritätsklausel mehr enthält. Vgl. zum Ganzen auch *Hellermann* in Dietlein/Hellermann ÖffR NRW § 2 Rn. 334. Wird die drittschützende Wirkung des § 107 NRWGO verneint, so kann in dem Wettbewerb durch die Gemeinde gleichwohl ein Verstoß gegen Art. 12 oder Art. 14 GG liegen (vgl. hierzu *Schliesky* ÖffWettbewerbsR 195 ff. und 257 ff.). Der Rückgriff auf Grundrechte ist allerdings nur erforderlich, wenn sich die Klagebefugnis nicht aus einfachem Recht herleiten lässt. Nach den in höchstrichterlicher Rechtsprechung aufgestellten **Grundsätzen** schützen die Grundrechte eines privaten Anbieters jedenfalls dann vor dem Hinzutreten des Staates oder der Gemeinden als Konkurrenz, wenn private wirtschaftliche Betätigung unmöglich gemacht oder unzumutbar eingeschränkt wird oder eine unerlaubte Monopolstellung entsteht.[80] Das OVG NRW beschränkt diese Rechtsprechungsgrundsätze allerdings in nicht unbedenklicher Weise auf die Fälle der »freiwilligen« wirtschaftlichen Betätigung der Kommune (OVG NRW NVwZ-RR 2005, 738 f. mkritAnm *Selmer* JuS 2005, 1139 f.).

---

79 Vgl. *Hufen* VerwProzR § 14 Rn. 78 mN auf die zugrunde liegenden gerichtlichen Entscheidungen.

80 Vgl. BVerwGE 17, 306 (314) = NJW 1964, 2075; BVerwGE 30, 191 (198 f.) = BeckRS 9998, 110224; BVerwGE 39, 329 (336 f.); BVerwG NJW 1995, 2938 (2939). Vgl. zum Ganzen auch *Hellermann* in Dietlein/Hellermann ÖffR NRW § 2 Rn. 334.

5. Die Zulässigkeit einer Klage der Verkehrs-AG scheiterte in der Falllösung daran, dass die Grundrechtsfähigkeit der Verkehrs-AG als Eigengesellschaft abgelehnt wurde. Dabei stützte sich die Begründung maßgeblich darauf, dass die Gemeinden als juristische Personen des öffentlichen Rechts ihrerseits nicht grundrechtsfähig sind. Diese insbesondere vom BVerfG vertretene Position[81] wird von einigen Autoren in der Literatur kritisiert. Jedenfalls dann, wenn die Gemeinde nicht hoheitlich tätig werde, sei sie gegenüber staatlichen Eingriffen in gleicher Weise schutzwürdig wie ein Privater, sodass eine grundrechtstypische Gefährdungslage bestehe und insoweit von einer Grundrechtsfähigkeit der Gemeinde ausgegangen werden müsse.[82] Auch der bayerische BayVerfGH hält die Grundrechtsfähigkeit von Gemeinden nicht für schlechthin ausgeschlossen, sondern erkennt sie den Gemeinden dann zu, wenn im jeweiligen Einzelfall eine grundrechtstypische Gefährdungslage gegeben sei.[83] Generell bejaht hat er eine solche für das in Art. 118 I BayVerf enthaltene Willkürverbot.[84] Die Berufung auf den verfassungsrechtlichen Eigentumsschutz der Art. 103 I, 159 BayVerf lässt er jedenfalls außerhalb des Bereichs der Wahrnehmung öffentlicher Aufgaben zu. In diesen Fällen erfülle das Eigentum in der Hand der Gemeinde die gleiche Funktion wie bei Privaten.[85] Die Abweichung von der Rechtsprechung des BVerfG rechtfertigt der BayVerfGH mit dem Hinweis auf die Trennung der Verfassungsräume. Die bayerische Verfassung räume den Gemeinden in Art. 11 BayVerf eine besondere Stellung ein. Indem sie in Art. 11 II 1 BayVerf als »ursprüngliche Gebietskörperschaften« bezeichnet werden, würden sie als geographisches, soziologisches und politisches Fundament des Staates anerkannt. Das den Gemeinden durch Art. 11 II 2 BayVerf gewährleistete Recht, ihre eigenen Angelegenheiten im Rahmen der Gesetze selbst zu ordnen, sei ihnen weder vom Staat verliehen noch von diesem abgeleitet, sondern stelle vielmehr eine originäre Befugnis der Gemeinden dar.[86] In Anknüpfung an diese Rechtsprechung wird in der Literatur darüber hinaus etwa im Falle der allgemeinen Handlungsfreiheit (Art. 101 BayVerf), der Unverletzlichkeit der Wohnung (Art. 106 BayVerf) oder der Meinungsäußerungsfreiheit (Art. 110 BayVerf) das Vorliegen grundrechtstypischer Gefährdungslagen angenommen.[87]

6. Im Fall ging es um eine Maßnahme der **Rechtsaufsicht** (allgemeine Kommunalaufsicht, § 119 I NRWGO); hiervon zu unterscheiden sind die Sonderaufsicht bei Pflichtaufgaben zur Erfüllung nach Weisung sowie die Fachaufsicht in Auftragsangelegenheiten.

Die **Sonderaufsicht** bei den Pflichtaufgaben zur Erfüllung nach Weisung richtet sich gem. Art. 78 IV 2 NRWVerf und § 3 II sowie § 119 II NRWGO nach den hierüber erlassenen Gesetzen. Die rechtliche Einordnung der Pflichtaufgaben zur Erfüllung nach Weisung innerhalb der durch Art. 28 II GG vorgegebenen Unterscheidung von Selbstverwaltungsangelegenheiten und staatlichen Auftragsangelegenheiten bereitet

81 Vgl. BVerfGE 61, 82 = BeckRS 9998, 102970.

82 Vgl. *Erichsen* KommunalR NRW § 3 C; *Erlenkämper* NVwZ 1984, 621 (622); *Mögele* NJW 1983, 805 f.

83 Vgl. BayVerfGH BayVBl. 1984, 655 (656).

84 Vgl. BayVerfGH BayVBl. 1993, 177 (178).

85 Vgl. BayVerfGH BayVBl. 1984, 655 (657).

86 Vgl. BayVerfGH BayVBl. 1984, 655 (656 f.); BHKM/*Becker* ÖffR Bayern 2. Teil, Rn. 102 ff.; krit. dazu *Badura* BayVBl. 1989, 1 (4 f.).

87 Vgl. *Knemeyer* BayVBl. 1988, 129 (132 f.).

erhebliche Schwierigkeiten. Das OVG NRW (NWVBl. 1995, 401 ff.), der VerfGH NRW (DVBl. 1985, 685 [687]) und Teile der Literatur (*Vietmeier* DVBl. 1992, 413 [420]; *Erichsen* KommunalR NRW § 5 C, 70) qualifizieren Pflichtaufgaben zur Erfüllung nach Weisung als Selbstverwaltungsangelegenheiten. Andere Teile der Literatur (*Röhl* in Schoch BesVerwR Kap. 2 Rn. 71 ff. [73]; *Hellermann* in Dietlein/Hellermann ÖffR NRW § 2 Rn. 66 f., 101) sowie die frühere Rechtsprechung des OVG NRW (OVGE 13, 356 [359]) sehen sie als ein »Zwischending zwischen Selbstverwaltungsangelegenheiten und Auftragsangelegenheiten« an. Demgegenüber will ein Teil des Schrifttums in ihnen die früheren Landesauftragsangelegenheiten erkennen, die lediglich eine neue Bezeichnung erhalten hätten (*Gönnenwein* GemeindeR 105 f.). Beispiele für Pflichtaufgaben zur Erfüllung nach Weisung sind in Nordrhein-Westfalen etwa die Tätigkeit der Ordnungsbehörden (§§ 8 ff. NRWOBG), die Bauaufsicht (§ 58 I NRWBauO) und der Denkmalschutz (§ 20 III NRWDSchG).

Nach § 9 I NRWOBG überwacht die Aufsichtsbehörde die Rechtmäßigkeit und nach § 9 II und III NRWOBG die Zweckmäßigkeit des ordnungsbehördlichen Handelns nach näherer Maßgabe dieser Vorschrift. Im Unterschied zu den Selbstverwaltungsangelegenheiten besteht bei Pflichtaufgaben zur Erfüllung nach Weisung mithin nicht lediglich eine Rechtsaufsicht, sondern eine beschränkte, auf Zweckmäßigkeit gerichtete, Fachaufsicht. Im Gegensatz zu den Auftragsangelegenheiten greift jedoch kein uneingeschränktes Weisungsrecht (vgl. *Hellermann* in Dietlein/Hellermann ÖffR NRW § 2 Rn. 66).

Seit Inkrafttreten des Bürokratieabbaugesetzes II v. 9.10.2007 wirkt sich die Zuordnung einer Verwaltungstätigkeit zu den Pflichtaufgaben zur Erfüllung nach Weisung nicht mehr auf den Ablauf des Verwaltungsverfahrens aus. Gemäß § 111 NRWJustG ist **bei allen Angelegenheiten** die Ausgangsbehörde für den Erlass des Widerspruchbescheids zuständig. Nach § 7 NRWAG VwGO aF (vor Inkrafttreten des Bürokratieabbaugesetzes II) waren bei Pflichtaufgaben zur Erfüllung nach Weisung die Aufsichtsbehörden für den Erlass des Widerspruchbescheids zuständig.

Die mit der rechtlichen Qualifizierung der Pflichtaufgaben zur Erfüllung nach Weisung verbundenen Schwierigkeiten wirken sich auf die Frage aus, mit welcher Klage sich eine Gemeinde gegen aufsichtsbehördliche Weisungen zur Wehr setzen kann. Das OVG NRW (NWVBl. 1995, 401) sowie der VerfGH NRW (DVBl. 1985, 685 [687]) qualifizieren die Weisungen der Aufsichtsbehörde als Verwaltungsakte. Das Vorliegen eines Verwaltungsakts scheitert hierbei nicht an der erforderlichen Gerichtetheit auf Außenwirkung, da die Gemeinde den Staat nicht nur als »verlängerter Arm« bei der Wahrnehmung staatlicher Aufgaben unterstützt, sondern ihm als Trägerin des kommunalen Selbstverwaltungsrechts (Art. 28 II GG) gegenübersteht (vgl. *Knemeyer* JuS 2000, 521 [525]). **Statthafte Klageart** gegen aufsichtsbehördliche Weisungen ist deshalb die Anfechtungsklage.

7. Im Rahmen der – zB in NRW, Baden-Württemberg, Brandenburg und Hessen nur bundesrechtlich möglichen – Auftragsangelegenheiten (vgl. zB § 16 NRWLOG) werden **Recht- und Zweckmäßigkeit** des gemeindlichen Handelns überwacht (vgl. Art. 109 II BayGO). Diese originär staatlichen Aufgaben sind den Gemeinden vom Staat allein aus Gründen der Verwaltungsvereinfachung übertragen worden. Der Staat übt durch seine Behörden deshalb weiterhin federführenden Einfluss auf die Aufgabenerfüllung aus.

Vgl. zum Begriff der Fachaufsicht auch die Norm des § 13 I NRWLOG: »Die Fachaufsicht erstreckt sich auf die rechtmäßige und zweckmäßige Wahrnehmung der Aufgaben.«

Maßnahmen der **Fachaufsicht** sind keine Verwaltungsakte (vgl. *v. Mutius* KommunalR Rn. 314 f.). Die Gemeinden werden hier lediglich als Zuordnungssubjekte von Innenrechtssätzen angesprochen. Wenn auch die Anfechtungsklage danach ausscheidet, so kommen doch Feststellungs- und allgemeine Leistungsklage in Betracht, wenn und soweit sich die Aufsichtsmaßnahme auf das Selbstverwaltungsrecht auswirkt (vgl. *Erichsen* KommunalR NRW § 15 E 3, 358). Anders sah es VG München BeckRS 2017, 151125, das eine fachaufsichtliche Weisung im Straßenverkehrsrecht als Verwaltungsakt einordnet, sofern ihre »Rechtswirkung unter Berücksichtigung des zugrundeliegenden materiellen Rechts nicht im staatlichen Innenbereich verbleibt, sondern auf den rechtlich geschützten Bereich der Gemeinde in Selbstverwaltungsangelegenheiten übergreift und damit Außenwirkung erzeugt bzw. eine Rechtsverletzung bedingt.«

8. Zur Durchsetzung von Unionsrecht mit Mitteln der Kommunalaufsicht *Lohse* NVwZ 2016, 102 ff.

28. Fall: Anschluss an die Wasserversorgung

Sachverhalt

In der kleinen nordrhein-westfälischen, dem Kreis K angehörigen Gemeinde G ist seit dem Jahr 2010 ein neuer Ortsteil entstanden, wodurch sich die Einwohnerzahl der Gemeinde um ein gutes Drittel erhöht hat. Das Neubaugebiet liegt etwas tiefer als der alte Ort und verfügt im Gegensatz zu diesem nicht über brauchbares Grundwasser. Vielmehr ist das Grundwasser in dem neuen Ortsteil durch die Abwässer des alten Orts so verunreinigt, dass der Bau einer Wasserleitung erforderlich wurde. Da diese nur dann bei einer für die Benutzer erträglichen Gebührenbelastung kostendeckend betrieben werden kann, wenn der gesamte Ort angeschlossen wird, beschloss der Rat der Gemeinde G am 26.3.2015 eine Satzung über die Errichtung einer Wasserleitung für das gesamte Ortsgebiet. Darin wurden zugleich die Entgelte für den Wasserverbrauch bestimmt. Eine Gebührenbemessung nach dem tatsächlichen Verbrauch hätte das regelmäßige Ablesen von Wasserzählgeräten erforderlich gemacht und so unverhältnismäßig hohe Kosten verursacht. Um dies zu vermeiden, legte der Rat in der Satzung der Gebührenbemessung den sog. Frontmetermaßstab zugrunde. Die Satzung wurde am 1.7.2015 in Kraft gesetzt.

Auf die Anfechtungsklage eines Einwohners von G hob das VG mit Urteil vom 9.2.2017 einen aufgrund der Satzung ergangenen Gebührenbescheid der Gemeinde auf und führte zur Begründung aus, die Satzung vom 26.3.2015 sei nichtig. Der Frontmetermaßstab sei für die Berechnung von Wassergebühren unzulässig.

In seiner Sitzung vom 2.3.2017 beschloss der Rat der Gemeinde G daraufhin eine neue Satzung, in der unter anderem bestimmt war:

§ 1

Die Gemeinde G errichtet und unterhält eine gemeindliche Wasserleitung. Alle Wohnhäuser der Gemeinde müssen an die gemeindliche Wasserleitung angeschlossen werden. Der Verbrauch von Wasser, das nicht von der Gemeinde geliefert wurde, ist im gesamten Gemeindegebiet verboten.

§ 2

... (betrifft Ausnahmen vom Anschluss- und Benutzungszwang).

§ 3

Das Wassergeld für private Haushalte beträgt monatlich:

a) 2,50 EUR für jede im Haushalt lebende Person, weitere 2,00 EUR für jede im Haushalt lebende Person, sofern das zu versteuernde Familienjahreseinkommen 60.000 EUR übersteigt,
b) 1,00 EUR zusätzlich für jede WC-Anlage mit Wasserspülung,
c) 0,75 EUR zusätzlich für jede Bade- oder Duschanlage,
d) 0,50 EUR zusätzlich für jeden Pkw.

...

§ 10

Diese Satzung tritt rückwirkend zum 1.7.2015 in Kraft. Für die Zeit vom 1.7.2015 bis zum 1.4.2017 werden Gebühren nur bis zu der Höhe der Sätze erhoben, die sich aus der Satzung über die Errichtung einer gemeindlichen Wasserleitung vom 26.3.2015 ergeben.

Für einen kostendeckenden Betrieb der Wasserleitung sind durchschnittlich 11,00 EUR je Monat und Anschluss erforderlich. Eine zuverlässige Schätzung hat ergeben, dass dieser Durchschnittswert mit den vorgesehenen Gebührensätzen erreicht würde.

Bürgermeister B hielt den Satzungsbeschluss vom 2.3.2017 für rechtswidrig und beanstandete ihn gegenüber dem Rat mit Schreiben vom 6.3.2017. Der Rat bestätigte seinen Beschluss in der Sitzung vom 16.3.2017. Daraufhin wandte sich Bürgermeister B an den Landrat L des Kreises K. Mit Verfügung vom 1.4., die der Stadt am 3.4.2017 mittels eingeschriebenen Briefs durch die Post zugestellt wurde, hob dieser den Satzungsbeschluss vom 2.3.2017 auf. Zur Begründung führte er unter anderem aus, dass die beschlossene Satzung gegen das gebührenrechtliche Äquivalenzprinzip und das Rückwirkungsverbot verstoße. Der Bescheid war mit einer ordnungsgemäßen Rechtsbehelfsbelehrung versehen.

Daraufhin erhob die Gemeinde G, vertreten durch den stellvertretenden Bürgermeister V, am 4.5.2017 Klage gegen das Land NRW vor dem zuständigen VG Aachen mit dem Antrag, die Verfügung vom 1.4.2017 aufzuheben. Zur Begründung trug sie vor, die Verfügung sei rechtswidrig und greife in ihre Satzungsautonomie ein. Hiergegen wandte M, der zuständige Minister des Landes NRW ein, es sei schon zweifelhaft, ob die Gemeinde überhaupt der richtige Kläger sei, da die Maßnahme an den Rat adressiert gewesen sei. Im Übrigen sei die Verfügung vom 1.4.2017 aus den zu ihrer Begründung ausgeführten Gründen auch rechtmäßig.

Wie wird das VG entscheiden?

Lösungsvorschlag

Schwerpunkte:
- **Materiell:**
  - **Aufhebung eines Ratsbeschlusses im Rahmen der Kommunalaufsicht**
  - **Zugangsfiktion bei Zustellung mittels eingeschriebenen Briefs**
  - **Vertretung des Bürgermeisters bei Vertretungshindernis**
  - **Anschluss- und Benutzungszwang**
  - **gebührenrechtliches Äquivalenzprinzip**
  - **Rückwirkungsverbot**
- **Prozessual:**
  - **Rechtsschutz gegen kommunalaufsichtliche Maßnahmen**
  - **Prozessfähigkeit bei Interessenkollision**

Das VG wird der Klage stattgeben, wenn sie zulässig und begründet ist.

A. Zulässigkeit

I. Verwaltungsrechtsweg

Für die Klage der Gemeinde G ist der Verwaltungsrechtsweg nach § 40 I 1 VwGO eröffnet, wenn es sich um eine öffentlich-rechtliche Streitigkeit nichtverfassungsrechtlicher Art handelt, die keinem anderen Gericht gesetzlich zugewiesen ist. Öffentlich-rechtlich ist eine Streitigkeit, wenn die Beteiligten um Rechtsfolgen der Anwendung von Normen des öffentlichen Rechts streiten, wobei dem öffentlichen Recht solche Rechtssätze zuzuordnen sind, deren berechtigtes und verpflichtetes Zuordnungsobjekt ausschließlich ein Träger öffentlicher Gewalt ist.[1]

Die Gemeinde G wendet sich gegen die Aufhebung des Ratsbeschlusses vom 2.3.2017 durch die Verfügung vom 1.4.2017. Bei dieser Verfügung handelt es sich um eine Maßnahme der Kommunalaufsicht gem. §§ 119 ff. NRWGO. Die §§ 119 ff. NRWGO berechtigen und verpflichten die Aufsichtsbehörden als Träger öffentlicher Gewalt, sodass eine öffentlich-rechtliche Streitigkeit vorliegt.

Da die Streitigkeit auch nichtverfassungsrechtlicher Art[2] und keinem anderen Gericht ausdrücklich gesetzlich zugewiesen ist, sind die Voraussetzungen des § 40 I VwGO erfüllt. Für die Klage der Gemeinde G ist nach § 40 I 1 VwGO der Verwaltungsrechtsweg eröffnet.

II. Statthafte Klageart

Die statthafte Klageart richtet sich nach dem tatsächlichen Begehren des Klägers.[3] Rechtsschutzziel der Gemeinde G ist die Aufhebung der Verfügung vom 1.4.2017. Statthaft könnte hierfür eine Anfechtungsklage nach § 42 I Alt. 1 VwGO sein. Dann müsste es sich bei der angegriffenen Maßnahme um einen Verwaltungsakt handeln. Verwaltungsakt ist nach § 35 S. 1 VwVfG jede Maßnahme einer Behörde zur Rege-

1 Sog. modifizierte Subjektstheorie; vgl. zu den Abgrenzungstheorien *Maurer/Waldhoff* AllgVerwR § 3 Rn. 10 ff.
2 Näher dazu *Kopp/Schenke* VwGO § 40 Rn. 32 ff.
3 Vgl. Redeker/v. Oertzen/*v. Nicolai* VwGO § 42 Rn. 1.

lung eines Einzelfalls auf dem Gebiet des öffentlichen Rechts, die auf unmittelbare Rechtswirkung nach außen gerichtet ist.

Eine Aufsichtsmaßnahme erfüllt diese Voraussetzungen jedenfalls dann, wenn es sich um eine Maßnahme der Kommunalaufsicht iSd § 119 I NRWGO handelt, die nicht lediglich vorbereitenden Charakter hat. In diesem Fall ist die Aufsichtsmaßnahme insbesondere auf Außenwirkung gerichtet, da die Gemeinde dem Staat im Rahmen der allgemeinen Aufsicht als Träger eigener, durch Art. 28 II GG sowie Art. 78 I und II NRWVerf gewährleisteter Rechte gegenübersteht.[4]

Die Aufhebung eines Ratsbeschlusses hat nicht lediglich vorbereitenden Charakter, sondern stellt eine endgültige Regelung dar. Sie ist jedenfalls dann eine Maßnahme der allgemeinen Aufsicht, wenn sie sich auf ein Gemeindehandeln im Bereich der gemeindlichen Selbstverwaltung bezieht.[5] Dies ist bei der Aufhebung eines Satzungsbeschlusses der Fall, da den Gemeinden durch Art. 28 II GG das Recht gewährleistet ist, alle Angelegenheiten der örtlichen Gemeinschaft in eigener Verantwortung zu regeln. Hiermit wird auch der Satzungserlass institutionell abgesichert.[6] Bei der Aufhebung des Ratsbeschlusses vom 2.3.2017 handelt es sich mithin um einen Verwaltungsakt iSd § 35 S. 1 VwVfG, sodass die Anfechtungsklage nach § 42 I Alt. 1 VwGO statthaft ist.

III. Klagebefugnis

Die Gemeinde G müsste gem. § 42 II VwGO klagebefugt sein. Die Klagebefugnis ist dann gegeben, wenn nach dem Sachvortrag des Klägers eine Verletzung seiner Rechte als immerhin möglich erscheint.[7] Das ist dann ausgeschlossen, wenn die vom Kläger behaupteten Rechte offensichtlich und eindeutig nach keiner Betrachtungsweise bestehen oder ihm zustehen können.[8]

Die Möglichkeit einer Verletzung eigener Rechte der Gemeinde G könnte sich daraus ergeben, dass die Aufhebungsverfügung vom 1.4.2017 als Maßnahme der Kommunalaufsicht in das durch Art. 28 II GG und Art. 78 NRWVerf gewährleistete Selbstverwaltungsrecht der Gemeinde eingreift. Dem könnte jedoch entgegenstehen, dass eigentlicher Adressat der Verfügung vom 1.4.2017 – der Einlassung des L zufolge – nicht die Gemeinde, sondern ihr Rat gewesen ist. Dementsprechend ist möglicherweise der Rat und nicht die Gemeinde in eigenen Rechten betroffen und somit klagebefugt.

Für eine Klagebefugnis des Rates könnte sprechen, dass nach § 41 I 2 lit. f NRWGO ihm die Entscheidungsbefugnis für den Erlass, die Änderung und die Aufhebung von Satzungen vorbehalten ist. Hieraus ergäbe sich dann die Klagebefugnis iSd § 42 II VwGO, wenn es sich bei den Befugnissen, die dem Rat durch § 41 NRWGO übertragen sind, um selbstständige Rechte des Rates gegenüber anderen Trägern

4 Vgl. *Becker/Winkel* in Held/Winkel/Wansleben KommunalVerfR GO NRW § 126 Erl. 2.; *Hellermann* in Dietlein/Hellermann ÖffR NRW § 2 Rn. 93.

5 Vgl. *Becker/Winkel* in Held/Winkel/Wansleben KommunalVerfR GO NRW § 119 Erl. 2., GO NRW § 126 Erl. 2.; erg. Held/Winkel/*Winkel* GO NRW § 126 Erl.

6 Vgl. Rehn/Cronauge/v. Lennep/Knirsch/*Paal* § 7 Erl. II. 1.

7 StRspr, vgl. nur BVerwGE 28, 131 (132) = BeckRS 9998, 160099 sowie BVerwGE 36, 192 (199) = BeckRS 1970, 30423607; *Kopp/Schenke* VwGO § 42 Rn. 65 f.; *Hufen* VerwProzR § 14 Rn. 108 ff.

8 Vgl. BVerwGE 44, 1 (2 f.) = NJW 1974, 203; BVerwG DVBl. 1994, 1194.

hoheitlicher Verwaltung handelte, die durch eine rechtswidrige kommunalaufsichtliche Maßnahme verletzt würden.[9] Zu bedenken ist jedoch, dass Rechtsträger sämtlicher gemeindlicher Befugnisse die Gebietskörperschaft selbst ist. Zwar kann die Gemeinde als juristische Person lediglich durch ihre Organe handeln, damit wird jedoch nicht auch die Rechtsträgerschaft auf das jeweilige Organ verlagert.[10] Träger subjektiver Rechte können im Außenrechtsverhältnis ausschließlich natürliche oder juristische Personen sein. Die den Gemeindeorganen zugewiesenen Kompetenzen begründen keine selbstständigen subjektiven Rechte, sondern stellen lediglich sog. Wahrnehmungszuständigkeiten, also organisatorische Berechtigungen dar, die die Befugnis verleihen, Rechte und Pflichten der juristischen Person eigenverantwortlich wahrzunehmen.[11] In einem Rechtsstreit, der wie der sog. Aufsichtsstreit das Außenrechtsverhältnis zwischen Gemeinde und Staat betrifft, sind ausschließlich Rechte der Gemeinde betroffen.[12] Die Aufhebungsverfügung des Landrats kann somit lediglich Rechte der Gemeinde G, nicht jedoch solche ihres Rates verletzen. Mithin ist die Gemeinde G klagebefugt iSd § 42 II VwGO.

IV. Vorverfahren

Der Durchführung eines Vorverfahrens als Voraussetzung für die Zulässigkeit der Anfechtungsklage bedurfte es nach § 68 I 2 Var. 1 VwGO iVm § 110 I NRWJustG bzw. § 126 NRWGO nicht. Maßnahmen der Aufsichtsbehörde können mithin unmittelbar im Verwaltungsstreitverfahren angegriffen werden.[13]

V. Klagefrist

Die Gemeinde G müsste ihre Klage weiterhin gem. § 74 I VwGO fristgerecht erhoben haben. Weil ein Vorverfahren entbehrlich war und die Aufhebungsverfügung eine ordnungsgemäße Rechtsbehelfsbelehrung enthielt, war die Klage innerhalb eines Monats nach Bekanntgabe der Aufhebung zu erheben. Ob diese Frist eingehalten wurde, erscheint zweifelhaft, weil die Verfügung vom 1.4.2017 der Gemeinde bereits am 3.4. zugegangen ist, die Klage aber erst am 4.5.2017 beim Verwaltungsgericht einging. Zu berücksichtigen ist jedoch, dass die Verfügung der Gemeinde mittels eingeschriebenen Briefs zugestellt wurde, sodass gem. § 41 V NRWVwVfG die Fiktion des § 4 II 2 NRWLZG greift. Danach gilt im Falle der Zustellung durch die Post mittels eingeschriebenen Briefs dieser mit dem dritten Tage nach der Aufgabe zur Post als zugestellt, es sei denn, er ist nicht oder zu einem späteren Zeitpunkt zugegangen. Fristbeginn war somit der 4.4.2017. Gemäß § 57 II VwGO iVm § 222 I ZPO, §§ 187 I, 188 II BGB endete die Klagefrist damit am 4.5.2017 um 24.00 Uhr.

---

9 So die frühere Rspr. des OVG NRW vgl. OVGE 19, 62 (64 f.); 28, 185 (188); ebenso Rauball/Pappermann/Roters/*W. Rauball* NRWGO § 108 Rn. 11, § 112 Rn. 2; *Körner* GO NRW § 112 Erl. 1.

10 OVG NRW OVGE 35, 73 f.

11 Vgl. OVG NRW OVGE 35, 73 (74); *Kirchhof/Plückhahn* in Held/Winkel/Wansleben KommunalVerfR GO NRW § 63 Erl. 4.; *Leidinger* FS Menger, 1985, 257 (265).

12 Vgl. OVG NRW OVGE 35, 73 (73 f.); VG Arnsberg GewArch 1989, 389; Rehn/Cronauge/v. Lennep/Knirsch/*Knirsch* § 126 Erl. I. 3.; *Becker/Winkel* in Held/Winkel/Wansleben KommunalVerfR GO NRW § 126 Erl. 3.; Held/Winkel/*Winkel* GO NRW § 126 Erl.; *Hellermann* in Dietlein/Hellermann ÖffR NRW § 2 Rn. 96; *Schmidt-Jortzig* KommunalR Rn. 102; *Beckedorf* VR 1988, 420 (425).

13 Dazu *Becker/Winkel* in Held/Winkel/Wansleben KommunalVerfR GO NRW § 126 Erl. 1.

Die Klage der Gemeinde G ist somit fristgerecht erhoben.

VI. Klagegegner

Fraglich ist, ob das Land NRW richtiger Beklagter gem. § 78 I Nr. 1 VwGO ist. In Betracht käme auch der Kreis K als Körperschaft, deren Behörde (hier Landrat L) den angefochtenen Verwaltungsakt erlassen hat. Die Aufhebung des Satzungsbeschlusses vom 2.3.2017 durch L erfolgte allerdings im Rahmen der allgemeinen Aufsicht nach § 122 I 2 NRWGO. Es handelt sich bei der mit der vorliegenden Klage angegriffenen Maßnahme also um einen Verwaltungsakt der Aufsichtsbehörde im Wege der Kommunalaufsicht. In diesem Fall ist richtiger Klagegegner immer der Staat, nicht die Körperschaft.[14]

VII. Beteiligtenfähigkeit

Die Gemeinde G und das Land NRW müssten beteiligtenfähig iSd § 61 VwGO sein. Beteiligtenfähigkeit ist die Fähigkeit, als Subjekt eines Prozessrechtsverhältnisses, also insbesondere als Kläger oder Beklagter, an einem Verwaltungsstreitverfahren teilzunehmen.[15] Die Beteiligtenfähigkeit der Gemeinde, die nach § 1 II NRWGO Gebietskörperschaft und damit juristische Person des öffentlichen Rechts ist, ergibt sich aus § 61 Nr. 1 Alt. 2 VwGO.[16] Das Land NRW ist ebenfalls nach § 61 Nr. 1 Alt. 2 VwGO beteiligtenfähig.

VIII. Prozessfähigkeit

Die Gemeinde und das Land NRW müssten weiterhin prozessfähig iSd § 62 VwGO sein. Prozessfähigkeit ist die Fähigkeit, selbst oder durch einen selbst bestellten Prozessbevollmächtigten einen Prozess zu führen bzw. Prozesshandlungen wirksam vorzunehmen.[17] Weder die Gemeinde noch das Land als juristische Personen des öffentlichen Rechts sind selbst in der Lage, Prozesshandlungen vorzunehmen. Für die Gemeinden handelt im Prozess gem. § 62 III VwGO ihr gesetzlicher Vertreter.[18] Gesetzlicher Vertreter der Gemeinde ist gem. § 63 I 1 NRWGO der Bürgermeister, für die Gemeinde G folglich Bürgermeister B. Wer gesetzlicher Vertreter des Landes NRW iSd § 62 III VwGO ist, richtet sich nach materiellem Recht. Die Länder werden in der Regel durch den zuständigen Landesminister vertreten.[19] Laut Sachverhalt ist hier M zuständiger Landesminister.

Danach könnte sich die Gemeinde G nicht durch den stellvertretenden Bürgermeister V vertreten lassen, wenn nicht für Bürgermeister B ausnahmsweise ein Vertretungshindernis bestünde und an seiner Stelle V zur Vertretung der Gemeinde berufen wäre.

---

14 Vgl. *Kopp/Schenke* VwGO § 78 Rn. 7.
15 Vgl. *Kopp/Schenke* VwGO § 61 Rn. 4.
16 Zur Beteiligtenfähigkeit der Gemeinde bei Anfechtung von Aufsichtsmaßnahmen Held/Winkel/*Winkel* GO NRW § 126 Erl.
17 Vgl. Redeker/v. Oertzen/*Redeker* VwGO § 62 Rn. 1.
18 *Kopp/Schenke* VwGO § 62 Rn. 14; vgl. Held/Winkel/*Winkel* GO NRW § 126 Erl.
19 Vgl. *Kopp/Schenke* VwGO § 62 Rn. 14 f.

1. Vertretungshindernis für B

Ein Vertretungshindernis könnte sich daraus ergeben, dass B den Ratsbeschluss vom 2.3.2017 mit Schreiben vom 6.3.2017 nach § 54 II 1 NRWGO von sich aus beanstandet und damit seiner Überzeugung Ausdruck verliehen hat, der Ratsbeschluss sei rechtswidrig. Wäre er trotz dieses Umstandes zur Vertretung der Gemeinde berechtigt und verpflichtet, so müsste er einen Beschluss verteidigen, den er selbst für nichtig hält. Ob in einer derartigen Situation für den gesetzlichen Vertreter der Gemeinde ein Vertretungshindernis besteht, ist umstritten.

Teilweise wird ein Vertretungshindernis in derartigen Fällen grundsätzlich ausgeschlossen. Es bestehe kein Widerspruch darin, dass der Bürgermeister kraft seiner eigenen Organkompetenz einen Ratsbeschluss beanstande und auf Beschluss des Rates die Aufhebung des Ratsbeschlusses durch die Aufsichtsbehörde bekämpfe.[20] Gemäß § 62 II 2 NRWGO sei der Bürgermeister zur Durchführung des Beschlusses verpflichtet.[21] Auch verfüge der Rat nach § 55 III NRWGO über ausreichende Möglichkeiten, die Durchführung des Beschlusses zu überwachen und gem. § 41 I 1, III NRWGO das Prozessverhalten zu bestimmen.[22] Für ein Vertretungshindernis des Bürgermeisters streite auch nicht die Regelung aus § 53 II NRWGO[23], die in Ausnahmefällen die Befugnis zur Durchführung von Ratsbeschlüssen auf den allgemeinen Vertreter des Bürgermeisters[24] überträgt.[25] § 53 II NRWGO sei auf solche Fallgestaltungen beschränkt, in denen Ratsbeschlüsse Maßnahmen gegenüber dem Bürgermeister selbst zum Gegenstand hätten oder seine Amtsführung beträfen.[26] Die Konstellation, in der verschiedene Auffassungen in der Sache gegeben seien, werde vom Regelungsgehalt der Norm nicht erfasst.[27] Nach dieser Sichtweise vertritt der Bürgermeister die Gemeinde.

Einschränkend wird ein Vertretungshindernis jedenfalls dann abgelehnt, wenn das Beanstandungsverfahren bereits abgeschlossen ist. Mit dem Abschluss der gemeindeinternen Kontrolle sei das vertretungsberechtigte Organ von seiner Beanstandungspflicht entbunden, weil die Zuständigkeit zur Prüfung der Rechtmäßigkeit des Ratsbeschlusses auf die Aufsichtsbehörde übergehe. Daher liege jedenfalls kein unerträglicher Interessenkonflikt vor, und das vertretungsberechtigte Organ werde für die Vertretung der Gemeinde wieder frei.[28] Auch dieser Auffassung zufolge obliegt die Vertretung der Gemeinde Bürgermeister B. Denn das Beanstandungsverfahren war mit dem Ratsbeschluss vom 16.3.2017 abgeschlossen. Die Zuständigkeit für die

---

20 OVG NRW NWVBl. 2000, 375 (376); *Burgi* KommunalR § 13 Rn. 19; Held/Winkel/*Plückhahn* GO NRW § 63 Erl. 2.

21 OVG NRW NWVBl. 2000, 375 (376).

22 OVG NRW NWVBl. 2000, 375 (376).

23 § 53 II NRWGO lautet: »Beschlüsse, die
a) die Geltendmachung von Ansprüchen der Gemeinde gegen den Bürgermeister,
b) die Amtsführung des Bürgermeisters
betreffen, führt der allgemeine Vertreter des Bürgermeisters aus.«

24 Die Durchführung der Ratsbeschlüsse nach § 53 II NRWGO obliegt dem allgemeinen Vertreter des Bürgermeisters erst seit der Reform der Gemeindeordnung durch das Gesetz zur Stärkung der kommunalen Selbstverwaltung v. 9.10.2007. Zuvor war diese durch den stellvertretenden Bürgermeister vorgesehen, vgl. § 53 II NRWGO aF.

25 OVG NRW NWVBl. 2000, 375 (376).

26 OVG NRW NWVBl. 2000, 375 (376).

27 OVG NRW NWVBl. 2000, 375 (376).

28 Vgl. NdsOVG Nds.Rpfl. 1985, 24 (25).

Prüfung der Rechtmäßigkeit des Beschlusses ist damit nach § 54 II 4 NRWGO auf den Landrat übergegangen.

Beiden Rechtsansichten wird entgegengehalten, dass das vertretungsberechtigte Organ unabhängig von der Beendigung seiner Prüfungspflicht in einen Interessenwiderstreit gerate, wenn es den Ratsbeschluss für rechtswidrig erachte und diesen gleichwohl vor Gericht verteidigen müsse. Um diese Interessenkollision zu vermeiden und einen effektiven verwaltungsgerichtlichen Rechtsschutz für die Gemeinde zu gewährleisten, sei die Gemeinde in derartigen Fällen durch ein anderes Organ zu vertreten.[29] Bürgermeister B, der den Ratsbeschluss mit Schreiben vom 6.3.2017 gem. § 54 II NRWGO von sich aus beanstandete, wäre nach dieser Meinung an einer Vertretung der Gemeinde gehindert. Für dieses Ergebnis spricht, dass B anderenfalls im Prozess seiner eigenen Überzeugung zuwiderhandeln müsste. Er kann in dieser Situation nicht als unvoreingenommen angesehen werden. Auch wenn ihm kompetenzrechtlich eine Vertretung möglich ist, kann eine effektive Interessenvertretung nur durch ein anderes Organ erfolgen.

Daher ist B in dem Prozess an der Vertretung der Gemeinde G nach § 62 III VwGO iVm § 63 I NRWGO gehindert.

2. Vertretung durch V

Fraglich ist, ob anstelle des Bürgermeisters der V zur Vertretung der Gemeinde berufen ist. Dem könnte entgegenstehen, dass den stellvertretenden Bürgermeistern in § 67 I 2 NRWGO[30] über die Vertretung des Bürgermeisters bei der Leitung der Ratssitzungen und der Repräsentation des Rates hinaus keine weiteren Aufgaben ausdrücklich zugewiesen sind.[31] Nach § 53 II NRWGO obliegt überdies die Durchführung von Ratsbeschlüssen dem allgemeinen Vertreter des Bürgermeisters, sofern die Beschlüsse die Amtsführung des Bürgermeisters betreffen oder die Geltendmachung von Ansprüchen der Gemeinde gegen den Bürgermeister zum Gegenstand haben. Daher ist es denkbar, dass bei Vorliegen eines Vertretungshindernisses für den Bürgermeister die gerichtliche Vertretung der Gemeinde gem. §§ 63 I, 68 I 1 NRWGO[32] iVm § 53 II NRWGO analog dem ersten Beigeordneten als allgemeinem Vertreter des Bürgermeisters obliegt.[33]

Die Aufgabenzuweisung an die stellvertretenden Bürgermeister in § 67 I 2 NRWGO ist indessen nicht abschließend.[34] Auch ist die Vorschrift aus § 53 II NRWGO, die die Durchführung von Ratsbeschlüssen durch den allgemeinen Vertreter des Bürgermeisters vorsieht, hier nicht einschlägig. Sie trifft gerade keine Regelung für den Fall, in

29 Vgl. die frühere Rspr. des OVG NRW OVGE 33, 263 (265); OVGE 35, 73 (75); *Kirchhof/Plückhahn* in Held/Winkel/Wansleben KommunalVerfR GO NRW § 63 Erl. 4.; *Beckedorf* VR 1988, 420 (426); *Fehrmann* DÖV 1983, 311 (318).

30 § 67 I NRWGO lautet: »Der Rat wählt für die Dauer seiner Wahlperiode aus seiner Mitte ohne Aussprache ehrenamtliche Stellvertreter des Bürgermeisters. Sie vertreten den Bürgermeister bei der Leitung der Ratssitzungen und bei der Repräsentation«.

31 Teilweise gibt es in anderen Bundesländern ausdrückliche gesetzliche Anordnungen, etwa §§ 36 I 2, 50 II 1 RhPfGemO.

32 § 68 I 1 NRWGO lautet: »Der Rat bestellt einen Beigeordneten zum allgemeinen Vertreter des Bürgermeisters«.

33 OVG NRW OVGE 33, 263 (365).

34 Vgl. *Theisen* in Hofmann/Theisen/Bätge KommunalR NRW 369 f.; *Küpper* NWVBl. 2001, 209 (215).

dem der Bürgermeister die Gemeinde vertreten muss, obwohl er in der Sache eine unterschiedliche Auffassung vertritt.[35] Zu bedenken ist weiterhin, dass die Beigeordneten, die an der Spitze der Gemeindeverwaltung eng mit dem Bürgermeister zusammenarbeiten, regelmäßig dessen Auffassung über die Rechtmäßigkeit des beanstandeten Ratsbeschlusses teilen werden. Daher kann eine Interessenkollision auch im Falle einer Vertretung der Gemeinde durch den ersten Beigeordneten nicht ausgeschlossen werden. Der stellvertretende Bürgermeister wird gem. § 67 I 1 NRWGO aus der Mitte des Rates gewählt und daher zu der zwischen Rat und Bürgermeister streitigen Rechtsfrage mit höherer Wahrscheinlichkeit die Auffassung der Ratsmehrheit teilen. Im Regelfall wird daher nur eine Vertretung der Gemeinde analog § 53 I 2 NRWGO durch den stellvertretenden Bürgermeister zu einer effektiven Interessenvertretung in dem auf das Beanstandungsverfahren folgenden Aufsichtsstreit führen.[36] Dementsprechend wird die Gemeinde G durch den stellvertretenden Bürgermeister V analog § 62 III VwGO iVm § 53 I 2 NRWGO ordnungsgemäß vertreten.

IX. Rechtsschutzbedürfnis und Zwischenergebnis

Da die Gemeinde G die angestrebte Aufhebung der Verfügung vom 1.4.2017 nicht einfacher oder schneller als durch die eingelegte Anfechtungsklage erreichen kann, fehlt ihr auch nicht das allgemeine Rechtsschutzbedürfnis. Die Klage ist zulässig.

B. Begründetheit

Die Klage ist nach § 113 I 1 VwGO begründet, soweit der angegriffene Verwaltungsakt rechtswidrig und die Gemeinde G in ihren Rechten verletzt ist.

I. Rechtswidrigkeit der Aufhebungsverfügung

1. Ermächtigungsgrundlage

Ermächtigungsgrundlage für die Aufhebung von Ratsbeschlüssen durch den Landrat im Rahmen der allgemeinen Aufsicht ist § 122 I 2 NRWGO.

2. Formelle Rechtmäßigkeit

Landrat L war, da sich die Gemeinde G im Gebiet des Kreises K befindet, für den Erlass der Aufhebungsverfügung örtlich zuständig. Gemäß § 120 I NRWGO iVm § 59 I 1 NRWKrO war er als untere Kommunalaufsichtsbehörde auch sachlich und instanziell zuständig.[37]

---

35 Vgl. OVG NRW NWVBl. 2000, 375 (376); idS kann umgekehrt auch nicht die Regelung aus § 53 I NRWGO als Argument für eine Vertretung des Bürgermeisters durch dessen Stellvertreter herangezogen werden. § 53 I NRWGO lautet: »Beschlüsse, die die Durchführung der Geschäftsordnung betreffen, führt der Bürgermeister aus. Wenn er persönlich betroffen ist, handelt der Stellvertreter«. Auch diese Vorschrift regelt nicht den Fall, dass der Bürgermeister die Gemeinde vertreten muss, obwohl er in der Sache einen anderen Standpunkt vertritt. § 53 I NRWGO wurde im Zuge der Gemeindeordnungsreform eingeführt. Ihr Zweck besteht darin, die Vertretung des Bürgermeisters zu regeln, wenn es um Ansprüche des Bürgermeisters gegen die Gemeinde geht. Eine solche aktive Vertretungsregelung hatte gefehlt, vgl. LT-Drs. 14/3979, 139.

36 Vgl. *Kirchhof/Plückhahn* in Held/Winkel/Wansleben KommunalVerfR GO NRW § 63 Erl. 4.; *Theisen* in Hofmann/Theisen/Bätge KommunalR NRW 370.

37 Vgl. Held/Winkel/*Winkel* GO NRW § 120 Erl.

Auch das Verfahren war rechtmäßig. So haben insbesondere die nach § 122 I 2 NRWGO erforderliche Beanstandung des Ratsbeschlusses durch den Bürgermeister und die nochmalige Beratung der Angelegenheit im Rat stattgefunden. Mangels entgegenstehender Angaben kann schließlich davon ausgegangen werden, dass die Aufhebungsverfügung auch hinsichtlich ihrer Form fehlerfrei zustande kam. Die Aufhebung erfolgte somit formell rechtmäßig.

3. Materielle Rechtmäßigkeit

Die Aufhebung des Ratsbeschlusses ist in der Sache rechtmäßig, wenn die materiellen Voraussetzungen für ein Eingreifen nach § 122 I 2 NRWGO sowie die allgemeinen Rechtmäßigkeitsanforderungen an einen Verwaltungsakt erfüllt sind.

a) Voraussetzungen des § 122 I 2 NRWGO

Gemäß § 122 I 2 NRWGO kann die Aufsichtsbehörde Ratsbeschlüsse aufheben, wenn sie im Zeitpunkt der Beschlussfassung[38] gegen geltendes Recht verstoßen. Daneben ist ungeschriebene Voraussetzung für ein Einschreiten der Kommunalaufsicht, dass der Eingriff im öffentlichen Interesse erfolgt.[39]

aa) Rechtswidrigkeit des Ratsbeschlusses

Gegen die formelle Rechtmäßigkeit des Ratsbeschlusses bestehen keine Bedenken. So war der Rat insbesondere gem. § 41 I 2 lit. f NRWGO für den Erlass der Satzung zuständig. Fraglich ist jedoch, ob der Beschluss auch materiell rechtmäßig ist. Dies erscheint hinsichtlich der in § 1, § 3 lit. a–d sowie § 10 getroffenen Regelungen als fraglich.

(1) § 1 – Anschluss- und Benutzungszwang

§ 1 der Satzung ordnet hinsichtlich der gemeindlichen Wasserleitung den sog. Anschluss- (S. 2) und Benutzungszwang (S. 3) an. Die Voraussetzungen einer solchen Anordnung regelt § 9 NRWGO. Nach § 9 S. 1 NRWGO[40] können die Gemeinden für die Grundstücke ihres Gebiets durch Satzung den Anschluss an Wasserleitung, Kanalisation und ähnliche der Volksgesundheit dienende Einrichtungen anordnen, wenn hierfür ein öffentliches Bedürfnis besteht. Ein öffentliches Bedürfnis iSd Vorschrift ist dann gegeben, wenn vernünftige Gründe des Gemeinwohls die Anordnung des Anschluss- und Benutzungszwangs rechtfertigen.[41] Durch die Anordnung muss

---

38 Vgl. dazu OVG NRW OVGE 15, 274 (278).

39 OVG NRW OVGE 18, 227 (228).

40 § 9 NRWGO lautet: »Die Gemeinden können bei öffentlichem Bedürfnis durch Satzung für die Grundstücke ihres Gebiets den Anschluss an Wasserleitung, Kanalisation und ähnliche der Volksgesundheit dienende Einrichtungen sowie an Einrichtungen zur Versorgung mit Fernwärme (Anschlusszwang) und die Benutzung dieser Einrichtungen und der Schlachthöfe (Benutzungszwang) vorschreiben. Die Satzung kann Ausnahmen vom Anschluss- und Benutzungszwang zulassen. Sie kann den Zwang auch auf bestimmte Teile des Gemeindegebiets und auf bestimmte Gruppen von Grundstücken oder Personen beschränken. Im Falle des Anschluss- und Benutzungszwangs für Fernwärme soll die Satzung zum Ausgleich von sozialen Härten angemessene Übergangsregelungen enthalten.«

41 Vgl. Rehn/Cronauge/v. Lennep/Knirsch/*Wellmann* § 9 Erl. IV. 1.; Held/Winkel/*Wansleben* GO NRW § 9 Erl. 3.

nach objektiven Maßstäben das Wohl der Gemeindeeinwohner gefördert werden.[42] Hierbei ist jedoch nicht jeder denkbare Aspekt des Gemeinwohls schützenswert. Die Anordnung muss gerade die Förderung bzw. Erhaltung der Volksgesundheit nebst ihrer ökologischen Bezüge bezwecken.[43]

Inwieweit das Vorliegen dieser Voraussetzungen der Überprüfung durch die VG unterliegt, ist umstritten. So wird zum Teil vertreten, dass § 9 NRWGO den Gemeinden einen gerichtlich nur eingeschränkt überprüfbaren Beurteilungsspielraum einräume.[44] Dem Rat stehe als Ortsgesetzgeber hinsichtlich der Frage, ob ein öffentliches Bedürfnis iSd generalklauselartig gefassten § 9 NRWGO besteht, ein gesetzgeberisches Ermessen zu.[45] Die Entscheidung des Rates, hinsichtlich einer Einrichtung Anschluss- bzw. Benutzungszwang anzuordnen, könne daher nur daraufhin überprüft werden, ob nach den vorgegebenen örtlichen Umständen Sinn und Zweck der Ermächtigung verkannt seien und die generelle Anordnung des Zwangs im Ergebnis nicht unverhältnismäßig sei.[46]

Überwiegend wird demgegenüber angenommen, dass es sich bei dem für die Anordnung des Anschluss- und Benutzungszwangs erforderlichen öffentlichen Bedürfnis um einen unbestimmten Rechtsbegriff handelt, der in Auslegung und Anwendung der vollen gerichtlichen Kontrolle unterliege.[47] Das Ermessen des Ortsgesetzgebers einerseits und des Bundes- und Landesgesetzgebers andererseits könnten nicht gleichgesetzt werden. Im Unterschied zu den staatlichen Gesetzgebern könne der Ortsgesetzgeber nur aufgrund und im Rahmen einer besonderen Ermächtigung Recht setzen.[48]

Gegen ein »ortsgesetzgeberisches Ermessen« spricht insbesondere, dass die Gemeinden als kommunale Gebietskörperschaften nicht der Legislative, sondern der Exekutive angehören.[49] Der Rat kann daher nicht als Parlament angesehen werden.[50] Zu

---

42 VGH BW VBlBW 1982, 235 (236).

43 Vgl. OVG NRW NWVBl. 2003, 380 (381); *Hellermann* in Dietlein/Hellermann ÖffR NRW § 2 Rn. 292; *Wansleben* in Held/Winkel/Wansleben KommunalVerfR GO NRW § 9 Erl. 6.3.; *Waldhoff* JuS 2006, 274 (275).

44 So das OVG NRW in seiner späteren Rspr., vgl. OVGE 39, 49 (52) (anders noch OVGE 11, 196; OVGE 18, 71 [72 ff.], wonach sich das kommunalgesetzgeberische Ermessen weitgehend der gerichtlichen Kontrolle entziehe); zust. Rehn/Cronauge/v. Lennep/Knirsch/*Wellmann* § 9 Erl. IV. 2; *Erichsen* KommunalR NRW § 10 I 2, 255; *David,* Die Satzungsgewalt der Gemeinden in Nordrhein-Westfalen, 2. Aufl. 1961, 118. S. dazu auch *Erbguth/Mann/Schubert* BesVerwR Rn. 271 ff. IErg ebenso NdsOVG DVBl. 1991, 1004, zu § 8 Nr. 2 NGO aF, anders noch in OVGE 25, 375 (381), zu der vergleichbaren Regelung in § 17 II 1 SchlHGO; unklar NdsOVG DÖV 2000, 643 (644). § 11 I 1 LSAKVG setzt dagegen voraus, dass die Kommunen ein dringendes öffentliches Bedürfnis feststellen, was nach Ansicht des OVG LSA BeckRS 2018, 13014 einen Beurteilungsspielraum begründet.

45 OVG NRW OVGE 39, 49 (52).

46 OVG NRW NVwZ 1987, 727.

47 BayVGH DVBl. 1954, 748 (749); HessVGH DVBl. 1975, 913 (914); OVG Brem GewArch 1968, 136 (137 f.); SchlOVG NordÖR 2003, 21; VGH BW ESVGH 23, 21 (24); BHKM/*Becker* ÖffR Bayern 2. Teil Rn. 497; *Hellermann* in Dietlein/Hellermann ÖffR NRW § 2 Rn. 292; *Wansleben* in Held/Winkel/Wansleben KommunalVerfR GO NRW § 9 Erl. 6.1.

48 Vgl. *Wansleben* in Held/Winkel/Wansleben KommunalVerfR GO NRW § 9 Erl. 6.1.; Rauball/Pappermann/Roters/*Pappermann* NRWGO § 19 Rn. 4.

49 Vgl. *Erbguth/Mann/Schubert* BesVerwR Rn. 272; vgl. auch Art. 3 II NRWVerf: »Die Verwaltung liegt in den Händen der Landesregierung, der Gemeinden und der Gemeindeverbände.«

50 Vgl. BVerfGE 78, 344 (348) = BeckRS 9998, 47116; BVerwG DVBl. 1993, 153 (154); *Erbguth/Mann/Schubert* BesVerwR Rn. 272.

berücksichtigen ist jedoch, dass die Anordnung des Anschluss- und Benutzungszwangs eine satzungsmäßige Gestaltung einer mit Satzungsautonomie ausgestatteten Selbstverwaltungskörperschaft darstellt und nicht eine schlichte einzelfallbezogene Gesetzesanwendung einer Behörde. Sie ist Ausfluss kommunaler Planungs- und Gestaltungshoheit und bedarf der Einpassung in ein umfängliches Leistungs- und Versorgungsprogramm. Damit hängt die Entscheidung in hohem Maße von der Einschätzung ortsspezifischer Faktoren durch den jeweiligen Rat ab, sodass selbst bei vergleichbarer Sachlage divergierende Entscheidungen zustande kommen werden. Sachgerecht erscheint es daher, dem Rat hinsichtlich der Anwendung des unbestimmten Rechtsbegriffs des öffentlichen Bedürfnisses einen gremiengebundenen Beurteilungsspielraum zuzugestehen, wie er bei Sachentscheidungen besonders sachkundiger Kollegialorgane verschiedentlich anerkannt ist.[51] Gerichtlich zu überprüfen ist daher lediglich, ob der Rat der Gemeinde G die Grenzen dieses Beurteilungsspielraums überschritten hat. Das wäre dann der Fall, wenn die Annahme eines öffentlichen Bedürfnisses für die Anordnung des Anschluss- und Benutzungszwangs an die gemeindliche Wasserleitung gänzlich unvertretbar wäre.

Hinsichtlich des neu entstandenen Ortsteils der Gemeinde G besteht das erforderliche öffentliche Bedürfnis, da dort kein brauchbares Grundwasser zur Verfügung steht.[52] Der ältere Ortsteil ist demgegenüber noch ausreichend mit sauberem Grundwasser versorgt. Insofern könnte sich ein öffentliches Bedürfnis für die Anordnung des Anschluss- und Benutzungszwangs allenfalls daraus ergeben, dass die gemeindliche Wasserleitung in der Gemeinde G nur dann zugleich kostendeckend und mit einer für die Benutzer erträglichen Gebührenbelastung betrieben werden kann, wenn der gesamte Ort angeschlossen wird. Ob dies als Grund für die Anordnung ausreicht, erscheint indessen zweifelhaft. Denn allein fiskalische Gründe vermögen den Anschluss- und Benutzungszwang nicht zu rechtfertigen.[53] Bei der Abgrenzung des Kreises der dem Anschluss- und Benutzungszwang zu Unterwerfenden ist jedoch auch zu berücksichtigen, dass der Betrieb kommunaler Einrichtungen einer ausreichenden finanziellen Grundlage bedarf.[54] Ein öffentliches Bedürfnis muss nur an der gemeindlichen Einrichtung im Ganzen, nicht aber bei jedem anzuschließenden Grundstück bestehen. Daher ist es zulässig, den Zwang auf solche Gemeindegebiete auszudehnen, für die bei isolierter Betrachtung ein öffentliches Bedürfnis iSd § 9 NRWGO noch nicht besteht, wenn nur so der wirtschaftliche Betrieb einer für andere Gemeindegebiete erforderlichen Einrichtung bei einer erträglichen Gebührenbelastung der Benutzer sichergestellt werden kann.[55]

Der Rat hat mithin den unbestimmten Rechtsbegriff des öffentlichen Bedürfnisses in § 9 NRWGO jedenfalls nicht unvertretbar angewendet.

---

51 *Erbguth/Mann/Schubert* BesVerwR Rn. 273.

52 Vgl. OVG NRW NWVBl. 2003, 380 (381).

53 Vgl. BVerwG NVwZ 2004, 1131 (Ls.); OVG NRW NWVBl. 2003, 380 (Ls. 1); *Hellermann* in Dietlein/Hellermann ÖffR NRW § 2 Rn. 292.

54 Vgl. Rehn/Cronauge/v. Lennep/Knirsch/*Wellmann* § 9 Erl. IV. 1; *Wansleben* in Held/Winkel/Wansleben KommunalVerfR GO NRW § 9 Erl. 6.3.

55 Vgl. *Wansleben* in Held/Winkel/Wansleben KommunalVerfR GO NRW § 9 GO NRW Erl. 6.3.; *J. Müller* VR 1986, 105 (107).

(2) § 3 lit. a – Personenmaßstab und Gebührenstaffelung

Die Vorschrift des § 3 lit. a der Satzung könnte gegen § 6 III NRWKAG verstoßen. Gemäß § 6 III 1 NRWKAG sind Gebühren grundsätzlich nach der tatsächlichen Inanspruchnahme der öffentlichen Einrichtung zu bemessen, der Gebührenberechnung ist also der sog. Wirklichkeitsmaßstab zugrunde zu legen. Nur wenn dies besonders schwierig oder wirtschaftlich nicht vertretbar ist, kann nach § 6 III 2 NRWKAG ein sog. Wahrscheinlichkeitsmaßstab gewählt werden.

Wassergebühren werden regelmäßig nach dem Wirklichkeitsmaßstab erhoben, wobei der tatsächliche Wasserverbrauch der Gebührenschuldner durch in regelmäßigen Abständen abzulesende Wasserzähler ermittelt wird. Ein solches Vorgehen hätte in der kleinen Gemeinde G indessen unverhältnismäßig hohe Kosten verursacht. Daher konnte der Gebührenbemessung ausnahmsweise nach § 6 III 2 NRWKAG ein Wahrscheinlichkeitsmaßstab zugrunde gelegt werden.

Fraglich ist jedoch zum einen, ob der in § 3 lit. a der Satzung gewählte Personenmaßstab einen zulässigen Wahrscheinlichkeitsmaßstab darstellt, zum anderen, ob die vorgesehene Gebührenstaffelung zulässig ist. Hinsichtlich der Auswahl des konkreten Wahrscheinlichkeitsmaßstabs steht der Vertretungskörperschaft ein weiter Ermessensspielraum zu. Dementsprechend kann nicht gefordert werden, dass der zweckmäßigste, vernünftigste, gerechteste oder wahrscheinlichste Maßstab zur Anwendung kommt.[56] Die Vertretungskörperschaft hat bei der Bestimmung des Wahrscheinlichkeitsmaßstabs lediglich die Schranke des § 6 III 2 NRWKAG zu beachten, wonach der gewählte Wahrscheinlichkeitsmaßstab nicht in einem offensichtlichen Missverhältnis zu der Inanspruchnahme der Einrichtung stehen darf. Diese Regelung ist Ausdruck des aus dem Verhältnismäßigkeitsgrundsatz hergeleiteten **Äquivalenzprinzips.** Dieses Prinzip fordert in Verbindung mit dem aus dem Gleichheitssatz des Art. 3 I GG abgeleiteten Grundsatz der Gleichbehandlung aller Gebührenpflichtigen, dass Benutzungsgebühren grundsätzlich nach dem Umfang der Benutzung bemessen werden, sodass bei gleicher Inanspruchnahme der öffentlichen Einrichtung etwa gleich hohe Gebühren und bei unterschiedlicher Benutzung diesen Unterschieden in etwa angemessene Gebühren gezahlt werden.[57]

Der Satzungsgeber muss also bei der Festsetzung des Bemessungsmaßstabs von dem (wahrscheinlichen) Umfang der Inanspruchnahme der Einrichtung durch die Benutzer ausgehen. Dabei ist er nicht verpflichtet, einen von ihm als wahrscheinlich angenommenen Zusammenhang zwischen Gebührenbemessung und Inanspruchnahme durch komplizierte Ermittlungen oder Sachverständigengutachten zu belegen.[58] Vielmehr hat er lediglich zu prüfen, ob der von einer Maßstabsregelung vorausgesetzte Zusammenhang zwischen Gebührenbemessung und Inanspruchnahme denkbar und nicht offensichtlich unmöglich ist.[59] Offensichtlich iSd § 6 III 2 NRWKAG ist ein Missverhältnis zur Inanspruchnahme erst dann, wenn es auch von technischen

56 Vgl. BVerwG KStZ 1985, 129; SächsOVG BeckRS 2016, 54853.

57 Vgl. BVerwG KStZ 1985, 129; OVG NRW KStZ 1986, 138 (139); 1984, 78 (79); OVG NRW OVGE 37, 160 (161); 28, 253 (273); OVG RhPf NVwZ 1985, 440; HessVGH VerwRspr 25, 1008 (1014).

58 Vgl. OVG NRW ZMR 1982, 255 (256).

59 Vgl. *J. Schmidt* Städte- und Gemeinderat 1992, 293 (299).

Laien, die sich eingehend mit der Frage befassen, ohne Weiteres erkannt werden kann.[60]

Die Regelung des § 3 lit. a der Satzung beruht auf der Wahrscheinlichkeitsannahme, dass der Wasserverbrauch in Abhängigkeit von der Zahl der in einem Haushalt lebenden Personen steigt. Diese Annahme entspricht der Lebenserfahrung und ist damit im Hinblick auf das Äquivalenzprinzip als Wahrscheinlichkeitsmaßstab geeignet. Ebenso ist sie mit dem Grundsatz der Gleichbehandlung der Gebührenpflichtigen vereinbar. Der Personenmaßstab ist mithin als Wahrscheinlichkeitsmaßstab grundsätzlich zulässig.

Zweifelhaft erscheint jedoch, ob die in § 3 lit. a der Satzung vorgesehene Staffelung der Gebühren nach dem Familieneinkommen den Anforderung des § 6 III 2 NRWKAG entspricht. Denn in § 6 III 2 NRWKAG ist als Maßstab der Gebührenbemessung lediglich die Inanspruchnahme durch die Benutzer erwähnt. Hiermit steht die Höhe des Familieneinkommens in keinem Zusammenhang. Ob nach dem Einkommen der Benutzer differenzierende Gebührensätze gleichwohl zulässig sind, ist umstritten.[61]

Überwiegend wird eine am Einkommen der Benutzer orientierte Staffelung der Gebührensätze für unzulässig gehalten.[62] Eine generelle Gebührenstaffelung verstoße gegen das Äquivalenzprinzip und den Grundsatz der Gleichbehandlung aller Gebührenschuldner.[63] Denn diese Prinzipien geböten, ortsrechtliche Benutzungsgebührenregelungen so auszugestalten, dass bei gleicher Inanspruchnahme der öffentlichen Einrichtung etwa gleich hohe Gebühren und bei unterschiedlicher Benutzung diesen Unterschieden in etwa angemessene Gebühren gezahlt werden.[64] Dementsprechend

---

60 Vgl. OVG NRW ZMR 1982, 255 (256); enger: Driehaus/*Brüning* § 6 Rn. 202 ff.

61 Anders ist die Rechtslage in den Bundesländern, deren Kommunalabgabengesetze ausdrücklich Sozialklauseln oder ähnliche Tatbestände vorsehen, vgl. etwa § 4 II 2 SchlHKAG; § 5 III 2 Hs. 2 LSAKAG; § 12 IV ThürKAG; ebenso § 5 III 3 NKAG, der allerdings durch die Regelung in § 5 III 4 NKAG hinsichtlich solcher Einrichtungen, für die ein Anschluss- und Benutzungszwang angeordnet ist, und hinsichtlich der Straßenreinigung eingeschränkt wird. Der niedersächsischen Regelung entspr. (ohne Ausnahme für die Straßenreinigung): § 10 IV HKAG.

62 Vgl. OVG NRW OVGE 37, 160 (161 f.); KStZ 1984, 78 (79); HessVGH ESVGH 27, 116 (123 f.); HessVGH NVwZ-RR 1991, 578 (584); ebenso noch NdsOVG OVGE 35, 455 (456); 37, 453 (460 f.) (anders bereits zu § 5 III NKAG aF NdsOVG NVwZ 1990, 91 [92 f.]); Driehaus/*Lohmann* § 6 Rn. 690, nun allerdings diff. für Fälle, in denen besondere »sozialpolitische Zielsetzungen« verfolgt werden, diese könnten es rechtfertigen, bei der Bemessung auch soziale Aspekte zu berücksichtigen. *Giebler/Faiss/Fick,* Kommunales Abgabenrecht in Baden-Württemberg, 2. Aufl. 1978, 177; *Ermel,* Gesetz über kommunale Abgaben in Hessen, 2. Aufl. 1978, § 10 Erl. 65 f.; *Leisner* GS Hans Peters, 1967, 730 (745 ff.); *Stephan* JURA 1970, 867 (876 f.); *v. Rosen/v. Hoewel* in Peters HKWP III, 1959, 454 (463); *Webersinn* DÖV 1978, 165 (167 f.); *Barocka* DVBl. 1960, 825 (828); diff. *Bauer/Hub,* Kommunale Abgaben in Bayern, 1983, 321 f.: Gebührenermäßigungen aus sozialen Gründen unzulässig bei Versorgungs- und Entsorgungseinrichtungen, im Hinblick auf Art. 8 IV BayKAG zulässig bei solchen Einrichtungen, die der Kulturpflege, der Erholung und dem Sport dienen; einschr. auch *Gern* DVBl. 1984, 1164 (1168): Staffelung nur unzulässig, wenn das Kommunalabgabengesetz ausdrücklich eine Bemessung der Benutzungsgebühren nach Art und Umfang der Inanspruchnahme der Einrichtung vorschreibt; dies trifft auf die Vorschrift des § 6 III 2 NRWKAG in ihrer gegenwärtigen Fassung nicht zu.

63 Vgl. OVG NRW OVGE 37, 160 (161 f.); KStZ 1984, 78 (79); *Webersinn* DÖV 1978, 165 (167). HessVGH (ESVGH 27, 116 [123 f.]; NVwZ-RR 1991, 578 [584]), VG Frankfurt aM (NJW 1977, 455) und NdsOVG in seinen älteren Entscheidungen (OVGE 35, 455 [456]; OVGE 37, 453 [460 f.]) stellen demgegenüber auf den sog. Grundsatz der speziellen Entgeltlichkeit ab. Dem liegt indessen keine inhaltliche, sondern lediglich eine terminologische Differenz zugrunde.

64 Vgl. OVG NRW ZMR 1982, 255 (256).

seien Gebühren ausschließlich nach Art und Umfang der Inanspruchnahme zu bemessen.[65] Die Gebührenbemessung müsse leistungsbezogen sein.[66] Eine generelle Staffelung nach dem Einkommen der Benutzer bedürfe einer ausdrücklichen gesetzlichen Ermächtigung.[67] Zwar sei es zulässig und mitunter sogar geboten, aus sozialen Gründen Gebühren im Einzelfall zu ermäßigen oder von einer Gebührenerhebung ganz abzusehen[68], hierdurch entstehende Gebührenausfälle seien jedoch aus allgemeinen Haushaltsmitteln und nicht durch die übrigen Benutzer zu finanzieren.[69]

Die Gegenposition geht davon aus, dass das durch Art. 20 I und 28 GG gewährleistete Sozialstaatsprinzip eine Gebührenstaffelung nach dem Einkommen auch ohne entsprechende ausdrückliche gesetzliche Ermächtigung rechtfertigen kann. Das Sozialstaatsprinzip verpflichte auch den kommunalen Satzungsgeber, für eine gerechte Sozialordnung zu sorgen. Daher könne er das ihm hinsichtlich der Fassung der Gebührensatzung eingeräumte Ermessen auch dahin ausüben, die Gebührensätze nach dem Einkommen der Benutzer der Einrichtung zu staffeln.[70]

Selbst wenn man dieser Auffassung mit Blick auf das Sozialstaatsprinzip zumindest teilweise folgen wollte, ist zumindest die in § 3 lit. a der Satzung getroffene Regelung rechtswidrig. Denn eine Gebührenstaffelung nach dem Einkommen ist jedenfalls dann unzulässig, wenn das Gebührenaufkommen die Kosten der Einrichtung voll abdecken soll.[71] Wenn die Gemeinde zum Ausgleich einer Ermäßigung für einen Teil der Benutzer anderen Benutzern höhere Gebühren auferlegt, missbraucht sie das Kommunalabgabenrecht für eine dort nicht vorgesehene und der Gemeinde nicht zustehende Umverteilung nach Art der progressiven Einkommensteuer. Auf diese Weise erhobene Gebühren nähern sich in ihren wirtschaftlichen Auswirkungen einer Steuer und verlieren den Charakter eines speziellen Entgelts für eine Leistung der öffentlichen Verwaltung.[72] Zwar mag das Äquivalenzprinzip im Hinblick auf soziale Gesichtspunkte generelle Ermäßigungen von einer an sich kostendeckenden Gebühr zulassen, die Kosten der Ermäßigung dürfen jedoch nicht auf andere Benutzer abgewälzt werden.[73]

Gerade dazu führt aber die in der Satzung der Gemeinde G vorgeschriebene Gebührenregelung. Einzelne Abnehmer werden über die Kostendeckung hinaus belastet, damit die soziale Ermäßigung finanziert werden kann. Die vorgesehene Gebührenstaffelung ist daher rechtswidrig.

---

65 Vgl. Driehaus/*Lohmann* § 6 Rn. 690 f.

66 Vgl. OVG NRW KStZ 1984, 78 (79).

67 Vgl. HessVGH ESVG 27, 116 (123); Driehaus/*Lohmann* § 6 Rn. 690.

68 Solche Ermäßigungen sind insbesondere nach § 12 I Nr. 4 lit. b und Nr. 5 lit. a NRWKAG iVm §§ 163, 227 AO ausdrücklich vorgesehen.

69 OVG NRW OVGE 37, 160 (162).

70 S. dazu *Wansleben* in Held/Winkel/Wansleben KommunalVerfR GO NRW § 8 Erl. 3.3.; *Rogosch* KStZ 1987, 121 f.; *Brehm*, Benutzungsregelungen gemeindlicher öffentlicher Einrichtungen, 1975, 236 ff.; *Kloepfer* AöR 97 (1972), 232 (256 ff.); im Hinblick auf Benutzungsgebühren für soziale Einrichtungen ebenso: *Voigt* DÖV 1977, 673 f.; vgl. auch *Menger* VerwArch. 68 (1977), 389 (396); *Bößl* KStZ 1975, 84 (85 ff.).

71 Vgl. idS *Pappermann/Löhr/Andriske,* Recht der öffentlichen Sachen, 1987, 159.

72 *Wansleben* in Held/Winkel/Wansleben KommunalVerfR GO NRW § 8 Erl. 3.3.; vgl. auch *Vogel* NJW 1977, 454. Zu den Vor- und Nachteilen von Umverteilungseffekten einkommensabhängig gestaffelter Gebührensätze aus finanzwissenschaftlicher Sicht vgl. *Brückmann* KStZ 1988, 21 ff.

73 Vgl. *Wansleben* in Held/Winkel/Wansleben KommunalVerfR GO NRW § 8 Erl. 3.3.; Rehn/Cronauge/v. Lennep/Knirsch/*Wellmann* § 9 Erl. V. 2a; idS auch NdsOVG NVwZ 1990, 91 (93).; ähnlich Driehaus/*Lohmann* § 6 Rn. 690a.

(3) § 3 lit. b bis d – Ergänzende Wahrscheinlichkeitsmaßstäbe

In § 3 lit. b bis d der Satzung soll der durch § 3 lit. a festgelegte Personenmaßstab durch die Ergänzung weiterer Wahrscheinlichkeitsmaßstäbe verfeinert werden. Ein solches Vorgehen ist an sich nicht unzulässig.[74] Auch die ergänzenden Wahrscheinlichkeitsmaßstäbe müssen jedoch den Anforderungen des § 6 III 2 NRWKAG entsprechen. Sie dürfen nicht in einem offensichtlichen Missverhältnis zu der Inanspruchnahme der Einrichtung stehen. Der von der jeweiligen Maßstabsregelung vorausgesetzte Zusammenhang zwischen Gebührenbemessung und Art und Umfang der Inanspruchnahme der Einrichtung muss denkbar sein.[75]

Vor diesem Hintergrund ist der gewählte Zuschlag für jedes WC bedenklich. Bei gleicher Personenzahl hängt der Wasserverbrauch eines Haushalts nicht von der Anzahl der vorhandenen Toiletten ab. Der von der Maßstabsregelung vorausgesetzte Zusammenhang zwischen dem Anknüpfungspunkt der Gebührenbemessung und der Inanspruchnahme der Wasserversorgung besteht mithin nicht. Die Regelung des § 3 lit. b der Satzung ist daher rechtswidrig.

Ähnliches gilt für den Zuschlag für Bade- und Duschanlagen in § 3 lit. c der Satzung. Zwar erscheint es nicht gänzlich ausgeschlossen, dass in Wohnungen, die mehrere Bäder enthalten, wegen der größeren Bequemlichkeit auch bei gleicher Personenzahl häufiger gebadet wird. Eine derartig geringfügig größere Inanspruchnahme vermag allerdings eine Mehrbelastung in dem vorgesehenen Umfang nicht zu rechtfertigen.

Auch die Zuschlagsregelung des § 3 lit. d der Satzung erscheint angreifbar. Dass die Haltung eines Autos zu einem höheren Wasserverbrauch führt, ist nicht hinreichend wahrscheinlich. Zwar mögen einige Kraftfahrzeughalter ihre Wagen häufig selbst waschen, andere dagegen benutzen automatische Waschanlagen oder fahren monatelang mit ungewaschenem Auto. Demgemäß besteht auch der von § 3 lit. d der Satzung vorausgesetzte Zusammenhang zwischen dem Anknüpfungspunkt der Gebührenbemessung und dem Maß der Inanspruchnahme der Wasserversorgung nicht.

Die in § 3 lit. b bis d der Satzung gewählten Wahrscheinlichkeitsmaßstäbe sind mithin rechtswidrig.

(4) § 10 – Rückwirkung

Die Regelung in § 10 der Satzung, wonach die Satzung rückwirkend zum 1.7.2015 in Kraft treten soll, könnte gegen das durch Art. 20 III GG gewährleistete Rechtsstaatsprinzip verstoßen. Grundsätzlich dürfen belastende Rechtsnormen nicht rückwirkend erlassen werden. Das Rechtsstaatsprinzip schützt den Bürger davor, nachträglich für einen in der Vergangenheit abgeschlossenen Vorgang stärker belastet zu werden, als er es vorhersehen konnte.[76]

Die Satzung vom 2.3.2017 ersetzt indessen lediglich eine alte nichtige Satzung und bestimmt für die Vergangenheit ausdrücklich, dass im Einzelfall keine höheren Gebühren erhoben werden dürfen als nach der alten Satzung. Die Bürger werden danach für die Vergangenheit nicht höher belastet, als ihnen ohnehin bekannt war. Auch

---

74 Vgl. dazu Driehaus/*Brüning* § 6 Rn. 226 f.

75 Vgl. dazu bereits oben unter B. I. 3. a) aa) (2).

76 Vgl. Dreier/*Schulze-Fielitz* GG Art. 20 (Rechtsstaat) Rn. 152; eine umfassende Darstellung der Probleme um Vertrauensschutz bietet *Blanke*, Vertrauensschutz im deutschen und europäischen Verwaltungsrecht, 2000, dort 76 ff. zur Bedeutung des Rechtsstaatsprinzips.

wenn sie möglicherweise die Nichtigkeit der alten Satzung erkannten, konnten sie nicht damit rechnen, das Wasser aus der gemeindlichen Wasserleitung kostenlos beziehen zu können. Vielmehr mussten sie in jedem Fall damit rechnen, auch für den verstrichenen Zeitraum mit Wassergebühren belastet zu werden. In einem derartigen Fall ist ihr Vertrauen, für einen in der Vergangenheit abgeschlossenen Vorgang nicht nachträglich belastet zu werden, ausnahmsweise nicht schutzwürdig.[77] § 10 der Satzung verstößt damit nicht gegen das rechtsstaatliche Prinzip des Vertrauensschutzes.[78]

(5) Zwischenergebnis

Der Satzungsbeschluss vom 2.3.2017 ist hinsichtlich der in § 3 getroffenen Gebührenregelungen rechtswidrig.

bb) Öffentliches Interesse am Einschreiten der Aufsichtsbehörde

Die Aufhebung des Ratsbeschlusses müsste weiterhin im öffentlichen Interesse erfolgt sein. Ein Tätigwerden der Kommunalaufsichtsbehörde liegt dann nicht im öffentlichen Interesse, wenn es ausschließlich der Durchsetzung der Interessen Einzelner dient.[79]

Der Rat hat durch den Satzungsbeschluss vom 2.3.2017 in mehrfacher Hinsicht gegen § 6 NRWKAG verstoßen. Diese Vorschrift dient nicht lediglich privaten, sondern vorrangig öffentlichen Interessen. Die Aufhebung des Beschlusses wegen dieser Verstöße stand demnach im öffentlichen Interesse.

cc) Zwischenergebnis

Die Voraussetzungen des § 122 I 2 NRWGO waren mithin erfüllt.

b) Allgemeine Rechtmäßigkeitsvoraussetzungen

Hinsichtlich weiterer, allgemeiner Rechtmäßigkeitsvoraussetzungen ist allein zweifelhaft, ob die Aufhebung des Ratsbeschlusses vom 2.3.2017 ermessensfehlerfrei erfolgt ist. Fraglich ist dabei, in welchem Umfang der Aufsichtsbehörde Ermessen eingeräumt ist und ob der Landrat bei der Ermessensausübung die vorgesehenen Ermessensgrenzen beachtet hat.

aa) Umfang des Ermessens

In welchem Umfang der Aufsichtsbehörde bei der Ausübung ihrer Befugnisse nach §§ 121 ff. NRWGO Ermessen eingeräumt ist, wird unterschiedlich beurteilt. Dabei gehen die Meinungen darüber auseinander, ob die Aufsichtsbehörde lediglich ein Auswahl- oder auch ein Entschließungsermessen hat.

Teilweise wird davon ausgegangen, dass im Rahmen der Kommunalaufsicht trotz des Wortlauts der Vorschriften über die Aufsichtsmittel[80] das sog. **Legalitätsprinzip** gelte

77 Vgl. BVerfGE 13, 261 (272) = BeckRS 9998, 115219; BVerwGE 67, 129 (131 f.) = BeckRS 9998, 44808; BVerwGE 75, 262 (267) = BeckRS 9998, 164211.

78 Anders bei der Beitragserhebung für Altanschlüsse, für die nach alter Rechtslage keine Beiträge erhoben werden könnten, BVerfG NVwZ 2016, 300 ff. mAnm *Correll*. Vgl. zu dieser Entscheidung auch *Bäcker* NVwZ 2017, 1414 ff.; *Herrmann* LKV 2016, 54 ff.

79 OVG NRW OVGE 18, 227 (228).

80 Vgl. § 122 I NRWGO: »Die Aufsichtsbehörde ... *kann* solche Beschlüsse ... aufheben.« (Hervorhebung nur hier).

und die Aufsichtsbehörden bei Vorliegen der entsprechenden Voraussetzungen zu einem Einschreiten verpflichtet seien.[81] Zur Begründung wird insbesondere auf die historische Entwicklung[82] sowie darauf verwiesen, dass für die Beantwortung der Frage, ob ein Entschließungsermessen besteht, auf die Normen abzustellen sei, durch die den Aufsichtsbehörden ihre Aufgaben zugewiesen werden.[83] Diese Aufgabenzuweisung erfolge nicht durch die Vorschriften über die einzelnen Aufsichtsmittel, sondern durch die Festlegung der Aufsichtspräsenz in Art. 78 IV 1 NRWVerf[84] sowie die Umschreibung ihrer Aufgaben in § 11 NRWGO.[85] Diesen Normen sei indessen nichts für die Geltung des Opportunitätsprinzips, sondern lediglich die Pflicht zu entnehmen, bei Rechtsverstößen einzuschreiten.[86] Darüber hinaus trage der Staat gegenüber der Allgemeinheit die Verantwortung dafür, dass sich die Kommunen im Rahmen der Gesetze hielten.[87] Folgte man dieser Ansicht, wäre L verpflichtet gewesen, gegen den Beschluss vom 2.3.2017 einzuschreiten.

Nach anderer Ansicht ist dem Verfassungsgebot der Aufsichtspräsenz dadurch Rechnung zu tragen, dass die Befugnisnormen der Kommunalaufsicht zwar ein Ermessen einräumten, dieses jedoch bei eindeutigen Rechtsverstößen auf das Einschreiten der Aufsichtsbehörden gerichtet sei (sog. **intendiertes Ermessen**).[88] Bei eindeutigen Rechtsverstößen müsse die Aufsichtsbehörde daher, wolle sie von einem Einschreiten absehen, besondere Gründe für die Entscheidung darlegen.[89] Der Satzungsbeschluss vom 2.3.2017 verstößt gleich aus mehreren Gründen gegen geltendes Recht. Mangels außergewöhnlicher Umstände, die eine andere Bewertung rechtfertigen könnten, wäre das Ermessen des L nach dieser Ansicht auf ein Einschreiten gerichtet gewesen.

Nach der Gegenposition gilt für das Tätigwerden der Aufsichtsbehörde das **Opportunitätsprinzip**.[90] Sie habe nach pflichtgemäßem Ermessen nicht nur zu entscheiden, welcher Mittel sie sich im Falle des Einschreitens bediene, sondern auch, ob sie überhaupt einschreite,[91] ohne dass das Ermessen von vornherein auf eine bestimmte Rechtsfolge gerichtet sei.[92] Das ergebe sich bereits aus dem Wortlaut der Vorschriften über die Aufsichtsmittel, wonach die Aufsichtsbehörde einschreiten »kann«.[93] Da-

81 *Schmidt-Jortzig* KommunalR Rn. 78; *Pagenkopf* KommunalR I 384; *Borchert* DÖV 1978, 721.

82 Vgl. *Borchert* DÖV 1978, 721 (727).

83 *Borchert* DÖV 1978, 721 (724 f.).

84 Art. 78 IV 1 NRWVerf lautet: »Das Land überwacht die Gesetzmäßigkeit der Verwaltung der Gemeinden und Gemeindeverbände.«

85 § 11 NRWGO lautet: »Die Aufsicht des Landes schützt die Gemeinden in ihren Rechten und sichert die Erfüllung ihrer Pflichten.«

86 *Schmidt-Jortzig* KommunalR Rn. 78 Fn. 3; *Borchert* DÖV 1978, 721 (724 f., 726).

87 *Pagenkopf* KommunalR I 384.

88 Vgl. mit Blick auf andere Bundesländer OVG LSA BeckRS 2011, 52506; NdsOVG NVwZ-RR 2008, 127 (128); 2013, 995 (996); NdsOVG KommJur 2014, 265 (270); *Gern/Brüning* KommunalR Rn. 327.

89 OVG LSA BeckRS 2011, 52506; NdsOVG NVwZ-RR 2008, 127 (128).

90 OVG NRW OVGE 18, 104 (106); VGH BW NVwZ-RR 2016, 878 (881); VG Gelsenkirchen BeckRS 2018, 9351; unter Hinweis auf die Rechtslage in Bayern *Knemeyer* in Mann/Püttner HKWP I 228 f.; Rauball/Pappermann/Roters/*W. Rauball* NRWGO § 106 Rn. 7; *Röhl* in Schoch BesVerwR Kap. 2 Rn. 77; *Erbguth/Mann/Schubert* BesVerwR Rn. 356; enger wohl *Gern/Brüning* KommunalR Rn. 327.

91 VG Gelsenkirchen BeckRS 2018, 9351; *Becker/Winkel* in Held/Winkel/Wansleben KommunalVerfR GO NRW § 119 Erl. 6.; Held/Winkel/*Winkel* GO NRW § 119 Erl. 2.

92 Vgl. die ausführliche Begründung bei VG Gelsenkirchen BeckRS 2018, 9351.

93 VGH BW NJW 1990, 136 (138); *Hassel* DVBl. 1985, 697 (702).

rüber hinaus sei es nicht Zweck der Staatsaufsicht, lückenlos und automatisch jeden Rechtsverstoß zu ahnden und schematisch zu verfolgen.[94] Vielmehr bedürfe es in jedem Einzelfall einer sorgfältigen Abwägung zwischen den Selbstverwaltungsinteressen der Kommune und dem Interesse der Allgemeinheit an der Beseitigung der Rechtsverletzung.[95] Eine Pflicht, bei jeder noch so unbedeutenden Rechtsverletzung einzuschreiten, würde das erforderliche Vertrauensverhältnis zwischen Aufsicht und Kommunen empfindlich belasten[96] und die Entschlusskraft und Verantwortungsbereitschaft der Gemeinden über Gebühr beeinträchtigen.[97] Dass es in der Praxis keine völlige Entscheidungsfreiheit geben dürfe, ergebe sich bereits aus dem Grundsatz der Gesetzmäßigkeit der Verwaltung.[98] Diesem Grundsatz auf der einen und dem Schutz der kommunalen Selbstverwaltung auf der anderen Seite könne daher nur angemessen Rechnung getragen werden, wenn der Aufsichtsbehörde Ermessen eingeräumt und dieses nicht in eine bestimmte Richtung vorgezeichnet sei.[99]

Nach dieser Ansicht wäre dem L Ermessen hinsichtlich der Frage eingeräumt, ob er gegen den Ratsbeschluss vom 2.3.2017 einschreitet. Hierfür spricht insbesondere, dass die Aufsichtsbehörde bei Geltung des Legalitätsprinzips auch dann verpflichtet wäre einzuschreiten, wenn lediglich ein Rechtsverstoß ohne schwerwiegende Folgen für die Allgemeinheit vorläge, wie ihn beispielsweise die Missachtung einer Verfahrensvorschrift darstellen kann. Dies würde aber nicht nur zu einer die Zusammenarbeit erschwerenden Verschlechterung des Verhältnisses zwischen Gemeinde und Aufsichtsbehörde führen, sondern es müsste im Einzelfall auch ein möglicherweise vorhandenes überwiegendes Interesse an dem Fortbestand eines Beschlusses unberücksichtigt bleiben. Daher müsste der Gemeinderat auch bei schlichten Verfahrensverstößen selbst dann erneut mit der Angelegenheit befasst werden, wenn eine andere Entscheidung in der Sache weder erforderlich noch wünschenswert wäre, was die Ratsarbeit beeinträchtigen würde. Ähnliches gilt für die Annahme intendierten Ermessens. Bei eindeutigen Rechtsverstößen unterläge die Aufsichtsbehörde erhöhten Begründungsanforderungen, wollte sie von einem Einschreiten absehen. Jedoch entspricht es dem Wesen der Kommunalaufsicht, nicht gleichsam als Vormund der Gemeinde zu agieren, sondern das Spannungsfeld von Gesetzmäßigkeit der Verwaltung und der Garantie kommunaler Selbstverwaltung im Hinblick auf den Einzelfall aufzulösen.[100] Aufgrund dieses Mangels an Flexibilität des Legalitätsprinzips und des intendierten Ermessens ist im Rahmen der Kommunalaufsicht von der Geltung des Opportunitätsprinzips auszugehen.

Folglich war L sowohl ein Entschließungs- als auch ein Auswahlermessen eingeräumt.

94 *Salzwedel* VVDStRL 22, 206 (221 f.); *Stober* KommunalR § 9 III 1e, 154 f.

95 VGH BW NVwZ-RR 2016, 878 (881); VG Gelsenkirchen BeckRS 2018, 9351; *Knemeyer* in Mann/Püttner HKWP I 229; *Becker/Winkel* in Held/Winkel/Wansleben KommunalVerfR GO NRW § 119 Erl. 6.; *Stober* KommunalR § 9 III 1e, 157.

96 *Salzwedel* VVDStRL 22, 206 (222); *Bracker* FS v. Unruh, 1983, 459 (465).

97 BVerfGE 8, 122 (137) = BeckRS 9998, 118582; *Stober* KommunalR § 9 III 1e, 155; *Andrick* JA 1987, 546 (552).

98 *Bracker* FS v. Unruh, 1983, 459 (465).

99 VG Gelsenkirchen BeckRS 2018, 9351.

100 VG Gelsenkirchen BeckRS 2018, 9351.

bb) Ermessensausübung

Dieses Ermessen müsste L ermessensfehlerfrei ausgeübt haben.

(1) Entschließungsermessen

Die Aufsichtsbehörde hat bei ihrer Entscheidung darüber, ob sie einschreitet, Schwere und Auswirkung des Rechtsverstoßes zu berücksichtigen.[101] Ihr Ermessen ist dabei insbesondere durch den Grundsatz der Gesetzmäßigkeit der Verwaltung begrenzt.[102] Dieses Verfassungsgebot, das für die Aufsicht über die Gemeinden durch Art. 78 IV NRWVerf gewährleistet wird, erfordert bei eindeutigen materiellen Rechtsverstößen grundsätzlich ein Einschreiten, während bei Verfahrensfehlern ohne schwerwiegende Folgen davon abgesehen werden kann.[103] Ein Untätigbleiben im Falle materieller Rechtsverstöße kommt dann in Betracht, wenn ein Beschluss etwa wegen seiner Erledigung infolge Zeitablaufs keine Wirkungen mehr entfaltet.[104]

Der Ratsbeschluss vom 2.3.2017 ist nicht lediglich wegen eines Verfahrensfehlers, sondern eindeutig materiell rechtswidrig. Auch kann nicht ausgeschlossen werden, dass die Satzung ohne eine Aufhebung des Beschlusses vom 2.3.2017 künftig angewendet wird und der Beschluss Wirkung entfaltet. Die Anwendung einer rechtswidrigen Gebührenregelung konnte daher nur durch ein Einschreiten des L mit hinreichender Sicherheit verhindert werden, sodass seine Entscheidung, tätig zu werden, ermessensfehlerfrei war.

(2) Auswahlermessen

Zweifelhaft ist im Rahmen der Ausübung des Auswahlermessens, ob L den Grundsatz der Verhältnismäßigkeit beachtet hat. Darüber hinaus ist der Ermessensspielraum der Aufsichtsbehörde durch den Grundsatz des gemeindefreundlichen Verhaltens beschränkt.[105]

(a) Grundsatz der Verhältnismäßigkeit

Nach dem Grundsatz der Verhältnismäßigkeit muss die angeordnete Maßnahme geeignet, erforderlich und angemessen sein, um den angestrebten Zweck zu erreichen.[106] Geeignet ist eine Maßnahme, wenn mit ihrer Hilfe das angestrebte Ziel gefördert wird.[107] Ziel des Landrats war es, den rechtswidrigen Ratsbeschluss vom 2.3.2017 zu beseitigen und damit eine Anwendung der Satzung zu verhindern. Ungeeignet ist die Aufhebung eines Ratsbeschlusses dann, wenn der Beschluss irreversibel durchgeführt ist.[108] Da die aufschiebende Wirkung der Beanstandung des Bürgermeisters nach § 54 II 5 NRWGO bis zur Entscheidung durch die Aufsichtsbehörde bestehen bleibt,

101 *Becker/Winkel* in Held/Winkel/Wansleben KommunalVerfR GO NRW § 122 Erl. 2.; vgl. auch Held/Winkel/*Winkel* GO NRW § 119 Erl. 2.
102 *Becker/Winkel* in Held/Winkel/Wansleben KommunalVerfR GO NRW § 119 Erl. 6.
103 NdsOVG NVwZ 1988, 464 (465).
104 *Becker/Winkel* in Held/Winkel/Wansleben KommunalVerfR GO NRW § 119 Erl. 6.
105 *Becker/Winkel* in Held/Winkel/Wansleben KommunalVerfR GO NRW § 119 Erl. 6.; Held/Winkel/*Winkel* GO NRW § 119 Erl. 2.
106 OVG NRW NJW 1981, 838 (839).
107 BVerwG NVwZ 2004, 1131; OVG NRW NJW 1981, 838 (839).
108 OVG NRW OVGE 28, 185 (194); *Becker/Winkel* in Held/Winkel/Wansleben KommunalVerfR GO NRW § 122 Erl. 11.; *Erichsen* KommunalR NRW § 15 B 3b, 315.

wenn der Rat seinen Beschluss bestätigt, konnte die Satzung noch nicht vollzogen werden. Die Aufhebung des Beschlusses vom 2.3.2017 stellt mithin ein geeignetes Aufsichtsmittel dar.

Eine Maßnahme ist erforderlich, wenn ein anderes gleich geeignetes, aber die Rechtsstellung des Betroffenen weniger beeinträchtigendes Mittel nicht zur Verfügung steht.[109] Da der Rat den Satzungsbeschluss trotz des Beanstandungsschreibens des Bürgermeisters in der Sitzung vom 16.3.2017 bestätigte, konnten mildere Mittel – wie etwa ein informelles Beratungsgespräch – nicht als gleich geeignet angesehen werden. Die Aufhebung des Ratsbeschlusses war daher zur Erreichung des Aufsichtszwecks auch erforderlich.

Angemessen ist eine Maßnahme dann, wenn der mit ihr verbundene Nachteil nicht erkennbar außer Verhältnis zu dem beabsichtigten Erfolg steht.[110] Das Ziel der Aufhebung des Ratsbeschlusses, die Anwendung der Satzung vom 2.3.2017 zu verhindern, ist dadurch gerechtfertigt, dass anderenfalls die Bürger der Gemeinde mit einer rechtswidrigen Gebührenregelung belastet würden. Demgegenüber tritt das Interesse der Gemeinde, die örtlichen Angelegenheiten in eigener Verantwortung und ohne staatliche Eingriffe zu regeln, zurück. Folglich stehen die mit der Aufhebung des Ratsbeschlusses verbundenen Nachteile nicht erkennbar außer Verhältnis zu dem mit ihr beabsichtigten Erfolg. Die Aufhebung war mithin angemessen.

Der Landrat hat demnach den Grundsatz der Verhältnismäßigkeit beachtet.

(b) Der Grundsatz gemeindefreundlichen Verhaltens

Nach dem Grundsatz gemeindefreundlichen Verhaltens, der aus der Selbstverwaltungsgarantie des Art. 28 II GG sowie den entsprechenden Landesverfassungsnormen abgeleitet wird, ist der Staat, insbesondere das Land, verpflichtet, im Ermessensbereich die Interessen der kommunalen Selbstverwaltung gebührend zu berücksichtigen und sie nur bei hinreichender Notwendigkeit zu beeinträchtigen.[111]

Da der Ratsbeschluss vom 2.3.2017 das öffentliche Interesse nicht nur unerheblich verletzte und von weniger belastenden Aufsichtsmitteln keine Beseitigung des Rechtsverstoßes zu erwarten war, bestand für die Aufhebung des Beschlusses eine hinreichende Notwendigkeit. L hat daher bei der Ausübung seines Auswahlermessens auch den Grundsatz des gemeindefreundlichen Verhaltens beachtet. Mithin hat L sein Ermessen insgesamt fehlerfrei ausgeübt.

III. Zwischenergebnis

Die Aufhebungsverfügung vom 1.4.2017 ist insgesamt rechtmäßig und die Klage ist deshalb unbegründet.

---

109 OVG NRW NJW 1981, 838 (839).

110 BVerwGE 59, 104 (109) = BeckRS 9998, 104394; OVG NRW NJW 1981, 838 (839). Vgl. in jüngerer Zeit HessVGH KommJur 2018, 209 (214 f.), der den Erlass einer Straßenbeitragssatzung durch die Aufsichtsbehörde im Rahmen der Ersatzvornahme als verhältnismäßig ansah; in diesem Sinne bereits BVerwG BeckRS 2017, 135879; vgl. dazu auch *Heusch/Dickten* NVwZ 2018, 1353 (1358).

111 *Stern* StaatsR I 418 f.

C. Ergebnis

Das VG wird die zulässige, aber unbegründete Klage abweisen.

Ergänzende Hinweise

1. Nach **allen Gemeindeordnungen** können die Gemeinden bei öffentlichem Bedürfnis bzw. aus Gründen des Gemeinwohls den Anschluss an die Wasserversorgung, Abwasserbeseitigung, Müllabfuhr, Straßenreinigung und ähnliche der Volksgesundheit bzw. dem öffentlichen Wohl dienende Einrichtungen anordnen und die Benutzung dieser Einrichtungen sowie der Schlachthöfe und der Bestattungseinrichtungen vorschreiben; vgl. § 11 I BWGemO; Art. 24 I Nr. 2 BayGO; § 12 II BbgKVerf; § 19 II HGO; § 15 I MVKV; § 13 NKomVG; § 26 I RhPfGemO; § 22 I KSVG; § 14 I SächsGemO; § 11 I LSAKVG; § 17 II SchlHGO; § 20 II 1 Nr. 2 ThürKO. Zum Zwecke des Immissionsschutzes sehen die Gemeindeordnungen auch den Anschluss- und Benutzungszwang für die Fernwärmeversorgung (Art. 24 I Nr. 3 BayGO; § 22 I KSVG; § 13 S. 1 Nr. 1a NKomVG; § 15 I MVKV; § 14 I SächsGemO; § 17 II 1 SchlHGO; § 11 I 1 Nr. 1 lit. a, Nr. 2 lit. a LSAKVG; § 20 II 1 Nr. 2 ThürKO) oder andere Energieversorgungseinrichtungen (§ 26 I RhPfGemO) vor. Schleswig-Holstein erweitert die Möglichkeit, den Anschluss- und Benutzungszwang anzuordnen, auf alle »dem Schutz der natürlichen Grundlagen des Lebens dienenden öffentlichen Einrichtungen«, § 17 II 1 SchlHGO. Die in den jeweiligen Rechtsgrundlagen genannten Zwecke, zu deren Verfolgung Anschluss- und Benutzungszwang angeordnet werden darf, müssen beachtet werden, vgl. BVerwG NVwZ 2004, 1131 f.; OVG NRW NWVBl. 2003, 380 ff. Gemäß § 16 EEWärmeG können die Gemeinden von diesen Ermächtigungen auch zum Zwecke des Klima- und Ressourcenschutzes Gebrauch machen; vgl. hierzu BVerwG NVwZ 2017, 61 ff.; BVerwG EnWZ 2016, 524 f.; *Vollmer* IR 2016, 247 ff.

2. Das Bestehen eines kommunalrechtlichen Anschluss- und Benutzungszwangs für eine öffentliche Einrichtung steht einer **privatrechtlichen Ausgestaltung des Benutzungsverhältnisses** (zB hinsichtlich des Entgelts für die Benutzung der Einrichtung) nicht entgegen; die öffentlich-rechtliche Regelung des Zugangs zu einer öffentlichen Einrichtung und die Ausgestaltung der Benutzung können getrennt voneinander betrachtet werden. Den Kommunen steht eine Formenwahlfreiheit hinsichtlich der Regelung der Benutzungsverhältnisse ihrer öffentlichen Einrichtungen zu. Die privatrechtliche Regelung des Benutzungsverhältnisses ist immer zulässig, wenn es keine ausdrückliche kommunalrechtliche Vorschrift gibt, die gerade dies ausschließt (vgl. BVerwG NVwZ 2005, 963; BVerwGE 123, 159 = BeckRS 2005, 27823).

3. Vgl. dazu, dass es sich bei der Vorschrift des § 126 NRWGO nicht um eine Rechtswegzuweisung an die VG handelt, Hinweis 2 zu Fall 27.

4. Ein gegenüber Dritten wirkendes Vertretungshindernis könnte auch bei dem sog. kommunalrechtlichen **Vertretungsverbot** aus § 32 I 2 iVm § 43 II NRWGO[112] bestehen. Hiernach dürfen Ratsmitglieder bzw. ehrenamtlich Tätige keine Ansprüche

112 Für Ratsmitglieder erlangt das an sich für ehrenamtlich Tätige geltende kommunalrechtliche Vertretungsverbot aus § 32 I 2 NRWGO über die Norm des § 43 II NRWGO Anwendung.

anderer gegen die Gemeinde geltend machen. Entsprechende Vorschriften finden sich in den Gemeindeordnungen zahlreicher weiterer Länder.[113] In der Praxis hat das kommunalrechtliche Vertretungsverbot seinen Hauptanwendungsfall bei ratsangehörigen Rechtsanwälten. Gestünde man dem kommunalrechtlichen Vertretungsverbot eine Wirkung im Außenverhältnis zu, könnte ein vor Gericht agierender, ratsangehöriger Rechtsanwalt unmittelbar auf der Grundlage des kommunalrechtlichen Vertretungsverbots vom Verfahren ausgeschlossen werden. Von den Befürwortern einer solchen Außenwirkung wird angeführt, dass der Rechtsgedanke des kommunalrechtlichen Vertretungsverbots anderenfalls nicht verwirklicht werden könne.[114] Daher entfalte es seine Rechtswirkung nicht lediglich im kommunalen Innenverhältnis, sondern diene auch als Rechtsgrundlage für den Ausschluss von einer Verhandlung.[115] Zwar habe der Bund mit § 3 II BRAO von seiner Gesetzgebungskompetenz aus Art. 74 I Nr. 1 GG Gebrauch gemacht, jedoch nur im Hinblick auf das Vertretungsrecht der Anwaltschaft insgesamt. Landesrechtliche Bestimmungen könnten demnach keine generellen Vorgaben hinsichtlich des Vertretungsrechts beinhalten. Das kommunalrechtliche Vertretungsverbot treffe solche generellen Anordnungen nicht. Vielmehr gehe es nur um den Ausschluss eines Rechtsanwalts in bestimmten, eng umgrenzten Fällen. Darüber hinaus deute auch § 47 II BRAO darauf hin, dass die kommunalrechtlichen Vertretungsverbote nicht durch § 3 II BRAO eingeschränkt werden sollten.[116]

Dieser Deutung ist zuzugeben, dass ein Vertretungsverbot in der Tat dadurch wirkungsvoll wird, dass es gegenüber Dritten geltend gemacht werden kann. Diese Überlegung kann indes nicht maßgeblich sein.[117] Wichtiger ist, ob eine Außenwirkung des kommunalrechtlichen Vertretungsverbots mit Verfassungsrecht in Einklang zu bringen ist. Hiergegen sprechen kompetenzrechtliche Erwägungen.[118] Die Formulierung des § 3 II BRAO spricht dafür, dass der Bund von seiner konkurrierenden Gesetzgebungskompetenz aus Art. 74 I Nr. 1 GG für das Recht der Anwaltschaft abschließend Gebrauch gemacht und geregelt hat, unter welchen Voraussetzungen ein Prozessvertreter rechtlich ausgeschlossen ist.[119] Kommunale Vertretungsverbote werden dagegen von den Ländern auf Grundlage ihrer Gesetzgebungskompetenz für das Kommunalrecht nach Art. 70 I GG erlassen. Unmittelbarer Regelungsgegenstand ist das Kommunalrecht und nicht das der konkurrierenden Gesetzgebungskompetenz des Bundes zugewiesene gerichtliche Verfahren oder die Rechtsanwaltschaft iSd § 74 I Nr. 1 GG. Nur solange man die kommunalrechtlichen Vertretungsverbote als kompetenzrechtlich ausschließlich kommunalrechtlich qualifiziert, sind sie verfassungsgemäß.[120] Damit können sie insoweit keine Außenwirkung erzielen, als auf ihrer

113 Vgl. Art. 50 BayGO; § 17 III BWGemO; § 26 HGO; § 42 I NKomVG; § 19 III SächsGemO; § 32 III LSAKVG; § 23 S. 2 (iVm § 32 III) SchlHGO.

114 Wohl hM, vgl. BVerfG NJW 1988, 694 (695); BVerfGE 52, 42 (54 f.) = BeckRS 9998, 162427; *Stober* KommunalR § 15 II 3d, 192 f.

115 Vgl. BVerfG NJW 1988, 694 (695); BVerfGE 52, 42 (54 ff. = BeckRS 9998, 162427); *Stober* KommunalR § 15 II 3d, 192 f.

116 BVerfGE 52, 42 (55 f.); vgl. auch die Darstellung bei *Muckel/Hauk* JA 2017, 198 (204 f.).

117 Vgl. *Schoch* JuS 1989, 531 (536).

118 Vgl. *Burgi* KommunalR § 12 Rn. 48; *Schoch* JuS 1989, 531 (536); aA BVerfGE 41, 231 (241 f.) = BeckRS 9998, 106661; BVerfGE 52, 42 (55 ff.) = BeckRS 9998, 162427.

119 Sondervotum *Rottmann* zu BVerfGE 52, 42. Vgl. auch *Burgi* KommunalR § 12 Rn. 48.

120 Vgl. *Schoch* JuS 1989, 531 (536).

Grundlage ein Vertreter vom Prozess ausgeschlossen werden könnte.[121] Etwas anderes ergibt sich auch nicht aus § 47 II BRAO. Dieser Vorschrift liegt eine andere Sachlage zugrunde als der des kommunalrechtlichen Vertretungsverbots. Aus ihr ergibt sich nicht die Befugnis der Gerichte, einen Anwalt zurückzuweisen, der zugleich Ratsmitglied ist. Die kommunalrechtlichen Vertretungsverbote bedingen kein gegenüber Dritten wirkendes Vertretungshindernis.[122] Auch das kommunalrechtliche Vertretungsverbot gem. § 32 I 2 iVm § 43 II NRWGO kann kein solches Vertretungshindernis bewirken.

Das Ratsmitglied ist lediglich im (kommunalrechtlichen) Innenverhältnis zum Rat und zur Gemeinde verpflichtet, Ansprüche gegen die Gemeinde nicht als Anwalt geltend zu machen. Wer dennoch ein entsprechendes Mandat übernimmt, verstößt gegebenenfalls »nur« gegen seine Treuepflichten als Ratsmitglied.[123]

121 Vgl. *Burgi* KommunalR § 12 Rn. 48; *Schoch* JuS 1989, 531 (536).
122 Sondervotum *Rottmann* zu BVerfGE 52, 42.
123 Vgl. auch die ausführliche Darstellung des Streits bei *Muckel/Hauk* JA 2017, 198 (204 f.).

Sachverzeichnis

Die Angaben beziehen sich auf die jeweilige Nummer des Falles.